侯建新 主编

THE EVOLUTION OF EUROPEAN CIVILIZATION

欧洲文明进程

司法与法治 卷

程汉大 著

商务印书馆
The Commercial Press
创于1897

图书在版编目（CIP）数据

欧洲文明进程 . 司法与法治卷 / 侯建新主编；程汉大
著 . —北京：商务印书馆，2023
ISBN 978-7-100-17851-8

Ⅰ . ①欧… Ⅱ . ①侯… ②程… Ⅲ . ①欧洲—历史②法
制史—欧洲 Ⅳ . ① K500 ② D950.9

中国版本图书馆 CIP 数据核字（2019）第 205332 号

本卷系国家社会科学基金重大招标项目
"欧洲文明进程研究"（批准文号：12&ZD185）最终成果之一

"十三五"国家重点图书出版规划项目

侯建新　主编

欧洲文明进程
司法与法治 卷
程汉大　著

商 务 印 书 馆 出 版
（北京王府井大街 36 号　邮政编码 100710）
商 务 印 书 馆 发 行
北京市十月印刷有限公司印刷
ISBN 978 - 7 - 100 - 17851 - 8

2023 年 5 月第 1 版　　　　开本 710×1000　1/16
2023 年 5 月北京第 1 次印刷　印张 45¼

定价：228.00 元

总　序

侯建新

　　在课题组全体成员孜孜不倦的努力下，春风夏雨，十年一剑，《欧洲文明进程》（16卷本）终于面世了。这部多卷本著作，通过追溯欧洲文明诞生以来的历史进程，旨在探索回答几代中国人的问题——何谓欧洲文明？它从不同的侧面描述和阐释，跨语境地感知和感悟，希冀离真相再近一步！作为课题主持者，也是分卷作者，回顾走过的这段路程，我有如释重负的快乐且怀有由衷的期望，但愿我们不负前贤无愧来者，交上一份合格的答卷。

　　历史上的欧洲文明即于今的西方文明，又称北大西洋文明，是当今世界主要文明之一，也是我们必须与之打交道的重要文明。这部书已从16个方面对欧洲文明做了专题性论述；"总序"则力图横纵结合、通达遂晓，从总体上探讨它——诸如欧洲文明的时空维度；欧洲文明形成的条件；欧洲文明确立的标志，即"文明元规则"的生成；还有，欧洲文明对现代世界深刻而复杂的影响等。希望"总序"对这部书的完整性有所助益；同时方便读者阅读和理解全书。末了，再介绍一下这个课题的来龙去脉。

　　何为西方文明的核心内涵，或者说西方文明是什么？这是本序也是本部书要回答的主题。在开始我们的主题前，暂且把目光收回，回首一下近代中国人对西方文明的认知变化。对欧洲文明的认识，总有一个循序渐进、由浅入深、由表及里的过程。无论如何，前人的经验、认识及研究成果，是我们继续研究的基础；况且，中国命运始终是我们探索欧洲文明的动力。

一、回首：近代国人欧洲观嬗变

从16世纪到18世纪，以利玛窦（Matteo Ricci）、汤若望（Johann Adam Schall von Bell）、南怀仁（Ferdinand Verbiest）等为代表的耶稣会士来华传教，同时扮演了欧洲文明传播者的角色。虽然他们带来的欧洲历算知识、火炮技术等，曾经被明朝和清朝政府部分接纳，不过未能触动传统的华夷文明观。以鸦片战争为节点进入近代后，国人对欧洲的认知大致可以分为三个阶段：

从鸦片战争到甲午战争。1840年的鸦片战争，是中国与西方世界碰撞的开始，也是国人了解欧洲文明的标志性起点。战争失败后，魏源的《海国图志》、徐继畬的《瀛寰志略》等一批海外舆地著作相继出现。作者介绍了欧洲各国的经济、社会、文化及民情风俗等，并强调欧洲在世界文明格局中的中心位置。魏源对欧洲文明印象强烈，"欧列国万民之慧智才能高大，纬武经文，故新地日开，遍于四海焉"[①]；徐继畬《瀛寰志略》亦有积极评价。两次战争的失败，使中国人意识到欧洲并非中国周边的"蛮夷"可比，尤其关注西洋船坚炮利之"长技"。因此，不久洋务运动启动，一批军工企业开始建立，声光化电等西学著作相继出版，使中国人进一步认识到欧洲科技和物质成就。

国门逐渐打开，动摇了部分士大夫的华夷文明观，一部分人开始承认欧洲文明的先进性。冯桂芬是洋务派代表人物之一，可他对西方的认知不止于"器物"，他说，"人无弃材不如夷，地无遗利不如夷，君民不隔不如夷，名实必符不如夷"，故应"惟善是从"。[②] 19世纪70、80年代，近代第一位驻外公使郭嵩焘和广东青年士子康

---

① 魏源撰、陈华等点校注释：《海国图志》，岳麓书社1998年版，第1103页。
② 冯桂芬：《校邠庐抗议》，上海书店出版社2002年版，第49页。

有为，也体会到这一点。康有为1879年游历香港后"乃始知西人治国有法度"。不过他们的看法总体上未突破中体西用的框架。

对欧洲文明的认识，也存在明显误读，甚至不无荒诞。一部分人承认欧洲文明的可取之处，可是认为所谓"西学"不过源自古代中国而已：西洋人的技术发明，其原理早已由中国上古圣人阐发，诸如电线、西医、火轮汽机等，都能在经典古籍中找到，或者出于《易经》，或者出于《墨子》等。西洋政教风俗同样源于中国，即所谓"泰西近古"说，诸如"在上下之情通，君民之分亲……实有三代以上之遗意焉"。[①]

从甲午战争到五四运动。甲午战争的失败，对中国知识界是一次前所未有的打击，也引发了中国人学习西方的热潮。不少人认为，洋务运动只学了西学的皮毛，策中国于富强，非"西政"不可。这一时期，以进化论为代表的新哲学，以及自由、平等、主权在民、男女平权等新观念，政治、法律等社会科学知识，以及小说、音乐等文学艺术，都开始进入中国。来自海外的各种信息空前丰富，推动中国思想改良，中国人对欧洲文明也有了新认识。严复称，西方社会"身贵自由，国贵自主"。他说："中国最重三纲，而西人首明平等；中国亲亲，而西人尚贤；中国以孝治天下，而西人以公治天下；中国尊主，而西人隆民。"[②]1900年，梁启超发表《立宪法议》，将欧洲君主立宪制度视为最合理的制度，强调宪法的根本法地位，"盖谓宪法者，一国之元气也"。

总之，在追求制度变革的背景下，欧洲文明和中国文明的地位出现反转，孙中山《三民主义》一书指出：义和团失败后，中国人"便明白欧美的新文明的确是比中国的旧文明好得多……要中国强盛，要中国能够昭雪北京城下之盟的那种大耻辱，事事便非仿效外国不可，不但是物质科学要学外国，就是一切政治社会上的事都要学外国"。

---

① 王韬：《弢园文录外编》，上海书店出版社2002年版，第89页。
② 严复："原强""论世变之亟"，王栻主编：《严复集》第1册，中华书局1986年版，第17、3页。

民国初年新文化运动，给予西方文明前所未有的肯定，具有一定的理论色彩。新文化运动的先进知识分子赞扬西方社会的价值观，号召个性解放，建立自主自由的人格。陈独秀将欧洲文明特征概括为"人权说""生物进化论"和"社会主义"，他说："科学之兴，其功不在人权说下，若舟车之有两轮焉。"①后来人们将西方文明归纳为科学与民主。李大钊《东西文明根本之异点》认为，东西方道德区别在于，"个性灭却"和"个性解放"，"东方想望英雄，结果为专制政治，……西方倚重国民，结果为民主政治"。

五四运动后到抗日战争。第一次世界大战爆发并使欧洲经济凋敝，引起西方世界的文化反思和悲观情绪，斯宾格勒《西方的没落》即在这个时期面世。与此同时，东方文明救世论在国内兴起，直接影响了国人的欧洲观。1920年，梁启超游历欧洲归国后，出版《欧游心影录》一书，态度大变，他不再说"中国与欧洲之文明，相去不啻霄壤"②，而是认为西方物质文明没有给人类带来幸福，却将人类带入深渊，因此西洋文明已经破产，需要东方文明来拯救。当年曾高歌"欧西文明"的梁氏尚且如此，何况一般人乎？国人对西方认知基础之脆弱，不言而喻。1935年，王新命等人发表《中国本位的文化建设宣言》，倡导新儒家的文化立场，虽然承认学习西方的必要性，但比照以前大打折扣，强调西方文明为物质文明，中国文明为精神文明。

与新儒家相对立的，是坚持全面学习西方的人物，他们继续抱有清末以来一些知识人士对西方的热情。1926年胡适指出，不能将中西文明概括为精神文明和物质文明，凡一种文明必有物质和精神两个因子，而且西方精神发展程度，"远非东洋旧文明所能梦见"。③同时胡适也提倡"整理国故"，他解释说他不是主张"全盘西化"，

---

① 陈独秀："法兰西人与近世文明""敬告青年"，陈独秀著、王观泉导读：《〈独秀文存〉选》，贵州教育出版社2005年版，第45、44页。

② 梁启超："论中国与欧洲国体异同"，张品兴主编：《梁启超全集》第1册，北京出版社1999年版，第312页。

③ 参见欧阳哲生编：《胡适文集》（4），北京大学出版社1998年版，第6、10页。

而是充分现代化。另一位代表人物陈序经在《中国文化的出路》一书中认为，西洋文化是现代的基础文化，是现代化的主体。西方文化并非尽善尽美，但中国文化在根本上不如西洋。[①]

我们力求客观、简约地表述近代国人欧洲文明观的大致轨迹，难免挂一漏万。近代中国人对西方文明的认识经过了一个不断丰富和深化的过程，有高潮也有低谷。他们出于济世救国情怀而关注和评说西方文明，时有切中要害的智慧点评，也出现了一些专业性研究成果。例如，陈衡哲的《新学制高级中学教科书·西洋史》（1924年），被称为一部开山之作；还有高一涵的《欧洲政治思想史》（1926年）、蒋百里的《欧洲文艺复兴史》（1921年）、雷通群的《西洋教育史》（1935年）等。不过，总体来讲，一直到20世纪中期，中国大学很少设置世界史、欧洲史课程，教育基础薄弱，研究机构几近于无。其次，即使一般的认知也限于知识精英，与普通民众几乎无关，而且，知识精英层对西方的认识也没有达成广泛的共识。但无论如何，近代中国人关于西方文明的心路历程，于今仍具有重要价值。

19世纪中叶，当中国首次与西方世界交手并初识这个陌生文明的时候，西方却正在重新审视自己：欧洲文明如何创生，肇始于何时，其本质特征是什么？整个20世纪都是这一认识不断深化的过程，至今没有结束；令人遗憾的是，长期以来国内学界对这些动态信息所知极不充分。

二、欧洲文明的时空维度

先从西方文明的时间维度说起。

历史学家认为，最初的文明诞生于5000年到6000年之前，自此人类历史上曾先后出现数十种文明形态，上古时代基本独立形成的文明被称为"原生型文明"。随着时光的流逝，一些文明凋零了，

---

① 　以上参阅了田涛教授"近代中国对西方文明的认识"授课讲义，谨致谢忱。

一些文明得以延续或再生，当今世界的主要文明不过七八家，其中再生文明居多，它们又被称为"次生型文明"。次生型文明采纳一种或若干种原生型文明的某些成分，但已然是不同质的文明。笔者认为西方文明是次生型文明，与古希腊罗马文明有本质不同，尽管与它们有着某种联系。

然而，西方学界长期将西方文明与古典文明混为一谈。欧洲人何以形成这样的观念，需要回放一下当时的历史画面。

15世纪初叶，处于中世纪晚期的欧洲人，一方面对强势的基督教教会及其文化深感压抑，希望获得更自由的空间；另一方面随着更多希腊罗马古籍的发现，被其典雅富丽的文风所吸引，希望早已衰败湮没的古典文化得以"复兴"，"文艺复兴"（Renaissance）因此得名。殊不知，此时已届中世纪的历史转捩点，面临着划时代的重要突破，岂是古典世界可比？！"他（但丁）是中世纪的最后一位诗人，同时又是新时代的最初一位诗人"[1]，正是指的这一特殊历史时期。远方地平线透出丝丝明亮，人们渴望更多的光明与自由。罗素说，他们不过企图用古典人的威信替代教会的威信而已。[2]这些一心改善现状的人文主义者，无限美化遥远的古典世界，认为罗马帝国崩溃后的历史进入千年愚昧与沉睡，直到现在理性精神才重新被唤醒，因此"黑暗时代"（Dark Ages）、"中世纪"（Medieval, Middle Ages）等话语，一时大行其道，形成一整套话语体系。"中世纪"概念，最先出现在15世纪意大利历史学家比昂多的著作中，其含义不难发现，指两个文化高峰之间的停滞期、低谷期，带有明显的贬义。另一方面，将人文主义者与古典文明绑定，结果自然而然地将中世纪以来的欧洲文明与古典文明并为一谈，似成不刊之论。

三百年后，当18世纪爱德华·吉本撰写巨著《罗马帝国衰亡史》时，他仍然拜倒在古典文明脚下，将中世纪史看成一部衰亡、

---

① 《马克思恩格斯选集》（第1卷），中共中央马克思、恩格斯、列宁、斯大林著作编译局编，人民出版社1972年版，第249页。

② 〔英〕罗素：《西方哲学史》（下卷），马元德译，商务印书馆1982年版，第7页。

阴暗的历史。一直到19世纪中后期，不乏欧洲历史学家仍认为中世纪理智处于昏睡状态中，称之为"死海之岸"。[1]

文艺复兴时期的话语高调持续数百年，临近20世纪才出现拐点，因此对西方自身以及对全球学界的影响不可小觑。中国史学界亦不能幸免。地理和文化相距越是遥远，越是容易留住对方长时段、高分贝释放的声音。例如，翻开几年前我国中学历史教科书，历时千年的中世纪史内容聊胜于无，寥寥几笔便进入文艺复兴话题。也有不同的声音。据我所知，国内学者最早提出不同观点的是雷海宗先生，他在20世纪30年代即指出：欧西文化自公元5世纪酝酿期开始直至今日，是"外表希罗内质全新之新兴文化"。[2]近年也有学者明确指出，欧洲文明不是古典文明主体的延伸，而是新生文明。[3]当下国际学界，传统看法依然存在，然而文艺复兴时期的话语不断被刷新，被颠覆！尤其进入20世纪后，越来越多的学者认为，欧洲文明与古典文明具有本质性区别。

对传统看法最先提出挑战的代表性人物，是活跃在19世纪中后期的基佐。弗朗索瓦·皮埃尔·基佐（1787—1874年），是法国著名历史学家和政治人物，他在《欧洲文明史》一书中，明确区别了欧洲文明与古典文明，而且做了不失深刻的分析。基佐敏锐地发现欧洲文明有着"独特的面貌"，不同于古典文明，也不同于世界上的其他文明。他认为，大多数古代文明都有一种明显的单一性，例如在古希腊，社会原则的单一性导致了一种迅速惊人的发展。"但是这种惊人的腾飞之后，希腊似乎突然耗竭了。"在埃及和印度，这种单一性使社会陷入一种停滞状态。社会继续存在，"但一动也不动，仿佛冻僵了"。欧洲不一样，它存在着多样性，各种势力处于不断斗争

---

[1]　Philip Lee Ralph, *The Renaissance in Perspective*, New York: St. Martin's Press, 1973, p. 5.

[2]　雷海宗：《西洋文化史纲要》，王敦书整理导读，上海古籍出版社2001年版。

[3]　参见侯建新："欧洲文明不是古典文明的简单延伸"，《史学理论研究》2014年第2期；侯建新："交融与创生：欧洲文明的三个来源"，《世界历史》2011年第4期；侯树栋："断裂，还是连续：中世纪早期文明与罗马文明之关系研究的新动向"，《史学月刊》2011年第1期；田薇："关于中世纪的'误解'和'正名'"，《清华大学学报》（哲学社会科学版）2001年第4期。

的状态，神权政治的、君主政治的、贵族政治的和平民政治的信条相互阻挠，相互限制和相互修正。基佐认为，欧洲的多样性为欧洲带来无限的发展机会。①

大约同时代的黑格尔，也表达了相近的观点。黑格尔认为，世界精神的太阳最早在东方升起，古希腊罗马文明是它的青壮年，最后，"太阳"降落在体现"成熟和力量"的日耳曼民族身上，实现了世界精神的终极目的。他特别指出，"在表面上，日耳曼世界只是罗马世界的一种继续。然而其中有着一个崭新的精神，世界由之而必须更生"②。黑格尔的"日耳曼世界"显然指中世纪开始的欧洲文明。不久，马克思在《经济学手稿》中，也将欧洲文明和古典文明明确作了区分。③

最早将这样的历史观引进职业历史学领域的，当数斯宾格勒（1880—1936年）和汤因比（1889—1975年），他们的作品《西方的没落》和《历史研究》，具有广泛的影响。斯宾格勒认为人类历史上主要有八种文明，其中"古典文明"和"西方文明"，都是独特的、等值的、自我本位的，都有不能抗拒的生命周期，虽然西方文明是最年轻的文明。这样的观点同样体现在汤因比的《历史研究》中，汤因比指出，古希腊罗马文明无疑已经完结，被两个接替者所取代，一个是西方文明，另一个是拜占庭文明。他特别指出，所谓神圣罗马帝国不过是一个幽灵，没有什么作用，不能因此便将西方历史视为罗马史的延伸。

对文艺复兴话语的致命冲击，来自20世纪以来中世纪研究的新成就。本来，从一定意义上讲，文艺复兴话语建立在贬损和虚无中世纪的基础上，人文主义者极力赞美的人文主义好像是从地下突然冒出来的，而不是中世纪发展的结果。随着原始文献解读和考古学

---

① 参见〔法〕基佐：《欧洲文明史》，程洪逵、沅芷译，商务印书馆1998年版，第20—40页。

② 〔德〕黑格尔：《历史哲学》，王造时译，上海书店出版社2001年版，第339—340页。

③ 参见《马克思恩格斯全集》（第30卷），中共中央马克思、恩格斯、列宁、斯大林著作编译局译，人民出版社1995年版，第465—510页。

发展，中世纪研究逐步深入，人们越来越不相信"黑暗中世纪"的传统描述；恰恰相反，中世纪是最不安分的、充满创生力的时代。

一批杰出的中世纪史学家，从实证到理论彻底颠覆了人们关于中世纪的认知。例如，梅特兰《英国宪制史》（1908年）、亨利·皮雷纳《中世纪的城市》（1925年）、费尔南·布罗代尔《地中海与菲利普二世时代的地中海世界》（1972年）、贝内特《英国庄园生活》（1938年）、马克·布洛赫《封建社会》（1935—1940年）、奥尔特"共同同意的村规"（1954年）、杜泰利斯《中世纪法国公社》（1978年）、雷诺兹《西欧王国与共同体，900—1300年》（1984年）、麦克法兰《英国个人主义的起源》（1978年）、弗朗西斯等《中世纪乡村生活》（1990年）、戴尔《转型的时代：英国中世纪晚期的经济与社会》（2005年）等。① 这些作品极大更新了人们头脑中中世纪生活的历史画面，令人震撼不已！

皮雷纳力主西方文明产生于中世纪，而且经历了漫长的过程。亨利·皮雷纳（1862—1935年）是著名中世纪学者，然而最终以其欧洲文明研究闻名于世，其论断被表述为"皮雷纳命题"（the Pirenne Thesis）。这位比利时学者认为古典文明是地中海文明，西

---

① F. W. Maitland, *The Constitutional History of England: A Course of Lectures*, Cambridge: Cambridge University Press, 1908; Henri Pirenne, *Medieval Cities: Their Origins and the Revival of Trade*, Princeton: Princeton University Press, First Printing, 1925; Fernand Braudel, *The Mediterranean and the Mediterranean World in the Age of Philip II*, Translated from the French by Siân Reynolds, New York: Harper and Row, First published in English, 1972; H. S. Bennett, *Life on the English Manor: A Study of Peasant Conditions, 1150–1400*, Cambridge: Cambridge University Press, 1938; Marc Bloch, *Feudal Society,* Translated from the French by L. A. Manyon, London and New York: Routledge, English translation, 1961, 1962; Warren O. Ault, "Village By-laws by Common Consent", *Speculum*, Vol. 29, No. 2 (Apr., 1954); C. E. Petit-Dutaillis, *The French Communes in the Middle Ages*, Amsterdam: North-Holland, 1978; Susan Reynolds, *Kingdoms and Communities in Western Europe, 900–1300*, Oxford: Oxford University Press, 1984; A. Macfarlane, *The Origins of English Individualism*, Oxford: Basil Blackwell, 1978; Frances and Joseph Gies, *Life in a Medieval Village*, New York: Harper and Row, 1990; Christopher Dyer, *An Age of Transition? Economy and Society in England in the Later Middle Ages*, Oxford: Clarendon Press, 2005. 20世纪上半叶中世纪史研究的经典作品还有：Norman Scott Brien Gras and Ethel Culbert Gras, *The Economic and Social History of an English Village, Crawley, Hampshire, A.D. 909–1928*, Cambridge: Harvard University Press, 1930; G. G. Coulton, *The Medieval Village*, Cambridge: Cambridge University Press, 1925; R. H. Tawney, *The Agrarian Problem in the Sixteenth Century*, London: Longmans, 1912, 等等。

方文明终结了古典文明，不过文明交替并非随罗马帝国崩溃而实现，而是及至750年到800年，欧洲文明才逐渐确立。①皮雷纳格外关注伊斯兰扩张对西方文明形成的影响，甚至说"没有穆罕默德，就根本无法想象查理曼"云云②，似乎有些夸张了，不过他从更广阔的视野分析罗马帝国与西方文明的消长，将历史时间要素和空间要素有机结合，颇富学术魅力。不止皮雷纳，不少学者都看到了伊斯兰世界对西方文明形成的刺激作用，如《西方文明简史》作者杰克逊·斯皮瓦格尔指出："在700年到1500年之间，与伊斯兰世界的冲突帮助西方文明界定自身。"③

哈佛大学法学家伯尔曼（1918—2007年）史论并茂地论证了西方文明诞生于中世纪。他集四十年心血写成的《法律与革命》，是一部探究西方法律传统形成的鸿篇巨制，明确界定了西方文明内涵和外延。伯尔曼指出，人们习惯上将西方文明与古典文明视作一脉相承，实为一种误读：西方作为一种文明，不仅区别于东方，而且区别于以色列、古希腊和古罗马。它们是不同质的文明。西方文明与它们之间存在着某些联系，然而，主要的不是通过一个保存或继承的过程，而是通过采纳的过程，它有选择地采用了它们，在不同时期采用了不同部分。他认为西方文明成形于11世纪到12世纪，"虽然直到美国革命时才贡献了'宪政'一词，但自12世纪起，所有西方国家，……法律高于政治这种思想一直被广泛讲述和经常得到承认"④。

在当代政治学家中，塞缪尔·亨廷顿（1927—2008年）因其世界文明研究而名动一时，他阐述了相似观点：随着罗马帝国崩溃，古典文明"已不复存在"，如同美索不达米亚文明、埃及文明、克里特文明、

---

① 参见 Henri Pirenne, *Mohammed and Charlemagne*, New York: Meridian Books, 1959, pp. 17, 144, 285。

② Henri Pirenne, *Mohammed and Charlemagne*, p. 234.

③ Jackson J. Spielvogel, *Western Civilization: A Brief History*, Vol. I, Wadsworth: Cengage Learning, 2010, preface, p. xxiv.

④ 参见〔美〕哈罗德·J. 伯尔曼：《法律与革命（第一卷）：西方法律传统的形成》，贺卫方等译，法律出版社2008年版，第2—3、9页。

拜占庭文明、中美洲文明、安第斯文明等文明一样不复存在。他认为西方文明成形于8世纪和9世纪,是次生型文明。①

20世纪中叶以后,这样的观念走进历史教科书,这是一个标志性的转变,1963年布罗代尔推出的《文明史纲》是代表作。费尔南·布罗代尔(1902—1985年),法国年鉴学派即20世纪最重要史学流派的集大成者,以其一系列奠基性研究成果蜚声世界。他指出,欧洲文明发展成形于5—13世纪,其中封建制确立和推行对欧洲文明形成意义重大,以至可称早期欧洲为"封建文明"。他认为:封建主义(Feudalism)打造了欧洲。11、12世纪,"欧洲达到了它的第一个青春期,达到了它的第一个富有活力的阶段"。这种统治是一种"原创性的政治、社会和经济秩序"。②关于封建制与欧洲文明内涵的关系,年鉴学派的另一位代表人物布洛赫在其享誉世界的名著《封建社会》中也做过经典论述。

问世于20世纪中叶亦广受欢迎的教科书《欧洲中世纪史》,开篇标题醒目而明确:"欧洲的诞生,500—1000年"。作者认为新的欧洲文明在公元1000年左右臻于成熟,西方"是中世纪的产品",欧洲文明与古罗马文明有着亲属关系,然而却是"迥然不同"的文明。③该书由美国历史学会主席C.沃伦·霍利斯特等著,至2006年该书已再版10次,成为美国数百所大学的通用教材。

布莱恩·蒂尔尼等在其六次再版的大学教材中指出,中世纪欧洲与罗马时期的社会图景完全不同,"'罗马帝国的衰亡'不仅仅可以被视为一种古代文明的终结,而且还可以视为一种新文明的开端","在11和12世纪,一种新的、独特的西方文化开始萌芽"。④

---

① 参见〔美〕塞缪尔·亨廷顿:《文明的冲突与世界秩序的重建》,周琪等译,新华出版社1998年版,第29、35页。

② 参见〔法〕费尔南·布罗代尔:《文明史纲》,肖昶等译,广西师范大学出版社2003年版,第294、296页。

③ 参见〔美〕朱迪斯·M.本内特、C.沃伦·霍利斯特:《欧洲中世纪史》(第10版),杨宁、李韵译,上海社会科学院出版社2007年版,第5—7页。

④ 参见〔美〕布莱恩·蒂尔尼、西德尼·佩因特:《西欧中世纪史》(第六版),袁传伟译,北京大学出版社2011年版,第2、131页。

正如广为中国读者熟知的《全球通史》的作者斯塔夫里阿诺斯强调，欧洲中世纪是崭新独特的生活方式，有几种新的罗曼语取代了拉丁语，服装、宗教、谋生之道等都发生深刻变化。他说，古典文明被永久湮没，被一种崭新的东西所代替。

至于"欧洲"一词进入欧洲人的实际生活，已到中世纪末期，此前只见于零星记载。据奥地利历史学家弗里德里希·希尔考证，"欧洲"这个概念在罗马帝国后期开始形成，"最初，它只是用以表明一种区别"。人们发现在罗马皇帝的军队中，来自帝国西部的"欧罗巴人"与东方的"叙利亚人"有显著不同。甚至到5世纪初，历史学家还交替使用"欧罗巴人"和"欧罗巴人军队"这两个词。据悉，这是"欧洲"一词能查阅到的最早的文字记载。[①]随着蛮族入侵，先后出现了一系列蛮族王国，法兰克是蛮族王国的主要代表，其加洛林王朝开始正式使用"欧洲"这个概念。

布罗代尔认为，751年建立的加洛林王朝就是第一个"欧洲"，标示为"欧罗巴，加洛林王朝统治"（Europa, vel regnum Caroli）。加洛林王朝的著名统治者查理大帝，被其后的宫廷诗人赞誉为"欧洲之父"（pater Europae）。后来十字军东征，在与阿拉伯穆斯林的冲突中，"欧洲"概念也曾浮出水面。不过，总的看，这个词在中世纪很少被使用，到文艺复兴时期，在但丁笔下还难得见到，不过彼特拉克、薄伽丘等人已一再地使用它。"欧洲"一词进入欧洲人的实际生活并且较频繁地出现在欧洲所有的语言中，则是15、16世纪的事情了。

显然，一个多世纪以来，西方学界关于欧洲文明时间维度的认知，取得了显著进展。可惜，对于这一不断变化的、内容丰盛的百年学术史，国内的介绍既不及时也不充分，更缺乏深入的研讨和分享。

欧洲文明的空间维度，似乎更加复杂。所谓欧洲，基本是文化意义上的欧洲，所以伯尔曼说，西方是不能借助罗盘找到的。地理上的边界有助于确定它的位置，但是这种边界时常变动，依从文化

---

① 〔奥地利〕弗里德里希·希尔：《欧洲思想史》，赵复三译，广西师范大学出版社2007年版，第1页。

内涵而具有时间性。这里说的欧洲是以西欧为代表的，中世纪以来即如此。南欧、中欧和北欧也属于这个文明圈，其地理与文化是重叠的，涵括大约从英格兰到中欧和从丹麦到西西里的诸民族。一部分东欧国家以及俄罗斯，虽然地处欧洲却不被认为属于这个意义上的欧洲国家。西欧某个特定时期的个别地区也是这样，罗伯特·罗伊指出，中世纪的西班牙被穆斯林统治了七百多年，其间西班牙的穆斯林统治者从不认为自己是欧洲人。①

显然，所谓欧洲，有一条看不见的文化边界，近代以来更加明显。"大航海"后欧洲移民在美洲和大洋洲建立起来的国家，如美国、加拿大、澳大利亚和新西兰等被认为是西方国家，虽远离欧洲本土，依然同根相连，叶枝相牵。西方文明的空间维度有一定的时间性和迁动性，未必与自然地理上的欧洲合一。

三、欧洲文明的形成：采纳、改造与创生

以往，我们习惯于将欧洲近代思想之源头，一则上溯于古希腊罗马，二则归因于17世纪自然权利观的出现，竟至低估了中世纪的贡献，低估了日耳曼人关键性的突破。欧洲文明诞生于中世纪，它与古典文明之间不是衣钵传承关系，而是拣选、采纳为其所用的过程。而且，欧洲文明采纳和改造的对象不单单是古典文明，还有日耳曼（Germanic）文化、基督宗教（Christian）、以色列文化等。事实上，入主欧洲的日耳曼人是创生欧洲文明的主体，对该文明形成具有能动的主导作用。所以萨拜因指出："在6世纪和9世纪之间，欧洲的政治命运永远地转移到了日耳曼侵略者之手。"②

日耳曼人是征服者，他们带着其世世代代生活方式的记忆，以

---

① 参见 Robert Royal, "Who Put the West in Western Civilization?", *Intercollegiate Review* (Spring 1998), p. 5.

② 〔美〕乔治·霍兰·萨拜因著、托马斯·兰敦·索尔森修订：《政治学说史》（上册），盛葵阳等译，商务印书馆1986年版，第242页。

不同程度的部落形式整体进入欧洲，开创新生活。在这样的过程中，他们与不同的文化相遇，并从不同的文明中吸取"灵感"，然而日耳曼诸蛮族没有变成吸取对象本身。他们与采纳对象之间的位格也不一样。如果说欧洲文明是一座大厦，古典文明、以色列文明和基督宗教等文化元素不过是石块、砂砾等建材，西欧民族才是建筑师。关于中世纪政治经济制度，人们总是争论罗马因素还是日耳曼因素更多，而忽视谁是创造欧洲文明的主体。后者是有意志、有能动性的人，他们不是古罗马人，更不是古希腊人，而是中世纪西欧诸民族。12世纪罗马法复兴运动中，意大利波隆那大学是重要策源地，那里的罗马法学家们不是古罗马人；文艺复兴运动的代表人物伊拉斯谟不是古希腊人。

西方文明并非由古典世界一直延续下来。相反，罗马文明在西罗马帝国灭亡前就已经被蛮族文明替代，高度发达、极其精致的罗马法律体系与日耳曼民俗法差异极大，距罗马最后一位皇帝被废黜很早以前，罗马文明在西部就已经被哥特人、汪达尔人、法兰克人、萨克森人以及其他日耳曼人的原始部落文明所取代。伯尔曼平实而贴切地描述了这种状况，他说，西方文明与古典文明的关系，"主要的不是通过一个保存或继承的过程，而是通过采纳的过程，即：西方把它们作为原型加以采纳。除此，它有选择地采用了它们，在不同时期采用了不同部分"[①]。

即使日耳曼传统文化本身，也要经过拣选和改造。显然，欧洲文明不是任何一个文明的复制品，它所采纳的其他文明有关部分也不是如法炮制，而是经过极其复杂的交汇、嫁接和改造，所以文明创生的主体性作用不可忽视。从这个意义上讲，"罗马因素"和"日耳曼因素"这样陈旧的话语模式可以被超越，也应该被超越。

日耳曼人来自欧洲北部多雾的海边，分为不同的部落，却有大致相近的传统、惯例和制度，最重要的是马尔克（Mark）村庄共同

---

① 〔美〕哈罗德·J. 伯尔曼：《法律与革命（第一卷）：西方法律传统的形成》，贺卫方等译，第2—3页。

体制度。如何理解他们的共同体（Community）呢？一方面日耳曼人的个体不够强大，不得不依附部落群体；另一方面，他们有着共同的观念，通过共同的行为来追求共同的目的。比较罗马法和日耳曼法就会发现，罗马家长权主要取决于一家之主的"意志"（will），相对应的日耳曼家庭父权制度主要取决于"关系"（relation），作为基本概念，指的是一种保护和依从关系。[①]因此，成员之间没有根本的隶属和支配关系，识别他们的标准是自治和自律。

村民大会和协作轮耕制是其典型标识。马尔克传统在日耳曼人的全部生活里扎下了根，不少学者认为，在整个中世纪里，在大部分欧洲土地上，它是一切社会制度的基础和典范，浸透了全部的公共生活，这并非溢美之词。村社组织并非"残余形式"，而是实际的存在，乡村实行庄园-村庄混合管理结构。[②]即使在农奴制下，村庄也没有丧失集体行为，一些村庄共同体还有自己的印章，甚至有旗帜。中世纪的庄园法庭，明显地保留了日耳曼村民大会的古老遗风。一切重大的安排、村民诉讼以及与领主的争端，都要由这样的法庭裁决。在乡村公共生活中，"村规"（by-laws）享有很高的权威，长期保持旺盛的生命力，受到乡村社会的高度认同。[③]再一个标志性遗产是著名的"敞田制"，强制性轮耕制和放牧制带有明显的"均平"主义色彩。

村民带着这种观念建立的中世纪城市，就是一个城市共同体。他们有自己的法律和法庭，享有一定自治权。一些法兰西和意大利城镇还自称为"城市公社"。城市手工业行会，简直就是村庄组织的翻版，商会亦然。大学被称为"中世纪最美丽的花朵"，人们仍然可以从其教师行会身上看到马尔克共同体的影子。

---

① 参见 Roscoe Pound, *The Spirit of the Common Law*, Francestown: Marshall Jones Company, 1921, pp. 26-27。

② 参见侯建新："西欧中世纪乡村组织双重结构论"，《历史研究》2018年第3期。

③ 参见 Zvi Razi, "The Struggles between the Abbots of Halesowen and Their Tenants in the 13th and 14th Centuries", in T. H. Astonetal., eds., *Social Relations and Ideas: Essays in Honour of R. H. Hilton*, Oxford: Oxford University Press, 1983, pp. 151-167。

　　上层统治架构也深受日耳曼传统的影响。按照日耳曼人的观念，政府的唯一目标就是保障现存的法律和权利，地方习惯法往往成为王国法律的基础。德国学者科恩指出，中世纪的政治思想与其说是中世纪的，不如说是古代日耳曼的，后者也是欧洲封建制得以创建的重要政治资源。[①] 即使法律本身也导源于日耳曼传统，生活中的惯例在法律中具有排他性和独占性。不难发现，不论是乡、镇基层还是上层政治架构，日耳曼的法律、制度与传统文化为早期西方提供了社会组织胚胎。

　　基督教是塑造欧洲文明的重要力量，欧洲文明甚至被称为基督教文明，其实基督教本身也必须经过中世纪的过滤和演化。一个平凡的事实是，同为基督宗教，在这边是天主教和改革后的加尔文新教，在拜占庭和俄罗斯等地就变成颇有差异的东正教。经过中世纪的采纳与认同，基督教潜在要素才得以显现。首先，它以统一的一神信仰，凝聚了基督教世界所有人的精神，这一点对于欧洲人统一的身份意识、统一的精神归属意识，具有无可替代、空前重要的意义。而这样的统一意识，对于欧洲人的身份自觉、文明自觉，又发挥了重大作用。布罗代尔指出，在欧洲的整个历史上，基督教一直是其文明的中心，它赋予文明以生命。

　　其次，它为欧洲人提供了完整的、具有显著的文明高度的伦理体系。基督教早期是穷人的宗教，其博爱观念在理论上（在实际上受很多局限）突破了家庭、地域、身份、种族、国家的界限。耶稣的殉难，以及他在殉难时对迫害他、杀死他的人的宽恕，成为博爱精神极富感染力的象征。博爱精神既为信徒追求大的超越、神圣，实现人生价值、生命意义提供了舞台，也为信徒践行日常生活中的道德规范提供了守则。当基督教出现之后，千百年来折磨人、迫害人、摧残人、杀戮人的许多暴虐传统，才遭遇了从理论到实践的系统的反对、谴责和抵制，以对苦难的同情为内容的人道主义才开始

---

① 参见 Fritz Kern, *Kingship and Law in the Middle Ages*, New York: Praeger Publishers, 1956, Introduction, p. xviii。

流行。它广泛分布的教会组织，对中世纪动荡、战乱的欧洲社会秩序重建，对于无数穷苦人苦难的减缓，起过无可替代的作用。

最后，它关于上帝面前人人平等的观念，无论高贵者还是低贱者皆有"原罪"的理念，导致对世俗权力的怀疑，为以后的代议制度孕育预留了空间。权力制衡权力的实践在罗马时代已出现，但基督教的原罪说才提供了坚实的理论依据，开辟了真正广阔的前景。在上帝救世说中，个人是"原罪"的承担者，而灵魂得救也完全是个人行为，与种族、身份、团体无关；个人的宗教和道德体验超越政治权威，无疑助益个体和个体观念的发展。这是古典世界所不曾发生的。

中世纪基督教会的消极影响也无可讳言，它在相当长的时间里、相当严重的程度上用愚昧的乌云遮蔽了理性的阳光，诸如猎杀女巫运动，对"异端"的不宽容，对"地心说"的顽固坚持，等等。更为严重的问题是，随着教会世俗权力的膨胀，教会也不能幸免自身的腐败。作为近代早期欧洲宗教改革的重要成果，基督教会逐渐淡出世俗，完全回归到心性与精神领域。

古希腊罗马文明是欧洲文明选择、采纳其元素为己所用的另一个重要对象，当然它也要以自己的方式予以改造。古典文明的理性思考，对中世纪神学、经院哲学和对自然科学产生深刻影响。雅典无疑开创了多数人民主的先河，不过我们也应清楚地看到，雅典民主有以众暴寡的倾向，不具备现代民主的气质。说到底，古典时代没有独立的个体，缺乏现代民主的基础。

古罗马对于欧洲文明最重要的贡献是罗马法。罗马法法律体系最初不为蛮族所接受，随着蛮族的成长，12世纪他们重新发现罗马法，采纳了罗马法一些"概念"和"范式"，并重新诠释，结果气质大变，与其说罗马法复兴，不如说再造。人们可能看到，12世纪意大利比萨自由市的法律制度，采用了许多罗马法的规则，可是，相同的准则具有极不同的含义。教会法学家们热衷于解读罗马法，表面上他们在不停地辨析和考证罗马法，试图厘清本意；实际上在不断输入当时的社会共识，表达一种全新的见解。中世纪法学家最杰出的贡献，甚至是唯一成就，就是他们对罗马法中"IUS"概念的重新解读和改造，逐渐彰显自然权利和个体权利，开拓了一种新的文明源泉，为建构欧洲文明框架提供了基本元素。

倘若对中世纪与古典文明有较为深入的把握，就不难发现二者基本气质如此不同，人们对国家和权力的心理，对超自然力量的态度，还有社会组织方式、城乡布局等，都不一样。古典时代没有独立个体或半独立个体，看不到个人权利成长的轨迹，个人融于城邦整体中，最终融于帝国体制中；城邦公民的自由限于参政的积极自由而没有抵御公权侵犯的消极自由。梅因指出，"古代法律"几乎全然不知"个人"，它所关心的不是个人而是家族，不是单独的人而是集团。①在这种情况下，他们只得依附于城邦，当庞大帝国形成时则依附于帝国，如同基佐指出，臣民那么容易地接受帝国的专制政治信仰和感情，对此我们不应感到惊奇。②尽管古典文明达到相当的高度，但是最终还是与其他古代文明一样，未能摆脱谋求强大王朝和帝国的宿命。

无论如何，罗马帝国覆亡以后，不同文明诸种元素熔于一炉，或者一拍即合，或者冲撞不已，更多则是改造和嫁接，形成了一种新的文明源泉。8世纪封建制的确立进一步推进了这一历程。欧洲文明形成要比通常认为的时间晚得多，其过程也漫长得多，正是在这看似无序的过程中，文明元素逐渐更生，至中世纪中期，欧洲文明的内核基本孕育成形。

学者们试图对西方文明核心内涵做出概括性阐释。例如，亨廷顿认为西方文明的主要特征是：古典文明的遗产、天主教和新教、欧洲语言、精神权威和世俗权威的分离、法治、社会多元主义、代议机构和个人主义。西方文明所有重要的方面，他几乎都涉及了，不过这些"特征"没有逻辑关系，甚至因果混淆，未能揭示西方何

---

① 〔英〕梅因：《古代法》，沈景一译，商务印书馆1996年版，第146页。
② 参见〔法〕基佐：《欧洲文明史》，程洪逵、沅芷译，第27、28页。

以成为西方的根本所在。

　　梅因的研究值得关注。他的目光回溯到文明早期，他承认每一种文明都有其不变的根本，他称之为"胚种"，一旦成形，它的规定性是穿越时空的。他发现当下控制着人们行为的道德规范形式，都可以从这些"胚种"中找到根由。[①]也就是说，虽然欧洲文明不断变化，然而也有不变的东西，它所具有的原始特征，从初始到现今，反复出现，万变不离其宗。

　　无独有偶，著名的欧洲思想史学家希尔指出了同样的道理，他称不变的东西是欧洲精神版图上铺开的"重叠光环"。这些主题在欧洲历史中反复出现，直到今天还未失去它们的意义。下句话说得更明了：如果哪位读者首次看到它们时，它们已经穿着现代服装，那么我们不难辨认它们在历史上早已存在，虽然穿着那时的服装。[②]不论希尔的"重叠光环"，还是梅因的"胚种"，这些杰出学者的文明研究，都在探求特定文明的原始、不变的根本元素，颇似中华先贤屈原上下求索中发出的"人穷则返本"之呼唤！

四、欧洲文明确立的标志："元规则"生成

　　笔者认为，12—14世纪形成的自然权利，标志着欧洲文明的确立，它是欧洲文明不变的内核，大概也就是梅因所说的"胚种"。自然权利在一定意义上相当于主体权利，[③]只是角度不同而已。关于自然权利的起源，人们通常认为自然权利观念如同内燃机一样，是现代社会的产物。所幸国际学界近几十年的研究成果不断刷新传统结论，越来越多的学者认为，自然权利观念起源于中世纪，而且逐渐在西方学术界占据了主流地位。

　　欧美学者将自然权利观追溯至中世纪教会法学家的贡献固然重

①　〔法〕梅因：《古代法》，沈景一译，第69页。
②　〔奥地利〕弗里德里希·希尔：《欧洲思想史》，赵复三译，"前言"，第1页。
③　参见侯建新："主体权利与西欧中古社会演进"，《历史教学问题》2004年第1期。

要，不过还应同时关注观念背后的社会生活，关注12世纪社会条件的变化。一种文明的诞生不会凭空而降，必须具备与之相应的个体与群体，特定的社会共识，相应的社会环境。再好的种子落在石板上，也不会发芽成长。

不难发现，到中世纪中期，个体发展与社会发展已经超越了古典时代，本质上不同于古希腊罗马。早在8世纪，欧洲封建制确立，创建一种原创性的政治社会秩序；同时，也是欧洲个体成长的一个重要节点。领主附庸关系蕴藏的信息相当丰富复杂：一方面领主与附庸关系是等级关系，是一种人身依附关系；另一方面领主与附庸双方都必须履行相应的权利和义务，并受到封建法保护。倘若一方没有履约，另一方可以解除关系，也就是说，领主可以抛弃违约附庸，附庸也可以离弃恶劣的领主，因此封建关系中的契约因素不言而喻。这不是说低贱者不受压迫和奴役，这里仅仅是说，他已根据某个法律体系取得了一种不可剥夺的权利——尽管是一种等级权利、低级权利，他却有条件坚持这种权利，从而获得某种程度的保护。耐人寻味的是，这样的法律条款也是封建法的一部分，几乎同时为统治者和被统治者承认，达到相当程度的社会共识。

封建法中的"准契约关系"，深刻影响了中世纪的经济社会生活。在社会上层，按照规定，附庸服军役责无旁贷，然而服役的天数受到严格限制，否则会遭到附庸质疑和抵抗。英国大宪章运动的根本起因，是男爵们不能忍受约翰王破坏封建法，一再额外征召兵役。在社会下层，在采邑里，领主不能随意提高地租，即使在通货膨胀的情况下也很难，所以"习惯地租"几乎成了固定地租的代名词。可见，不论封臣还是普通农民，虽然等级不同权利也不同，然而都有不可剥夺的权利，一种保护自己不被过分压迫和侵夺的权利。正是因为臣民手里有权利，才有维护权利的法庭博弈。

因此人们不难看到，因某个采邑的归属，一个伯爵可以与国王对簿公堂，理直气壮，声称是为了正义和法律的荣誉。同理，一个佃农，即使农奴，为了他的土地权利也可以依据习惯法与领主周旋于庄园法庭。所以中世纪很少发现农民保有地被无故侵夺的案例。实际上，一个农民同时具有三种身份，他是领主的佃户，同时也是村庄共同体成员和教会的教民，这种多元身份也是农民权利保障的重要条件。中世纪城市是封建领地的一部分，市民也有不可剥夺的权利，而且更多一些，颇有吸引力。如果农奴被迫逃亡城市，有被领主追回的危险，但是度过101天后，依据城市法逃亡者便成为一个合法市民，任何人不能威胁他，他在一个新的共同体里再次获得一种权利。

中世纪的乡、镇居民固然不是现代社会意义上的独立个体，然而与其以前世界中的自我相比，与其他文明如古典文明中的自我相比，已经发生了突破性的变化。是否称之为"准独立个体"，才能更恰当、更充分地解释他们呢？这样的个体是中世纪走向现代社会不可或缺的角色，其中坚力量注定是最不安分的、最富有创新精神的人，是不竭动力的源泉。

"准独立个体"出现的历史意义不可低估。一个具有不可剥夺权利的人，一个不可任意奴役的人，一个能够依法自卫的人，一定会产生新的观念和新的语言，炼出新的品质，创造出新的社会关系和一个新的天地。古典世界是杰出的，但是毕竟没能做出本质性的突破，走向现代世界的突破是西欧民族做出的。个体和个体权利的成长，是欧洲千年发展史的一条主线，整个中世纪都可以理解为个体及个体权利成长的历史。正是在这个意义上，弗兰克·梅耶指出，在人类过去数千年的诸多伟大文明中，西方文明是独特的，不仅与古典文明有所区别，与其他所有文明都有所区别，而且是一种本质性的区别。[①]个体以及个体成长史，是欧洲观念、规则等产生的原点，也是欧洲文明产生的原点。

与古典文明及其他古代文明一样，欧洲中世纪不曾有独立个体（individual）；不过，还须看到变化的一面，大约中世纪中期，欧洲

---

① 参见 Franks S. Meyer, "Western Civilization: The Problem of Political Freedom", *Modern Age* (Spring 1968), p.120。

已然出现形成中的独立个体，发展中的独立个体——"准独立个体"。历史从这里分流。

　　实际上，已经有学者用实证的方式描述这种个体的发展足迹。剑桥大学人类学家艾伦·麦克法兰将英国个人主义（Individualism）追溯到1200年；戴尔则认为英国自中世纪中期就启动了社会转型，开始从共同体本位逐渐转向个人本位。①正如布洛赫所描述的那样，在12世纪，"自我意识的成长的确从独立的个人扩展到了社会本身。……从民众心灵深处产生的观念，与神职人员虔诚追求交汇在一起"②。基于多元的文化交流和灵动的现实生活，在上至教皇、教会法学家、中世纪思想家，下至乡镇普通教士踊跃参与的讨论中，欧洲社会形成了颇有系统的权利话语及其语境，阐明了一系列权利观念，其中自然权利概念应运而生，被称为一场"语义学革命"（semantic revolution）。③一扇现代社会之窗被悄悄地打开。

　　欧洲学者首先将自然权利的渊源追溯到14世纪，这主要是法国哲学家米歇尔·维利（Michel Villey）等人的贡献，半个世纪后，即20世纪中叶，以布赖恩·蒂尔尼为代表的历史学家则追溯得更远，认为自然权利观念产生于12世纪。④彼时，一位意大利教会法学家格拉提安（Gratian），将罗马法学家注释学成果以及数千条教会法规汇编成书。为了纪念他的杰出贡献，后人称该书为《格拉提安教令集》（Decretum of Gratian，简称《教令集》）。在这部《教令集》中，格拉提安重新解释了罗马法中ius的概念，启动了这一概念中主体、主观的含义。继而，12世纪若干教会法学家不断推进，鲁菲努斯（Rufinus）是自然权利概念发展的关键人物，他指出，"ius

---

①　分别参见 A. Macfarlane, *The Origins of English Individualism*; Christopher Dyer, *An Age of Transition? Economy and Society in England in the Later Middle Ages*。

②　Marc Bloch, *Feudal Society: The Growth of Ties of Dependence*, Vol. I, London and New York: Routledge, 1989, pp. 106–107。

③　Takashi Shogimen, *Ockham and Political Discourse in the Late Middle Ages*, Cambridge: Cambridge University Press, 2007, p. 154.

④　参见 Brian Tierney, *The Idea of Natural Rights: Studies on Natural Rights, Natural Law and Church Law, 1150–1625*, Cambridge: Scholars Press, 1997。

naturale"是一种由自然灌输给个人的力量，使其趋善避恶。另一位学者休格西奥（Huguccio），被称为12世纪最伟大的教会法学家，也指出 ius naturale 是一种行为准则，其最初的意义始终是个人的一种属性，"一种灵魂的力量"，与人类的理性相联系。至此，自然权利概念逐渐清晰起来。

进入14世纪，著名学者奥卡姆的威廉（William of Ockham）明确将罗马法中的 ius 阐释为个体的权能（potestas），并将这种源于自然的权利归结于个体，正是在这个意义上，自然权利又称为主体权利，奥卡姆被誉为"主体权利之父"。他说，这种权利永远不能被放弃，实际上它是维持生命之必须。[①] 自然权利（nature rights）和主体权利（subjective rights）的出现，第一次确认了在实在法权利（positive rights）之外还有位阶更高的权利，突破了以往单一的法律体系。它们不是法庭上实际运用的权利，而是"天赋权利"，是所有时候都应该承认的权利，具有极其重要的引导和感召作用，成为欧洲深层次的社会规则系统生成的思想源泉。

生活中的实际存在，反复出现的个体与群体的行为，以及观念与话语，必须上升到抽象、系统的概念和理论表述，才能沉淀下来，存续下去，从而成为社会秩序的灵魂，也就是文明的核心要素。自然权利如同欧洲文明之胚种，埋下胚种，就要生根发芽、开枝散叶，12、13世纪的法学家们创造出许多源于自然权利的权利，发展出一种强有力的权利话语体系，衍化成相应的元规则，构成欧洲文明内核。

"元规则"（meta-rules）的定义是：某种特定文明首要、起始和关键的规则，决定规则的"规则"，被社会广泛认同并被明确定义，成为社会生活的基本准则。欧洲文明元规则内涵高度稳定，以至于渗入法律和政治制度层面，从而奠定西方文明基础，使西方成为西方。这个体系大致包括五个方面的基本内容，即"财产权利""同意权利""程序权利""自卫权利"和"生命权利"。它们源自自然，不

---

① 参见 Brian Tierney, *The Idea of Natural Rights: Studies on Natural Rights, Natural Law and Church Law, 1150-1625*, p. 122。

可剥夺，也不可让渡；它们是应然权利，是消极自由权利，却深刻影响着社会走向。五项元规则简述如下：①

1.财产权利（rights to property）。随着罗马法复兴，教会和法学界人士掀起了一场财产权讨论，而方济各会"使徒贫困"的争论第一次将财产权与自然权利概念联系在一起。

方济各会创建于1209年，宣称放弃一切财产，效仿基督，衣麻跣足，托钵行乞，受到历届教宗的鼓励。可教宗约翰二十二世在位时，却公开挑战"使徒贫困"论的合理性，他认为方济各标榜放弃一切所有权是不可能的。显然，教宗只是从实在法权利角度评判"使徒贫困"，而放弃了自然权利意义上的财产权。奥卡姆从"人法""神法"以及"自然权利"等大量权利概念分析入手，结合基督教经典教义，论证了他的复杂的主体权利思想。

奥卡姆承认方济各会士没有财物的实在法权利，然而他们来自福音的自然权利却不可剥夺，是无需任何契约认定的权利，而且位阶高于实在法权利。②结果，奥卡姆彰显了财产观中的自然权利，从而成功地捍卫了方济各会的合法性。

中世纪自然权利观念深刻地影响到社会的财产权利观。《爱德华三世统治镜鉴》（*Speculum Regis Edwardi III*）强调这样一个原则：财产权是每个人都应当享有的权利，任何人不能违背他的意志夺走其物品，这是"一条普遍的原则"，即使贵为国王也不能违反。社会底层人的财产权最易受到侵害，所以王室官员强买贫苦老农妇的母鸡是更严重的犯罪，"必将受到现世和来世的惩罚"。作者排除侵权行为的任何华丽借口，"不存在基于共同福祉就可以违反个人主体权利的特殊情况"。③

---

① 关于欧洲文明元规则论述，详见侯建新："中世纪与欧洲文明元规则"，《历史研究》2020年第3期。

② 参见 Brian Tierney, *The Idea of Natural Rights: Studies on Natural Rights, Natural Law and Church Law, 1150–1625*, pp.121–122。

③ Cary J. Nederman, "Property and Protest: Political Theory and Subjective Rights in Fourteenth-Century England", *The Review of Politics*, Vol. 58, No. 2, 1996, pp. 332, 343.

13世纪初叶《大宪章》的大部分内容，都关涉到臣民的财产权利。依附佃农的财产权利也并非缺位，他们依照惯例拥有一定的土地权利并受到习惯法保护，权利是有限的却是很难剥夺的。有一定保障的臣民财产权，有利于社会财富的普遍积累。

2. 同意权利（rights to consent）。 "同意"作为罗马法的私法原则，出现在罗马帝国晚期，进入中世纪，"同意"概念被广泛引申到公法领域，发生了质的变化，成为欧洲文明极为重要的元规则之一。

首先，"同意"概念进入了日常生活话语。按照日耳曼传统，合法的婚姻首先要经过父母同意，但至12世纪中期，年轻男女双方同意更为重要，并且成为一条基督教教义。同意原则甚至冲破了蛮族法的传统禁令，可见日耳曼传统也要经过中世纪社会过滤，此乃明证。教会婚姻法规定只要男女双方同意，即使奴隶与自由人之间的婚姻也是有效的，奴隶之间的婚姻亦然。

其次，同意原则成为公权合法性的重要基础。教会法学家认为，上帝授予人类拥有财产和选择统治者的双重权利，因此，不论世俗君主还是教宗，都要经过一定范围人士同意，才能具有足够的权威和足够的合法性。日耳曼诸蛮族入主欧洲，无论王国颁布新法典，还是国王加冕，无不经过一定范围的协商或同意。英王亨利一世加冕后写给安塞姆主教的信中说："承蒙你和其他人的忠告，我已经向自己与英格兰王国人民做出承诺，我是经过男爵们普遍同意而加冕的。"[①]

乡村基层社会亦如此，庄园领主不能独断专行，必须借助乡村共同体和村规，否则很难实行统治。这些"村规"被认为是"共同同意的村规"（Village By-laws by Common Consent）。庄园领主宣布决定或法庭判决时，一定宣明业已经过佃户全体同意，以彰显权威，而这些过程确实有佃户的参与。

最后，值得关注的是，在确立同意原则的同时，提出对"多数

---

① Austin Lane Poole, *From Domesday Book to Magna Carta 1087-1216*, Oxford: Oxford University Press, 1993, p. 10.

人同意"的限制。多数人的表决不是天然合理。其表述相当明确：民众的整体权利不比其个体成员的权利更高，对个人权利的威胁可能来自统治者，也可能就来自共同体内的多数派。显然他们已然意识到并直接排拒"多数人暴政"，中世纪即发出这样的警示难能可贵。13世纪初，特鲁瓦教堂多数派教士发动一场"财政政变"，试图强占少数派的葡萄园，结果，多数派的这一做法遭到教宗英诺森三世的否定，他的批示是：多数票决不能剥夺教士共同体中少数派的个人权利。可见，同意原则与古典时代判然不同，是民主程序，更是个人自然权利，后者不可让渡。同意原则不仅在观念上被广泛接受，在实践上也得到一定范围、一定程度的实施。

3. 程序权利（rights to procedure justice）。中世纪法学家把坚持正当程序看作一个具有独立价值的要素，在他们的各种权利法案中，程序性条款占据了法律的中心地位，法律程序地位的高低被认为是法治与人治之间的基本区别。正当审判程序原则最早见于1215年英国《大宪章》：对于封臣，如未经审判，皆不得逮捕、监禁、没收财产、流放或加以任何其他损害。还决定推举25名贵族组成委员会，监督国王恪守《大宪章》并对其违规行为实施制裁。这些高度权威性的法条，从程序上明确规约政府公权力，使臣民免于被随意抓捕、监禁的恐惧，体现了程序正义的本质，筑起法治的基石。

实行陪审制的英国普通法，更有利于"程序正义"要素的落实，他们认为刑事审判属于"不完全的程序正义的场合"，即刑事审判的正当程序不一定每次都导致正当的结果，于是，"一种拟制的所谓半纯粹的程序正义"陪审制成为必要的弥补。陪审团由12人组成，与被告人身份相当，即"同侪审判"；犯罪性质全凭陪审团判定，且须陪审员一致通过，陪审团是真正的法官。判决后的案例（case）即成为此后类似案件审理的依据，所以他们不仅是法官而且还是创造律条的法学家！陪审制使得一部分司法权保留在社会手中，减少了司法权的官僚化和法律的僵硬化。

在欧洲大陆，审判程序也趋向严格和理性化，强调规范的诉答和完整证据，即纠问制（inquisitorial system）。13世纪以后逐渐产生了代表国王行使公诉权的检察官制度，理由是刑事犯罪侵害个人同时威胁公共安全。另一个重要发展是，不断出台强化程序的种种限定，以防止逮捕、惩罚等权力的滥用。如遇重要犯罪判决，还要征求庭外一些资深人士意见。由于僵硬的证据要求，为获取口供以弥补证据不足，刑讯逼供往往成为法官的重要选项，纠问制法庭的暴力倾向明显。

近代以后，英国普通法法系与大陆法系有逐渐接近的趋向。"程序正义"从程序上排拒权力的恣意，强调"看得见的正义""最低限度的正义"以及"时效的正义"等；对当事人而言则是最基本的、不可让渡的权利。人们往往热衷于结果的正义，而真正的问题在于如何实现正义以及实现正义的过程。

4. 自卫权利（rights to self-defense）。 又称为抵抗权（rights to resist），即防御强权侵害的权利，在中世纪，指臣民弱势一方依据某种法律或契约而抵抗的权利。抵抗权观念主要萌芽于日耳曼人传统中，那时人们就认为，他们有权利拒绝和抗拒违规的部落首领。进入中世纪，他们认为，国王和日耳曼村社首领之间没有天壤之别，仅仅是程度上的差异。抵抗权利观念可谓中世纪最有光彩的思想之一。欧洲封建制的领主附庸关系，被认为是一种准契约关系，这不是说欧洲封建制没有奴役和压迫，而是说奴役和压迫受到了一定的限制。倘若一方没有履约，另一方可以解除关系，即"撤回忠诚"（diffidatio）。"撤回忠诚"是从11世纪开始的西方封建关系的法律特性的一个关键。

由于抵抗权的确立，国王难以掠夺贵族，贵族领主也难以掠夺农民，从而有利于生产和经营，有利于社会财富的良性积累，成为英国、荷兰等西欧国家农业经济突破性发展的秘密。人们不难发现，国王与某贵族对簿公堂，国王未必胜诉。在一桩土地权利诉讼案中，被告席上的伯爵这样表示："如果我屈从于国王意志而违背了理性，……我将为人们树立一个坏的榜样：为了国王的罪恶而抛弃法律和正义。"① 可见，如果受到不公正的对待，附庸可以反抗，理直气壮地反抗！

同时，国王不能侵害封臣领地，封臣完成规定的义务外，国王不能从封臣采邑中拿走一个便士。"国王靠自己生活"，即国王只能依靠王室领地收入维持王室生活和政府日常开支，只有在战争时期才能向全国臣民征税。在相当长一段时期内，西欧的国王或皇帝没有固定的驻地，他们终年在其所管辖的领地之间巡行，称为"巡行就食"，因为把食物运到驻地的成本过于昂贵。法兰克国王、盎格鲁－撒克逊国王、诺曼诸王、金雀花诸王无不如此。欧洲没有、也不可能有中国那样的"漕运"②。德皇康拉德二世1033年的行程是：从勃艮第巡行到波兰边境，然后返回，穿过香槟，最后回到卢萨提亚。直线距离竟达1 500英里左右！即使在王室领地上，国王的消费——所收缴租税的折合，也受到习惯法限制，国王随行人员数量、停留天数等都有具体规定。

同理，不论在王室庄园还是一般领主庄园，佃农的习惯地租基本是不变的。地租固定可以保证领主的收入，另一方面防止领主的过分侵夺。习惯地租被称为保护农民经济的"防波堤"（dyke），有助于土地增值部分流进农民口袋，促进小农经济繁荣。以英国为例，有证据显示，农业资本主义的成功是以小农经济的普遍繁荣为基础的。在二三百年的时间里，地租基本不变，佃户个体可以积累资金、扩大土地和经营规模，形成富裕农民群体（well-to-do peasantry），从中产生租地农场主或新型地产主，从而改变乡村社会结构。

人们普遍接受这样的理念——领主不能为所欲为，许多表面看来似乎只是偶然的起义，其实基于一条传统深厚的原则：在国王或领主逆法律而行时，人们可以抗拒之，甚至暴力抵抗之，这并不违背封建道德。附庸的权利得到法律认定，逻辑上势必导致合法自卫

① Fritz Kern, *Kingship and Law in the Middle Ages*, pp. 88-89.
② 漕运，指中国皇权时代从内陆河流和海系将征缴的官粮送到朝廷和运送军粮到军区的系统。漕运被认为是王朝运转的命脉，因此中国历代皇权都开凿运河，以通漕运。

权。附庸可以离弃恶劣的领主，是欧洲著名"抵抗权"的最初表达，被认为是个人基本权利的起点。自卫权没有终结社会等级之间的对抗，然而却突破了单一的暴力抗争模式，出现了政治谈判和法庭博弈，从而有利于避免"零和游戏"的社会灾难，有利于社会良性积累和制度更新。

英国贵族抵抗王权的大宪章斗争，最终导致第一次议会召开，开创政治协商制度的先河。近代美国1776年《独立宣言》、法国《人权宣言》等欧洲重要国家宪法文件，都不断重申抵抗的权利。人们不断地溯源，因为在这里可以发现欧洲文明的原始特征，布洛赫说："西方封建主义虽然压迫穷人，但它确实留给我们西方文明某些至今仍然渴望拥有的东西。"①

5. 生命权利（rights to life）。 生命权之不可剥夺是近代启蒙学者的重要议题，然而该命题同样产生于中世纪。教宗英诺森四世和尼古拉斯三世等，都同情方济各会士放弃法定财产权利的修为，同时支持会士们继续获得维持生命的必需品。他们同声相应，都在为生命权利观背书。进入14世纪，教会法学家更加明确指出，人们可以放弃实在法权利，但不可放弃源自上帝的自然权利，这是人人皆应享有的权利，方济各会士有权利消费生活必需品，不管是否属于他所有。②

出于上帝面前人人平等的理念，基督教对待穷人有一种特殊的礼遇。无论多么边缘化的人，在上帝的眼中，没有什么根本区别。甚至，可以原谅因贫穷而犯下的过错。他劝诫富者捐赠穷人，提倡财物分享，那样才是"完全人"。③12世纪《格拉提安教令集》就有多篇文章为穷人权利声张，法学家休格西奥宣称，根据自然法，我们除保留必需之物外，余裕的部分应由需要的人分享，以帮助他人

---

① Marc Bloch, *Feudal Society: Social Classes and Political Organization*, Vol. II, London and New York: Routledge, 1989, p. 452.

② 参见 Brian Tierney, *The Idea of Natural Rights: Studies on Natural Rights, Natural Law, and Church Law, 1150–1625*, pp. 121–122。

③ 《新约·马太福音》19：21。

度过饥荒，维持生命。当近代洛克写下"慈善救济使每个人都有权利获得别人的物品以解燃眉之急"的时候，生命权观念在欧洲已经走过了若干世纪，并且为社会捐献和贫困救济提供了最广泛的思想基础。

1601年，欧洲出台了现代历史上第一部《济贫法》，它不是教会也不是其他民间组织的慈善行为，而是政府颁布的法律文件，不仅济贫而且扶助失业劳动者。生命权元规则已外化为政府职能和政策，普遍、系统的社会福利制度得到极大发展，没有广泛和深入的社会共识是不可想象的。而它肇始于中世纪，其基本规则也确立于中世纪，被认为是中世纪向现代国家馈赠的最重要的遗产。

在极端需要的情况下穷人可以拿走富人余裕的物品，此之谓"穷人的权利"，由此生命权也是穷人革命的温床。13世纪教会法学家提出穷人在必要时有偷窃或抢劫粮食的"权利"，同时提出穷人索取不能超过必需的限度，否则即为"暴力掠夺"。在极端饥寒交迫的情况下，蒙难者采取非常手段获得维持生命的物品，如果腹的面包，或者几块取暖的木头是可以原谅的。可是，在实践中如何分辨"必要索取"与"暴力掠夺"？另一个悖论是，穷人的权利主张在现实生活中未必行得通，因为它们往往与法庭法律发生冲突。穷人为生存可以抢劫，这是自然权利使然；但按照实在法他们就是犯罪，要受到法庭制裁。中世纪法学家似乎给予自然权利更神圣的地位，他们认为，在法官眼里抢劫者是一个盗贼，可能被绞死，但在上帝眼里他仍然可以被原谅，如果他因生活所迫。

也就是说，即使法律禁止，主体权利本身仍然不可剥夺。[①]生命权利内含的平等观竟如此坚韧！欧洲是资本主义的策源地，殊不知它也是社会主义的故乡，发源于欧洲的空想社会主义思想的核心就是平等。不难看出，"元规则"对西方文明的影响既深远又复杂。

以上，并未详尽无遗地列出西方文明的所有元规则，这些元规

---

① 　参见 Bede Jarrett, *Social Theories of the Middle Ages 1200–1500*, Westminster: The Newman bookshop, 1942, p. 123。

则也并非无一出现于其他文明之中，不过每个元规则皆植根于自然权利，而且自成体系，约束公权，笃定个体，激发社会活力，的确赋予西方文明以独有的秉性。自然权利、主体权利是欧洲文明之魂。越来越多的学者认识到，西方文明是独特的，不是普遍的，正是这些独特的内在规定性，使该文明有别于世界其他文明。经过几百年的发展，欧洲率先进入现代社会：英国1688年发生政权更迭，史称"光荣革命"，确立了君主立宪制；接着，美国、法国、意大利、德意志等也先后发生政治转型。经济上，欧洲培育出人类历史上第一个以工业为主要生产方式、城市为主要生活舞台的文明，彻底地改变了整个人类生产和生活模式。

"元规则"还有一个显著特征，它保持了足够的开放性。我们发现，欧洲文明是一条大河，在西欧诸民族主导下，凝聚了基督教世界所有人的基督教信仰，古典文明和以色列文明元素，还有他们自己的颇具个性的日耳曼传统文化，不断为它注入丰沛的水量，到中世纪中期形成了一种新的文明源泉。中世纪绝非"空档期"，恰恰相反，它是不同文化的汇通期、凿空期，更是开拓期，孕育确立新文明，循序趋近新纪元。正是在这样的基础之上，西方文明才形成近代以来浩瀚汹涌、汪洋恣肆、奔腾向前的大河景象。西方文明的发展历程雄辩地证明，一个文明要有伟大、持久的生命力，就要不断地从不同文明吸收营养，不断地自我革命，不断地开拓创新。

列出欧洲文明初创期确立的五项元规则，不意味着这些元规则总是存在并总是通行于西方社会。实际上，一些元规则所涵盖的基本权利最初只在有限的人群范围内和有限的程度上实行，虽然享有这些基本权利的人群范围在不断扩大。中世纪有农奴制，大部分农民丧失了一定的人身自由，那是领主对佃农的奴役。还有国王对臣民的奴役，基督教信徒对非基督教信徒的奴役，男人对女人的奴役，无论其范围大小、程度轻重，作为曾经长期存在于西方历史上的现象，无疑是消极、阴暗的。进入近代，还有殖民者对殖民地人民的暴行和奴役等等，不一而足。显然，欧洲文明元规则没有使西方变成一片净土。

此外，这些元规则本身也存在深刻的内在矛盾。例如，多数人权利与个人权利的关系、平等与自由的关系等，长期得不到妥善解决，反而随着民粹主义和民族主义的泛滥而更加复杂化。又如，依照"生命权"元规则，政府建立健全社会福利制度，全民温饱无虞而广受褒奖；另一方面，低效率、高成本的"欧洲病"①等问题又随之产生。生命权与财产权的抵牾之处也是显而易见的。欧洲文明其他元规则也出现不少新情况、新问题，它们的积极作用同样不是无条件的。"生活之树长青"，即使"天赋人权"旗帜下的主体权利，也不是推之百世而不悖的信条，历史证明，过度放纵的社会和过度压抑的社会，同样是有害的。

五、关于本书：《欧洲文明进程》（16卷本）

一个时期以来，有关"文明"的研究受到国内外学界的广泛关注，进入21世纪该因素越发凸显出来。欧洲文明是世界文明的重要组成部分，是欧美等发达国家的核心文化，是我们不可回避的一种外来文明。分析、评估欧洲文明利弊得失并消化其积极因素，乃是鸦片战争以来我国几代人的夙愿，也是我国学界不可推卸的一份责任。

"周虽旧邦，其命维新。"中华文明自古以来就以海纳百川、兼容并蓄的胸怀闻名于世，正是由于不断地汲取其他文明的精华才使我们得以生生不息，文脉永续。走自己的路，却一刻不能忘怀先贤"开眼看世界"的遗训。我们相信，西方文明是一个必须直面的文明，也是一个值得花气力研究的文明，无论这个文明之花结出的累累硕果，还是其行进过程中吞下的历史苦果，都值得切磋琢磨，化作我们"为往圣继绝学，为万世开太平"的有益资源。

就地域和文化差异而言，欧洲文明是距离我们较远的异质文明，

---

① "欧洲病"，指西方国家由于过度发达的社会福利而患上的一种社会病，其结果是经济主体积极性不足，经济低增长、低效率、高成本，缺乏活力。

是经过第二次或第三次发酵的再生文明，一种相当复杂的文明，理解、研究起来有一定难度，绝非朝夕之功。需要笃定不移的专业精神，代代相承的学术积淀，因此还需要长期安定、宽容、鼓励创新精神的社会环境。可惜，相当长一个时期，这些条件的供应并不充分，甚至短缺。鸦片战争以后的漫长岁月里，中国多灾多难，饱受内忧外患和战乱之苦，后来又有各种政治冲击，以至于"偌大国土放不下一张平静的书桌"。

前辈先贤的筚路蓝缕之功不能忘怀。令人欣慰的是，欧洲史乃至世界史研究，自20世纪80年代已有明显起色。在改革开放春风吹拂下，国门渐开，社会宽松，思想活跃，人心向上，尽管生活清贫，还是让老一代学者回归学术，更是吸引了一代年轻学人，追寻真知，潜心向学。经过改革开放四十年，他们已经成为这个领域承上启下的中坚力量。由于他们特殊的经历，对社会环境有着特殊的体验，因此他们格外感恩自己生命的际遇。毫不溢美地说，经过几十年的积累，我国的欧洲文明史研究取得了突破性进步，开土拓荒，正本清源，极大更新了以往的知识体系。为了夯实继续前行的基础，薪火相传，是否应该及时梳理和小结一下？

新世纪初年，我产生这个念头，并与学界和出版界几位朋友讨论，大家的看法竟是出乎意料地一致。更令人欣喜的是，当按照理想人选组成课题组时，所邀之士无不欣然允诺。当时没有什么经费，也没有任何项目名头，所邀者大多是繁忙非常的一线教授，可是他们义无反顾，一拍即合。本课题组成员以改革开放后成长起来的学人为主体，大多为"50后"和"60后"。雁过留声，用中国人自己的话语和方式，留下这一代人对欧洲文明的认知记录，以学术反哺社会是我们共同的梦想。2008年这个课题已经启动，2012年全国社科规划办公室批准为国家重大招标项目，则是四年以后的事了。

我们的学术团队是令人骄傲的，主要成员都是欧洲史研究不同领域的优秀学者。以天津师范大学欧洲文明研究院为依托，集中了国内外12个高校和学术机构的力量，他们来自北京大学、中国社会科学院、中国人民大学、南京大学、山东大学、山东师范大学、华东师范大学、浙江师范大学、中山大学、河北大学和英国伯明翰大学。这个项目颇具挑战性，因为每卷即是一个专题，承担者要打通传统断代分野，呈现来龙去脉，所以被称作"自讨苦吃"的项目。每个子课题大纲（即每个分卷大纲），在数次召开的课题组全体会议上，都要反复质疑和讨论方得通过。从每卷的主旨目标、框架结构，到重要概念，时常争论得面红耳赤，此情此景，令人难忘。"一年好景君须记，最是橙黄橘绿时"，此时此刻，我谨向团队学人同道致以由衷的敬意和感谢！

《欧洲文明进程》（16卷本）是中国学者撰写的第一部多卷本欧洲文明研究著作，分为16个专题，涵盖了政治、法律、经济、宗教、产权、教育以及乡村和城市等欧洲文明的主要方面。我们试图突破一般文明史的叙述方式，采纳专题史与年代史相结合的编写体例。每一卷就是一个专题，每个专题都要连贯地从欧洲文明肇始期讲到近现代；同时，各个专题之间相互补充，相辅相成，让读者通过不同的侧面逐渐丰富和加深对欧洲文明的总体认知。我们的原则是局部与整体结合，特定时段与历史长时段结合，历史细节与文明元规则结合。这是我们的愿望，效果还有待于读者诸君检验。

16个专题，也是欧洲文明16个重大问题，它们是：

1. 欧洲文明进程·民族源流 卷
2. 欧洲文明进程·农民地权 卷
3. 欧洲文明进程·司法与法治 卷
4. 欧洲文明进程·政府 卷
5. 欧洲文明进程·赋税 卷
6. 欧洲文明进程·基督教 卷
7. 欧洲文明进程·自由观念 卷
8. 欧洲文明进程·大学 卷
9. 欧洲文明进程·大众信仰 卷
10. 欧洲文明进程·地方自治 卷

11. 欧洲文明进程·生活水平 卷

12. 欧洲文明进程·贫困与社会保障 卷

13. 欧洲文明进程·市场经济 卷

14. 欧洲文明进程·城市与城市化 卷

15. 欧洲文明进程·工业化 卷

16. 欧洲文明进程·贸易与扩张 卷

2008年着手课题论证、体系策划和组建队伍，这样算来我们走过了十几个年头。自立项伊始，朝斯夕斯，念兹在兹，投入了可能投入的全部精力和时间，半日不得闲。蓦然回首，年华逝去，多少青丝变白发。眼下，课题结项，全部书稿杀青，《欧洲文明进程》（16卷本）即将由商务印书馆出版。感谢张椿年先生，他是中国社会科学院荣誉学部委员、世界历史研究所原所长，他满腔热忱地鼓励本课题的论证和立项，时常关心课题的进展。可惜椿年先生不幸溘然离世，未看到该成果面世。我们永远怀念他。感谢著名前辈学者、中国社会科学院原常务副院长、德高望重的丁伟志先生，他老人家数次与我长谈，提出许多宝贵的指导性意见，那几年常有书信电话往来，受益良多，至为感激。感谢天津师范大学原校长高玉葆教授，他信任我们并最早资助了我们，使本项目得以提前启动。感谢三联书店原副总编潘振平先生，他参加了本课题早期创意和策划。感谢商务印书馆原总经理于殿利的支持，感谢郑殿华主任、陈洁主任和杜廷广等编辑人员；感谢天津师范大学陈太宝博士以及欧洲文明研究院的其他同仁，他们为本成果的出版付出了辛勤的劳动。还有许多为本成果问世默默奉献的人士，我们心存感激，恕不一一。

2021年，春季，于天津

目　录

前　言

美国法学家昂格尔认为，现代欧洲和古代中国"分别代表了出现法治和缺乏法治的两种极端"，而其余的"大多数文明形态始终位于上述两种极端之间"[①]。昂氏把古代中国视为"缺乏法治"的典型代表毫无疑问是出于偏见，但他断言现代欧洲是法治文明的先进代表却反映了国内外学界的主流观点，因为自古代希腊罗马起，欧洲人民就为建立法治而进行了卓有成效的理论思考与实践探索，并于近代初期率先跨入现代法治的大门。时至今日，欧洲依然居于世界法治文明的最前列。

毋庸置疑，欧洲能够开创法治先河并在法治文明道路上始终领先于世界，涉及政治、经济、社会、文化等多方面的原因，因为"法治的过程实际上是立法、行政、司法这些方面的协同运作，还包括整个社会以非正式的制度和非制度的运行"[②]。但是，在影响法治的诸多因素中，法律（立法）和司法无疑是最直接、最重要的两大因素，其中司法之于法治，或许更为关键，因为法治之要不仅在于法律是否良善完备，还在于法律能否真正走进社会生活，产生实效，而司法不但是催生早期法律的助产士，而且是所有成文法和不成文法道成肉身的必由之路和化虚为实的终极保障。所以，欲想理清欧洲法治文明的来龙去脉，探明其先进性的前因后果，必须对欧洲司法文明的特质及其

[①]　〔美〕R.M.昂格尔：《现代社会中的法律》，吴玉章、周汉华译，译林出版社 2001 年版，第 104 页。

[②]　朱苏力："2009 年 6 月 2 日在华东政法大学'中华学人'讲座上的演讲"，http://www.sohu.com/a/246980009_649174，最后访问时间为 2017 年 5 月 10 日。

历史成因进行深入探讨。

一、司法是催生法律的助产士

早期法律无不起源于原始习惯，而原始习惯得以演变为法律则全赖司法之功。

在人类产生之初，曾经有一个既不知法律更不知司法为何物的初民社会。那时，国家尚未产生，社会混乱不堪，但并非毫无规则，因为只要有了人类社会，就必须有某些基本的社会规范来约束暴力冲突和规制人们的行为，以保证社会存在所必要的公共秩序和社会成员最基本的自由权利。例如，那时已有调整人们婚姻关系、协调生产劳动与产品分配的习惯，有推举氏族首领、举行宗教祭祀活动的习惯等。这些原始习惯以社会习俗、伦理道德、宗教禁忌等形式而存在，是社会大众约定俗成的自发产物，堪称"全民公约"，其效力主要仰赖人们的共同认可和自觉遵守、氏族首领的威望以及社会舆论力量，而不是诉诸（当时也不存在）物质化、外在化的暴力机关和强制手段，故而实际效能极其有限。用德国法学家耶林的话说，这种"背后没有强力"的原始习惯仅仅是"不发光的灯、不燃烧的火"。[①]

所以，原始习惯的出现尽管标志着社会向着秩序化迈出了第一步，但那时的秩序是极其有限和脆弱的。虽说霍布斯把初民社会设想为一种冲突迭起、战争不断的丛林状态是令人难以苟同的，但像卢梭那样把初民社会描绘成一个人人遵守自然法则、彼此自由平等的美好时代也是大可商榷的。如果立足人之本性回溯远古，初民社会更可能是一种秩序与混乱交织一起的状态，因为人既是社会的，又是个体的；作为社会的人需要交往与协作，本能地追求秩序；作为个体的人天生渴望自主、向往自由。前者是人的社会本能，后者是人的生物天性，二者构成了人类社会赖以存在与发展的两大必要

---

① 转引自〔美〕罗斯科·庞德：《通过法律的社会控制 法律的任务》，沈宗灵、董世忠译，商务印书馆 1984 年版，第 17 页。

前提。但是，由于秩序和自由是一种相反相成的关系，二者可能是统一的，也可能是对立的，因此，如何协调二者的内在张力、平衡二者的关系，便成为人类社会无法回避的永恒课题。不过，一般说来，秩序之于社会更为必要，因为"自由只有通过社会秩序或在社会秩序中才能存在，而且只有当社会秩序得到健康的发展，自由才可能增长"①。亨廷顿根据现代某些国家民主转型中出现的政治动荡现象曾明确指出："首要的问题不是自由，而是创建一个合法的公共秩序。很显然，人类可以无自由而有秩序，但是不能无秩序而有自由。"②在生产力低下、资源贫乏、暴力冲突在所难免的远古时代，人类社会对秩序的需求尤为迫切强烈，原始习惯就是这一社会需求的时代产物。然而，由于缺乏强制力，原始习惯还无力构建稳固的社会秩序。于是，大量冲突只能通过私力救济自行解决，亦即由冲突的受害方依靠个人力量，采用暴力手段，对侵害方实施报复，以维护自身利益。其典型方式有两种，一是"以眼还眼、以牙还牙"的同态复仇，二是在近亲属帮助下的群体性血亲复仇。前者多发生于氏族内部的个人或家庭之间，后者多出现在氏族部落组织之间。

　　私力救济是人类历史上最早采用的一种解纷方式，曾经广泛流行于东西方初民社会。它通过受害方直接惩罚侵害方的方式，弥补了习惯规范效力不足的缺陷。但是，由于解纷主体就是一方当事人，而且仍以暴力为主要手段，在缺乏严格程序规范的条件下，很容易被滥用和扩大化，其结果往往引发大规模的部族械斗和无休止的冤冤相报，致使本来就脆弱不堪的社会秩序深陷危机。可见，在初民社会，既不像霍布斯设想的那样毫无规则、乱象丛生，也不像卢梭描绘的那样人人和睦相处、秩序井然。可以肯定的是，那时一方面告别了弱肉强食的动物世界，开始踏上秩序化的道路，另一方面暴

---

　　① 〔美〕查尔斯·霍顿·库利：《人类本性与社会秩序》，包凡一等译，华夏出版社1999年版，第300—301页。

　　② 〔美〕塞缪尔·亨廷顿：《变革社会中的政治秩序》，李盛平等译，华夏出版社1988年版，第8页。

力和混乱依然充斥社会。这种状况直到法律产生之后才宣告终结。"法律存在的真正的基本的必备条件是，社会授权的当权者合法地使用物质强制。法律有牙齿，必要时会咬人，虽则并不时时使用"①。因此，只有在法律产生之后，社会关系的协调才"从原始社会个别的、偶然性的和任意性的调整进到普遍性、共同性和规范性的调整，从自发性调整进到自觉的调整"②，人类社会才真正走出混乱无序的丛林世界，跨入正常有序的文明时代。③

不过，作为文明起源标志的法律，既不是立法创造，更不是天降神器，法律是借助司法的催生之力，从原始习惯的母体中脱胎而来的。这一"法律源于司法"的观点是英国法学家梅因首先提出来的。④ 他通过对英国、罗马、印度等国早期法律的比较研究发现，无论是东方还是西方的古代法律，都是沿着判决—习惯—习惯法—成文法的顺序产生发展起来的。最初的法只是由家长、族长等社会首领假托神意做出的判决，即"地美士"（Themis）。它们都是针对特定案件，还不是一般性规则。随着时间的推移，类似的判决相沿成习后演变为"达克"（Dike），即习惯。再经过一定的积累扩大后，习惯发展为普遍性的习惯法。习惯法虽未成文，但却是真

① 〔美〕霍贝尔：《原始人的法：法律的动态比较研究》，严存生等译，法律出版社2006年版，第25页。
② 文正邦："论法治文明"，《现代法学》1998年第2期。
③ 董必武说："说到文明，法律要算一项，虽不是唯一的一项，但也是主要的一项。"《董必武政治法律文集》，法律出版社1986年版，第520页。
④ 关于法律的产生问题，除了梅因的司法起源说外，学界还有几种具有代表性的观点，例如，（1）神谕说：认为法律源于神的旨意，人类是通过神的启示才得知法律的。该观点曾长期流行于古代中世纪的东西方国家。（2）主权者意志说：认为法律是主权者的意志、命令。在君主专制时代，该理论曾占有绝对地位，君主一言九鼎，言出法随，具有不容置疑的最高立法权威。（3）自然理性说：认为法律是自然理性的投影与化身。该理论否定了神谕说和主权者意志说，是自然法学的一个核心观点。（4）民族文化说：认为法律起源于"民族精神""民族传统"。该观点为历史法学派代表人物德国法学家萨维尼所创立。（5）阶级统治工具说：认为法律是统治阶级利益和意志的体现与产物，是统治阶级用以统治国家、控制社会的工具。该观点是正统马克思主义法学的核心理念之一。上述诸观点，有的因明显违背科学与事实（如神谕说），早已无人问津，有的内含一定合理成分（如法律体现理性和民族文化特点等），所以程度不同地被当代法理学所吸收。比较而言，梅因的司法判决起源说既符合常识常理，又得到大量实证依据的支持，故最为可信。

正意义上的法律。文字出现后，人们才能够把社会公认的习惯法汇编为成文法典。①总之，在梅因看来，法律虽然根源于古代习惯，但两者有着本质的区别，由古代习惯到法律的质变全赖司法淬炼之功。

按照司法起源说的逻辑，到初民社会后期，随着生产力的发展，劳动力的价值日益凸显出来，以私力救济为主导方式的原始习惯越来越无法适应社会的需要。为减少和避免暴力与牺牲，人们开始采用赔偿赎罪的和平解纷方式，取代了以暴制暴的血亲复仇。改用和平解纷方式是人类告别野蛮、走向文明的重要一步，但强势方依然能够恃强凌弱，在钱财赔偿上欺压弱势方。为求公平正义，人们自然而然地把目光投向当时的社会公共权威——氏族首领、宗教祭司或民众大会，希望他们出面主持公道。于是，由氏族酋长、祭司或民众大会居中裁判的司法就产生了。无论裁判者是一个人还是一个民众集会，都是凭借自身的社会权威和公众信任，以中立第三方的身份介入纷争的，都是采用说理和裁判的方式来定分止争。尽管裁判规则依旧是既有的习惯规范，但通过裁判过程和判决的执行，习惯规范获得了强制力，转变为"有牙齿"的法律。再后，通过各种具体判决的积累与归纳，一套社会公认的具有普遍性的习惯法就产生了。

上述过程告诉我们：第一，法律产生于国家之前，而司法又是催生法律的助产士，所以法律和司法皆先于国家而存在。②如果说原

---

① 参见〔英〕梅因：《古代法》，沈景一译，商务印书馆1996年版，第6—11页。

② 法律和司法产生于国家之前是中外多数学者的共识。例如，美国史学家摩尔根说："审问罪犯的法庭以及规定刑罚的法律，在氏族社会中是出现得很晚的；但是在政治社会建立以前，这些已出现了。"（见〔美〕摩尔根：《古代社会》，杨东莼等译，商务印书馆1971年版，第123页。）再如，奥地利法学家埃利希说："法律史表明……司法并不起源于国家，它在国家存在之前就已产生。"（见〔奥〕尤根·埃利希：《法律社会学基本原理》，叶名怡、袁震译，中国社会科学出版社2009年版，第102页。）又如，德国法学家拉德布鲁赫说："法是先于国家并超越于国家的，甚至国家法律只有在超法律的法中，而不是在国家与自己的法律的关联中找到其有效性的根据，因为这种关联只是法律有效性的一个非常脆弱的基础。"（见〔德〕拉德布鲁赫：《法律智慧警句集》，舒国滢译，中国法制出版社2001年版，第6页。）恩格斯也明确认为，法律不是国家的产物，相反，国家是在法律产生以后因应于"维护法律"的需要才产生的，他说："在社会发展某个很早的阶段，产生了这样的一种需要：把每天重复着的生产、分配和交换用一个共同规则约束起来……这个规则首先表现为习惯，不久便成了法律。随着法律的产生，就必然产生出以维护法律为职责的机关——公共权力，即国家。"〔见《马克思恩格斯选集》（第3卷），人民出版社1995年版，第211页。〕

始习惯是法律之母，那么，司法就是法律之父。第二，在其产生之初，法律只是一种社会规范，司法也仅是一种社会权力。质言之，社会性而非国家性，是法律和司法与生俱来的本质属性。[①]

二、法制双重性与法治的命运

法律和司法生来相依为命，二者之和即构成法制。

法制产生之初，由于社会规模狭小，人际关系简单，自然极其简陋粗糙。那时，以习惯法为存在形式的法律还残缺不全，未成体系，执掌司法的酋长、祭司或民众集会还不是专职公管人员，更非法律专家，故而只能称其为原始法制。不过，原始性丝毫不影响法制建立的划时代意义。正是因为有了法制，人类才终于找到一种和平的自我管理方式，社会才真正从无序走向有序、从野蛮走向文明，司法也因此而成为人类史上最早发明的一种常规性社会治理手段。

原始法制只存在于文明产生到国家出现之间的特定历史时期。及至初民社会末期，随着社会规模的扩大和生产力的发展，家庭成为基本生产单位，以氏族部落为主体的原始公共管理模式被历史所淘汰，国家应运而生，其标志是专职公共管理人员的出现和常设公共管理机构亦即政府的建立，[②]与之伴随的则是立法权、行政权等国家权力以及军事暴力机关的产生。与此同时，法制作为一种现成而有效的社会治理手段，理所当然地被国家所"收编"，从而成为国家机器的一个组成部分。

由于国家是异化于社会的政治组织，是统治者用以控制社会的统治工具，因此，归属国家后的法制也不可避免地发生相应异化：在继续保持其固有的社会性本质的同时，增加了一种新的属性即国

---

① 关于法律的社会性与国家性问题，周永坤有专文论述。见周永坤："社会的法律与国家的法律——从国家与社会的关系看中西法律的差异"，《法商研究》2003 年第 2 期。

② 参见韩东屏："国家起源问题研究"，《华中师范大学学报》2014 年第 4 期。

家性。于是，在国家背景下，法制既是服务全民的社会公器，又是服务国家（政权）的政治工具。由此可见，尽管人们习惯于将司法权与行政权、立法权并列为国家三大基本权力，但实际上它们之间存在深刻的不同：行政权和立法权是国家的伴生物，属于单一性的国家权力、政治权力，而司法权则兼具社会性和国家性、法律性与政治性双重品格。唯其如此，孟德斯鸠才写下了那句发人深思的名言："司法权在某种意义上可以说是不存在的。"① 对此，恩格斯也曾给予明确肯定，他说，司法权"是某种与行政权完全不同的东西"，它"是国民的直接所有物……这一点不仅是原则本身，而且从历史上来看都是早已证明了的"。②

　　毋庸置疑，在不同的国家，法制的异化速度与程度是存在巨大差异的。在异化速度和程度比较高的国家，法制的社会性本色消退迅速，国家性增长明显。在异化速度和程度比较低的国家，法制保持了较多的社会性本色，国家性增长缓慢。由此导致两种基本法制类型的分野：一种以国家为本位，即国家性占主导地位；另一种以社会为本位，即社会性占主导地位。当然，这两种法制类型都是理论概括的产物，分别代表着两个极端，而在实践上，两种极端类型都是极其罕见的。历史和现实中的国家法制通常只能位于两端之间的某个坐标点上，因为一如恩格斯所言，国家的"政治统治到处都是以执行某种社会职能为基础，而且政治统治只有在它执行了它的这种社会职能时才能持续下去"③。就此而言，任何国家的法制都是国家性与社会性、统治性与服务性、法治与人治的二位一体，差别仅仅在于两种属性的权重比例不同。此外，就一个国家而言，法制内含的两种属性总是处于相互交织与博弈之中，由此导致二者的权重比例始终变动不居，并直接影响法制的品质与性能，决定着一个

---

　　① 〔法〕孟德斯鸠：《论法的精神》（上册），张雁深译，商务印书馆 1997 年版，第 160 页。

　　② 《马克思恩格斯全集》（第 41 卷），人民出版社 1993 年版，第 321 页。

　　③ 《马克思恩格斯选集》（第 3 卷），人民出版社 1995 年版，第 523 页。

国家的法治走向与命运。

这里涉及法制（legal system）与法治（rule of law）两个概念及其相互关系的问题。对此，国内法学界在 20 世纪 80 年代曾进行过集中讨论，并形成了如下共识：法制意为法律制度，法治意为法的统治；前者为形式和工具，后者为内涵和目的；二者既密切相关，又彼此有别。在应然层面，法制与法治是协调统一的——法制发展越早越迅速，法治进步就越快，法制越是健全完备，其法治含量就越高。但在实然层面上，法制与法治经常是不统一的。所以，尽管所有国家都建有法制，但其法治含量却千差万别。有时候，法制与法治甚至背道而驰：法制越健全，法治越落后，这就是塔西佗所说的"国家愈糟，法网愈密"和老子说的"法令滋彰，盗贼多有"的历史吊诡现象。

充分认识法制的双重性和两种法制的不同品质与性能，对于法治建设具有重要意义。在社会本位的法制下，尽管成文立法将逐渐增多，日益占据主导地位，但习惯法会长期保持生命力，而且，不管是习惯法还是成文立法，都主要源于大众需求，体现社情民意，亦即哈耶克所说的"自下而上"内生于社会的"内部规则"，故多是道德上良善、价值上公正、功能上优越、具有普遍性的良法。良法既能保障公共秩序与安全，又能维护个人自由权利。而此时的司法主要授权于社会公意，能够独立于政治权力而自主地履行法律职能，真正担负起正义最后防线的重任；同时，在政治生活中，司法权凭借其社会性天赋以及深厚的历史基础，有义务也有能力与立法权和行政权分庭抗礼，监督制约政治权力的运行，防止权力恣意妄为、侵害权利。概言之，社会本位的法制具有保护国民私权、约束国家公权的性能，属于良法善制，注定成为推进法治的动力。与之相反，在国家本位的法制下，习惯法必然日趋式微，成文立法将构成法律主体，其中主要或相当部分源于政府需求，体现权力意志和国家利益，亦即哈耶克所说的"自上而下"外加于社会的"外部规则"，所以普遍性多有欠缺，公众利益和个人自由权利被置于从属地位，必要时可能沦为国家利益的牺牲品。而此时的司法主要授权于政治权威，通常程度不同地充当政府推行政策、控制国民的统治工具，极端情况下甚至蜕化为政治权力的刀把子乃至专制暴政的帮凶。这样的法制实际上是徒有法之名而无法之实的恶法劣制。恶法劣制之下，法治必亡（纳粹德国和我国的秦朝即为典型例证）。所以，历史上有法制而无法治、法制愈严格专制愈残暴的现象不乏其例。

　　总之，法制的品质是个不确定的变数，或优或劣，取决于自身国家性与社会性的权重对比，并因此而决定着一个国家的法治命运。

三、优良司法是法治的柱石

　　优良法制包括优良法律和优良司法两部分，前者为法治之基，后者为法治之柱。若单就二者比较，司法之于法治更为关键，因为徒法不足以自行，再优良的法律也必须通过司法才能落地生根、开花结果。对此，德国法学家拉德布鲁赫曾有过经典论述，他说，法律"不应高悬于我们之上的价值的天空，它必须获得尘世的、社会学的形态"，法律只有降临尘世，才能实现自身价值，否则将形同虚设，而法律"从理念王国进入现实王国的门径，则是谙熟世俗生活关系的法官。正是在法官那里，法才道成肉身"。① 马克思也说过，司法是"法律的生命形式"，"审判程序和法二者之间的联系如此密切，就像植物的外形和植物的联系，动物的外形和血肉的联系一样"。② 唯其如此，但凡法治国家无不高度重视司法制度建设，古今中外的法学家无不高度重视司法理论研究。我国学者舒国滢在谈及司法的法治意义时，曾形象而深刻地比喻说：

　　　　司法是一个国家的法治宏大架构的拱顶，它由一块块坚固

---

① 〔德〕拉德布鲁赫：《法律智慧警句集》，舒国滢译，第 8 页。
② 《马克思恩格斯全集》（第 1 卷），人民出版社 1956 年版，第 178 页。

的垒石——刚性的制度规定、正当程序以及公正无私的法官等等构成，制度、程序和法官诸部分相互交错、相互切合、相互支撑，共同承受整个法治大厦的重力，并使这样一个大厦能够经受社会——历史风雨的蚀损，而长久地保持其稳定的基础和坚韧的结构。①

美国法理学家德沃金也以同样生动的语言——"法院是法律帝国的首都，法官是帝国的王侯"②——给予司法重要性以充分肯定。总之，司法是法律的生命源泉，它头顶价值的天空，脚踏现实生活大地，是"顶天立地"的法治柱石，难怪欧洲自中世纪起就流行一句格言："司法为至善，法律为中善（或者说法律只是工具），法学为下善。"③

柱石的地位意味着司法必须品性优良才能支撑起法治大厦。那么，什么是品性优良的司法呢？千百年来的实践经验和理论研究业已证明，优良司法是指司法的结构是科学合理的，司法程序是公正理性的，司法的法律功能和政治功能都是强大有效的。

司法结构分内部结构和外部结构两部分。内部结构是指司法自身的关系构造，外部结构是指司法与其他国家权力的关系构造。"当存在于诉讼结构中时，司法权与当事人发生关系；当存在于权力结构中时，司法权与其他权力，如立法权、行政权等权力发生关系。"④故而美国大法官吉布森认为，"司法权可以被分为政治权力和纯粹司法权力。那些被一个政府机关用来控制另一机关或对其行为施加影响的权力，是政治权力"⑤。在内部结构中，司法与政治是隔离的，其功能是纯法律性的，应当具有完全独立性；在外部结构中，司法

---

① 舒国滢："从司法的广场化到司法的剧场化——一个符号学的视角"，《政法论坛》1999 年第 3 期。
② 〔美〕德沃金：《法律帝国》，李常青译，中国大百科全书出版社 1996 年版，第 361 页。
③ 〔美〕罗伯特·雅各布：《上天·审判——中国与欧洲司法观念历史的初步比较》，李滨译，上海交通大学出版社 2013 年版，第 5 页。
④ 沈国琴：《中国传统司法的现代转型》，中国政法大学出版社 2007 年版，第 10 页。
⑤ 北京大学法学院司法研究中心：《宪法的精神》，中国方正出版社 2003 年版，第 23 页。

与政治是交织一起的，其功能主要是政治性的，应当具有相对独立性。

　　优良司法的内部结构与功能至少应具备以下特点：第一，司法组织及其运行规则是统一和谐的。尽管现代国家的法院组织普遍分为中央法院、地方法院和各种专门法院，其职权和运行规则也不尽相同，但这仅是分工不同，体制上必须保持全国一体化，相同的案件必须适用相同的法律规则，否则将破坏法律和司法管辖权的统一。达玛什卡曾将司法过程比喻为一场音乐会，除了要有完备的乐器、娴熟的演奏者外，法律规则就如同乐谱的一个个音符，必须相互协调一致才能保证音乐会的成功。① 第二，法院和法官是职业化和专业化的。因为法律都是普遍性规则，具有一定抽象性，而诉讼案件都是具体的，呈现千姿百态，二者之间总是存在一定的距离，由此造成各种各样的法律"皱褶"，法官在审判案件时必须把它们"熨平"。② 所以，法官判案不可能像自动售货机那样简单机械地套用法条，需要注入自己的主观判断，运用自由裁量权，没有专业知识和职业经验是很难确保正确适用法律的。此外，法律职业应实行自治，包括拥有自我管理的职业组织和职业教育制度，是为职业化和专业化的内在要求。第三，审判权的配置和诉讼模式的结构是合理的。由审、控、辩三方组成的三角架构已被公认为是最为合理的一种诉讼模式，审判权是中心，必须严守中立，不偏不倚。控诉权和辩护权应相互平等，形成对抗，这样既有助于查明真相，也有利于保障法官中立。其中，允许当事人聘请律师辩护至关重要，因为作为在野法曹的律师天然地站在社会利益和个人权利一边，是监督和制约国家公权力、推进法治的一支专业化的有生力量。第四，遵循正当法律程序，奉行程序优先原则。严格的程序是防止法官肆意妄断的"马勒"，是保证司法公正的前提和基础。其中，司法公开、利益回避（与案件

---

　　① 参见〔美〕米尔伊安·R.达玛什卡：《司法和国家权力的多种面孔——比较视野中的法律程序》，郑戈译，中国政法大学出版社2004年版，"致中国读者的引言"，第2页。
　　② 〔英〕丹宁勋爵：《法律的训诫》，刘庸安等译，法律出版社1999年版，第13页。

有利害关系的法官必须回避）是普遍性原则，罪刑法定、罪刑相当、无罪推定是刑事司法的基本原则。第五，采用适当方式吸收社会参与，引入民主，这是司法权之社会本性的要求。具体方式可以多种多样，例如，可以实行法官选举制，由社会直接控制法官的任免，也可以采用陪审团制度，由随机产生的陪审员参与庭审，与职业法官分享裁判权。但社会民主参与以不得削弱司法职业化、不得违反法定程序、不得侵害个人正当权利为底线。

优良司法的外部结构与功能至少应当具备以下条件：第一，司法必须独立。法院和法官必须在组织上和职权上独立于立法机关和行政机关以及其他一切政治权力，必须独立地行使审判权，不受外界控制和影响。为此，法官的任期和报酬必须得到切实保障，以解除其后顾之忧；法官的职务行为应享有追诉豁免权，以保证"法官从所有国家权力影响中解脱出来"[①]。第二，司法能有效监督制约政治权力。监督和制约以立法和行政为代表的国家政治权力，是司法责无旁贷的政治使命。在理论上，这一使命之于司法应该说是较为沉重的，因为司法机关一无金钱，二无军队，只有判断权，而且只能应求而动，无权主动作为，天生就是国家三权中最弱小的一个。因此，欲要司法胜任这一政治角色，就必须为之提供必要的制度保障，例如，赋予司法权以名副其实的宪法权威，使之拥有与立法权和行政权平等对抗的权能；建立司法审查制度，为其履行监督制约立法行为、行政执法活动的职权提供具体有效的途径与方法。

这里需要说明的是，国家语境下的司法从来不是一个自给自足的闭合系统，而是国家政治体制的一个组成部分，所以，司法不可能孤立地自生自长，必然受制于国家体制，甚至决定于后者。对此，美国法学家达玛什卡曾明确指出："政府结构和政府功能这两种政治因素在很大程度上影响着程序规则（司法制度——引者注）的生

---

① 〔德〕拉德布鲁赫：《法学导论》，米健等译，中国大百科全书出版社1997年版，第100页。

长环境，并因此在很大程度上决定着程序制度的基本设计。"① 因此，司法品性的优劣不仅与自身因素直接相关，还与国家政治体制紧密联系在一起。

四、欧洲是优良司法的先行者

欧洲法治文明的领先地位是与其优良先进的司法密不可分的。尽管欧洲司法也经历过从愚昧到理性、从落后到先进的漫长演化过程，但通过共时性横向比较就会发现，在历史的各个时代，欧洲都位居世界司法文明的前列。

早在 2500 年前，希腊就突破宗教神权的束缚，立足人的理性，建立起了以陪审法庭为主体的民主司法制度。陪审法庭代表国家行使司法权，但陪审员是抽签产生的普通公民，每个审判庭由数百人组成，实为公民大会的缩微，这是一种典型的社会本位型和民主主导型的集会式司法。诉讼当事人必须在法庭上公开陈述诉求，进行面对面的辩论，也可聘请演说家代为或协助辩论；案件审判过程遵循严格的程序规范，包括辩论发言都有时间限制；判决由陪审员通过无记名投票做出，体现了公开、公平、公正的法治原则。不过，由于希腊司法过分迷恋民主，无视法律专业化要求，庭审过程很容易变成一场不可预期的辩论赛，为变幻不定的民意所左右，甚至被能言善辩的演说家所操纵，致使判决结果具有极大的不确定性，公平正义自然难以保证。

紧随希腊之后，被誉为"法律民族"的罗马人制定了古代最完备的成文法，建立了当时世界上最先进的司法制度，这集中体现为司法开始走向专业化。他们创立了专门法院，设立了专职裁判官，培育了律师和法学家集团，开创了法学研究和法律教育的先河。在司法实践上，罗马基于公法与私法的区分，将诉讼分为"公犯之诉"

---

① 〔美〕米尔伊安·R.达玛什卡：《司法和国家权力的多种面孔——比较视野中的法律程序》，郑戈译，"致中国读者的引言"，第 1 页。

与"私犯之诉"两类。公犯之诉是指侵害国家与公共利益的诉讼，私犯之诉是指侵害个人权利与利益的诉讼。与之相适应，罗马建立了刑事与民事两种法院以及两种不同的审判程序。

罗马的刑事审判先后采用"敌对行为两人审委会预审"与"向民众会议申诉"相结合和"裁判官提起诉讼"与"民众会议审判"相结合的诉讼模式。在此模式下，两人审委会或裁判官是公诉人，代表国家行使追诉权；民众会议是裁判官，保持消极中立立场；被告人可以自我辩护，也可聘请辩护人代为或协助辩护。到共和国后期，刑事司法出现更为细致的专业分工，设立了分别审理谋杀与投毒罪、伪造遗嘱和其他文件罪、严重叛国罪、贿选罪、索贿罪、盗用公共财产罪六个常设刑事法庭。[①] 每个法庭由元老院任命的一名裁判官和另外五名专业法官组成。公元前123年，常设刑事法庭采用陪审团制度，由随机选出的50名陪审员参与审判，并赋予被告人以申请陪审员回避的权利。[②] 庭审采用对抗辩论式，控辩双方可交叉询问。无论事实问题还是法律问题，均由陪审团通过秘密投票做出决断。这种方式已经十分接近现代欧美各国的司法模式。

罗马的民事审判最初采用法定诉讼模式，因其程序烦琐、拘泥形式，于共和国后期被程式诉讼取代。程式诉讼代表了罗马司法的最高成就，其特征是，先由职业的裁判官对当事人的诉求进行法律审，合法诉求则予以立案，并制成程式书状，指明诉讼争点和审理原则，然后交由民选的承审法官进行事实审，查明案情，做出判决。程式诉讼程序简便灵活，可满足千变万化的诉讼需要。裁判官通过制作程式书状可以创制新法，弥补既有法律的不足。程式诉讼将法律审与事实审一分为二，创立了二元审判结构形式。如果说裁判官的法律审代表了国家对诉讼受理权的控制，那么，民选承审法官的

---

① Olga Tellegen-Couperus, *A Short History of Roman Law*, Routledge, 1993, p.52.
② 参见〔意〕朱塞佩·格罗素：《罗马法史》，黄风译，中国政法大学出版社1994年版，第268—270页。

事实审则体现了诉讼裁决权的社会性本色。通过这种权限分割，可以抑制一元结构下的法官专断，促进司法公正的实现。最后，程式诉讼体现了兼顾形式正义与实质正义的价值取向，因为它一方面通过格式化的程式书状把司法权的运行纳入程序轨道，以保障形式公平，另一方面又赋予裁判官以直接发布强制性令状的特权，以弥补程式化可能失之僵化的缺陷，为不被法律支持但具有实质正义性的权利诉求提供衡平救济，从而保证形式正义与实质正义二者得兼。

希腊罗马的司法一起谱写了人类司法文明史上辉煌的第一页，许多现代司法原则由此确立，如公平正义原则、诉权平等原则、公开审判原则、法官中立原则、对抗式庭审原则、未经审判任何人不得被处死刑原则、注重程序与证据原则、律师辩护原则、必要时可引入道德规范以弥补法律不足的衡平原则等。这些司法原则具有超越时空的普世价值，至今仍为世人所崇信和遵循。

476 年西罗马帝国的灭亡，宣告了古典司法文明的终结。日耳曼人成为欧洲的新主人，他们在帝国废墟上建立起了一系列封建王国。由于日耳曼人文化相对落后，还无力也无须吸纳罗马法律文明，只能基于传统习惯，探索自己的司法之路，所以在中世纪的前期（12 世纪以前），欧洲司法一度落后于古典时代。那时，各王国普遍采用广场化①的大众集会式审判方式和共誓涤罪、神明裁判、司法决斗等原始审判方法。

共誓涤罪法是指当事人在大众集会法庭上，在一定数量的助讼人的帮助下，公开宣誓后陈述诉求，法庭根据诉讼双方及其助讼人的誓言是否"真实可信"做出判决。最初，助讼人由当事人自选，故多是当事人的近亲好友，亲亲相护在所难免。后来，助讼

---

① 舒国滢把司法简化为广场化和剧场化两种模式，前者在露天广场中进行，容许大众参与，后者集中于特意建造的法院内，只有职业法律人参与，具有表演特征。他认为，广场化和剧场化大致上可以视为传统和现代两种司法形态的象征符号。参见舒国滢："从司法的广场化到司法的剧场化——一个符号学的视角"，《政法论坛》1999 年第 3 期。

人改由法庭指定，由此产生的助讼人与当事人没有任何关系，具有客观中立性，从而成为检验当事人誓言是否可信的公证人。公证人必须宣誓保证，根据当事人陈述的内容及陈述时的表现做出"公正裁断"。神明裁判是一种针对刑事疑难案件假托神意做出判决的审判方法，分为火审法、水审法两类。火审法有热铁法、火焰法等具体形式，水审法分冷水法和沸水法两种。司法决斗是根据预定的程序规则，通过当事人一对一的武力对决裁判案件的一种方法。

上述原始审判方式因为受制于偶然因素而无法保证公平正义，到 12—13 世纪便退出了历史舞台，其标志是 1215 年第四次拉特兰宗教会议颁布的"第 18 条教规"。该教规禁止教士参与一切神判活动，这等于废止了神判。此后，两种新型审判方式，即当事人主义陪审制和职权主义纠问制，分别在英国和欧陆各国成长起来。这次变革是欧洲中世纪司法从"神判"到"人判"、从愚昧到理性的一次革命性跨越，也是人类司法文明史上继希腊罗马之后的第二次历史飞跃。①

这次变革首先从 12 世纪后期的英国开始。由于诺曼征服后英国建立了强大王权，保持了政治统一，所以 1154 年即位的亨利二世有条件自上而下进行了一场大规模司法改革。这次改革意义深远：首先，创建了司法令状制度，确立起了程序优先和"正当法律程序"原则，将司法权纳入了规范运行的轨道。其次，建立起了一套从中央三大

---

① 12—13 世纪被学界公认为是欧洲法治史上的革命性变化时期之一。例如，达维德把 12—13 世纪与 18 世纪和 20 世纪的法律革命相提并论，他说："十二、十三世纪所发生的运动比之后来在十八世纪发生的以民主代替个人权力统治的运动，或二十世纪发生的企图用马克思主义的社会组织秘诀代替资本主义制度的无政府状态的运动，是同样革命的。世俗社会应以法为基础；法应该使世俗社会得以实现秩序与进步。这些思想在十二与十三世纪成为西欧的主要思想；并从此在西欧无争议地占统治地位，直到今天。"（见〔法〕勒内·达维德：《当代主要法律体系》，漆竹生译，上海译文出版社 1984 年，第 38—39 页。）再如，雅各布说："12—13 世纪时，欧洲的司法程序发生了变迁。目前西方的司法体系是在那个时期之后才建立起来的，直至今天这一体系尚未发生重大的改变。"（见〔法〕罗伯特·雅各布：《上天·审判——中国与欧洲司法观念历史的初步比较》，李滨译，第 107 页。）

法院（高等民事法院、王座法院和财政法院）到地方郡法院（后改为季审法院）系统的专职法院体系，以及定期巡回全国的巡回法院制度，开启了司法与行政分离之门，促进了全国性普通法的形成。再次，催生了由法官和律师组成的法律职业群体，他们以法律为业，建立了自己的行业组织和职业教育制度，不受国王政府控制，实现了法律自治。最后，采用了理性的陪审团审判制度，在法律精英和普通大众之间搭起一座桥梁，使司法专业化与民主化有机地结合在一起，从而有利于达致国家与社会的合作互动、法理与情理的协调统一，避免司法滑向纯国家化的歧途。通过这次改革，英国的司法制度"荡涤了各种原始性特征"，从而"足以与近代的文明制度相比拟"，[①] 一举而跃居欧洲和世界司法文明的最前列。

欧陆各国由于自身文化传统、现实环境和基督教会的影响，走上了另外一条司法变革之路。11 世纪教皇革命后，教皇权威大为加强，教会法实现了体系化。出于镇压异端的需要而设立的宗教裁判所率先采用了纠问制审判模式，随后推广到所有教会法院。在此制度下，审判官由教皇任命，他们既是狂热的宗教信徒，又是教会法专家，被授予监视、侦察、逮捕、审判等广泛权力。宗教裁判所给人留下的是一个思想专制、残酷镇压异端的丑恶形象，但它"用法官裁判代替了神明裁判"，"用逻辑性的法定证据代替了神示证据"，毕竟"推动人类诉讼活动从神的诉讼发展为人的诉讼"。[②] 受教会司法变革的影响，欧陆各国适应着 13 世纪王权崛起的政治需要，也纷纷建立了职权主义纠问式司法制度，其中法国最具代表性。纠问制多采用秘密审判方式，当事人在庭审中处于被动地位，其根本特征是：法官联手检察机关，集控、审、判三权于一身，承担着追诉犯罪、收集证据、调查案情、定罪量刑等各项职能，控制诉讼全过程。

两相比较不难发现，陪审制植根司法权的社会本性，强调司法

---

① F. Pollock and F. W. Maitland, *The History of English Law Before the Time of Edward I*, Vol. I, Cambridge University Press, 1895, p. 224.

② 马可："宗教大审查与欧洲中世纪刑讯"，《山东警察学院学报》2011 年第 2 期。

的定分止争和正当权利保障功能，采用分散式权力配置结构和无罪推定原则，遵循的是"先有证据后作结论"的司法逻辑，定罪量刑倾向宁纵勿枉，刑讯逼供和冤假错案相对较少；纠问制立足司法权的国家性，强调司法的社会控制和秩序维护功能，采用集中式权力配置结构和有罪推定原则，遵循的是"先有结论后找证据"的司法逻辑，定罪量刑倾向宁枉勿纵，刑讯逼供和冤假错案相对较多（在宗教裁判所和猎巫审判中尤为突出）。相形之下，陪审制品质优于纠向制，故英国的法治含量略高于欧陆各国。不过，较之中世纪前期的原始司法，纠问制毕竟抛弃了仰赖神明伸张正义的荒谬做法，转而诉诸人的理性判断，并开始重视司法专业化与职业化的价值，发展出了一套严格的证据和证明制度，而且相对于陪审制而言，还具有成本低、效率高的优点，因而也不失为一个重大的历史进步。

到 16—17 世纪，绝对君主主义在欧洲大行其道，欧陆各国纷纷建立起了君主专制制度，英国的都铎王权也出现了专制趋势。受政治体制变化的影响，欧洲司法文明进入了一个曲折发展时期。此时，欧陆各国的司法大多成为专制王权统治人民、控制社会的工具，其原有的社会性和独立性急剧衰减，纠问制所固有的弊端充分暴露出来，刑讯逼供和冤假错案层出不穷。在该时期的英国，陪审制继续实行于普通法法院，并在细节上有所发展，加之议会制度业已确立，国家的专制趋势只能保持在有限范围内。不过，都铎政府也增设了多种依附于王权的特权法院。这些特权法院把维护政府统治、镇压反对派放在首位，采用类似纠问制的简易程序，甚至使用刑讯，因而在政治性案件的审判中经常显失公平。此外，在该时期的欧陆和英国司法中普遍存在的一个有悖法治的问题是，在追诉犯罪成为国家职权和公诉制度建立的时代条件下，刑事司法中控辩双方的不平等性和非对抗性日益突出地暴露出来，致使被告人的正当权利难以保障，公平正义经常遭到践踏。

欧洲司法文明的第三次飞跃发生在 17—19 世纪，这是欧洲从君主专制向民主宪政转变的政治大变革时期。此间，英国再一次充当了历史的领头羊。17世纪40年代，英国爆发革命，至1688年"光荣革命"，成功建立了以君主立宪为形式的现代宪政制度。法国从18世纪末的大革命开始，历经坎坷，最终也于1875年确立了共和宪政体制。随后，民主宪政成为一股世界性潮流，席卷欧美。在这次政治变革大潮中，欧洲司法作为其中的一部分也发生了质的变化，从而真正告别传统，跨入了现代司法文明的新时代。

这次司法变革的核心内容是司法独立与对抗制的建立。在英国，"光荣革命"后明确规定，国王不得中止任何法律的实施，未经议会同意也不得行使法律赦免权；①法官只要"品行端正"即可一直任职；只有在议会两院的弹劾下才可罢免法官；法官的薪俸应予以保障。从此以后，再没有一位英国法官因政治原因而被罢免，作为法治底线的司法独立牢固确立起来。法国虽然在大革命后的近一个世纪内政治体制变幻不定，但三权分立和司法独立一直被奉为固定不变的宪法原则。德国的道路较为曲折，直到"二战"以后在汲取了纳粹司法屈从政治充当恶法暴政帮凶的教训后，才真正确立了司法独立制度。此外，法德两国在大陆法传统的基础上，借鉴英国陪审团制度的经验，建立了陪审员参审制。

对抗制同样首创于英国。中世纪后期，英国的民事审判已经采用了对抗制。但那时的刑事犯罪因为不仅被视为是对受害人的权利侵害，而且是对"国王安宁"即公共安全的破坏，故而被划入"国王诉讼"的范围，这意味着追诉犯罪是国王政府的专有权力，亦即国王是所有刑事诉讼的原告人，加之原告方有御用律师的协助，而被告方无权聘请律师，自我辩护也受到种种限制，因而在庭审中控辩双方无法形成平等对抗，这势必影响判决的公正性。这种弊端在斯图亚特王朝复辟时期的叛国罪案审判中暴露无遗（约有数百人蒙冤受戮），所以"光荣革命"后，议会立即于1696年制定了《叛国罪审判法》，确立了无罪推定和控辩双方"对等武装"原则，允许

---

① G.B.Adams and H.M.Stephens, *Select Documents of English Constitutional History*, Macmillan Press, 1935, p.464.

叛国罪案的被告人自由聘请律师出庭辩护，于是建立起了对抗制审判模式。随后，对抗制从叛国罪陆续扩大到轻罪和重罪案件的审判，到 18 世纪后期，对抗制在英国所有诉讼中全面确立起来。

对抗制把律师推到了诉讼的中心位置，发展出了以交叉询问为核心的平等对抗辩护制度。平等对抗可以有效激励诉讼双方搜集证据，从而有助于全面展示事实真相。对抗制使法官真正实现了中立化，形成了以"审"为中心、以"控"–"辩"两翼为支撑的等腰三角形诉讼结构。对抗制还促使诉讼理论发生了实质性变化，一套现代意义的刑诉原则和证据规则确立起来，这主要包括：控方举证义务原则，即提供证据证明犯罪确实发生，并且确是被告人所为的责任由控方承担；无罪推定原则，即除非排除一切合理怀疑地证明被告人有罪，否则必须假定被告人无罪；沉默权原则，即不得强迫被告人自证其罪；非法证据自动排除规则，即不合法证据，包括通过非法手段获取的证据，法庭一律不予采纳；等等。对抗制改变了刑诉中控辩双方的法律地位，过去刑事审判的重点集中在被告做了什么、被告的行为是否属于犯罪、犯了什么罪、犯罪的严重程度等问题的调查上，现在转而重点调查原告方的指控能否成立、证据是否充分等问题上，质言之，"审判"概念首先意味着"被告方律师对原告方诉求和证据进行彻底审查的一次机会"。①总之，对抗制强化了处于弱势地位的被告人权益保护，有利于保证公平正义的实现。所以，对抗制在英国确立后迅速扩散到欧陆各国。这样，以司法独立、平等对抗、律师辩护自由、陪审制或参审制为基本要素的现代司法制度和法治文明在欧洲全面确立起来。

19 世纪以后，欧洲各国的司法制度仍在不断与时俱进，但都是局部性的细节完善，其总体架构和原则基础再未出现根本性变革。虽然由于法律传统和政治体制的不同，不同国家的司法制度存在些许差异，但随着两大法系的彼此渗透和相互取长补短，各国之间的

---

① J. Langbein, *The Origins of Adversary Criminal Trial*, Oxford University Press, 2003, p. 310.

差异越来越小，其中一个突出的共同特征是普遍加强了人权保护力度。此外，随着欧盟以及欧盟法和欧洲法院的创立，欧盟各成员国甘愿让渡部分主权，进行了司法与法律区域一体化的大胆探索，创立了一套介于国际法和国内法之间的"自成一类"①的新型法律制度和司法体系，昭示了司法与法律趋向超国家发展的时代走势。这些表明，时至今日的欧洲依旧是"探讨人类前景的最大实验室"②，继续占据着司法与法治文明的世界领先地位。

五、矢志正义不放松

欧洲长期稳居世界司法与法治文明的前列，绝非机缘巧合，更非天命注定，而是欧洲人民世世代代不懈探索的结果。如果进一步追问推动他们不懈探索的原动力是什么，答案则是对正义价值矢志不渝的追求，一如 2016 年出版的《正义之美日历》的编者所言："正义文化是理解西方法律文明的一条非常重要的主线，它是西方也是人类社会走向更高层次文明的核心密码。"③

从古代开始，欧洲人就把正义奉为个人行为和社会制度的价值基础，他们崇尚正义，追求正义，为实现正义苦心孤诣，为守护正义殚精竭虑。古希腊的苏格拉底、柏拉图和亚里士多德等思想家，都对正义的内涵、标准以及正义与法的内在关系，进行过深入探讨和详细论述。他们把正义等同于自然理性，认为正义就是人人各守本位、各司其职、各得其利。显而易见，其中包含着对社会不平等现实的认可，但这是时代条件造成的认知缺陷，其追求正义的耿耿信念是不言而喻的。苏格拉底不仅坚信法律是正义的化身、守法即守护正义，而且身体力行，在明知自己被错判的情况下拒绝逃亡，

---

① 王铁崖主编：《国际法》，法律出版社 1981 年版，第 407 页。
② 〔美〕杰里米·里夫金：《欧洲梦——21 世纪人类发展的新梦想》，杨治宜译，重庆出版社 2006 年版，第 2 页。
③ 贺维彤编：《正义之美日历》，法律出版社 2016 年版，"编者的话"。

以身殉法，用生命的代价诠释了对法律的理解，用肉体的毁灭完成了对正义价值的追求。希腊神话中的正义女神地美士及其秉公执法的传说，生动地表达了当时人们的正义价值观。在希腊的戏剧文学中，处处都洋溢着对正义的向往与呼唤。其中，悲剧表现的是正义无法实现的痛苦和对正义逝去的悲思，喜剧表现的是正义实现的欢欣和正义必胜的信念。这些戏剧广受希腊民众喜爱，说明正义价值已经深入人心。在实践上，希腊人为实现正义创建了民主的司法制度，因为在他们看来，相对于一个或几个法官，由几百人组成的陪审法庭通过集思广益和投票表决来判决案件，更能正确地辨明是非曲直和实现公平正义，"与其寄托一人，毋宁交给众人"①。尽管陪审法庭的实际效果难以尽如人意，时有冤案发生，但追求正义的初衷天地可鉴。

罗马人继承了希腊人的自然理性正义观，并将正义与法律以及司法更加紧密地结合一起。罗马法学家宣称，法是"美德与正义之求""善良与公正之术"。在希腊正义文化和地美士司法神话的基础上，罗马人塑造了正义女神朱斯提提亚（Justitia）的法官形象：她身穿白袍，头戴金冠，一手高擎天平，一手紧握宝剑；天平代表公正裁判，宝剑象征法律制裁，寓意所有案件都要秉公处理，对于不公不义的人与事，挥剑便砍；双眼蒙布隐喻法官不能为表象所迷惑，须用心灵观察，凭理性判断，唯法是从。镌刻在雕像背面的名言"为实现正义，哪怕天崩地裂"，明确表达了罗马人为了正义不惜一切的坚定信念。罗马人制定成文法典、创建专门法院、设立专职法官、开展法学研究、发展法律教育，也无一不体现着实现和维护正义的价值诉求。可以说，在罗马时期，正义观念已经广泛地渗透于市民社会和法律生活中，并物化为一套较为完整合理的司法制度。罗马之后，形态略有差异但艺术美感和文化内涵一脉相承的正义女神雕塑与绘画不断涌现，遍布欧洲各地，举目皆是。借助神像那赏心悦

---

① 〔古希腊〕亚里士多德：《政治学》，吴寿鹏译，商务印书馆1983年版，第171页。

目的美好形象所产生的巨大吸引力和感染力，正义的崇高价值以及司法是正义守护神，法官是正义使者等观念，也日益广泛而牢固地扎根于欧洲人的心灵深处。

　　进入中世纪的欧洲一度王国林立，战乱频仍，但基督教发展突飞猛进，迅速占据了文化主导地位。被认为全智全能、公正无私的上帝成为唯一的神和正义的最高代表，教会关于上帝末日审判的说教广为流传，并为人们深信不疑。所以，当面临证据不足、依靠人的理性难以明辨是非的案件时，诉诸"正义之父"上帝便成为时代的选择。于是，在5—12世纪，神明裁判和誓证昭雪成为主要司法模式，民众集会成为司法主体。从技术层面看，这些原始审判方式较之古希腊罗马的理性司法有所倒退，但其追求正义的价值取向一仍如旧。民众集会场所被奉为主持公道的"平和圣地"，水火神判被视为"上帝的审判"。通过七八个世纪的神判实践，理性正义与神性正义实现了融合。在此过程中，国王加冕涂油仪式发挥了至关重要的作用。从8世纪中叶加洛林王朝建立开始，国王登基都要举行加冕仪式，由教皇或大主教为其加戴王冠和涂敷圣油。该仪式旨在宣示王权的合法性和神圣性，以强化政治权威，但"教会在给国王的额头上涂敷圣油之前，会要求他在所有的臣民面前郑重地发誓"，承诺"国家负有施行审判、实现正义的普遍债务"。① 这样，通过国王加冕宣誓，"在人们的头脑中形成了人民与国家之间关系的固定观念，而这种关系的基调则是国家向它的人民承担维护司法正义的义务"②。所以，在王权完成神圣化的同时，司法正义也被赋予了不容亵渎的神圣性。

　　在神性正义和"司法债务"观念的浸润下，13世纪以后的欧洲法官和法庭职能被重新界定。此时，神明裁判退出了历史，司法走向了专业化、职业化和理性化。法官的审判资格虽是国王授予的，但

---

　　① 〔法〕罗伯特·雅各布：《上天·审判——中国与欧洲司法观念历史的初步比较》，李滨译，第57、50页。
　　② 同上书，第58页。

其审判权力却被认为和宣扬为传承于上帝。"法官既要忠实于君主，更要忠实于上帝，在二者之间的关系上，忠实于上帝的义务始终高于忠实于君主的义务"，于是，"司法权相对于政治权力的自主性这一观念也逐渐形成并得以巩固"。[①] 这一观念既体现在法官和陪审员就职时保证排除利益、情感、权势影响的宣誓中，更体现在法庭的剧场化情景布置与表演式的司法礼仪上。中世纪后期，欧洲各国的法庭都是模仿《圣经》中描述的上帝审判场景建造起来的：审判台高高在上，庄重威严，高靠背的法官座椅类似上帝的御座；控辩双方置位对称，象征彼此平等；法官和律师身穿特制法袍，头戴假发，犹如佩以行头道具的舞台演员。庭审活动把何为正义以及如何实现正义的过程，完整而形象地展现在人们的面前。在法庭最醒目的位置，通常装饰有代表上帝形象的标志。例如，在法国的巴黎法庭里立有钉在十字架上的基督像，但法国历代君主的雕像从来不允许进入法庭；在德国，法庭审判台背面的墙壁上，通常悬挂着反映审判活动的巨幅绘画，画面的上半部分和下半部分分别是末日审判和现实中法官审案的场景，基督与法官的形象上下连接，形成一条垂直中轴线，将画面一分为二，也将正义与邪恶严格区分开来：在基督和法官的右侧，全是上帝的选民，在其左侧，则是排成一队的罪犯。整个画面表达的思想清晰可见：司法审判是一项明辨是非、惩恶扬善、弘扬正义的神圣事业；世俗的审判只不过是上帝末日审判的前奏，而且世俗法官是在上帝的注视下完成审判的。这样，通过情景化的法庭装饰和仪式化的司法过程，世俗的审判与上帝的审判连为一体，司法正义升华为神性正义，达到了伯尔曼所说的"被信仰"的高度。而信仰的无穷力量会激发人们甘愿抛弃功名利禄而为之献身，特别是执掌司法权柄的法官群体，不但从神性正义中获得了职业的自信心和自豪感，而且把伸张正义内化为自身义不容辞的神圣使命。例如，13 世纪的英国法学家布莱克顿发现，那时的英国法官已经自命为"不

---

① 〔法〕罗伯特·雅各布：《上天·审判——中国与欧洲司法观念历史的初步比较》，李滨译，第 62 页。

断添加薪料让正义之火长燃不熄的圣坛的主人"①。可以说，当代学者罗尔斯提出的"正义是社会制度的首要价值"②的著名论断及其皇皇巨著《正义论》，实际上不过是对欧洲源远流长的正义文化的历史总结和现实发挥而已。

　　所以毫不奇怪，欧洲人在构建法律与司法制度时，总是把正义价值奉为最高准则。如果发现某种既有制度有违正义要求，就弃之如敝屣，如13世纪初神明裁判的弊端充分暴露时，欧洲各国纷纷废除之。如果发现某种制度存在缺陷，就想方设法予以改进，如近代初期认识到控辩双方的不平等妨碍司法正义时，自英国到欧陆各国陆续建立了对抗制或对审制。为保证司法正义，此时欧洲各国还相继制定了完备的程序规范和证据规则，刑讯逼供被严格禁止。如此日复一日年复一年，欧洲的法律与司法制度不断地兴利除弊、破旧立新，从而一直保持了领先世界的优良品质。整体而言，一部欧洲法律与司法史就是一个"正义价值指引制度建构，制度建构彰显正义价值"的良性互动过程。

　　或许有人会引用博登海默的话——"正义具有着一张普洛透斯似的脸，变幻无常、随时可呈不同形状，并具有极不相同的面貌"③——来证明正义的内涵与标准是不确定的。对此，笔者认为，笼统言之，作为一种主观的价值判断，正义观念可能或肯定是因人而异、因时而变的，尤其在以多元性为特征且瞬息万变的现代社会，更是如此。但不可否认的是，生活在同一时空条件下的人们的正义观通常是不谋而合或大同小异的，它一定反映了绝大多数人的共同利益和愿望，一定体现了人性中的真善美。有些正义原则甚至是永恒的和普世的，如杀人偿命、欠债还钱等，因为人同此心、心同此理。所以，正义

---

①　The Committee of the Association of American Law Schools, *Select Essays In Anglo-American Legal History*, Vol. I, Little, Brown and Company, 1907, p.645.

②　〔美〕约翰·罗尔斯：《正义论》，何怀宏等译，中国社会科学出版社1988年版，第3页。

③　〔美〕E.博登海默：《法理学—法哲学及其方法》，邓正来、姬敬武译，华夏出版社1987年版，第238页。

概念绝不是个变幻莫测、不可捉摸的虚幻之物，而是由社会各种不同正义观念中彼此相容且合理的部分构成的一个客观存在，亦即罗尔斯所说的"理性的重叠共识"。[①]基于这一认识，鉴于欧洲经验，可以坚信，只要矢志不渝地追求社会普遍认可的正义价值，并以此为指导，脚踏实地地进行制度建设，任何国家都必定会沿着法治文明的道路不断向前迈进。尽管唯物史观告诉我们，利益诉求是推动历史发展的根本动力，但价值理念毕竟是人类行为选择的指针和历史发展的路标，一如韦伯所言："直接支配人类行为的是物质上与精神上的利益，而不是理念。但是由'理念'所创造出来的'世界图像'，常如铁道上的转辙器，决定了轨道的方向，在这轨道上，利益的动力推动着人类的行为。"[②]

————————————

① 参见〔美〕约翰·罗尔斯：《政治自由主义》，万俊人译，译林出版社 2000 年版，第 141—179、412 页。

② 《韦伯作品集Ⅴ：中国的宗教 宗教与世界》，康乐、简惠美译，广西师范大学出版社 2004 年版，第 477 页。

第一编 欧洲法治的源头

古代希腊罗马是欧洲司法与法治文明的历史源头。早在 2500 多年前，希腊先民就在总结原始习惯的基础上制定了成文法，并突破宗教神权的束缚，诉诸人的理性来治国理政、定分止争，创建了民主的政治制度和司法制度。随后，被誉为"法律民族"的罗马人制定了人类史上第一套系统完备的法律体系，构建了合理实用的专业化司法制度，创立了初具规模的法律科学，从而把欧洲司法与法治文明提升到一个新的阶段。尽管囿于时代局限，希腊罗马的民主与法治都十分粗糙简陋，而且仅仅存在运行了数百年，但其内含的正义信念、法治信仰、民主意识和理性精神却具有不朽的价值，这些宝贵的文化内涵如同夜空中熠熠生辉的星辰，一直照耀着未来欧洲政治法律文明的发展道路。

第一章　希腊民主法制

希腊是欧洲文明的发源地。近代英国诗人雪莱在《希腊颂》中写道："我们全是希腊人的：我们的法律，我们的文学，我们的宗教，我们的艺术，根源都在希腊。"① 此言出自诗人之口，难免有渲染之嫌，但就法律而言，即使是创造了"商品生产者社会的第一个世界性法律"的罗马人，也由衷地承认受惠于希腊的法律传统。如罗马律师小普利尼在 2 世纪初曾以敬佩的口吻告诫出任希腊执行官的马克西姆斯说："记住，你是被派往真正的希腊……请你谨记，是他们给了我们法律。"②

一、希腊司法与法律的萌芽

希腊文明发源于爱琴海上的克里特岛。大约公元前 20 世纪，这里出现了奴隶制城邦国家。考古发掘出来的宫殿、城垣、陵墓、精致用品和刻写在遗址墙壁上的法律，说明在公元前 16 世纪时克里特（Crete）曾建立强大的君主制。公元前 15 世纪，因地震引发海啸，克里特文明突然衰亡，来自北方的阿卡亚人（Achaioi）建立了迈锡尼（Mycenae）城邦，希腊历史进入了迈锡尼文明时期。考古资料证明，

① 〔美〕菲利普·李·拉尔夫等：《世界文明史》（上卷），赵丰等译，商务印书馆2001年版，第262页。

② 〔美〕约翰·梅西·赞恩：《法律的故事》，孙运申译，中国盲文出版社2002年版，第97页。

迈锡尼城邦曾建立成熟的君主制，修建了雄伟壮观的迈锡尼宫殿，发明了线形文字和刻在泥版上的法律。但是，公元前 12 世纪特洛伊（Troy）战争之后，一支海洋民族的侵袭使迈锡尼城邦化为废墟，来自北方的多利安人（Dorians）乘机南下，引发各部落大迁徙。此后的数百年，希腊经济凋敝，田园荒芜，史称"黑暗时代"，又称"荷马时代"（Homeric Age）。当时，社会处于从氏族部落向国家文明的过渡期，每个部落都有一套由巴塞勒斯（basileus）、长老议事会和部族大会组成的原始公共权力机构。巴塞勒斯是部落首领，由部落成员选举产生，负责军事指挥、社会管理、纠纷处理等，被当时人称之为"王"。巴塞勒斯还是部落"圣火的看守者"、祭祀的主持人，具有强烈的宗教性质。由于缺乏官僚和财税支持，巴塞勒斯权力有限，实际上只是王权的萌芽。① 长老议事会由氏族贵族组成，是常设权力机关。部族大会是最高权力机关，由全体男性公民组成，负责决定部落重大事务。它虽不是常设性的，却是原始民主的集中体现。

像一切初民社会一样，最初的希腊法起源于约定俗成的社会习惯，并且带有浓厚的宗教色彩和神权特征。那时希腊人在进行重大立法和决策时，都要伴以求讨神谕的宗教仪式，供奉阿波罗太阳神的德尔斐神庙是希腊人求讨神谕的主要场所。求讨神谕的仪式虔诚而庄严，通常首先选出一位 50 岁左右的女祭司皮提亚，在圣泉沐浴后，端坐于神庙地下室的青铜三脚祭坛上，周围焚烧月桂树枝叶，在香烟缭绕中"领受"神谕，并由肃立一旁的祭司记录下来，作为法律规范永久保存。实际上，所谓神谕全是业已得到民众认可的风俗习惯，求讨神谕仪式意在表明法律源于神的旨意，是为希腊早期法律合法性与权威性的主要源泉。②

根据《荷马史诗》等希腊神话传说，荷马时代的希腊正处于司

---

① 参见晏绍祥："荷马时代巴赛列斯的权力基础"，《史学集刊》2002 年第 2 期。

② 参见〔爱尔兰〕J.M. 凯利：《西方法律思想简史》，王笑红译，法律出版社 2002 年版，第 9 页。

法文明取代私力救济的过渡时期。一方面，那时私力救济依然盛行，神与神、神与人、人与人之间的许多纠纷和冲突都是通过个人暴力复仇方式解决的；另一方面，由某一社会权威（如部落首领或民众大会）作为中立第三方参与解纷的司法也开始萌芽，并逐步占据了主导地位。

希腊神话宣称，宇宙之初，一片混沌，大地女神盖亚由混沌中诞生，她身体中的轻盈物质上升形成明亮的天空，化身为天神乌拉诺斯，沉重物质下降形成阴暗的冥界，化身为冥神哈迪斯。后来，盖亚与天神乌拉诺斯结合，生下六男六女12个泰坦神和三个独眼巨人、三个百臂巨人。乌拉诺斯嫌独眼巨人和百臂巨人长相怪异，将他们打入地府，备受折磨。盖亚心疼子女，鼓动孩子们进行反抗，于是，她的小儿子克洛诺斯奋起杀死了乌拉诺斯。克洛诺斯夺得权位后，娶了妹妹瑞亚为妻，生了许多子女，但克洛诺斯担心被自己的孩子推翻，每个子女一出生便立即吞入腹中，这使得瑞亚十分痛苦。当小儿子宙斯（Zeus）降生时，瑞亚决心保住这个小生命，便用布裹着一块石头谎称新生婴儿，欺骗克洛诺斯一口吞下，宙斯躲过一劫，存活下来。长大成人后，宙斯决意复仇，救出自己的同胞兄弟。他诱使克洛诺斯服下催吐药，把腹中的子女们都吐了出来。克洛诺斯和宙斯的复仇故事是早期希腊充斥私力救济和"野蛮正义"的社会写照。

被宙斯救出的兄弟姐妹为表达感激之情，一致同意把威力巨大的武器雷电授予宙斯，尊其为万神之王，坐镇奥林匹斯山。公认的权威出现后，和平解纷便成为可能。宙斯作为宇宙主宰，掌握着最高立法权和司法权，维持着世界秩序与正义。他有时直接以法官身份裁决争端，有时委托其他神祇作为代理人担任法官，有时与诸神协商裁决案件。普罗米修斯因盗取火种造福人类而被判锁在高加索山上的裁决，是由宙斯亲自做出的；阿芙罗狄特和珀耳塞福涅两位女神因争夺男友阿多尼斯互不相让，最后被判阿多尼斯在两位女神住处各待半年的裁决，是宙斯委托卡利俄珀女神做出的；海神波塞冬与智慧女神雅典娜（Athena）争夺雅典城冠名权的争执，是由宙斯召集众神会议集体裁定的。[1]另一神话故事则折射出陪审制的萌芽：奥瑞斯特斯的母亲红杏出墙，为了情人杀死了自己的丈夫，奥瑞斯特斯为父报仇，杀死了自己的母亲。案子告到天庭，众神围绕奥瑞斯特斯是否犯罪问题意见不一，无法做出判决，最后交由雅典娜召集 10 名雅典市民组成陪审团裁决，不料陪审团内支持票和反对票各占一半，于是雅典娜投出了关键一票，奥瑞斯特斯被宣告无罪。[2]这些神话故事反映了那时部族首领或民众集会等公共权力介入个人冲突亦即司法开始萌芽的历史变化。

透过希腊神话还能看到法官的产生及其早期的形象。在受宙斯委托裁决纠纷的诸神中，司法女神地美士最为经常，权威也最高。她是宙斯的第二个妻子，个性稳健，聪慧理智。据传，她的司法权起源于一次偶然的解纷难题：有一天，天庭众神失和，没有一个公认的权威能够摆平各方。此时地美士主动请缨，大声说道"我来！"众神看她身穿白袍，并拿出一条白布将自己的双眼蒙住，心想：她看不见纷争者的面貌身份，不会受到利益诱惑，也不会畏忌权势，判决应是公平可信的，于是纷纷点头同意。从此以后，地美士经常坐在宙斯宝座旁，解纷止争，执法如山，被希腊人奉为司法女神，并被塑造成为一个手持天平与宝剑、蒙眼闭目的美女形象。希腊人首创的这一正义女神形象，后来被罗马和欧洲各国普遍用作司法权的人格化象征，成为西方正义文化的标志性符号。

到荷马时代后期，希腊人越来越经常采用的司法方式是民众集会式的民主审判。该方式的特点是："当事人双方在自由民大会上控辩；部落酋长主持审判；然后，精通法律的智者提出多种判决意见；最后由自由民赞同采纳其中最好的一个由此结案。"[3]创作于公元前

---

① 徐昕："私力救济的神话之维——兼论法院的产生"，《现代法学》2006 年第 1 期。

② 〔英〕萨达卡特·卡德里：《审判的历史——从苏格拉底到辛普森》，杨雄译，当代中国出版社 2009 年版，第 3 页。

③ 〔美〕约翰·H.威格摩尔：《世界法系概览》（上），何勤华等译，上海人民出版社 2004 年版，第 223 页。

9 世纪的《荷马史诗》曾详细记述过这种审判方式的具体情景——

> 集市上，
> 人们为一次审判而集会。
> 双方辩论着一笔罚金，
> 因为一个族人的生命被毁灭。
> 杀人者争辩他已经支付罚金，
> 向人们诉说并证明他的事实。
> 对方则宣称罚金至今未得。
> 双方请求法官判决，
> 双方都向人群寻求同情者，
> 随即双方支持者的喧哗声此起彼伏，
> 传令官控制着秩序，
> 排列四周的已被磨光的石头上，
> 部落长老庄严地坐着，倾听着，
> 随后，手持着权杖，长老们站起来，
> 依次提出意见，在中央，
> 躺着两枚金币，
> 这是为那智慧的长老准备的，
> 他将对这悬案作出最公正的判决。[①]

综上可知，在城邦国家产生之前的希腊，法律和司法均已产生和存在。尽管那时的法律和司法都极其简陋落后，而且裹着厚厚的神权胎衣，只能称之为"原始法律""原始司法"，但是，它们的出现毕竟标志着欧洲开始告别野蛮和蒙昧，迈出了法治文明进程的第一步。

---

① 〔美〕约翰·H. 威格摩尔：《世界法系概览》（上），何勤华等译，第 222—223 页。

二、雅典民主政治的发展

从公元前 8 世纪起，一系列城邦国家出现于希腊半岛及爱琴海周边地区，总数达一百多个，最著名的是雅典。该城邦是由第十任巴塞勒斯提秀斯（Theseus）联合阿提卡地区的四个部落建立的，实行共和制，以贵族选举产生的执政官（Archons）为首脑。最初，执政官只有一人，后改为三人，公元前 683 年确定为九人，其中六人为司法执政官。成立了中央议事会，即阿留帕格斯议事会（Areopagus），又称战神山议事会，由卸任的执政官组成，任职终身，俗称元老院。提秀斯还把原来分散的部落习惯法统一为全雅典的民族习惯法，只要是雅典公民，不管原先属于哪个部落，都受到统一习惯法的保护，也都负有遵守这些法律的义务。

在建立城邦后的最初一百多年中，雅典仍沿袭传统，通过战神山议事会或公民大会审判案件。贵族们利用出身和财富优势，操纵着城邦政治和法律事务。他们为保护自身利益，经常随意解释习惯法，而置平民利益于不顾。"对于违反公共秩序的罪人，不用控告，就可以课以刑罚或罚金"[1]。公元前 621 年，首席执政官德拉古（Draco）将雅典习惯法编纂成文，由此限制了贵族任意解释法律的权力，这是历史的一大进步，但雅典法律的不平等性并未改变，因为德拉古的成文法偏重保护贵族利益，公开允许债权人将债务人卖为奴隶，对平民大众的违法行为处罚严酷，"差不多所有的违法行为，都适用一种惩罚，那就是死刑。甚至那些被定为犯了懒惰罪的人也要处死；而盗窃蔬菜和水果的罪犯，竟与渎神犯和杀人犯所受的处罚相同"[2]。所以普鲁塔克认为，"德拉古的法律不是用墨

---

[1] 〔古希腊〕亚里士多德：《雅典政制》，日知、力野译，商务印书馆1959年版，第6—7页。

[2] 〔古希腊〕普鲁塔克：《希腊罗马名人传》（上册），陆永庭等译，商务印书馆1999年版，第184页。

水写的，而是用血写的"①。但是，对于贵族宗派之间的暴力冲突
却相当宽厚，通常处以流放了事。德拉古法典的不平等性导致平民
与贵族的矛盾日益激化。

公元前594年，梭伦（Solon）当选首席执政官。为缓和阶级矛盾，
他进行了一场政治法律改革，打开了雅典民主政治的大门。在经济
上，他颁布"解负令"，取消所有债务，废除债务奴隶制。在政治上，
打破门第出身，把全体公民按年收入统一划分为四个等级；设立"四百
人议事会"，由四个等级各选100名代表组成；除第四等级外，其
他三个等级的公民均可以担任"四百人议事会"成员。在法律上，
取消严刑峻法，除杀人罪外，其他罪行一律废除死刑；颁布遗嘱自
由法，规定任何"没有合法男性子嗣"的雅典人可以把死后的土地
财产转让给任何人；削弱战神山议事会的司法权，仅为其保留了谋杀、
放毒、纵火以及破坏圣橄榄树案件的审判权；②创立陪审法庭（Heliaea
of Thesmothetae，意为陪审员集会地），四个等级的公民皆可通过
抽签担任陪审员，参与各种案件的审理，结束了贵族操纵下的"扭
曲的判决"，平民百姓"成为判决的主宰"。③公元前5世纪以后，
又成立了埃非特法院（Ephetae），由年满50岁的公民抽签产生的
51人组成，故而又称"五十一人委员会"。它分四个审判庭，主要
审理非故意杀人、教唆杀人、致人残废以及杀害异邦人的案件。有
关财产纠纷案件则由迪埃德特和"四十人法院"审理：前者审理价
值10德拉克玛④以上的财产案件；后者审理不足10德拉克玛的财产
案件。

梭伦的法律改革以实现法律平等化（奴隶排除在外）为目标。
他明确承认，改革的基本原则是平等对待贵族和平民，"我拿着一

---

① 〔古希腊〕普鲁塔克：《希腊罗马名人传》（上册），陆永庭等译，第184页。
② 〔古希腊〕亚里士多德：《雅典政制》，日知、力野译，第61、63页。
③ 〔英〕阿尔弗雷德·E.齐默恩：《希腊共和国——公元前5世纪雅典的政治和经济》，龚萍等译，格致出版社、上海人民出版社2010年版，第111页。
④ 德拉克玛是古雅典的银币名称，一个德拉克玛相当于一只羊的价值，可够五口之家一天生活所用。

只大盾，保护双方，不让任何一方不公正地占据优势"；"我制定法律，无贵无贱，一视同仁，直道而行，人人各得其所"。① 所以，梭伦改革后，一个法律术语"伊索诺米"（isonomia）在雅典流行开来，其含义是"法律平等适用于各种人"。在雅典史学家希罗多德看来，法律平等比之政治民主更为重要，他说，是"伊索诺米"而不是"民主"，代表了一种"最美妙绝伦的政治秩序"。② 16 世纪时，"伊索诺米"术语经意大利传入欧洲大陆和不列颠，成为西方"法律面前人人平等""法律之治""法治"等术语的直接来源。此外，梭伦认识到频繁变更法律会影响法律的权威性和公信力，所以十分重视法律的稳定性。在改革完成之际，他就做出决定："这些法律要实行百年不变。"③ 为达此目的，他甘愿出游埃及，承诺十年之内不回雅典，以安抚对改革不满的左右两股势力。

公元前509年，平民出身的首席执政官克里斯提尼（Cleisthenesis）沿着梭伦开启的民主方向，再次进行改革。克利斯提尼改革的内容主要有：

第一，取消了原有的 4 个血缘部落，重新划分为 10 个选区，每个选区包括 4—5 个德谟（即市区或村落），根除了部落组织的残余。第二，创建"五百人议事会"，由每个选区各选 50 名代表组成，取代"四百人议事会"，负责财政管理以及安排公民大会议程、提议决策等。第三，强化公民大会职权，使之拥有了立法权、决策权以及重大政治案件的审判权。第四，完善了陪审法庭，使之成为雅典的最高司法机关。第五，建立选举产生的"十将军委员会"，负责统帅军队。第六，创制陶片放逐法，由公民大会定期投票放逐图谋僭权的野心家和危险分子，以保障民主制度的安全。克里斯提尼的改革标志着雅典"在领土的范围内结合而成为政治体已经达到了完

---

① 〔古希腊〕亚里士多德：《雅典政制》，日知、力野译，第 14、15 页。

② 〔英〕弗里德里希·冯·哈耶克：《自由秩序原理》（上），邓正来译，生活·读书·新知三联书店 1997 年版，第 207 页。

③ 〔古希腊〕亚里士多德：《雅典政制》，日知、力野译，第 10 页。

全的境地"① 以及民主政治的日臻成熟。

公元前461年，民主派领袖伯里克利（Pericles）当选首席执政官，在他当政的30多年内，又陆续采取了一系列政治改革措施，把雅典民主政治推向"黄金时代"。这些措施包括：

第一，取消财产资格限制，将国家官职向所有社会阶层开放。四个等级的公民都有权担任包括执政官在内的各级官吏。第二，进一步削弱战神山议事会的职权，只给它保留了审理凶杀案和某些亵渎神明案的权力。行政长官也只限于审理小额罚金案件。第三，改善立法程序，创立"违法法案起诉程序"，通过追究违法议案提出者的个人责任以提高公民大会的立法与决策质量，强化公民的政治责任心。第四，实行公职津贴制度，鼓励公民参与政治活动。陪审员出庭一天津贴为三个奥波尔②，参加公民大会每次为一个德拉克玛。津贴制度使最贫穷的公民也能参与城邦的政治和司法活动。第五，设立护法官，维护法律尊严。护法官共7名，由选举产生，任期一年，其职权是维护既定法律的权威，防止不当立法的发生。第六，强化对行政官员的监督。任何官职上任前都必须经过陪审法庭"听证会"的认可，在其一年任期内，由公民大会进行十次考核，卸任时还必须述职，接受离职审查。

伯里克利改革巩固了雅典的民主政治，使之很难撼动。所以，在公元前411年的一次贵族叛乱后，尽管贵族旧势力一度建立四百人寡头统治，但仅仅存在了三个月便寿终正寝；公元前404年伯罗奔尼撒战争结束时，胜利的斯巴达人也曾在雅典建立"三十僭主"政权，结果同样昙花一现，不到一年便灰飞烟灭。

三、雅典政治的法制化

雅典民主政治的建立过程，亦即雅典政治的法制化过程。因为

---

① 〔美〕摩尔根：《古代社会》，杨东莼等译，第467页。
② 奥波尔是古代雅典的一种银币，其价值约等于一个德拉克玛的六分之一。当时每人每天的生活费用约为两个奥波尔。

民主政治需要城邦公民的广泛参与——

> 它必须有规章，要按规章治理。就是说，城邦要有关于公民资格、公民的权利与义务的法律，要有行政机构、议事机构和法庭的选任、组织、权限、责任的法律，这些是国家法，即宪法。还要有关于财产、继承、契约等等的私法，以及把血亲复仇的古代惯例，转化为国家负责惩处犯罪行为的刑法。于是，政治和法律两者密切相关，甚至在某种程度上是同义语。①

在雅典人的心目中，法律是立国安邦的基础，是生活秩序的保障。一位诉讼当事人曾在法庭上如是说：

> 如果你们中谁要问是什么力量把议事会召集起来，让人们参加公民大会，坐到法庭上，使旧官员顺利地向新官员交接权力，使城邦的整个生活得以维持，他将发现是法律和人们对法律的遵从；因为如果法律一旦被废除，每个人有权做自己喜欢做的事情，不但城邦要解体，就连我们的生活也将与荒野的禽兽无异。②

所以，在雅典的法律中，有许多强调法制的规定，尤其在成文法日趋完备的伯里克利时代，例如，"任何司法者不得以不成文法断案"③"公民未经陪审法庭决不得处死"④，等等。每一个雅典青年在获得公民资格时都要庄严宣誓："我要服从执政官，遵守现存的法律和以后人民可能制定的法律，如果有企图推翻或违背法令的，

---

① 《顾准文稿》，中国青年出版社 2002 年版，第 478 页。
② 转引自李桂英、蔡连增："古代雅典的陪审法庭与民主政治"，《宁波大学学报》2004 年第 3 期。
③ 〔美〕威尔·杜兰：《世界文明史——希腊的生活》，幼狮文化公司译，东方出版社 1998 年版，第 191 页。
④ 〔古希腊〕亚里士多德：《雅典政制》，日知、力野译，第 49 页。

无论我一人或与同伴一起，我都要坚决抵抗。"① 每一个雅典公民都把出席公民大会、参与陪审法庭的司法审判，视为义不容辞的法定义务。为便于公众了解和遵守法律，梭伦改革时把他领导制定的法律刻在了16块白色木板上，立于巴西勒斯柱廊（国事厅）——

> 所有的人都发誓遵守法律；九执政官通常是对那块石头（或许就是市场里宙斯的神坛）宣誓，说他们如果违反任何一条法律，就得奉献一个黄金人像；因此之故，他们甚至现在还用这样的誓言来宣誓。②

伯里克利对法律的权威和尊严更是强调有加，他在阵亡将士国葬礼上说：

> 在我们私人生活中，我们是自由的和宽恕的；但是在公家的事务中，我们遵守法律。这是因为这种法律深使我们心悦诚服。
>
> 对于那些被我们放在当权地位的人，我们服从；我们服从法律本身，特别是那些保护被压迫者的法律，那些虽未写成文字、但是违反了就算是公认的耻辱的法律。③

即使在庇西特拉图僭主统治时期，也没有突破法制的底线。当时曾经有人指控庇西特拉图杀人，接到元老院的传唤后，庇西特拉图恭敬地出庭应诉，理性地进行自我辩护，致使控告他的人心生胆怯而自动离去。

雅典的法制特征通过阶级斗争的表现形式而得到印证。我们知

---

① 〔英〕博伊德、金：《西方教育史》，任宝祥、吴元训译，人民教育出版社1986年版，第20页。

② 〔古希腊〕亚里士多德：《雅典政制》，日知、力野译，第9—10页。

③ 〔古希腊〕修昔底德：《伯罗奔尼撒战争史》（上册），谢德风译，商务印书馆1985年版，第130页。

道，阶级斗争自国家产生以来就一直存在，但在不同的政治制度下，阶级斗争的表现形式大异其趣。在专制国家，互相对抗的各阶级不可能直接表现为不同党派的政治斗争，因为那里不允许反对派的合法存在。既然没有合法表达阶级诉求的制度平台，阶级斗争只能采取隐蔽的形式展开。这种阶级斗争如同地壳下的岩浆运动平时隐而不显，一旦激化，就会像火山爆发一样，以你死我活的暴乱或革命方式表现出来。而在法制的条件下，不同的阶级为了自身利益，可以公开组成党派，阶级冲突可以通过合法渠道反映到政治舞台上，并能在法律的框架内通过和平的博弈斗争而得到解决或缓解，故而通过考察阶级斗争表现形式就能大致判断出某国有无法制乃至法治程度的高低。

回顾雅典不难发现，阶级斗争主要表现为法律框架内不同派别间的党争。[①] 例如，在早期雅典，少数贵族占据了大部分肥沃土地，控制着行政、司法和军事大权，占人口多数的平民政治上无权、经济上贫困、社会上毫无地位。其中，作为平民主体的农民只有少量贫瘠的土地，往往难以维持生计而纷纷破产，沦为"六一农"[②] 或者奴隶。城市贫民的境遇与农民相差无几。新兴的工商业奴隶主虽然手中有财富，但无权无势，也受到贵族的歧视和压制。因此，那时阶级斗争主要在贵族和平民之间展开，形成了贵族派和平民派的对立。两派斗争主要采用和平的政治斗争形式，斗争结果是贵族派被迫让步，促成了著名的梭伦改革。梭伦离职后，又形成了平原派、海滨派和山居派之间的斗争，平原派以占有平原土地的贵族为主，

---

① 这里说的阶级斗争主要指的是作为阶级斗争特殊表现形式的奴隶主阶级内部不同阶层和集团之间的斗争，而不包括作为阶级斗争典型形态的奴隶与奴隶主之间的斗争，因为在那时奴隶阶级没有资格参与政治。对此，马克思在谈及罗马阶级斗争时曾有过论述，他说："在古代罗马，阶级斗争只是在享有特权的少数人内部进行，只是在富有的自由民和贫穷的自由民之间进行，而从事生产的广大民众，即奴隶，则不过是为这些斗士充当消极的舞台台柱。"见《马克思恩格斯选集》（第 1 卷），人民出版社 1995 年版，第 581 页。

② "六一农"是指无力偿还债务而被迫把土地抵押或转让给贵族债权人，从而必须把土地收成的六分之一交给债权人的农民。一旦"六一农"无力给付六分之一的收成，就只能连同家人卖身为奴。

海滨派以工匠商人为主，山居派以无地少地的山区小农为主。三派关系依旧贯穿着贵族派和平民派的阶级对立，斗争仍然以合法博弈为主，集中于公民大会、议事会或陪审法庭内。斗争的结果是民主派获得胜利，其领袖克里斯提尼当选执政官，然后通过改革发展巩固了雅典民主政治。此后，贵族派政治上失势，阶级斗争转而在激进民主派和温和民主派之间进行，斗争的结果是伯里克利改革和雅典民主政治"黄金时代"的到来。综观300年的雅典阶级斗争，除了极个别情况下采用了暴力方式和僭主统治形式外，大部分是以和平的党争形式展开的，这既是雅典政治民主化的体现，也是雅典政治法制化的一个有力佐证。

雅典政治的法制化特征还通过雅典人强烈的法律意识体现出来。在雅典人看来，法律是个人与城邦之间的神圣契约，是不可违背的；合法与非法，犹如白昼与黑夜，界限分明。因此，循规守法成为雅典人的共同要求和自觉行为。苏格拉底（Socrates）堪称是雅典人守法意识的典型代表，他始终以法律作为自己的行为准则和评价他人的根本尺度，认为"公正的人就是遵守法律的人"[1]。面对"三十僭主"非法的暴力统治，他毅然拒绝执行政府的命令，并多次谴责克里底亚的违法行为。在公元前406年的"六将军"事件中，他力主依法审理，反对交由议事会裁决。公元前399年，苏格拉底在自己被控"亵渎神明、蛊惑青年"一案中，明知抱屈含冤也服从法庭判决，义无反顾地慷慨赴死。用现代的眼光看，苏格拉底没有实施任何直接侵害他人或社会的行为，指控他的罪名只涉及思想言论信仰问题，这些都不属于法律管辖的范畴，更不是法律惩罚的对象，因为言语不构成罪体，思想是不可审判的，所以苏格拉底的弟子们个个心中不服，劝苏格拉底越狱逃走，并买通了狱卒，安排好了逃亡计划。但苏格拉底却平静地告诫弟子说，对于冤案，越狱确是一种正义，但遵守即使是不公正的法律，同样也是一种正义的要求，而且在价值位阶

---

[1]　〔德〕黑格尔：《哲学史讲演录》（第2卷），贺麟、王太庆译，商务印书馆1960年版，第72页。

上，后一个正义要比前一个正义更为重要。因为，如果人人都借口自以为是的"正义"而拒绝执行法庭判决，法律和法庭就会威信扫地，秩序就不能维持。他反问弟子说："假如城邦宣告的法律裁决没有强制力，被个人废弃和破坏，你能想象这座城市还能继续存在下去而不被颠覆吗？"①正是立基于此，苏格拉底宁舍小义以保全大义，为维护法律的权威和尊严不惜付出生命的代价，这种舍生取法的"法呆子"精神虽透着迂腐之气，但也折射出法律观念在雅典深入人心的现实。欧洲之所以成为法治的发源地，从苏格拉底以身殉法的壮举中即可找到答案。②

由于雅典形成了浓郁的法制文化和法律意识，所以合法性成为一切统治权力的正当性基础。格罗特在《希腊史》中写道：

> 假令有任何精力绝伦的人，逞其横暴或使弄权术，破坏宪法而单凭自己的意志与愿望使其成为一个永久的统治者，纵令他的统治是善良的，他绝不能激励人民对他发生何种责任感，因为他手中的政权从开始就是非法的，甚至于有人剥夺他的生命，不只不受道德心的禁止反将为所赞许，若在别种情形之下，流血则认为是不可赦的罪恶了。③

职是之故，凡是通过非法手段"僭夺城邦国家的唯一权力并无视任何先前存在的根本法而占有这一权力的人"，皆被雅典人斥之为"僭

---

① 〔英〕萨达卡特·卡德里：《审判的历史——从苏格拉底到辛普森》，杨雄译，第9页。

② 苏格拉底的以身殉法和我国孟子与其弟子桃应的一则对话故事形成鲜明对照。有一次，桃应就一个虚拟问题请教孟子，问曰："舜为天子，皋陶为士（法官），瞽瞍（舜之父）杀人，则如之何？"孟子曰："执之而已矣。""然则舜不禁与？""夫舜恶得而禁之？夫有所受之也。""然则舜如之何？""舜视弃天下犹弃敝蹝也。窃负而逃，遵海滨而处，终身欣然，乐而忘天下。"见《孟子·尽心》。

③ 转引自摩尔根：《古代社会》，杨东莼等译，第434—435页。

主"（tyrant）。①虽然僭主几乎全都与下层平民站在一起，而且大多才能出众、卓有作为，其统治方式也并非总是独断专行、残暴无情——如僭主庇西特拉图当权期间，从来"不与大众为难，总是致力和平，保持安靖……他倾向人民，性情温厚。他愿意一切按照法律行事，不使自己有任何特权"②，有时甚至利用个人财富为穷困农民垫付资金，以帮助他们摆脱困境——但在雅典人看来，僭主是靠非法途径篡权上台的，③篡权本身就是对法定民主制的公然践踏，所以无论政绩多大也无法洗刷掉"不合法""不正当"的罪名，故而最终都没有好下场，大多数僭主被刺身亡或被放逐国外，而刺杀僭主者几乎无一例外地被尊为"英雄"。雅典法律甚至明文规定"诛杀僭主"是公民的法定义务，并要求所有公民在自己所在的德谟进行宣誓：

> 如果我有能力的话，我将用语言、行动、投票以及我自己的双手杀死那些在雅典推翻民主制度的人、废除民主制度的官员、试图成为僭主的人，或者帮助建立僭主制度的人。如果有人杀了这样的人，我将把他视为众神纯洁的眼睛，因为他除掉了所有雅典人的敌人，我会卖掉死者所有的财产，拿出一半给这位勇士，任何人不能剥夺勇士的任何东西。④

---

① 〔英〕戴维·米勒、韦农·波格丹诺编，邓正来主编：《布莱克维尔政治学百科全书》，中国问题研究所等组织翻译，中国政法大学出版社1992年版，第779页。

② 〔古希腊〕亚里士多德：《雅典政制》，日知、力野译，第20页。

③ 例如，在公元前560年，庇西特拉图在城市贫民和山地农民的支持下，利用城邦管理混乱之机，发动政变，夺取了政权。政变过程如下：在一次公民大会开会期间，他突然砍伤自己，满身是血地跑进会场，大声呼喊他受到了政敌的围攻。公民大会立即投票表决，派给他一支卫队。他利用这支武装，迅速占领了雅典卫城，驱逐了所有行政官员，建立了僭主政治。

④ 贺卫方、任强："古希腊的民主与法制"（上），《中西法律传统》（第4卷），中国政法大学出版社2004年版，第28页。

四、雅典的民主与法制

雅典在民主法制方面的探索与成就，在人类法律文明史上谱写了光辉的第一页，并且影响深远。但是，站在今天的立场上加以审视，无论是雅典的民主还是法制乃至两者的关系，都存在明显的缺陷和不足。

雅典的法律大多数采取单行法规或法令的形式，零杂散乱，缺乏体系的完整性和统一性。其中，公法相对发达，私法残缺不全，结构失衡，在事关国家体制的宪法法律和普通法律之间也未作必要的区分。法律的制定、解释与适用始终没有超越原始阶段而走向专业化，所以没有也不需要一个法律职业者阶层。最为重要的是，法律事务与政治事务尚未分离开来，立法与司法相互交叉，本应作为政治运行机制的民主被全面实行于司法领域，致使司法判决缺乏可预期的确定性，经常有失公正。

公民大会的民主立法

公民大会是雅典的最高权力机关，地点设在雅典卫城西面的普尼克斯山坡上。在它进行立法时，"总是由普通公民提出议案、讨论议案，而不求教于专家，看这议案是否合乎现行法律体系"[1]。就是说，那时每个雅典公民都是立法者。由于公民大会多达6 000—8 000人，难以进行充分讨论和有效交流，易于被少数人操纵，因为支配一个庞大的群体通常"要比支配一小群听众来得容易"。[2]会议规模庞大还容易出现集体不理性和集体无意识。法国社会心理学家勒庞在《乌合之众》一书中指出，人们聚合成群后，很容易接受他人的暗示，人云亦云，人为亦为，趋向于轻信、盲从、狂热、

---

① 〔美〕弗里德里希·沃特金斯：《西方政治传统——现代自由主义发展研究》，黄辉、杨健译，吉林人民出版社2011年版，第9页。

② 〔美〕乔·萨托利：《民主新论》，冯克利、阎克文译，东方出版社1998年版，第137页。

多变，个人才智和判断力会被削弱，异质性会被同质性所淹没。而且，由于群体是个无名氏，能够吞噬掉个人责任感，所以，聚集成群的乌合之众总是短于推理、长于行动，"永远漫游在无意识的领地"①，经常会做出平时不可想象的举动，既可能干出惊天动地的千秋伟业，也可能犯下不可饶恕的滔天罪行。在人类尚未掌握大型会议组织技术的古代，多达 6 000 人以上的公民大会要避免集体不理性是十分困难的，所以在雅典历史上，少数能言善辩的演说家通过诱导多数人导致公民大会意气用事或朝令夕改的事例屡屡发生。例如，在伯罗奔尼撒战争初期，米提林城邦背叛雅典而投靠了斯巴达，雅典群情激奋，立即出兵征服了米提林，公民大会仓促决定把米提林成年男子统统处死，妇女和儿童全部罚做奴隶。第二天，雅典人民情绪趋于平静，意识到这一决定的非理性，于是再次召开公民大会，通过重新表决，撤销了原有决定，从而避免了一次大屠杀。②

为防止公民大会立法失误、保证立法质量，后来雅典采取了两项措施。一是在伯里克利改革中设立护法官，监督立法。护法官共七名，由选举产生，任期一年，专职维护法律尊严，制止违法动议。当公民大会、"五百人议事会"或元老院开会时，护法官端坐于象征法律至上的高凳上，监视整个会场。如果有人攻击法律或提出不合法的提案时，护法官有权力和责任予以阻止。二是改善立法程序，提高立法效率和质量。公元前 410 年，雅典成立了一个"立法委员会"，受命对梭伦以后的法令进行整理，编纂成册。公元前 400 年，整理旧法任务完成，但委员会继续保留，负责疑难事项的立法事宜。护法官和立法委员会的设置对于提高立法的效率和质量起了一定作用，但并未改变公民大会民主立法经常失之草率的本质特征。实际上，雅典公民大会既可立法，也可废法，多数人的决定就是最高法律。

---

① 参见〔法〕古斯塔夫·勒庞：《乌合之众》，冯克利译，广西师范大学出版社 2007 年版，第 45—59 页。

② 参见〔古希腊〕修昔底德：《伯罗奔尼撒战争史》（上册），谢德风译，第 204—205 页。

于是——

> 公意几乎就没有办法，能够对政府的行为加以什么宪法方面的限制；而一旦城邦的运作归于某一利益集团的手里，便无从阻止他们借打击对手，维持自身的权力；面对这种无限制的阶级立法，争夺立法权势必成为每个阶级极其重要的大事，于是演成了无休止的内战，各公民团体为了使自己的利益凌驾于其他公民的利益之上，而大动干戈。内政也罢外交也罢，希腊的生活状况都难以产生与保持能为民众共同接受的法律标准。①

立法与司法的权力交叉

雅典法制除了因过分迷信民主致使立法草率、法律确定性不足之外，还存在立法与司法界限不清、彼此交叉的弊端。公民大会除立法和决策外，还经常越俎代庖，行使司法职能；陪审法庭除审判案件外，也可以参与立法和决定政治问题。就是说，法律和政治尚未分离，这与法治的要求是相抵牾的。

作为政治和立法机构的公民大会，"从一种职能来看，它是一个议会；而从另一种职能来看，它则是一个法院"②。作为法院的公民大会，"既认定法律也认定事实。没有陪审团审议。举证和辩论后，所有的人鱼贯而出，在离开时往瓮中投票来表决"③。由公民大会直接行使司法权的一个典型例子是阿基纽西海战后对六位将军的审判。公元前406年，雅典海军打了一场大胜仗，但也造成了数千士兵因

---

① 〔美〕弗里德里希·沃特金斯：《西方政治传统——现代自由主义发展研究》，黄辉、杨健译，第8—9页。

② Robert J.Bonner and Gertrude Smith："梭伦的司法改革"，刘会军译，徐昕主编：《司法》（第4辑），厦门大学出版社2009年版，第446页。

③ 〔美〕约翰·H.威格摩尔：《世界法系概览》（上），何勤华等译，第224页。

船破沉没而溺水身亡。某些别有用心者煽动民众情绪，控告指挥作战的六位将军救援不力，误导公民大会未经正当审判程序，也未听取六位将军的个人申辩，就将他们判处了死刑。另一著名案例是，亚西比得将军在远征西西里期间，国内政敌以莫须有的罪名指控他阴谋推翻民主制，不明真相的雅典民众群情激愤，命他马上回国受审。亚西比得及其同伴预感凶多吉少，在回国途中弃船逃亡，但公民大会仍通过缺席审判，"宣布他和他的同伴们的死刑"①。可见，由公民大会直接行使司法权，结果往往因情绪化而造成误判冤案。

陶片放逐制度（Ostracism）是公民大会行使司法权的主要形式。根据该制度，每年12月，轮值常委会要询问公民大会是否有必要进行陶片放逐投票，以清除图谋僭权、实行专制的危险分子。如果公民大会认为有此必要，便在第二年2—3月的公民大会上进行放逐投票。届时，与会公民将自己认为应被放逐的人的名字写在陶片上，投放于某一特别建筑物中。如果投票总数超过6 000，是为有效投票，陶片数量最多者将被驱逐出境，10年后方允许回国，但个人财产仍予保留，也不株连亲族。在雅典历史上，共出现过12次陶片放逐案例，最早的一次发生在公元前487年，最后一次是公元前417年。

陶片放逐制度是雅典公民监督公职人员、防止个人擅权专断的有效方式，被学者誉为保护雅典民主制的"尚方宝剑"。例如，公元前487年，僭主庇西特拉图的亲戚希帕库斯被驱逐国外。公元前470年，泰米斯托克利被放逐。此人原是一位德高望重的将领，在希波战争中曾率军以少胜多，几乎全歼波斯海军，为希腊的最后胜利做出了巨大贡献，被雅典人视为民族英雄。但后来这位将军居功自傲，贪污受贿，甚至勾结外敌。于是，雅典人民启动了陶片放逐程序，将其逐出雅典，最后客死他乡。

不过，陶片放逐制度也存在严重弊端。它混淆了政治和法律的界限，以司法的方式处理政治争议问题，并采用少数服从多数的票

① 〔古希腊〕修昔底德：《伯罗奔尼撒战争史》（下册），谢德风译，商务印书馆1985年版，第466—467页。

决程序，不给被放逐者以任何申辩机会，从而赋予了投票结果以不容置疑和不可更改的终极权威，这显然是不符合司法专业化、正当法律程序等法治原则的。它"不尊重个人，而且随时都在怀疑个人。它对杰出的个人尤为猜疑，对个人的评价反复无常，对个人的迫害冷酷无情……在这种制度下，个人的地位总是危在旦夕……一夜之间就可能从最高自由堕入最苛酷的奴隶状态"①。因此，陶片放逐法很容易沦为多数压迫少数的宗派斗争工具。例如，在公元前463年，民主派领袖厄菲阿尔特和保守派领袖客蒙因政见不同发生尖锐矛盾，前者利用客蒙的一次外交失误，提议进行陶片放逐表决，结果客蒙被流放。②公元前451年，尽管波斯的威胁已经消失，但伯里克利仍要求各盟邦继续向雅典缴纳保护费，其实际目的是筹集建造帕特农神庙的经费。修昔底德挺身反对，理由是铺张浪费和勒索盟邦违背道德，但伯里克利的政策可以扩大就业、促进雅典经济发展，因而得到了多数民众的支持，结果修昔底德被陶片放逐。普鲁塔克的《希腊罗马名人传》中记载了一次陶片放逐投票，充分说明这种制度的荒诞不经。公元前483年，公民大会决定对阿里斯提德进行放逐投票，他是雅典的著名将领，曾指挥马拉松战役，功勋卓著，还曾担任首席执政官，办事公正，人称"正义"，但这一美名却变成了招人嫉恨的根源。投票时，阿里斯提德身旁恰好有个农民请他代为写票，并要他写上阿里斯提德的名字。阿里斯提德吃惊地询问为什么希望放逐此人，农民说："不为什么，我甚至不认识这个人。"阿里斯提德追问了一句："您都不认识他，为何赞成放逐？"农民答道："到处都称呼他为'正义'，我实在听烦了。"③投票结果，阿里斯提德被流放。

权力交叉的另一表现是陪审法庭通过两种特殊诉讼程序承担了

① 〔美〕乔·萨托利：《民主新论》，冯克利、阎克文译，第321页。
② 吴于廑主编：《格罗特〈希腊史〉选》，郭圣铭译，商务印书馆1964年版，第21—22页。
③ 〔古希腊〕普鲁塔克：《希腊罗马名人传》（上册），陆永庭等译，第320页。

部分立法职能。一是"违法提案诉讼"（graphe paranomon）。根据这种诉讼的要求，如果发现某一立法提案与现行法律相抵触，或者提案方式违反正当程序，可以向陪审法庭提起诉讼。如果陪审法庭判决提案违法，则提案归于无效，并对提案人处以罚款，对起诉者给予奖励。如果连续三次被判提案违法，提案人将被剥夺立法提案权。① 雅典史上第一个有据可查的"违法提案诉讼"案发生在公元前415年。② 公元前4世纪，这类诉讼日益增多，陪审法庭几乎每个月都要审理一起违法提案诉讼案件，雅典的大部分政治领导人都曾因此而被起诉过。③

　　二是"不当立法诉讼"（graphe nomonmeepitedeion theinai）。不当立法诉讼主要针对雅典立法委员会通过的法律或法令，所以这种诉讼只发生在公元前403年立法委员会获得立法权之后。根据这种诉讼的要求，如果新法律生效后，有人发现其内容与现行法律或雅典城邦利益相矛盾，可以向陪审法庭提起诉讼。例如，安德罗提翁所提的一项立法因"与禁止议事会未完成职责之前请求加以桂冠荣誉的法律规定相违背"，阿里斯托克拉底所提的一项立法因与有关谋杀罪和监禁嫌疑犯的法律以及有关法律高于法令的规定相矛盾，另一项立法因破坏了城邦间的均势致使科所尼斯的雅典人身陷困境④，分别受到了不当立法指控。如果不当立法诉讼胜诉，只取消不当立法，对立法提案人并不进行处罚。⑤ 由于立法委员会的立法数量远少于公民大会的立法数量，所以不当立法诉讼也远远少于违法提案诉讼。据汉森统计，在演说家的演说辞中提到过39次违法提案诉讼的案例，而不当立法诉讼只有6次。⑥

---

① A.R.W.Harrison, *The Law of Athens Ⅱ: Procedure*, Oxford University Press, 1971, p.176.
② 〔英〕约翰·索利:《雅典的民主》，王琼淑译，上海译文出版社2001年版，第64页。
③ M.H.Hanson, *The Athenian Democracy in the Age of Demosthenes*, Blackwell, 1991, pp.208-209.
④ 胡骏:"雅典司法制度初探"，华东政法大学2006年硕士学位论文，第30页。
⑤ D.M. MacDowell, *The Law in Classical Athens*, Cornell University Press, 1978, p.50.
⑥ M.H.Hanson, *The Athenian Democracy in the Age of Demosthenes*, p.176.

从形式上看，陪审法庭在审理上述特殊诉讼时，行使的仍然是司法权，但实际上是对公民大会立法权的僭越，而且由于它的判决具有终局性，所以有时甚至凌驾于立法机关之上，这与法治社会的权力分立原则显然是不符合的。

陪审法庭的民主司法

当然，陪审法庭的主要职能是司法审判。自公元前 5 世纪末接管战神山议事会的大部分司法权后，陪审法庭一直是雅典的最高司法机关。它可以受理公民提起的任何诉讼，并做出终审判决。对"官吏的审判，在大多数的情形下，是由议事会来进行的，特别是对那些处理基金的官吏；可是，议事会的审判不是最后的，还可以向陪审法庭上诉。私人也有权利告发他所要告发的任何官吏的不法行为；但是，这些案件如果议事会通过判决有罪，仍可以向陪审法庭上诉"[1]。

陪审法庭由选举产生的陪审员（heliast）组成，"凡年在三十岁以上，不曾欠国库的债和不曾失去公民权利者，皆有充任陪审员的权利"[2]。陪审员任期一年，不得连任，其选举办法是：每年由 10 个选区分别抽签选出 600 人，登记为当年的陪审员，全国共 6 000 名。每位陪审员领有一个铜制牌证，上面刻有陪审员及其所属德谟的名称和猫头鹰形状的德谟官印符号。陪审员须经宣誓才能就职，誓词为：

> 我将根据公民大会及五百人会议通过的法令法规投票。至于无法可循的案例，我将尽我所能作最佳判决，不偏不倚。我将仅就告发内容投票判决。我将公平无私，听取原、被告双方的证词。[3]

---

[1] 〔古希腊〕亚里士多德：《雅典政制》，日知、力野译，第 50 页。
[2] 同上书，第 66 页。
[3] 〔英〕约翰·索利：《雅典的民主》，王琼淑译，第 39 页。

除了公民大会开会日及节庆日，陪审法庭天天开庭，每年开庭达 175—225 天。[①] 开庭时，陪审员被分派到不同的审判庭，由司法执政官或其他官员主持。每个审判庭的规模依案件的性质而定，案件越重大，陪审员人数就越多。小型民事案件审判庭由 201 人组成，重大民事案件由 401 人组成；刑事案件至少由 501 人审理，重大刑事案件加倍甚至增加数倍。

陪审法庭是一种民众集会式法庭，实为缩微的公民大会。在希腊文中，陪审法庭的意思是"作为法庭的公民大会"，韦伯称其为"人民法院"。[②] 陪审法庭每天要审理的案件和所需陪审员人数都事先公布，有意出席的陪审员一大早就要赶往法庭所在地，按"先来后到"原则进入法庭，入口处有专人查验和收取牌证，达到法定人数后就关闭法庭大门。可想而知，这种分派制度会给腐败留下可乘之机，因为陪审员如果预先接受了当事人的贿赂或人情之托，只要提前到达，就有机会参与该当事人的案件审理，暗中帮忙。为避免这一弊端，公元前 5 世纪末改用抽签法，随机选任陪审员。每天开庭前，所有陪审员集合于提秀斯神殿前，通过抽签分为大小相等的若干组，并用希腊字母一一表示出来，各个法庭也用字母加以标注，然后通过抽签，将各组陪审员分到不同的法庭。同时，从行政长官中抽签选出各个法庭的主持人。[③] 到公元 4 世纪末，为避免人工抽签可能出现的舞弊行为，采用了随机遴选器（kleroterion），陪审员的选配更加客观公正。

由于没有职业律师和代表国家追诉犯罪的公诉人，诉讼一律采取自诉形式，任何公民都有权提起诉讼。一般诉讼案件都要经过预审和庭审两个阶段。在预审阶段，由原告传唤被告到有权管辖该案

---

① M.H.Hanson, *The Athenian Democracy in the Age of Demosthenes*, p.222.

② 〔德〕马克斯·韦伯：《经济与社会》（下卷），林荣远译，商务印书馆 1997 年版，第 711 页。从 20 世纪末起，国内就有学者提出将"陪审法庭"改译为"民众法庭"，新译名显然更为准确，但考虑到"陪审法庭"译名在我国学界使用已久，这里仍沿用旧译名。

③ 参见〔古希腊〕亚里士多德：《雅典政制》，日知、力野译，第 65—68 页。

的行政长官面前，提出书面诉状，交由行政长官审查。若行政长官发现自己无权判决，就提交陪审法庭。

开庭时，原告和被告都必须出庭，如果被告拒绝出庭，就以缺席审判方式宣布原告胜诉。庭审从传令官宣布当事人名字开始，然后是诉讼双方经宣誓后的法庭辩论。案件当事人可以自选一位或几位能言善辩的代理人为自己撰写辩护词，或协助进行法庭辩论。为保证效率，当事人或辩护人的发言有严格的时间限制，以水时计控制。[①]辩论的同时，诉讼双方须分别提供相关证据，以支持自己的诉求。原告的诉求若没能得到五分之一陪审员的支持，则视为诬告，处以鞭刑。

法庭辩论结束后，陪审员无须协商评议，直接进行投票。投票用的是特制的铜质圆盘，有一短柄穿过中心。短柄分空心柄和实心柄两种，空心柄圆盘表示支持原告，实心柄圆盘表示支持被告。法庭里预置两个瓮，一个铜制的，一个木制的，铜瓮放置有效票，木瓮放置弃权票。瓮的盖子上有一小孔，一次只能投入一个圆盘。投票开始前，法庭职员发给每个陪审员两个圆盘，空心和实心各一个。为了保证陪审员的意志自由，投票采取秘密方式。投票结束后，由法庭职员把铜瓮中的有效票倒到计票板上，木板上刻有若干凹穴，圆盘柄的一端刚好可以插在里面，俯视下去，空心实心的差别一目了然。最后，在全体陪审员的目睹下，由计票员清点票数，宣布结果。得票多者胜诉，少者败诉，若票数相等，则判被告胜诉。[②]在刑事审判中，如果被告被判有罪，则由原告和被告分别提出具体的刑罚方案，再由陪审员进行第二轮投票，得票多的方案即是最终判决。

陪审法庭的运作程序十分严密，体现了公开、公平、公正的价值诉求。而且，从陪审员的抽签选举到公开检票计票，每一道程序都贯彻了民主原则。在审判中，"法官（主持庭审的官员——引者注）至多像一个公共集会的主持人，没有任何首席法官可权威性地宣告

---

① 〔古希腊〕亚里士多德：《雅典政制》，日知、力野译，第69页。
② 同上书，第69—70页。

法律是什么"①。汉森曾形象地比喻说："在雅典，一个案件就像是一部有三个角色的戏剧，这三个角色都是业余的，他们是提出诉讼的公民、准备案件和主持法庭的法官以及听取案情并做出裁决的陪审员。"②萨拜因甚至认为，雅典的陪审法庭"毫无疑问是整个民主制度的拱顶石。它们占有的地位不是任何现代政府中的法院所占有的地位可以比拟的"③。然而，正是这种强烈的民主性构成了雅典司法制度的一大缺陷。因为司法是一种法律行为，对专业性有着特殊要求，而民主本质上是一种政治运作程序，因而司法理应与民主保持一定距离。但是，对民主情有独钟的雅典人无视或不懂法律与政治的区别，将民主机制全盘运用于陪审法庭中，致使判决结果完全取决于陪审员的投票，公正合理自难保障。况且，陪审员的任何投票结果都具有终极权威性，所以一旦出现误判错判，将冤沉海底，永无纠正机会。

在这种民主司法模式下，法庭辩论不可能以事实分析和法律推理为重点，而必然把说服陪审员放在首位，故而特别讲究语言技巧和感染力。就是说，诉讼人"能否获胜的关键不在于哪一方正确，而在于他们是如何进行辩论的"④。一如斯蒂文·约翰斯通所言：

> 雅典的法律本质上只是一种修辞。没有律师，没有法官，没有公诉人，仅仅是两个诉讼人面对几百个陪审员发表演说。在没有权威的法律专家的情况下，法律在雅典存在的唯一的历史意义就是诉讼演说。在雅典的陪审法庭上，诉讼人言辞的可靠性高低并不取决于陪审员们对当事人预先存在的信任度的大

---

① 〔美〕约翰·H. 威格摩尔：《世界法系概览》（上），何勤华等译，第224页。

② M.H.Hanson, *The Athenian Democracy in the Age of Demosthenes*, p.180.

③ 〔美〕乔治·霍兰·萨拜因著、托马斯·兰敦·索尔森修订：《政治学说史》，盛葵阳等译，商务印书馆1986年版，第29页。

④ Steven Johnstone, *Disputes and Democracy*: *The Consequences of Litigation in Ancient Athens*, University of Texas Press, 1999, p.5.

小，而是在很大程度上是通过诉讼演说本身建立和确立的。①

因此，辩护人经常通过赞扬自己的当事人品质优秀或对城邦贡献巨大，或者通过悲情演讲来唤起陪审员的怜悯之心，甚至不惜使用诡辩来赢得诉讼。庭审犹如一场充满悬念的辩论赛，被能言善辩的演说家所操纵，为变幻无常的民意所左右。在流传下来的法庭演说词中，充满了巧舌如簧的蛊惑之言和煽情之词。有一个真实的案例足以为证，即发生在公元前340年的"芙丽涅"案。芙丽涅是一个放荡女子，因亵渎宗教和不敬神罪被告上法庭。按照雅典法律，应判她死刑。在法庭即将做出有罪判决之时，辩护人海珀利德把她推到陪审员面前，撕开她的外套，露出美丽的胴体，用动情的言辞质问道："难道你们忍心让这位阿芙罗狄特（古希腊美丽女神）的弟子香消玉殒吗？"这一招果然奏效，芙丽涅最终被判无罪。② 利用情感等非法律因素感化陪审员以影响法庭判决的情形，在当时的文学作品中也多有反映。例如，在阿里斯托芬的喜剧《马蜂》中，陪审员菲罗克勒翁对他的儿子说：

> 我一到那里，就有人把盗窃过公款的温柔的手递给我，他们向我鞠躬，怪可怜地恳求我说："老爹，怜悯怜悯我吧，我求求你了……"经他这么一恳求，我的火气也就消了。我随即进入法庭，一进去之后，我却不按照诺言行事，然而我还是倾听他们每一句请求无罪释放的话。让我想一想，哪一种阿谀的话我们陪审员没有听见过？有人悲叹他们很穷，在实际苦难之上添枝加叶，把自己说成同我一样；有人给我讲神话故事，有人讲伊索的滑稽寓言；还有人讲笑话，使我们发笑，平息怒气。

---

① Steven Johnstone, *Disputes and Democracy*: *The Consequences of Litigation in Ancient Athens*, pp. 1-2.

② 〔美〕约翰·H. 威格摩尔：《世界法系概览》（上），何勤华等译，第257页。

要是这些手法打不动我们的心，有人立即把他们的小孩，男的女的，拖过来；我只好听啊！他们弯着腰，咩咩地叫；他们的父亲浑身发抖，像求神一样求我怜悯他们，对他们的罪行免予审查……为了他们的缘故，我们把怒气的弦柱扭松一点。①

由于民主投票决定一切，司法判决只能追随民意而变化无常，致使法律在雅典从未获得确定性和至上性，在其上面始终矗立着一个更高的权威——多数人意志。于是，司法被民主"强暴"，法律被民意"绑架"，只要多数同意，对案件的任何判决都是合理合法的，而且具有不容置疑和不可更改的终极效力，"因而导致公正是极为罕见的这一结果"②。"一旦法律丧失了它的神圣性，平民统治就会凌驾于法律之上，而正是由于这种行动，法治一再消融于人治之中"③。从这个意义上说，雅典不是一个法治的社会，而是一个民主外衣包裹下的人治社会，只不过是多数人的人治而已。一位现代评论家甚至从雅典陪审法庭身上看到了"平民专制"的可怕幽灵，他说：

> 雅典平民的真正权力，存在于法院。那里有他的御座，有他的权杖。在那里，他得到了赞美，奉承和谄媚雨点般地落在身上，以至于他的想象力最终开始相信，也是他的奉承者使他确信的，他不是人而是神。在某种意义上确是一个神；因为从没对他的判决不服上诉的，他个人不承担责任，他的判决不可更改；而如果真有什么专制，那就是雅典法院中全体法官的专制，一种"完美的、纯粹的、已经升华了的、干干净净的"专制。④

---

① 《古希腊悲剧喜剧全集第6卷·阿里斯托芬喜剧》（上），张竹明等译，译林出版社2007年版，第408—409页。
② 〔美〕约翰·梅西·赞恩：《法律的故事》，孙运申译，中国盲文出版社2002年版，第110页。
③ 〔美〕乔·萨托利：《民主新论》，冯克利、阎克文译，第345页。
④ 〔美〕约翰·H.威格摩尔：《世界法系概览》（上），何勤华等译，第244页。

总之，希腊虽然涌现出许多彪炳史册的哲学家、文学家、建筑师和艺术家，留下了无数博大精深的哲学经典、雄伟壮丽的卫城庙宇和脍炙人口的文学名著，开创了令后人赞叹不已的民主制度，但在法律科学和法治文明方面实在不敢恭维。希腊没有职业的法官、律师和法学家，没有建造出一座象征法治的永久性建筑物，没有出版过一本概念清晰、逻辑严谨的法学论著。中外教科书中所阐述的希腊法律思想，实际上都是从哲学、伦理学和政治学著作的字里行间渗透出来的。爱尔兰法学家凯利说："即便是对雅典，我们也不知道谁曾担任过法律顾问（而不是法庭上的演说家），谁曾作过教授法律的老师，也不知道可曾有哪一本书贡献给法律的主题"[1]。美国比较法学家威格摩尔也认为：

> 古希腊人虽然有一个司法制度，但就法律一词在罗马和现代的意义上而言，很难说他们有一个法律制度。他们没有制定法典。他们没有推理缜密的判决……他们在司法上的一个贡献——公民陪审法庭，采取了一种最易为一时冲动所左右的形式，在本质上是与任何一种法律科学不相容的。[2]

不过，无论如何，希腊毕竟走出了"原始法律""原始司法"阶段，跨入了"国家法律""国家司法"的新时代——

> 在那里个人财产的概念也获得了极大的发展，固定的婚姻方式，一夫一妻制家庭，公民对国家、对家庭、对其他公民的责任的概念都一一变得清晰了。个人应该对自己的行为负责这一点也得到明确。规定这些关系的法律都得到承认。书面文字形式的法律终于出现，国家承担了为其公民裁决一切法律纠纷

---

① 〔爱尔兰〕J.M.凯利：《西方法律思想简史》，王笑红译，第47页。
② 〔美〕约翰·H.威格摩尔：《世界法系概览》（上），何勤华等译，第286页。

的责任。国家建立了法庭，虽然法庭还很不完善，但毕竟是为裁决争议而设立的。国家还通过民众大会的方式提供了一系列改变或增补法律的手段……（并且）通过法律证明，立法者头脑中有着使法律得到实施的清醒目的，所有的这一切毫无疑问都是巨大的进步。[①]

而且，所有案件的判决都是"以法律的名义而不是以上帝的名义"[②]做出的。在 2500 多年前能取得如此成就是十分难能可贵的。

---

① 〔美〕约翰·梅西·赞恩：《法律的故事》，孙运申译，第 130—131 页。

② 〔德〕乌维·维瑟尔：《欧洲法律史——从古希腊到〈里斯本条约〉》，刘国良译，中央编译出版社 2016 年版，第 42 页。

第二章　罗马共和法制

继希腊之后，具有独特法律天赋的罗马人创立了系统完备的法律体系、专业化的司法制度和初具规模的法学理论，把欧洲法律文明提升到一个新的阶段。哈斯金斯说："没有什么比法律更能体现罗马人聪明才智的特质，也没有什么比她的法律的影响更持久、更广泛……罗马法不仅在罗马人中长期流传，而且复兴并扩展到北欧人中，并通过近代的海外殖民传播到罗马人未曾梦想过的海外土地。"[①] 唯其如此，德国法学家耶林认为，在罗马帝国对世界的军事、宗教和法律的三次征服中，法律征服是"最为持久的"一次。[②]

一、罗马法的产生与发展

罗马城邦国家是由拉丁人建立的。根据传说，公元前 753 年，部落首领罗慕洛(Romulus)将台伯河畔的三个部落(斯西皮奥、苏来、

---

① 〔美〕查尔斯·霍默·哈斯金斯：《12 世纪文艺复兴》，夏继果译，上海人民出版社 2005 年版，第 158—159 页。

② 德国法学家耶林在《罗马法精神》一书中写道："罗马帝国曾三次征服世界：第一次以武力，第二次以宗教（指基督教），第三次以法律。武力因罗马帝国的灭亡而消失，宗教随着人民思想觉悟的提高、科学的发展而缩小了影响，唯有法律征服世界是最为持久的征服。"

兰塔利）联合一起，建立了罗马城邦国家。① 在最初的 200 多年内，罗马实行王政，共经历过七个国王的统治。该时期是罗马从原始社会走向国家文明的初期阶段，城邦组织中除国王外，还设有元老院和库里亚大会，前者源于长老议事会，后者源于胞族大会。第六任国王塞尔维·图里阿（公元前 578—前 534 年在位）时期，又增设了森都里亚大会即百人团大会。公元前 510 年，罗马人民发动起义，推翻王政，建立共和制，由森都里亚大会每年选举两名执政官，负责治理国家。原来的国王仅保留宗教领袖的身份，称为"圣王"。元老院由 100 人扩大为 300 人，皆为终身职。此后，罗马保持共和制直到公元前 27 年屋大维建立元首制，长达 480 年之久。1 世纪，罗马正式改行帝制。

随着罗马政治体制的发展变化，罗马法"从最初一种狭小和简陋的农村共同体的法律，发展成为一种强大的城邦国家的法律，接着，在其发展过程中，又成为一种帝国的法律。而这个帝国统治着几乎

---

① 关于罗马起源有一个美丽的传说：公元前 13 世纪，希腊人攻陷特洛伊城后，特洛伊国王的驸马阿伊尼阿斯幸免于难，他逃亡到意大利台伯河口，建立了拉维尼奥王国。

公元前 8 世纪中叶，拉维尼奥国王死后留下两个儿子，长子叫努米托雷，次子叫阿姆利奥。按父王遗命，长子继位称王，次子心中不服，密谋篡夺了王位，放逐了兄长，命令侄女西尔维娅终生不得嫁人，以免她婚后生子威胁自己的王位。但西尔维娅与战神马尔斯一见钟情，生下了一对孪生兄弟罗慕洛和雷莫。阿姆利奥为斩草除根，派人将西尔维娅关进大牢，把两个婴儿放入箩筐，抛入台伯河。但天逆人意，箩筐搁浅于河滩，一只母狼听见婴儿哭声，便将两个小生命叼到一个山洞中，用自己的奶汁喂养他们，后来又被一对牧羊人夫妇收养。两兄弟长大成人后，合力杀死了阿姆利奥，迎回了自己的外祖父。努米托雷重登王位，把台伯河畔的七座山丘连同山丘上的村落赠送给兄弟二人建立新城。

两兄弟划地为界，约定互不越过，否则将被处死。但过了不久，弟弟雷莫念及亲情，偷偷跑去见哥哥罗慕洛。罗慕洛按照先前约定，请女祭司执法，于公元前 753 年 4 月 21 日判处雷莫死刑，并自定城界，以自己的名字命名为罗马。临刑前，罗慕洛对雷莫说："任何亲情莫大于王法，尽管我也很爱你，弟弟！但是我们是在王法下生活，我们不得不低下我们高贵的头颅，你的价值就体现在为了王法的威严而贡献出你高贵的生命。"这段话鲜明地体现了罗马人建城伊始就具有的强烈法律意识，也奠定了罗马法的永恒宗旨。参见〔德〕乌维·维瑟尔：《欧洲法律史——从古希腊到〈里斯本条约〉》，刘国良译，第 95 页。

为当时的人们所知道的这个文明世界"①。这个过程历经千年之久，大致分为以下几个时期。

市民法的产生

从公元前 8 世纪罗马建国到公元前 3 世纪的共和国早期，是罗马法的萌芽时期。

建国初期，如同一切初始国家一样，罗马实行的是由社会习俗和宗教戒律组成的部落习惯法。由于习惯法模糊不清，占据统治地位的贵族和祭司们经常任意曲解，做出偏袒贵族、压迫平民的判决。因此，该时期的罗马法呈现出明显的不平等特征和宗教色彩，"法律藏于祭司深宅之中"的早期罗马法谚就是当时的真实写照。

贵族对政治与法律的控制引起平民阶层的强烈不满，后者从公元前 5 世纪起展开反贵族斗争，推动共和法制逐步向前发展。平民斗争的最初目标是争取与贵族分享政治权利，实现法律上的平等，而非取代贵族的统治。因此，平民采取了非暴力不合作的"撤离"方式，即"以独自形成一个自主的共同体相威胁"②来争取自身权益。那时，罗马经常与周围地区的沙宾人、伊特鲁利亚人发生战争，当外敌压境之时，作为士兵主要来源的平民有时拒绝参战，集体携带武器撤离罗马，另建自己的宗教圣地与活动场所，以此逼迫当权的贵族做出让步。

第一次影响较大的和平撤离运动发生在公元前 494 年。当时，罗马南北两面均遭到外族攻击，对贵族心怀不满的平民乘机撤出罗马城，在东郊 5 公里处的一座山冈上自建营地。贵族被迫与之谈判，并答应了平民的要求，同意设置平民保民官。保民官由平民大会自行选举产生，起初为两名，后增至 10 名（公元前 475 年）。平民保

---

① Hans Julius Wolff, *Roman Law*, *An Historical Introduction*, University of Oklahoma Press, 1951, p.3.

② 〔意〕朱塞佩·格罗索：《罗马法史》，黄风译，中国政法大学出版社 1994 年版，第 66 页。

民官以保护平民利益为天职，享有不可侵犯的人身安全保障，可以否决任何不利于平民的元老院决议和执政官命令，亦即有权制止任何公共权力侵害平民的行为。

第二次大规模和平撤离运动发生在公元前471年。这次撤离迫使贵族承认平民大会为正式国家机构，称为特里布斯大会。平民保民官担任特里布斯大会主席，他有权向会议提出议案，经大会通过的议案称为平民决议。起初，平民决议只对平民有效，后经平民斗争，其法律效力扩大到全体公民。公元前287年，特里布斯大会成为具有完全立法权的机构。另外，平民大会还有权审理侵犯平民权益的申诉案件。

第三次大规模和平撤离运动发生在公元前449年，这次斗争的结果是在公元前451年成立了一个由贵族和平民联合组成的十人委员会，制定了《十二铜表法》（Law of the Twelve Tables）。《十二铜表法》在借鉴希腊法的基础上①对罗马早期习惯法进行了系统总结，在罗马立法史上树立了一座里程碑。由于它是由贵族和平民代表共同制定的，因而是一套对两个等级都有利的法律。一方面，它确定了成文规范、执行程序、刑罚标准等，限制了贵族任意解释法律的权力，给予平民权利以平等的法律保护；另一方面，它明确规定只有贵族才有资格担任执政官以及禁止贵族与平民通婚，这等于认可了贵族与平民的不平等以及贵族的政治社会特权。

《十二铜表法》内容相当广泛，公法与私法、实体法与程序法、刑法与民法、同态复仇与罚金、家族继承与遗嘱处分等相互交错，诸法合体，被人们誉为"一切公法与私法的渊源"（李维）和"人类智慧的完美体现"（西塞罗）。它分为传唤、审理、执行、家长权、继承和监护、所有权和占有、土地和房屋（相邻关系）、私犯、公法、

---

① 在制定《十二铜表法》之前，罗马曾派遣一个由三名罗马元老院成员组成的考察团，于公元前453—前452年考察雅典一年。当时雅典正值伯利克里执政时期，亦即雅典民主法制的全盛期。见〔意〕朱塞佩·格罗索：《罗马法史》，黄风译，第77页。

宗教法以及对前五部分的补充条例（一）和对后五部分的补充条例（二），分别铸在 12 块铜板上，公布于罗马广场。其总体特点是，公法条款相对较少，私法规范占据多数，有关诉讼法的规定特别详细，而且被置于首要位置，这显示了罗马人对私法和司法程序的高度重视。

《十二铜表法》明确了定罪量刑的标准，限制了贵族的法律特权和司法专断，罗马法制由此前进了一大步。此后，平民继续为法律的平等化而斗争，又陆续争取到 130 个单行法规，相继取得了允许贵族与平民通婚（公元前 445 年）、废除债务奴隶制（公元前 326 年）以及平民可以担任执政官（公元前 445 年）、军团长（公元前 444年）、财政官（公元前 421 年）、监察官（公元前 356 年）、独裁官（公元前 351 年）、裁判官（公元前 337 年）等高级官职的权利。[①]公元前 300 年，包括平民在内的所有公民普遍获得"向民众申诉"（provocatio ad populum）的权利，即当事人在被高级官员判处死刑时可以上诉森都里亚大会终审的权利。到公元前 3 世纪，平民和贵族一样，成为法律上完全平等的罗马公民，公民权概念正式形成，其含义主要包括四项权利：一是土地财产占有权；二是自由通婚权；三是参加公民大会的权利；四是担任公职的权利。

随着公民权的确立，罗马法平等地适用于所有罗马市民（公民），所以此时的罗马法实质上是罗马市民法（jus civile）。

万民法的兴起

公元前 3 世纪至公元前 27 年即共和国后期，是罗马万民法的兴起时期。在该时期，罗马大肆扩张，领土不断扩大，先是征服意大利，继而征服地中海周围地区，最后征服了整个西欧、北非和西亚，发展为一个世界性大国。与之伴随的是贸易发展迅猛，人口流动加速，不同民族的居民共处于一个政治共同体内，彼此之间经常发生利害

---

① 参见〔意〕朱塞佩·格罗索：《罗马法史》，黄风译，第 87—93 页。

冲突，尤其是外族人和罗马公民之间的矛盾不断激化。由于罗马市民法具有呆板僵化的形式主义特点，且仅仅适用于罗马公民内部，因而无法满足多民族社会的需要。外来移民即使是自由民也不能享有罗马公民权，只能算是罗马的臣民，他们没有选举权和完整的财产所有权（只享有某些动产的所有权），因而得不到市民法的保护，法律的不平等性日益凸显出来。为了能及时调整不同民族居民间的法律纠纷，罗马政府于公元前242年增设外事裁判官，专门负责审理罗马人和外族人之间以及外族人与外族人之间的纠纷案件。外事裁判官在审理案件时，一方面遵循市民法，另一方面也尊重并吸纳某些外族人的习惯规范，并以告示（edicta）的形式予以颁行，裁判官法（jus praetorium）由此而生。由于这种法律可以广泛适用于一切民族，被称为万民法（jus gentlum），意为"各民族共有的法律"。

万民法不是由立法机关制定的法律，而是由裁判官在司法实践中根据现实需要所创制的以案例为主的法律，因而较之市民法具有更强的社会适应性，可以满足各族居民的普遍需求，而且，它没有市民法的形式主义弱点，灵活便捷，更显开明和公平，所以万民法不仅是市民法的必要补充，而且成为后期罗马法的基本内容。万民法的兴起使罗马法日臻完备和成熟。

市民法与万民法融为一体

罗马法发展的第三个时期是罗马帝国的前期，亦即公元前27年至公元3世纪初。在经历了共和国后期的政治危机和体制变革之后，该时期的罗马政治稳定，经济繁荣。与之相伴的是，法律制度与法学研究也出现了空前发展。一方面，政治权力日益集中于皇帝之手，另一方面，为适应新的阶级关系，缓解被征服地区外族臣民与罗马公民之间的矛盾，扩大帝国的社会基础，罗马政府逐步授予了各行省臣民以公民权（意大利人早在公元前1世纪起义后就已获得公民权）。到公元212年，罗马皇帝卡拉卡拉颁布敕令，允许一切外族自由民享有公民资格。于是，除了奴隶之外，所有自由民不分民族都成为罗马公民。"这样，至少对自由民来说产生了私人的平等，在这种平等的基础上罗马法发展起来了。它是我们所知道的以私有制为基础的法律的最完备形式。"①与此同时，原先适用于不同族群的市民法和万民法的区分也随之消失。万民法凭借自身的普遍性融合了市民法，成为罗马统治下的各族居民的共同法律。至此，罗马法在内容体系上实现了统一。

罗马法的系统编纂

帝国前期的罗马法虽在内容上实现了体系化，但在形式上是不统一的，它既包括公民大会和元老院制定的正式法规，也包括皇帝的敕令诏书、行政长官的告示，还包括法学家们的法律解答、注释、演说和著述。形式上的庞杂凌乱势必给司法实践带来困难。就客观局势而言，3 世纪初罗马帝国开始衰落。395 年，帝国一分为二。476 年，西罗马帝国被日耳曼人推翻，法院组织和藏有大量拉丁文法律文献的图书馆皆被焚毁，东罗马帝国历史地担负起了保存和传承罗马法的使命，这里的法学家使用希腊语继续守护着罗马法。而当时的东罗马帝国又是欧洲工商业最发达的国家，首都君士坦丁堡居民多达百万，成为连接东西方世界的"一座金桥"②。繁荣的商业贸易和复杂的社会经济关系，需要更加完备统一的法律予以调整。6 世纪上期继承皇位的查士丁尼（527—565 年在位）决心重振昔日罗马帝国的辉煌，而且认识到，要达此目的既需要刀剑更需要法律。他说："皇帝的威严光荣不但依靠兵器，而且须用法律来巩固。"③于是，在他即位的第二年决定对庞杂的罗马法进行系统的整理汇编。

528 年，查士丁尼任命以特里波尼安为首的 10 人组成法典编纂

---

① 《马克思恩格斯全集》（第 20 卷），人民出版社 1993 年版，第 113 页。
② 〔苏〕列夫臣柯：《拜占庭》，生活·读书·新知三联书店 1959 年版，第 12 页。
③ 〔古罗马〕查士丁尼：《法学总论——法学阶梯》，张企泰译，商务印书馆 1989 年版，第 1 页。

委员会，对历代皇帝的敕令进行整理、汇总和删改，以颁布的时间为序，按照教会法、高级官吏职务法、私法、刑法和行政法等类别加以排列，编为法典。该法典于次年完成，共分 12 卷，是为《查士丁尼法典》（Justinian Code）。530—533 年，该委员会又先后编成了《学说汇纂》和《法学阶梯》。前者共 50 卷，广泛吸收了 1—4 世纪 40 位罗马法学家的著述与学说，从 300 万行法学文献中选萃 15 万行汇辑而成。后者共 4 卷，以盖尤斯的同名著作为蓝本，按照"人法""物法"和"诉讼法"的顺序，分章、节编排而成，其初衷是作为法科学生的教科书，以讲述法律要点为主。查士丁尼死后，帝国政府又将 534 年以后颁布的皇帝诏令汇集一起，编成《新律》，其内容大部分属于公法和行政法范畴，私法部分只是对继承制度做了少许修改。这四部法典从 12 世纪起被人们统称为《民法大全》（Corpus Juris Civilis），又称《国法大全》。

《民法大全》是欧洲历史上第一部系统完整的法典，它的问世标志着罗马法发展到完备阶段，促进了罗马法的传承与传播。"如果不是查士丁尼的民法大全，罗马法的遗产可能就遗失了"[1]。

罗马法的衰落与继受

自帝制建立起，罗马法实际上开始走向衰退。尽管表面上看，罗马最伟大的法学家和法学论著都诞生于帝国时期，法律内容和形式的全面体系化也完成于该时期，但法律的生机活力已明显不如从前。尤其是《民法大全》编成后，立法权和司法权均为皇帝所控制，法学家的影响日趋式微，"法律似乎相对来说有所衰落，它显得创造性不足，专业性不足"[2]。这一"外强内弱"现象构成了罗马法史

---

[1]　David Jacobs, *Constantinople: City on the Golden Horn*, American Heritage Publishing, 1969, p.76.

[2]　〔法〕菲利普·内莫：《罗马法与帝国的遗产——古罗马政治思想史讲稿》，张竝译，华东政法大学出版社 2011 年版，第 95 页。

上一个发人深思的悖论。① 对此，法国学者内莫试图用"时间差"给予解释，他说：

> 或许这只不过是某种时间差：法学家们继承了先前数个世纪的所有成果，等他们撮其精要加以应用的时候却开始了"君主"制度，而该制度最终使法律衰落了下去。或许塞维鲁斯诸皇帝因其专制政体而起到了积极作用：它之所以能使司法机关和法学得以完善并臻于完成，是因为法律第一次掌握在了拥有充足权力、完全集权化的国家手中。②

内莫的这一解释揭示出了法律发展与国家政治体制之间密切而又复杂的关系。

西罗马帝国灭亡后，欧洲进入封建社会，日耳曼习惯法占据了主导地位，罗马法失去了用武之地，影响日趋式微。特别是《民法大全》编纂完成后，查士丁尼禁止任何人对其进行注释和评论，罗马法的创新陷于停滞，适用范围急剧缩小，形成了一段长达五个世纪的沉寂时期。然而，自 9 世纪以后，随着欧洲政局的稳定、人口的增长、商品经济的发展、城市的繁荣和市民阶级的崛起，加强法制建设以限制封建贵族分裂势力和促进社会经济发展成为时代的迫切需要，以及大学的兴起、文化的发展所提供的智力支持，罗马法于 11 世纪末 12 世纪初从历史的沉寂中昂首奋起，重放光芒，被欧

---

① 应当承认，帝制时期的罗马私法获得了进一步发展。例如，奴隶的法律地位得到一定改善（如受到奴隶主虐待的奴隶可以向地方法官提出控诉、不经过地方法官的判决奴隶主不得处死其奴隶、在没有事实证明有罪的情况下不得对受到指控的奴隶刑讯逼供和处以监禁），父权和夫权受到一定限制（如一家之父不得杀死或出卖自己的子女、抚养子女成为父亲的法定义务、成年的儿子有权独立支配其在服役期间获得的财产、丈夫对妻子的生杀权被取消、夫权婚姻被自由婚姻所取代、妻子可以自由地同丈夫离婚）等。（参见〔美〕E.博登海默：《法理学—法哲学及其方法》，邓正来、姬敬武译，第 19—21 页。）但是，私法方面的这些进步不足以掩盖该时期罗马公法的专制化趋向和整体法治水平的退步。

② 〔法〕菲利普·内莫：《罗马法与帝国的遗产——古罗马政治思想史讲稿》，张竝译，第 95 页。

陆各国广泛接受和继承，由此形成欧洲史上著名的 "罗马法继受"
（receptiom of Roman law）运动，又称罗马法复兴运动。

1088 年，意大利法学家伊纳留斯创立波伦那法科大学，开始以
《法学阶梯》为教材讲授罗马法，拉开了罗马法继受运动的序幕，
波伦那大学迅速成为复兴罗马法的中心，被誉为"罗马法律传统的
堡垒"。1135 年，在意大利北部的亚马菲城发现了查士丁尼的《民
法大全》原稿抄本，立即轰动欧洲，研究罗马法的热潮迅速蔓延开来。

罗马法继受运动大致分为早期（1100—1250 年）、中期（1250—
1400 年）、后期（1400—1600 年）三个阶段。在早期，法学家们
注重引经据典，强调法律条文、概念和原则的准确解读，很少作研
究性发挥，主要采取在罗马法文献的边际处或字里行间作注释的方
式，故称注释法学派（School of glossators）时期。在中期，法学
家们面向现实，注重理论联系实践，主要采用抽象概括、逻辑推理
的方法，对罗马法进行研究性的分析和评论，故称评论法学派（School
of Commentatores）时期。到后期，法学家们以人文主义为指导思
想，着重研究罗马法的本意和历史沿革，力求建立富有理性精神和
科学性、系统性、完整性的法律体系，故称人文主义法学派（Legal
humanism）时期。

经过三个阶段的罗马法继受运动，罗马法覆盖了欧陆各国。近
代之初，法国、德国等欧陆国家以罗马法为范本结合本国法律传统，
相继制定了完整的现代民法典，形成了当今世界两大法系之一的大
陆法系。即使是拥有悠久普通法传统的英国，"为了私法（特别其
中关于动产的那一部分）的进一步发展，也不得不参照罗马法的诸
原则"[1]。罗马法的复兴显示了罗马法不朽的生命力，一如德国文学
家歌德所言："罗马法是一种生命不息的法律，它如同一只潜入水
下的鸭子，虽然一次次将自己隐藏于波光水影之下，但却从来没有
消失，而且总是一次次抖擞精神地重新出现。"[2]

---

① 　《马克思恩格斯全集》（第 3 卷），人民出版社 1993 年版，第 71 页。
② 　江平、米健：《罗马法基础》，中国政法大学出版社 2004 年版，第 33 页。

罗马法的本质特征

罗马法之所以具有经久不衰的强大生命力，原因在于它本质上是一种普遍性的法。当然，无可否认的是，产生于奴隶制社会土壤中的罗马法首先反映的是奴隶主阶级的利益和意志，所以在它眼中奴隶是"物"而不是"人"，但在承认这一点的同时，不能忽略它具有超越时代和阶级的普遍性特征，即法的一般性、世界性本质。有学者指出，罗马法"远远超出了孕育它生长的社会，它不只是罗马人的法律，而且是全人类的法律；它不只是罗马人的文化遗产，而更是全人类的文化遗产"①。

第一，罗马法是适应一切商品经济社会的法。罗马的发源地拉丁姆原是拉丁人与伊达拉里亚人及其他外族进行贸易的中心，后来发展成为一个以农为主、幅员辽阔的奴隶制领土大国，但商品经济一直十分发达，罗马人"都要依赖交换而生活，或者说，在一定程度上，一切人都成为商人，而社会本身，严格地说，也成为商业社会"②。从这种社会中孕育出来的罗马法自然而然地体现了商品经济的一般规律，可以适用于一切商品生产者组成的社会。恩格斯曾多次指出，罗马法是"以私有制为基础的法律的最完备形式"③，是"商品生产者社会的第一个世界性法律"④，是"纯粹私有制占统治的社会的生活条件和冲突的十分经典的法律表现"⑤。正因为"在罗马法中，凡是中世纪后期的市民阶级还在不自觉地追求的东西，都已经有了现成的了"，所以"一切后来的法律都不能对它做任何实质性的修改"⑥。不仅如此，罗马法还"体现和包含了可以适用于全人类

① 杨共乐、陈凤姑：《走进罗马文明》，民主与法制出版社 2001 年版，第 131 页。
② 〔英〕亚当·斯密：《国民财富的性质和原因的研究》，谢祖钧等译，商务印书馆1979 年版，第 20 页。
③ 《马克思恩格斯全集》（第 20 卷），人民出版社 1993 年版，第 113 页。
④ 《马克思恩格斯全集》（第 21 卷），人民出版社 1993 年版，第 346 页。
⑤ 同上书，第 454 页。
⑥ 同上。

社会的，具有普遍性和世界性的人文思想、行为规范和交往规则"①。正因如此，当商品经济发展到资本主义阶段，当人文主义成为时代强音时，罗马法能够在欧陆大地重新焕发生机而再创辉煌。

第二，罗马法是以个人权利为本位的法。梅因曾把人类法律文明史概括为"一个'从身份到契约'的运动"②，亦即个人逐步摆脱血缘家族等群体关系的束缚而确立自身法律主体地位的过程。早期罗马法虽然保持了传统家庭习惯以及父权和夫权特征，但从不支持家族团体主义，而是以个人的行为或活动为中心，所以其发展趋向是"家族依附的逐步消灭以及代之而起的个人义务的增长，'个人'不断地代替了'家族'，成为民事法律所考虑的单位"③。结果是，到罗马法后期，自由人个体摆脱了家族血缘纽带的束缚，成为法律上独立的权利义务主体，个人利益、自由与权利日益受到重视。当然，罗马法上的"人"仅仅指自由人，而不包括奴隶，因为奴隶被视为"会说话的财产"。但毕竟在自由人中间，罗马法明确提出了个人权利概念，并公然申明予以保护，这在历史上还是第一次。据此，法国学者内莫宣称：

> 自我获得了此前任何其他文明都未赋予的重要性……人不再融入集体的海洋之中，这不仅仅是从部落群体内部融合的意义上而言，也是从希腊城邦内部极为紧密的相互关联性而言。历史上第一次，由于法律，我们所说的私人生活才有了可能：个体自由的范围被创造了出来，法律规定其他人不得穿越其中……从这个方面说，罗马人创造了西方意义上的人本身，也就是说个体、自由的人格拥有内在的生命、极为独特的命运，且无法化约为其他任何一个人，而且该人格想让其他许多人和

---

① 江平、米健：《罗马法基础》，第4页。
② 〔英〕梅因：《古代法》，沈景一译，第97页。
③ 同上书，第96页。

拥有个体性的集体组织都来尊重这些权利。[①]

根据罗马法的规定，罗马公民享有各种明示的或默示的个人权利。例如，在公法上，公民有选举权和被选举权，有参与国家立法和重大决策的权利，在自身权益受到侵害时有诉诸法律救济的权利。在私法上，公民对个人财产享有绝对的所有权，这包括在财产转移或灭失之前，所有人对自己的财产享有占有、使用、收益和处分等全部权利。在债法上，罗马法严格奉行意思自治、契约自由原则，公民可以凭自己意志作为或不作为，只要契约内容不违反公平正义原则，即可自由订立；契约一旦订立，双方都必须接受其约束，承担约定的义务。在继承法上，罗马法不承认家产共有，家长可以自由处分，包括以遗嘱的形式剥夺法定继承人的继承权而将家产转赠他人。对于罗马法重视个体权利保护的特质和意义，恩格斯曾给予很高的评价，他说，是罗马法"最先制定了私有财产的权利、抽象权利、私人权利、抽象人格的权利。罗马的私人权利是私人权利的古典表现"[②]。

第三，罗马法是富有法治内涵的法。如前言所述，法制与法治是两个既密切相关又互有区别的概念，法制是法治的载体亦即实现形式，法治是法制的内涵亦即价值目标。理论上二者应是统一而不可分的，但实践上往往存在程度不同的分裂。所以，尽管古今中外所有国家都建有法制，但其中的法治含量却千差万别。有的法制的法治含量多之又多，多到人人事事都感受到法律的存在，有的法制的法治含量则少之又少，少到几近于无。

按照亚里士多德的定义，法治之法"应该包含两重意义：已成立的法律获得普遍的服从，而大家所服从的法律又应该是制定得良好的法律"[③]。据此标准可以肯定地断言，罗马法含有较多的法治元素。

---

① 〔法〕菲利普·内莫：《罗马法与帝国的遗产——古罗马政治思想史讲稿》，张竝译，"引言"，第2—3页。
② 《马克思恩格斯全集》（第1卷），第382页。
③ 〔古希腊〕亚里士多德：《政治学》，吴寿彭译，第199页。

　　从法的渊源看，早期罗马法主要源于社会习惯，后期罗马法主要源于公民大会的立法，这意味着罗马法具有广泛的社会基础，本质上是罗马人民意志的体现。当然，元老院的决议、裁判官的告示、法学家的解释也是罗马法的重要渊源，但它们的效力必须以公民大众的认同为基础。所以，罗马时代的著名法学家彭波尼把罗马法称为"整个共和国民众的共同誓约"①。现代美国法学家麦基文在谈到罗马法时也毫不含糊地断言："无论如何，我对下述罗马宪法理论是坚信不疑的：人民，只有人民，才是所有法律的源泉。"②由于罗马法具有广泛的民意基础，它的大部分内容都体现了社会公共利益和意愿，因而赢得社会成员的普遍服从。所以，"在罗马人的世界里，法律占有最中心的位置。它给公共生活和私人生活的所有领域都打上了强有力的烙印"。③在德国法学家吕布托看来，"几乎没有任何一个民族像罗马人那样甘心情愿，毫无怨言地躬身于神圣的法律旗帜之下。罗马人的文化史就是他的法律史。"④总之，罗马法所具有的法治内涵是当时其他任何国家的法制所不可比拟的，包括以民主法制著称于史的希腊法都相形见绌，故而有学者声言："法律作为实现正义的实践，自然地、不可避免地首先和最终是罗马的产物。"⑤

　　罗马法的法治内涵集中体现在公法上，即共和宪政制度、司法审判制度以及法律职业化上。

二、共和宪政制度

　　罗马共和国实行的是宪政制度。在此制度下，"由法律确定是

---

　　①　〔意〕朱塞佩·格罗索：《罗马法史》，黄风译，第 190 页。

　　②　C.H.McIlwain, *Constitutionlism — Ancient and Modern*, Cornell University Press, 1947, p.29.

　　③　江平、米健：《罗马法基础》，第 3—4 页。

　　④　同上书，第 4 页。

　　⑤　Edith Hamilton, *The Roman Way*, W.W.Norton & Company, 1973, p.159.

一切政治权威的关键源泉"[1]，政府机构的设置、公职人员的产生、权力的分配和运行、公民的权利和义务等，都是通过法律建立、授予或确定的，共和国政府既依法获得权力，又依法行使权力，而确保政府权力依法行使的核心机制则是政府分为元老院、高级官吏和公民大会三个权力分支并相互制约与平衡。

三大权力系统

1. 元老院（senatus）

元老院是罗马的权力枢纽，由森都里亚大会选出的贵族组成，共300人。后来，出身平民的卸任高官也获得进入元老院的资格。[2]元老院由执政官或裁判官主持召开，重大决议采用列队式表决方法，赞成者走到一边，反对者走到另一边。

元老院的权力十分广泛。罗马的立法权原则上属于公民大会，但提交森都里亚大会的议案须经元老院预审通过，提交平民大会的议案须由作为元老院代理人的高级官吏提出，所以立法结果总能反映元老院的意志。另外，元老院的决议名义上不是法律，但具有法律的效力。在行政上，公民大会对高级官吏的选举必须事先取得元老院的同意，在职行政长官必须接受元老院的指导和监督。遇有危急情况时，元老院有权宣布国家处于非常状态、任命独裁官和采取紧急措施。在财政上，元老院有权编制国家预算，管理税收和国库，铸造硬币，制定经济法规。在军事外交上，宣战、媾和的权力虽属于公民大会，但元老院有权征兵、任命将领，并负责委派使节、对外谈判等具体工作，所以元老院实际上控制着国家的外交权。在司法上，重大案件一般要组织特别法庭审理，而特别法庭的成员几乎都是元老院的元老。由于元老院位高权重，被当时的一位外国使节

---

① C.H.McIlwain, *Constitutionlism — Ancient and Modern*, Cornell University Press, 1947, p.28.

② 共和国末期，控制国家实权的军事统帅为了防止元老们团结起来对抗自己，增加了元老的数量。苏拉时期增加到600人，恺撒时期达到900人。参见〔日〕塩野七生：《罗马人的故事：凯撒时代（卢比孔之后）》，黄红杏译，三民书局1992年版，第260页。

形容为"众王之会",西塞罗则称其为共和国的"压舱物"。不过,从元老的产生到元老院权力的行使方式,都处于法律的规制之下。

2. 高级官吏

罗马官吏分高级官吏和一般官吏两类,高级官吏约 30 名,包括执政官、独裁官、裁判官、监察官、平民保民官、营造官和财务官等。[①]

执政官(consules)是最高常设官职,由森都里亚大会选举产生,任期 1 年,卸任 10 年以后方允许再次出任此职。执政官有两个,不分主副,权力平等,一切大事均由二人协商后共同决定,即互有否决权。平时,二人逐月轮流主政,遇有对外战争,选出其中一人率军出征,另一人留守。

独裁官(dictator)是最高的非常设官职。当出现战争等特殊情况时,由两位执政官通过协商或抽签或由元老院任命一人为独裁官,行使独裁统治。[②] 在法定期限内,独裁官拥有无限的军事行政权力,平民保民官不得对他行使否决权。但独裁官的任期受到严格限制,特定任务一告完成,立即辞职。即使情况特殊,任期也不得超过 6 个月。独裁官制度是一种应急机制(类似于现代的紧急状态制度),可以有效应对特殊需要,但也隐含着专制危险,所以于公元前 200 年在法律上被废弃。

裁判官(praetors)初设于公元前 367 年,作为执政官的下属同僚,掌管司法裁判权,后发展为独立的最高司法官员。裁判官任期 1 年,初为 1 人,从公元前 242 年起增为 2 人,一人称为内务裁判官(praetor urbanus),掌管罗马公民之间的诉讼审判,另一人称为外务裁判官(praetor peregrinus),负责各行省自由民之间及外邦人的诉讼审判,前者的地位稍高于后者。恺撒当政时,因行省数量增加,裁判官增至 16 名,每人的具体职责由抽签决定。裁判官在审理重大案件时担

---

① 参见〔法〕菲利普·内莫:《罗马法与帝国的遗产——古罗马政治思想史讲稿》,张立译,第 42—43、45 页。

② 公元前 496 年,罗马与拉丁同盟发生战争,任命了罗马共和国史上的第一位独裁官波斯图米。

任法庭主席，还有权认定民选的承审法官，发布司法告示，是法律的创制者之一。

监察官（censors）位于执政官和裁判官之下，初设于公元前443年，共两名。其职责包括登记人口、编制财产清单、审查元老院名单、管理国有财产和公共工程、监督公民的道德行为等。共和国时期最著名的监察官是加图，此人为官清廉，执法如山，类似于中国宋代的包拯。

平民保民官（potestas）由特里布斯平民大会选出，专门负责保护平民利益，所以具有"革命的和阶级的特点"①。平民保民官任期1年，初为2人，后增至4人、10人。平民保民官"是神圣不可侵犯的，除非在一个合法的狄克推多（独裁官）统治之下，否则，对他们施以强暴手腕便是犯了渎神和死罪。他们的职掌是保护人民，对抗政府，无论何时，只要其中有一人认为必要，只用一个字veto——意思是'我反对'——就可阻止整个国家的行政机关之作为"②。

营造官（aediles cueules）是治安警察官员，每年由公民大会选举产生，共4名，两名为一般营造官，由平民担任，两名为高级营造官，由贵族担任。营造官的职责是维护公共安全与秩序，因而也享有一定的司法审判权力。

财务官（quaestors）地位最低，主要负责财政收支、国库管理。

为防止上述高级官吏滥用职权，罗马采取了多种防范措施。这包括：第一，普遍的选举制。除了独裁官外，其他所有官员皆由公民大会选举产生，这意味着只有通过人民的正式授权，国家官员才能合法地拥有和行使国家权力。不过，罗马的选举还谈不上民主，因为高级官吏候选人由在任执政官与元老院协商后提出，公民大会只有淘汰权而无提名权。而且，主持公民大会的高级官员"可以要

---

① 〔意〕阿尔多·贝特鲁奇："罗马宪法与欧洲现代宪政"，徐国栋译，《法学》1998年第3期。
② 〔美〕威尔·杜兰：《世界文明史——凯撒与基督》，幼狮文化公司译，第26—27页。

求重新进行投票，或者中断投票程序。新当选的高级官员并非是由这样的投票过程直接选举而成，而是由老的行政官员于投票之后将他的名字公之于众的。最后，民众大会没有任何免职权"①。第二，严格的任职时限制。罗马的一切高级官吏都有明确的任职期限，短则6个月，长则18个月，一般为1年，而且不得兼职，出任同一官职必须间隔10年以上。这种任期时限制有助于防止权力长时间把持在个人手中而滋生腐败和专制。第三，同僚制约制或合议制。几乎每一个职位都由两人或更多的人同时担任，他们之间没有主次之分，无论何人做出何种决策，其同僚都有权否决，这样可以避免个人独断专行。第四，离任究责制。这一规则主要针对执政官而定。格罗索写道："执政官在任职期间是不可侵犯的，但在任职结束后，他重新成为普通市民并对他担任执政官职务期间的行为负责，对他所做的侵害私人权利和国家权利的事情负责。"②离任究责制虽带有一点"马后炮"的性质，但具有强大的警示威慑功能。第五，公职无偿制。罗马的一切公共职务均无薪俸，属于义务性的。这种制度既可减轻公民的财税负担，又可在一定程度上抑制政治野心家的钻营行为。

3. 公民大会

实行法治以制约国家权力的根本目的是保障公民的合法权利。根据罗马的法律规定，有完全行为能力的年满25岁（后减为20岁）的男子均享有公民权。在共和国时期，每年都要为达到法定年龄的青年举办"着成人袍"仪式，是为授予罗马公民权的标志。公民权的内容包括公权和私权，其中公权权利主要是参与各种公民大会进行立法决策和选举官吏的权利，也包括被选举权。罗马公民大会有三种形式：以部族关系为基础的库里亚大会（comitia curiata）、以

---

① 〔法〕菲利普·内莫：《罗马法与帝国的遗产——古罗马政治思想史讲稿》，张竝译，第44页。

② 〔意〕朱塞佩·格罗索：《罗马法史》，黄风译，第148页。

财产等级和军事组织为基础的森都里亚大会（comitia centuriata）和以平民阶层为基础的特里布斯大会（comitia tributa）。库里亚大会作为氏族制度的残余，权力越来越小，后来主要负责组织宗教活动、批准收容养子、解决家庭遗产纠纷等。真正具有权威性的公民大会是后两种。

无论森都里亚大会还是特里布斯大会都享有立法、选举和审判权，都有固定的会议程序和规则。例如，必须提前24天即三个集市日发布公告，宣布开会日期及议程与议题；如果召开的是选举会议，则告之候选人名单；如果是司法会议，则告之原告和被告的姓名以及指控的罪名；如果是立法会议，则告之法律草案的主要内容。在会前准备期间，大会主持人至少要召开三次预备会，民众可以自由参加和发言，其目的在于广泛听取社情民意，完善大会议程，确保大会成功。

比较而言，特里布斯大会具有更多民主性，因为森都里亚大会建立在等级和财产基础上，由193个百人团组成。第一等级即贵族和富裕公民共有98个百人团，超过总数的一半，因此，只要他们内部意见一致，就能决定会议的表决结果。特里布斯大会的参加者不分等级，没有任何财产限制。公元前287年以后，特里布斯大会的权力地位实际上高出森都里亚大会之上，成为最主要的立法机关和国家官吏选举机构，并有权审理一切刑事案件和涉及罚款的案件。

公民大会对所有重大事务都通过表决作出决定。起初采用集体表决方式，森都里亚大会以百人团为单位，一个百人团一票，超过半数即为有效。特里布斯大会下分35个特里布斯（即胞族），表决时，先在特里布斯内部投票，然后以特里布斯为单位进行大会投票，一个特里布斯一票，18票赞成即算通过。后来改用一人一票制，方式多种多样，有时采用列队式，赞同者和反对者各列一队，通过清点人数计票，有时采用过桥计票法，即投票人鱼贯通过一座狭窄的木桥，监票员守在桥头，一一询问和记录其意见。公元前139—前107年间，改用秘密投票制，先从选举开始，逐步扩及审判和立法。其办法是，在选举官吏时，投票人在选票上写下自己赞同的候选人的名字，投入票箱里；在立法表决时，投票人若写上 UR，意为"正如你所提出的"，即表示赞成，若写上 A，意为"我不赞同"，即表示反对；在审判案件时，投票人若写上 A 或 L，意为"我认为无罪"，若写上 C 或 D，意为"我认为有罪"；如果弃权，则写下 NL，意为"不清楚"。在当时的条件下，这种投票表决方法是相当先进和民主的。

分权—制衡机制

受时代局限，罗马人尚未形成立法、行政、司法三权分立与相互制衡的明确概念，但是，元老院、以执政官为首的政府官员和不同形式的公民大会构成了国家的三大权力系统，它们各有自己的职权范围，既能独立地发挥作用，又受到其他权力系统的制约，实际上形成了一种分权—制衡关系。

执政官控制着国家治权，但他们的决策政令必须通过公民大会的表决和元老院的审议才能成为法律。在日常管理中，执政官必须接受元老院的指导。元老院名义上是执政官的咨询机构，实际上是权力中枢。不过，元老院的政治意图只有通过公民大会的立法或执政官的运作才能落实。公民大会是立法机构，但立法提案权属于高级行政官员，对提案的预审权属于元老院，公民大会制定的法律须经元老院批准后才能生效。司法权的行使主体主要是裁判官和执政官，但公民大会通过"向民众申诉"制度制约着执政官的死刑制裁权。

罗马共和国三大权力系统的关系重心虽然时有轻微变动，但各系统之间相互分立、彼此制约的整体架构始终没有根本变化。这种机制不仅防止了个人集权专断，为罗马法治提供了必要的体制平台，而且限制了国家公权力的滥用，促进了个人权利体系的发达与完善。不过，三个权力系统并不是均衡的。公民大会名义上地位最高，实际上存在很大局限性，因为立法创制权和决策提议权控制在高级官吏手中，而高级官吏又从属于手握实权的元老院。官吏的任命采用的是投票选举制，而不是雅典那样的抽签制，这就很容易为权贵所操纵。实际上，由贵族组成的元老院始终在政治生活中发挥着主导作用。所以确切说来，罗马共和制度是一种以元老院贵族为中心的多元权力结构。

贵族特色一方面为罗马共和国提供了稳定的领导核心，另一方面给罗马共和法制涂上了一层厚厚的保守色彩，使之在民主方面较之希腊略逊一筹。

三、司法审判制度

马克思说，"审判程序和法律应该有同样的精神，因为审判程序只是法律的生命形式，因而也是法律的内部生命的表现"，"二者之间的联系如此密切，就像植物的外形和植物的联系，动物的外形和血肉的联系一样"。[①] 因此，罗马共和法制的法治内涵最直观地表现在司法审判制度上。

民事刑事司法二分

早期罗马像所有初民社会一样，尚未建立专门司法机构，仍沿用着部落时代的私力救济习惯，由当事人或其亲属自行解决大多数冲突纠纷，只是在部落贵族会议或民众大会审判少数重大刑事案件时，才表明司法业已产生及其对于一个共同体集体安全的重要性。

建立城邦国家后，维护国家安全和社会稳定成为政府的首要职能，司法日益受到重视，但在相当长的时期内，司法与行政是不分的，司法职能由行政官员兼理，而且仍旧保持着民众会议审判的习惯，私力救济也在一定范围内继续存在，因为个人权利实现与否在当时仍被看作是一种私人行为，尚未完全纳入国家保护的职责范畴，甚至古老的同态复仇依旧得到国家法律的认可。[②] 此外，司法还保留着较多的宗教成分。例如，对亵渎神明的犯罪普遍采用献祭刑，即

---

① 《马克思恩格斯全集》（第 1 卷），第 178 页。
② 如《十二铜表法》第 8 表第 12 条规定："夜间行窃，如当场被杀，应视杀死他为合法。"

把犯罪人作为祭祀牺牲品，其财产则收归寺庙所有。①

　　设置了专理司法的裁判官之后，罗马才开始出现小型的审判团体和法院，以便对不同的案件做出更为准确合理的判决。早期的法院十分简陋，仅在议事厅设一座位，裁判官于诉讼日（dies fasti）②坐于其上问案断讼，民众可以自由旁听。从产生伊始，裁判官就不得受理与自己及其亲属有关的案件，是为后世回避制度的原型。到共和国后期，随着罗马法的日趋完备，法院日益增多，法院的规模也越来越大。在共和国存在的五个世纪内，罗马城共建造了 20 座高大宽敞的法院，称为"巴西利卡"（basilica），意思是长方形大会堂。其中的四个法院——朱利安法院、埃米利安法院、图密善法院和康斯坦丁法院最为著名。③法院的设置意味着司法与行政初步分离开来。

　　由于罗马法分为公法（jus publicum）与私法（jus privatum）两部分，罗马的司法制度和法院组织也区分为刑事和民事两种类型，前者主要与公法相联系，后者主要与私法相关。罗马著名法学家乌尔比安曾简明扼要地阐述过公法与私法的区别，他说："法律的研究对象有两个：公法和私法。公法是有关罗马国家稳定的法，私法是涉及个人利益的法。"与之相适应，违法行为分为"公犯"（public climina）与"私犯"（privata delicta），司法程序也区分为"公犯之诉"（indieia publica）与"私犯之诉"（indieia privata）两类。公犯之诉是指侵害国家与公共利益的诉讼，私犯之诉是指侵害个人权利和利益的诉讼。公犯之诉除国家之外，公民个人也可提起；私犯之诉只能由当事人提起，基本相当于民事诉讼范畴。当然，那时

---

　　① 参见〔意〕朱塞佩·格罗索：《罗马法史》，黄风译，第 126—127 页。

　　② 早期罗马法律规定，宗教节日、民众集会日都不得听讼。每九天设一个集市日，集市之日，视为节日，也禁止诉讼活动。所以那时每年诉讼日只有 40 个左右。公元前 3 世纪 80 年代的《霍尔滕西亚法》颁布后，集市日不作节日计，可以听讼，诉讼日增加，以适应社会发展和讼争日益增多的需要。

　　③ 〔美〕约翰·H.威格摩尔：《世界法系概览》（上），何勤华等译，第 327—328 页。

公法和私法的界限还比较模糊，如抢劫、盗窃、诽谤、肢体伤害等，仍被视为侵害个人权利的不法行为，而不被认为是破坏国家和公共安宁的犯罪行为，因而被划归私法范畴。另外，法官对于刑事和民事案件都有管辖权，可以兼理，而且无论哪一种诉讼，采用的都是当事人主义控告制（accusatorial），诉讼的启动取决于当事人意愿，包括传唤被告人到庭也由原告人自己完成，法官奉行"不告不理"原则；原、被告双方诉讼地位平等，在诉讼过程中起着主导作用；法官持消极被动立场，不主动追究当事人的刑事责任，也不主动调查取证或传唤证人，双方当事人自行举证、质证和辩论，辩论的结果直接影响案件的判决。不过，基于公、私法二分而组建的两类不同性质的法院，毕竟在具体职能和任务上有所差异。

民事法院的职能和任务是调节公民之间的法律关系，维护正常的社会生活秩序。这主要包括两方面的事务：一是裁决"诉讼事件"，即针对当事人双方有争议的法律关系进行审理和判决。例如，按照当事人的请求分割共有土地、裁定债务纠纷、处分财产权益等。二是处理"非诉事件"，即在当事人发生日常法律关系但无争执时，由国家出面确认这种关系并履行某种法律手续。例如，就收养子女、财产所有权转移或解放奴隶的行为做出认定，以免日后引起争议，是为后世公证制度的滥觞。

刑事法院的职能和任务是受理和惩罚破坏公共安全的违法犯罪行为，确保国家和社会的安全与稳定。其受理的案件范围主要包括叛国罪、通敌罪、犯上作乱罪、凶杀罪、强奸罪、纵火罪、伪证罪等，还有用妖术摧残庄稼或深夜盗割神像等，因为这些罪行也破坏了公共安宁，所以和叛国罪等一样对待。[①]需要说明的是，由于当时原始民主遗风尚存，凡是需要剥夺公民身份权和处以极刑的案件，必须经过公民大会的审判程序，否则不发生法律效力。关于这一点，西塞罗在注释《十二铜表法》时就已指出，他说："从十二铜表法

---

① 〔德〕特奥多尔·蒙森：《罗马史》（第1卷），李稼年译，商务印书馆2005年版，第136页。

吸收来的两条非常好的法律，其中一条是取消针对个人的特别法案，另一条是关于有关公民死刑的法案只能在百人团大会上提出。"① 不过，到共和国后期，这一原则已很难执行，因为随着罗马的对外侵略扩张和国内阶级矛盾的加剧，为稳定社会秩序，经常不顾市民法的原有规定，而将生杀予夺大权授予执政官或元老院。

刑事和民事司法的区分是罗马司法走向专业化的第一步。比较而言，尽管刑事法院的产生早于民事法院，但因罗马私法较为发达完备，公法相对粗糙简单，民事案件的比重始终居于首位。因此，在整个罗马司法史上，占主导地位的一直是民事法院及其司法活动。

刑事司法制度

"在罗马刑事诉讼中的任何地方均可发现这样一个明显特点，即犯罪行为被区分为不同的种类而加以处理。每一种犯罪均有独特的审判组织以及相应的证据规则，它们并随着政治状况的改变而改变。"② 罗马建国之初，公犯之诉只涉及少数以国家为受害主体的严重犯罪行为，这种犯罪被称为"敌对行为"（perduellio）。随着罗马政治的发展和平民阶层的崛起，公犯之诉的范围不断扩大，到共和国时代，扩展到了侵犯保民官和平民的犯罪、执法官在行使职权中的过失行为、未经审判而杀害公民的行为、侵犯公民大会权力的行为等。实际上此时的公犯之已经把所有破坏城邦自由生活的犯罪囊括在内。由于公犯之诉性质较为严重，又经常带有一定的政治色彩（有学者称其为政治诉讼），所以在其发展中"一方面使执法官的干预合法化，另一方面使民众审判合法化"③，从而形成了不同于处理私犯之诉的一套刑事诉讼程序。

---

① 〔古罗马〕西塞罗：《论共和国 论法律》，王焕生译，中国政法大学出版社1997年版，第278页。

② A.Esmein, *A History of Continental Criminal Procedure*, trans. by John Simpson, Little, Brown and Company, 1913, p.14.

③ 〔意〕朱塞佩·格罗索：《罗马法史》，黄风译，第134页。

王政时期，公犯之诉采用的是"敌对行为两人审委会预审"与"向民众大会申诉"相结合的司法模式。两人审委会的成员由国王根据诉讼需要随机任命，他们有权对公犯被告人进行预审和作出处罚决定。若被告人不服预审决定，可以向民众大会提出申诉，处罚可暂缓执行。此时，被告人将与两人审委会在民众大会（先是库里亚大会，后是森都里亚大会）面前进行决斗，如果两人审委会获胜，则继续执行原判处罚，若被告人获胜，则宣布其无罪。无论是决斗，还是在两人审委会胜诉的情况下的处罚执行，都必须在民众大会面前完成。后来，决斗被废弃，改为双方在民众大会面前公开辩论。可见，两人审委会的处罚决定并不具有最终效力，它必须要经过民众大会的确认才能生效。就是说，两人审委会大致相当于今天的国家公诉机关，在握有审判权的民众大会面前，两人审委会与被告人的地位基本是平等的，审判者即民众大会处于消极、中立地位。

"两人审委会"与"向民众大会申诉"相结合的司法制度表现出如下两个特点：一是那时的罗马人"已经开始意识到当国家作为直接的受害者时，国家有必要运用其强制力对侵害行为进行惩罚……以城邦的处罚决定为前提并由城邦提起诉讼标志着诉讼中国家职权主义的因素大大增强"[①]；二是罗马人"充分认识到，为使国家权力免遭滥用，必须对之加以制约或限制。受当时的认识水平所限，并由当时所实行的奴隶制民主制度所决定，对国家强制权加以限制的权利必然落在了神灵以及广大民众手中。因而，敌对行为两人审委会只有在代表罗马全体公民的库里亚大会之前，在神明的允许之下（也就是在决斗中战胜被处罚之人），才能代表国家行使刑事处罚权"[②]。其中，"向民众大会申诉"制度具有极为重要的法治意义，它"成为对市民的一项基本保障……并且限制着执法官在行使强制

---

① 汪海燕："古罗马刑事诉讼制度与模式探微"，《现代法学》2003 年第 5 期。
② 同上。

权和刑事制裁权时的'治权'"①。

　　建立共和国后,国王不复存在,两人审委会随之消失,裁判官(包括执政官)取得了司法管辖权,于是出现了"裁判官提起诉讼"与"民众大会审判"相结合的司法模式。从公元前126年制定《艾布体亚法》起,裁判官获得自行决定诉讼程式的权力,亦即通过制作和提出起诉书的方式,向民众大会提起公犯之诉,并命令被告人在规定的时间到民众大会应诉。民众大会的审理过程需经过四次会议,前三次为非正式的预审,此时裁判官须提出证据以支持自己的主张,被告人可进行辩护。期间,如果裁判官不打算终止诉讼,则在第四次会议上正式提出控告以及对被告人的处罚建议。此后,诉讼提交第四次会议,进入实质性审判阶段。此时民众大会或者接受裁判官建议,判被告人有罪并处以刑罚,或者将其无罪开释。在这种司法制度下,裁判官是公诉人,代表国家行使控诉权;民众大会是审判官,依旧保持消极、中立姿态,并不依凭职权主动收集证据或核实证据;被告人依然可以进行自我辩护,并非消极地接受裁判。这种诉讼程序仍属于当事人主义控告模式,民众参与司法的传统痕迹依然清晰可见。

　　到共和国后期,公犯之诉采用的是陪审团参与下的常设刑事法庭程序(quaestiones)。由于公犯之诉数量不断扩大,特别是随着行省的增加,行省官员的渎职受贿等职务犯罪日益增多,各地怨声载道,元老院不得不出面干预,于是一种新的刑事法庭程序发展起来。公元前171年,深受压榨的西班牙人对总督提出控告,要求归还被非法剥夺的个人财产。元老院任命了一位裁判官,委托他组织一个五人刑事法庭,专门受理这一类涉嫌腐败的案件,并允许起诉者按照自己的意愿选择辩护人,这是最早的常设刑事法庭。在以后的几年中,在审理其他类型的犯罪案件中,又陆续建立了多种常设刑事

---

　　① 〔意〕朱塞佩·格罗索:《罗马法史》,黄风译,第135页。

法庭。[①]按照所受理之罪案的性质，这些常设刑事法庭大致分为六种：谋杀与投毒罪常设刑事法庭，伪造遗嘱和其他文件罪常设刑事法庭，严重叛国罪常设刑事法庭，贿选罪常设刑事法庭，索贿罪常设刑事法庭，盗用公共财产罪常设刑事法庭。[②]每个刑事法庭均由一位裁判官主持。

公元前 123 年颁布的《索贿罪法》对常设刑事法庭的审判程序做了某些调整，引入了陪审团制度。该法规定，主持刑事法庭的裁判官应从骑士阶层中挑选 450 名市民作为陪审员候选人，由原告从中挑选出 100 人，然后再由被告从这 100 人中选出 50 人组成陪审团，参与审判。由于陪审团的人员构成直接决定着诉讼的输赢，围绕陪审员遴选方法的斗争十分激烈，其中，元老院显贵阶层与骑士阶层之间一直存在尖锐对立。公元前 70 年的《奥勒留法》标志着两个阶层达成妥协，它规定，在审判员名单中，元老院成员和骑士阶层的人数应当相等。最后，在苏拉（公元前 138—前 78 年）时代，取消了原告初选＋被告终选的陪审员遴选方法，改由从预定的年度陪审员名单中抽签产生，并给予被告以申请陪审员回避的权利。[③]

在陪审团参与的审判制度下，诉讼从原告向裁判官提出控告开始，此时通常被告也在场。对于原告所控事实，裁判官须进行预审调查，并根据调查结果决定是否准予起诉。如果获准起诉，原告必须制作正式的起诉书（anquisitio），其内容包括犯罪性质和被告人的姓名，然后向刑事法庭正式提起诉讼。

正式开庭时，原告必须亲自出庭，不得由律师代理，因为罗马法奉行"没有告诉人就没有法官"原则，但被告可以聘请律师代为应诉。庭审在陪审团面前进行，分以下几个步骤：首先是原告陈述指控，随后是被告答辩。如果被告拒不答辩（保持沉默），法庭将

①　Olga Tellegen-Couperus, *A Short History of Roman Law*, Routledge, 1993, p.52.
②　同上。
③　参见〔意〕朱塞佩·格罗索：《罗马法史》，黄风译，第 268—270 页。

判被告败诉。如果被告否认指控，便进入法庭调查阶段。此时诉讼双方都要出示相关证据，包括传唤证人，进行对抗式辩论。辩论规则类似于当今英美法的交叉询问程序，首先是原告举证，对自己的证人进行询问。随后被告及其辩护人对原告的证人进行反询问，目的是质疑控方证人和证据的可信性。因那时的罗马法还没有禁止传闻证据的举证规则，证人可以不出庭，仅向法庭提交书面证词即可，例如宣誓作证书。原告举证完毕后，被告再向法庭举证，他可以提出自己的证人，但没有强制证人出庭作证的权利，因为只有原告才有这种权利。[①]对被告方证人的询问同样按照"先己方后对方"的顺序进行。在法庭调查阶段，裁判官始终保持中立与消极立场，不得提问当事人，也不得对证物证言的可信性进行评断。经第一轮辩论后，"如果三分之一以上的陪审团成员认为案件事实依旧不清楚，则进一步进行庭审"[②]，直至案情基本清楚后，再进行陪审团表决。投票前，陪审员之间不得进行讨论，每个陪审员都根据自己的内心判断以秘密方式进行投票，而且不得对外泄露任何表决信息，这些构成罗马法的自由心证原则。[③]投票时，陪审员从预先准备好的木盒中取出一片状物，片状物的一面标有字母 A，另一面标有字母 C，它们分别代表"无罪"（Absolvo）和"有罪"（Condemno）。陪审员会偷偷将其中一面的字母涂掉，用手指遮住另一面上的字母，赤裸着胳膊当众将片状物投入票箱中。如果陪审员认为有罪无罪难以判定，则将两面的字母全都涂掉。最后由选举产生的一名陪审员开箱唱票。如果 A 票多于 C 票，被告将无罪开释，反之，被告就被判有罪。如果片状物两面的字母均被涂掉的票数占多数，就构成"不能

---

① J. L. Strachan-Davidso, *Problems of the Roman Criminal Law*, Clarendon Press, 1912, p.115.

② 〔意〕桑德罗·斯奇巴尼："罗马法体系的典型特征"，张礼洪译，《法学》2006年第 12 期。

③ 所谓自由心证是指对于证据的证明力法律上不作明确规定，法官可以根据自己的良心认知，对证据做出认定和取舍。自由心证赋予法官以较大的自由裁量权，可以弥补法定证据制度的缺陷和不足，但也隐含着法官擅权专断的潜在危险。

证明"（non liquet），判决将被推迟。①此间，裁判官只是主持庭审，宣布表决结果，无权参加投票。

在陪审团参与下做出的判决不能再诉诸"向民众大会申诉"程序，民众大会的司法权因此受到限制，这意味着罗马的刑事审判开始向职业化和专业化转变。从诉讼结构看，作为裁判者的陪审团是完全中立的，双方当事人的地位仍是平等的，审判过程是公开的、对抗式的，诉讼模式依然属于当事人控告式。不过，陪审团审判程序的出现也标志着罗马公诉制度的确立，国家职权因素得到增强。而且，裁判官仍然可以运用手中的强制权，针对某些人（例如奴隶和异邦人）或某些犯罪（如军事犯罪）设立非常刑事法庭，尤其是对于不服从裁判官命令的行为，裁判官仍然拥有制裁的自由裁量权。另外，为了打击政治性犯罪，元老院和公民大会也常常通过决议临时设立非常刑事法庭。②

民事司法制度

共和国时期的罗马民事司法曾先后实行过两种诉讼模式：法律诉讼和程式诉讼。

1. 法律诉讼

在共和国的早期，法律诉讼（Legis actiones）占据主导地位。盖尤斯曾说："我们的先辈所用的诉讼称作法律诉讼，因为它们或者由法律确定，或者由法律条款本身所构成。从而像法律一样不可更改。"③法律诉讼的基本特征是，诉讼的启动取决于当事人的意愿，没有当事人起诉，法院不得启动诉讼程序，更不能做出任何处理，是为"不告不理"原则。但当事人必须按法定诉权起诉，凡法律没有规定的，纵然当事人的正当利益受到侵害，也无权起诉。反过来，

① 参见纪虎："古罗马刑事法庭程序略考——兼论对我国控辩式庭审方式完善的启示"，《社会科学家》2010 年第 4 期。
② 参见〔意〕朱塞佩·格罗索：《罗马法史》，黄风译，第 274 页。
③ 江平、米健：《罗马法基础》，第 436 页。

对于正当诉求，法官则不得拒绝受理。审理过程分为法律审和事实审两个阶段，这不是两个审级，而是同一审级的两个不同环节。法律审由裁判官或其他执法官主持，公开进行，先由原告陈述诉求，再由被告进行答辩。如果被告拒不作答，则推定其默认原告的主张，裁判官便裁决原告胜诉，案件终结。如果被告依法对原告诉求进行了反驳，裁判官便责令双方选择一个承审法官（judex）并予以正式委任，然后将案情和法律要点归纳后，转交承审法官进行事实审，做出判决。无论法律审还是事实审，都遵循形式主义原则。当事人必须严格使用法定语言和动作，稍有差错，即致败诉。例如，盖尤斯在其著作中曾记述过一个案例：有人非法砍伐了邻居家的葡萄树，被告上法庭。尽管原告提供了充足的证据，但因为他在法庭辩论中指控被告"砍伐葡萄"，结果输掉了官司，因为《十二铜表法》没有规定非法"砍伐葡萄"是侵权行为，只规定了非法"砍伐树木"应处罚金。假如某人被打断了胳膊或腿，以"肢体折断"为由起诉侵害人，也会被驳回，因为法律只规定了"骨折"罪名。在物权争讼中，原、被告须携带争讼物和一象征所有权的木杖至承审法官面前，原告手执争讼物，讲述套语，并以木杖触及争讼物，表示对其拥有所有权。被告则重复法定套语和动作，宣称该物归己所有，并做出欲与原告争斗状。此时承审法官便命令双方不得争斗，然后根据案情做出判决。整个诉讼过程全用口头语言，不需要书面文件。

承审法官由原告在预先编制好的候选名单中任选一人，经被告同意后，由裁判官加以任命。如果被告不同意原告提出的人选，则由原告另选一人，依次类推，直至被告同意为止。如果双方无法达成一致，则用抽签决定。承审法官的候选名单预先公布在广场上，共和国晚期时约有三四千人，元老院元老总是名列其中，因为在罗马人心目中，元老地位高尚，办事公正，值得信赖。承审法官属于公职，一经任命，没有正当理由不得拒绝，就职时须进行宣誓，保证忠于职守，如有渎职受贿行为将受到严惩，罪行严重者可处死刑。

承审法官的事实审于受命后第三天进行，通常在广场上公开举行，双方当事人都必须亲自出庭，不得委托他人代理，但可聘请辩护人协助。整个诉讼过程由当事人推动，传唤被告由原告负责。《十二铜表法》规定，原告一般可于公共场所用法定语言通知被告在诉讼日到法官前应诉。如果被告拒绝，原告得在第三人见证下牵之同往。若被告企图逃避，原告有权将其扭送法庭。如果被告年老有病不能行走，原告应备车马，供其乘骑。原告不得越过被告家宅门槛，入内强迫被告到庭，因为罗马人把家宅视为神圣不可侵犯的私人堡垒。如果时至正午，有一方仍未到庭，诉讼将宣告停止，因为没有缺席审判的规定。[①] 庭审中，诉讼双方对自己的主张分别负有举证责任，包括传唤证人，并进行对抗式辩论，承审法官则处于消极中立地位，但承审法官的判决具有终审效力，因为罗马法实行"一案不二讼"原则，一经宣判，案件不得再次起诉，所以一旦败诉，即使存在冤情，也没有任何司法救济机会。判决的执行由当事人自行完成，这一点仍带有自力救济的痕迹。如果败诉方拒不执行判决，胜诉方可对其采取适当的强制措施。

法律诉讼共有五种常用形式：①誓金之诉（legis action sacramento）。即双方当事人各以一定数额的誓金（保证金）投入诉讼，誓金数额根据争讼标的额而定，诉讼的输赢表现为誓金是否退还。这种诉讼带有一点赌博的性质，裁判官的职权在于判定哪一方损失誓金，败诉方的誓金将收归国库。②指定承审法官之诉（legis action per judicis arbitrive postulationnem）。即当事人双方请求裁判官指定一位承审法官，就其争议详加调查，做出判决。这种诉讼也有一定套语，但通常不涉及金钱争议。③请求返还之诉（legis action per condictionem）。即原告要求被告返还一定金钱或物件的诉讼，其方式为：原告在裁判官面前正式通知被告于30天后共同到庭，由指定的承审法官审理。④拘禁之诉（legis action per manus injectionnem）。这种诉讼实际上是一种强制执行判决的程序。在债

---

① 参见杨共乐：《罗马史纲要》，商务印书馆2007年版，第111页。

务诉讼中，若判决后 30 天内债务人仍未偿还债务，债权人可直接拘禁债务人以强迫其偿还。如果在 60 天的法定拘禁期限过后，双方仍不能达成和解又无第三者出面代偿债务，债权人即可将债务人出卖为奴甚至处死。⑤扣押之诉（legis action per pgnoris capionem）。这种诉讼是指债权人为保证自身权益免遭损失，可在判决前预先扣押债务人的财产。该方式主要适用于军事债务、财政债务和宗教债务的诉讼。实际上，扣押之诉只是起诉前行使特种债权的一种程序，而非纯粹的诉讼形式。①

由于程序烦琐，拘泥形式，法律诉讼经常因当事人的小小失误而造成败诉，其中的誓金之诉、拘禁之诉、扣押之诉等不利于贫穷人民的不公正性更是显而易见，加之这种法律程序适用范围狭窄，非罗马市民被排除在外，所以到共和国末年，当程式诉讼程序出现后，人们纷纷避繁就简，法律诉讼日趋衰落。公元前 17 年，奥古斯都先后制定了《优利亚私诉法》和《优利亚公诉法》，原则上废止了法律诉讼。

2. 程式诉讼

共和国后期，随着罗马国土的扩大和外来人口的增加，法律诉讼已无法适应社会发展的要求。于是，裁判官利用职权，引进外邦人习惯，通过司法判例和发布告示的方式，创立了一种新的程式诉讼（Formula）。公元前 126 年的《艾布体亚法》给予程式诉讼以正式承认，从此程式诉讼取代了法律诉讼。

程式诉讼是指裁判官在审查和认可了当事人的诉求后，将诉讼制作成程式书状，再交由承审法官进行审判的一种诉讼形式。这种诉讼形式仍然分为法律审和事实审两个阶段，但废除了旧的烦琐程序，简便易行。

在法律审阶段，双方当事人原则上仍须亲自到庭，但如有正当理由也可由他人代为出庭，是为诉讼代理的肇始。原告可以不受形

---

① 参见江平、米健：《罗马法基础》，第 438—441 页。

式的约束，自由地向裁判官陈述诉求和理由，被告同样可以自由地进行反驳。听取双方陈述后，裁判官便将原告的诉求要点制成书状，移交承审法官，查清事实后做出裁判。久而久之，这种书状就成为一种固定格式，亦即程式。

程式书状的内容分为两个部分：一是主要部分，即不可缺少的内容。主要包括：承审法官的任命，其格式为"委任××为承审法官"（承审法官一般根据当事人的合意选出，若当事人意见不一，则由裁判官指定）；原告的请求，如"请求返还某物"；原告请求的理由，如"因原告买受被告某物"；对承审法官应当如何判决的提示，其格式为"承审法官应判令……"，不过通常都给承审法官留有斟酌余地，不会出现绝对性指令。二是次要部分，即可有可无的内容。这包括：附记——即原告针对被告的请求或被告针对原告的争辩所提出的附加声明，该项内容具有"备注"性质，因写在书状的前段，故又称"前书"；抗辩和反抗辩——抗辩是被告对原告的请求所做的反驳，反抗辩是原告对被告的反驳所做的答辩。[①] 显而易见，程式书状实际上是裁判官为承审法官拟定的审判方案。

按照诉讼性质和所涉实体法的不同，程式诉讼分为多种不同类型。大致说来，主要有以下几类：①对物诉讼（actio in rem）和对人诉讼（actio in porsonam）。前者以物权为标的，可以对任何侵害权利人物权的行为提起诉讼；后者以债权为标的，只能对侵害权利人债权的特定债务人提起诉讼。②宽法诉讼（actio bonao fidov）和严法诉讼（actio stricti juris）。前者指承审法官在不违背程式书状的前提下，可以根据整个案情依自由心证做出判决，法官的自由裁量权较大；后者指承审法官必须严格遵照程式书状的要求做出判决，自由裁量权较小。③确定诉讼（actio certa）和不确定诉讼（actio incerta）。前者以特定物或特定债权为标的，后者以不特定物或不特定债权为标的。④刑事诉讼（actio poenalis）和民事诉讼

---

① 参见曲可伸编著：《罗马法原理》，南开大学出版社 1988 年版，第 386—387 页。

（actio civilis）。前者以请求惩罚被告为目的（由于罗马法认为对私人权益的侵犯者提起刑事诉讼是对侵害者请求赔偿的有效方法，所以部分刑诉被列入私法范围），后者以请求返还或确认权利义务状态为目的。除上述几类外，还有公益诉讼、私益诉讼、直接诉讼、模拟诉讼、取回诉讼、仲裁诉讼、先决诉讼、非先决诉讼等多种形式。

在事实审阶段，程式诉讼与法律诉讼在程序上基本相同。承审法官接到程式书状后，须在规定时间公开审理，原则上双方当事人均须在当天中午前到庭。在听取双方当事人的辩论和审查证据的基础上，承审法官凭自由心证做出判决。对于证据的取舍，承审法官有相当大的自由裁量权，但判决不能超出程式书状所划定的范围。

承审法官的判决须公开宣读，之后即刻生效。即使判决不公，当事人也无法补救，因为那时没有上诉制度。但是，对于适用法律错误的判决，当事人可在判决执行前向法官的上级或同级官吏提出抗诉，或者提起撤销原判之诉。若胜诉，则原判失效；若败诉，则按诉讼标的加倍处罚。所以，提起此诉者须提供担保，以确保败诉时如数支付罚金。此外，对于程式诉讼的漏洞和不足，裁判官可以运用其特权直接发布令状予以弥补，以便为当事人的合法权益提供特殊救济。例如，裁判官可以通过恢复原状令（rostitutio in integrum）命令当事人恢复行为前事物关系的原状；通过指定占有令（missions in possessionem）授权当事人临时或永久占有他人的某一物件；通过禁令（interdicta）命令加害人停止某种行为以暂时维持法律关系的现状。[①]

程式诉讼判决的执行与法律诉讼一样，也是由当事人自己负责，法定的执行期限为宣判后 30 天。超过此限，若败诉人仍未执行，胜诉人可以提起执行判决之诉，经裁判官准许，可强制执行。强制执

---

① 参见曲可伸编著：《罗马法原理》，第 391—393 页。

行分为对人执行和对物执行两种形式。前者类似于拘禁之诉，可强行拘押败诉人，待其履行判决后再予释放。后者类似于扣押之诉，可强行占有败诉人的财产，并可公开拍卖以抵偿债务。对于上述两种执行方式，胜诉人有选择自由。[①]

程式诉讼是罗马司法中最重要的一种制度，也是罗马法制与法治文明发展水准的主要标志之一。首先，程式诉讼程序简便，运作灵活，可以满足日趋复杂、千变万化的社会需要。它不再要求当事人必须亲自出庭，允许委托代理人，也可以缺席裁判。它不但适用于罗马市民，外邦人也可援用。它用成文书状取代了口头言辞作为事实审查的基础，使司法更加准确可靠。其次，程式诉讼赋予了裁判官通过创制程式书状以创立新法的权力，每一种新程式的创制都意味着一种新法的创设，因此，程式的创制过程亦即弥补立法不足的造法过程，难怪格罗索认为，程式诉讼使裁判官的司法活动"成为一种法的渊源，罗马法的发展和变革从这一渊源中获得了最伟大的推动力"[②]。再次，程式诉讼保持和强化了法律审与事实审一分为二的司法权二元结构形式，可以抑制一元结构下的法官独断，促进司法公正的实现。如果说裁判官的法律审代表了国家对诉讼受理权的控制，那么，民选承审法官的事实审则代表了诉讼裁决权的社会性本色。由是言之，司法二元结构意味着此时罗马的行政与司法、国家权力与社会权力之间是一种既分立又合作的复合关系。最后，程式诉讼体现了罗马法制兼顾形式正义与实质正义的价值取向，因为一方面通过格式化的程式书状把司法权的运行纳入了程序的规范内，以防法官任意滥用，另一方面又赋予了裁判官以直接发布强制性令状的特权，以弥补程式化司法固有的缺陷，为不被法律承认但具有实质正当性的权利诉求提供有效支持，从而保证形式正义与实质正义二者得兼。

[①] 参见曲可伸编著：《罗马法原理》，第389页。

[②] 〔意〕朱塞佩·格罗索：《罗马法史》，黄风译，第249页。

四、法学家与法律职业化

与同时代其他国家相比，罗马法制的显著特征是形成了一个独特的法学家集团，这是人类历史上最早产生的法律职业集团，是罗马法制发达昌盛的重要原因之一，也是罗马法治文明水准的另一主要标志。[①] 对此，梁治平说：

> 古代罗马法学家是一个文化史上的奇迹，一个至今让人困惑和惊异的历史之谜。我们在所有的古代文明里面都看到有法律，法律的制度和理论、应用与阐释。但只有在罗马，一个所谓法学家阶层平地而起，卓然独立。正是这些人，代表了古代罗马的最高智慧。[②]

法学家集团的形成

罗马建国之初，法律"藏于祭司宅中"，与宗教和政治混同一体，平民无从知晓，甚至在《十二铜表法》颁布后，法律的保存与解释依旧垄断在贵族祭司手中。公元前304年，弗拉维乌斯利用担任执政官秘书的方便条件，将执政官掌管的诉讼材料公布于世，"罗马人第一次了解到法律诉讼或保持法律程序的文字程式，以及法庭开庭日期或可以进行诉讼的具体时日"[③]。公元前3世纪中叶，《奥古尼亚法》规定，除贵族外，平民也可担任祭司。大约公元前254年，罗马共和国史上第一位出身平民的大祭司克伦卡尼乌斯将所有法律

---

① 有学者指出，在希腊，每个公民都是当然的法官和律师，而在罗马，法律职业集团"开始掌握了法律的命运，从此以后，文明世界从没脱离这种法律背景，因为凭着多年的经验，文明人懂得，只能通过这种方式才能保障公民的权利。这一重要的文化概念是罗马留给文明的宝贵遗产"。见〔美〕约翰·梅西·赞恩：《法律的故事》，孙运申译，第183页。

② 梁治平："罗马名人祠"，《读书》1991年第11期。

③ 舒国滢："罗马法学成长中的方法论因素"，《比较法研究》2013年第1期。

资料向社会开放，并公开解答法律问题，讲授法律规则，贵族祭司垄断法律知识的局面宣告终结，法律开始走向世俗化和普及化。公元前 198 年，执政官阿埃利乌斯以世俗官吏的身份讲授罗马法，著书立说。此后，习法之士日见增多，研究法学的风气越来越浓，职业法学家应运而生。

法律解答特权的取得是罗马法学家（Roman jurist）集团形成过程中的关键一步。公元前 1 世纪，奥古斯都（公元前 63—公元 14 年）授予某些法律专家以法律解答权，他们作为法律权威，采用书面形式提出自己的法律见解，深受政府官员和民众的信任和尊重。从此，法律职业化进程大大加速，研究法律成为一门独立于哲学、文学之外的专门学问，法学家集团初具规模。① 到 1 世纪，法学家集团发展成为一个备受社会尊崇的专业群体，其中许多人被授予"圣贤"或"智者"的称号。该集团的成员主要包括三部分：在政府中担任要职的官僚法学家，以诉讼活动为主的职业辩护师以及法律顾问，从事法律教育的法学教授。② 此时最著名的法学家是卡彼托（？—22 年）和拉比奥（公元前 50—公元 20 年），前者是帝制的拥护者，后者是共和制的卫道士，围绕二人分别形成了两大法学派别，罗马法学史上的流派之争即由此开端。

罗马时代究竟有多少法学家无从精确统计，但仅见于历史记载的法学家数量就足以让后人惊叹不已。据意大利学者斯奇巴尼的粗略估算，公元前 6 世纪至帝政初期约有 40 人，1—3 世纪约有 60 人，4—6 世纪约有 20 人，共 120 多人。③ 其中，对后世影响较大的法学家当推西塞罗（公元前 106—前 43 年），他是共和国时期的著名政治家、思想家，做过律师，担任过裁判官、执政官、行省总督等高级官职。他首次系统阐述了自然法学说，认为"真正的法律乃是正确的理性，

---

① 何勤华：《西方法学史》，中国政法大学出版社 1996 年版，第 42 页。

② 参见弗里兹·苏兹："罗马法学家和法律职业"，王良国等译，《广西法学》1996 年第 2 期。

③ 参见〔意〕桑德罗·斯奇巴尼选编：《民法大全选译：正义和法》，黄风译，中国政法大学出版社 1992 年版，第 77 页。

它与自然和谐一致，它散播至所有人，且亘古不变、万世长存。"因此，西塞罗获得了"自然法学之父"的称号。他还阐述了恶法非法思想，混合政府思想和分权制衡思想等。2—3世纪的罗马"法学五杰"，即盖尤斯（约130—约180年）、帕比尼安（约140—212年）、乌尔比安（约170—228年）、保罗（？—222年）和莫迪斯蒂努斯（？—244年）同样名垂青史。"法学五杰"的集中出现标志着罗马法学家集团发展的顶峰。

法学家的杰出贡献

罗马法之所以能够创造历史的辉煌并影响至今，与法学家集团的杰出贡献是分不开的。他们的贡献集中体现在以下三个方面：

1. 参与法律实务

法学家的主要活动之一是充当元老院和行政官员的立法参谋，参与法律制定和法典编纂工作。从2世纪起，就有个别法学家受官方之命从事法典编纂。5世纪，数位皇帝先后组织或吸收知名法学家参与编纂官方法典，如狄奥多西二世于429年组织八名法学家编纂了《狄奥多西法典》，438年又组织16名法学家编纂了第二部《狄奥多西法典》。查士丁尼大帝的《民法大全》是由十人编纂委员会完成的，其成员都是出类拔萃的法学家。

提供法律咨询是法学家更为经常和普遍的工作，这包括对法律法条进行注释解答，为缔约当事人制作法律证书，为诉讼当事人提供法律指导或代写诉状，协助或代表当事人出庭辩护，充当执法官员的法律顾问等。吉本曾生动地描述过早期法学家的法律咨询活动：

> 每当赶集日或公民大会举行时，人们可以看到这些掌握法律艺术的人在广场上逡巡，随时准备为平庸之辈提供他们的高见，而他们则从未来的选票中心满意足地取得回报。随着年龄和名气的增大，他们开始坐在家中的椅子和靠垫上，胸有成竹地等待着当事人的造访。来自各地的当事人每天黎明就开始敲

门。咨询的内容一般是有关社会生活义务和诉讼程序中的事件。他们根据法律和谨慎原则作出口头或书面的解答。①

为了让更多的人了解法律知识和诉讼方法，法学家们还著书立说，解读法律要点，解答法律疑难，如"法学五杰"留下了诸如《法律释义》《法令评注》《问题集》《解答集》《意见篇》《论辩篇》等传世名作。

共和国后期，由于诉讼的增多和对抗式法庭辩论的发展，法学家或者作为专家顾问协助裁判官完善诉讼程式，或者为精通修辞但不谙法律的演说家提供诉讼指导，或者应当事人之请代为出庭辩护，职业律师（avocati）由此萌芽。当时，律师代理诉讼和出庭辩护是不收费的，因为他们出身上层社会，不缺金钱，从事律师工作仅仅是为了提升个人威信和影响力，为竞选城邦高级官吏做准备。直到帝国时期，律师才开始收取酬金。根据西塞罗的记述，"法庭演说有两种形式，即控告和辩护，其中辩护演说更能激起称赞，但是控告演说有时也能赢得赞赏"②。西塞罗本人就是著名的法庭辩护士，在控辩两方面辩护中都多次大获成功，享有"罗马第一律师"的美誉。他曾应西西里人的请求，在总督勒索案中担任控方律师，将辩方律师驳得体无完肤，赢得了巨大声誉。他还曾不畏强权，挑战独裁者苏拉雇来的指控人，为被告人罗希斯进行辩护。这次辩护任务极为艰巨，胜负难料，但他却这样安慰自己："尽其所能吧，'至少罗希斯不会发现自己没有律师'。"③由此可以看到法律人的职业素养和对律师辩护制的深刻认知。为了能胜任律师职责，西塞罗努力钻研辩论技术，他首创的一些辩护方法至今仍被普遍使用。西塞罗为后人留下了许多精彩的辩护词，最著名的有《对维勒斯的控告词》

① 〔美〕约翰·H.威格摩尔：《世界法系概览》（上），何勤华等译，第397页。
② 〔古罗马〕西塞罗：《论义务》，王焕生译，中国政法大学出版社1999年版，第203页。
③ 〔美〕罗伯特·N.威尔金：《法律职业的精神》，王俊峰译，北京大学出版社2013年版，第26页。

（公元前 70 年）、《对喀提林的控告词》（公元前 63 年）、《阿尔基亚辩护词》（公元前 62 年）、《米洛辩护词》（公元前 55 年）、《塞斯提乌斯辩护词》（公元前 54 年）等。今天，我们仍能从这些辩护词中领略到当年法学家辩护士在法庭上口若悬河、滔滔不绝的风采。西塞罗还总结了自己的律师辩护经验，撰写了《论演说术》（公元前 55 年）、《最好的演说家》（公元前 46 年）、《主题论》（公元前 44 年）等多部著作，将法律辩护由一种技能提升为一门学术。时至今日，这些著作仍然被不断翻印。

西罗马帝国灭亡后，罗马法制及法律职业化的发展重心转移到东罗马帝国。拜占庭统治者除了组织法学家完成了罗马法典的编纂外，还不断强化对律师的管理，建章立制。例如，法律明确要求，担任律师必须接受过五年以上的法律教育；出庭律师必须登记在册，总人数不得超过规定限额；律师辩护必须遵从法官的指示；必须遵照法律规定收取酬金。[①] 凡此种种要求，使得律师职业几乎完全被法学家垄断，形成了法学家和律师的"两位一体"[②]。这一变化有利于法学理论与法律实践的结合，对于推动法治发展具有重要意义。赞恩说，"程序完备的罗马法庭以及由法学家和辩护者组成的律师阶层是罗马法律机器的两架发动机。在专业阶层的协助和监督下，程序完备的法庭对法律争议的裁决促进了法律的进步"，"最终罗马人真正享有了法治"。[③]

2. 进行法学研究

尼古拉斯指出："在几乎所有其他智力创造的领域，罗马人曾是希腊人虔诚的学生，但在法律方面他们却是老师。在他们手里，法律第一次完全变成了科学的主题，他们从作为法律原材料的细碎规则中提炼出原则并精心构建成一个体系。"[④] 罗马法律科学的建立

---

① 参见金敏："古罗马的法庭辩护士"，《浙江社会科学》2006 年第 4 期。
② 谢邦宇：《罗马法文稿》，法律出版社 2008 年版，第 249 页。
③ 〔美〕约翰·梅西·赞恩：《法律的故事》，孙运申译，第 159、182 页。
④ 〔英〕巴里·尼古拉斯：《罗马法概论》，黄风译，法律出版社 2000 年版，第 3 页。

和法学研究的成就完全归功于法学家集团,他们通过解答法律疑难、解析法律争议、编撰法学著作等,把生活实践中的法律发展为一门系统的科学,推动了罗马法的理性化,尤其在私法理性化方面,"达到了迄今(指 20 世纪初——引者注)已知的最高程度"①。布勒斯勋爵也曾给予罗马法学以高度评价,他说:"不存在任何法学问题它没有涉及;罕有一个政治科学的角落,它的光芒未曾照临。"②

罗马法学家最早区分了法与法律的概念,并用两个拉丁词"jus"和"lex"分别予以表述。他们认为,法是自然生成的,法律是人为制定的;法是源,法律是流;法决定法律,法律必须符合法。因为法"是正义、公平、公道的表现",是"美德与正义之求""善良与公正之术",而法律是人为产物,"是由人民批准和制定的"③,"是整个共和国民众间的共同协议"④。人定的法律既可能向善,也可能为恶,而且随着人的意志的变化而变动不居,所以只有符合法的法律才是真正的法律。这种二元法理论既培育了罗马人对法的神圣信仰,也赋予了罗马人对人定法律的批判意识,从而为罗马法的不断发展提供了价值基础和精神动力。

罗马法学家初步形成了个人"权利"观念,并用兼具"法"和"正义"两种含义的概念"jus"来表示——客观意义上的"jus"指的是法,主观意义上的"jus"指的是权利——意在申明法的本质在于确定和保护个人权利、维护社会正义。由此可见,那时已产生权利本位的思想萌芽,在这一点上,罗马人远远超过了希腊人。希腊人虽然留下了"人是万物尺度"的千古名言,但希腊始终是个集体主义社会,个体价值从未受到应有的重视,因此,"在希腊的政治思想中个人

① 〔德〕马克斯·韦伯:《新教伦理与资本主义精神》,于晓等译,生活·读书·新知三联书店 1987 年版,第 56 页。
② R.H. 巴洛:《罗马人》,黄韬译,上海人民出版社 2000 年版,第 205 页。
③ 〔古罗马〕盖尤斯:《法学阶梯》,黄风译,中国政法大学出版社 1996 年版,第 2 页。
④ 〔意〕桑德罗·斯奇巴尼选编:《民法大全选译:正义和法》,黄风译,第 54 页。

概念并不突出，权利概念则似乎几近于从未形成过"①。庞德指出，"希腊哲学家们并不议论权利问题，这是事实。他们议论的是，什么是正当的或什么是正义的"②。罗马法学家虽然也没有创造出专指"权利"的单词，而与法和正义共用"jus"一词来表达，但通过他们在不同场合对该词的不同用法可以看出，权利的内涵在他们心目中还是清晰的，它"已经包含了以下四个方面的内容：第一，受到法律支持的习惯或道德的权威，如家父权；第二，受到法律支持的习惯或道德的权力，如财产所有人的财产处分权、债权人对债务人的权力；第三，受法律保护的自由，如放弃遗产继承的权利；第四，法律身份，即罗马公民或外来人在法律关系中的地位"③。这四个方面的内容已经涵盖了现代权利概念的基本要素。特别需要强调的是，罗马法学家不但明确无误地把个人权利置于法律的核心地位，而且将其奉为看待其他万事万物（包括政府）的立足点和出发点，一如恩格斯所言，罗马人"完全是根据私人权利的准则来看待君主权利的，换句话说，他们把私人权利看成国家权利的最高准则"。④

个人权利观念的形成对罗马乃至西方法律制度和法律思想的发展具有不可估量的积极意义，整个罗马私法体系就是在个人权利观念的基础上构建起来的。中世纪罗马法继受运动以后，西方人进一步明确和丰富了权利概念的内涵，并且把它的适用范围从私法领域扩展到公法领域，促使西方政治学说发生了革命性变革。再后来，思想家们又把权利概念发展为更加明确的人权概念，从而成为现代西方政治法律理论体系的核心范畴。

罗马法学家还构建了法律体系的基本框架。他们将法律分为公法与私法两大部分，并认为私法的核心价值在于确认和保护私人权

①　〔英〕厄奈斯特·巴克：《希腊政治理论——柏拉图及其前人》，卢华萍译，吉林人民出版社 2003 年版，第 2 页。

②　〔美〕罗·庞德：《通过法律的社会控制 法律的任务》，沈宗灵、董世忠译，第 44 页。

③　夏勇：《人权概念起源》，中国政法大学出版社 1992 年版，第 35 页。

④　《马克思恩格斯全集》（第 1 卷），第 379 页。

利，其基础是所有权和自由契约，公法的核心价值在于界定和规制公共权力，其主体是宪章性规范。公法与私法的界分对于法治文明的进步具有非凡的意义，至今仍被世界各国所沿用。麦基文说：

> （罗马人）最伟大且永恒的贡献是，他们对公法和私法做了最明确（与其前人相比）的区分。该区分构成"保障个人权利反对政府侵犯"的全部历史的基础，今天依然如此。[①]

从罗马的现实出发，法学家们还把法律分为自然法、市民法和万民法三种类型，并在继承希腊斯多葛派思想的基础上提出了成熟的自然法理论。他们认为，自然法是自然界教给一切动物——包括人类在内——的法，是正义与理性的化身，具有普适性和永恒性。万民法和市民法都是人为的法。其中，万民法是"出于自然理性而为全人类制定的法律"；市民法是罗马民族"专为自身治理制定的法律，是这个国家特有的"。[②] 这三种法的位阶关系是，万民法是市民法的上位法，自然法又是万民法的上位法。概言之，自然法是一切人为法的渊源，高居所有人为法之上。基于法律实务的需要，法学家们还把法律分为人法、物法和诉讼法三部分，主张个人的人格权、物权和诉讼权都必须受到法律的充分保护。其中，人法和物法属于实体法范畴，诉讼法属于程序法范畴。他们将诉讼法单列出来，说明对程序法重视有加。人法、物法、诉讼法的三分结构体系也为当今世界各国所普遍沿用。上述几种法律分类法，分别从不同侧面勾勒出了法律体系的内在逻辑和层次结构，从而使法律成为一门系统严谨的科学。

罗马法学家"为所有时代确立了法学思维的范畴"[③]，为人们思

---

① 〔美〕C.H. 麦基文：《宪政古今》，翟小波译，贵州人民出版社 2004 年版，第38 页。

② 〔古罗马〕查士丁尼：《法学总论——法学阶梯》，张企泰译，第 7 页。

③ 〔美〕C.H. 麦基文：《宪政古今》，翟小波译，第 49 页。

考和认识法律关系提供了基本的抽象概念和表意工具，初步形成了一套法律专业词汇。例如，涉及个人权利的有：未成年、丧失能力、监护、财产管理、家庭、婚姻、遗产、收养、过继、法人、故意、过失等；涉及财产权利的有：所有权、占有权、地役权、有形财产、无形财产、动产、时效、虚有权、用益权、共有权、租赁等；涉及债务权利的有：契约、寄托、担保、抵押、委任、买卖、欺诈、遗嘱、遗赠等。他们把犯罪行为区分为两类，一类是亵渎神明和不敬神的宗教性犯罪，一类是侵犯人身和财产权的侵权犯罪，并将后者区分为故意犯罪和过失犯罪两种。"在民事当中将个体行为区分为契约性行为、侵权性行为，以及独立于之外的不当得利，三者共同构成了责任来源，并为塑造民法体系奠定了基础，同时提出了买卖双方基于双方合意而达成的合同这个概念，成为后续的意思自治、自由意志等原则的根本要素"[①]。罗马法学家还创立了一种被称作"法学论证"（legalist argumentation）的逻辑推理方法，亦即法律思维方式。这种法学论证与注重善恶评判的道德论证、注重派别利益权衡的政治论证和注重成本收益算计的经济论证都不相同，其特点是注重事实依据，恪守法律规范，遵循法律逻辑，强调合法与非法的区别、权利与义务的关系，具有"一切依法办事的卫道精神"[②]。它的基本原则是，不接受没有事实根据的权利主张，不承认没有权利基础的权力。这种法学论证方法在罗马以后的欧洲历史中一直是人们讨论政治法律问题时所使用的主导方法，正如当代美国学者萨拜因所言："法学的论证——依据人们的权利和统治者有依据的权力来推理——成为并且依旧是政治推论的一个得到普遍认可的方法。"[③]

罗马法学家通过对法律实践的总结和理论研究，提出了许多沿

---

① 〔德〕乌维·维瑟尔：《欧洲法律史——从古希腊到〈里斯本条约〉》，刘国良译，第97页。

② 季卫东："法律职业的定位——日本改造权力结构的实践"，《中国社会科学》1994年第2期。

③ 〔美〕乔治·霍兰·萨拜因著，托马斯·兰敦·索尔森修订：《政治学说史》（上册），盛葵阳等译，第209页。

用至今的基本法律原则，如财产所有权神圣不可侵犯原则、私人权利平等原则、无主物先占所有权原则、契约自由原则、诚实信用原则、新法优于旧法原则、不告不理原则、法官中立原则、未经审判任何人不得处以死刑原则、公平正义至上原则、一事不二审原则、律师辩护原则、注重程序与证据原则、必要时通过衡平以弥补法律不足的原则，等等。这些基本法律原则具有超越时空的普世价值，是人类法治文明史上一笔宝贵的精神财富。"如果没有罗马法理学家几个世纪以来持之以恒的潜心于罗马法形成的一般原理和特殊规则的研究，那么我们今天的法律体系会是什么模样，是难以想象的。"①

3. 开展法律教育

罗马的法律教育始于共和国末期。当时，"法律是除了有将军的特殊天才的人以外一切有才干的人的唯一天地"②，因而研习法律蔚然成风。最初，法律教育采取私塾形式，师生一对一地讲授法律知识。后来，出现规模较大的私人法律学校，学生可师从多名教师，按正规教学计划学习。私人法律学校的建制模仿希腊的人文学校，按专业分为若干学院，聘请法学家讲课，每个学院设教授一人，校长由各院教授轮流担任。教学方式采用师生问答讨论式，辅以教师系统讲授。学校多建在法院附近，以便于教学联系实际，培养学生的实务工作能力。罗马改行帝制后，法律教育进一步发展，"帝国境内到处都有法律学校……法律不但是有野心的和有抱负的人的精神食粮，并且是一切智力活动的唯一滋养"③。3 世纪，出现公立法律学校。公立法律学校因有政府支持，发展迅速，很快从罗马城蔓延到全国各地，私人法律学校遂退出历史舞台。从此以后，罗马的法律教育纳入官方管理体制之下。

---

① 〔美〕约翰·梅西·赞恩：《法律的故事》，孙运申译，第148页。
② 〔英〕梅因：《古代法》，沈景一译，第203页。
③ 同上书，第204页。

在初等法律教育的基础上，罗马的高等法律教育于 5 世纪发展起来。425 年，狄奥多西皇帝在君士但丁堡建立了罗马第一所法律大学。此时，罗马帝国已危机重重，为维系帝国的存在，培养适合自身需要的法律人才，政府不再像过去那样信任和宠爱法学家，转而对他们采取既利用又限制的政策，将法律大学控制在自己手中。大学的经费由政府提供，教授由政府聘请，对学生的管理也日趋严格，如皇帝通过诏令要求学生不得荒废学业，不得参加不正当的文娱活动等。同时，明令禁止私人传授法律知识，违者处以流放。

不过，东罗马帝国毕竟是一个法制发达、法律意识浓厚的社会，统治者对于法律大学内部教学事宜的管理还是较为宽松的。办学模式、课程设置、教学方法等，都由学校自主决定，在学术领域也比较开放和自由，法学家们仍然能够独立地进行创造性教学与研究活动。因此，在法学家的主导下，法律大学教学目的明确合理，课程设置全面系统，教学方法灵活有效，考试制度稳定规范。大学学制为五年，按照循序渐进、由浅入深的原则，每学年都有具体的教学任务和要求。1—3 学年主要学习基本法学理论和法学家的代表作，4—5 学年除继续学习法学家著作外，要精读《民法大全》。从第二学年开始，每学年都用一专有名称表示，以突出该学年的学习重点，如第二学年称"判官"，要求学生了解和掌握诉讼法和实体法的基础知识，熟悉法院的审判程序，具备裁判案件的基本能力；第三学年称"帕比安鲁斯"，以学习帕比尼安的学说为主，了解和掌握关于借贷、买卖、合伙、租赁、寄托、质押等契约形式和法律规则；第四学年称"无师自通"，重在提升学生自学能力，使之能够通过自修掌握婚姻家庭法及其相关知识；第五学年称"百事知晓"，要求学生掌握法理学以及公法方面的知识，包括法律谚语等。修满五年，学生须进行毕业考试，考试合格者发给毕业证书，凭此证书即可从事法律职业。[1]

---

① 参见谢邦宇：《罗马法文稿》，法律出版社 2008 年版，第 256—258 页。

不难看出，罗马的法律教育已经达到较高水平，其中不少制度是科学合理的，至今仍有借鉴意义。可以说，在罗马乃至人类法律教育发展史上，罗马法学家厥功至伟。

五、帝政下法制与法治的反差

总体上说，长达千年的罗马法律发展史，纵向可分为共和时期（包括王政时期）与帝政时期两个阶段，横向可分为法制与法治两条并非始终平行的主线。就法制而言，两个时期前后相贯，一直沿上升线发展，直到查士丁尼时代达到巅峰。但就法治而言，前后时期却存在巨大反差。在前期，法制与法治同步发展、相辅相成；到后期，法制仍在发展完善，治治却转而衰退，二者背道而行。这一巨大反差集中体现在国家公法即宪法、司法和刑法上。

帝制取代共和

共和国后期，罗马大肆扩张，在短短几百年内，就由一个蕞尔小邦发展为一个地跨欧、亚、非三大洲的领土大帝国，海外行省多达 54 个，辖区总人口达 1 亿 5 千万。建立在共和法制基础上的政治体制已无法适应现实的需要，"国家扩张与城邦结构之间的内在矛盾"日益明显地暴露出来。[1] 正是这个结构性矛盾，使罗马共和法制陷入无法自拔的重重危机之中。

首先，暴力侵入政治生活。大规模对外扩张加剧了社会两极分化，激化了阶级矛盾。日趋尖锐的社会阶级矛盾必然反映到上层政治领域，加剧统治集团内部的派别和个人权力斗争。各个派别为战胜政敌，不惜诉诸暴力手段。共和国后期，最主要的两个派别是贵族派和民主派，它们分别以元老院和公民大会为靠山，反复较量长达半个世纪。两派竞相践踏法治规则，接二连三地使用武力处理政治纷争，使共

---

① 〔意〕朱塞佩·格罗索：《罗马法史》，黄风译，第 283 页。

和法制遭受到一次又一次的致命打击。

公元前 133 年，提比略·格拉古当选平民保民官。他试图进行土地改革，触犯了贵族利益。元老院为阻止土地议案提交平民大会，策动另一名平民保民官奥大维使用了否决权。于是，提比略采取了"革命"行动，操纵平民会议罢免了奥大维的保民官职务，这是"一个史无前例的也许是违反宪法的行为"①。贵族派马上以牙还牙，通过"紧急决议"，用武力镇压了民主派。此时，保民官任期届满的提比略违背法律规定，依靠农民的支持，准备谋求连任。选举那天，两名元老院贵族用板凳将提比略活活打死，另有 300 多名提比略的支持者被杀害。随后，元老院成立特别法庭，采用简易程序，对提比略的追随者进行审判，而且剥夺了他们的申诉权。按照罗马惯例，"紧急决议"程序只能在面临外敌入侵威胁时启用，而不能用于国内政治派别斗争。元老院的血腥报复违背了这一宪法原则，开创了以武力镇压政治反对派的恶劣先例，为以后更大规模的暴力行为和全国性内战"打开了方便之门"②。

十年后，提比略的弟弟盖约·格拉古当选平民保民官，他决心完成兄长未竟的土地改革事业，并试图削弱元老院的权力。为达此目的，他同样不惜以牺牲法治原则为代价，仰仗平民大众的拥护，于第二年成功地再次当选保民官，把连任公职必须间隔十年的法律规定踩在了脚下。如同十年前一样，贵族派又一次诉诸元老院的"紧急决议"权，残酷杀害了盖约。民主派和贵族派在十年内交替实行暴力政治，实际上已经把罗马共和国拖离了法治的轨道。

其次，军事统帅成为政治主宰。连年不断的对外战争导致军制变革，使军队和军事统帅的权势迅速膨胀，成为左右政治的一支主要力量。罗马共和国本来实行兵民合一的军团制度，军队统帅的任

①　〔英〕霍普金斯：《征服者与奴隶》，阎瑞生译，陕西人民教育出版社 1993 年版，第 59 页。

②　〔意〕朱塞佩·格罗索：《罗马法史》，黄风译，第 286 页。

期有明确期限，其权力受着元老院的严格控制。但连年不断的战争导致统帅任期延长，权力扩大。统帅们也通过奖励战功、授予荣誉等方式收买士兵，久而久之，军队便成为从属于统帅个人的工具。特别是公元前112—前107年马略建立职业军队后，军民分家，统帅权势的增长趋势更加不可逆转。职业士兵以当兵打仗为生，唯统帅马首是瞻，一旦军事统帅权欲膨胀，就会利用手中军队，轻而易举地成为发号施令的独裁者。

果然，公元前104年—前100年，马略凭借如日中天的军事威望，接连五次出任执政官，禁止执政官连任的法律变成了一张废纸，这意味着军事力量已经超越政治力量之上。然而，马略的部下苏拉同样才能出众，野心勃勃，对马略构成巨大威胁。为消除这个危险对手，马略先发制人，趁苏拉领兵出征小亚细亚之机，于公元前82年唆使元老院撤销了苏拉的东部军团统帅的职务。苏拉闻讯大怒，立即回师攻占了罗马，马略仓皇逃亡非洲，不久染病身亡。苏拉控制罗马后，对政敌展开疯狂的报复，包括许多无辜市民也惨遭杀戮。惯于见风使舵的贵族们站在胜利者一边，操纵元老院通过"紧急决议"，承认苏拉所做的一切均为合法，并宣布苏拉为"有权制定法律和处理国家事务的独裁官"，将一切权力都集于苏拉一身。为使自己的统治长久维持下去，苏拉把元老院的人数扩大到600人，新增加的元老全是苏拉的党羽，元老院沦为苏拉的手中玩物。平民保民官的权力受到严格限制，实际上已形同虚设。苏拉开创了罗马史上暴力夺权的先例。

苏拉死后，军队统帅继续占据政坛的中心，两位新崛起的军事将领庞培和恺撒都对独裁者的位子垂涎三尺，但当时二人势均力敌，谁也没有战胜对手的必胜把握，于是二人暂时联合，勾结另一个强势人物克拉苏，组成"前三头同盟"，共享国家权力。公元前53年，克拉苏阵亡，三角平衡结构破裂，内战爆发，恺撒战胜庞培，登上了独裁官的宝座。与苏拉相比，恺撒的独裁具有赤裸裸的违宪性质，因为恺撒的独裁官任期是终身的，而且同时兼任着大祭祀长等多种无限期的高级职务，还被元老院授予了"祖国之父"的荣誉称号。执政官建制虽继续保留，但其中一人必须是恺撒，另一人只能是他的陪衬。这样，恺撒成为一个集军事、政治、司法、宗教等所有权力于一身的无冕之王，罗马共和体制仅仅剩下一个空洞的外壳。公元前 44 年恺撒遇刺身亡，三个军界新秀即恺撒的养子屋大维与安东尼和雷比多结成"后三头同盟"，实行联合独裁统治，暂时填补了恺撒死后留下的权力真空。"罗马宪法的防线一道一道全被独裁者的野心所攻破；所有的藩篱也全都毁在三执政的无情的铁腕之下"①。数年后，同盟瓦解，内战再起，屋大维胜出，独吞政权。公元前 27 年，元老院授予屋大维"奥古斯都"（意为"神圣""至尊"）称号，建立了普林斯制（Principatus），即元首政治。

元首政治是有实无名的君主专制。尽管屋大维及其后继者都没有采用皇帝称号，但实际权力与皇帝毫无二致，所以屋大维被认为是罗马的第一任皇帝。皇帝至高无上，拥有几乎不受任何限制的绝对权力。公民大会名存实亡，执政官被架空，元老院沦为橡皮图章，行政官员成为皇帝的御用工具。当然，按法律要求，皇帝仍应同元老院合作共同立法，偶尔也是这样做的，但更多的时候是皇帝单独发布诏书或命令，直接立法，因为皇帝的诏令具有与法律同等的效力，只有在皇帝认为必要时才咨询元老院，而且总能如愿以偿。于是，"皇帝所好即为法律"的格言在帝国境内流行开来。这一格言最早出自"法学五杰"之一的乌尔比安之口，6 世纪时被写进《民法大全》。②当时，查士丁尼曾对它做过貌似合理的解释，他说："因为根据赋予他权力的王权法，人民把他们的全部权威和权力移转给他。因此，凡是皇帝的批复中的命令，在审理案件时的裁决，在诏令中的规定，当然都是法律。"③从此，这句罗马法格言成为一切君主专制的正当

---

① 〔英〕爱德华·吉本：《罗马帝国衰亡史》（上册），黄宜思、黄雨石译，商务印书馆 1997 年版，第 58 页。

② P. Anderson, *Lineages of the Absolutist State*, verso edition, 1979, p. 27.

③ 〔古罗马〕查士丁尼：《法学总论——法学阶梯》，张企泰译，第 8 页。

法律依据。对于臣民，皇帝手握生杀予夺大权，他只需责令元老院进行审判，就能把一个元老处死，甚至无须经过法律程序，也能将一个元老置于死地。公元前12年，皇帝被授予祭司长称号，成为宗教最高领袖。到帝国后期，基督教合法化，皇帝的权力与上帝的权威重合一起。教会理论家们公开宣扬说，上帝乃"宇宙之主""王权典范"，正是经由上帝"皇帝方得接受且享有至高王权的形象"，于是，"修饰词'神圣的'与'神性的'都开始应用于所有涉及到君主的事物上面"①。借助宗教光环，皇权既至高无上，又覆盖无余，他"是法律主要的、至高的源泉，他是军队的统帅，行政管理的执行首脑，是刑事和民事的最高法官"②。

非常诉讼取代程式诉讼

伴随着政治体制的改变，罗马的司法制度也发生了相应变化，程式诉讼被非常诉讼（Extraordinara actiones）取而代之。

非常诉讼早在共和时期就出现在行政管理中，后被用于各行省的民事诉讼领域，因为行省总督既是行政首脑，又是最高法官，还有皇帝做后盾，包含有更多国家功能因素的非常诉讼特别适合他们的需要。帝政建立后，皇帝为加强自己的权力，开始限制裁判官发布告示、制定程式书状和选任承审法官的权力。129年，哈德良皇帝命令裁判官兼法学家尤里安·萨菲安努斯将历任裁判官的告示汇编为"永久令"。此后，裁判官只能据此行使职权，不得增删或更改。若遇到无法可依的讼案，只能由皇帝直接下达谕令解决，裁判官丧失了创制新法的权力，只有执行皇帝谕令的义务。这样，皇帝谕令成为法律的唯一源泉，"民众的立法活动、裁判官的造法工作、元老院的立法活动和法学理论的创造寿终正寝"③。作为最高统治者

---

① 〔法〕菲利普·内莫：《罗马法与帝国的遗产——古罗马政治思想史讲稿》，张竝译，第37页。

② 同上书，第62页。

③ 〔意〕朱塞佩·格罗素：《罗马法史》，黄风译，第397页。

的皇帝还有权亲自听讼断狱，或委派下属官员审判案件，并且可以不受程式诉讼规则的约束，也不分法律审和事实审，这一切都促使程式诉讼日趋衰落，非常诉讼迅速扩大。到294年，戴克里先皇帝颁布敕令，废除了程式诉讼，非常诉讼遂成为罗马帝国普遍适用的一种司法制度。

在非常诉讼程序下，法官由行政官员充任，如城市行政长官、粮食供给长官、大区长官、行省长官都拥有司法权。以往由原告享有的传唤被告的权利转入法院手中。原告的诉讼请求必须通过正式起诉状提出，起诉状必须载明诉求标的和理由。法院受理后，法官便派遣执行吏携传票传唤被告，并责令被告签立收据，保证准时到庭应诉。案情重大的被告或被告有逃跑迹象时，执行吏可令其提供担保。若拒绝出庭，执行吏有权强制被告到庭。

庭审改为秘密进行，不再使用陪审团，法律审和事实审的阶段划分也被取消，整个诉讼过程由担任法官的行政官员主持，采用询问式完成，当事人只能被动地回答法官的提问，但仍可聘请律师协助或代为辩护。法官凭借皇帝授权，可以自行适用法律，认定罪行和决定处罚。审理过程不再拘泥于形式，法官可以根据当事人的陈述和呈堂证据，凭自由心证做出判决，享有较大的自由裁量权。

随着非常诉讼的确立，公犯之诉的"刑事法庭程序"于塞维鲁时代（193—235年）消失，因为它由裁判官根据具体个案随时成立，又实行陪审团制，带有一定民主色彩，这些都是与专制帝政不相容的。所以帝制建立后，刑事审判普遍采用了非常诉讼形式。在此程序下，普通市民只能举报刑事犯罪而无控告权。刑事控告的提出改用公诉方式，先由治安官员逮捕犯罪嫌疑人，之后交检察官员进行预审，再后以公诉方式提交法官审判。刑事被告人不再是诉讼主体之一，而沦为法官随意摆布的诉讼客体。法官立足有罪推定，以积极的姿态审理案件，必要时可采用一切可用的手段，包括主动询问被告人或证人，提出证言中的矛盾点，以及通过治安机构进行庭外调查和秘密取证、强制证人出庭作证等方式。被告人的口供被视为"证据之王"，是定罪的主要依据。在重大的谋反案件中，为了获取口供，法官经常对被告人甚至证人使用刑讯逼供。

对于法官的判决，当事人如若不服，可向原判法官的上级行政长官上诉，甚至可以申诉至元老院和皇帝本人。但是，到查士丁尼时代只准上诉两次，因为此时法律规定了三审终审制。另外，对于上诉败诉的当事人要课以罚金，罚金数额一度高达上诉案件诉讼费的四倍，后来改为由受理上诉的法官自行酌定。在高额败诉罚金的威胁下，除非胜券在握，当事人是不会提出上诉的。

判决的执行改由原判法官负责。他可以强制败诉人归还原物，也可扣押败诉人财产予以拍卖，将拍卖所得付与胜诉当事人以为执行。

总之，帝政时期通用的非常诉讼已经具备了后来大陆法职权主义纠问制（inquisitorial system）的基本要素和特点。例如，司法与行政紧密结合一起，缺乏应有的自主性和独立性；国家政府和法官的权力明显加强；除了已沦为皇权工具的律师尚可参与诉讼过程外，社会力量（陪审团是其主要形式）完全退出了司法过程；当事人特别是贫穷当事人的合法权益失去保障。所以，帝政时期的罗马虽然继续保持着法制巨人的外壳，但法治内涵急剧衰减，法治精神丧失殆尽。用沃特金斯的话说，此时的罗马法尽管依旧"成功地将人际关系植根于法律之上，却无法将同样的模式转用在政府的活动上面"，以致罗马人民"再无法凭借法律手段，把皇帝及其大臣约束在法律范围以内"[1]。据记载，当时一位被俘后自愿定居于匈奴的罗马人，曾明确告诉奉命出使匈奴的罗马使者普力斯克斯说："我认为，我的现在生活方式比我过去好得多。"[2]此人还讲述了不愿返回罗马的一个重要原因是罗马帝国司法腐败、判决不公，他说：

---

[1] 〔美〕弗里德里希·沃特金斯：《西方政治传统——现代自由主义发展研究》，黄辉、杨健译，第 14 页。

[2] 〔美〕汤普逊：《中世纪经济社会史》（上册），耿淡如译，商务印书馆 1997 年版，第 134 页。

（在罗马）如果一个富人犯了法，他总是可设法逃避处罚；但是，如果一个不明事理的穷人犯了法，他必须遭受严厉处罚，除非在宣判之前，他确已死去；而后一种情况，从法院颟顸作风所造成的丑事看来，不是不可能的。但是，我认为最可耻的事情是，一个人必须付钱来获得他的合法权利。因为一个受害的人，如果不先付一大笔钱给法官和官吏，甚至不能获得法院的受理。①

---

① 〔美〕汤普逊：《中世纪经济社会史》（上册），耿淡如译，第135页。

第二编　多元法律下的法治新起点

476 年西罗马帝国灭亡，日耳曼人在帝国废墟上建立起了一系列封建王国，欧洲进入中世纪时期。8 世纪，法兰克王国一度控制了西欧和中欧，建立了庞大的查理曼帝国，但内部关系松散，不可能长久存在。843 年，帝国一分为三，形成了法兰西、德意志和意大利三国雏形。但是，三国内部仍旧四分五裂，教皇国、诸侯领地、主教辖区、修道院以及不久后兴起的自治城市都各自为政，多元并存。在此形势下——

> 法的统治已经终止。个人间和社会集团间的纠纷都通过弱肉强食的法则或首领的专断来解决。当时最流行的制度是仲裁，其目的并不是秉公把应属于每个人的东西给予每个人，而是维持集体的团结、保证敌对集团之间的和平能够共存及保持和平的局面。此外，社会应该保障个人"权利"的理想本身也被否定了。[1]

不过，法制的衰落只是一个方面——

---

[1]　〔法〕勒内·达维德：《当代主要法律体系》，漆竹生译，第 37 页。

（因为）多元主义是一把双刃剑，它给社会带来混乱无序，甚至无政府状态。给人民生活带来无穷灾难和痛苦。然而它也产生了正面效应。它使任何一种权力无法实现对个人的绝对控制。各种权力彼此分割，互相竞争与制约，给个人留下了一定自主与自由的罅隙。①

从而也为法律的多样性发展法治文明的滋长提供了机会。那时，日耳曼人的文化较为落后，依旧沿用原始习惯法，致使罗马法一度隐没于历史后台。各日耳曼王国在马尔克村社制度和亲兵制的基础上，形成了以土地分封和人身依附为纽带的封建制度，并产生了调整封建法权关系的封建法。与此同时，基督教在各王国广泛扩散，迅速发展成为一支以罗马教皇国为中心、覆盖全欧的重要的政治经济文化力量，并通过 11 世纪的教皇革命建立起统一的教会法系统和司法制度。11 世纪以后，伴随着工商业经济的发展和城市的复兴，又产生了自治的城市政权和自成一体的城市法制。日耳曼法、封建法、教会法、城市法同时并存、彼此影响，为欧洲法治文明的发展提供了新的资源和起点。对此，伯尔曼指出："西方法律传统最突出的特征可能是在同一社会内部各种司法管辖权和各种法律体系的共存和竞争。正是这种司法管辖权和法律体系的多元性使法律的最高权威性成为必要和变得可能。"② 所以，在中世纪法制混乱的表象下面，"我们看到对法治的坚定信仰，对正义的社会秩序的不懈追求"③。到中世纪后期，在王权强化、政治稳定以及多元法律相互交集的基础上，产生了现代法治文明的萌芽。由是言之，现代欧洲法治文明尽管继承了希腊罗马的文化基因，但并非直接导源于古典法律制度，而是孕生于中世纪，一如伯尔曼所言：

---

① 丛日云：《西方政治文化传统》，黑龙江人民出版社 2002 年版，第 524 页。
② 〔美〕哈罗德·J. 伯尔曼：《法律与革命——西方法律传统的形成》，贺卫方等译，中国大百科全书出版社 1993 年版，第 11 页。
③ 转引自丛日云：《西方政治文化传统》，第 524 页。

　　　　"以色列""古希腊""古罗马"变成西方文明的精神原型，
　　主要的不是通过一个保存或继承的过程，而是通过采纳的过程，
　　即：西方把它们作为原型加以采纳。除此，它有选择地采用了
　　它们，在不同时期采用了不同部分。①

明言之，希腊罗马只是现代欧洲法治文明的源头，而中世纪才是其
生身之母。

---

　　① 〔美〕哈罗德·J.伯尔曼：《法律与革命——西方法律传统的形成》，贺卫方等译，
"导论"，第3页。

第三章　日耳曼传统

所谓日耳曼传统是指日耳曼人的古代习惯，主要包括内含民主自由精神的政治协商传统和以尊重规则为核心的法律传统。

一、早期日耳曼习惯法

入侵西罗马帝国之前，日耳曼人居住在北欧沿海地带，正处于原始社会解体阶段，过着以农业为主的定居生活。土地属于马尔克村社集体所有，但定期分配给各个家庭使用，每一个自由农民都有权占有一块份地和使用村社的牧场、森林、河流、沼泽等公共资源，但牲畜、房屋等基本生产生活资料归个人所有，可自由支配，这与罗马法上的所有权制度并无太大差异。那时的社会组织单位是以血缘关系为纽带的部落、氏族和家庭，并与军事组织结合一起。一个部落大致等于一个千户，一个氏族大致等于一个百户。几个部落组成一个部落联盟，即部族。社会的日常管理由军事首领和长老议事会负责，重大事宜则由民众大会决定，即"小事由酋帅们商议，大事则由全部落议决"[①]，像冤仇的和解、婚姻的缔结、首领的推举、和战的选择等，都是通过民众大会协商决定的。美国学者孟罗·斯密曾写道，日耳曼人"在无君主之部族中，有一种部族会议，由集会所在区域之诸侯，充当主席，不过其他诸侯则组织一种参事会，

---

① 〔古罗马〕塔西佗：《阿古利可拉传 日耳曼尼亚志》，马雍、傅正元译，商务印书馆 1997 年版，第 60 页。

在提案提交人民公决之前，讨论各项相关问题，至有君主之部族中，则君主为部族大会之当然主席，其他诸侯似仍组织一参事会，于提案交付人民公决以前，备君主之咨询"①。据塔西陀记载，民众大会首先在无拘无束的饮宴中开始，目的是让与会者在醉意朦胧中畅所欲言，等到第二天大家头脑清醒时再做最后决定。恩格斯曾对日尔曼人的这种集体协商传统给予充分肯定，说他们具有"把一切公共的事情看作是自己的事情的民主本能"②。

日耳曼人的社会秩序主要依靠口耳相传的原始习惯来维持，并与道德规范混为一体。在当时日耳曼人看来，这些习惯规范就是法律，是从遥远的古代流传下来的，它们不是人为"制定"的，而是"被发现的"——

> 法律是属于民众，或人民，或部落的，它几乎好似集体的一种属性或者一种共同的财富，而集团是靠着它才维系在一起的。每一个成员都生活在人民的"和平"之中，而法律制度特别提供一些必要的规章制度，以防止和平受到破坏。宣告置于法律之外是对于罪行的原始的惩罚，也就是把一个人放到人民的和平之外；对特定的一个人或家庭的伤害，也就是原始的民事侵权行为，使这个人处于被伤害这一方的和平之外，而法律则提供一种防止相互仇视和恢复和平的协议。这种早期的日耳曼法律从不曾写下来，它包括传下来的风俗习惯并成为一种能使部落的和平生活正常进行的智慧。法律"在任何情况下都是它所统治的部落或民众的法律，并属于部落中具有成员资格的每一个人"③。

---

① 〔美〕孟罗·斯密：《欧陆法律发达史》，姚梅镇译，中国政法大学出版社 2003 年版，第 35—36 页。

② 《马克思恩格斯选集》（第 4 卷），人民出版社 1995 年版，第 156 页。

③ 〔美〕乔治·霍兰·萨拜因著，托马斯·兰敦·索尔森修订：《政治学说史》（上册），盛葵阳等译，第 244 页。

而且，如同一切初民社会一样，早期日耳曼习惯法也与宗教信仰结合一起，正义之神费塞特（Forsete）和法律秩序之神索尔（Thor）是日耳曼初民崇拜的两大主神。在日耳曼人的传说中，费塞特居住在一座城堡中，负责受理人们的争端，索尔则坐在宇宙树下严格执法。在每周星期四即"索尔节"举行的民众大会开始时，人们都必须以索尔的名义宣誓遵守法律。圣刑习俗还未消失，重罪犯有时被杀牲以祭神灵。[①]

执行习惯法的司法机构是规模不等的民众大会，即部族大会、千户区大会或百户区大会。大会由区域内全体自由民男子组成，一般在新月初生或月圆时举行，既议决要事，也处理纠纷。当民众大会处理纠纷时就是一个司法机构。司法大会通常在"法律之丘"山脚下的谷地举行，山丘之巅立一巨大石柱，名曰"法律石"，象征法律的至高无上。[②]会场四周树以木桩，用一根称为"圣围"（holy bands）的长绳圈围起来，圈内为"平和圣地"（sacral peace）。在案件判决中起决定作用的是熟知传统习惯的"智者"或"法律发现者"，但他们的意见必须经过与会自由民同意后方能发生效力。司法过程首先从静肃仪式开始，由主持人（即族群首领或长老）庄严宣告："余要求诸位静听，不听者禁之。"继而由一名或几名熟谙习惯法的"宣法者"或"智者"立于山丘之上发布法律（即背诵诉讼规则），提出判决建议，最后由全体与会者通过撞击武器的表决方式做出判决。[③]可见，裁判权属于大会全体成员，而非少数权势人物。

"法律之丘""圣围""平和圣地"等词汇说明日耳曼法（Germanic law）还没有与宗教、道德、习俗严格区分开来，也反映出日耳曼人自古就具有较强的规则意识和法制观念。这种规则意识即使在他们

---

① 〔美〕孟罗·斯密：《欧陆法律发达史》，姚梅镇译，第33页。

② 约翰·H.威格摩尔：《世界法系概览》（下），何勤华等译，第690—693页。

③ 〔美〕孟罗·斯密：《欧陆法律发达史》，姚梅镇译，第39—43页。

的日常娱乐活动中也体现出来。据塔西陀《日耳曼尼亚志》记载，古代日耳曼人在赌博时"正经其事地"对待游戏规则，"甚至当赌本输光了的时候，把自己的身体自由拿来作孤注一掷。输家情愿去做奴隶；即使他比对方年轻力壮一些，也甘心被缚着去拍卖"。[1] 庞德认为，这种日常习惯体现了一种"严格法的精神"，在此精神下，"以法定形式承担的任何责任都必须得以全面准确的履行"。[2]

二、日耳曼法的法典化

征服西罗马帝国后，做了罗马各行省主人的日耳曼各族——

> 必须把所征服的地区组织管理起来。但是，它们既不能把大量的罗马人吸收到民族团体里来，又不能通过氏族团体去统治他们，必须设置一种代替物来代替罗马国家，以领导起初大都还继续存在的罗马地方行政机关，而这种代替物只能是另一种国家。[3]

于是，原日耳曼人的氏族制度转化为国家制度，军事首长的权力转变为王权，各王国普遍采取了君主制形式。在新的王国中，尤其是南欧地区，日耳曼人和罗马人混居一起，两个民族的法律差异巨大，日耳曼人习惯法"如果继续以不成文规则的形式存在，将在同高度发达的罗马法竞争中一败涂地"[4]，因此，各王国纷纷模仿罗马成文法或者在罗马法学家的帮助下，将自己的不成文习惯法编纂成统一的成文法典。于是，从 5 世纪后期到 9 世纪，相继出现了

---

① 〔古罗马〕塔西佗：《阿古利可拉传 日耳曼尼亚志》，马雍、傅正元译，第 67 页。
② 〔美〕庞德：《普通法的精神》，唐前宏等译，法律出版社 2001 年版，第 13、12 页。
③ 《马克思恩格斯选集》（第 4 卷），第 152 页。
④ 〔英〕梅特兰等：《欧陆法律史概览——事件，渊源，人物及运动》，屈文生等译，上海人民出版社 2008 年版，第 39 页。

一系列"蛮族法典"。例如，在位于西班牙和南高卢地区的西哥特王国制定了《尤列克法典》（470—475年），这是第一部日耳曼法典。在勃艮第王国，制定了《耿多巴德法典》（501年），它只适用于勃艮第人或者与勃艮第人发生法律关系的罗马人，而在罗马人内部继续沿用罗马法，这体现了日耳曼法的属人主义（principle of nationality）特征。到7世纪中叶，勃艮第王国又制定了第二部法典，被后人称为《西哥特法典》（654年）。该法典对王国境内的西哥特人和罗马人具有同样的效力，这说明日耳曼法的属人性特点日趋淡化，反映了日耳曼人和罗马人两个民族逐步融合和基督教会权势不断增长的社会现实。埃尔韦格王统治时期（680—687年）又将《西哥特法典》进一步增补扩充，形成《埃尔韦格法典》，该法典借鉴了罗马法和基督教教规，成为后世许多日耳曼法典的编纂楷模。在各日耳曼法典中，法兰克王国的《撒利克法典》（486—496年）权威最高，影响最广泛，因为法兰克王国最为强大，存在时间也最为长久。

早期日耳曼法典都是具体的习惯规范，而且只收集了最重要的习惯，因为在缺乏抽象原则和法学知识的历史条件下，要将烦琐凌乱的古老习惯汇编成全面系统的成文法典是不可能的，所以只能择重辑要。法典的内容除前言外，主要是旨在维护社会秩序的刑事法律和刑事程序法，如《撒利克法典》中多是违法犯罪行为及其处罚的规定，而与成文法典并存的是数量更多的不成文习惯法。但是，日耳曼法典自始就具有开放性，每当发现法典条款不能满足现实需要时便加以修订补充，因此，日耳曼法典伴随着社会的变迁而得以逐步发展和改进。

法典的编纂使日耳曼法从习惯法进入到了成文法阶段，"它的适用性的原则是地区的而不是部落的"①，因此，日耳曼法典的编纂实现了从部落法向地缘法的根本转变。

---

① 〔美〕乔治·霍兰·萨拜因著，托马斯·兰敦·索尔森修订：《政治学说史》（上册），盛葵阳等译，第245页。

三、日耳曼法的特点

从形式上看，日耳曼法是简陋、凌乱、具体的，缺乏抽象概括和逻辑严密性。除此之外，团体本位、注重形式和属人主义是日耳曼法的三个突出特点。

所谓团体本位是指个人在法律上的权利和义务受到所在团体（家庭、部族、村社）的约束，人们之间的法律关系是由他们在团体中的身份决定的，这一点与以个人为本位的罗马法明显不同。所谓注重形式是指强调法律的外在表现，如财产转让、损害赔偿、脱离村社关系等法律行为，都必须遵循固定的程序，说特定的话语，并配以特定的肢体动作，否则不发生效力。在这一点上，日耳曼法与罗马法是一致的。所谓属人主义是指全体社会成员不论居住在何地，一律适用本部族的法律，而居住在本部族所在地区的外族人则被排除在外。所以，在日耳曼各王国中，法律的适用因人而异，对日耳曼人适用日耳曼法，对罗马人适用罗马法。即使是日耳曼人内部，也因部族不同而法律各异。因此，在同一地区往往多种法律并存。例如，在高卢就有七种不同的法律，分别适用于罗马人和日耳曼人各个分支的萨利安人、水宾人、沙马维人、勃艮第人、西哥特人和阿拉曼人。布洛赫在《封建社会》一书中提到，里昂的一位大主教曾对当时法律的属人性评论道：

> 在法兰克人统治下的高卢，碰巧有五个人聚集在一起，如果他们——一位罗马人、一位萨利克法兰克人、一位里普利安法兰克人、一位西哥特人和一位勃艮第人——中间的每个人各自服从一种不同的法律，那是毫不足怪的。[1]

---

[1] 〔法〕马克·布洛赫：《封建社会》（上卷），张绪山译，商务印书馆 2004 年版，第 198 页。

如果在日耳曼人与罗马人之间发生冲突，则以日耳曼法为准，因为毕竟日耳曼人居于统治地位。

就日耳曼法对于欧洲法治文明的意义来说，它的以下两大特点更值得关注。

富有自由民主精神

早期的日耳曼习惯法源于古老习惯，是人们在日常生活中自发形成的行为规范，体现了社会大众的公共利益和共同要求，其民主性是不言而喻的。5世纪建立国家以后，日耳曼人的民众大会和长老议事会为国王及其下属官吏所取代，习惯法演化为成文法，但法律内容仍然是既有习惯的汇集，仍是"被发现"的早已存在的法律，而不是统治者意志的产物。就是说，成文法典并不代表现代意义的立法行为和制定法的产生。伯尔曼说：

> （在那时）法律不是由中央当局自觉地制定或重新制定的东西；虽然可能偶尔也有立法，但绝大多数法律是某种产生于社会共同体的行为模式和行为规范、产生于它的社会习俗和社会惯例的东西。另外，在这种类型的法律秩序中，习惯并不受法学家有意识的、系统的和持续不断的理性检查。习惯是那么地神圣，以至于它还可以不仅是神圣的；它简直受到了绝对的和不容置疑的尊重。①

因此，"它仍保存了它那种自然形成的而为整个氏族制度所特有的民主性质"②。

当然，在外表上所有成文法典都是立法的产物，都是在国王的建议下，经过少数"智者"的搜集与整理后，再征得不同范围的民

---

① 〔美〕哈罗德·J. 伯尔曼：《法律与革命——西方法律传统的形成》，贺卫方等译，第97—98页。

② 《马克思恩格斯选集》（第4卷），第152页。

众同意，以拉丁文公布于众的。如西哥特国王耿多巴德就说过，他的法典产生于"国王的制定和所有人的共同意愿"。在 6 世纪，法兰克墨洛温诸王的法典中都含有这样的条款，即这些法律是"我们的首领"与"主教和贵族"商讨之后公布的，或者说公布它们的决定是"由我们全体人民"做出的。9 世纪的法典中这样的条款仍频繁出现，其中蕴含着人民的同意是法律有效性基本条件的意思。查理曼大帝援用习惯，采取了如下立法公式："皇帝查理曼……偕同主教、院长、伯爵、公爵以及基督教教会的所有忠诚臣民并经过他们的同意和审议公布如下"。864 年的一道皇帝勒令更加明确地写道："法律是在人民的同意下并且是经国王宣布而制定的。"[①] 这种在"人民的同意"下制定的法律，日耳曼人称为"公约"，以与国王制定的"法令"相区别，有的法典一直保留了"公约"的名称。

国王的法令分为补充部族法的法令、独立法令和对官吏下达的训令等几种。补充部族法的法令须经民众同意，独立法令则要由教俗贵族组成的御前会议（Royal Session）同意，只有给予官吏的训令可由国王单独颁布。可见，训令的出现虽然体现了国王立法权的增长，但法律属于人民并且在人民的同意下加以实施或修改的民主立法模式毕竟占据主导地位。这种模式反映了日耳曼法不是自上而下由统治者制定的国家法、官僚法，而是一种自下而上产生的社会法、大众法。换言之，日耳曼法是一种具有广泛社会基础、富有民主性的法。

与其民主性紧密相关的是，日耳曼法具有自由精神。基佐曾说过：

> 日耳曼人把自由的精神，把我们想象中自由的精神赋予我们，并在今天把它理解为每个个人的权利和财产，而每个个人则都是他的自身、自己的行动和自己的命运的主人，只要他不损害其他个人……只有在现代的欧洲，人才为自己并按照自己

---

① 〔美〕乔治·霍兰·萨拜因著，托马斯·兰敦·索尔森修订：《政治学说史》（上册），盛葵阳等译，第 248—249 页。

的方式活着并谋求自己的发展……我们必须把我们文化的这个显著的特征归溯到日耳曼人的风俗习惯上去。在现代的欧洲，自由的基本概念是从他的征服者那里得来的。[①]

日耳曼法的自由精神集中体现在它的包容性、开放性上。在中世纪早期，日耳曼法虽然居于统治地位，但它并未排斥和压制其他法律的存在与发展，原属被征服者的罗马法、覆盖全欧的教会法与日耳曼法同时并存。这种包容性、开放性的背后或许"隐藏着太多的无奈，但征服者对于被征服者采取这样一种策略，在历史上却属罕见，它所体现的宽容弥足珍贵，这也许就是后人所称誉的日耳曼人赋予现代文明的精髓，即自由精神之所在"[②]。

具有普遍约束力和至上权威性

由于日耳曼法源于习惯，体现社会共识，因而对于所有社会成员具有普遍约束力，每一个人都必须严格遵守，包括部落首领以及由此演变而来的国王都概莫能外。日耳曼人普遍认为：

> 国家本身并不能创造或制定法律，当然也不能够废除法律或违反法律，因为这种行为意味着对正义本身的否定，而且这是一种荒谬之举，是一种罪恶，是对唯一能够创造法律的上帝的背叛。[③]

由此形成了弥漫全社会的法律意识和遵法守法传统。对此，休斯勒曾评论说："翻开中世纪日耳曼的法律典籍，其通篇驰骋的观点是：法——'人们对上帝所创造的公正和真理的一种追求'。任何武断

[①]　〔法〕基佐：《法国文明史》（第一卷），沅芷、伊信译，商务印书馆1999年版，第195—196页。

[②]　李秀清："论日耳曼法的属人性"，曾宪义主编：《法律文化研究》（第二辑），中国人民大学出版社2006年版，第329页。

[③]　转引自唐士其："习惯法与法治的制度起源"，《国际政治研究》2005年第1期。

与专制都是与法不可相容的。"①

当王国和国王出现后，最高统治者的权力的确有所增长，因为对西罗马帝国的征服、对被征服地区的统治以及征服者之间的兼并战争都不可避免地强化了王权，国王也自认为担负着维护国家安全和社会稳定的职责，并因此而获得了任命官吏、管理社会、颁布法律的权力，拥有了高于所有其他人的至上权威和普通民众所没有的种种特权。但是，国王的一切活动都被要求限定在法律许可的范围内，他必须像其他人一样接受上帝的、自然的和王国的法律的支配。因为——

> 法律被视为一种无所不在的手段，它渗入并控制了人与人之间所有各种关系，其中也包括臣民和领袖之间的关系。因此人们认为国王不仅应当公正地而不是残暴地进行统治，还应当参照极为古老的实际情况如实地和尽量准确地来执行王国的法律。国王把风俗习惯保证他的臣民应享有权利或者他的先人宣布为本国法律的权利置之不理是不合法的。②

正如9世纪的辛克马尔大主教所说："国王和大臣有他们自己的法律，他们应当用这些法律治理居住在每一省份里的人，他们有信奉基督教的国王和他们的祖先的条例，他们就在忠诚的臣民普遍同意的条件下合法地公布这些条例。"③因此，在那时的国王加冕誓词或颁布的法律中，经常包含这样的条款：国王保证给予其"忠诚的臣民"以"有如你们的祖先在我们的祖先的时代所有的"那种法律，保证不"违反法律和正义"去压迫他们。

当然，国王应当像其他人一样服从法律并非意味着法律面前国

---

① 〔美〕庞德：《普通法的精神》，唐前宏等译，第45页。

② 〔美〕乔治·霍兰·萨拜因著，托马斯·兰敦·索尔森修订：《政治学说史》（上册），盛葵阳等译，第251页。

③ 同上书，第251—252页。

王与民平等，而是说每个人都应按其地位与身份承担法律义务，所以那时没有人怀疑和反对国王享有高于臣民的特权，而且无可否认的是，对于国王享有的特权也没有办法划出一个明确的边界，但无论如何，包括国王在内的所有人都承认，国王的特权是与其肩负的特殊职责相联系的，是有一定界限的，如果国王超越了个界限，就是违法行为。所以，庞德断言："从历史角度看，（法律至上）这一基本理念早已蕴含于日耳曼法。"[1] 内含在日耳曼法中的国王应受法律约束、应依法履行职责这一日耳曼法的特质，构成了中世纪欧洲法治文明的重要渊源之一。

① 〔美〕庞德：《普通法的精神》，唐前宏等译，第44页。

第四章　封建制度

一、封建制度的建立

西欧的封建制度既不同于国内学者用以概括近代之前中国社会的那种广义的封建制度，也不同于特指先秦中国封土建邦时期的那种狭义的封建制度，[①] 而是在西罗马帝国灭亡后，在新的国家权力尚未出现之前的特定历史条件下产生的一种社会政治经济制度。按照汤普逊给出的定义，封建制度是"由地主贵族，俗人或僧侣，男爵或主教在一定的领土范围内，对那里所有的居民办理行政、执行司法、征收赋税的制度"[②]，它"既是一种政府形式，也是一种社会结构，又是一种经济状态，还是一种政治社会哲学"[③]。易言之，封建制度是一个涵盖物质生活与精神生活的综合性概念，它既是政治的、经济的、军事的，又是法律的、文化的，"既是'基础'，又是'上层建筑'"[④]。封建制度的理论表现形式称之为封建主义，而在法律上则表现为一套封建法权体系。所以在西欧历史上，封建制度、封

[①]　侯建新指出："中国先秦'封诸侯，建同姓'制度是中文'封建制'的本义；秦汉以后是'皇权专制制度'；西欧则是'feudalism'。它们本是三个不同的概念，谁也不能替代谁，谁也不能涵盖谁。"见侯建新："'封建主义'概念辨析"，《中国社会科学》2005 年第 6 期。

[②]　〔美〕汤普逊：《中世纪经济社会史》（上册），耿淡如译，第 302 页。

[③]　James Westfall Thompson, *The Middle Ages 300-1500*, Routletdge, reissue, 1972, p.688.

[④]　〔美〕哈罗德·J. 伯尔曼：《法律与革命——西方法律传统的形成》，贺卫方等译，第 361 页。

建主义、封建法乃至封建社会等概念的内涵基本是一致的，只是不同视角下的不同表达而已。

西欧的封建制度"是古代蛮族习惯和罗马法的一种混合物"[①]。在入侵西罗马帝国之前，日耳曼人社会中就出现了一种非血缘关系的亲兵制军事组织，它由部族军事首领与一群忠于他的武装侍从组成。侍从宣誓效忠首领，首领为侍从提供保护，二者之间的关系以诚信、荣誉、勇敢和相互尊重为基础，以人身依附为纽带。早期的侍从多吃住在首领家中，所用的战马、铠甲、长矛短剑等由首领提供，战利品由首领和侍从共同分享。后期的侍从多居住在首领所赐的领地内，靠地产收入维持生计，武器装备也改为自理。在那个动荡不安的年代，首领和侍从都以战争和掠夺为职业。每逢战事，首领必须身先士卒，侍从必须与之并肩奋战。若遇有危险，侍从有义务舍身护主，倘若首领战死沙场而侍从生还，则被视为奇耻大辱，为人所不齿。首领从侍从的忠诚和军事义务中获得力量、地位和荣耀，侍从则从首领的庇护中获得安全保障和赏赐。日耳曼人的亲兵制构成了西欧封建时代附庸制的直接渊源。

西欧封建制度的另一重要基础是罗马帝国后期的隶农制和契约法。由于奴隶劳动生产效率低下，加之海外各行省农产品的大量进口带来的激烈竞争，到西罗马帝国后期奴隶劳动已无利可图。于是，某些奴隶主便将奴隶释放，或给予一定自由，授予其"特许析产"，亦即将一部分土地租给他们经营而坐收货币地租，以提高其生产积极性，由此导致奴隶制向租佃式隶农制过渡。斯巴达克奴隶起义使奴隶主认识到集中使用奴隶劳动所隐含的巨大风险，所以这次起义后特许析产更为流行，隶农数量日益增多。隶农和奴隶主的关系不再是"会说话的工具"与奴隶制田庄主人的关系，而是建立在相互同意基础之上的契约关系，双方的身份、地位、权利和义务均有一系列法律约定。1世纪末，随着商品货币经济的萎缩和田庄经济自

---

① 〔英〕梅因：《古代法》，沈景一译，第205页。

给自足倾向的加强，货币地租为实物地租所代替，隶农的身份和地位逐渐发生变化，贫穷的隶奴甚至依赖田庄主人提供生产工具，人身依附倾向日渐增强。3世纪以后，这种变化趋势进一步发展，隶农实际上丧失了自由民身份和独立的经济地位，转变为一种特殊类型的依附农民。西罗马帝国末期的隶农制田庄奠定了西欧封建庄园制的基础。

日耳曼人对西罗马帝国的征服加速了亲兵制和隶农制的融合，促进了西欧的封建化过程和封建国家的建立。布洛赫指出：

> 日耳曼人的入侵将两个处于不同发展阶段的社会强行结合在一起，打断了它们原有的进程，使许多极为原始的思想模式和社会习惯显现出来。封建主义在最后的蛮族入侵的氛围中最终发展起来。[①]

日耳曼人在征服罗马和建立封建国家的过程中，军事首领摇身一变而成为国王，民众大会和长老议事会消失了，取而代之的是国王的官吏。与此同时，日耳曼各国国王把掠夺来的罗马国有地、奴隶主田庄以及荒地变成王室财产，赐赠给自己的亲兵或教会，造就了一批以国王为首的封建土地所有者。而在社会下层，村社成员的贫富分化加剧，连年不断的战祸和沉重的兵役负担，使许多自由农民陷入破产，不得不携带土地委身于某一权贵或教会，以取得他们的"保护"，为此付出的代价便是把土地所有权献给保护者。不过，土地仍由农民耕种，但须每年向"保护者"交纳实物或货币地租。可见，"委身制"中也包含了契约关系的成分。7世纪的一份农民请求委身的文件中写道：

> 我因衣食缺乏，无以为生，请求大人本着笃信上帝之虔诚

---

① 〔法〕马克·布洛赫：《封建社会》（下卷），李增洪等译，商务印书馆2007年版，第700页。

与慈爱为怀之善心，准许我委身于大人监护之下。我已如此做了。以后您必须供给我衣食，予我以帮助和救济，我将尽我的力量为您服务，不负您的援助与保护；在我活着的时候，我将在合乎我一个自由人身份的情形下，为您服务，维护您的荣誉。我不得脱离您的统治与监护，将毕生投靠在您的努力与保护之下。因此，您我之间，如一方欲解除此种契约，必须付予对方若干先令作为赔偿；此种谅解，永久不得破坏。[①]

通过"委身制"，大土地所有者成了农民的统治者，自由的农民变成了不自由的依附农民。在农民丧失土地和人身自由的同时，原属马尔克村社集体所有的牧场、池塘等公共用地也被封建主所霸占，农村公社体制趋于解体。

西欧的封建化过程持续了数个世纪，其中，法兰克王国的封建化最具代表性和典型性。安德森说，"欧洲封建主义的核心地区是在罗马与日耳曼因素'均衡综合'产生的地方：基本是北部法兰西和与其相邻的地带，即加洛林帝国的故土"[②]。法兰克王国在墨洛温王朝（481—751 年）时期一方面大肆吞并周边蛮族小国不断扩张领土，另一方面开始了急剧的封建化过程。最初，国王经常将征服得来的土地以封建领地的形式赐赠给侍从和教会，不附带任何条件。土地受赐者往往通过掠夺和欺骗等手段继续扩充领地，努力摆脱国王的控制，致使王权逐渐削弱。到墨洛温王朝末期，国家实权落入原是王室财产总管的宫相手中。720 年，宫相查理·马特平定各地叛乱，成为法兰克的实际统治者。为巩固王权，加强王室的经济、政治、军事力量，查理·马特实行了采邑改革，这一改革在其后继者丕平和查理曼统治时期最终完成。采邑改革的主要内容是用一种

---

① 周一良、吴于廑主编：《世界通史资料选辑》（中古部分），商务印书馆 1981 年版，第 29 页。

② 〔英〕佩里·安德森：《从古代到封建主义的过渡》，郭方、刘健译，上海人民出版社 2000 年版，第 155 页。

有条件的土地占有形式——采邑，代替过去领主对土地的完全私有。国王将国家掌握的土地和没收来的叛乱贵族土地，作为恩赐采邑（beneficium）分封给自己的侍从和官员，与之结成封主－封臣关系。封臣必须为封主国王提供兵役和履行其他封臣义务（如缴纳租税），一块采邑提供一名骑士。

在封授采邑时，受封者须向封主行臣服礼和效忠礼。臣服礼的仪式为：封臣脱帽跪于封主面前，双手合拢，手指向上，置于封主两手之间，这象征着"服从"，并明确承认自己是封主的"人"，然后主仆相拥亲吻，以示关系亲密无间。宣誓效忠仪式带有一定的宗教性，封臣通常站立着将手按于《圣经》或其他圣物上，郑重宣告忠于领主。然后进行封地仪式，由封主把一块泥土或一根树枝作为封土的象征交给封臣，封臣单膝下跪，恭敬接受。封授仪式本身就是法律，它表明双方基于自愿结成封主—封臣关系，并为社会所承认和尊重。采邑只限封臣终身占有，不得世袭或转让他人，封臣的继承人只有通过新的封授仪式并保证继续履行封建义务时才能继承采邑。如果封臣拒绝履行封建义务或死亡，封主将收回采邑。卜诺尼恩斯敕令（811）规定："凡占有王家恩赐地，在抵抗共同敌人时，不愿与其贵族同赴前线，或不愿和他在一起而擅自离开者，当受撤职、收回采邑的处分。"采邑制度将日耳曼人亲兵制中侍从对首领的依附和效忠与罗马法律传统中以保护私人权利为基础的契约规范结合起来，使军事贵族的封建义务法律化，所以一度有利于王权的强化。不过，这一制度也承认了接受封赐的军事贵族们具有独立的经济利益以及豢养私人武装的权利，因而也内含着分裂的潜在危险。

采邑改革促进了封建等级制度的形成。领受国王采邑的大贵族们通常把土地再分封给属下士兵或支持自己的小贵族，并实行同样的权利义务相对应的封建原则。这样，通过层层分封，从国王、公爵、侯爵、伯爵、子爵、男爵，到只有一块采邑（大约相当于15到30户农民的地产，以保证一名职业骑士采办武器装备及其家庭生活所需）的底层骑士，大大小小的封建主们自上而下结成阶梯状领主－

封臣等级依附关系,每一级封建主都具有双重身份,对于其上的领主,他是封臣(vassal),对于其下的封臣,他是领主(lord)。封臣在领受采邑时,也获得了对领地上的农民的行政和司法管辖权,承担起了基层社会管理的职能。就是说,在采邑内,公权和私权是统一的,公法和私法是重合的。可见,封建制度也是一种"由个别私人在或大或小的领土范围内,在或高或低的程度上,代表或占有,夺取或行使公共权力的制度"①。所以,在当时几近无政府状态的混乱时期,封建制度通过领主—封臣关系的链条,把统治与保护、被奴役与受保护、个人土地财产权与维护公共秩序的政治责任联系起来,客观上有助于保证社会经济活动的有序进行。

　　封建贵族的采邑普遍采用庄园制经营方式。一个庄园通常就是一个自然村庄,领主的住宅位于中心,周围是散落的农奴住户,并建有一座教堂。庄园的土地分为两大类,耕地位于村庄附近,草地、牧场、森林等处于村庄外围地带。耕地分成领主自营地和农奴份地两部分,采用条田形式彼此交错相连。自营地是最肥沃的地段,由领主亲自或委托代理人经营管理,但劳动力靠农奴提供。农奴份地的所有权属于领主,农奴只有使用权,死后可以由子嗣继承,但须交纳死手捐(继承税)。农奴除耕种自己的份地外,每周须出工三至五天,自带农具牲畜无偿为领主耕种自营地,是为劳役地租。此外,农奴还必须交纳各种捐税,如结婚税、什一税等,还要做各种杂役,如修桥、筑路、盖房和运输等,节日要献纳贡物,如鸡蛋、家禽和酒等。庄园中的磨坊、面包房和榨油坊皆归领主所有,农奴若使用必须缴费。庄园的生产主要是为满足领主和农奴家庭的生活消费需要,不是为了交换,属于典型的自给自足的自然经济。不过,任何庄园都很难达到真正意义上的自给自足,总是与外界保持一定的经济往来。

---

① 〔美〕汤普逊:《中世纪经济社会史》(上册),耿淡如译,第302页。

二、封建制度中的法治元素

以土地分封制和采邑庄园农奴制为基础，以领主—封臣之间的权利—义务关系为纽带的西欧封建制度呈现两大鲜明特点：

> 一是权利和义务的对等，享受权利就得尽义务，同样，尽义务就应享有相应的权利……二是无论上下，都既有权利，也有义务，非一方独享权力和权利……（因此）西欧的封建主义有它的积极的一方面，例如契约的原则、互惠的原则、等级内相对平等的原则、分权制约的原则等等。[1]

这种制度内含着诸多法治理念、原则乃至制度元素。

分封制内含着抑制王权专制的分权功能

封建分封制的结果是将土地的所有权一分为二，由领主和封臣共同分享，领主拥有高一级的封地所有权，封臣拥有低一级的封地保有权，两权共存，故双方的土地权利都是不完整的，但各自享有的那一份权利都是真实的存在，并得到封建法的保护。此外，在封建分封制下，除了封授地产外，还包括附着在土地上的领民以及对他们的政治统治权，诸如行政权、司法权、征税权等，这意味着领地占有与政治统治是合二为一的，因此，随着土地的层层分封，政治权力也层层下放。"这样一种体系的结果是，政治主权从未集中在一个单一的中心。国家的职能被分解为垂直向下配置的，在每一层水平上，政治与经济的关系在另一方面是整合的"[2]。于是，"大

---

[1] 黄敏兰："从中西'封建'概念的差异看对'封建'的误解"，《探索与争鸣》2007 年第 3 期。

[2] 〔英〕佩里·安德森：《从古代到封建主义的过渡》，郭方、刘健译，第 152 页。

大小小的封地所有主便在自己的领地内都拥有一切无上的权力。任何外界的和远处的势力都不能在那里制定法律、规定税收或执行法律；只有业主拥有这一切权利"①。其结果是，单一而集中的权力中心难以形成，公共权力系统被逐级分解和私人化，而且呈现出"上虚下实"的结构性特点，安德森称这种权力结构为"主权的封建分裂化"②。国王在理论上是最高统治者，位居权力阶梯的顶端，但他仅仅是大贵族中的一员，是"平等者中第一人"——

> 他的经济来源实际上全部来自他作为领主的个人领地，他对封臣的要求基本上是军事性质的。整体而言，他与人民没有直接的政治接触，因为对他们的司法是通过无数层的分封制而归附施行的。实际上他只在他自己的领地上是主人，在其他方面，在很大程度上只是一个傀儡领袖。③

而且由于国王拥有的领地和领民有时并非是最大最多的，往往成为权力链条中较为薄弱的环节。汤普逊甚至认为，在封建制度下，"王座只保留了一个空洞的宗主地位（宗主权），只是一个名义上的权力，而国王被缩成为一个阴影而已"④。

国王之下，无论是作为国王直属封臣的大贵族，还是作为大贵族之封臣的中小贵族，乃至最底层的骑士，都是自己领地内的实际主宰，即主权所有者。因为按照严格的封建法规定，领主只能管辖直属自己的封臣，不能管辖封臣的封臣，这是"封臣的封臣不是我的封臣"的封建原则的基本要求，所以每一级领主"在各自领地上

---

① 〔法〕基佐：《法国文明史》（第三卷），沅芷、伊信译，商务印书馆 1999 年版，第 45 页。
② 〔英〕佩里·安德森：《从古代到封建主义的过渡》，郭方、刘健译，第 153 页。
③ 同上书，第 154—155 页。
④ 〔美〕汤普逊：《中世纪经济社会史》（上册），耿淡如译，第 302 页。

也享有与国王相似的权力"①。例如，封建制度鼎盛时期的法国领主拥有如下特权：铸造货币，发动私人战争，除向领主提供财政支援外免除一切公共捐税，在自己的领地内行使行政管理和司法管辖权。"这些特权是如此地广泛，与一切主权原则如此地相对，会令我们从严格的意义上把法兰西看作是一个诸多国家的联合体"②。所以，韦布斯特的《新国际词典》（第三版）这样定义作为一种政府类型的封建主义："政治权利被看成一种私人权利，被一群领主分别拥有。"总之，王权有限是封建主义的固有之义。所以，在限制权力集中和个人专制的意义上，封建主义不是一种破坏性力量，而是一种建设性力量，一如马文·佩里所说："封建主义对西方文明造成了持久的影响……最为重要的是，封建传统为限制国王权力和实行议会制政府这一原则奠定了基础。"③

封建法内含着规制王权的宪法功能

封建的权利—义务关系依靠封建法来调整和维护。封建法是领主—封臣在互惠互利基础上的合意产物，因此，在封建法上，领主—封臣之间不是一种单向的支配与服从关系，而是一种基于双方相互承诺的契约关系，"就像一种婚姻契约"。④

早期封建法主要作为一种习惯法而存在，到11—12世纪开始成文化，如成书于12世纪上期并被波伦亚大学采用为教科书的《采邑习惯》，对封建法进行了系统阐述。13和14世纪，在丹麦、法国、英国出现了许多有关封建法的著作。这一切说明，中世纪后期的封建法已经发展为一套具有客观性和普遍性的逻辑连贯的法律体系，

① C.Webber and A.Wildavsky, *A History of Taxation and Expenditure in Western World*, Simon & Schuster, 1986, p.149.

② 转引自计秋枫："论中世纪西欧封建主义的政治结构"，《史学月刊》2001年第4期。

③ 〔美〕马文·佩里主编：《西方文明史》（上卷），胡万里等译，商务印书馆1992年版，第282页。

④ 〔美〕哈罗德·J.伯尔曼：《法律与革命——西方法律传统的形成》，贺卫方等译，第373页。

尽管在完整性、精确性上逊于教会法。在封建法下，领主和封臣作为契约双方分别享有某些确定无疑的权利，同时负有某些相应的确定无疑的义务。尽管双方的权利义务不是平等的，但却是对应的。无论领主还是封臣，都是权利＋义务的独立主体。这样，封臣的权利亦即领主的义务便构成一套约束王权的宪法性法律规范，"虽然这背后没有什么制度保障，但传统的力量有时是巨大的"①。帕尔默和科尔顿指出：

> 封建主义显著的特征就是它的相互性……在封建主义制度下，没有一个人是至高无上的。国王和百姓，领主和封臣都共守一种契约。每个人都对他人负有某种义务。如一人违约，义务也就中止。如果一个封臣拒绝履行他应尽的义务，国王有权强制执行。如果一个国王侵犯了封臣的权利，封臣们也可以联合起来反对他。国王应该按封臣们的劝告行事，后者组成国王的议事会或法庭。如果封臣们认为国王滥用他的合法权力，可以对他加以限制。②

契约性构成了"西欧封建主义的独创性"，③这种特性"为欧洲以及欧洲殖民地国家建立立宪政府创造了条件，因为，宪法也是一种规定了政府与公民双方权利和义务的契约"④。所以梅特兰说，在封建法下，"每一个君主都是一个权力有限的君主"⑤。

---

① 〔德〕乌维·维瑟尔：《欧洲法律史——从古希腊到〈里斯本条约〉》，刘国良译，第 224 页。

② 〔美〕帕尔默、科尔顿：《近现代世界史》（上册），孙福生等译，商务印书馆 1988 年版，第 32—33 页。

③ 〔法〕马克·布洛赫：《封建社会》（下册），张绪山等译，第 714 页。

④ 〔美〕理查德·派普斯：《财产论》，蒋琳琦译，经济科学出版社 2003 年版，第 127 页。

⑤ G.B.Adams, "The Origin of the English Constitution", *The American Historical Review*, Vol.13, 2, Jan., 1908, p.239.

以司法为首选的封建解纷方式孕育了司法至上的法治原则

"由于西欧封建制度主要是通过契约关系形构的，而维持契约关系的主要手段又必然是司法，从而有利于西方社会中司法至上的发展"①。无论是领主还是封臣，当自身权利受到侵犯时，通常首先诉诸封建法院，寻求司法救济。因为封建等级制——

> 完全排除了任何"行政职能"，即现代意义上的国家旨在执行法律的常设行政机构；主权的分散化使其成为不必要和不可能的。同时，封建等级制也没有后来那种类型的正统"立法"的地位，因为封建秩序不具有以创立新法律来进行政治革新的一般概念。君王统治者满足于他们保持传统法律的地位，而不是发明新的法律。因而，在一个时期里，政治权力完全被看作是解释与运用现存法律的单一"司法"职能。②

质言之，在那时，"司法是政治权力的核心形态"。③

> 因而，必须经常牢记，中世纪的"司法"实际上包含比现代司法要广泛得多的活动领域，因为它在结构上在整个政治体系内占据着更为重要得多的中枢地位。它就是权力的通用名称。④

而在封建司法系统内部，法院由各级领主或其管家主持，由领主的直属封臣组成。一切诉讼均采用"同侪审判"（trial by peers）原则，即由当事人的同等人组成集会式法院。参与审判者统称为诉讼人（suitors），案件由诉讼人集体做出判决，领主或其管家虽是

---

① 魏建国："西欧封建制度的立宪主义内蕴"，《环球法律评论》2007年第6期。
② 〔英〕佩里·安德森：《从古代到封建主义的过渡》，郭方、刘健译，第156页。
③ 同上。
④ 同上。

法院主持人，但无权一人独断。如果法院判决不公，封臣还可以向上一级领主法院提起上诉，直至最高领主国王的法院。国王法院同样由他的直属封臣组成，也采用集体裁决的审判方式。"由于法院成员联合起来的力量，法院的决定是必须执行的，而在极端的情况下，这种强制执行甚至可以违背国王的意见。"[①]例如，840年，英国麦西亚国王伯特沃夫擅自没收了沃塞斯特主教区的部分封地，赐赠亲信，沃塞斯特主教投诉于作为国王法院的贤人会议，与会成员不顾国王情面，做出了支持沃塞斯特主教的判决，迫使国王收回成命，将封地退还给教会。[②]10世纪，埃德加国王统治威塞克斯王国期间，一个名叫埃格弗尔斯的人因犯盗窃罪被贤人会议判处没收财产，他的妻子通过坎特伯雷大主教邓斯坦向国王求情，希望从轻发落，国王无奈地表示"爱莫能助"，理由是"我的贤人会议业已做出判决"。[③]

隶属贵族的封建法院通常分领主法院（Seigniorial Courts）和庄园法院（Manorial Court）两种形式，前者由领主召集其直属封臣组成，审理领主与封臣、封臣与封臣之间有关封建权益纠纷和债务、契约、抵押等方面的民事案件。庄园法院由庄园内的全体农奴组成，主持人是领主的管家，主要根据当地习惯，审理涉及农奴封建义务或农奴之间的债务、契约、土地纠纷等案件，以及与池塘、林地、牧场等公地使用权和农业生产活动有关的民事案件。13世纪以后，随着封建制度的逐步解体和王室法院的成长，领主法院日趋衰落。庄园法院也出现了衰落趋势，但其衰落速度要比领主法院缓慢得多，因为庄园法院植根于社会下层的传统习惯，它既是法院组织，又是庄园生产与生活的管理机构，而且通常与村社重合一起，所以，晚至17世纪，庄园法院在西欧仍然十分活跃。

从封建法院的集体解纷机制中很容易孕育出司法至上的法治原

---

① 〔美〕乔治·霍兰·萨拜因著，托马斯·兰敦·索尔森修订：《政治学说史》（上册），盛葵阳等译，第263页。

② J.E.A. Jolliffe, *The Constitutional History of Medieval England*, A.& C.Black, 1937, p.28.

③ 同上书，第27页。

则。其中，"封臣为坚持他对其直属领主提出的某项要求而诉之于更高一级领主法院的权利，虽然不是经常被行使，但它生动地说明了封建法院体系的重要性以及领主和封臣之间权利的互惠原则的重要性"①。在此司法体系下，封建贵族内部虽然在政治经济和社会地位上存在明显的等级划分，但他们都从属于共同的法律规则，即使是最底层的骑士"也可以要求一种基本的法律上的平等"②。

封臣对领主的法定反抗权提供了限制王权滥用的最后手段

当封臣权利受到直属领主或最高领主国王的非法侵害而又无法获得司法救济时，封臣可凭"撤回效忠"（diffidatio）的法定权利，解除封建契约关系。弗里德里克·海尔指出，"撤回效忠"权是公民反抗权的母体，它"表明了在欧洲政治、社会和法律发展中的一个基本点。有关反抗权的整个观念就是这种存在于统治者和被统治者之间、高贵者和低贱者之间的契约观念所固有的"③。如果"撤回效忠"仍不能阻止领主或国王的违法侵害行为，封建法还允许受侵害的封臣采取最后手段，使用武力反抗，夺取领主或国王的城堡和土地财产，此时唯一的限定条件是不得伤害领主或国王及其家人的生命和身体。武装反抗权中隐含着这样一个原则："人民可以不服从非正义的统治者，因为他违反了契约。"④许多西方学者认为，封臣反抗权是"封建制度输入欧洲社会中的唯一的政治权利"⑤，这种权利"创造了一种独特的注定会有久远和光荣未来的西方法律观念"⑥。

---

① 〔美〕哈罗德·J. 伯尔曼：《法律与革命——西方法律传统的形成》，贺卫方等译，第 377 页。
② 同上书，第 378 页。
③ 转引自上书，第 374—375 页。
④ 中国大百科全书出版社《简明不列颠百科全书》编辑部译编：《简明不列颠百科全书》（第 7 卷），中国大百科全书出版社 1986 年版，第 122 页。
⑤ 〔法〕基佐：《欧洲文明史》，程洪逵、沅芷译，商务印书馆 1998 年版，第 75 页。
⑥ 〔美〕贾恩弗兰科·波奇：《近代国家的发展——社会学导论》，沈汉译，商务印书馆 1997 年版，第 37 页。

第五章　基督教与教会法

一、基督教与二元权力结构

　　基督教是罗马帝国留给中世纪欧洲的一份重要历史遗产，它对于欧洲法治乃至整个西方文明的发展都产生了广泛而深远的影响。

　　基督教产生于1世纪，在最初的三个世纪内，曾遭受罗马帝国政府的残酷迫害，但其发展从未停滞。到帝国后期，罗马统治者从基督教宣扬的忍辱负重、逆来顺受的思想中看到其政治意义，从而改变了对基督教的态度。313年，罗马皇帝君士坦丁颁布《米兰敕令》，宣布基督教为合法宗教，归还了此前没收的教会财产。390年，狄奥多西一世将基督教确定为罗马国教，并取缔了其他异教信仰。在帝国政府的支持下，基督教迅速覆盖了地中海沿岸地区。与此同时，基督教会通过几次普世主教会议，解决了教义和教会体制方面的内部纷争，确定了具有约束力的内部规则和宗教戒律，建立起了一套以罗马教皇为首、以主教区和修道院为主干的教会组织体系，形成了自己特有的礼仪庆典和象征符号，并在吸收希腊罗马世俗文化的基础上，构建起一套系统的神学理论体系。4—5世纪，圣安布鲁斯（340—397年）、圣哲罗姆（约340—420年）、圣奥古斯丁（354—430年）三大教父哲学家通过编订拉丁文本《圣经》和阐发其主旨，将新柏拉图主义（主张苦行禁欲）和斯多葛派学说糅合在神学中，使哲学与神学融为一体，形成了基督教文化体系的轮廓。在此后的一千多年中，基督教文化一直保持万流归宗的独尊地位，成为中世纪欧洲思想领域里占绝对统治地位的意识形态。

信奉原始多神教的日耳曼人在征服西罗马帝国之初，一度对基督教造成冲击，如法兰克人曾劫掠高卢地区的基督教会。不过，日耳曼各国统治者很快认识到，教会的支持可以给自己披上一件神圣外衣，提升政治权威，反过来，罗马教会为摆脱拜占庭皇帝的控制，争取尽快发展壮大，也希望得到世俗政权的保护。彼此的需要使双方很快走向合作，基督教因此而获得快速发展。此外，当时战乱不断，民不聊生，各地教会通过慈善活动担负起了济危扶困的社会责任，天国福音的教义则为人们提供了心灵慰藉和未来希望，这一切都吸引了大批新教徒的加入。因此，基督教在日耳曼各王国迅速传播开来。

496 年的圣诞节，法兰克国王克洛维（481—511 年在位）接受了洗礼，正式皈依基督教。此后，克洛维的扩张得到基督教会的支持，而教会也从克洛维手里获得了大量土地、财富和特权。751 年，法兰克王国宫相矮子丕平在教会的支持下通过政变夺得王位，建立了加洛林王朝。教皇斯蒂芬亲临高卢，为丕平举行加冕涂油仪式。为酬谢教会，丕平两次征讨与教皇为敌的伦巴底人，占领了意大利中部地区，并将该地区连同罗马城一起奉献给教皇。"丕平献土"奠定了罗马教皇国的基础，五年后，教皇国正式建立，基督教会发展成为一个拥有独立区域的政治实体。在此期间，法兰克、英格兰、西班牙和伦巴底等纷纷建立了国家教会机构。

教皇国实行政教合一体制，教皇既是宗教领袖，又是世俗君主，其权势与威望与日俱增。到 8 世纪后期的查理曼帝国时期，国王和富裕贵族竞相向教会捐赠土地和财产，教会经济实力迅速壮大。查理曼大帝将三分之一的财产授予了教会，并正式确认了教会征收什一税的权力。799 年，教皇利奥三世受政敌迫害，逃往法兰克，第二年，在国王查理曼的亲自护送下回国复位，为报答查理曼的救驾之功，教皇利奥三世于 800 年圣诞节在罗马圣彼得教堂为查理曼加冕，称其为"罗马人的皇帝"。此后，欧洲形成了只有通过教皇或大主教的加冕世俗王权才能获得政治合法性的传统，基督教成为支撑世俗王权的精神支柱，而世俗王权则充当了教会的强大后盾和有力保障，教权与王权结成联盟。9—10 世纪，在西欧封建化的过程中，罗马贵族势力膨胀，教皇对教皇国一度失控，教皇的废立也在很大程度上取决于贵族的意愿。为压服贵族反对派，地位虚弱的教皇约翰十二世于 961 年求助于德意志国王奥托一世（936—973 年在位），后者率军进入意大利，镇压了反对教皇的贵族。962 年，教皇为奥托一世加冕，称其为"神圣罗马帝国"的皇帝，奥托一世则授予教会以"奥托特权"，把大片土地连同土地上的行政权、司法权赐予教会，确定了教皇的世俗权力。

通过中世纪早期与世俗政权的合作，基督教会迅速发展成为一个超国家的权力实体，建立起了统一的组织体系，它不仅是一个宗教的机构，也是一个经济、政治和军事的机构。首先，基督教会通过国王的封赐、信徒的捐赠、征收什一税、经营商业贸易和财产抵押等手段，控制了欧洲大约三分之一到二分之一的土地，[①]成为西欧最大的封建领主和经济实体。一段时间内，教会还拥有自己的武装——圣殿骑士团，组织发动了数次十字军东征。其次，基督教会占据文化上的绝对优势。在中世纪早期，日耳曼统治者和王公显贵多数不通文墨，教士是唯一受过教育的文化阶层。为了宗教事务需要，许多修道院和教会团体建立了图书馆或藏书室，搜集、抄写和解读希腊罗马古典文献。道森指出，基督教会作为一个较高层次的文明使者，填补了罗马帝国崩溃后留下的一个"巨大空隙"，它"带着罗马法的威望和罗马名字的权威来到蛮族中间"，使古典文化得以保存和传承下来，"拉丁教父——安布罗斯、奥古斯丁、利奥和格列高利——从真正的意义上说是西方文化之父，因为只有当西方的不同民族被融合在基督教世界的精神团体中时，他们才获得了一个共同的文化。最重要的是，正是这一点把西方的发展与其他的世

---

① 〔法〕P. 布瓦松纳：《中世纪欧洲生活和劳动》，潘源来译，商务印书馆 1985 年版，第 126 页。

界文明区别开来了"。^①凭借文化知识的垄断地位，教会控制了所有的学校和文化机构，承担着社会教化功能，操控着社会舆论。学校教师由修道士担任，除传授读写等文化知识外，主要讲授神学教义。特别是基督教产生伊始就强调大一统普世主义，主张不分种族与阶级、贫富与贵贱，对上帝的子民一视同仁，所以"它本身就成了第一个可行的世界宗教"^②。在混乱的时局中，基督教会历史地充当了秩序的代表，承担起了国家政府的部分职能，给兵荒马乱中的西欧各族人民带来一线希望，这一切都增强了基督教会的文化优势。第三，基督教会在组织上继承了罗马帝国的中央集权体制，建立了自成一体的金字塔式教阶制度和官僚机构，以及独立于世俗权力的法律体系和司法系统。罗马教皇是教皇国的君主，也是国际性教会组织的最高首脑。教皇之下，依次是枢机主教（红衣主教）、大主教、主教和修道院长，基层是主管一座教堂的神父（牧师）。上述各级神职人员统称教士，按照严格的教阶划分，分别管理不同范围的宗教事务。这样，"一个世界性机构遍布所有国家，它无比强大，而且是罗马时代幸存下来的唯一成为系统的机构"^③。许多高级教士凭借教会管理经验和文化特长，还以个人身份出任王室高级官吏或宫廷顾问，直接介入世俗政治，左右各国决策。第四，基督教会通过各种形式的布道宣传，使信徒们普遍相信，教皇是沟通天国与尘世、神明与俗人的桥梁，是转达救世主旨意的使者，掌管天国大门钥匙的"司钥者"。《圣经》宣扬说，耶稣基督把天国的钥匙交给了首任罗马主教彼得，所以后来的教皇作为彼得的继任者，^④当然地继承了掌管天国大门的神圣使命。据此，教皇不仅可以决定一个人的今生，

① 〔英〕克里斯托弗·道森：《宗教与西方文化的兴起》，长川某译，四川人民出版社1989年版，第18—19页。

② 《马克思恩格斯全集》（第19卷），人民出版社1993年版，第334页。

③ 〔英〕温斯顿·丘吉尔：《英语国家史略》（上册），薛力敏、林林译，新华出版社1985年版，第91页。

④ 圣彼得是耶稣十二门徒之长，于65年殉道，是第一位罗马主教。此后，罗马主教便被奉为教会的首脑。6世纪末，罗马主教格列高利一世开始改称教皇。

而且决定其来世。在现实生活中，基督教信徒的一生须臾都离不开教会，出生时的洗礼、结婚时的婚礼、死亡时的葬礼、平时的弥撒与忏悔，都是由教士主持的。通过这些圣事活动，教会不断地向平信徒灌输灵魂救赎的信念，强化着人们对教会的精神依赖。教会虽没有强制权，但有广泛的监护权和精神制裁权，有实施和维护这些权力的训练有素的僧侣队伍，必要时可给予革除教职和褫夺教籍的处罚。"如果教士拒绝为信徒举行某种圣事，就意味着宣判信徒精神上的死刑；如果被教会开除教籍，几乎与被判下了地狱相当"[①]。精神制裁权是中世纪教会抑制王权膨胀的一件兼具威慑性和实效性的锐利武器，欧洲历史上曾有多位不可一世的强势国王在教会的精神宝剑下低头服输。基督教会在精神文化上的至上地位对于法治的意义，可以从古代中国历史中找到反证："中国的皇帝不仅是最高的领主，同时也是最高的祭司……正是最高祭司这个不可缺少的职务维持了皇帝作为最高领主的地位。"[②]

　　凭借上述优势，基督教会与世俗国家比肩而立，使中世纪的欧洲形成了一种独特的二元权力结构。基督教会宣扬的一条重要教义——"恺撒的归恺撒，上帝的归上帝"，就是这种二元结构的生动表达。不过，二者的相互独立只是组织上和功能上的，在现实生活中，由于双方同属于一个社会共同体，彼此不可分割地交织一起。从一个角度看，它是国家，由皇帝或国王统治着教俗两类人群，包括主教和一般教士，贵族和一般臣民；从另一角度看，它又是教会，由罗马教廷和各国的教会机构管辖着欧洲教俗两界的基督徒，即教士和平信徒，包括皇帝（国王）、贵族和平民。"教会与国家如同灵魂与肉体，互相依存，相互补充，合为一体，难解难分……这就好比一个双头鹰：一个身体上长出两个头"[③]。因此，教会与国家的二元关系极其复杂，既相互依存，又彼此冲突。当然，双方的权重

---

① 丛日云：《在上帝与恺撒之间》，生活·读书·新知三联书店 2003 年版，第 222 页。
② 〔德〕马克斯·韦伯：《儒教与道教》，洪天富译，江苏人民出版社 1995 年版，第 33 页。
③ 丛日云：《西方政治文化传统》，第 544 页。

比例不是固定不变的，而是处于此消彼长的不断变化中，时而教权略显优势，时而王权稍占上风。但总体上说，二元结构在中世纪保持未变，从未因一方完全控制另一方而失衡，因为"弱势一方总能守住底线，并有机会转变为强势；强势一方也不至于将对方完全压倒，并有可能转变为弱势。两者在相互消长中达到一种不稳定的动态平衡"①。对于这种二元结构的内涵与特征，丛日云曾概括如下：

> 人被解析为灵魂与肉体两个部分，而人的生活也被分解为宗教生活与世俗生活、天堂与尘世、彼岸与此岸两个领域和两个境界。从人的二重性观念出发，一道鸿沟将社会劈成两半：社会被分裂为两种秩序或两个等级，即教士（属灵等级）与平信徒（属世等级）；社会组织被分裂为教会和国家；政治权力体系被分裂为精神权力与世俗权力、教权与王权，他们分别由教皇与皇帝、主教与王公掌管；法律体系也一分为二，即教会法与世俗法，在伦理上，它们都要服从神法和自然法；而司法权力也有两个中心，即主教法院和领主法院（或王室法院）；相应地，人的社会角色也被分裂为教徒与臣民（公民）。这便是基督教在西方确立的政治秩序：政治权力双峰对峙，政治资源二水分流，普通民众一仆二主。②

正是在这种彼此交织、难分难解的二元平衡结构中，中世纪欧洲的法治文明获得了新的生长契机。

二、二元结构与权力制约

自我扩张是权力的本性。受本性驱使，中世纪早期的教权与王

---

① 丛日云："基督教二元政治观与近代自由主义"，天津师范大学 2001 年博士论文，第 69 页。
② 丛日云：《在上帝与恺撒之间》，第 3—4 页。

权在权力本性都在不断地寻找机会扩大自己的权势,以期压倒对方。反过来,每一方的权力扩张又都会遇到对方强有力的抵制,最后只能适可而止。于是,单一而绝对的至上权力便无从产生,"通向专制政府的路被堵死了"①。陈弘毅指出:"世界上不少其他文明在历史上都出现过政教合一的局面,因而助长了专制主义,欧洲在中世纪却因国家和教会的权力博弈而使两者都未能掌握绝对的专制权力。"②伯尔曼也认为,"教会权威与世俗权威相互分离是一个具有头等重要意义的宪法原则"③,"由此所释放出来的能量和创造力,类似于一种核裂变的过程"④。

在中世纪初期的政教联盟中,总体上双方各得其利,但由于当时教会势力相对弱小,采取了仰靠王权以求发展的策略,所以受益更大一些。例如,511年,确立了任何人不得闯入教堂逮捕罪犯的原则,亦即教堂避难权(Church asylum)原则;549年奥尔良宗教会议规定:主教有权修改法官的判决,有权处分渎职法官;神职人员免除军役,教产免税。在7世纪初的法兰克王国,制定法律必须有全体主教参加,教会法具有普遍效力,神职人员犯罪依据教会法判决,世俗法院无权处罚。然而,由于王权实力较强,总有机会干预和控制宗教事务。例如,克洛维皈依基督教后,便把法兰克王国的教会、修道院全部纳入自己管辖之下;对于主教的任免,克洛维虽然未曾直接插手,但始终在幕后操纵。到加洛林王朝时期,没有国王的首肯,任何人不得当选主教。查理曼大帝统治时期,主教和修道院长的任命完全由他一人说了算,不称职或不符合王权利益者将被随时罢免。查理曼大帝在位期间亲自主持了16次宗教会议,控制了教会立法。813年,查理曼大帝亲自为独生子路易举行皇帝加

① 〔意〕圭多·德·拉吉罗:《欧洲自由主义史》,杨军译,吉林人民出版社2001年版,第377页。
② 陈弘毅:《基督教传统与西方现代宪政的起源》,《太平洋学报》2007年第5期。
③ 〔美〕哈罗德·J.伯尔曼:《法律与革命——西方法律传统的形成》,贺卫方等译,第258页。
④ 同上书,第104页。

冕礼，意在表明皇权具有超越教权的绝对性。824 年，意大利国王罗退尔颁布"罗退尔宪章"，宣称"凡本人所同意之人当选（教宗），除非在皇帝代表与人民面前宣誓对皇帝效忠，不得接受祝圣"[①]。9—10 世纪，教皇的废立在很大程度上操于王权之手。约翰十二世给奥托一世加冕后不久，因约翰翻悔，奥托立即将约翰废黜，另立利奥八世为教皇，开创了由皇帝决定教皇人选的先例。965 年，利奥八世去世后，奥托一世又指定约翰十三世为教皇，因遭到罗马人的反对，奥托悍然进军意大利，以武力扶植约翰上位。此间，德意志境内的所有主教、修道院长都由奥托圈定任命，教会领袖几乎沦为听命于皇帝的宗教界行政长官。

对于王权的干预和控制，基督教会自然心有不甘，因为罗马教廷孜孜以求的是教权自治并进而超越王权之上，因此，该时期基督教会也在积极地利用自身的文化优势进行舆论准备，旨在抢占道义制高点。5 世纪初，教父神学家圣奥古斯丁提出了"双城论"，宣称"上帝之城"的代表是教会，"世人之城"的代表是国家，教会在宗教事务中和皇帝在世俗事务中应各自独立，由此确立了二元权力结构的理论架构。同时，他从两城分野根源于人类始祖亚当的堕落出发，推导出"上帝之城"高于"世人之城"的结论，奠定了教权高于王权的逻辑基础。5 世纪末，杰拉斯教皇（492—496 年）提出"双剑论"，取代"双城论"，进一步论证了政教二元主义和教权高于王权的原则。他认为，在基督那里，君主、教主本是一体的，但基督深知人的弱点，便在尘世中将这两种职能分开，将其中一把剑给了君主，另一把给了教主，并令他们互相提携，但教权略高一筹，因为"在'最后判决'中，就是君主也必须由教主代向天主负责。就此点而论，则这两种权力中，教士权力的分量较重"[②]。后来，教皇格列高利一世（590—604 年在位）又对"双剑论"进行了修正，提出最初上帝把两把剑都交给了教会，然后再由教会把第二把剑赐予国王，暗喻

---

① 童自觉："西欧中世纪的教权与君权"，《常德师范学院学报》2003 年第 3 期。
② 谷春德、吕世伦编：《西方政治法律思想史》，辽宁人民出版社 1986 年版，第 133 页。

教会是王权与上帝沟通的中介，王权之剑可由教会收回。8世纪中叶，罗马教廷伪造了"君士坦丁的赠礼"的文件，宣称罗马帝国皇帝君士坦丁一世为感谢上帝治好他的麻风病，于324年将罗马以及罗马以外的四个宗主教区（安提阿、君士坦丁堡、亚历山大里亚、耶路撒冷）和帝国西部的宗教管辖权与世俗统治权，授予教皇西尔维斯特一世及其继任者。这个虚构的文件确定了教皇国的神圣性，为教皇争取最高世俗权力制造了法律依据。到10—11世纪，教权至上论日趋完备，其主要标志是教皇格列高利七世（1073—1085年在位）推出了"日月论"。该理论援引《圣经》中上帝创造了太阳和月亮两个光体的记载，比附说教皇是太阳，皇帝是月亮；月亮的光来自太阳，皇帝的权力来自教皇。

但是，11世纪以前，现实中的教权总体上是低于王权的，其显著标志是皇帝可以直接任命主教和操纵教皇人选。1059年以前任职的25位教皇中，有12位是由神圣罗马帝国的皇帝指派的，有5位被皇帝罢黜。皇帝亨利三世（1039—1056年在位）统治期间，先后废黜了3位教皇，改派自己的亲戚继任。那时教权居于下风的一个重要原因是教会管理混乱，宗教戒律松弛，腐化现象严重，圣职买卖盛行，许多教士生活堕落，娶妻生子。为改变这种状况，10—11世纪先后发生了克吕尼改革运动和教皇革命，教权由此转而上升。

10世纪初，法国克吕尼修道院率先倡导改革，要求教士过集体生活，不得婚娶，严格实行禁欲主义，禁止王权任命圣职和圣职买卖。克吕尼改革运动得到罗马教廷的大力支持。1059年，教皇尼古拉二世（1058—1061年在位）召开宗教会议，颁布《教皇选举条例》，确立了教皇只能由红衣主教选举产生，世俗君主无权干涉的原则，而红衣主教则由教皇任命。1074年，教皇格列高利七世召开宗教会议，严厉谴责圣职买卖，并以买卖圣职罪革除了5名德国主教的教籍，教皇革命的帷幕正式拉开。

教皇革命实质上是罗马教廷试图通过自身改革以提高教皇权威，从而摆脱世俗政权控制进而将教权置于王权之上的一场权力斗争。格列高利七世颁布的一系列改革圣谕，核心内容是教会独立，其中包括财产权独立：教产不可分割，世俗权力无权征用；信仰权独立：教皇权力独立于王权，对属灵事务拥有至高无上的权威；人事权独立：罗马教廷的最高权力来自教会内部的独立选举，各地神职人员只能由罗马教廷任命，国王及其世俗政权不得干预教会人事；司法权独立：教会拥有独立于世俗法律的教会法，所有神职人员和信徒皆受教会法约束，当两种法律发生冲突时，教会法高于世俗法。

教皇革命收到了明显成效，它整合了教会和基督教世界，中央集权得到加强，教皇权威大为提高，上帝与恺撒亦即教会与国家、宗教与法律加速分离开来。伯尔曼说，在教皇革命之前，教会一直与世俗社会相结合，并且缺少对近代国家来说十分重要的主权概念和独立的立法权概念——

> 在格列高利七世之后，教会具备了近代国家绝大部分的特征。它声称是一种独立的、分等级的、公共的权威。它的首脑教皇有权立法，而且在事实上教皇格列高利的继承者也颁布了稳定连续的一连串新法律；有时他们是以自己的权威颁布，有时他们是借助于他们召集的教会会议颁布。教会还通过一种行政管理等级制度执行法律，教皇通过这种制度进行统治，就像一个近代君主通过他或她的代表进行统治一样。更进一步说，教会还通过一种司法等级制度解释和适用它的法律。这种司法等级制度以罗马教廷为最高等级。因此，教会行使着作为一个近代国家的立法权、行政权和司法权[①]。

凭借大为加强的权威与实力，格列高利七世在 1076 年米兰地区主教授职权问题上与神圣罗马帝国皇帝亨利四世（1084—1106 年在

---

① 〔美〕哈罗德·J.伯尔曼：《法律与革命——西方法律传统的形成》，贺卫方等译，第 136—137 页。

位）进行了殊死搏斗，最后不惜启用杀手锏，宣布革除亨利四世的教籍。在信仰至上的时代，革除教籍等于被逐出社会，这意味着亨利四世有可能皇冠落地。为保全王位，亨利四世被迫前往意大利，在卡诺莎城堡外的雪地里，身披毛毯赤足站立恭候三天，请求教皇宽恕。王权威风扫地，教权扬眉吐气。

王权的退让使政教之争一度趋于缓和。1122 年，皇帝亨利五世（1106—1125 年在位）与教皇达成妥协，签订了平分治权的《沃尔姆斯协议》。协议规定，皇帝放弃主教授职权，主教由教士选举产生，但皇帝有权参与选举，并在有争议时做出最后决定；当选的主教由皇帝授予世俗权，由教皇授予宗教权。该协议表明，教权虽然没能超越王权之上，但至少取得了可与王权平起平坐的自治地位。

《沃尔姆斯协议》签订后，政教关系有所好转，但不久后冲突再起。英诺森三世（1198—1216 年在位）继任教皇后，试图建立以罗马为首的"世界教会帝国"，发动了第四次十字军东征，攻陷了君士坦丁堡，镇压了法国南部的阿尔比派。在教会内部，他实行专制统治，残酷迫害持异见者。在国际舞台上，他全面贯彻教权至上原则，纵横捭阖，左右神圣罗马帝国皇帝的选举，迫使法国国王腓力二世、英国国王约翰臣服于己，西班牙的阿拉贡、匈牙利、瑞典、挪威、波兰等国也都先后匍匐在他的脚下。一时间，教权如日中天，教皇俨然西欧的"万王之王"。

然而，物极必反，尤其在二元权力相互钳制的结构下，任何一种权力都只能强盛一时。13 世纪以后，在新兴市民阶级的支持下，西班牙、英国、法国等西欧各国政府镇压了贵族分裂势力，王权加强，政教之争再次激化。其中，法国的反教权斗争声势最大。法王腓力四世（1285—1314 年在位）利用市民出身的罗马法专家排挤司法机关中的神职人员，夺回了司法权；下令禁止金银输出国外，切断了教皇在法国的财政来源；逮捕教皇特使，煽动反教皇情绪，甚至派军队闯进阿纳尼教皇宫中，指控教皇卜尼法斯八世（1294—1303 年在位）"恶行不断"，强迫其退位，卜尼法斯八世羞怒交加，未出五个星期便气绝身亡。1308 年，腓力四世将罗马教廷迁至法国边陲小镇阿维农，教皇被软禁长达 70 年之久。1377 年教廷返回罗马，意大利又掀起声势浩大的反教皇运动，80 多个城市联合要求推翻神权统治。从此，教会神权走入下坡路，世俗王权迅速崛起，绝对君主主义逐步席卷欧洲。但是，作为一个超国家、超阶级的实体组织的基督教会，继续在宗教事务和精神生活上乃至部分世俗领域保持独立，依旧是制衡世俗权力的一支重要力量。因此，中世纪后期二元结构下的欧洲绝对君主制与同期东方国家一元化结构下的专制君主制仍然存在明显区别。

英国学者阿克顿指出，"自由存在于权力的分立之中，专制主义存在于权力的集中营里"①。教权与王权一分为二，使得中世纪欧洲的最高统治权总体上处于两权对立的紧张关系中，每一方都无力一手遮天，为所欲为，不存在滋生专制权力的土壤。同时，两者间的斗争所形成的主体间性为自由法治的成长提供了较大空间，因为为了证明自身权力的正当性，双方都鼓励法学家们积极地寻找有利于自己的法律依据，而且为避免同归于尽，不得不在必要时做出妥协，承认和接受对方所享有的法定权利，于是，法律的权威便在斗争中得以彰显。就此而言，长期不断的政教冲突与妥协以及此消彼长的变动过程，也就是法治价值的确认过程和法律至上权威的成长过程。

三、教会法的系统化

中世纪的欧洲教会不仅是一个独立的精神共同体，而且在 11—12 世纪教皇革命中发展为一个独立的政治与法律共同体。此后的欧洲教会不但拥有自己的管理机构和制度，而且形成了结构完整、逻辑一致的教会法体系，建立了自成一体的法院组织和司法制度。教

---

① 〔英〕阿克顿：《自由与权力》，侯建、范亚峰译，商务印书馆 2001 年版，第 339 页。

会法是中世纪欧洲最早实现系统化的一种法律制度，它与罗马法、日耳曼法一同构成了中世纪欧洲的三大法律支柱。

　　产生之初的基督教会是由教徒自发组合而成的社团组织，规模不大，关系涣散，主要依靠共同的信仰凝聚一起，由使徒、先知和教师领导。使徒是教会的创建者，先知和教师负责讲授阐释神的旨意。作为一种自发性宗教组织，为了宣教布道和协调内外关系，基督教会从一开始就存在某些教规戒律，也制定了一些规则章程，如《苦行赎罪规则》（教士手册）等。这些早期规章主要源于《圣经》《使徒行传》《使徒遗训》等基督教经典和教父著作中的训诫，构成了教会法的雏形。使徒、先知和教师作为早期教会的组织者和领导者，当然地负责教会法的实施，他们有权处理教徒间的纠纷，惩罚违反教规的神职人员。再后来，改由数名长老在执事的协助下管理教会，其中一人为长老会首脑，称为监督，其权力略高于其他长老。执事负责事务性工作。2世纪上期，监督演变为主教，[①]获得了制定和颁布法令的权力，权威进一步增强。另外，宗教会议的决议也具有法律约束力。3—4世纪，主教个人颁布的法令和宗教会议决议日益增多，教会法的内容越来越丰富。于是，开始出现将既有规则、决议、法令等汇集一起的教会法汇编，但汇编内容较为庞杂，既包含法律性规范，也有许多非法律性内容，呈现出法律规则与道德戒律、神学教义、礼仪要求混同一起的特点。此外，由于那时的编辑者还没有法律体系化的自觉意识，所有汇编都缺乏完备性和普遍性，体例采用编年体，结构松散，主题不明。总之，在11世纪以前，尚不存在一个内在逻辑一致的系统化教会法，也未出现一本完整介绍教会法的著作，这说明那时的教会仍是"一个精神的和圣事的共同体，而不是一个法律的共同体"[②]。

---

　　① "主教"意为"主持教会事务"，其英文名称为"bishop"，该词源出于希腊文"episkopos"，亦即"监督"。见罗衡林：《基督教会制度史》，湖南师范大学出版社2000年版，第10页。
　　② 〔美〕哈罗德·J.伯尔曼：《法律与革命——西方法律传统的形成》，贺卫方等译，第244页。

在教皇革命中，基督教会发展成为一个统一的政治组织。为了维护教皇权威，摆脱世俗王权和大贵族的控制，需要把法律作为一种权力正当性来源和强化教会内部管理的手段加以充分利用。于是，罗马教廷开始自觉地把杂乱无章的教规、宗教会议决议、教皇教令、宗教戒律等汇编成册，由教会法学家运用经院哲学的分析综合方法加以注释和评论。1050年，第一部规范化的教规汇编《74章教规集》出版，此后，类似的汇编陆续推出。汇编法律需要法律专业人才，职业培训随即出现。因此，汇编过程不但是教会法走向系统化的过程，同时也是教会法学和教会法学家集团的诞生过程。1140年，受过法律训练的圣费利彻的修士格拉提安出版了《教会法汇要》，把教会法的系统汇编推向高潮。这部著作将基督教旧法（宗教会议教规）与新法（教皇教令）加以区分和概括，并成功地将二者糅合一起，组成统一连贯的整体。《教会法汇要》的问世标志着教会法摆脱了对神学的从属地位，获得了独立的自主地位。在中世纪后期，《教会法汇要》具有与查士丁尼的《民法大全》同等的法律权威，经常被教皇、宗教会议和教会法院作为法源依据而引用，并被欧洲各大学法学院选作教科书。12世纪末13世纪初，又有五部重要的《教皇教令集》陆续编定。1234年，教皇格列高利九世组织编辑了一部综合性教令汇编，约有2 000个条文，它连同格拉提安的《教会法汇要》一起构成教会法的主体内容和经典文献。

系统化后的教会法尽管从未像罗马法那样包罗万象而堪称"大全"，但是，作为普世教会的法律，传播迅速而广泛，很快便覆盖了全欧洲，包括拒罗马法于国门之外的英国。教会法既适用于宗教事务，也适用于诸多世俗事务，其内容涉及基督教圣事、教义、礼拜、信仰、教会组织、管理制度、教徒行为准则以及教会与世俗政权的关系等，具有包括宪法、社团法、刑法、婚姻法、继承法、财产法、契约法以及诉讼程序法等不同法律部门的完整性与协调性，其中的"每一个次级体系或法律部门都展现了其自身的结构要素，并且每一个也都以不同的方式展现了整个体系的结构要素"①。更重要的是，教会是一个复合型共同体，一个跨民族、跨地区的准国家性组织，它不但有法律，还有——

> 立法者、法庭、律师，它用有形的物质力量强迫人们遵守它的法律。它设有监狱。在 13 世纪，它还宣判死刑，虽然采用了审慎的表述。它不是一个自愿的社会。如果人们天生没有加入它，当他们不能自救之时也需要通过洗礼加入它。如果他们企图脱离它，他们就犯了罪，有可能被处以火刑。②

因此，伯尔曼称教会法为"第一个西方近代法律体系"③，并认为正是因为教会法，教会发展为"一个法治国，一个以法律为基础的国家"④。

四、教会法的宪法之维

作为一个综合性法律体系的教会法，首先值得关注的是它的宪法维度。

毋庸置疑，中世纪的欧洲教会从未制定过正式的宪法，而且时至今日也未曾将它的宪法性法律系统化，但若撇开形式，专就宪法的内涵——即"主权的归属及限度，选择统治者的程序，立法、行政和司法权力的分配，政府权威的范围以及臣民或公民的基本权力

---

① 〔美〕哈罗德·J. 伯尔曼：《法律与革命——西方法律传统的形成》，贺卫方等译，第 273 页。
② 〔美〕查尔斯·霍默·哈斯金斯：《12 世纪文艺复兴》，夏继果译，第 173—174 页。
③ 〔美〕哈罗德·J. 伯尔曼：《法律与革命——西方法律传统的形成》，贺卫方等译，第 242 页。
④ 同上书，第 259 页。

与义务"①——而言，教会法中的某些基本宪法原则是显而易见的，它们集中体现在教会社团法和教会的组织管理体制中。

根据教会社团法，下列宪法原则得到明确认可：第一，社团是由各个成员或部分组成的整体；任何具有必要机构和目的的人组成的团体，例如一个主教管区或整个教会、一所学校或救济院，都构成一个社团。第二，任何社团都需要一定的组织和规则，作为整体的社团对它的成员均有立法和司法等管辖权。第三，社团对其成员的管辖权通常由社团的代表即首脑人物（如教皇、主教）及其下属官员行使，但这并非意味着只能通过他们来行使，在许多情况下征求社团成员的建议和同意是必要的。基于以上原则，教会法学家们区分了三种不同的权利与义务：属于社团整体的权利与义务，属于社团首脑及官员的权利与义务，属于个体成员的权利与义务，以及三套权利义务的相互关系，其制度体现就是教阶制度和教职选举制。

教阶制度下的权利与义务

教会的组织结构以等级分明的教阶制度为支柱，该制度是参照罗马帝国的官阶体系建立起来的，教皇革命后确立下来，延续至今未有多大变化。

教阶制度首先把所有基督徒划分为两大类，平信徒和教士。平信徒亦即世俗身份的教徒，俗称教众，他们可以结婚和经营各种世俗产业，但须定期参加礼拜活动。教士是职业宗教人士，远离凡尘俗事，保持独身，专心侍主，不得拥有私人财产。在观念上和法律上，教士被认为优于平信徒。

教士内部又分为担任圣职的神职人员和不担任圣职的一般修士、修女两部分。神职人员的圣职统称为"圣品"（Order），"圣品"按照高低划分为主教级、神父级和执事级三个品级，前两个品级是"大品"，后一个品级是"小品"。在主教品级中，教皇地位最高，

---

① 〔美〕哈罗德·J. 伯尔曼：《法律与革命——西方法律传统的形成》，贺卫方等译，第250页。

其下依次是枢机主教（Cardinal-bishop，俗称红衣主教）、大主教、主教和修道院长。教皇革命后，教皇由枢机主教选举产生，任职终身。枢机主教由教皇任命，分掌教廷各部事务和重要教区的领导权。由教皇和枢机主教团[①]组成的罗马教廷构成基督教世界的核心。主教和修道院长分别由大教堂教士会和修道院修士选举产生，都必须宣誓效忠教皇。主教之下是教堂神父，每个教区一人，负责听取忏悔、主持洗礼、弥撒、圣餐会等圣事仪式以及传教布道活动，有副主教、助祭、副助祭相助。再下是执事品级的司门员、诵经员、驱魔员、襄礼员等。修士、修女属无品级教士，他（她）们终身服务于教会，协助神父从事祈祷和传教工作。

　　教士既承担一定的义务，也享有一些特权。下级服从上级，忠实履行教职，必须居住于教堂或修道院内，是教士的基本义务。此外，中世纪教会提倡教士守贞独身，并制定了相关法令强制推行。教士的特权体现在人身、司法、赋税、服役等方面，大致分为三类：第一，人身保护特权。任何以暴力攻击教士者都要被处以绝罚，除非表示忏悔、行补赎善工，否则不得予以宽恕。第二，司法特权。但凡当事人是教士的刑事、民事案件，必须由教会法院审理，世俗法院不得插手，除非涉案教士被剥夺教士身份。第三，免除赋税和服役的特权。未经教皇批准，任何人不得向教会征收赋役；只有当外敌入侵或国家安全受到威胁的紧急时刻，国王方可向教士征税。[②]

　　教士的特权虽然带来一些问题，经常引发世俗政权与教会的冲突，但毕竟对世俗权力构成一定的制约，即使对于教皇政府来说，也起到某种限制作用，因为维护教士的权益是教皇政府义不容辞的责任。

---

　　① 枢机主教团由全体枢机主教组成。13世纪以前，枢机主教数量未超过7人。以后不断增多，19世纪达到70人。1958年取消了数量限制。目前全世界约有180人。

　　② 参见彭小瑜：《教会法研究——历史与理论》，商务印书馆2011年版，第164—167页。

"同意"原则与教职选举制

基于教阶制度，中世纪欧洲基督教会建立了一套严密的组织管理体系，自上而下逐级行使管辖权，而且呈现出由民主制向集权制演化的总体趋势，最终形成了以教皇制和主教制为核心、带有集权专制特征的管理制度。但是，由于早期的某些民主传统和基本的宪法性原则，诸如选举教会管理者的"共同同意"原则从未彻底消失，因而教皇、主教等高级教职的实际权力，无论在理论上还是在实践上始终保持在有限的范围之内。

初期的基督教会势力弱小，需要通过民主管理来团结教徒大众和扩大教会影响，所以重大事宜都是通过教众一起协商决定，并由此形成了凡重大决策皆经教众"共同同意"的传统。那时的教会由德高望重的长老组成的长老会管理，长老可以由使徒指定，也可选举产生，无论采用何种方式，都以教众的"共同同意"为前提条件。在长老会内部，各长老地位平等，遇事协商解决。[①]

2 世纪中叶主教产生后，教会管理权日趋集中。主教有权管理各项教会事务，如推荐长老、任命执事、管辖教会财产、处理内部纠纷等。但是，由于主教的前身是首席长老，"共同同意"的宪法原则保持未变，这集中体现为主教须经选举产生。早期罗马主教克雷芒一世（90—99 年在位）、西莱斯廷一世（422—432 年在位）、利奥一世（440—461 年在位）都明确承认，主教人选必须考虑教士、贵族和人民的意见和愿望；只有全体教众同意的主教选举才有效；"如果你要主持管理大家，就要被大家选举"[②]。这些言论后被收入《教令集》，成为主教选举制的法律依据。

主教的选举程序分两个环节。首先由教区首府大教堂的长老们协商提名主教候选人，候选人必须精通经文、熟知教会法规。然后

---

①   Willison Walker, *A History of the Christian Church*, Charles Scribner's Sons, 1922, p.46.

②   Philip Schaff, *History of the Christian Church*, Vol. II, Hendrickson Publishers, 1996, pp.129，240.

由大教堂的所有神职人员和普通教众组成的全体会议，对主教候选人进行表决。当选的主教还须征得邻近教区主教的同意，以保证教会的整体统一。[①]325 年尼西亚宗教会议之后，由神职人员和教众共同选举主教的习惯实现了制度化、法规化。"尽管长老、神职人员以及全体教众所起作用不同，但他们都是选举的有机组成部分，不可或缺。他们作为主教下属和被管理者都享有'选择'和'同意'的权利"。[②]显而易见，隐含其中的一条宪法原则就是：统治者的权力来自被统治者的同意。

修道院院长由修道院中的全体修士选举产生。由于修士人数相对较少，没有神职人员与平信徒的区分，选举参与者更加平等，"共同同意"的意蕴更为浓厚。许多修道院（如克吕尼修道院）规定，国王、大主教或主教皆不得干预修道院院长的选举或暗中作梗。[③]其中，本尼狄克修道院的选举法最为详细具体，后被其他修道院纷纷采纳。它规定，院长候选人须在协商基础上提出；候选人应具备敬畏上帝、学识渊博、心地善良等品质；全体修士都有权参加选举，通过呼喊表示同意与否；选举结果还须得到修道院所处教区的主教或者相邻修道院院长的认可。[④]

主教制建立之初，罗马主教因为驻跸罗马，又是使徒彼得的正宗传人，当然地高居其他主教之上，成为公认的教宗。6 世纪末，罗马主教改称教皇。[⑤]11 世纪教皇革命后，教皇成为宗教界的最高领袖，拥有君主般的威权，教皇制度牢固确立起来。教皇制的确立进一步加强了教会的中央集权趋势。

从格列高利七世时起，教皇拥有了最高的和完整的教会管理权，

---

① Philip Schaff, *History of the Christian Church*, Vol. Ⅲ，p.270.

② 张殿清："中古基督教选举的宪政意蕴"，《文史哲》2012 年第 4 期。

③ 参见杨昌栋：《基督教在中古欧洲的贡献》，社会科学文献出版社 2000 年版，第192 页。

④ Henry Bettenson，*Selected and Edited Documents of the Christian Church*，Oxford University Press，1944，p.176.

⑤ 罗衡林：《基督教会制度史》，第 61、98 页。

主要包括圣职权和管辖权两部分。圣职权是一项圣事权，来自于上帝的恩典和使徒的传承。凭此权力，教皇可以界定教义、敕封圣徒、召集宗教会议、批准宗教会议决议、主持洗礼与弥撒、听取忏悔、管理救赎事务。管辖权来自教会全体成员的授予，其内容包括立法、行政和司法各方面。例如，教皇可以制定法律、课征赋税、惩罚犯罪；可以设立或撤销主教管区，决定神职人员的薪俸，管理教会财产；可以在任何地方行使一审司法权，裁决有关教会官员或机构的一切诉讼案件；对于涉及信仰争议、主教罢免、开除教籍等重大案件，享有排他性裁判权和决定权。

为了有效行使教皇权力，罗马教廷建立了由各类专家组成的官僚体系。教皇文秘署负责起草和发布文件，保管教皇印玺、教会法规、教皇命令和教会法院的判决书。教皇财政署掌管教廷金库和财政收支，并拥有自己的法院，用以处理与税收财政有关的民事和刑事案件。教皇建有自己的法院，对于教士和平信徒拥有初审和上诉审两种司法管辖权。在地方教区层次上，教皇则通过教廷使节行使其职权。教廷使节分三种：一是教廷特使，被派往某一地区全权代表教皇行事；二是教廷大使，只享有传递信件、收集情报以及代表教皇就特定事务商订协议的有限权力；三是司法特使，代表教皇在具体案件中行使教廷司法权。教皇还可委派教廷收税官、金融官，负责处理地方教会的赋税和借贷事宜。总之，罗马教会是一个以教皇为核心的分工合作的科层管理体制，在机构设置和结构特征上，与一个君主制世俗国家几无二致。

不过，教皇的圣职权和管辖权都不是绝对和无限的，因为这些权力被认为来自神的恩典和教众的授予，这意味着教皇行使权力时必须向上帝和教徒负责，必须接受法律的限制。教会神学家和法学家们一直宣称，作为一种有形组织的教会是基督本人建立的，基督和早期的使徒与教父们以及全基督教宗教会议已经为它确定了不变的信仰和行为规范，教皇无权随意改变。格拉提安明确指出，教皇裁决教义争论的权威不是最高的，圣奥古斯丁或圣杰罗姆等教父的意见优先于教皇的意见，因为教皇毕竟有可能是一名异端。[①]甚至在教皇权力鼎盛之际，一部教会法注释中还写道，"将我们的信仰委诸于单个人的意志将是危险的"，无论是教皇还是全基督教宗教会议都不得改变教义或引进新的教条，"新教义要受到现存教条的检验，不仅如此，只有那些已经暗含在现存教义宝库中的学说和能够作为现存信仰基础的有机发展而展现出来的学说才能够予以宣告"。[②]在管辖权领域，教会法学家始终坚信，教皇应服从神法和自然法，只能在法律确定的范围内"宣布法律"、实施教会管理，不得颁布有损于教会"一般地位"（指教会特性、公共秩序和所谓宪法性法律）的法律。12世纪末，休古西奥将此法则发展为一种教皇可以被审判和废黜的理论：如果教皇犯有通奸、抢劫、渎圣等严重罪行，应受到审判，若不称职，应当废黜。尽管在15世纪以前没有一位教皇遭到审判或废黜，但这种理论毫无疑问具有达摩克利斯剑的威慑作用，推进了教会管理法治化的发展。

对教皇权力的限制突出表现在宗教会议制度和教皇选举制度上。从325年尼西亚会议之后，基督教会形成了不定期召开由各地主教参加的全基督教宗教会议制度，以解决不同教派在教义上的分歧，制定基本的教会法规。因此，宗教会议享有崇高的立法决策权。11世纪教会大分裂时期，神学家们通过重新解释"天国的钥匙"，试图进一步提升宗教会议的权威。新解释宣称，当初耶稣把天国的钥匙交给使徒彼得时并不意味着把统治尘世的权力交给了彼得一人，而是交给了耶稣的所有门徒，亦即宗教会议所代表的整个教会。新解释的目的在于以此证明：宗教会议的权力直接来自耶稣基督，因而高于教皇。这种理论发展到15世纪，一度形成"宗教会议至上论"。1414年，康斯坦茨宗教会议颁布了两个公告，宣布主教特别会议而非教皇享有至高权威。这种主张虽然在1450年以后被认定为"异端"

---

① 参见〔美〕哈罗德·J.伯尔曼：《法律与革命——西方法律传统的形成》，贺卫方等译，第251页。

② 同上书，第258页。

而趋于消沉，但在中世纪教会内部从未销声匿迹。[①] 所以，教皇的立法特权虽然不可置疑，但通过召开宗教会议以帮助教皇创制法律一直被认为是必要的，据此伯尔曼断言，宗教会议是"欧洲最早的立法机构"[②]。

教皇选举制根源于早期教职选任的"共同同意"原则。实际上，从一开始教皇就是由罗马教区的教士和教众在拉特兰宫联席会议上选举产生的。[③] 由于教皇在教俗两界地位显赫，世俗统治者和地方贵族总是设法影响或操纵教皇选举，致使在教皇革命前还无法保证教皇选举的公正性，经常为世俗王权所左右。为了排除干扰，维护选举自由，教会与世俗王权进行了长期的斗争。在此斗争过程中，教皇选举制度逐步走向完善化。

769 年 4 月，罗马宗教会议召开，与会主教们谴责了东罗马帝国皇帝君士坦丁对教皇选举的干预，颁布了选举法令。该法令缩小了教皇选举主体的范围，规定只有教职人员才能参与投票，教众的投票权被取消，同时规定，教皇选出后全体教众享有"欢呼和同意"的权利，[④] 早期"共同同意"的传统得以延续。1059 年，教皇尼古拉二世召开拉特兰宗教会议，又颁布了新的教皇选举条例。它规定，只有协助教皇处理教廷事务的枢机主教才有选举资格，理由是教皇直辖区是基督教世界的心脏，可以"代表"整个基督教会。[⑤] 拉特兰条例首次将"代表"概念和机制引入教皇选举中，标志着教皇选举从"共同同意"的直接选举制到"代表同意"的间接选举制的演变。

[①] 参见刘城：《英国中世纪教会研究》，首都师范大学出版社 1996 年版，第 2 页。

[②] 〔美〕哈罗德·J. 伯尔曼：《法律与革命——西方法律传统的形成》，贺卫方等译，第 254 页。

[③] 〔美〕G.F. 穆尔：《基督教简史》，郭舜平、郑德超等译，商务印书馆 1996 年版，第 162 页。

[④] Walter Ullmann, *The Growth of Papal Government in the Middle Ages*, Methuen & Co., Ltd., 1962, pp.87-88.

[⑤] Henry Bettenson, *Selected and Edited Documents of the Christian Church*, Oxford University Press, 1944, pp.140-141.

　　与此同时，主教的选举也做了相应调整。教会规定，与主教关系密切并参与教区管理的神职人员是教会中"更重要和更有力的部分"，只有由他们组成的教士会才有资格参与主教选举。教众虽然仍享有对选举结果表示"同意"的权利，但只能通过"欢呼"来表达对当选者的认可，已无实际意义。这种由少数人"代表"教众选举主教的制度，经过 1139 年的第二次拉特兰会议颁布的主教选举法令以及 1171 年教皇亚历山大三世颁布的敕令而正式确立下来。①

　　代表制的采用表面上看是对"共同同意"传统原则的否定，实际上是适应教会发展的一种调整与创新，符合选举制度发展的规律。因为随着基督教的发展，教众不断增加，适应小群体、公开选举的"共同同意"原则已经不能满足现实的需要，所以，代表制形式上缩小了选举主体的范围，实质上是选举制度的改进。不过，教皇和主教的选举分别集中于枢机主教团和教区教士会之后，既意味着世俗权力影响的削弱，也标志着教众的边缘化和教会权力的进一步集中，所以引发了下层势力的反对，结果促使选举制度一步步走向完善。例如，15 世纪以前，教皇经常通过预留主教职位来操纵主教人选，经过教会下层的斗争，1431—1449 年巴塞尔宗教会议明确废除了教皇的保留任命权，使主教的选举更加自由和公正。教皇的选举随着 12 世纪以后枢机主教的遴选不再限于罗马附近地区而扩大到欧洲各国，也日趋完善，如 1179 年第三次拉特兰会议在确认枢机主教团是选举教皇的唯一机构的同时，规定教皇必须得到三分之二以上枢机主教的同意才能当选，② 由此确立了教皇选举的绝对多数同意原则。1414 年的大公会议又规定了秘密选举程序，要求教皇选举必须在封闭场所举行，选举人分散在不同的小房间里，以避免相互串通作弊

---

① Walter Ullmann, *The Growth of Papal Government in the Middle Ages*, pp.298-299.
② 同上。

而影响选举的公正性。[①]

总之，在中世纪的欧洲，选举是产生高级教职的法定程序，而且形成了一套从提名候选人到资质审查再到秘密投票、绝对多数通过等严格的程序规范。教职选举制走在了世俗国家的前面，开启了代议制的先河，为欧洲法治文明的进步做出了开创性贡献。因为在选举制下，当选者必然处于选举主体的约束和监督之下，在进行重大决策时不敢也不可能独断专行，从而抑制了教会管理集权趋势。其中，主教由当地教士会选举的制度还增强了主教的自主权，促进了地方教区自治的发展，因为当选主教虽然须经教皇确认和授予披肩后方能正式履职，但教士会的选举毕竟是关键，因此，主教必须将自己所在教区的利益和教众要求放在首位，而不能或不敢唯教皇马首是瞻。据此，有西方学者认为教会的组织结构类似于一个联邦制国家，"尽管有教皇集权化的持续的趋势，整个教会在某种意义上仍然是一种半自治单位组成的联邦，是无数大大小小的社团组织的联合，这一点并不比世俗国家逊色"[②]。

五、教会法院及其诉讼程序

教会法院的组织架构

11—12 世纪，教会建立起了三级法院系统。最高级法院是教廷法院（Papal Curia），由来自西欧各地的 12 名法官（罗马 3 人，西班牙 2 人，德国、法国、威尼斯、米兰、费拉拉、托斯卡纳、博洛尼亚各 1 人）组成，其中一人为首席法官。首席法官的地位仅次于教皇，除主持教廷法院审判案件外，还有权副署教皇训令。最初，法官审案时围着桌子坐成一圈，名曰"圆桌审判会"，俗称"圣轮

---

① 参见张殿清："中古基督教选举的宪政意蕴"，《文史哲》2012 年第 4 期。
② 〔美〕哈罗德・J. 伯尔曼：《法律与革命——西方法律传统的形成》，贺卫方等译，第 259 页。

法院"（Wheel）。^①教廷法院既有初审权也有上诉审权，被誉为"整个基督教世界的最高法院"。对于初审案件，教廷法院可以传唤当事人到罗马出庭，也可以派司法特使到案发地就地审理。13—14世纪，罗马教廷又增设了一个特赦法院，位于教皇宫中，采用忏悔和补赎的方式审理教会内部的罪孽案件。

地方教会法院包括大主教法院和主教法院两级。在英国，坎特伯雷和约克两个大主教区各有自己的大主教法院。大主教法院最初分两种形式：一种是大主教法院（Court of the Arches），由首席法官代表大主教主持，可审判一切案件，包括初审案件和来自主教区法院的上诉案件；另一种是听审法院（Court of Audience），由大主教亲自主持，其管辖范围与大主教法院相同。^②可能因为二者职权重叠，听审法院后来自行消亡。

最低层次法院是主教区法院，在英国也分两种形式。一种是总监法院（Court of Archdeacon）。总监最初只是协助主教管理教会事务的行政人员，后来经常作为主教的代理人主持法院，就像管家代表领主主持庄园法院一样。到12世纪时，总监法院发展成为一个正规的教会法院。另一种是主教法院（Consistory Court），它通常由精通教会法和罗马法的法官主持，但必要时主教可躬亲主持。主教法院既有初审权，也有上诉审权，可以受理来自总监法院的上诉案件。

教会法院的法官按级别分别由教皇、大主教或主教任命，他们都是熟悉教会法和罗马法的神职人员。

教会法院与世俗法院的竞争与合作

中世纪教会法院的司法管辖权相当广泛，伯尔曼将其概括为两

---

① 〔美〕约翰·H.威格摩尔：《世界法系概览》（下），何勤华等译，第799页。

② A Committee of the Association of American Law Schools, *Select Essays in Anglo-American Legal History*, Vol. Ⅱ, Little, Brown and Company, 1908, pp. 277-278.

大类：对特定人员的管辖权和对特定行为与关系的管辖权。前一类是"因为人的缘故"引起的诉讼，涉及的"人"包括：神职人员及其随从和家庭成员；学生；十字军参加者；穷人、寡妇、孤儿等"不幸的人"；与基督徒发生纠纷的犹太人；旅行者、商人和水手。后一类是"因为事的缘故"引起的诉讼，涉及的"事"包括：圣事的管理；遗嘱；有俸圣职；教会财产的管理以及什一税的征收；宣誓；应受指责的罪孽等。①

不过，在教会法院建立初期，其管辖权并不明确，与世俗法院的权力界限模糊不清，教会法院也未打算与世俗法院"划江而治"，相反，它立足于教权高于俗权的理念，采取了两种特别程序，向所有愿意投诉于教会法院的当事人敞开大门。一种是"延展"（prorogation）程序，据此，任何民事诉讼的当事人均可依照订立的协议，将案件交给教会法院审理，这种协议可预先规定，若将来发生纠纷，则放弃世俗法院管辖权而诉诸教会法院。另一种是任何当事人都可不顾对方当事人的反对，借口"世俗法院的缺陷"而在教会法院提起诉讼。可见，那时教会的司法管辖权是跨越灵俗两界的。这种状况必然与世俗法院发生冲突，因为世俗政权总是强调"国王的和平"以及对王权的服从，由此引申出国王法院有权受理一切民事纠纷和刑事案件的理念。这样，教俗两种司法管辖权便如同两个分立而又相切的圆，形成一个模糊不清的交叠地带，导致二者的竞争与合作不可避免。正是这种竞争与合作迫使教会和世俗法院逐步明确了各自的管辖范围，并努力整合自身法律，从而"不仅使法律的系统化成为必要和可能，而且也导致了对当时一些最尖锐的政治和道德问题提供法律上的处理方案和处理结果"②。于是，最终达成如下共识：

----

① 参见〔美〕哈罗德·J. 伯尔曼：《法律与革命——西方法律传统的形成》，贺卫方等译，第268—269页。

② 同上书，第270页。

如果教会应当具有各种不可侵犯的法律权利，那么国家就必须把这些权利作为对它自己的最高权力的一种合法限制来接受。同样，国家的各种权力也构成了对教会最高权力的一种合法限制。两种权力只有通过法治（rule of law）的共同承认，承认法律高于它们两者，才能和平共存。[①]

可见，教俗司法管辖权的并存与竞争促进了法律至上权威的树立和法治观念的形成，推动了中世纪欧洲法治文明的进步。

教俗两种司法管辖权的竞争与合作在英国得到充分体现，因为英国自诺曼征服后建立了欧洲最强大的王权，两种管辖权的斗争特别激烈。到安茹王朝时期，斗争达到高潮。亨利二世试图以有利于王权的方式划分双方的权力范围，于1164年召开大会议，制定了《克拉伦敦宪章》。其中规定，有关受俸教职推荐权的案件和与教士直接相关的民事案件，皆由世俗法院审理；涉及教士的重罪案件先在世俗法院起诉，经被告自我申辩和法院验明身份后，再送交教会法院审判；如果教会法院判定有罪，再交回世俗法院按世俗法律给予惩罚；当某一地产的保有权性质是属于宗教保有权（以提供宗教服务为条件）还是属于世俗保有权（以承担世俗义务为条件）发生争议时，先由世俗法院通过12名邻人组成的陪审团就其保有性质做出裁定，若认定属于宗教保有权，则提交教会法院审判，否则由世俗法院审判。[②] 时任坎特伯雷大主教的贝克特坚决反对上述规定，与亨利二世僵持数年后被国王的四名武士杀害。教皇闻讯大怒，英国与罗马教廷的关系迅速恶化。后来，亨利二世主动让步，同意犯有重罪的教士只能由教会法院审判，王权与教会的紧张关系才得以缓和，英国的教士豁免权（cleric immunity）制度也由此发端。

---

① 〔美〕哈罗德·J.伯尔曼：《法律与革命——西方法律传统的形成》，贺卫方等译，第356页。

② Radcliffe and Cross, *The English Legal System*, Butterworth & Co., Ltd., 1977, pp. 33-34.

　　根据"教士豁免权"制度，投诉于世俗法院的教士重罪案件必须移交教会法院审理，如果教会法院认定被告有罪，通常只是开除教籍，而不给予其他惩罚。若被告再次犯罪，则以普通世俗人的身份任凭世俗法院处置。不过，在实践上，教会法院对此类案件的审判往往流于形式，通常在审前就做出了"无罪"的结论。更为严重的是，"教士豁免权"经常被世俗人士冒名盗用，成为罪犯逃避法律制裁的庇护伞。针对这一弊端，国王法院便首先对被告进行读写能力测试，确认其教士身份后，再交给教会法院审理。这种方法在只有教士读书识字的中世纪早期可能有一定效力，但随着教育的发展和读书人的增多而失去意义，所以到中世纪后期，教士重罪案件重新转由世俗法院审理，但允许嫌犯就其教士身份进行终止诉讼答辩，一旦答辩成立，世俗法院将没收嫌犯的财产，然后将犯人移送教会法院，而教会法院通常不再给予进一步的惩罚。这样，犯有重罪的教士受到的惩罚实际上远轻于世俗人士，社会大众对此自然不满。于是，国王政府在 15 世纪后期颁布了一系列法规，缩小了"教士豁免权"的范围，将谋杀、盗窃、入室抢劫等严重犯罪排除于教士优惠之外。

　　亨利二世的妥协化解了一场危机，但没有消除教会与王权之间的司法管辖权之争。此后，世俗法院经常利用国王特权，颁发禁止令状，阻止教会法院受理宗教保有权地产案件，所以到 13 世纪时，此类案件转而归属世俗法院。不过，教会法院的某些专有司法权在中世纪一直得到世俗法律乃至全社会的承认。它们主要包括四类案件：

　　第一类是教士及教会事务案件，如涉及教士的轻罪案件以及违犯教规、献祭、教会土地管理、买卖圣职、拒缴什一税等方面的案件。

　　第二类是涉及宗教信仰或伦理道德需要进行"心灵矫正"的案件，如信奉异端邪说、亵渎神灵、巫术、阴谋分裂教会、造谣中伤、荒淫无度、放高利贷等。由于这类案件主要靠私人告密提起诉讼，往往侵犯个人隐私，所以经常引发社会不满。

第三类是婚姻合法性案件。教会法认为，婚姻须以男女双方合意为基础，并应符合法定条件。凡是不符合条件的婚姻，如近亲、"法亲"（因收养而发生的亲属关系）、"神亲"（因同时接受洗礼而形成的承属关系）、未成年、重婚（教会法奉行一夫一妻原则）等，法院可判其无效，但不能判决离婚，因为教会法把婚姻视为上帝的安排，具有神圣意义，男女双方一旦结婚就应"永不离异"。不过，如果配偶一方提出充分理由足以证明夫妻已无法共同生活的话，教会法院可判决二人分居。

第四类是动产遗嘱检验案件。在中世纪的英国，地产实行世袭继承制，有关案件统由普通法法院管辖。1540年后，允许通过遗嘱继承地产，但在19世纪之前，地产遗嘱的解释权和检验权一直属于普通法法院的管辖范围，因此，教会法院的管辖权仅限于动产遗嘱案件。在英国，从很早时候起，动产就采用了遗嘱继承方式。亨利二世时，教会法院确立了对动产遗嘱的解释权、检验权和对遗嘱执行的监督权。对于无遗嘱财产，教会法院有权直接处分，由死者的亲属分割继承。由于教会法院经常滥用无遗嘱财产处分权，从中牟利，所以1357年议会制定了一项法规，规定无遗嘱财产应在教会法院的监督下由死者的亲属之一处置，教会法院的处分权被取消。

教会法院的诉讼审判程序

诉讼审判程序是教俗两种司法管辖权竞争与合作的另一项重要内容。在这方面，教会法院略占优势。首先，在教会法院，从原告起诉到被告答辩再到最后判决，都采用书面形式，整个过程都有记录，整理后存档，并编辑成《判例汇编》，以供后人查阅参考。此外，教会法院允许代理人代理任何诉讼。其次，教会法院的诉讼审判吸收了罗马法的两条基本原则。第一，仅凭怀疑不足以定罪，任何判决都要以适当的法律程序为先导，以得到证实的证据为基础。第二，任何人不得既是控告人又是法官；控告人必须承担举证责任。[①]

基于上述原则，教会法院的审判方法采用誓证法，不用陪审团，但允许律师出庭辩护。当事人和证人必须首先宣誓，保证自己所提供的证物证言是真实的，有时还需要其他见证人经宣誓后予以补强，这与日耳曼法中的共誓涤罪程序相类似。宣誓是一种证明手段，对于伪证要处以重罚。在刑事审判中，教会法要求法官根据"理性与良心"对证据的真伪加以甄别和取舍，排除无关的、含糊不清的证据，然后做出力求合理公正的判决。"理性与良心"原则意味着法官必须在查清事实真相的基础上发自内心地确信自己的判决是公正的。显而易见，教会法院重视人证特别是誓言的证明作用，强调法官的主动性及其主观判断的价值，这种诉讼程序有时可能会影响判决的客观公正性，但比之当时世俗法院采用的神明裁判法和决斗法，仍不失其进步性。教会法院采用的审判方法与罗马帝国时期的非常诉讼程序一起发展为中世纪后期欧陆各国的纠问制。

教会法院对刑事罪犯的惩罚方式较之世俗法院也略显温和些，因为教会一直宣扬，人是上帝的创造物，生命应受到尊重，不得人为地毁灭，即使本人也无权剥夺自己的生命；"牧民"是教会的天职，法官是人类的灵魂医生，罪犯是"迷途的羔羊"，惩罚犯罪的主要目的是治疗"心灵"而非毁灭"生灵"。所以，教会法中最重的处罚是监禁刑，从无死刑条款。但因监禁刑成本高昂，实践中较少使用，因而最常用的惩罚措施是"赎罪苦行"（Public Penance），其具体方式包括当众鞭挞、诵读《圣经》、圣地朝觐或佩戴耻辱标（一种黄色十字麻布条）、身穿悔罪衣（一种画有魔鬼图案的无袖衫）等，目的是感化当事人或令其蒙羞而悔过自新。

教会法上最严厉的处罚是开除教籍（excommunication），又称绝罚。中世纪的欧洲是一个宗教社会，几乎人人都是基督教徒，都被视为上帝的子民，开除教籍意味着这一资格被剥夺，只能归属

---

① 参见彭小瑜：《教会法研究——历史与理论》，第 326—328 页。

于魔鬼撒旦，死后注定要下地狱，永世不得超生。在现实生活中，开除教籍等于将一个人打入另类，成为不可接触者，从而很难立足于社会。所以，一旦教会祭出这一尚方宝剑，即使贵为国王、皇帝，也不得不俯首就范，就像英王亨利二世、神圣罗马帝国皇帝亨利四世所做的那样。不过，教会法院对绝罚的使用十分谨慎，只有背叛或分裂教会者、蔑视法庭者、玩弄巫术者、犯有重罪的神职人员和顽固不化的异端分子，才被开除教籍，而且总是遵循严格的程序：一般首先颁布一个宗教禁令，禁止受罚者进入教堂参加礼拜仪式，以示警告，迫其改过自新，这个时期称作"恩典期"，期限为30天；[①]期满时，若当事人真心认罪、改邪归正，则只处以短暂监禁或从事善工之后即予以释放；若当事人顽固不化拒不悔改，才处以开除教籍。此外，开除教籍只罪及自身，其家庭成员不受株连。被开除教籍者的财产将被没收，但处罚之前与他人签订的契约继续有效，而且仍享有册立遗嘱等权利。

不过，13世纪以后为镇压异端而设立的特别教会法院——宗教裁判所，以其刑讯逼供和惨无人道的火刑而让教会法院的温和形象蒙上一层厚厚的阴影。

六、基督教文化中的法治资源

基督教对于中世纪欧洲法治文明的贡献，除了前已述及的教会法与世俗法、教权与王权的二元结构所特有的正面效应外，基督教的教义和信条中也蕴含了丰富深厚的法治文化资源。

第一，基督教的信仰精神有助于孕育法律信仰和法治传统。我们知道，真正的信仰是一种发自内心深处的神秘情感，是信仰主体自主选择的产物，它源于人们对某一超验事物的确信无疑，具有非逻辑性和超功利性。费尔巴哈说，信仰"意味着坚定不移地确信主

---

① 〔美〕威尔·杜兰：《世界文明史——信仰的时代》，幼狮文化公司译，第609页。

观的东西……具有现实性，也即确信其具有无条件的有效性和真理性"①。信仰一旦形成，主客体位置就会颠倒，信仰客体会被推上圣坛，获得不可亵渎的神圣尊严和无可抗拒的神奇力量，信仰主体就会自觉抛却一切名缰利锁，进入到自我灭失的精神状态，为了信仰即使牺牲生命也在所不惜。法国学者库朗热说：

> 信仰是我们思想的产物，但我们不能随心所欲地处置它……它出自于人，而我们却以它为神。它是我们自身力量的反映，但它却比我们更有威力。它在我们内，须臾不离，时刻主使着我们。它要我们服从，我们就服从；它说你应当做，我们就照办。②

随着基督教信仰的确立和普及，上帝成为至高无上的终极权威。按照基督教的教义理论，上帝既是仁慈的父亲，又是正义的法官，还是万能的立法者。尽管在理论上和实践上，谁也不能否认世俗法律是国王制定的，但在基督教徒的心目中，国王是作为上帝的代理人而进行立法的，因而国王的所有立法都是上帝意志的体现。由于上帝是超越人间一切权力的神圣权威，因此，作为上帝意志的法律顺理成章地具有了神圣性和至上性。这样，对上帝的信仰自然而然地转化为对法律的信仰，或者说信仰法律变成了信仰上帝的一部分。

上述两种信仰的统一为中世纪欧洲的法治文明提供了坚实的社会心理基础。特别是基督教的救赎理论宣称，人是因为犯有原罪才被逐出天国降临尘世的，但仁慈的上帝给予了人们获得救赎的机会，亦即通过信仰和服从上帝可以洗涤罪恶获得新生。如此说来，"如果一个人为他的罪孽付出价款是神圣正义的要求"，那么，"人的苦难便被视为人不顺从上帝所付出的代价"。换言之，"尽管人对上帝犯下了弥天大错，但是，通过与罪相当的唯一可能的牺牲，上

---

① 〔德〕费尔巴哈：《基督教的本质》，荣震华译，商务印书馆 1997 年版，第 179 页。
② 〔法〕库朗热：《古代城邦——古希腊罗马的祭祀、权利和政制研究》，谭立铸等译，华东师范大学出版社 2006 年版，第 121 页。

帝便可以正当地和合乎法律地对永罚予以赦免"。[①] 于是，灵魂的救赎过程被置换成了一种遵法守法的过程，救赎逻辑与法律逻辑重合一起。所以，从上帝至上信念中理所当然地推演出法律至上的结论，而一旦法律被推上圣坛，那么，无须任何强制力量人们就会自觉地尊重和服从它，法治将是水到渠成之事。据此，伯尔曼断言，法律信仰事关法治的成败，"法律必须被信仰，否则它将形同虚设"[②]。伯尔曼还坚定地认为，西方的法律信仰和法律传统很大程度上就是在基督教文化的土壤中孕育出来的，"没有对炼狱的恐惧和对最后审判的希望，西方法律传统就不会存在"[③]。

第二，基督教伦理有助于培育法治所必需的社会道德基础。宗教是公民道德的孵化器。基督教所倡导和维护的一系列伦理规范，如公平正义、人道主义、克己忍让、诚实守信、敬畏之心等，以及孝敬父母、不可杀人、不可奸淫、不可偷盗、不说假话、不做伪证等清规戒律，在客观上都有利于引导人们弃恶从善，提升社会道德水准。尽管基督教强调神权而忽视人权，但它是普世性的，愿意接纳所有的人：男人和女人、富人和穷人、贵族和奴隶，并主张上帝面前人人平等，无论贫富贵贱，都是上帝的子民。这种信念不仅演绎出了法律面前人人平等的原则，而且构成了"近代人权理论产生的基础"[④]。《圣经》明确告诫人们："若有伤害，就要以命偿命，以眼还眼，以牙还牙，以手还手，以脚还脚，以烙还烙，以伤还伤，以打还打。"[⑤] 这段教导的主旨不是鼓励报复，而是要求把报复限制在合理的限度内，以约束无休止的杀戮，其中还蕴含着罪罚相当以及冲突双方乃至人际之间相互平等的原则。在日常生活中，

---

① 〔美〕哈罗德·J. 伯尔曼：《法律与革命——西方法律传统的形成》，贺卫方等译，第219页。

② 〔美〕伯尔曼：《法律与宗教》，梁治平译，中国政法大学2003年版，第3页。

③ 〔美〕哈罗德·J. 伯尔曼：《法律与革命——西方法律传统的形成》，贺卫方等译，第665页。

④ 彭娟："中世纪的宪政之光"，《湖北成人教育学院学报》2005年第3期。

⑤ 《圣经·出埃及记》21：24。

基督徒每个星期日都自发聚会于教堂做礼拜，不论男女老幼、尊卑亲疏，比肩并坐于庄严肃穆的布道讲坛下进行反省和忏悔。日久天长，细雨润物，基督教的平等理念和其他道德戒律就会融入民众的血液，内化为一套无形但清晰的价值体系，为法治的发育提供必要的社会伦理基础。这样，宗教生活与道德和法律生活结合一起，人们在教堂里接受宗教洗礼的同时，也在接受道德教育和法治熏陶。

　　基督教会素以道德伦理的权威自居，而世俗权力仅仅被视为一个政治权威，所以基督教会可以利用这一优势，居高临下地通过道德评判从外部制约世俗政府的权力行为。① 阿克顿曾经写道，道德与政治的二分原则"是以保护良知的名义，赋予世俗权力它从未拥有过的神圣，也给它加上了它从未承认过的束缚；这是对专制的否定，是自由的新纪元的开始"②。况且，在教会看来，对芸芸众生和国家政府进行道德指导是自己义不容辞的社会义务与职能，"所有的信徒都应该帮助教会，以执行这一职能，竭尽全力对国家施加有效的道德压力；在极端的情形下面，世俗统治者执意不听从教会的道德指导，则有良知的基督徒甚至得放弃对国家的忠诚，负起建立新政治秩序的革命责任"③。正是基于这一点，戈登断言："凡是认为'上帝无所不在'的人心目中都会有多元主义的政治制度。"④ 可见，基督教的道德优势是抑制中世纪欧洲王权凌驾于法律之上走向专制的一个巨大障碍。

　　第三，基督教的原罪说与世俗思想中的人性有恶论结合一起，共同孕育了西方特有的罪感文化。这种文化宣扬人人天生有罪，人性本质上是不完美的，自私是人性固有的一个方面；信仰基督的人

---

　　① 参见魏建国："西欧封建制度的立宪主义内蕴"，《环球法律评论》2007 年第 6 期。

　　② 〔英〕阿克顿：《自由与权力》，侯健、范亚峰译，第 55 页。

　　③ 〔美〕弗里德里希·沃特金斯：《西方政治传统——现代自由主义发展研究》，黄辉、杨健译，第 30 页。

　　④ 〔美〕斯科特·戈登：《控制国家——西方宪政的历史》，应奇等译，江苏人民出版社 2001 年版，第 198 页。

在世一生就是通过自我克服私欲、约束不当行为以最终回归天国的赎罪过程。从这种罪感文化中，很容易衍生出人人都应该自觉遵守正当行为规范以达到自我救赎目的的规则意识与法治观念。但是，选择自我救赎以回归天国抑或自甘堕落而进入地狱，在基督教看来又是每一个人的自由，为善还是作恶，全凭个人作主。因此，在世界末日上帝将对所有人进行最终审判，为善之人可享受天国之福，作恶之人将难逃炼狱之苦。在此过程中，上帝仅是法律的执行者，并不直接干涉和限制人的选择自由。因此，罪感文化中还包含了对个人自由选择权的肯定。不过，末日审判说毕竟会营造出一种对神谕法律的敬畏心理，亦即违法作恶之人必将在末日审判中付出代价，"因损害上帝荣耀的行为而进行补偿"[①]，于是，这一基督教信条便转化为世俗法理的神学表达，成为建立社会法律秩序的精神动力。据此，伯尔曼声言："没有对炼狱的恐惧和对最后审判的希望，西方法律传统就不会存在。"[②]此外，从罪感文化中还可推导出人是不可绝对信任的结论，特别是对于手握权力从而拥有更多作恶机会和条件的当权者更是不可掉以轻心。在这种文化的熏陶下，人们自然较少地寄希望于圣君贤相的人治和仁政上面，而更多地诉诸"法律的统治"。[③]所以，罪感文化和人性有恶论成为推动中世纪欧洲法治文明进步的一个无形但有力的精神动因。

第四，基督教有利于树立公民不服从恶法的法治理念与原则。所谓公民不服从（civil disobedience）是指"公开的、非暴力的、既是按照良心的又是政治性的对抗法律的行为，其目的通常是为了使政府的法律或政策发生一种改变"[④]。这一原则是保障法治大厦始终立于良法之基的理论支柱之一，其逻辑前提是，任何社会的法律

---

① 〔美〕哈罗德·J.伯尔曼：《法律与革命——西方法律传统的形成》，贺卫方等译，第25页。
② 同上书，第665页。
③ 白钢、林广华："论宪政的价值基础"，《中国社会科学院研究生院学报》2002年第5期。
④ 〔美〕约翰·罗尔斯：《正义论》，何怀宏等译，第353页。

体系都不可能达到完全正义，只能接近正义，亦即任何法律中都不可避免地包含一定的非正义性。当法律的非正义性未超出可容忍的限度时，人们有责任和义务服从它，否则法治将无从谈起。但是，当法律的非正义性超出了这个底线时，依然盲目地遵法守法，那就不是法治而是暴政。此时，不服从就转化为法治的需要，它不仅是公民的当然权利，而且是公民的神圣义务，因为此时人们拒不服从的是"违法的恶法"，是在剔除危害法治的毒素。

在欧洲，公民不服从的理念和原则源远流长。早在古代希腊，苏格拉底就说过，在国王法律之上还有一种神法，苏氏称其为"不成文法"。神法是"到处都一致遵守的律法"，具有绝对正义性，位居人法之上，并通过伦理道德与人法黏合一起。[①]古希腊剧作家索福克勒斯在其创作的悲剧《安提戈涅》中，借主人公之口质问恣意立法的国王克瑞翁："一个凡人的命令就能废除天神制定的永恒不变的律条吗？！"这一千古天问蕴含着神法（自然法、天理良心）高于人法、违背神法的人法不应服从的法治理念与原则。此后，这一理念和原则在欧洲一直不绝如缕。可以说，是否承认公民不服从原则是决定法治成败的一个重要因素，也是检验法治真伪的一块试金石。

基督教以神学为本，向来把神的旨意奉为人世间一切法律的源头，从而进一步强化了古代社会的公民不服从理念。《圣经》宣称，"耶和华是审判我们的"，"是给我们设律法的"。就是说，上帝是立法和司法的最高权威。基于此，早期的基督教虽不为罗马法律所承认，但基督徒们坚信，与基督教信仰相冲突的法律在良心上是没有约束力的，在行动上是不应服从的。所以，面对罗马政府的残酷镇压，他们不但从未屈服，而且把这种不服从视为基督教徒的职责。中世纪早期的神学法学家奥古斯丁对基督徒拒不服从罗马法律的行为进行了法学论证，他立足于"双城"学说，指出当国家统治

---

① 参见〔古希腊〕色诺芬：《回忆苏格拉底》，吴永泉译，商务印书馆2001年版，第167页。

者的法律违背了上帝的法律时，作为基督徒有权利也有义务拒不服从。中世纪后期的神学法学家阿奎那更明确地主张：法有位阶之别，永恒法最高，自然法次之，神法再次之，人法最低；人法由社会的统治者制定，既可能是正义的，也可能是不正义的，所以人法必须接受代表正义的永恒法、自然法和神法的指导与约束。[①]阿奎那承认君主制是最好的政体，但前提条件是国王必须制定和施行正义之法。所谓正义之法，就是"以人们的公共福利为目标，并且仅仅由于这个缘故，它才获得法律的权力和效力"；如果法律的目的仅仅为了"统治者的私人利益"，那就是"不义之法"；"不义之法"不是法律，它"没有责成人们担负义务的力量"，人们也不必"在良心上感到非遵守不可"。[②]如果国王强制实行"不义之法"，就是暴政，对此，人们有权奋起反抗，废黜乃至诛杀暴君，而且不能因此而"被指责为不忠不义，即使以前对他有过誓效忠诚的表示也是如此；因为这个暴君既然不能尽到社会统治者的职责，那就是咎由自取，因而他的臣民就不再受他们对他所作的誓约的拘束"。[③]对于这种不服从恶法暴政的法律原则，连热衷于提升教皇权威的英诺森四世也给予了肯定，他曾公开表示，如果教皇命令去做损害教会地位的不义之事，可以拒不服从。基督教法学的不服从原则对于鼓励民众反抗恶法暴政、推动法治进步，与自然法学的恶法非法原则有着异曲同工之效。

综上所述，基督教的法律制度和信仰文化中蕴含着丰富深厚的法治资源，它们或者显露在外，或者隐藏于内，分别通过直接的或间接的方式影响着社会法律生活，推动了中世纪欧洲法治文明的进程。

---

① 参见《阿奎那政治著作选》，马清槐译，商务印书馆 1982 年版，第 106—118 页。
② 同上书，第 121、123 页。
③ 同上书，第 60 页。

第六章　城市法制

在中世纪欧洲的多元法律格局中，城市法别具一格。如果说早期一度流行的日耳曼法和封建法随着封建制度的盛极转衰而走向式微，借助教皇革命而盛极一时的教会法也随着 12 世纪后王权的强化和世俗法的成长而逐步收缩了地盘，那么，伴随着城市复兴发展起来的城市法则因植根于商品市场经济和城市市民社会及其特有的现代性品格，为欧洲现代法治的兴起直接提供了最富价值的经验和资源。

一、城市的复兴与城市法的兴起

城市的复兴

中世纪早期，政局动荡，社会混乱，商业萧条，城市衰落——

西欧又退回到一种纯粹的农业状态。土地是生活的唯一来源，是构成财富的唯一条件。所有各阶级的人，从皇帝（除土地收入外，别无收入）以至最卑贱的农奴，均直接或间接地依赖土地的产物为生，不管他们是靠自己的劳动来获得这些产物，还是仅仅通过征收来获得这些产物并加以消费。[①]

[①] 〔比利时〕亨利·皮朗：《中世纪欧洲经济社会史》，乐文译，上海人民出版社2001年版，第6页。

但是，从 11 世纪起，随着政治日趋稳定，社会秩序逐步恢复，经济开始复苏，城市重新兴起。据统计，从 11 世纪到 15 世纪，欧洲大约诞生了 5 000 个新兴城市和城镇。12 世纪晚期，西欧总人口约 4 000 万，城市居民已达 400 万之多。13 世纪末 14 世纪初，许多城市的居民达到数万乃至十万以上。[①]

中世纪后期的欧洲城市"起源于同一个有原动力的和积极的因素，就是贸易"[②]，因此，它们虽然在规模上逊色于古代希腊罗马和东方的城市，但社会功能更加先进。古代的城市依附于土地贵族，与周围的乡村地区不存在明显界限，是政治活动、社会活动和宗教活动的中心。其中，古希腊的城市都是独立的自治城邦，古罗马的城市主要是作为行政控制中心，与社会及国家融为一体，即使晚至 5 世纪前期的罗马帝国仍被罗马诗人那玛提亚努斯歌颂为"一座版图辽阔的城市"[③]。与之不同，中世纪的欧洲城市生长于国王或封建主的领地上，在经济上同周围农村地区虽存在一定联系，但以城墙为界，以工商业为支柱，其本身"表明人口、生产工具、资本、享乐和需求的集中；而在乡村里所看到的却是相反的情况：孤立和分散"[④]。所以就其经济结构来说，中世纪城市同自给自足的乡村是分离甚或对立的。而且，欧洲中世纪城市都"有自己的法律、法庭和自治的行政"，这一点又与作为朝廷控制下的东方城市完全不同，难怪韦伯说，"在政治共同体的意义上，西方之外没有城市"[⑤]。由此可见，中世纪的欧洲城市不是"先前消失了的事物的翻版，而是

---

① 　如米兰、热那亚、巴塞罗那、科隆、伦敦的人口超过了 5 万，威尼斯、佛罗伦萨、巴勒莫人口超过 10 万，巴黎人口达到 24 万。见〔美〕哈罗德·J. 伯尔曼：《法律与革命——西方法律传统的形成》，贺卫方等译，第 441—442 页。

② 　〔美〕汤普逊：《中世纪欧洲经济社会史》（下册），耿淡如译，第 421 页。

③ 　〔美〕刘易斯·芒福德：《城市发展史：起源、演变和前景》，宋俊岭、倪文彦译，中国建筑工业出版社 2004 年版，第 219—220 页。

④ 　《马克思恩格斯全集》（第 3 卷），第 57 页。

⑤ 　〔德〕马克斯·韦伯：《文明的历史脚步——韦伯文集》，黄宪起、张晓琳译，生活·读书·新知三联书店 1997 年版，第 128 页。

一次新的创举"①，它们是从封建社会缝隙中生长出来的一种异质的共同体。就其社会结构特征而言——

> （城市中的）精神权力和世俗权力，连同体现这些权力的各种职业团体，武士、商人、僧侣、牧师、弹唱诗人、学者、工匠、行商等等，已经形成某种程度的社会均衡。这种均衡虽然很微妙而且不稳定，但人们注意经常维护它并且收到实际效果，因为在这个社会结构中每一种成分都得到应有的重视和体现。一直到中古时代的结束，任何一个阶层都不曾强大到足以永久统治其他阶层的程度——这确实是中古时代结束的征兆之一。因此，尽管中世纪城市在其形成过程中重现了最古城市的许多特征，但无论从物质环境或是社会政治状态来看，它在许多方面都有自己的独特创造。②

所以，汤普逊断言，"城市的兴起，论过程，是演进的；但论结果，是革命的"③；"城市运动，比任何其他中世纪运动更明显地标志着中世纪时代的消逝和近代的开端"④。

城市法的渊源

从新兴城市中孕生出来的城市法不同于日耳曼法、封建法和教会法，具有新颖的形式、独特的内容和广阔的发展前景。从法律渊源上讲，城市法主要起源于特许状、城市立法和行会章程以及习惯法。

---

① 〔美〕克里斯托弗·道森：《宗教与西方文化的兴起》，长川某译，第183页。
② 〔美〕刘易斯·芒福德：《城市发展史：起源、演变和前景》，宋俊岭、倪文彦译，第270页。
③ 〔美〕汤普逊：《中世纪欧洲经济社会史》（下册），耿淡如译，第424页。
④ 同上书，第407页。

　　特许状（charter）又称城市宪章，是由国王、贵族或主教以领主的身份颁发给城市的法律证书，用以承认城市的自治地位，规定城市的基本制度和市民的基本权利与义务。不过，城市特许状从来不是领主的恩赐，而是城市自身实力增长和不懈斗争的结果。兴起之初的中世纪城市都附着于世俗或教会领地，由领主派遣家臣直接管理。后来，随着城市经济的发展，市民阶级为了摆脱封建捐税剥削和政治控制，便以武装起义或金钱赎买的方式争取自治，并迫使国王或领主以书面协议的形式确立下来，这就是特许状。目前发现的最早的一份特许状出现在法国，时间是967年，内容极为简单，仅给予市民免受封建奴役的权利和允许进行集市贸易的自由。包含政治自治的特许状出现于11世纪，如该世纪末托斯卡纳的卢卡和比萨市从皇帝亨利四世那里获得了自治的特权，从而摆脱了领主马蒂尔达女伯爵的控制。此后，德国和北欧地区的一些城市也获得类似的权利。这时的特许状内容都较为广泛，通常包含废除领主的统治权、规定财税数额、确保商业安全、公正司法、禁止决斗断讼等内容，以及允许城市行政自治、保有军队、自主立法、自设法院等权利。

　　法国北部的教会城市特许状多数是通过武装起义和成立"城市公社"的方式获得的，有的城市历经多次起义才取得成功。[①]在政治较为开明的地方，城市特许状大多通过和平赎买方式取得，如英国的伦敦、牛津、剑桥，都是以向国王纳税为条件亦即通过"金钱换自由"取得自治特许状的。不管特许状产生于何种方式，都是"一种社会契约：实际上，它是近代政府契约理论产生的主要历史渊源之一"[②]。也许最初市民所要求的——

　　　　只不过是能在封建体制中享有各种平等权利而已，但是，

---

①　〔法〕P. 布瓦松纳：《中世纪欧洲生活和劳动：五至十五世纪》，潘源来译，第199页。
②　〔美〕哈罗德·J. 伯尔曼：《法律与革命——西方法律传统的形成》，贺卫方等译，第486页。

随同对他们身份的承认而来的，却是对一种全然不同的人际关系的默许——那种关系乃是建立在买卖关系基础之上，因而是与封建忠诚纽带的基本观念不一致的。[①]

在 11—13 世纪，城市特许状大量涌现。"整个欧洲，从波罗的海到黑海，国王、贵族、主教和修道院院长都纷纷给他们的城市颁发特许状"[②]。在苏格兰，从 1124 年到 1153 年间，仅仅国王戴维一世和他的儿子亨利伯爵就颁布了大约 280 份特许状。[③]这一现象既是当时城市发展迅速的反映，更是城市法制方兴未艾的历史见证。

特许状是城市法的首要渊源和主体部分。特许状"确定城市法的主要轮廓，提出城市法的某些主要原则，解决某些特别重要的争端"[④]，素有城市"微型宪法"之誉。根据特许状，各城市公共权力的范围，市政机构的设置，司法程序和市场秩序的维护，市民人身自由、财产关系、经营自由等权利的保护，都以成文法形式确定下来。"正因为如此，城市的市民被承认是一个法律的主体，因为这些特许权，城市的市民享有了某种程度的自由"[⑤]。在伯尔曼看来，特许状"既是政府组织的特许状，又是市民权利和特权的特许状，在时效上，它们是最早的近代成文宪法。甚至没有成文的特许状的城市或城镇，也被认为具有一种设立政府组织和市民的基本权利与特权的基本法"[⑥]。在必要的时候，特许状还是市民用以反抗封建领主的合法武器。因此，市民们普遍把特许状视为"自由的保护神"而加

---

① 〔法〕泰格、利维：《法律与资本主义的兴起》，纪琨译，学林出版社 1996 年版，第 117 页。

② K.D.Lilley, *Urban Life in the Middle Ages, 1000-1450*, Palgrave, 2002, p.46.

③ 转引自张明中："中世纪西欧城市特许状探悉"，北京师范大学 2008 年硕士学位论文，第 8 页。

④ 〔比利时〕亨利·布雷纳：《中世纪的城市》，陈国樑译，商务印书馆 2006 年版，第 121 页。

⑤ 〔德〕汉斯－维尔纳·格茨：《欧洲中世纪生活》，王亚平译，东方出版社 2002 年版，第 244 页。

⑥ 〔美〕哈罗德·J.伯尔曼：《法律与革命——西方法律传统的形成》，贺卫方等译，第 487 页。

以精心守护，有的城市将特许状"保存于市政厅内的有三把锁和三把钥匙的档案柜内"，有的城市"甚至把宪章镌刻在市政厅的墙壁上或一所教堂的墙壁上"。①

由于特许状只是为城市法制提供了一个大框架，细节上多有空白，故而所有特许状都授予城市以立法权，因此，立法成为城市法的第二个重要渊源。

早期的城市立法多是习惯法则的简单罗列，体例散乱，语言粗糙。如9世纪伦巴城的伦巴法汇编、10世纪后半叶热那亚的城市法、比萨城市法，均属这种类型。13世纪以后的城市立法内容较为详细明确，逻辑性和确定性增强，能够全面满足城市生活的现实需要，如米兰的城市法、萨克森的城市管辖法等，莫不如此。

按照立法方式与目的的不同，城市立法分为综合立法、专门立法和协定立法三种。综合立法通常在市政当局的主持或授权下，由专门立法委员会完成。立法委员会的人数根据立法任务而定，有时在编纂完成之后即告解散，有时作为永久性立法机构保留下来，以便随时对法典进行修改和补充。综合立法包括法典汇纂和习惯汇编两种形式。法典汇纂是最主要的形式，所立之法具有系统性和逻辑性。一般而言，法典汇纂的体例分为四到五卷。第一卷是公法，第二卷是刑法，第三卷是诉讼法，第四卷是各种杂项立法，第五卷是工业、商业、农业等方面的立法。德国的《布雷斯劳法典》是城市法典汇纂的典范，它共分五册，465个条款。习惯汇编是对当地不成文习惯和城市法院判例的整理与汇集，其体系性弱于法典汇纂。1160年意大利的《比萨习惯与法律汇编》堪称是习惯汇编的典范，其影响扩及撒丁岛、科西嘉以及马赛等地。当然，法典汇纂和习惯汇编并非泾渭分明，有时很难严格区分。如《威尼斯城市法典》（1242年）、《波伦那城市法典》（1250年）、《巴黎城市法典》（13世纪）、《米兰城市法典》（13世纪）、《卢卡城市法典》（1308年）、《佛

---

① 〔美〕汤普逊：《中世纪欧洲经济社会史》（下册），耿淡如译，第426页。

罗伦萨城市法典》（1335 年）、《罗马城市法典》（15 世纪）等，①都多多少少具有综合性特点。这些法典的制定标志着欧洲城市法进入到统一的法典化时期。

专门立法由不同的市政机构依据职权制定，内容单一，或为刑法，或为民商法，或者更为具体，如关于财政、金融、手工业、商业、粮食供应、市场管理、度量衡标准、城市治安等方面的法规和条例。海商立法是最为重要的城市专门立法。在 13 世纪的意大利，比萨、热那亚、威尼斯相继颁布了海商法典，其中，西西里岛沿海城市阿玛尔菲的《阿玛尔菲海商法》为许多港口城市所效法，直到 17 世纪仍在施行。法国的《奥列隆海商法》是商人海事法院的判例及其所适用的习惯法汇集，它确立了船货装载、海损共担、船主与船员的责任划分等基本原则，在大西洋沿岸各城市十分流行。14 世纪根据西班牙特拉尼海事法院判例编辑而成的《康索拉多海事法典》，内容丰富，体系完整，影响深远。编纂于 15 世纪的瑞典维斯比城的《维斯比海法》继承了奥列隆、阿姆斯特、汉萨和卑克等城市的海商法传统，盛行于波罗的海和北海沿岸地区。上述海商法典原本带有区域性特点，后来随着地区间贸易交往日益频繁而相互融合，汇成了后来欧洲的"共同商法"。

协定立法是城市内部约定的法，多采取协议、合约、誓词等形式。其中，城市初建时的结义盟誓是协定立法的重要组成部分。中世纪的早期城市大多是"依靠一种庄严的集体宣誓或一系列誓约而建立起来的"②，因为最初的市民来自四面八方，相互之间缺乏传统农村社会那种宗族邻里关系纽带，个体独立性强，要想凝聚为一个统一的共同体，结义盟誓是最常用和最有效的方式。通过面对特许状或协定规章的集体结义盟誓，平等而分散的市民凝结为一个社会意义

---

① 参见郑戈："市民社会中的市民法——中世纪欧洲城市法溯源"，《法律科学》1994 年第 6 期；叶秋华："资本主义民商法的摇篮——西欧中世纪城市法、商法与海商法"，《中国人民大学学报》2000 年第 1 期。

② 〔美〕哈罗德·J. 伯尔曼：《法律与革命——西方法律传统的形成》，贺卫方等译，第 475 页。

上的"城市社区"，"一个与领主并存的、独立的法律个体，他们一步一步获取了统治权，至少是部分地得到了自治权"。[①] 因此，结义盟誓被初建城市广泛采用。例如，建于 1215 年的法国城市克雷皮在自治证书序言中写道："为了维持今后的和平，我们特许在克雷皮成立公社。所有在克雷皮城堡周围居住的人都发誓永远尊重公社。"阿布维尔城在 1184 年获得自治权时，也"确认并保证所有宣誓者在正义需要时，互相信赖、互相支持、互相帮助和互相协商"[②]。有些城市还把结义盟誓定期化和制度化，如热那亚，每隔四年就举行一次集体盟誓。结义盟誓是自发的，但也具有一定强制性，只有经过盟誓后才有资格参与城市的政治经济活动，拒绝宣誓者必须离开。[③] 誓约内容既包括市政管理人员的权力范围与职责承诺，也包括市民应享有的权利以及效忠城市、分担城市防御费用的义务保证。誓约通常由城市书记官记录存档，作为日后考核市政当局和市民义务履行情况以及处理相关纠纷时的法律依据。可见，誓约不仅是一种形式，也有着实实在在的法律效力，实质上是一种社会契约法。这种契约法不同于封建契约法，因为它用"相互援助誓约取代了以保护换取的服从契约。这种相互援助誓约是与严格意义上的封建精神格格不入的"[④]，从而"为欧洲的社会生活贡献了一种新的因素"[⑤]。此外，组建城市政府时，市政官员需要宣誓承诺依法管理市政，市民也需要集体宣誓保证服从政府管理，如在意大利，前者的誓言称作"条令"，后者的誓言称作"民众条令"，"这些誓言连结起来便构成了调控

---

① 〔德〕汉斯－维尔纳·格茨：《欧洲中世纪生活》，王亚平译，第 247 页。

② 参见〔法〕雷吉娜·佩尔努：《法国资产阶级史：从发端到近代》（上册），康新文等译，上海译文出版社 1991 年版，第 10—22 页。

③ 参见〔德〕马克斯·韦伯：《经济与社会》（下卷），林荣远译，商务印书馆 1997 年版，第 608—609 页。

④ 〔法〕马克·布洛赫：《封建社会》（下卷），李增洪等译，第 579 页。

⑤ 同上。

公社的政治体制和行政生活的一套法律规范体系"。[①] 最后，城市之间为协调竞争、拓展贸易、抵御封建主的侵扰和盗匪劫掠，也经常自发地结成同盟，由同盟制定的法令、决议也是协议立法的一个重要来源。例如，法兰德斯建立了有 67 个城市参加的同盟，莱昂和加利西亚有 32 个城市组成的同盟。[②] 北欧地区的汉萨同盟最为著名和持久，它曾制定各种各样的法令、条例，虽然始终没有汇编成统一法典，但对参加该同盟的 160 多个城市都具有约束力，造就了中世纪欧洲法律史上一个覆盖地域最广的国际性法律圈。[③]

城市法的第三个渊源是行会章程。行会是城市工商业者基于行业分工而建立的一种互助性社团组织，它们不从属于任何权力机构，依凭行会章程实行自治。行会章程既是职业行为规范，又包含部分道德准则，通常包括以下内容：关于入会的资格、会员的权利与义务以及会长或理事会成员的选举、职责范围等方面的组织规则；关于产品的规格、质量、产量、价格、学徒年限（一般为 7 年）、工资标准等方面的行业规则；关于诚实守信、公平买卖、互助友爱、保守行业技术秘密等职业道德规范，以及禁止渎神、赌博、放高利贷和弄虚作假、缺斤短两等欺诈行为的要求及其惩罚措施。

行会章程由各行会自行制定，适用于本行业成员，但需要交由市政当局审查批准。13 世纪下层市民反抗望族把持市政的"人民运动"之后，行会获得了参与城市管理的权利，经常向市政当局提出批评或立法动议，甚至直接参与城市立法和司法活动，行会及其行会章程对城市法的影响日益扩大。对此，苏格兰历史学家威廉·罗伯逊说：

---

① 〔美〕哈罗德·J. 伯尔曼：《法律与革命——西方法律传统的形成》，贺卫方等译，第 472 页。

② 参见〔法〕P. 布瓦松纳：《中世纪欧洲生活和劳动：五至十五世纪》，潘源来译，第 204 页。

③ 参见张玲玉："没有国家的正义：汉萨同盟的法律与实践"，《兰州学刊》2010 年第 12 期。

　　一旦行业代表赢得任何程度的信任并能影响立法机关，法律的精神就和从前不同了；它源自新的原则；它是为了新的目标；平等、秩序、公共利益和对冤情的补偿，这些词句和观念被使用，这些逐渐和欧洲国家的法规与权限相似。在每一个欧洲国家为了自由所作的几乎所有的努力都来自这个立法机构新的权力。相应的对它的考虑和影响在上升，贵族政治精神的严肃性在减少；在古代贵族的过度的权限被削减的同时，公民的基本权利逐渐变得更加广泛。①

　　上述综合性、专门性立法和行会章程都属于成文法，它们构成了城市法的主体。但任何成文法都不可能囊括全部社会生活，都需要习惯法予以补阙拾遗。所以，在城市日常生活和商品交易中自发形成的某些习惯规则也是城市法的重要内容。譬如，市场准入权、货物存储权、集市的日期和场所、集市日市场的开启与关闭时间等，都是在交易活动中自发形成的。此外，为解决商事纠纷而设立的城市商人法院，通常按照行业习惯或道德规范裁决争端，在判例积累的基础上便形成一套习惯性商法。这些生活中的习惯规则一旦得到市民和市政官的认可，便获得如同成文法一样的效力，从而成为城市法中最富灵活性和适应性的部分。

　　特别需要指出的是，12 世纪以后随着远距离贸易的发展，欧洲许多大城市出现了国际性市场，如威尼斯、利物浦、根特、科隆都有跨国性质的大型集市。其中，法国的香槟集市多达 50 多个市场，吸引了许多国家的商人。国际性集市的出现打破了城市市场的狭隘性和地域性，推动了商务领事法院的建立和国际商法体系的形成。国际商法的内容多是体现资本主义发展一般要求的市场法则，诸如银行、票据、抵押、借贷、汇兑、保险、租赁、代理、合伙、联营

---

　　① 转引自威廉·瑞伯亨格："中世纪至今德国的城市和国家：现代市民社会在城市传统中的起源"，梁洁译，《都市文化研究第 2 辑·都市、帝国与先知》，上海三联书店 2006 年版，第 143 页。

等方面的规则。因此，虽然每一个国家甚至每一个城市都有自己的商法，但它们"都不过是同一种类的各个分支而已。在每个地方，商法的主要原则和最重要的规则都是一样的，或者说是趋于同一的"①，这一点集中体现了城市法具有超越国家的同质性特点。

二、城市法制及其现代性品格

现代社会是由传统社会发展而来的，相应地现代法律也是从传统法律发展而来的，"法律的这一转型与变革过程，就是法制现代化的过程"②。法制现代化是人类法治文明史上的一次革命性变革，是传统法制中的现代性元素不断增量并最终占据主导地位的一个渐进过程。在中世纪欧洲传统法制中，城市法制的现代元素是最丰富的，或者说基本具备了现代性品格，因而可以说，欧洲法制现代化的进程是从城市法制"正式启动"的。③

城市法制的现代性品格是由城市特有的商品市场经济和市民社会性质决定的。马克思曾经指出："法的关系正像国家的形式一样，既不能从它们本身来理解，也不能从所谓人类精神的一般发展来理解，相反，它们根源于物质的生活关系。"④因此，"法律应该是社会共同的、由一定物质生产方式所产生的利益和需要的表现"⑤。中世纪的欧洲整体上是一个以封建农业和自然经济为主导的社会，但城市构成了一个游离于主体结构之外的异质世界，一个以商品市场经济为基础的新型经济共同体，同时，"作为一个自由的、自治的市民社会的城市，是中世纪欧洲的一个新的政治和社会有机体"⑥。

---

① 〔美〕哈罗德·J. 伯尔曼：《法律与革命——西方法律传统的形成》，贺卫方等译，第 417 页。
② 公丕祥：《法制现代化的理论逻辑》，中国政法大学出版社 1999 年版，第 21 页。
③ 王国金、张镭："中世纪欧洲城市制度及其法律意义"，《文史哲》2001 年第 6 期。
④ 《马克思恩格斯选集》（第 2 卷），人民出版社 1995 年版，第 32 页。
⑤ 《马克思恩格斯全集》（第 6 卷），人民出版社 1993 年版，第 292 页。
⑥ 〔美〕汤普逊：《中世纪经济社会史》（下册），耿淡如译，第 427 页。

工商业历来是城市的经济命脉——

> （城市）只有从外面进口食物才能生活。另一方面必须出口对等的或等价的工业产品，以与进口相适应。于是，在城市和与其附近地区之间建立起一种经常性的互相帮助的关系。商业和工业对于维持这种相互依存的关系是必不可少的：如果没有进口保证生活必需品的供应，没有出口用交换品抵偿进口，城市就要灭亡。[1]

对于中世纪的城市来说，工商业尤其重要，因为中世纪的"市民阶级本身就是商业复兴的产物，而最初'商人'与'市民'两个名词就是同义语"[2]，"市民首先是而且仅仅是商品生产者和商人"[3]。身为工商业者的市民在经济人格上是独立平等的自由民，他们借助商品交换相互联系在一起，建立起一种异于封建关系的新型经济和人际关系。大商人多数组建商贸公司，从事商品批发和远距离贸易。部分市民虽依旧占有土地，但城市的土地采用资本主义经营方式，可以自由转让与出卖，不受封建继承法的限制。因此，中世纪的城市产生伊始就是"封建汪洋中的资本主义岛屿"，"没有哪个时代有过像中世纪城市的社会、经济组织与农村的社会、经济组织之间那样鲜明的差别"[4]。

以商品市场经济为生的市民组成了一个不同于封建社会的雏形市民社会，其显著特点是身份关系开始被契约关系所取代。英国历史法学家梅因曾指出，"所有进步社会的运动，到此处为止，是一个'从身份到契约'的运动"，这一运动的基本走势"是家族依附

---

① 〔比利时〕亨利·皮雷纳：《中世纪的城市》，陈国樑译，第84页。
② 〔比利时〕亨利·皮朗：《中世纪欧洲经济社会史》，乐文译，第47页。
③ 《马克思恩格斯全集》（第21卷），第545页。
④ 〔比利时〕亨利·皮雷纳：《中世纪的城市》，陈国樑译，第85页。

的逐步消灭以及代之而起的个人义务的增长"。① 中世纪市民阶级的前身多是流动商贩和逃亡的农奴与工匠，在进入城市之前，他们世代居住于封闭的庄园内，生活在人身依附、封建奴役、家族宗法、宗教戒律等构成的关系网络中，每个人一出生便被预定了某种不可改变的身份与角色，整个社会结构围绕纵向支配关系的中轴展开，上下有别，等级分明，呈金字塔形。城市的情景则与此相反。城市特许状实质上是市民阶级与封建领主之间订立的一份集体契约，而且当市民面向特许状结义盟誓时，是作为独立的个体宣誓效忠城市共同体，并以此换取城市共同体对自身利益的保护。所以，特许状实质上又是个体市民通过平等参与形式相互达成的一种社会契约。因此，在新的城市环境中，附着于土地的不平等、不可变的身份和人身依附关系、法定的等级差别统统消失了，等价交换、平等互利成为彼此交往的基本原则，社会结构呈平面型。虽然在某种意义上市民也可以说是一种身份，但不是命中注定的或外力强加于身的，而是个人自主选择的结果。来自不同地域、民族、职业、阶层的市民汇聚一城，各操其业，都具有主体人格和自我意识。于是，在市民身上，"人"所与生俱来、理应享有的自由得到释放与拓展，"人"的内涵与品质获得了提升，市民开始作为一个自主自立的"人"而存在。在这里，"人之所以为人，正因为他是人的缘故，而并不是因为他是犹太人、天主教徒、基督教徒、德国人、意大利人……"②。可见，所谓的市民身份仅仅是一种"法律身份，是一种以共同体成员身份为依托的生活方式"③。

当然，大多数市民都要加入某种社团组织，诸如商人公会、手工业行会、社区友谊会等。但是，这种市民社团与依附性的家族组织、封建组织、宗教组织不同，它们是基于共同的利益需求或兴趣爱好

---

① 〔英〕梅因：《古代法》，沈景一译，第97、96页。
② 〔德〕黑格尔：《法哲学原理》，范扬、张企泰译，商务印书馆1961年版，第255页。
③ 转引自〔美〕哈罗德·J. 伯尔曼：《法律与革命——西方法律传统的形成》，贺卫方等译，第461页。

的一种平等的自主联合，不管是外地商人还是本地商人、自由人还是逃亡农奴，都是作为独立个体自愿参加的，而且都把有利于个人利益的实现与保障作为加入社团的首要目的。所以，城市社团都是"被用来作为相互保护的团体和自愿的法律实施组织"，"都是兄弟般的联合"。① 在这种组织中，个人的私人特殊性不再具有实际意义，而将社团成员凝聚在一起的是一般化媒介亦即市民权。在黑格尔看来，市民社会有两个基本原则，一是"具体的人作为特殊的人本身就是目的"，二是"每一个特殊的人都是作为他人的中介，同时也无条件地通过普遍性的形式的中介，而肯定自己并得到满足"。② 据此标准，社团正是独立个人的一种存在形式和市民社会初步形成的一种外在表现。

在商品市场经济和市民社会的基础上，城市法制呈现出若干不同于传统封建法制的现代性品格。③

首先，城市法制基本实现了法律的成文化、系统化和世俗化，初步具备了近代法律体系的外部形态。在构成城市法的特许状（法律）、城市立法（法规）和城市判例与习惯三部分中，前两部分是主体。在司法实践中，如果三部分发生冲突，那么习惯要服从法规，

① 〔美〕哈罗德·J. 伯尔曼：《法律与革命——西方法律传统的形成》，贺卫方等译，第 473、474 页。

② 〔德〕黑格尔：《法哲学原理》，范扬、张企泰译，第 231 页。

③ 这里需要说明的是，城市的商品市场经济和市民社会性质与城市法制现代性的关系不是一种简单的决定和被决定的关系，而是一种互为因果的双向关系。伯尔曼说："事实上，11 世纪晚期和 12 世纪新的法学为按照秩序和正义的新观念把各种商业关系制度化和系统化提供了一种架构。假如没有诸如流通汇票和有限责任合伙这样一些新的法律设计，没有对已经陈旧过时的以往的商业习惯的改造，没有商事法院和商事立法，那么，要求变化的其他社会经济压力就找不到出路。实际上，所发生的不仅是商业的革命性转变，而且还是整个社会的变迁"；"如果没有城市法律意识和一种城市法律体系，那就根本无法想象欧洲城市和城镇的产生。即使它们产生了……（也）绝不会是近代西方意义上的城市"（见〔美〕哈罗德·J. 伯尔曼：《法律与革命——西方法律传统的形成》，贺卫方等译，第 409、441 页。）。这就是说，一方面 11—12 世纪欧洲城市商品市场经济和市民社会的发展赋予了城市法制以现代性品格，另一方面城市法制及其现代性品格也促成了那时欧洲社会经济的变迁，二者是不可分割的统一过程，犹如一枚硬币的两面。

法规要服从法律。从内容结构看，因受罗马法影响，城市法普遍分为公法和私法两大部分，其中的"许多具体法规、条例和规则，明显地是与封建等级制度的特权法相对立的"①。更重要的是，城市法一开始就与教会法相互分离，实现了世俗化。因为"城市把自己看成是世俗的政治体，并不要求自己去适用宗教法律，举行圣礼或宣传宗教教义，而是把那些事务留给教会，这一事实是其作为西方意义上的城市所具有的一个特征"②。

其次，城市法制重视对市民的市场主体资格及其正当权益的保护。市场经济是自主性经济，市场主体——不管是自然人还是法人——的经营自由必须予以尊重和保障，才能保证经济的正常运行。为此，城市法对市民的人身自由、市场主体资格及其权利、行为选择自由乃至意志自由，都给予了特别关注和普遍保护。如12世纪的《圣康坦制度》第4条规定，"公社的门向所有的人敞开"，"不管谁希望来，也不管他来自何处，只要他不是贼，就可以住进公社。一旦进入城市，便没有人对他施以侵害和使用暴力"。③城市法制还特别重视对市民财产权的保护，这集中体现在市民对土地的占有权利上。城市土地在法律上归封建领主所有，所以早期的市民需要向领主缴纳货币地租，但市民对土地的使用和处置拥有完全自主权。11世纪以后，越来越多的城市通过一次性赎买终止了地租义务，土地成为市民的可世袭财产。更多的城市土地名义上虽属于领主所有，但是随着工商业的发展，地价上涨迅速，货币不断贬值，而地租仍是原先契约规定的固定数额，所以越来越显得微不足道，致使某些领主干脆不再征收，于是，城市土地实际上成为市民的自由财产。对于城市土地及其他财产的自由性

---

① 叶秋华："资本主义民商法的摇篮——西欧中世纪城市法、商法与海商法"，《中国人民大学学报》2000年第1期。

② 〔美〕哈罗德·J.伯尔曼：《法律与革命——西方法律传统的形成》，贺卫方等译，第478页。

③ C.E.Petit-Dutaillis, *The French Commune in the Middle Ages*, North-Holland Publishing Company, 1978, p.37.

质，布瓦松纳曾指出：

> （城市居民）可以自由支配他们自己的财产，如同自由支
> 配他们的人身一样；他们可以取得、占有、让渡、交换、出卖、
> 馈赠和遗传他们的动产和不动产，而不受领主管制。①

马克斯·韦伯也认为，在中世纪欧洲城市中，土地财产原则上不受
封建法则的束缚，可以继承、自由转让和出租。②

再次，城市法制注重规范市场主体的行为和保障市场运行的秩
序。市场经济仰赖于契约与交换，必然受价值规律、供求规律的调
节和支配，由此决定了市场经济的运行必须遵循平等、自愿、等
价、诚信等原则。然而，由于每一个市场主体都本能地追求自身
利益最大化，因此，在生产、流通、分配、消费等各个环节上都
存在激烈竞争，这就难免导致违背市场规则的现象发生，出现假
冒伪劣、背信违约、坑蒙拐骗等不正当竞争行为。为确保市场机
制的有序运转，就需要建立较为完备而公正的法律制度，包括对商
品的价格、数量、质量、种类、性能、交货时间地点以及付款方式
和违约责任等法律条款，并保证在实践中得到严格执行和遵守。因
此，各个城市都明确规定了市场主体的权利和义务，强调平等竞
争、公平交易、信守契约等行为准则，注重权利保障的法律程序以
及违反后需要承担的法律责任。这些内容使城市法制与周边农村
地区的法制清晰地区别开来，一如皮朗所言："一离开城门与壕
沟就是另外一个世界，或者说得更确切一些，就是另一种法律的
领域。"③

---

① 〔法〕P. 布瓦松纳：《中世纪欧洲生活和劳动：五至十五世纪》，潘源来译，第
201页。

② 参见〔德〕马克斯·韦伯：《经济与社会》（下卷），林荣远译，第592页。

③ 〔比利时〕亨利·皮朗：《中世纪欧洲经济社会史》，乐文译，第53页。

复次，城市法制具有鲜明的自由平等精神。皮朗写道：

> 市民阶级最不可少的需要就是个人自由。没有自由，那就是说没有行动、营业与销售货物的权利……没有自由，贸易就无法进行。[①]

尽管市民们要求自由的出发点只是为了获得经济利益，并没有把自由视为是人与生俱来的天赋权利，但自由毕竟成为"市民的第一需要"[②]。实际上，中世纪城市的市民与自由几乎是同义词，不管他们原来是农奴还是奴隶，只要在城市住满一年零一天，就成为自由人，这是当时欧洲各城市的通则，并被明确写进了许多城市的特许状中。

城市法制的平等特色也是显而易见的。马克思指出，"商品是天生的平等派"[③]。恩格斯也说过："竞争——这个自由商品生产者的基本交往形式——是平等化的最大创造者。"[④]因此，在以商品市场经济为主的社会中自然而然地产生出平等关系及其意识。当然，市民内部也分为不同阶层，阶层之间也存在明显差别，如城市贵族占有土地、门第高贵，大商人腰缠万贯、有钱有势，中小工商业者家道殷实、衣食无忧，帮工、学徒、手工工人等下层市民收入微薄、生活艰难。在政治生活中，城市贵族和大商人是统治阶层，掌握市政，下层市民名义上享有政治权利，但实际作用有限。不过，在法律上各个阶层都是平等的，他们享有共同的市民权利。西方学者罗利格在谈及包括贵族在内的城市上层市民时说过，一般而言，"没有明确地把他们规定为享有特权的上层社会等级的法律，他们与手工业工人、小店主和小商人阶层之间并没有法律的鸿沟，而只有社会和

---

① 〔比利时〕亨利·皮朗：《中世纪欧洲经济社会史》，乐文译，第48页。
② 同上书，第49页。
③ 〔德〕马克思：《资本论》（第一卷），人民出版社1975年版，第103页。
④ 《马克思恩格斯全集》（第21卷），第546页。

经济的鸿沟"①。此外，与传统的自然经济相比，城市的商品市场经济是一种开放的动态经济，充满了机遇和风险，下层市民有可能通过自己的勤劳智慧而迅速发迹，城市贵族也可能因经营不善而穷困潦倒。城市的政治生活也相对开放，充满党派竞争，变化无常。因此，不同市民阶层之间的经济政治差别不是凝固的，而是流动的，随着政治经济局势的变动，上下阶层的分野会不时地发生变化。就此而言，社会结构的开放性和流动性正是城市法制自由平等精神的一种外在表现和根本保证。

最后，城市法制拥有新型法律文化的支撑。城市市民都是独立的个体，但又是休戚与共的整体，他们对外反对封建束缚而追求自主自治，对内反对等级差别而追求自由平等，这样，"附属的单个个人只是借助其成员的力量才能够在一个组成的集体中作为统一体来行动"②。于是，市民们普遍把精诚团结、公共秩序、公平正义以及政治参与等价值目标视同生命精心呵护。而广泛的政治参与反过来又激活了一度沉寂的古典民主文化的基因，市民们从希腊罗马遗产中继受了公民（citizen）概念，以区别于封建制度下流行的臣民（subjects）概念。在英国，城市被视为一个法人（corporation）单位，城市当局是当然的法人代表。在法国，人们习惯于称城市为"公社"甚至"城市国家"（city-state）。在北意大利，威尼斯、佛罗伦萨、热那亚都是事实上独立的城市共和国。许多城市还设计了自己的徽标印章、执政官的权杖以及就职典礼、城市节日和庆祝仪式，通过这些形形色色的文化活动，进一步强化了市民的集体荣誉感和政治凝聚力。这样，在国家一盘散沙、公共权力系统碎片化的封建大背景下，自治城市就成为"一个相对统一的政治权力中心，一个看得见摸得着的统一体"，亦即"非统一"政治大格局中的"统一共同体"。③

---

① F.Rorig, *The Medieval Town*, California University Press, 1967, pp.145-146.

② 〔美〕贾恩弗兰科·波齐：《近代国家的发展——社会学导论》，沈汉译，第41页。

③ 雷勇："西欧中世纪的城市自治——西方法治传统形成因素的社会学分析"，《现代法学》2006年第1期。

有西方学者甚至认为，"自由民把城市建成一个独立的公共实体……实际上创造了如我们所想象的现代国家"①。与此同时，独立于教会控制之外的世俗教育也在城市中发展起来，各城市纷纷建立起了职业技术学校或商科学校乃至现代意义的大学。技术学校主要针对下层市民子弟，重点学习读、写、算等基础知识和技能，旨在培养实用型技术人才。如米兰城 1288 年共有 70 名小学教师；吕贝克城在 14 世纪初已拥有 4 所学校；"佛罗伦萨城 1283 年的 8 000—10 000 名在校学生中，就有 1 000—1 200 名是学习计算的学生"②。大学旨在培养高级专门人才，所以更加重视知识教育和学术研究，强调思想独立和理性思维，其中某些大学如意大利的波伦亚大学重点进行罗马法的教育与研究，培养了大批优秀法律人才，该大学的教授们经常以法律专家的身份被吸收为市议会的成员。③

法国修道士维特里在 1200 年赞扬意大利城市的市民文化时曾说过：

> 市民能深思熟虑，对公共事务勤劳而又热心，他们拒绝屈从于别人，并防止任何人侵犯他们的自由。他们制定自己的法律并服从这些法律。④

实际上，城市文化的内涵比维特里所说的要丰富得多，至少应包括：资格平等、人格至上、意志自由、参政议政等社会契约思想和民主观念，关注世俗生活、强调个人独立、选择自主、追求个性解放的

---

① 〔意〕卡洛·M. 奇波拉：《欧洲经济史》（第一卷），徐璇等译，商务印书馆 1998 年版，第 12 页。
② 〔法〕雷吉娜·佩尔努：《法国资产阶级史》（上册），康新文等译，第 147 页。
③ 参见上书，第 146 页。
④ 〔美〕汤普逊：《中世纪经济社会史》（下册），耿淡如译，第 427 页。

人文精神，[①] 尊重规则、崇尚法律、强调权利、重视财产保护的法治意识，等等。其中，市民的权利意识和法律观念尤其引人瞩目。可以说，对于市民阶级而言，权利是法律的灵魂，法律则是权利的形式，因而法律已不仅仅是一种外在的价值尺度和行为规范，而且是一种内在要求和生活方式。国外有学者认为，在市民中已初步形成了法律信仰，即"不管法律是上帝的还是人的，法律应该统治世界"的信念。[②] 上述种种新观念、新精神、新意识不仅是当时城市法制别开生面的精神源泉和文化表征，而且孕育和预示了现代社会价值体系的基本内涵，直接为文艺复兴和宗教改革运动奠定了思想理论基础。

三、城市自治制度

自治是中世纪欧洲城市最明显的特征，其含义包括两个层次：一是对外，即独立于国王或领主的城市自主治理；二是对内，即城市内部各项事务和各种利益群体的自我管理。

对外意义上的自治在城市之间略有差别。有的城市拥有完全自治权，市民享有较充分的自由，国王或领主的统治徒有其名；有的城市自治权和市民自由权是不完全的，只拥有最起码的"初级特权"，国王或领主还保留着一定的控制权或干预权。一般说来，欧陆各国因为王权虚弱，城市的自治权较为完整，几乎达到了不受控制的独立程度，如法国的许多城市成立了自己的公社，意大利的城市大多建立了共和国，但在英国，因为诺曼征服后建立起了强大的国王政府，自治城市多数隶属王室，城市的政治经济生活在一定程度上受到国王政府的限制。不过，自治程度无论高低，其治理模式都与农村地区大相径庭，因为城市都拥有基本的立法、司法和行政管理的自主权。

---

① 布克哈特说："在 13 世纪，意大利开始充满具有个性的人物；施加在人类人格上的符咒被解除了，上千的人物各自以其特别的形态和服装出现在人们面前。"见〔瑞士〕雅各布·布克哈特：《意大利文艺复兴时期的文化》，何新译，商务印书馆 1981 年版，第 126 页。

② 参见〔英〕戴维·M. 沃克：《牛津法律大辞典》，北京社会与科技发展研究所译，光明日报出版社 1989 年版，第 790 页。

至于自治程度的高低，仅仅是大同下的小异。

对内意义上的自治同样大同小异。各城市都建有市政机关，官员多数通过选举产生，代表市民管理市政，包括治安保卫、颁布法律命令、管理财政税收和工商业、建立学校救济院等公共福利设施等。有的市政机关控制在城市贵族手中，寡头性质严重，有的则是全民参与型的，民主特色浓厚。从发展趋势看，贵族势力被逐步削弱，下层市民的作用不断增强，行业自治和政治多元化以及与此相关的分权制衡特征日趋明显。总体而言——

> 各类城市的市议会，都是主权实体；每个城市都是一个自治的市民社会，各自制定法律、自行征税、自管司法、自行铸币，甚至根据各自需要结成政治联盟、自行宣战或媾和。[1]

政治自治

城市的内部自治首先体现在政治上，其主要标志是共和制市政机构的建立。

意大利的城市复兴较早，加之罗马文化底蕴深厚，最早建立起了共和制度。1080 年，卢卡城设置了选举产生的城市执政官。到 12 世纪上期，意大利各主要城市普遍采用了执政官制度。[2] 执政官由定期举行的市民大会选举产生，其最大特点是"任期的年度性"[3]，多数城市一年改选一次，有的仅仅六个月。各城市的执政官数目多少不等，而且经常变化，如米兰 1130 年有 23 名，1138 年只有 4 名，

---

① 〔法〕詹姆斯·W. 汤普逊：《中世纪晚期欧洲经济社会史》，徐家玲等译，商务印书馆 1992 年版，第 174 页。

② 如 1084 年的比萨、1093 年的阿斯提、1098 年的阿雷佐、1099 年的热那亚、1105 年的帕维亚、1123 年的波伦亚、1125 年的锡耶纳、1127 年的布雷西亚、1138 年的佛罗伦萨，均有执政官的记录。

③ 〔比利时〕亨利·布雷纳：《中世纪的城市》，陈国樑译，第 111 页。

正常情况下城市执政官的数目在 4—12 名之间。市民大会除了选举执政官外，还负责制定法律、决定和战与批准条约等。

最初，执政官内部没有分工，地位平等，平时管理市政，裁决争端，战时组织市民抗敌，保家卫城。为提升行政效率，意大利各城市从 12 世纪后期起陆续采用了首席执政官制度。首席执政官不仅是城市的最高行政官和首席法官，而且是军事首领，并经常兼任外交大使，享有广泛权力。首席执政官的产生通常采用较为复杂的选举方法，如实行选区制，按照人口比例，首先由各选区符合资格的市民通过抽签产生一定数目的选举人，组成一个大约 600 人左右的选举委员会，再通过抽签从中产生大约 20 名成员，组成候选人提名委员会，由该委员会提出 3 个候选人名单，最后由全体委员会投票从中选出一人。[①]首席执政官是领薪官职，任期限为半年到一年，卸任后必须间隔三年后方有资格重新参选。首席执政官就任时要进行宣誓，保证恪尽职守、公平施政。有时根据需要设立市政专门委员会，行使军事、财政等特别权力。由于意大利各城市内部存在激烈复杂的家族党派纷争，选举首席执政官时经常争议不决，首席执政官在任职期间也很难做到不偏不倚，所以从 13 世纪起，多数城市改从其他城市聘请首席执政官，称之为总监。对总监的资质要求十分严格，如必须精通市政管理，受过法律训练等，所以总监具有更高的专业素质，实际上是领薪的职业的"城市管理者"。[②]总监就任时必须宣誓忠于城市，保证恪守法律，主持正义。总监拥有行政、司法和军队统率权，但不能违背议事会的指示，无权擅自做出政治决定。任期届满时，须接受专门委员会的政绩审核。到 14 世纪时，总监一职逐渐演化为专门性的大法官。

自治城市的政治核心是议事会，一般由数百人组成，多者达数千人（如威尼斯），相当于城市议会，又带有行政色彩，享有立法

---

① 〔英〕约翰·邓恩：《民主的历程》，林猛等译，吉林人民出版社 1999 年版，第 73 页。
② 〔美〕哈罗德·J.伯尔曼：《法律与革命——西方法律传统的形成》，贺卫方等译，第 471 页。

权和决策权。其中的部分成员组成一个小型的"责任会议",人数约16—24人,与首席执政官一起作为常设机构处理日常政务。理事会成员的选举大致有三种方式,一是间接选举,即先选出选举人,然后再由他们选举议事会成员;二是由即将离任的议事会成员直接选举新的议事会成员;三是抽签选举。例如在卢卡,先由每个选区单独举行会议进行抽签,共选出550名市民,再由这些市民分别从自己所在选区提名一人为议事会成员。作为立法机构,只有满法定人数时议事会才能做出决定。法定人数一般为议事会成员的三分之二,无故缺席要受到惩罚。某些特别重大的事务,则需要四分之三或五分之四的成员到会才能进行表决。[①]

早期的意大利城市理事会控制在贵族和大商人手中,具有明显的贵族寡头色彩。如米兰,名义上法律规定人人都有资格担任执政官,实际上只能从上层市民中产生。有一些城市甚至明确规定普通市民无权担任最高行政官。[②]不过,从13世纪末起,在下层平民和手工业者的斗争下,许多城市成立了代表性更广泛的联合政权,民主色彩日益增强,故而韦伯称中世纪后期的欧洲城市为"平民城市"。"平民城市"的市政机关通常由市长、代议制议事会和城市法院组成,不少城市还保留了全民性质的市民大会。议事会或者市民大会是城市的最高权力机构,负责选举市长及市政官员,处理重大事宜。"平民城市"的政治制度复活并发展了古代希腊罗马的民主共和原则,摒弃了直接民主制,通过选举产生的代表来行使城市最高权力。可见,"平民城市"继承并发扬了古典民主传统,开创了现代代议政府的先例。

佛罗伦萨的自治制度堪称是由贵族政治转化为民主政治的典范。13世纪中期以前,该城市的政府要职皆为贵族把持。13世纪后期,平民阶层政治地位上升,城市政权被代表平民利益的七大行

---

① 参见朱耀辉:"城市文明与近代西欧民族国家的兴起",复旦大学2003年博士学位论文,第44—45页。

② 徐国栋:《人性论与市民法》,法律出版社2006年版,第33页。

会①所控制。它们于 1293 年颁布了具有宪法性质的《正义法规》，建立起了一套较为民主的政治制度。1378 年梳毛工人起义又给予贵族势力以进一步打击，平民的政治主导地位更加巩固。那时，佛罗伦萨政府由首长会议、旗手团、贤人团、市议会等机构组成。首长会议是最高行政机构，它由选举产生的 8 名首长和 1 名正义旗手组成，首长任期一年，正义旗手任期两个月。首长会议拥有广泛的权力，对内负责制定政策，管理日常政务，拟定法案，任命下级官吏；对外有权处理一切外交事宜，派遣驻外使节，结盟、宣战或媾和。各首长地位平等，按照少数服从多数的原则共同管理市政，这样彼此之间可以相互制约，避免集权和专制的发生。首长会议下设两个辅助机构，一是旗手团，二是贤人团。旗手团由 16 名旗手组成，其成员来自城市各区的民团首领，任期四个月。贤人团由 12 名贤达组成，选举产生，任期三个月，入选者都是城市中德高望重者及卸任的政界元老。旗手团和贤人团的主要职责是为首长会议提供咨询，建言献策，同时也协助首长和正义旗手处理日常军政事务和选任下级官吏。

佛罗伦萨自治政府的民主性还体现在建立了多种形式的市议会，作为城市的最高权力机构，行使立法权和决策权。一是公社会议，由 250 名市民代表组成，包括平民代表和部分贵族代表；二是人民会议，由 300 名代表组成，其成员全部来自平民；三是巴利阿会议（Balia），其成员来自各个阶层和行业的代表，社会基础广泛，但主体是平民代表。前两者定期召开，代表任期六个月。巴利阿会议是不定期的，拥有特殊权力。它通常是在政局动荡时应急召开，可以不受任何机构和制度的约束，颁布任何法令或决议，且具有绝对效力。因此，巴利阿会议是一把双刃剑，有时可能被别有用心的政治精英所利用，沦为个人排除异己的权力斗争工具。

在同样四分五裂的德国，城市也享有较大的自治权，但因这里

---

① 这七大行会包括银行业、毛织业、进口毛呢加工业、丝织业、医药香料业、皮毛业和律师业行会。

201

贵族势力雄厚，而工商业发展相对落后，所以市政管理长期保持贵族特色，市议会成员、市政当局首脑以及法院法官，大部分从贵族或富商中选出。例如，根特的市政管理被来自该市 39 个世家大族的 39 名市政官长期垄断，他们分为三组，每组 13 人，轮流执政，一次一年。第一组轮值当政时，第二组充当顾问，第三组轮休。如此循环往复，平民基本没有机会进入市政机关。在工商业城市科隆，市政府由大会议与小会议两种机构组成，小会议起主导作用，总揽城市外交、财政、行政与司法事务，组成它的 15 名成员全部出身贵族。大会议成员为 72 人，大部分也都是贵族富商。根据该城市法律规定，小会议成员离任后要间隔两年方能再次当选，因此也像根特一样，15 个成员分成三批，轮流执政，既规避了法律，又能将政权长期保持在贵族手中。①

法国的巴黎因是国王驻节地，其自治权受到王权的较大限制，准确地说，它是一个由国王控制的城市。② 在这里，从未召开过市民大会，市政管理操纵在巴黎商会手中，配以四名助手和一定数量的公职人员，其权力范围包括司法审判、赋税征收、市政和城防建设、城市治安及粮食供应等，但巴黎商会会长不掌握军权。法国的其他城市与意大利和德国的城市差别不大，多采用公社形式。如卢昂，由 100 名贵族富商组成的市政会议掌管着除高级司法权外的一切市政管理权。在市政会议基础上选举产生的 24 人理事会，组成执行机关。该 24 人再分为两组，12 人为市政官，12 人为顾问。市政会议有权提名三名市长候选人，由国王任命其中之一为市长，负责处理日常政务和主持城市法院。像卢昂这种公社式的自治模式在法国相当普遍，其中某些城市可以自选市长，无须国王批准或认定。③

比较而言，英国因为王权强大，自治城市数量相对较少，城市管理没有达到某些欧洲城市不受王室或王侯控制的那种独立程

---

① 参见马克垚：《西欧封建经济形态研究》，中国大百科全书出版社 2009 年版，第 331 页。
② 参见上书，第 314 页。
③ 参见上书，第 313 页。

度①。在 13 世纪之前，英国很少有城市获得财政税收方面的自主权，英王亨利二世在位时，只有林肯、剑桥等五个城市在向王室缴纳一定数额的款项后方可自行征税。② 后来，获得这种权利的城市有所增多，但仅仅意味着城市暂时代替国王管理税收而已，所以被称作城市"包税额"（ferm），而且包税权还有明确的时限，到期要被收回，若想续权，必须重新向国王申请。此外，英国获得自选市长权利的城市也相对较少。在现存的亨利二世时期的 50 份特许状中，只有两份授予了自选市长权利。格洛斯特和约克曾试图组织自治公社，结果遭到了亨利二世的制裁。③1129 年英王亨利一世（1100—1135 年）授予伦敦特许状，允许在每年向国王缴纳 300 英镑税款的前提下自选市长，并可设立城市法院。④ 亨利一世去世后，伦敦自选市长的权利随即被取消，直到 1190 年才重新恢复。⑤不过，从亨利三世（1216—1272 年）起，越来越多的城市利用王室的财政困难取得了包税特权以及选举市长和自设法院的特权，这实际上摆脱了王权代理人郡长的控制而实现了自治，尤其自爱德华一世后，国王随意剥夺城市自治权的事情很少发生，各城市只要如期交纳包税额，基本上可以不受干涉地自主管理市政。

　　英国城市自治权的有限性说明那时的城市管理没有也不可能"完全冲破封建的樊篱，它还包含着不少封建性质的因素，也还调整着不少封建性质的法律关系"⑥。不过，就其主流特征而言，各城市通过选举产生的市议会和公职人员，自行组建行政机构，自主进行市

---

　　① 参见〔美〕哈罗德·J.伯尔曼：《法律与革命——西方法律传统的形成》，贺卫方等译，第 466 页。

　　② C.Stephenson, *Borough and Town*: *A Study of Urban Origins in England*, The Medieval Academy of America, 1933, p.166.

　　③ 参见金志霖："试论英国手工业行会与市政当局的关系——兼论英国不存在行会革命"，《华东师范大学学报》1994 年第 3 期。

　　④ 〔美〕哈罗德·J.伯尔曼：《法律与革命——西方法律传统的形成》，贺卫方等译，第 462 页。

　　⑤ 马克垚：《西欧封建经济形态研究》，第 315 页。

　　⑥ 叶秋华："资本主义民法的摇篮——西欧中世纪城市法、商法与海商法"，《中国人民大学学报》2000 年第 1 期。

政管理，许多城市的中下层市民也享有选举权和出任公职、参与市政的权利，[①]这种新型的管理形式和自治制度为近代民族国家提供了可资借鉴的政治经验。

行会与社会经济自治

城市自治更深刻地体现在经济生活方面。为维护城市内外的经济往来秩序，保证工商业发展和市民的正常生活，各城市对经济活动实行自我监督与控制，并建立起了一套以市政当局为核心、以行会（Guild）为组织形式的社会经济管理系统。

保护城市的工商业利益，限制其他城市的竞争，是市政当局的法定职责。为此，各自治城市都制定了有利于自身工商业发展的法律和政策。例如，许多城市禁止外地商人进入，或限定他们的贸易范围与时间。12世纪时，英国温切斯特市规定，在它周边七里格（一里格约等于三英里）的范围内，不得建立新市场；布里斯特尔市只允许外埠商人在城内停留40天；伦敦市在1463年规定，外埠商人只能在马可街附近的教堂区进行贸易活动。作为商品集散地的城市为获取最大化利润，往往利用地理优势采用强制手段，规定装载商品的商船、车辆必须从本城通过，以征收通行费。例如，德国城市库斯特林的商船如果要运货到波罗的海港口，必须沿奥德河上溯至法兰克福，并在那里卸货交税后再把货物重新装船，方可沿河下行至出海港口。在毛纺织业发达的根特、布鲁日、伊普雷等城市，为垄断当地市场，市政当局颁布法令，禁止在城外发展任何形式的纺织工业，附近小城市的织布机均被查抄，巡察人员定期到周围乡村进行检查。[②]

市政当局的社会经济自治建立在行会自治的基础之上。行会又称基尔特，是城市内同行工商业者自发成立的互助性社团组织，其

---

① 参见顾銮斋："中西封建社会城市地位与市民权利的比较分析"，《世界历史》1997年第5期。

② 参见马克垚：《西欧封建经济形态研究》，第329页。

目的在于限制恶性竞争、保护行业利益。在 11 世纪的最后十年里，"商人行会、社区行会、手工业者行会以及其它具有世俗性质的行会遍布各地"①。早期的行会以商人公会居多，参加者主要是富裕的上层市民，13 世纪以后，随着城市规模的扩张和市民队伍的壮大，行会的种类和数量大幅增加，出现了各种各样的手工业行会以及兄弟会、友谊会等。例如，在佛罗伦萨共有大行会 7 个、小行会 16 个；英国约克城的手工业行会组织多达 51 个。②城市兴起之初，行会曾经是团结市民一致反抗封建领主以争取自治权的有力武器，实现自治后，行会的活动重点转向了经济领域。③不过，由于行会有着自己的规章和组织，享有某种程度的独立立法权和司法权，因而依旧对城市政治生活发挥重大影响。

　　行会内部存在明显的等级差别，师傅、帮工和学徒三个等级的权利和义务各不相同。师傅拥有独立经营权，熟悉生产和销售过程，从原料采购到成品制作再到推向市场，可以独立完成，所以每个师傅都以自己的作坊或商店为中心，形成一个个独立的经济实体。在行会中，师傅是正式成员，有权参与重大事项的讨论和表决，享有各类公职的选举权和被选举权，因而总是占据主导地位。他们还凭借行会组织，对城市生活的各个领域施加影响。

　　所有行会都实行自治，自选首领，自筹经费，自我管理，还有固定的集会活动场所，其组织建构和管理方式比较民主。行会的管理机构通常由一名会长和 2—4 名执事组成。会长一般由会员大会选举产生，任期一年，少数情况下由市长提名，但也必须经会员大会同意。执事的选举程序和方法各有不同，英国诺立奇的某些行会是由卸任执事指定 4 人，然后再由这 4 人分别推选其他 8 人，由这 12

---

①　〔美〕哈罗德·J. 伯尔曼：《法律与革命——西方法律传统的形成》，贺卫方等译，第 473 页。

②　D.M.Palliser, *The Cambridge Urban History of Britain*（*600–1540*），Vol.I，Cambridge University Press，2003，p.461.

③　参见〔美〕汤普逊：《中世纪欧洲经济社会史》（下册），耿淡如译，第 438 页。

人一起秘密选举新的执事；约克的马鞍匠行会则由卸任执事提名3名新执事，经会员大会同意后即可上任，或者由会员大会选举产生。[①]新会长和新执事上任前必须当众宣誓，保证尽职尽责。行会的最高权力机构是会员大会，一切重大事务都需要经过大会讨论通过，如选举会长及其他管理人员、吸纳新会员、制定和修改行会章程、惩处违章违规者等。会长等管理人员执行会员大会的各项决议，并定期向大会汇报工作。

行会作为市民阶级的自治性组织，承担了经济、社会、行政、司法等多项管理职能。行会对本行业商品的原料采购、生产工艺、销售价格、产品质量、工资报酬、生产规模等进行全面控制和调节，以保障会员的就业机会、消除不当竞争和避免两极分化。行会有权制定行业规范，设立仲裁法庭，裁决会员纠纷，对违反行规的会员予以惩戒和处罚。对于面临暂时经营困难的会员，行会提供帮助以避免破产，对于因天灾人祸陷入困境的会员给予生活救助。[②]

行会在城市自治中发挥着基础性作用。当然，行会也不单纯是城市自治的工具，当城市政府的政策措施威胁到行业利益时，行会作为一种社团组织和权力机构往往予以抵制，势力强大的行会大多享有选派代表参政的权利，从而直接影响城市决策。可见，行会与城市政府是一种既相互依存又彼此斗争的合作博弈关系，这种关系既保证了城市政治经济自治权的落实，又制约了城市政府的权力滥用，促进了城市法制自由民主含量的提升。

四、理性司法制度

作为拥有自己政治经济生活和新型法律体系的城市，普遍实行司法自治，建有独立的法院，可以自选法官、自主审判，采用的司法审判方法也较为理性。

---

① E.Lipson, *The Economic History of England*, Vol. I, Redford, 1943, pp.349-350.
② 同上书，第342—344 页。

城市的司法自治大多源于特许状的授权。例如，1129 年伦敦的特许状规定："市民们……应从他们当中选择任何人任命为法官来受理王室诉讼和所发生的与他们相关的诉讼。不得对伦敦的同一个人另作（王室的）审判。市民们在任何诉讼中皆不得在城外申辩。"[①] 1200 年伊普斯维奇的特许状规定，应通过公众会议选出两位恪守法律、谨慎持重的本城人为城市法官，案件的审判"应遵循伊普斯维奇自治城市的古代惯例和我们各个自由的自治城市的古代惯例来进行"[②]。

城市法院的形式因地而异，有的由执政官主持，与行政机关联系在一起，有的单设自立，专司审判，但法官由市民选举产生并独立行使司法权是其普遍特点。在英国，由于 12 世纪后期建立起了全国性的国王法院体系，所以城市法院处于国王法院的监督之下，但审判活动仍是独立的。在民事司法方面，英国城市法院拥有受理市民之间所有民事纠纷的权力，在 13 世纪以前沿用大众集会式司法传统，市民广泛参与审判，13 世纪以后，民事法院改由市长、城市长老和少数市政官员组成，主持人是市长。城市刑事法院在英国被称作治安法院，由市长主持，可以受理除叛逆罪和重罪（这些案件属国王法院管辖）之外的一切刑事案件。16 世纪时，英国的部分大城市可以单独设立 3—4 名治安法官，兼理治安和司法。其中一人是领薪的首席治安法官，由国王从执业满五年以上的出庭律师中任命。首席治安法官精通法律，熟悉诉讼程序，负责主持审判，每个季度开庭一次，称为季审法院。中小城市也可以有自己的治安法官，但无权设立季审法院，只设有适用简易程序的小治安法院，审理轻微的刑事案件。

在法国和德国，城市法官多由市民选举产生，专业水准较低。如在法国的公社城市博韦，任何受到侵害的市民，均可向公社的"同

---

①　〔美〕哈罗德·J. 伯尔曼：《法律与革命——西方法律传统的形成》，贺卫方等译，第 463 页。

②　同上书，第 463—464 页。

等者"（pairs）即选举产生的法官提出权利主张，由后者做出裁决，对侵权人给予处罚。在拉昂，尽管作为领主的拉昂主教保留了司法管辖权，但选举产生的市长和陪审员（法官）有权在主教审判不公时根据城市习惯法作补救裁判。在德国的科隆市，每一个教区（共12个教区）各设一名职业的首席法官和24名非职业的陪审法官，每一位陪审法官既可与首席法官一起组成高级法院，审理大案要案，也可单独开庭审理小型案件，不过，独审案件的判决须征得其他陪审法官的同意，以免出现个人专断。[①]

城市司法的理性精神突出体现在诉讼方式、审判程序和刑罚制度上。城市法院普遍摒弃了原始的神判法、决斗法，采用公开审判和证人作证法，给予当事人双方以平等的自我辩护权和聘请律师辩护的权利，所以刑讯逼供比较少见。在刑罚制度上出现轻缓化趋势，较少使用肉刑和死刑，多采用更人性化的罚金刑或自由刑。

意大利的威尼斯堪称是城市理性司法的典型代表。该城市于9世纪获得自治，成为一个独立的商业共和国，建立起了一套具有分权制衡特征的政治法律制度。它的市政机构由三部分组成：一是最高权力机关大议事会，成员多达2 500人，主掌立法权；二是由总督、元老院、执政团、咨议团组成的行政决策与执行机关；三是以四十人委员会、十人委员会为核心的司法机关。三个系统之间虽然在人事上互有交叉，但在职权上是相互分立的。

四十人委员会由大议事会从其成员中选举产生，常设于元老院议事厅，主管刑事司法，既有初审权又有复审权。十人委员会又名公共安全委员会，其成员由大议事会从满足特定要求的贵族中选举产生，任期一年。十人委员会每月抽签产生三名主席，共同主持工作。十人委员会初建时（1360年），主要职责是镇压妄图颠覆共和政府的贵族势力，维护国家安全和社会稳定，后来权力逐步扩大，全面负责社会治安。它有权审理、流放或处死任何刑事罪犯，还有

---

① 参见〔美〕哈罗德·J.伯尔曼：《法律与革命——西方法律传统的形成》，贺卫方等译，第443—452页。

权审理和处罚市政官员偷税漏税、贪污受贿、失职渎职等职务犯罪，行使监察职能。在民事司法领域，设有负责审理境内民事案件的威钦察（Civile Vecchia）和负责审理境外民事案件及海事纠纷的莫瓦（Civile Muova）。上述法院上下有序，四十人委员会高居顶端。法官首先需要在莫瓦工作八个月，再进入威钦察工作八个月，才有资格成为四十人委员会成员，所以最高司法机关的法官都熟悉法律，并具有丰富的审判经验。

13 世纪之后，威尼斯设立了若干管辖权固定的专门法院，遍及社会生活的各个方面。如库瑞亚申诉委员会专门受理各类申诉案件；人事法院专门受理轻微犯罪案件；社区法院专门受理有关船舶及其所有权的民事纠纷或由其导致的刑事案件；商业委员会专门受理商业案件；地区建设与开发法院专门受理事关公共建设的案件，例如与水陆交通、湿地开发等有关的案件。

此外，威尼斯还设有专门的检察机关阿沃加德利（Avogadori），检察官由平民担任，任期两年，负责公诉案件的起诉，并有权在法院做出判决之前提出刑罚建议。阿沃加德利附设一个法律书记员群体，其成员全部来自平民，而且都受过法律训练，他们是检察官的法律智囊团。

各种法院的审判活动都是独立进行的，不受外界干涉，而且遵循固定的法律程序。判决通过民主投票做出，类似于古代希腊的陪审法庭。例如，四十人委员会的审判程序分为如下步骤：首先是当事人提出控告，然后是检察官准备起诉材料；开庭时首先由检察官陈述诉由，然后由四十人委员会按照简单多数原则投票做出有罪非罪裁决，再后由检察官或四十人委员会成员以个人或小组名义提出刑罚建议，最后由四十人委员会投票表决做出判决。[①]十人委员会因兼有侦查权和审判权，程序规范尤为严格，它不得接受"匿名检举及无两个见证人之控诉，甚至规定必须有 4/5 的投票通过才能成立

---

① Guido Ruggiero, "Law and Punishment in Early Renaissance Venice", *The Journal of Criminal Law and Criminology*, Vol.69, No.2, 1978, p.245.

控诉，开始审判；任何被捕者均有权自选两个法律辩护人；任何有罪的判决亦须经过该委员会5次投票的多数通过"①。

在刑罚方式上，威尼斯法律规定了监禁刑、罚金刑、流放刑、肉刑和死刑等，但在实践上最常用的是监禁刑和罚金刑。据统计，从1324年到1406年，在756例侵害罪案件中，无一采用死刑，只有51例采用放逐刑，31例采用肉刑，二者合计才占总数的11%，而监禁和罚金刑共674例，占总数的89%。而且，监禁刑还可以按照"监禁1年=罚金200里拉"的比例折算成罚金刑，以罚代刑。②较之12世纪以后欧陆各国普遍采用的刑讯纠问制和广泛存在的肉刑、死刑制度，威尼斯刑罚制度的轻缓化特点是十分突出的。

最后，威尼斯的司法强调平等原则，贵族和平民、官员和百姓同罪同罚，无身份特权，包括总督也不例外。从某种意义上讲，由于总督手握重权，所受到的法律监督更为严格。威尼斯法律规定，除一般犯罪总督与庶民同罪外，还赋予大议事会和元老院以惩戒总督违规越权行为的权力。惩戒方式分直接惩戒和间接惩戒两种。所谓直接惩戒，是指通过大议事会的决议废黜或处死违法总督。1172年，大议会以一次军事失利为由，废黜了总督麦克·维塔尔二世，开创了直接惩戒的先例。后来，马瑞诺·法列尔总督妄图凌驾于法律之上，被大议会以"阴谋叛国"罪处死，继任总督深受触动，感叹道："总督不是绅士，甚至不是君主，他是共和国光荣的奴隶。"③所谓间接惩戒，是指通过处罚总督的违法亲属以警告总督。最典型的例子是弗朗西斯科·福斯卡里总督，他执政34年，期间南征北讨，战绩辉煌，但骄奢专制作风也随之增长，引起民愤。元老院和十人委员会最初试图指控其贿选，苦于找不到有效证据，遂转而指控其子雅各布勾结米兰，通敌叛国，将其放逐国外，最后客死他乡。老

---

① 〔美〕威尔·杜兰：《世界文明史——文艺复兴》，幼狮文化公司译，第355页。

② Guido Ruggiero , "Law and Punishment in Early Renaissance Venice", *The Journal of Criminal Law and Criminology*, Vol.69, No.2, 1978, p.254.

③ 〔英〕苏茜·博尔顿：《威尼斯》，陈剑、刘晓燕译，中华书局1999年版，第70—71页。

总督无力保护爱子，精神上深受打击，丧失了治国能力，于是元老院借此理由将其免职。[①]据统计，在1457年之前，威尼斯有三个总督被处死，三个被罢免，两个被挖去双眼，两个被流放。[②]这种现象在欧洲其他城市也偶尔发生，如13世纪汉萨城市卢卑克在与丹麦争夺波罗的海霸权的战争中，市长渎职导致失败，结果被判处死刑。[③]

综上所述，中世纪城市法制在其社会经济基础、实体法内容、司法模式、精神品格等各个方面，都"具备了法治最关键的内核，呈现了法治最本质的内容"。正是基于这些特点，有学者断言，"中古城市孕育了现代法治的最初萌芽"。[④]

[①] 参见〔美〕威尔·杜兰：《世界文明史——文艺复兴》，幼狮文化公司译，第357—358页。

[②] 参见施治生、郭方：《古代民主与共和制度》，中国社会科学出版社1998年版，第409页。

[③] 参见张冠增："中世纪西欧城市的法秩序"，《华东师范大学学报》1996年第1期。

[④] 陈林林、付义："中古欧洲城市与法治的萌芽——重述法律与资本主义的兴起"，《浙江省政法管理干部学院学报》2001年第1期。

第七章　司法审判制度

如果说日耳曼法、封建法、教会法和城市法主要从实体法的层面体现了中世纪欧洲法制的多元特点与进步，那么，司法审判制度则从诉讼法的角度见证了该时期欧洲法制告别愚昧与野蛮走向文明与理性的发展趋势。

一、中世纪早期之原始审判方式

在古代希腊罗马，欧洲曾经建立领先于世界的司法审判制度，其先进性表现在它不是把正义的希望寄托于超自然的神秘力量上，而是诉诸人的理性判断。但是，这种先进的司法制度在中世纪早期一度沉沦，文化相对落后的日耳曼人的政治统治和基督教的迅速传播，使神权思想占据了垄断地位。于是，与宗教信仰和神灵崇拜紧密相联的共誓涤罪、神明裁判和司法决斗在数百年间成为欧洲占主导地位的审判方式。

共誓涤罪

共誓涤罪（trial by compurgation）是由诉讼当事人及其宣誓助讼人（oath-helper）通过面对圣人遗物郑重宣誓，保证自己所言属实，然后根据宣誓内容和宣誓人的可信度对案件做出判决的一种审判方式。这种方式具有浓厚的仪式主义和迷信色彩。

以宣誓作为证明手段是宗教迷信时代的必然产物。"在信神心最深之社会，一般人民，信神之全知全能而敬畏之，欺神者必受责罚，故古代多以宣誓为判断诉之曲直，罪之有无为最确实之方法"①。不过，宣誓证明法也并非毫无道理。从社会心理学的角度看，作为群体动物的人，为了能正常生活，必须取得周围人的信任，如果一个人说假话、发伪誓，一旦败露，就会失信于他人，长此以往，必然声名狼藉，陷入孤立，难以立足于社会，这种可怕的后果会促使宣誓人不敢信口胡言，所以时至今日，宣誓也没有完全销声匿迹。而在历史的早期，宣誓更是普遍存在，在世界各国的原始资料中都有大量宣誓断讼的记载。《汉穆拉比法典》规定，被告人对神灵发誓以证明自己没有犯罪，可以减轻或免除其刑事责任；被抢劫者发誓说明自己被劫之物，则可以作为赔偿的依据。在希腊的早期，宣誓是诉讼程序的重要组成部分之一，"在雅典谋杀案件的审判中，原告和被告人必须站在公猪、公羊、公牛的内脏上，以落到子女身上的报应做担保宣誓"②。在罗马法中，宣誓同样占据重要地位，当时的法学家西塞罗曾告诫罗马人说，宣誓是一种宗教性质的保证，就是请神明来为自己的誓言做证人；这样的誓言必须遵守，许下的诺言必须兑现；"对伪誓，神明惩罚是死亡，人间惩罚是耻辱"③。《学说汇纂》还将宣誓分为任意宣誓、强制宣誓和请求宣誓三种形式。在教会法中，宣誓是当事人陈述案情和证人作证前必不可少的一道程序，法官通常预先告诫宣誓者：作伪证将会受到上帝的惩罚。因为按照当时的基督教信仰，宣誓就是祈求上帝作证，如果欺骗上帝，是为十恶不赦的逆天大罪。

中世纪早期欧洲流行的共誓涤罪法包括当事人宣誓和助讼人宣誓两部分。对于当事人的誓言，法庭可以单独采纳，也可以在助讼

---

① 〔日〕穗积陈重：《法律进化论》，黄尊三等译，中国政法大学出版社1997年版，第38页。

② 〔英〕萨达卡特·卡德里：《审判的历史——从苏格拉底到辛普森》，杨雄译，第13页。

③ 〔古罗马〕西塞罗：《论共和国 论法律》，王焕生译，第226页。

人誓言的支持下采纳，这两种情况的区分取决于案件的性质和当事人的身份与信誉。身份地位越高，誓言的证明力就越高，助讼人的誓言价值同样据此而定。一个贵族的誓言的证明力相当于 12 个普通自由民的誓言，而不自由的农奴、奴隶和外国人则无宣誓证明资格。如果一个自由民说谎发伪誓，将被视为"恶名之人"，永远丧失以誓证洗刷嫌疑或担任共誓助讼人的资格。有的国家甚至对宣誓证明的信誉度做过明确的等级划分，如盎格鲁－撒克逊末期英王克努特曾将人们的信誉度区分为三个级别：未曾在宣誓中失败过的"值得信赖之人""需要宣誓助讼人的不值得信赖之人"和"无法找到宣誓助讼人的不值得信赖之人"。[①] 第一类信誉良好，享有以誓言洗刷自身嫌疑的特权；第二类信誉一般，虽有宣誓证明资格但需要助讼人的宣誓予以补强；第三类是不可信赖的人，遇有诉讼只能诉诸神判。助讼人的数量根据案件的性质和当事人的身份而定，多少不等。889 年，日耳曼的犹他王后被指控犯有通奸罪，82 名骑士宣誓证明她是清白的，最后法庭判她无罪。在英国的威尔士地区，若要证明一名投毒嫌犯无罪，则需要 600 名助讼人宣誓作证。[②]

共誓涤罪往往与大众集会式审判方式结合一起。例如，在盎格鲁－诺曼时期的英国，所有案件均由自由民组成的郡法院或百户区法院公开审理。整个过程分起诉、法庭陈述、答辩、验证、宣判等几个步骤，每一步都以口头方式完成。首先是原告当众陈述诉由，提出指控，并须面对圣人遗物箱宣誓证明自己所言"真实可信"，然后是被告经过同样的宣誓后进行答辩陈述。如果被告拒不出庭或保持沉默，法庭可据此判他败诉，给予褫夺法律保护权的惩罚。若诉讼双方都通过了法庭陈述，则进入正式审判阶段。那时的审判并不是通过勘验证据和法律推理对诉讼做出判决，而只是裁定由哪一

---

① 〔英〕罗伯特·巴特莱特：《中世纪神判》，徐昕等译，第 44 页。
② 参见〔英〕萨达卡特·卡德里：《审判的历史——从苏格拉底到辛普森》，杨雄译，第 14 页。

方当事人和采用什么方式对其陈述内容进行检验，所以当时的审判称作"验证"（proof）。在绝大多数情况下，法庭都是裁定对被告进行验证，目的是给被告一个洗刷嫌疑、证明清白的机会。因此，对于当事人来说，验证并非是一种负担，更非惩罚，而是一种恩惠。

在验证阶段，被告须向法庭提供一定数量的助讼人。助讼人的数量及其社会地位直接影响判决结果，助讼人人数越多，社会地位越高，其誓词的证明力就越高。助讼人具有证人的性能，但不是证明案情的真实性，而是证明被告人誓言可信，他们"是为了对被告人的支持而宣誓，而不是发誓自己了解案情"，他们的宣誓"本身就是证据"。①

由被告自选助讼人，自然多是亲朋好友，所以亲亲相护在所难免，加之那时的宣誓仪式不够严谨，助讼人经常弄虚作假，为罪犯开脱罪责，如有人可能把箱子中的圣人遗物偷偷拿走，让宣誓者仅仅面对空箱子发誓，此时即使颠倒黑白，心理上也不会担心发伪誓后遭到神罚。鉴于此，后来助讼人不再由被告自选，而由法庭预先提出一批"公正可靠"的候选人名单，交由被告从中挑选。忏悔者爱德华国王当政时，又改由法庭指定助讼人。②由此产生的助讼人与被告没有任何关系，具有客观中立性，其职能也不再是补强作证，而是裁断被告誓言是否可信的检验人，故可称之为公证人。普通案件的公证人为 12 人，重大案件人数加倍，可达 36 人甚至 48 人。公证人须庄严宣誓，保证"公平公正"，然后让被告面对公证人进行宣誓陈述。如果被告说话吞吞吐吐、自相矛盾或神情紧张，公证人就认定他"心中有鬼"，誓言不可信，并据此判他败诉。

神明裁判

中世纪早期的欧洲，疑难刑事案件的审判大多采用神明裁判法

---

① 〔英〕萨达卡特·卡德里：《审判的历史——从苏格拉底到辛普森》，杨雄译，第 14 页。

② F. W. Maitland, *The Constitutional History of England*, Cambridge University Press, 1926, p. 117.

（trial by ordeal）。

所谓神明裁判，又称"上帝的审判"，"是在常规司法程序无法运用的情况下，适用于疑难案件的一种证明方式"。[1] 神明裁判起源于远古的宗教巫术和原始习俗。据传，古希腊迈锡尼王国的米诺斯国王每隔九年就要到伊达山的洞穴中接受一次神判（神意考验），通过与宙斯的直接接触来认定王权的合法性；斯巴达的两位国王同样每九年接受一次神判，由监察官凝视夜空，从中发现国王是否犯过滥用王权的错误。[2] 从 6 世纪起，神判出现于正式法典中。制定于510 年左右的《萨利克法典》规定，"以赎罪金或以汤釜"来证实藐视法庭的指控；之后的《利普里安法》也有盗窃罪交由汤釜神判的条款。[3] 在英国，690 年的《伊尼法典》规定，"受人指控，需要以神明裁判洗脱自己"。先后成文于 705 年和 723 年的西哥特法律和伦巴第法律，也都包含有神明裁判的内容。[4] 及至 9 世纪，神明裁判在基督教和王权的共同支持下进入全盛期，因为神判本身奉上帝为最高司法权威，教会自是乐此不疲，而对于希望强化王权的国王们来说，"神判是一个理想的司法工具，它可以在权力的行使过程中得到实现，甚至还表现出对那种权力的臣服，如同对上帝的臣服一样"[5]。所以，809 年查理曼大帝下令："所有人都毫无例外地相信上帝的审判。"[6] 此后，神明裁判迅速扩散开来，成为欧洲各国普遍采用的一种审判方式，神判程序和仪式也日趋规范，有关神判的记述充斥于当时的仪式书、特许状、编年史、神职人员的评注以

---

① 〔英〕罗伯特·巴特莱特：《中世纪神判》，徐昕等译，第 202 页。

② 参见〔法〕让－皮埃尔·韦尔南：《希腊思想的起源》，秦海鹰译，生活·读书·新知三联书店 1996 年版，第 17 页。

③ 参见〔英〕罗伯特·巴特莱特：《中世纪神判》，徐昕等译，第 6 页。

④ 参见方宇："神明裁判的终结——第四次拉特兰会议第十八条教规研究"，华东政法大学 2009 年硕士学位论文，第 4—5 页。

⑤ 〔英〕罗伯特·巴特莱特：《中世纪神判》，徐昕等译，第 51 页。

⑥ 〔法〕罗伯特·雅各布：《上天·审判——中国与欧洲司法观念历史的初步比较》，李滨译，第 33 页。

及文学作品中，以至于有学者认为 8—12 世纪的欧洲是一个"神判时代"。①

神明裁判分双向神判（bilateral odea1）和单向神判（unilateral odeal）两种。双向神判需要双方当事人共同参与，主要形式为十字架神判，即双方当事人直立于十字架前，双臂平伸，成十字状，手臂最先下垂者败诉。这种神判类似于决斗，但比决斗文明。在丕平统治时期的法兰克，"倘若一个女人声称丈夫从未与之同房"，则让夫妇接受双向十字架神判。775 年，巴黎主教与圣丹尼修道院院长之间关于某修道院的所有权纠纷，就是以此方式在王室礼拜堂内解决的。据说在 806 年，查理曼大帝曾试图通过该方式解决子嗣间的领土争端。不过，十几年后，虔诚者路易下令，"从今往后任何人不得擅自使用十字架神判"，理由是该方式玷污了"基督殉道之荣光"。② 此后，十字架神判被废弃。

单向神判形式多种多样，大致可分为火审法、水审法、吞食法几种类型。火审法有热铁法、犁刃法、火焰法等具体形式。所谓热铁法，是让被告手持一块烧红的烙铁前行九步，然后当众包扎起来，盖以封印，三天后拆开查验，视其溃烂与否决定有罪非罪，其逻辑依据是，公正仁慈的上帝总是保护无辜者不被烫伤感染。所谓犁刃法，是将九块烧热的犁刃一字摆在地上，将当事人的双眼蒙住，让其赤脚走过这九块犁刃，如被烫伤则判败诉。该方式的最早记载出现在 802 年的《图林根法》中，主要针对女性犯罪，"倘若一位女子被控毒杀亲夫"，"或以某种诡计致其丈夫死亡，让该女子最近之亲属以决斗证明其清白，或者若该女子没有决斗士，则将其交由九块炽热的犁刃来审判"③。犁刃裁判法的分布地区虽不广泛，但历时较久，直到 1811 年在那不勒斯还出现过这种审判案例。所谓火焰法，

---

① 参见〔英〕罗伯特·巴特莱特：《中世纪神判》，徐昕等译，第 17 页。
② 同上书，第 14 页。
③ 同上。

就是让当事人穿越熊熊烈火。据记载，1097 年 12 月，十字军攻陷安条克，来自普罗旺斯的农民彼得声称耶稣门徒圣安德烈托梦给他，告知他圣矛的藏处，包括教皇使节阿德赫玛在内的许多人对此深表怀疑，于是责令彼得接受火验。1099 年 6 月 8 日，斋戒、沐浴后的彼得成功地穿过了火焰，虽证明自己所言属实，但被严重烧伤，12 天后死去。[①]

水审法有冷水法和沸水法两种形式。所谓冷水法，是将当事人赤身裸体四肢捆绑，扔进池塘或河流中，如果漂浮水面则表明有罪，若沉入水下且停留一定时间（由神判主持者决定）则表明无辜，其逻辑理由是神灵向来拒绝罪恶之身，只接纳清白之人。所谓沸水法，又称汤釜法，是让当事人从漫到肘部的汤釜沸水中取出一枚硬币、戒指或其他物件，然后包扎起来，三天后视其感染与否决定有罪非罪。冷水法比之沸水法和热铁法更为多见，因为它可以立见分晓，即时宣判。吞食法是让当事人将一大块面包或奶酪当众一口吞下，若能顺利下咽，则说明他"心中坦荡"，誓言真实可信，据此判其无罪；如果不能顺利吞咽下去，则说明他"心中有鬼"，据此判其有罪。据说，因此噎死者确有其例。

无论何种形式的神明裁判，都按照严格程序进行，仪式隆重严肃，地点通常在教堂或修道院。英国坎特伯雷一座教堂的水池，除了供教徒洗礼外，被指定为冷水裁判的专用水池。[②] 在举行神判前数日，当事人被带入教堂，与教士们一起参加晨祷和弥撒，旨在通过圣灵感化使其主动认罪服法。正式仪式在礼拜六举行，开始前，给予当事人最后一次坦白机会，如果被告仍坚持自己无罪，神判才继续进行。此时，教士要面对热铁或水池举行祝圣和祷告仪式，如热铁神判时，教士将祷告说：

①　参见喻中胜："烈火中的正义：火审论考"，西南政法大学 2008 年硕士学位论文，第 3 页。

②　〔英〕罗伯特·巴特莱特：《中世纪神判》，徐昕等译，第 116 页。

> 啊，上帝，公正的法官，你是和平的缔造者，你作出公平的审判，我们谦卑地祈求你赐福，让这块炽热的烙铁彰显神灵，凭它对未决的争执进行公正的检验。倘若此人欲洗刷嫌疑，证明自己的清白，就亲手拿起这块炽热的烙铁，他会安然无恙；倘若他有罪，便让你最公正的大能在其身上昭显真相。邪恶压不倒正义，谬误永远战胜不了真理。愿主保佑。[①]

除主持祝圣祷告外，教士在热铁审和沸水审中还负责查验伤口，在冷水审中有时亲自将当事人投入水中，所以在神判中教士起着关键性作用。

适用神明裁判的案件主要涉及政治争端、性犯罪、亲子关系或宗教信仰，因为这几类案件缺乏可见证据，不易查明真相，采用常规司法程序难以做出令人信服的明确判断，唯有神明裁判才能让人心服口服。

政治性案件多与王族内部争权夺利相关。如法兰克帝国分裂后不久，"中间王国"的国王罗退尔打算跟情妇结婚，并把自己与情妇所生的儿子立为合法继承人，于是，在858年以莫须有的性犯罪指控未曾生育的王后特贝尔加。王后为证明自身清白，主动要求神判，传唤自己的一个家臣代她接受沸水审，结果王后胜诉。[②]这一结果使罗退尔意欲传位私生子的企图化为泡影，不得不接受无嗣而终的命运。这种由弱势方主动提出的神明裁判大量存在，因为在政治争端中，若按常规方式处理，弱势方毫无胜算可能，而神明裁判存在成功和失败两种可能，所以弱势方往往甘愿赌一把，选择神明裁判。有时候，主动要求神明裁判是弱势方逃脱罪责的一种策略，这方面的一个典型事例是佛兰德斯伯爵谋杀案：943年，佛兰德斯伯

---

① 〔英〕罗伯特·巴特莱特：《中世纪神判》，徐昕等译，第1页。

② 参见盛宏意："中世纪欧洲神判法的历史考察"，首都师范大学2005年硕士学位论文，第11页。

爵谋杀了诺曼底公爵，担心其领主法王给予惩罚，便主动派遣使臣觐见国王说："国王陛下，我们的伯爵听候您的差遣……您已听说了伯爵纵容公爵之死的谣传；他希望在您面前以火审来洗刷嫌疑。"这一伎俩果然收到了"欺骗和蒙蔽"之效，国王的顾问们进言说，不应该怀疑这样甘愿冒险以证明自己清白的人，结果国王不再追究公爵被杀之事。[1] 反过来，强势方也经常利用神明裁判打击潜在敌人，以强化自身政治权力，如13世纪拜占庭皇帝狄奥多二世就将神明裁判用作"击溃贵族反抗的手段"，使之成为皇帝专权的一种工具。[2]

性犯罪案件特别是对于女性当事人以及被控乱伦、鸡奸、兽奸的男性当事人，使用神明裁判尤为经常。在9—13世纪的欧洲史书和文学作品中，有大量此类案例的记载。例如，887年法兰克国王胖子查理的妻子里乔因通奸嫌疑，而被要求以决斗或者犁刃审判来证明自己的清白。在12世纪的法兰西，贵族的妻子若被怀疑不贞洁，通常诉诸神明裁判。13世纪斯堪的纳维亚半岛的法典规定，倘若丈夫指控妻子通奸，"她必须以烙铁来洗刷嫌疑。"[3] 在关于性犯罪的文学故事中，流传最广的有三个，故事的女主人公分别是神圣罗马皇帝亨利二世的皇后库尼贡达、英国国王忏悔者爱德华的母亲埃玛以及古冰岛国的王后古德隆恩。对古德隆恩通奸案的神判采用的是沸水审，最后证明古德隆恩是清白的，叙事诗《埃达》对此有详细描述。[4]

与性犯罪紧密相关的是亲子关系争议案件，此类神明裁判普遍见之于中世纪欧洲各国。如11世纪晚期，一位妇女带着两个男孩来到诺曼底公爵罗伯特·库尔托斯面前，声称他们是她早先与公爵偷情所留下的后代，这位母亲公然手持炽热的烙铁而未被灼伤，从而

---

① 参见〔英〕罗伯特·巴特莱特：《中世纪神判》，徐昕等译，第19—20页。
② 同上书，第21页。
③ 同上书，第28页。
④ 同上书，第26页。

证实两个男孩是罗伯特公爵的子嗣。亲子关系认定有时关涉王位继承，影响政治生活。如1218年，挪威王后瓦尔泰戈的因加，手持热铁，证明她的遗腹子确系哈康三世的儿子，从而保住了儿子即哈康四世的王位继承权。[①]

神明裁判还是决定宗教信仰正统性的常用方法。在中世纪，基督教徒和穆斯林、犹太人一直处于对抗之中，基督教内部也存在着不同教义的争辩。时人认为，一次神迹胜过多场成功的辩论，通过神明裁判来鉴别宗教信仰正确与否是一种最可信的方法，正如诺让的吉贝尔在12世纪所评论的那样："以耶稣的名义拾取一块灼热的烙铁，是一种'比任何言词冲突更有力'的论证。"[②]例如，9世纪中期，因信奉预定论教义（凡得救之人皆为上帝预先选定）而被怀疑为异端的撒克逊修士戈特沙尔克，甘愿接受火审或水审，"以证明其信仰的真理性"；970年，传教士波普为了说服信仰混乱的丹麦人信奉基督一神教，"手持热铁证实了其信仰的正确性"[③]。

从现代司法文明的视角出发，诉诸神秘力量和偶然因素的神明裁判完全是一种荒诞不经的审判方法，故而被人们视作"非理性"司法的典型代表，并以此作为中世纪是"黑暗时代"的证据之一。但是，考虑到当时的时代背景和客观条件，神明裁判仍具有一定的历史合理性。

第一，12世纪以前的欧洲是由一个个小规模的熟人社会组成的，现代意义上的国家尚未形成。"在这样的共同体中，每个成员的个性和名声都为其他人所知，并且会影响到其他人的生活，在这样的环境里，神判法可以尽情发挥自身的功能"[④]。更重要的是，那时日

---

① 参见〔英〕罗伯特·巴特莱特：《中世纪神判》，徐昕等译，第29页。

② 同上书，第31页。

③ 同上书，第30页。

④ 盛宏意："中世纪欧洲神判法的历史考察"，首都师范大学2005年硕士学位论文，第17页。

耳曼人刚刚走出野蛮时代，文化知识贫乏，宗教迷信盛行，人们普遍信奉基督教会的创世说，认为冥冥之中有一个全知全能的上帝支配着世界万事万物，并确信上帝明察秋毫、公正无私。所以，对于缺乏证据的疑难案件，唯有上帝能够给出一个可以令社会大众接受的判决，即使神判结果有失公正，冤及无辜，也具有不容置疑的权威性，于是，"有关审判具有神圣性的观念逐步得以确立"①。此外，通过公开庄重的神判仪式，可向民众宣示统一的道德法律规则，确立是非对错的评判标准，促进社会行为的规范化。所以，在当时，神明裁判不但具有定分止争、消弭暴力、维护社会和平的实际功效，而且对于社会成员的行为选择具有示范和指导意义。就此而言，神判法具有一定的理性成分，只是后来"它所在的世界的变化需要一种新的理性的时候，它才变得不理性了"②。

第二，神明裁判都是在大庭广众下，按照法定程序公开进行的，暗箱操作和幕后交易的机会较少。这种公开透明的控告式诉讼模式（accusatorial procedures）和注重程序的司法原则成为现代司法文明的历史渊源之一。在实质上，神明裁判试图通过人神之间的沟通，使人们心目中的公平正义获得神灵和公众舆论的双重保障，因此，神明裁判的司法过程也是向社会传播正义信念的一个演示过程。神明裁判还将审与罚结合一起，通过捧热铁、踏犁刃、浸汤釜、投冷水等令人生畏的验证方法，给公众以强烈的震慑，可在一定程度上威慑潜在的罪犯，从而有利于维护社会秩序的稳定。

第三，在8—12世纪的四个世纪内，神明裁判虽是一种常用的审判方法，但不占主导地位，更非首选方式，其适用范围受到严格限制。那时，神明裁判主要用于自由民中值得信赖者的少数人群和缺乏有效证据的少数疑难案件，多数诉讼还是通过自我宣誓或共誓

---

① 〔法〕罗伯特·雅各布：《上天·审判——中国与欧洲司法观念历史的初步比较》，李滨译，第38页。

② 盛宏意："中世纪欧洲神判法的历史考察"，首都师范大学2005年硕士学位论文，第18页。

涤罪法，依靠人证、物证、书证（契约、协议、特许状等）以及邻人咨审调查等证明方式进行审判的。当时的英国和爱尔兰的法律都有这样的规定："唯有当需要证明的事实无法以其他方式探知时，方可采取热铁神判"，"除非没有其他方式可知悉真相，否则在任何案件中使用神判皆属不当"。[1] 可见，神明裁判只是在常规审判方法无能为力时不得已而用之的最后手段。

司法决斗

司法决斗（trial by battle）是指在诉讼双方说辞互相矛盾而又无法查清事实真相时，依照预定规则，通过一对一的武力对决裁判案件的一种司法方式。这种方式源于古老风俗，古希腊《荷马史诗》中曾有不少决斗事例的描写，其中之一是特洛伊王子帕里斯与斯巴达国王墨涅拉俄斯为争夺美女海伦而进行的决斗。罗马时期也不乏决斗事例，如在"敌对行为"案件中，当事人若不服"两人审委会"的预审判决，可在民众会议面前与之决斗。不过，希腊罗马时期的决斗仅以特例存在，决斗作为一种法定审判方式是在日耳曼法中首先确立的,这与日耳曼人崇尚武力、争强好胜的民族性格有密切关系。501 年，勃艮第国王耿多巴德针对日益泛滥的假誓伪证现象，下令允许通过决斗证明誓言的真伪，其他日耳曼国家纷纷仿效，决斗遂被广泛引入审判过程。8 世纪前后，随着封建制度的确立，崇尚荣誉和尊严的骑士精神成为欧洲的一种社会时尚，而司法决斗正是体现和维护这一精神价值的有效方式，于是，司法决斗在欧陆地区迅速流行开来。1066 年诺曼征服后，司法决斗传入英国。在 6—12 世纪,司法决斗遍及欧洲各地。那时发生的许多著名决斗案例流传至今，其中最早的一个案例发生在 7 世纪中叶：伦巴德贵族阿达鲁夫勾引王后古德波佳，遭到拒绝后恼羞成怒，便诬告王后谋反，国王偏听偏信，下令囚禁王后三年。古德波佳是法兰克公主，法兰克国王多

---

① 〔英〕罗伯特·巴特莱特：《中世纪神判》，徐昕等译，第 39 页。

次派人交涉，均未成功，最后两国商定以决斗来证明王后的无辜，阿达鲁夫决斗失败，古德波佳得以恢复名誉和地位。

司法决斗最初主要用于刑事诉讼，后推广于民事诉讼。11 世纪意大利的《伦巴底法文集》列举了 23 种可适用决斗的争讼，包括叛逆、谋反、纵火、投毒等秘密实施的重罪，证词冲突、涉嫌虚假书证的伪证案件，性犯罪（如通奸、乱伦）案件，达到一定金额的财产案件和盗窃案件等。① 不过，自 11 世纪起，许多大城市通过特许状获得了决斗豁免权。如神圣罗马帝国的皇帝亨利四世于 1081 年将豁免权授予了比萨和卢比的市民，仅在叛逆罪案件中保留了决斗。12 世纪初，英国国王亨利一世将此特权授予纽卡斯尔和伦敦。"至 13 世纪早期，决斗裁判豁免权成为英伦诸岛自由民特权身份的一项特征"②。

理论上司法决斗主要在诉讼当事人之间进行，实际上当事人也可以要求与证人、宣誓助讼人进行决斗，甚至不服判决的败诉方也可要求与法官决斗。原则上，决斗要求只可向同等地位的人提出，所以奴隶和农奴无权与自由民决斗，平民无权与贵族决斗。不过，实践上并非如此严格，只要得到法庭许可，不同的等级而且男女老少都可以决斗。为了维护决斗的公平性，有一些旨在帮助弱势群体的倾斜性规则，如男女决斗时，男性决斗者必须立于齐腰深的坑洞里，而女性决斗者则站在洞外，可以自由活动。此外，决斗者可以雇请决斗士代为决斗，特别是享有决斗豁免权的神职人员，由此催生出一个领取固定年金的决斗士职业。在意大利，甚至出现了专门管理和提供职业决斗士的社团组织。③ 所以，在司法实践中，决斗通常是在职业决斗士之间进行的。

司法决斗的时间、地点、场地、使用的武器、格斗方式等都有

---

① 例如，1168 年路易七世规定，讼争金额至少 5 个苏方能进行决斗。见〔法〕伏尔泰：《风俗论》（中），梁守锵等译，商务印书馆 1997 年版，第 370 页。

② 〔英〕罗伯特·巴特莱特：《中世纪神判》，徐昕等译，第 157 页。

③ 参见上书，第 148 页。

明确的规定。决斗前，双方须郑重宣誓，有时还需要提供担保，以保证准时到场。决斗时，有教士和公证人见证和监督。骑士可使用矛或剑，骑马进行决斗，普通人一般以棍棒和盾牌为武器，徒步决斗，如棍棒折断，则用拳脚甚至牙齿，直到一方战败服输为止。有时双方势均力敌，难分胜负，为避免久斗不决，决斗时间限为一天，若太阳落山时仍胜负未分，则判挑战方胜诉。如果原告方提出挑战最后又决斗失败，则要受到与他指控被告所犯罪行相应的处罚。

决斗是一场生死较量，场面残酷，令人惊心动魄。下面是1127年发生在佛兰德斯的一场司法决斗：

> 古伊将其对手挑落下马，而每当赫尔曼试图翻身上马时，他都如愿地用长矛加以阻止。其后，赫尔曼靠近，将古伊的战马开膛剖肚，持剑向他刺去。古伊此时已滑落马下，亦拔剑冲向对手，现在，一场持续而激烈的搏斗开始了，剑来剑往，相互厮杀，直至双方皆因武器装备的重负而耗尽气力；他们扔掉盾牌，匆忙展开肉搏，力求赢得决斗的胜利。铁汉赫尔曼精疲力竭，倒在地上，古伊压上其身，以金属护手猛击这位骑士的脸和双眼。而赫尔曼俯伏在地，从冰冷的土地上一点一滴地重新汲取力量……并机智地静躺于地，以使古伊确信自己必胜无疑。与此同时，赫尔曼缓缓将手移至古伊无防备的胸铠下缘，紧抓其睾丸，一瞬间凝聚全身之力，把古伊从自己身上摔将出去；通过这一急速的动作，古伊的下半身碎裂了，他此刻躺在地上，认败服输，哀号着自己被击败了，行将就木。[1]

这个案例说明，决斗结果取决于个人体能与格斗技巧，公平正义是无法保障的。但那时人们却认为决斗能够实现正义，因为他们

---

[1] 〔英〕罗伯特·巴特莱特：《中世纪神判》，徐昕等译，第145—146页。

相信全知全能公正无私的上帝总是眷顾正义一方，助其胜利。可见，司法决斗本质上也是一种神明裁判。但细加比较，二者之间又有所不同。司法决斗是一种形式上平等的双向证明方法，它以单人搏斗为固定模式，其结果与决斗者的意志、体质、技术联系在一起，从而给当事人的命运保留了一定的自控余地。约翰·哈德森曾记述过一个广为流传的决斗故事：

> 两个被判令进行决斗的人会面了，其中一个要比另一个高大强壮许多。那个壮汉抓住那个弱小者，把它高高举过头顶，准备狠狠地扔在地上。这个被悬在空中的小个头对着上天振奋起精神，口中发出一句简短的祷告词："救救我吧，圣明的受难者托马斯。"性命之忧迫在眉睫，祷告的时间仅在须臾之间。那个壮汉，就像被那个神圣的名字震慑住了一样，突然在他举着的人下面瘫作烂泥，被击败了。[1]

这个故事的真实性令人怀疑，但它反映了当时人们的矛盾心理：一方面承认强壮者在决斗中占有优势，另一方面又相信神意起着决定性作用。后一认知显然是荒唐的，但也并非毫无道理，因为案件的真相只有一个，决斗双方必有一方理亏，而理亏者往往不由自主地产生负罪感，心虚气短，从而影响格斗能力的发挥，而另一方因理直气壮，会使自身技能得到充分发挥，所以在双方实力差别不大时，决斗结果有可能符合正义。就此而言，司法决斗似乎含有一定的理性成分。

实际上，司法决斗的确隐含着某些现代司法原则，如当事人公开而平等对抗、法官保持中立等。美国学者哈泽德认为，决斗裁判是当事人主义诉讼模式的具体形态或象征。日本学者山内进则将决斗裁判视为欧洲法精神及当事人主义的鼻祖。国内也有学者认为：

---

① 〔英〕约翰·哈德森：《英国普通法的形成——从诺曼征服到大宪章时期英格兰的法律与社会》，刘四新译，商务印书馆2006年版，第88页。

　　司法决斗体现了程序正义的基本理念。当事人在形式上完全平等且对等，不论社会地位如何，上帝的阳光同样照耀着双方……法官保持中立和消极，对决斗过程不干预，充当超然的裁判者，维护公平的格斗游戏。这种符合程序正义的纠纷解决产生了程序的自我约束和作茧自缚功能，因而通常可保障裁判结果的有效性和当事人对裁判的尊重。[①]

　　上述共誓涤罪、神明裁判和司法决斗的表现形式各不相同，但在诉讼构造上具有诸多共同点。第一，对于刑事犯罪还没有专门的公诉机关，仍采用私人（通常是受害人及其亲属）控告式诉讼模式，因而继续奉行"不告不理"原则。第二，没有单独的审前程序，原告提起控诉后，案件便直接进入审判阶段。第三，实行公开审判原则，控、辩、审、罚经常一体进行，合而不分。第四，追究犯罪、调查取证、传唤被告出庭应诉和知情证人出庭作证等，皆由当事人自己完成，当事人是推动诉讼过程的主导力量，并对判决结果影响巨大，而裁判者的作用相对较小。第五，当事人双方诉讼地位平等，他们都享有主张权利和反驳对方的权利，都负有举证责任和接受检验的义务，都可以采取宣誓等手段积极影响裁判者。第六，裁判者处于中立和被动地位，不能积极主动地收集证据调查真相，只能消极地听取原被告双方的宣誓陈述，然后依据双方提供的证据做出裁判，其主要职责是保证审判严格按照法定程序进行。第七，在证据不足、是非难辨时，总是诉诸虚无缥缈的神灵，致使司法活动呈现原始性、荒谬性特色。

　　埃斯曼指出："在任何一个国家，刑事诉讼的历史总是与政治状况的演变以及人们关于刑罚观念的发展密切相关的。"[②]原始的控

---

　　① 徐昕："司法决斗考"，《法制与社会发展》2007年第1期。
　　② 转引自汪海燕："刑事诉讼模式的演进"，中国政法大学2003年博士学位论文，第35页。

告式诉讼模式之所以普遍流行于中世纪早期的欧洲，是因为这种模式适应了当时的社会条件和时代需要。那时的欧洲，政治国家尚在酝酿中，国家与社会还未分离开来，政府对社会的控制手段极其有限，同时，受历史局限，人们尚未将犯罪与侵权区别开来，许多犯罪依旧被看作是私人侵权行为，并确信通过神灵帮助能够发现真相，加之原始民主还有相当的影响，所有这些决定了那时的司法不可避免地采用以当事人自诉和两造权利平等为基本原则，以共誓涤罪、神明裁判、司法决斗等原始审判方法为主要手段的控告式诉讼模式。

二、中世纪后期之欧陆纠问制

上述原始审判制度因其内在的荒谬性决定了冤假错案在所难免。随着社会的进步，其弊端越来越明显地暴露出来。共誓涤罪完全流于形式，公证人往往只关注被告人的品格，经常被善于伪装者的假象所蒙蔽，有时公证人害怕结怨于当事人遭到报复而徇私枉法，让罪犯逃脱应有的惩罚，特别是势力强大的犯罪人，很容易通过共誓涤罪程序逃脱法律制裁。神明裁判更是漏洞百出，因为作为判断依据的神意纯属子虚乌有，神判的结果往往操控在主持神判的教士手中，如有的教士贪赃受贿，在铁块的重量、热度上或查验伤口时弄虚作假，使有罪的被告轻易通过验证。在1100年的英国，有一次50名林区犯罪嫌疑人被付诸热铁法验证，他们的手都未被灼伤，全部"无罪释放"，对此结果连当时的国王威廉二世都嗤之以鼻，禁不住公开嘲笑说："这算哪门子事啊！上帝是公正的神明裁判者吗？让那些今后仍相信这种把戏的家伙们见鬼去吧！"[1]。在1201—1207年间英国采用神判法审理的所有案件中，只有一件证明被告是

---

① 〔英〕约翰·哈德森：《英国普通法的形成——从诺曼征服到大宪章时期英格兰的法律与社会》，刘四新译，第86页。

有罪的。① 司法决斗凭借武力决定胜负，对体力弱小者是不公平的，冤枉无辜更是司空见惯。所以，从很早时起，人们就对决斗裁判提出了质疑。8 世纪上期的伦巴第国王莱扬布兰德曾写道："我们不能确信上帝的审判，且已听闻许多因为决斗裁判而不公正地输掉了诉讼。"② 教会对司法决斗从来不以为然，指责它与基督教的仁慈博爱精神背道而驰，是"野蛮人的习惯"，甚至明确指责"决斗与审判的性质相冲突，后者存在于审慎的调查而非野蛮的暴力之中"。③

随着质疑声音的不断高涨，到 13 世纪，原始审判制度开始退出历史舞台。神明裁判于 1215 年宣告终结，是年召开的第四次拉特兰宗教会议制定了 70 条教规，其中第 18 条规定，神职人员不得主持和参与流血裁判与司法决斗，不得为其举行祝圣祷告仪式；世俗政权不得强迫教士参与或主持神明裁判与司法决斗。④ 第四次拉特兰宗教会议后，丹麦（1216 年）、英国（1219 年）、苏格兰（1230年）、西西里（1231 年）、法国（1260 年）相继颁布国王法令，确认了禁止神判的教规，此后神明裁判迅速消亡。⑤ 决斗虽然又存在了数个世纪之久，直至 19 世纪仍能发现其身影，但它只是作为一种维护个人荣誉与尊严的手段而残存于欧洲上层社会，已经不再具有司法功能了。

原始审判制度消亡后所留下的"空白"旋即被两种新型审判制度所填补：一是职权主义纠问制（inquisitorial system），二是当事人主义陪审制（jury system）。前者流行于欧陆各国，后者盛行于英国。这次审判方式的变革具有划时代的意义，它标志着欧洲司

---

①　B. Lyon, *A Constitutional and Legal History of Medieval England*, W. W. Norton & Company, 1980, p. 20.

②　〔英〕罗伯特·巴特莱特：《中世纪神判》，徐昕等译，第 153 页。

③　同上书，第 154 页。

④　参见方宇："神明裁判的终结——第四次拉特兰会议第十八条教规研究"，华东政法大学 2009 年硕士学位论文，第 24 页。

⑤　需要说明的是，在 15—18 世纪欧洲出现的猎巫运动中，神明裁判一度复兴，使用冷水裁判法审判女巫案件时有发生，但这种事例只占极少数，绝大多数的审巫案件是通过纠问式刑讯审结的。

法从神的裁判向人的裁判、从神示证据向法定证据、从迷信超自然力量向诉诸人类理性判断的历史转型，从而为欧洲建立"法的统治开辟了道路"①。

宗教裁判所与纠问制的兴起

中世纪后期欧陆各国之所以走上纠问制的道路，虽然与罗马帝国时期的非常诉讼存在历史渊源关系，但直接因素却与12—13世纪的异端迫害运动和宗教裁判所联系在一起。

宗教裁判所（Inquisition Haereticae Praritatis）是罗马教会在13世纪初为镇压异端创设的一种特别教会法庭，它既是教皇革命后罗马教廷权势增长的结果，也是基督教会内部矛盾激化和不宽容精神发展的产物。

基督教产生之初，像其他早期宗教一样，曾经充斥不宽容精神。《圣经》中记载，上帝曾告诫信徒说，对异端者"不可姑息"，要"将他治死"。但是，在最初的三个世纪内，基督教势力十分弱小，而且饱受罗马政府镇压之苦，所以虽有心但无力迫害异端。《米兰救令》颁布后，基督教成为罗马的官方意识形态，教权与俗权合流。为了尽快巩固自身在精神领域的主导地位，基督教会急需消除宗教分歧、统一教义，于是仰仗政权的支持，开始迫害异教徒和内部异己力量。325年的尼西亚宗教会议确立了"三位一体"的正统教义后，凡是不符合正统教义的神学主张统统被斥之为异端，异端书籍一经发现即被焚毁，私藏者将被处死。主持召开这次会议的君士坦丁皇帝还颁布诏令，禁止膜拜上帝之外的其他偶像，取缔异教徒的一切宗教活动。4世纪的最后20年，狂热的基督徒在罗马等城市不断地制造骚乱，捣毁异教神庙，驱逐异教徒。到5世纪中叶，罗马城市中的异教徒已所剩无几。《民法大全》颁布以后，从法律上确立了"三位一体"教义的正统权威和罗马教会的领导地位，对异端的迫害变

① 〔法〕勒内·达维德：《当代主要法律体系》，漆竹生译，第46页。

本加厉。然而，信仰的统一是无法通过强制和迫害实现的。在早期基督教历史上，异端始终如影随形般地困扰着罗马教会。特别是随着集权式官僚体制的建立，教会上层日趋专断与腐败，教会内部分化加剧，上下鸿沟逐步拉大，各种异端派别层出不穷，加之伊斯兰教势力的扩张带来的外部压力，使罗马教廷深深感受到自身统治地位的潜在危机，所以更加不能容忍异端和异教的存在。

为了消除内外威胁，罗马教会开始采用没收财产、暴力镇压和肉体灭绝等手段，大肆迫害异教和异端。如果说，1096 年教皇乌尔班二世发动第一次十字军东征是对外地异教的武力讨伐，那么，1184 年教皇卢修斯三世发布《反对异端》通谕则是对内部异端进行暴力镇压的开端。该通谕命令各地主教"建立异端审判法庭"，驱逐异端者，没收他们的财产，使之"永远受辱"。1215 年教皇英诺森三世主持召开的第四次拉特兰宗教会议特别强调，各地大主教和主教每年都应巡察所辖教区 1—2 次，调查和惩治异端者，并为此而要求改组旧僧团。随后，两个听命于罗马教廷的新僧团——多明我会和方济各会，相继于 1216 年和 1223 年成立，前者号称"上帝的猎狗"，公开宣称负有铲除异端的神圣使命。1232 年，教皇格列高利九世颁布《绝罚敕令》，发行"宗教法庭指南"，建立书籍审查制度，要求把一切异端者开除教籍。同年，格列高利九世与德意志国王腓特烈二世达成协议，约定异端者一旦被证实，法官就应判处其火刑。第二年，格列高利九世下令，由多明我会修士担任各教区的宗教裁判官，并授予他们通过特别法庭追诉异端的全权。1234 年，第一批宗教裁判官到达法国南部开庭审案，宗教裁判所正式开张。1252 年，英诺森四世发出《论连根拔除》训谕，规定在各教区设立清算异端的专门委员会，委以逮捕、审问、惩罚异端和没收其财产的权力，并要求世俗权力听命于宗教裁判所，把根除异端作为国家的首要任务。到 13 世纪下半叶，宗教裁判所已遍布西欧各国。其中，寿命最长的是由六名枢机主教组成的最高异端裁判所，亦即后来成为罗马教廷常设机构的"神圣法庭"。西班牙的宗教裁判所成立较晚（15世纪晚期），但由国王直接控制，组织化程度高，身受其害的异端分子数量众多，所以最为臭名昭著。

宗教裁判所构成简单，精干高效，其最高首脑是教皇，核心是审判官。[①] 审判官由教皇任命，大多是受过专门法律训练的多明我会和方济各会的狂热修士，他们审判官主导着宗教裁判所的一切监视、侦察、逮捕、审问、刑讯活动，拥有无限的权力。除审判官外，宗教裁判所还包括以下助理人员：专员，即审判官的全权代表，由审判官任命，他们可以监视、逮捕、审问异端嫌疑人，甚至代替审判官作出判决；鉴定人，即法律专家，其主要任务是对异端嫌疑人的罪行进行法律鉴定，提出审理方案和判决意见，协调宗教裁判所同世俗法律的关系；公证人，副署被告和证人的口供；书记员，负责记录审判过程和保存档案；医生，负责检查在押犯人的身体，监控被告对肉刑的承受能力；刑吏，执掌用刑；狱吏，负责看管监狱和嫌犯。

宗教裁判所建立伊始就采用了纠问式审判程序。为规范审判官的审判活动，教会法学家编纂了各种指导性诉讼手册或指南，其中，1242年由佩纳福的圣·雷蒙编写的《指南》和1244年由科的贝尔纳和圣·彼埃尔的约翰编写的《宗教裁判程序》是最早的两种，不但内容详细具体，而且流行广泛、影响久远。[②]

宗教裁判所的诉讼过程分为告发、审讯、判决和执行四个环节。

告发。告发是启动异端诉讼的第一步。由于异端分子都是秘密活动，难以发现，因此，宗教裁判所采取了多种搜寻异端信息的方法。其中，最令人深恶痛绝的是匿名检举即告密。告密虽然古已有之，但宗教裁判所以异端思想的隐秘性为借口，将它发展为一套告发有赏、知情不报者有罪的合法制度。教会宣称，异端是一种"疾

---

① 关于宗教裁判所的构成，参见闫克芬："宗教裁判所初论"，徐昕主编：《司法》（第4辑），厦门大学出版社2009年版，第202—205页；吴雯雯："宗教裁判所的纠问式司法审判程序"，《首都师范大学学报》2005年增刊。

② 关于《指南》和《宗教裁判程序》的内容，参见〔英〕爱德华·伯曼：《宗教裁判所——异端之锤》，何开松译，辽宁教育出版社2001年版，第35—43页。

病"，告发异端是为了拯救一个人的"健康"，维护社会的"纯洁"，所以告发异端是每一位基督教徒光荣而神圣的责任，尤其是各教区的神父和修士，在听取信徒的告解忏悔时若发现异端嫌疑者，必须立即报告宗教裁判所。对于异端活跃的地区，宗教裁判所经常派遣密使前去暗访，故意"怂恿不满现状的人高谈阔论，与此同时，躲藏在角落里的记录员逐字逐句地记录下来"①，或者有针对性地进行专题布道，介绍异端的活动特点与识别方法，动员人们对号入座自我招认或举报他人。如果在专题布道后 60 天内举报了异端嫌疑者的信息，则可以得到为期三年的免罪符，若知情不报，将被开除教籍。在审判过程中，通过威胁利诱促使在押异端嫌犯"立功赎罪"，揭发同伙，更是家常便饭。此外，含有反教会主流思想的文字或绘画作品，也是告发的重要内容。教会要求，作为基督徒，一旦发现含有"异端邪说"的作品，应立即告知宗教裁判所，追究作者的责任，其作品将被划入禁书范围。告密无须提供真凭实据，仅凭怀疑和道听途说即可提出，即使最后证明纯属捕风捉影，告密者也不受惩罚，这实际上是对告密行为的一种鼓励。

　　告密制度造成人人自危，"无论天主教徒还是异端者，都有同样的理由惶惶不安，一想到随口说过的话可能随便在什么时候被他亲近的人转告给宗教裁判所审判官，他就再也不会有片刻的安心了。在这种想法影响下，很多人在恐惧面前退让了，并出于害怕被出卖而出卖了别人"②。所以，告密制度迫使人们把出卖良心、刺探他人隐私作为避祸自保的一种手段，有的人甚至为了邀功寻赏而构陷无辜，从而把人性中的邪恶成分调动起来，使得相互猜忌、背信弃义大行其道。特别是告密制度打着"治病救人"的漂亮旗号，让人们在不知不觉中远离正直善良，于心安理得中走向阴暗邪恶。所以，

----

　　①　〔英〕萨达卡特·卡德里：《审判的历史——从苏格拉底到辛普森》，杨雄译，第 35 页。
　　②　转引自闫克芬："宗教裁判所初论"，徐昕主编：《司法》（第 4 辑），厦门大学出版社 2009 年版，第 211 页。

大凡宗教裁判所猖獗的地方无不世风日下，比如在西班牙，由于告密之风盛行，使得"沉默寡言成了这个处在温暖富饶地带因而生性活泼的民族的性格特征"[①]。

审讯。收到告密者的检举后，审判官首先进行秘密侦讯，调查收集起诉所必要的证据，并由鉴定人给出法律鉴定。如果鉴定人对证据予以基本肯定，审判官便下令拘押被告，囚禁于与外界隔绝的密室中，同时全面调查被告的相关信息，为审讯做准备。

审讯的目的名义上是为了促使被告自愿忏悔，放弃异端思想，回归正宗信仰，[②] 实际目的是为了取得被告的认罪口供。如同侦讯一样，审讯也是秘密进行的，只有两名修士在场，分别担任公证员和记录员。被告对告发者、证人以及被指控的罪名，事先都一无所知。审讯开始时，首先要求被告手抚福音书宣誓，保证如实回答审判官的一切提问，揭发自己所知道的异端分子及其活动情况，并承诺接受给予自己的任何判决和惩罚。如果被告拒绝宣誓，将被宣判为异端顽固分子。对于被告的认罪口供，审判官特别重视，因为他们深知，思想信仰属于一个人的内心隐秘,本人的亲口供述是最可信的。所以，审判官为获取被告口供，总是煞费苦心不择手段。作为教会法专家，审判官会细心观察被告的心理活动，利用熟练的审问技巧，或者温情劝告，或者恫吓威胁，千方百计地迫使被告俯首认罪。被告一旦承认有罪，便只允许回答一个问题，即是否愿意发誓与异端绝断。如果回答是肯定的，将被处以某种补赎以抵罪；如果回答是否定的，将被宣判为异端顽固分子，然后附上一纸判决书，交由世俗司法机关执行刑罚。

有罪推定、秘密审讯和注重口供决定了在异端审判中刑讯逼供在所难免，虽然罗马教廷对刑讯一直态度谨慎，几位教皇多次表示，只有在无法得到充分证据而且迹象表明有可能得到口供的情况下方

---

① 〔法〕伏尔泰：《风俗论》（中），梁守锵等译，第 662 页。
② 参见〔英〕爱德华·伯曼：《宗教裁判所——异端之锤》，何开松译，第 49 页。

可采用刑讯，而且每一次审讯只能使用一次刑讯，并以"不损害手足及生命为原则"[①]，但在实践上，教会对刑讯是大开绿灯的。在1252年《论连根拔除》通谕中，英诺森四世授权审判官可以像强制窃贼揭发其共犯那样，"用暴力强迫一切被捕的异端者"供认他们的"罪行"，只是以勿残害其肢体和危及生命为限。从此，刑讯逼供成为宗教裁判所的一种合法制度。

刑讯逼供在阴森恐怖的拷问室进行，由专职刑吏实施。用刑前，审判官先对被告进行恐吓："我们决定在某日某时对您用刑"，并向被告展示各种刑具，介绍其功用，对其施加压力。如果恐吓没有奏效，就启用刑讯。刑讯方法有饿刑、水刑、吊刑、炙刑、轮刑、拉肢刑和木楔刑等，多达几十种。早期多用饿刑，即限制被告的食物和饮水，通过饥渴折磨以削弱其意志。可能因为饿刑需花费时日，后来极少使用。据西班牙史料记载，吊刑、水刑和炙刑因为不易留下伤痕而最为常用。吊刑是将被告扒光衣服，双手反绑，吊在天花板上，脚上加一铁制重坠，有时突然松开绳子，让被告像皮球似地跌落在石板地上。水刑是将被告固定在受刑凳上，头低脚高，鼻孔和嘴塞满亚麻布，将水不断地滴在布上，以窒息折磨被告。炙刑是将被告的脚底上涂满油脂，以文火炙烤。拉肢刑是让被告躺在拷问台上，手脚分别绑在拷问台两端的滚轮上，通过转动滚轮拉扯四肢。刑讯时，都有医生在场，一是监控被告的承受能力，二是必要时可为被告治疗创伤。

判决与执行。审判官根据被告的口供、认罪态度及其他证据做出判决，并举行公开宣判仪式。因为按照教会的说法，惩罚异端分子是为了拯救迷失的灵魂，公开宣判可以帮助他们认识和洗刷罪行，对于旁观的民众也是一种宣传教育。

宣判通常在裁判所驻地的教堂进行，由教堂预先发布通告，公布时间和地点，并要求市民参加。宣判当日，犯人将被剃光头发，

---

① E. Peters, *Inquisition*, Collier Macmillan Publishers, 1988, p.61.

站在高高的台架上示众。审判官首先为嫌犯宣读祈祷文，然后宣布处罚方式。如果罪行较轻，多处以补赎惩罚，其方式包括：诵读祷词、朝圣、罚款、佩戴耻辱性标志、公开鞭笞、没收财产、监禁等。其中，监禁是最严厉的补赎形式，监禁时间初为1—5年，后来越来越长，直至终身监禁（补赎的极端形式）。监禁方式依罪行轻重而定，一种是普通监禁，监室模仿修道院样式，由各自分开又相互连接的小监室组成，犯人不戴镣铐，享有一定的活动自由；另一种是严格监禁，犯人身戴镣铐，关在单人小间内，有时缚在墙上，没有活动自由；第三种是苦牢监禁，不但镣铐加身，而且监室狭小，阴暗潮湿，污秽不堪。①

对于背叛教会、死不悔改的异端分子或认罪后又翻悔者，将处以火刑，但宗教裁判所并不直接执行火刑，而是先将异端分子开除教籍，然后交由世俗政权完成。火刑多在城市的中心广场进行，通常预先搭建一个宣判台，旁边竖一火刑柱，并提前一个月通告当地居民，有时许诺给予出席宣判仪式者为期40天的免罪符。届时，由审判官和宗教狂热分子高举白色十字架，唱着丧歌，押解着五花大绑的赤脚犯人，穿过街道，走上宣判台。审判官先进行祈祷和布道，然后宣读判决书，同时最后一次询问犯人是否悔罪，若犯人表示愿意悔改，则终止火刑的执行，如果犯人顽固不化，就要葬身火海。

在欧洲中世纪历史上，被宗教裁判所处以火刑的人数没有确切数字，从数千到数万甚至十几万人，说法不一。其中，两个臭名昭著的火刑事例是众所周知的，一是1431年5月30日年仅19岁的法国民族英雄贞德被烧死在法国鲁昂，二是1600年2月17日，意大利科学家布鲁诺因宣扬日心说被烧死在罗马的鲜花广场。还有一个案例虽未处以火刑，但同样臭名昭著，那就是意大利科学家伽利略

---

① 参见闫克芬："宗教裁判所初论"，徐昕主编：《司法》（第4辑），厦门大学出版社2009年版，第216—218页。

于 1633 年被判处终身监禁。这三大冤案虽然后来都得到平反，[①]但毕竟是宗教裁判所永远洗刷不掉的历史耻辱。

这里需要补充说明的是，自从 20 世纪后期以来的国外研究证明，被宗教裁判所定罪并施以火刑的异端罪犯，实际上只占嫌犯的一小部分。例如，西班牙托莱多宗教裁判所的判决记录显示，1575—1610 年间由该所审判的 1 227 个嫌犯中，只有 15 人被处以火刑；在 1648—1794 年间该所审判的 2 519 个嫌犯中，被处以火刑者仅为 8 人。[②]又如，在贝尔纳·居伊的判决记录册中，记载了 1308 年至 1322 年的 636 个判例，其中只有 40 例交由世俗机关执行死刑。[③]1998 年，梵蒂冈宗教裁判所档案对外公开。档案显示，刑讯逼供并非是宗教裁判所的常见现象，它的残暴程度实际上低于中世纪欧洲的世俗法院，而其程序的规范化程度则远远高于同时期的世俗法院。即使是最为猖獗的西班牙宗教裁判所在 300 年内审讯的 15 万异端案例中，罪名成立移交政府的只有 3 000 人，被执行死刑的不到 1%。[④]所以也有学者认为，真正被宗教裁判所处死的人数不过 3 000 至 4 000 人。[⑤]

档案资料和最新研究成果表明，传统观点关于宗教裁判所残酷性的描述存在过分渲染之嫌。职是之故，有学者改从正面重新审视宗教裁判所，认为不论是机构设置还是诉讼程序，宗教裁判所都有其积极、进步的一面。[⑥]它"第一次用法官裁判代替了神明裁判，第

---

① 1456 年，即贞德蒙难后 25 年，她母亲向教皇提起上诉，获得批准，法国对贞德案进行了重审，宣布原来的死刑判决无效，贞德被奉为"救国圣女"。1920 年教皇本笃十五世为贞德正式封圣。1889 年，罗马宗教法庭为布鲁诺平反并恢复名誉。1992 年，伽利略蒙冤 360 年后也终于获得梵蒂冈教皇的平反。

② 转引自吴雯雯："宗教裁判所的纠问式司法审判程序"，《首都师范大学学报》2005 年增刊。

③ 同上。

④ 参见方凡佳："从另一个视角窥探宗教裁判所的内外之制"，《法制与社会》2009 年第 7 期（上）。

⑤ 参见〔英〕萨达卡特·卡德里：《审判的历史——从苏格拉底到辛普森》，杨雄译，第 37 页。

⑥ 参见方凡佳："从另一个视角窥探宗教裁判所的内外之制"，《法制与社会》2009 年第 7 期（上）。

一次用逻辑性的法定证据代替了神示证据"，从而"推动人类诉讼活动从神的诉讼发展为人的诉讼"。①而人判取代神判恰恰是司法走向理性化的体现，是司法文明进步的标志之一。

毫无疑问，宗教裁判所在欧洲从原始司法向现代司法转变的历史过程中客观上发挥了带头和示范作用，但是，从法治文明的高度看，它所采用的告密制度、秘密审讯制度和有罪推定原则，不让被告人知晓控告人姓名和身份从而无法进行当面对质，特别是为获取口供而不惜采用惨无人道的酷刑，都是与司法和法治文明精神背道而驰的，尤其是它把思想信仰问题列为司法管辖的对象，对于观念上的异己分子实施制度化的暴力镇压，违反了"思想是不可审判"的基本法治原则，②严重窒息了人们的精神自由与创造力。所以，仅凭刑讯逼供和火刑"数量不多"的事实，无论如何也抹杀不掉宗教裁判所的历史罪责与恶名。

纠问制在欧陆世俗法院的确立

纠问制在教会法院建立后，作为一种常规审判方法在欧陆主要国家的世俗法院中迅速扩散开来。其中，法国最具典型性和代表性。

13世纪以前，法国占主导地位的司法机构是封建法院，审判方式是控告式。但是，在王室民事诉讼中一度采用具有纠问制特点的宣誓调查法（sworn inquest）。在法兰克王国时期，当王室土地出现争议时，国王有时派遣王室官员从当地召集部分居民，经宣誓后讲明真相，根据调查结果做出裁决。在刑事诉讼中，偶尔也采用调查程序，但选择权控制在被告人手中：如果被告人不愿采用神判或决斗而选择调查程序，并得到王室法官准许，可以采用宣誓调查法。③总之，那时的宣誓调查法是国王专用的一种特权工具，其他人若想

---

① 马可："宗教大审查与欧洲中世纪刑讯"，《山东警察学院学报》2011年第2期。
② 马克思说："对于思想来说，既没有法庭，也没有法典。"见《马克思恩格斯全集》（第1卷），第418页。
③ 汪海燕："刑事诉讼模式的演进"，中国政法大学2003年博士学位论文，第45页。

使用，必须取得国王恩准。后来，法兰克王国陷入分裂，王权衰落，作为国王特权工具的宣誓调查随之中断。

进入 13 世纪，纠问制重新出现于法国刑事诉讼中。例如，在重罪案件中，"法官有义务让该社区的人就与此相关的事项发誓，男人、女人、小孩以及仆人，只要他能够起誓，命令他们说出发案时晚上或白天的他们所在地点。如果法官发现住在某个房子的人是变动的，法官就可以逮捕他；如果发现来自其它地方的人可疑，就有权根据习惯法对他提起诉讼"；"如果法官发现某个男人或女人由于暴力流血，他也可以而且应当提起诉讼"。[①] 可见，在那时的法国，主动追究重罪、启动诉讼已成为法官的一种权力和义务。

在纠问制不断成长的同时，控告式神判与决斗日趋衰落。1260 年，法王圣路易颁布法令，宣布"在我们整个领地内禁止一切秘密战争（决斗）……我们吩咐用目击者的证明来代替它们"；"如果任何人想控告另一个人犯谋杀罪……必须用证据来证明自己的控告"；如果涉嫌叛逆、纵火、掠夺、盗窃和危害生命与肢体的犯罪，"被控告到我们的大法官面前，这个大法官就应调查此事直到取得证据"。[②] 该法令宣告了神判与决斗在法国的终结，取而代之的是法官主动作为的证人调查法。同时，该法令赋予更多的人以作证资格，改进了调查取证方法。新方法借鉴了教会法院的经验，由法官发出传唤令，传唤证人到调查官面前接受讯问。调查证人是秘密进行的，双方当事人均不得在场，但需要证人宣誓作证时，当事人有权出席和提出异议。证人的证言被记录下来，呈送法庭，作为判案依据。双方当事人都可以获得证言的书面记录，都可以亲自或聘请代理人参与法庭辩论。法官须在听取法庭辩论后，决定被告是否有罪以及判处何种刑罚。[③] 可见，1260 年法令明确将审前调查取证和正式庭

---

① 转引自汪海燕："刑事诉讼模式的演进"，中国政法大学 2003 年博士学位论文，第 45—46 页。

② 〔法〕基佐：《法国文明史》（第三卷），沅芷、伊信译，第 287—289 页。

③ 参见汪海燕："刑事诉讼模式的演进"，中国政法大学 2003 年博士学位论文，第 46 页。

审分为两个阶段，无论哪一个阶段的诉讼活动，都操控于依职权行事的法官之手。尽管初始时期当事人依然享有一些传统权利，如审判公开、可自我申辩和聘请代理人、可质疑对方及其证人等，但已很难影响诉讼过程与结果，而且不久之后这些权利都被取消了。

1260 年法令促成了法国司法制度由控告式神判向职权主义纠问制的根本转变，也体现了法国法治发展的立法中心主义特点。在此后的三个世纪内，法国国王又陆续颁布了一系列司法法令，促使纠问制逐步走向成熟。其中最为重要的法令有三个：一是 1498 年法令。该法令总结了此前的实践经验，将刑事审判分为普通程序和特别程序两种，并明确规定了两种程序的不同适用对象和操作规程。二是 1539 年法令。该法令规定了代表国王行使公诉权的检察官的职权范围和运行规则，包括如何逮捕和审问嫌疑人、如何传唤和讯问证人以及如何与法官配合与协作等。法令还对刑事被告人的权利做了调整，如公开审判、知悉被指控的罪名等权利被取消，聘请代理人、取保候审、上诉等权利受到严格限制。该法令进一步提升了国王和法官的职权，弱化了当事人特别是刑事被告人的权利保护，意味着纠问制在法国的确立。三是 1670 年法令。该法令对纠问制的细节做了具体明确的规定，内容包括控诉、告发与公诉三种起诉形式和传唤听审令状、人身传讯令状与逮捕令状的区分及其适用条件与操作方法，法官如何讯问被告和证人，如何进行对质，书记员如何制作记录，刑讯的实施条件及种类，判决的类型（分无罪、送之法庭之外和继续调查三种），当事人的上诉权等。[①] 可以说，该法令涉及诉讼过程的所有环节，系统完整，标志着法国纠问制进入成熟阶段。

纠问制的运作方式

纠问制下的审判过程分为起诉和审判两个环节。

在起诉环节，当事人控告方式继续保留，但主要限于民事和轻

---

① 关于上述法令的详细内容，参见汪海燕："刑事诉讼模式的演进"，中国政法大学 2003 年博士学位论文，第 51—60 页。

微刑事案件，而且数量上逐渐减少。依此方式，受害当事人或其亲属，可向法官主动提出控告。法官接收控告后，最初仍沿袭传统，由控告人逮捕被告并送到附近监狱关押候审，后改由法院官员对被告实施逮捕。与案件无直接利害关系的人，譬如知情人，也可直接向法庭举报，这叫作告发。告发人必须同时向法庭提供证人或证人姓名，由法官根据信息的可信度，决定是否对被告人提起诉讼。无论是控告人还是告发人，倘若指控失实，要承担"诬告反坐"的法律责任。由于这两种起诉方式对于起诉人来说都存在一定风险，自14世纪起日益减少，越来越多的刑事诉讼改由国王检察官（procureur du roi）以国家（国王）公诉的形式予以启动。

在欧陆各国中，法国建立检察官公诉制度时间最早，这是12世纪以后法国王权强化的结果，同时也是刑事犯罪理念变化的产物。在此之前，刑事犯罪被认为是个人之间的侵权行为，追诉犯罪的权利和责任属于个人。随着国王权威的提高和中央权力的加强，维护公共安全与社会秩序成为国王政府的重要职责。与此同时，在人们心目中，刑事犯罪不再仅仅是对个人的侵权行为，而且也是对国家公共安全的损害。于是，国王政府承担起了追诉犯罪、维护秩序、伸张正义的责任。13世纪末，国王圣路易开始任命财务代理人，主要负责在涉及国王的案件中维护王室经济利益，同时作为国王（国家）的法律代理人参与刑事司法，开始行使公诉人的职能。1302年，菲利普四世正式授予财务代理人以总检察长（Procureur Général）的头衔，并向全国各地派驻国王检察官，同时明确了检察官的两大职责：一是代理王室诉讼，维护国王的财政利益，诸如保证王室领地不受侵害、收取司法罚款和被没收的当事人财产等；二是负责所辖地区的公共安全，包括收集信息、发现犯罪、调查取证和提起公诉，以保证秩序的稳定和正义的实现。[1]

当然，检察官公诉制度的建立经历了一个过程，因为根据传统，

----

① 参见黎敏：《西方检察制度史研究——历史缘起与类型化差异》，清华大学出版社2010年版，第100页。

只有与案件有直接利害关系的人才有权提出控告。所以，在 14 世纪上期，检察官经常与当事人或知情人一起联合提起诉讼，并且必须将起诉材料预先交由法官进行审查，经法官准许后方可告上法庭。在诉讼过程中，检察官也像当事人一样，作为诉讼的一方宣誓陈述主张与举证。就是说，那时的检察官仍是奉法官之命参加诉讼，还不能主动启动诉讼。但是，这种做法很快便改变了。到 14 世纪后期，凡是个人提起的刑事诉讼，必须根据检察官的传唤令，才能将被告人带到法庭。至 16 世纪，在刑事司法领域，个人自诉销声匿迹，诉讼的启动完全落在国王检察官身上，[①] 公诉制度形成。17 世纪，按照路易十四颁布的刑事法令（1670 年），在最高审判机关中设立总检察官，在各下级审判机关中设立检察官和辅助检察官。至此，法国确立了科层制检察制度。在此制度下，检察官不再是听命于法官的诉讼参与者，而是可以促使法官采取司法行动的诉讼启动者，检察官作为国王（国家）的代表成为刑事案件的唯一原告；追诉犯罪不再是为了个人复仇，而是为了国家的公共安全。不过，受害当事人仍可就损害赔偿提起个人民事诉讼，一如时人英伯特所言：

> 我们有两类控诉者，一类是代表国王与公共利益的人，他们被称为国王的顾问，即国王或领主的检察官，他们拥有最高正义，他们是为了寻求对罪犯进行肉体与金钱上的惩罚；另一类人是为了获得民事上的补偿，因为他们因犯罪行为而遭受了人身以及财产上的损失。在实践中，他们不能寻求对罪犯的肉体上的惩罚，尽管普通法规定他们可以这样做。[②]

正是从这里衍生出了现代刑事诉讼中的民事赔偿程序。

在公诉制度下，检察官一方面代表国王和国家利益，另一方面

---

① 参见〔法〕卡斯东·斯特法尼等：《法国刑事诉讼法精义》（上），罗结珍译，中国政法大学出版社 1998 年版，第 68 页。

② 汪海燕：“刑事诉讼模式的演进”，中国政法大学 2003 年博士学位论文，第 51 页。

也是受害当事人的代理人。就后者而言，当事人变成了为检察官提供犯罪信息的来源。除此之外，"公共恶名"也是检察官获取犯罪信息、启动刑事诉讼的重要途径。"公共恶名"启动程序的特点是，无须掌握犯罪的确切证据，只根据某一社区居民的集体检举、大众怀疑或个人的恶劣名声，就可把一个人告上法庭。"公共恶名"的法律程序在教会法院的异端审判中曾发挥过显著作用，罗马法继受运动中的注释法学家们对这一起诉程序做了肯定性解释，并对其内涵进行了明确界定，以避免与"众所周知的犯罪事实"相混淆。他们指出，"公共恶名"是指"公众持有的、明显指向具体犯罪嫌疑的舆论呼声"①，即"在一个城市、乡镇、村落或者地区，它在人们言谈话语中广为流传，并被普遍相信，但是人们并不确定其真实性或公知性"②。所以，"公共恶名"只是一个间接证据，不能作为判定罪的依据，但可以作为开启司法程序的理由。至于"公共恶名"达致何种程度方可起诉，在 14 世纪以前的法国取决于法官的判断，14 世纪以后转归检察官。于是，社会舆情、大众传闻、个人名声等，都成为了检察官启动刑事诉讼的合法依据。及至 15 世纪，"公共恶名"演变为"纠问制的一种普遍启动方式"和"主要的公共起诉模式"。③再后，为了探查犯罪信息，检察官或其他政府官员在法官的准许下，可以对嫌犯进行监视和监听。

与检察官依职权垄断刑事起诉同步发展的是，法官也依职权控制了诉讼的审判环节，成为法庭上的绝对主宰。

在纠问制建立初期，审判方式分为两种，普通程序和特别程序。前者适用于轻罪案件，通常采用公开庭审方式，被告可以保释，可以获知证人证言，一般不使用刑讯；后者适用于重罪案件，庭审通常秘密进行，被告无权保释，也无权获知证人及其证言，可以适当使用刑讯。某一案件适用哪一种程序审理，主要取决于检察官的判断。

---

① 转引自倪化强："西欧中世纪纠问制诉讼中的原告"，《法学家》2010 年第 2 期。
② 同上。
③ 同上。

最初，普通程序属于常规，特别程序只是例外，但后来特别程序逐步占据了主导地位，成为纠问制审判模式的典型形态。

根据 1539 年法令规定，案件首先要经过预审调查（inquest），由法官或刑事调查官（examiners）主持，并有王室公证员在场见证。调查对象主要是证人，如果有多名证人，调查须单个地秘密进行。证人的证言被如实记录下来，须当场向证人宣读，由证人签字。但是，在实践中，预审记录经常与证人所言有所出入，因为在职权主义的原则下，调查官不可避免地会将个人的主观倾向带入其中，将证人提供的犯罪信息夸大或缩小。

调查结果以书面形式报告给检察官，由检察官决定是否起诉和采用何种程序。如果是自诉案件而且决定采用普通程序，则由个人传唤被告。如果采用特别程序，则由法院签发逮捕令，由法院官员逮捕被告。为防止滥用逮捕权，法律上有一定的规范要求。例如，不允许在被告的个人住所中对其实施逮捕，只有在严重犯罪或在公众场合实施的犯罪案件中，才可颁发无条件逮捕令。但是，在实践上这些限制性规定等于一纸空文，"只要是在白天而不是在晚上，并有见证人在场，同时不会引起许多人的围观和使用太多的暴力，也不会造成屋内财产损失，就可以对其逮捕"[①]。

无论是传唤还是逮捕，被告到庭后，法官都应"立即、仔细、勤勉"地对其进行审问（interrogation）。审问在专设的法官室或刑事法庭内进行，被告既对指控内容一无所知，也没有律师的帮助，而且必须宣誓保证如实回答法官的提问。此时，可传唤控方证人，而被告无权提出有利于自己的证人。之后，被告与证人经宣誓后进入对质（confrontation）阶段，这是被告第一次也是唯一可进行自我辩解的机会，但法律规定了严格的限制。例如，在向被告宣读证言之前，法庭须询问被告是否信任证人，如果被告对证人心存怀疑，必须立即提出，否则将丧失在证言宣读之后的质疑机会。

---

① 转引自汪海燕："刑事诉讼模式的演进"，中国政法大学 2003 年博士学位论文，第 53 页。

如果通过审问获得的证据达到了法定标准，并有被告的认罪供述，法官就判其有罪和相应刑罚。在 1539 年法令之前，审问是秘密的，但宣判是公开的。1539 年法令之后，判决改为交由法庭书记员在守卫室内向被告宣读。

如果缺乏充分证据而被告又拒绝认罪，但根据推理被告很可能犯罪的话，法官可对其实施刑讯，特别是在谋杀、纵火、强奸、拦路抢劫、叛国等严重犯罪案件中，刑讯逼供更是家常便饭。在这一点上，欧陆各国与同时期实行陪审制的英国形成鲜明对照。[①] 对此差别产生的原因，除了纠问制的体制性根源外，罗马法和教会法僵硬的证据规则也难辞其咎。因为到 13 世纪时，开始席卷欧陆各国的罗马法继受运动和业已系统化的教会法，把源于古罗马的证据法规则推向了格式化甚至数量化的法定证据阶段。法定证据的基本原则是，证据的等级分类、可采性及证明力，不能交由法官自由裁量，必须由法律明文规定之。在较早明确的证据规则中，最核心的几条是：任何死刑案件都必须根据"完整证据"（complete proofs），即两名证人作证才能定案，"一个声音等于没有声音"；只凭控告人的陈述不能定罪，必须有另外"半个证据"（half-proofs）的补强方可判定有罪。法定证据原则在形式上的"刻板僵硬使得在刑事案件中确定定罪依据变得十分困难"[②]，因为严重犯罪多是秘密实施的，要想找到两名证人几乎不可能。诉讼开始时，法庭获得的证据通常只是控方提供的"半个证据"，因此，法官的主要任务是寻找另外"半个证据"。而根据法定证据规则，被告的口供是"最佳证据""证据之王"，所以法官的关注焦点和"全部艺术就在于取得被告人的

---

① 据学者考证，实行陪审制后的英国也存在刑讯，但主要发生于 1540 年至 1640 年的叛国罪案件审判中，数量有限。该时期有文献可查的刑讯总共 80 多起，其中大部分发生在伊丽莎白一世时期，到斯图亚特王朝早期，刑讯在英国基本销声匿迹。参见 John H. Langbein, "Torture", *Encyclopedia of Crime and Justice*, The Free Press, 1983, p. 1554。

② 〔美〕哈罗德·J. 伯尔曼：《法律与革命——西方法律传统的形成》，贺卫方等译，第 306 页。

245

供述"，^①而刑讯逼供又是获取被告口供最有效的方式，故而成为法官的常用手段。从这个意义上说，罗马法的法定证据制度和口供至上原则，对于刑讯逼供在欧陆各国的泛滥，客观上的确起到了推波助澜的作用。

在法律上，欧陆各国都没有关于刑讯方式的任何规定，但实践中的刑讯方式可谓花样百出，其残忍程度令人触目惊心，比之宗教裁判所有过之而无不及。除了常用的拉肢刑、吊刑、水刑、颈手枷刑外，还有骑刀凳、坐尖凳、穿铁钉鞋、穿木楔靴以及夹膝钳、夹指钳等令人不寒而栗的酷刑。^②面对如此花样繁多的酷刑，许多无辜被告不堪折磨，屈打成招。保存下来的法国第一部审判记录详述了 1389—1392 年巴黎的 100 多个案件，"显示出绝大多数的被告都供述了，并且没有一个被告人赢得彻底的无罪审判"^③。在欧陆纠问制司法史上，不知有多少无辜生灵沦为冤魂屈鬼。对于少数意志坚强经受住刑讯考验的被告人，法庭也不会无罪开释，而是立足于有罪推定将其监禁狱中，并发布公告，要求知情者揭发其罪行。如果没有人揭发，法官则在判定被告人有罪的前提下予以释放，而不会宣布其无罪，因为倘若无罪释放，则意味着此前的逮捕、审讯、监禁被告统统都是错误的，这等于法官自抽耳光。

在纠问制下，如果被告对判决不服，虽然可以提起上诉，但上诉的实际作用极其有限。法国 1539 年法令规定，"刑事诉讼中的事由都可以立即、毫无中断地上诉到最高法院"，但两年后的新法令限定为只能就刑讯以及肉体处罚事项上诉。最为关键的是，允许上诉"并不是从保护被告人的权利的角度出发的，其立足点是为了对下级法官的权力进行监督，审查其是否正确行使了刑罚权，从而保

---

① 〔法〕卡斯东·斯特法尼等：《法国刑事诉讼法精义》（上），罗结珍译，第 79 页。

② 参见马可："欧洲中世纪的刑讯方法和刑讯程序"，《铁道警官高等专科学校学报》2011 年第 3 期。

③ 〔英〕萨达卡特·卡德里：《审判的历史——从苏格拉底到辛普森》，杨雄译，第 42 页。

证王权的统一行使和不被破坏"①。

纠问制的特点

稍加分析就会发现，纠问制的一个鲜明特点或者说内在缺陷在于当事人双方的诉讼地位是不平等的，被告人的诉讼权利缺乏有效保障，很容易被忽视甚至遭到践踏。

在纠问制下，从诉讼启动到调查取证，再到正式起诉和法庭审判，被告人始终处于被动地位，与控方是不平等的。被告人无权知晓被指控的罪名，无权聘请律师帮助，无权提供有利于自己的证人，无权主动申辩和质疑控方，只能被动地回答法官的讯问。"诉讼权利的不平等以及书面程序的秘密性，往往容易形成专制暴虐制度的危险。这使被告人的权利极易受到侵犯"。②

被告人权利缺乏保障是纠问制的一元化权力结构所决定的。在这种制度下，司法权力是按照自上而下的原则配置的，呈一元化结构形式。法官作为法律的化身，最初集控、审、判于一身，主导诉讼全过程。公诉制度建立后，控告权分离出来，但检察官与法官都是国王（国家）的代表，二者的合作远大于制约，他们和受害当事人目标一致，实际上构成一个利益共同体。德国现代法学家拉德布鲁赫指出，纠问制程序的"严重错误"就在于"将追究犯罪的任务交给法官，从而使法官与当事人合为一体"。③此外，被告人权利缺乏保障还与有罪推定司法原则密切相关。在纠问制下，被告人自始就被假定有罪，审判的目的主要不是为了查清事实真相，而是为了获取被告人的认罪口供，为达此目的可以采取一切必要手段。于是，"纠问式诉讼程序成了一个以目的的正当的方式证明其手段正当的

---

① 汪海燕："刑事诉讼模式的演进"，中国政法大学 2003 年博士学位论文，第 55 页。

② 〔美〕约翰·亨利·梅利曼：《大陆法系》，顾培东、禄正平译，法律出版社 2004 年版，第 134 页。

③ 〔德〕拉德布鲁赫：《法学导论》，米健等译，第 121 页。

经典例证"。①有罪推定理念的逻辑展开就是"先有结论后找证据"，其结果必然为刑讯逼供提供更多借口和机会。而刑讯逼供是一种强制被告人自证其罪的方法，"这种方法能保证使强壮的罪犯获得释放，并使软弱的无辜者被定罪处罚"。②

任何制度的背后都有某种价值诉求，而任何价值诉求无不打着时空环境的烙印。纠问制之所以采取一元化权力结构形式，忽视被告人的权利保护，是因为该制度兴起于欧陆王权从虚弱走向强大、国家由分裂走向统一的历史过渡时期，故而产生伊始就立足于国家本位，与政治权力纠结在一起，肩负着推进国家统一、强化政治统治和社会控制的历史使命。所以必然把打击违法犯罪、维护社会稳定奉为首要价值目标，选取有罪推定，从严释法、宁枉勿纵的司法裁判原则，"宁可冤枉 100 个无辜，也不放过一个罪犯"③，被告人的权利保护自然不会受到重视。

当然，历史地看，纠问制也不是没有值得肯定的地方。例如，纠问制程序简单，易于操作，追诉犯罪效率高，成本低。特别是在 12—18 世纪期间，纠问制不仅得到欧陆各国君主政府的大力支持，还深受有影响的社会阶层（如法国三级会议）的拥护。纠问制顺应了绝对君主主义的时代需要，在欧陆现代主权国家的形成与发展过程中发挥了积极作用。拉德布鲁赫曾评价说，纠问制的"主要功绩在于'使人们认识到追究犯罪并非受害人的私事，而是国家的职责'"。④不过，上述优点毕竟是次要的，是不能与其内在缺陷同日而语的。从根本上说，纠问制的制度构造和价值取向与法治文明的要求是不相吻合的，所以，相对于同期建立于英国的陪审制，其品质可谓略逊一筹。

---

① 易延友：《刑事诉讼法》，法律出版社 2004 年版，第 32 页。
② 〔意〕贝卡里亚：《论犯罪与刑罚》，黄风译，中国法制出版社 2002 年版，第 37 页。
③ L. W. Levy, *Origins of The Fifth Amendment*, Macmillan Press, 1986, pp. 32-33.
④ 〔德〕拉德布鲁赫：《法学导论》，米健等译，第 121 页。

三、中世纪后期之英国陪审制

在欧陆各国建立职权主义纠问制之际，与之一水相隔的英国却独辟蹊径，走上了当事人主义陪审制的道路，欧洲乃至西方世界两种不同司法制度和法治发展道路的历史分野由此发端。

英国与欧陆分道扬镳及其原因

中世纪英国在历史文化传统、基督教信仰、封建制度等方面与欧陆各国大同小异，司法制度在 12 世纪以前几乎完全相同，都是以共誓涤罪、神明裁判和司法决斗为主的控告式诉讼模式。然而，从 12 世纪起，英国与欧陆各国分道扬镳，创立了陪审团审判制度。对于英国为何此时另辟蹊径，国外许多学者认为是偶然机遇发挥了决定性作用。例如，美国学者莱维认为，是"幸运的时机"造成了英国和欧陆的分途。他指出，在 12—13 世纪，以神判法为代表的原始审判模式日趋衰落，时代呼唤新的理性的审判方法，此时的英国因王权相对强大，从而有条件率先迈出了司法改革的第一步。在英诺森三世创建纠问制于教会法院之前，亨利二世业已完成了一场重大改革，改革内容之一就是建立陪审制。就是说，英国的幸运在于抢先一步选定了自己未来的司法模式，于是跳出了欧陆各国纠问制司法的发展道路。莱维甚至使用了"狭路逃生"（narrow escape）一词来形容这一历史机遇稍纵即逝的偶然性。他说，亨利二世死于 1189 年，1198 年英诺森三世登上教皇宝座，前后时差仅仅九年，足见历史提供给英国脱离欧洲司法发展一般轨道的"历史出口"是多么的狭窄。[①]

这种机遇论观点在英国法律史专家梅特兰、霍兹沃斯以及比利时学者卡内冈的著作中也都有所反映。梅特兰写道："幸运的是，

[①]　L.W.Levy, *The Palladium of Justice—Origins of Trial by Jury*, Ivan R. Dee, 1999, p.51.

在英诺森三世之前，亨利二世已经完成了（司法）改革。"霍兹沃斯则写道，在亨利二世的改革过程中，"国王司法权扩展到哪里，这种（由陪审团）决定事实问题的方法就扩散到哪里。这样，陪审制就和国王法院司法权同步发展，迅速推广，并和由这些法院创造和适用的普通法（Common Law）规则一起成长起来。其发展是如此之迅速，以至于在罗马法和教会法法学家尚未获得时间对其实体原则施加压倒性影响之前，普通法就形成了一套固定的规则"。据此，霍兹沃斯得出结论："这种保留了许多古代思想的英国司法制度发展的迅速性，和对罗马法与教会法法学家影响的有效阻止，构成了（英国）陪审制早期历史中的决定性因素。"[1] 卡内冈同样认为，英国和欧陆国家之间的巨大差异不是因为英国文明中的基本元素不同，而是因为这些基本元素"出现和产生影响的时机不同"。他说："时机的重要性可以沿着英格兰和大陆之间的历史差异看得很清楚。"[2]

应当承认，亨利二世先行一步的司法改革的确是导致英国陪审制起源的直接原因，但是，把一个如此重大的历史差异归因于偶然因素，毕竟有些苍白无力，也不符合历史事实。在这个问题上，唯物史观显示出强大的解释力。恩格斯说："历史事件似乎总的说来同样是由偶然性支配着的。但是，在表面上是偶然性在起作用的地方，这种偶然性始终是受内部的隐蔽着的规律支配的。"[3] 就是说，在历史中起着重要作用的偶然性只是显而易见的表征，隐藏背后的必然性才是更富挖掘价值的根本因素。由是言之，英国的当事人主义陪审制和欧陆各国的职权主义纠问制，都不仅仅是机遇的产物。

美国学者达玛什卡在《司法和国家权力的多种面孔》中提出的司法制度取决于国家政治体制的理论，可以帮助我们深入认识英国

---

① W.S.Holdsworth, *A History of English Law*, Vol.Ⅰ, Methuen & Co., Ltd., 1922, p.316.
② 〔比〕R.C.范·卡内冈：《英国普通法的诞生》，李红海译，中国政治大学出版社2003年版，第139页。
③ 《马克思恩格斯选集》（第4卷），第247页。

与欧陆司法分野的必然性。他指出，司法制度与社会经济类型没有直接关系，而"政府结构和政府功能这两种政治因素在很大程度上影响着程序规则的生长环境，并因此在很大程度上决定着程序制度的基本设计"[①]。基于此，达玛什卡对世界各国的政治体制与司法制度的关系进行了综合比较，选择大陆法系国家和英美法系国家为范本，概括出了两种不同的权力结构与政府功能类型以及与之对应的两种司法制度：一种是科层式权力结构，权力纵向分配，官员职业化、等级化程度较高；另一种是协作式权力结构，权力平行分配，官员专业化、等级化程度较低。与之对应的两种政府功能类型分别是能动型政府和回应型政府，前者站在国家中心主义的立场上，把一切社会问题和社会政策都纳入"国家问题和国家政策"的框架中，致使政府看起来犹如一个"随时准备吞噬整个市民社会的利维坦"，法律则成为国家借以实现其政策目的的工具，极尽能动主义之能事；[②]后者站在社会本位立场上，认为国家只是一个服从社会需要的被动角色，其任务被"限定在为追求自我选定目标的公民提供一个支持性框架上，它所采取的手段必须能够释放出社会自我管理的自生自发力量"，因此，"只有当某人提出诉愿并寻求救济而另一人拒绝满足其要求的时候，国家方可开展其保护行动"。[③]

达玛什卡认为，由以上权力结构和政府职能所决定，便形成了两种分别以政策实施和纠纷解决为主要目的的司法制度。政策实施型司法制度的特点是，司法权被"锁定在上下级关系的链条中"，呈一元化形态，程序的安排以有利于官方调查为原则，司法官员"只能行使受到明确委派的职权……他们的行动受到绝对标准的严格限定，而他们的决策则需要接受上级的常规检查"；"诉讼过程被分割成不连续的若干步骤，并且在不同层级的权威面前展开"，由此

---

① 〔美〕米尔伊安·R.达玛什卡：《司法和国家权力的多种面孔——比较视野中的法律程序》，郑戈译，"致中国读者的引言"，第1页。

② 参见上书，第120、108页。

③ 同上书，第109页。

导致的一个自然结果便是，"当事人在科层结构中的官僚面前进行的争辩倾向于保持低调；诉讼的对抗特征于是被削弱或缓和了"。①这种司法制度的价值追求重在探求事实真相，实现国家预设的目标，所以，程序法服从于实体法，而实体法又追随于国家政策，致使司法程序成为"影子的影子"②。而且，司法官员对于程序拥有充分主导权和控制权，当事人以及律师的作用极其有限。与此相反，纠纷解决型司法制度的特点是，诉讼构造是审判权下的控辩双方的平等对立，审判权本身由职业法官和业余陪审员分享，呈现多元化；在这种"典型的散光灯的照射下，官方领域与私人领域之间的界限显得十分模糊"③，审判过程具有鲜明的"竞赛式风格"。这种司法制度的价值追求重在止纷息争和维持社会平衡，而不是执行与落实国家政策，所以司法与行政是分离的，审判人员是消极被动的，其主要职责限于"监督当事人遵守公平竞赛的场上规则"④。于是，当事人获得了更多的积极发挥作用的机会。但是，由于当事人"很难理解区分证明角色和管理角色所涉及到的技术上的复杂性和深奥性"⑤，需要在专业人员的参与和帮助下该制度才能顺利运行，所以律师在诉讼过程中占有不可或缺的重要地位，发挥着突出的作用。总之，在达玛什卡看来，职权主义纠问式司法制度与科层式集权型政治体制有着天然的亲和力，而当事人主义对抗式陪审制与协作式分权型政治体制有着内在的关联性。

回顾历史，11 世纪时，罗马教会通过教皇革命建立起了金字塔式集权体制，故而率先确立了纠问制。从 12 世纪起，欧陆各国王权上升，贵族分裂势力逐步削弱，13 世纪以后在等级君主制的外衣下实现了中央集权，继而发展为绝对君主制，有的国家甚至建立了君

---

① 参见〔美〕米尔伊安·R.达玛什卡：《司法和国家权力的多种面孔——比较视野中的法律程序》，郑戈译，第 272—273、306 页。

② 同上书，第 221 页。

③ 同上书，第 339 页。

④ 同上书，第 206、322 页。

⑤ 同上书，第 326 页。

主专制，如路易十四（1643—1715 年在位）时期的法国。[①]"从政治上来看，中央集权国家的领导者很热衷于纠问式诉讼，尤其是在政治制度具有专制倾向，社会（国家）利益凌驾于个人利益之上的情形下，更是如此"[②]。这样，纠问制便成为法国的必然选择。至于德国，采纳纠问制的时间略晚于法国，因为在有名无实的"神圣罗马帝国"这一历史包袱的重压下，德国王权的崛起姗姗来迟，政治分裂局面以及法律的多样性延续了更长时间。但是，在君主集权的国际潮流和罗马法继受运动的推动下，德国最终也在 1532 年颁布了《加洛林纳刑法典》，确立了司法纠问制。

中世纪早期的英国与欧陆各国稍有不同。英国是盎格鲁－撒克逊人时代的七个王国在反抗丹麦人入侵的过程中自下而上联合而成的，所以早期王权较为虚弱，原始民主遗风得以大量保存。诺曼征服后王权加强，但古代民主传统保持未泯，形成了集权而非专权的封建君主制。国王政府的集权性使英王有能力自上而下进行司法改革，统一全国法律，促使司法走上专业化与职业化，另一方面，它的非专权性又决定了英王无力把法律和司法改造成实施政策的工具，不得不容忍司法审判权与政治统治权保持一定距离，致使司法保留了较多的社会性本色。所以，在 12—13 世纪欧洲司法大变革的时代，英国告别欧陆而独自走上了陪审制司法之路。

亨利二世改革与陪审制的建立

陪审制的历史渊源可追溯到法兰克王国时期的宣誓调查法。法兰克王国分裂后，王权衰落，宣誓调查在法国本土消失，但在法国西北角公爵权力强大的诺曼底公国幸运地保存下来，并随着 1066 年诺曼征服而传入英国。[③]

---

① 参见郭华榕：《法国政治制度史》，人民出版社 2005 年版，第 19—48 页。
② 〔法〕卡斯东·斯特法尼等：《法国刑事诉讼法精义》（上），罗结珍译，第 76 页。
③ F.W.Maitland, *The Constitutional History of England*, 1926, pp.121-124.

传入英国之初，宣誓调查法主要用于王室行政和财政管理。最典型的事例就是 1086 年的全国土地赋役调查。当时，威廉一世派遣钦差大臣分赴全国各地，从每一个百户区中召集 12 名"忠实可靠"人士组成陪审团，经宣誓后逐一回答当地的人口、土地、财产状况。亨利一世时，宣誓调查法的使用更加经常和广泛，他不时派遣王室调查员巡回各地，处理与国王有关的各类事务。为维护地方治安，有时亨利一世委派巡回法官，到地方开庭，使用宣誓调查法审理案件。亨利一世的实践为不久后陪审制的建立铺平了道路。

亨利二世当政期间为强化王权进行了大规模的司法改革，创建了司法令状制度（judicial writ system），扩大了国王法院的司法管辖权，建立了专职法院和巡回审判制度，实现了司法的中央集权化。他不相信旧有的审判方法，但他没有采取命令方式强制取消，而是在国王法院中推行陪审制，利用其优越性吸引当事人投诉于国王法院，逐步把陪审制推广到全国各地，使之发展为一种常规司法制度。

陪审制是与司法令状制度一起建立发展起来的。令状（writ）原是国王签发给政府官员的一种信函式命令，主要用于行政和财政管理，亨利二世将其引入司法领域，创立了司法令状制度。司法令状由大法官以国王的名义签发，格式固定，上盖国玺印鉴。每一种令状实际上构成一种诉讼形式和法律规则。凡是自由人，如有冤情，均可向大法官申请（须交纳一定费用）相应的司法令状。如果大法官认为当事人的诉求正当合理但却没有合适令状可用时，可以创制新令状，所以令状种类不断增加。13 世纪时令状已达 50 余种，到 1300 年猛增至 300 种。[①]

许多司法令状涉及土地诉讼和封建司法权。其中，写给领主的令状通常后面附有一个"除非尔为之"（nisi feceris）条款，意思是"除非你主持公道，否则我的法官将接管案件"。根据这个条款，当事人的诉求倘若未能在领主法院得到公正审理，可以先申请托特

---

① 参见〔英〕R.J. 沃克：《英国法律制度》，夏勇等译，西南政法大学出版社 1984 年版，第 27—28 页。

令状（writ of tolt），将案件移至郡法院，再申请旁恩令状（writ of pone），将案件移至国王法院。为限制和削弱私人特许司法权，国王政府创制了特权依据调查令状（writ of quo warranto）。凭此令状，王室专员有权检查贵族私人司法权的合法依据，如果发现有僭越行为，立即取消特许权。"国王的命令及其令状应当然为每个人所遵守，如果这一点没有马上实现，第二道令状就会前来表达国王的惊讶和不满。他会不耐烦地询问缘何导致迟延，并要求受状人立即修正其行为；藐视王室令状就会引起刑事诉讼。"① 所以，司法令状成为国王法院招揽诉讼、蚕食地方公共集会法院与封建法院司法权、削减特许私人司法权的有力工具。

有一类令状需要特别说明，即特权令状（prerogative writ）。此类令状是针对行政或低级法院官员的渎职擅权行为，为保护当事人合法权益而设计的，最初由大法官签发，后来三大中央法院都获得自行签发特权令状的权力，主要签发主体是王座法院。特权令状主要有以下几种形式：执行职务令状（Mandamus），用于督促官员积极履行职责；禁止令状（Prohibition），用于阻止官员的越权作为；重审令状（Certiorari），用于复核、变更下级法院的不当判决；纠错令状（Error），用于调取、审查下级法院庭审记录和纠正初审判决的错误；人身保护令状（Habeas Corpus），用于制止官员滥用逮捕权以保护人身自由。②

梅特兰说，"令状的统治即法的统治"③。因为令状最基本的性质是程序性，每一种令状都对案件的管辖主体、审判程序、举证方式、判决的执行等提出明确要求，法官必须按照既定程式审理案件，所以，在令状制度的基础上，英国形成了"正当法律程序"（due process of law）原则。1354年爱德华三世以成文法的形式把"正当法律程

---

① 〔比〕R.C.范·卡内冈：《英国普通法的诞生》，李红海译，第24页。
② 参见〔美〕阿瑟·库恩：《英美法原理》，陈朝璧译注，法律出版社2002年版，第67页。
③ A Committee of the Association of American Law Schools, *Select Essays in Anglo-American Legal History*, Vol. I , p. 712.

序"原则确立下来,他在第 28 号法令中规定:"未经正当法律程序进行答辩,对任何财产和身份的拥有者一律不得剥夺其土地或住所、不得逮捕或监禁、不得剥夺其继承权和生命。"①"正当法律程序"原则把英国司法纳入了程式化、规范化的轨道。

借助司法令状制度,陪审制首先在不动产诉讼中建立起来。1164 年,亨利二世颁布《克拉伦顿宪章》,其中第 9 条规定,当某块土地是教会保有制还是世俗保有制出现争议时,应从当地居民中选出 12 名骑士或自由人组成陪审团,经宣誓后对争议问题做出裁决。1166 年又颁布《克拉伦顿法令》,它规定,如果当事人因自己的保有地新近被他人夺占,可向国王申请相关令状,由郡长从当地居民中选择 12 名可能了解案情的人组成陪审团,出席巡回法庭,经宣誓后做出裁决。这个法令基本"奠定了涉及土地的民事诉讼程序的模式"②。1176 年,亨利二世又制定《北安普顿法令》,规定土地保有人死亡时,若发生应由何人占有该土地的争议,须由陪审团裁定。后来,随着土地诉讼种类日益复杂多样,亨利二世又在 1179 年颁布了《权利法令》,规定在土地所有权争议案件中,被告有权自主选择决斗法还是陪审制审理。当被告选择后一方法时,则通过"二级遴选法"挑选陪审员,即首先由郡长从与当事人双方均无利害关系的当地骑士中选出 4 人,然后由这 4 人再从自由土地所有者中另选 12 个人组成陪审团,就谁更有权利占有争议之土地做出裁决。通过上述几个法令,在涉及地产权的民事诉讼领域确立起了陪审团审判制。

进入 13 世纪后,随着社会的发展和实际需要,国王法院又创制了追偿债务令状、返还非法扣留动产令状、抵押令状、违约之诉令状等。凭借这些新令状,地产之外的所有民事诉讼均可投诉于国王法院。这些令状一般都包含有必须组建陪审团进行审判的规定。

---

① J.K.Lieberman, *The Enduring Constitution: An Exploration of the First Two Hundred Years*, Harpper & Row, 1987, p.275.

② F.Pollock and F.W.Maitland, *History of English Law Before the Time of Edward Ⅰ*, Vol.Ⅱ, Cambridge University Press, 1895, p.137.

1215 年的《大宪章》规定，国王巡回法院应每年在各郡开庭数次；只要当事人双方同意，任何民事纠纷均可使用陪审制审理。[1] 从此，陪审制成为民事审判的主导方式。

　　在刑事诉讼领域，最先建立的是陪审团起诉制度。1166 年的《克拉伦敦法令》规定，当巡回法庭到达某郡开庭时，郡长应从各百户区分别召集 12 名骑士或"合法自由人"，从各村镇分别召集 4 名"合法自由人"出席，经宣誓后检举自亨利二世即位后本地发生的一切抢劫、谋杀、盗窃、纵火等重大犯罪嫌疑人，这是大陪审团（grand jury）即控诉陪审团（jury of indictment）的最初萌芽。受到检举的嫌犯由郡长立即逮捕，交巡回法官采用神判法审判。若嫌犯未能通过神判验证即被判定有罪，一般处以绞刑。即使是通过了验证的嫌犯，如果平日作恶多端，声名狼藉，法庭仍可将其驱逐出境（相当于流放）。1176 年的《北安普顿法令》对上述规定又做了补充，一是扩大了陪审团应当检举的犯罪种类，二是改变了有罪嫌犯的惩罚方式，用残肢流刑取代了绞刑，即没收嫌犯的财产、砍掉其右手和一只脚后驱逐出境。实际上，多数嫌犯自知难逃法网时通常在付诸神判前就逃往深山老林自我流放了。[2] 通过以上两个法令，在保留个人刑事自诉方式之外，又建立起了大陪审团公共起诉制度。

大陪审团和小陪审团的分离

　　1215 年拉特兰宗教会议后，神判法和决斗法在英国迅速消亡。[3] 法官们转而采用更为可信的陪审团宣誓调查法，陪审制迅速成为刑事审判的主导方式。不过，开始时审判是由大陪审团兼任的，控、审合一，公正难以保障。后来，控、审分离，大陪审团完成起诉后，另外成立一个小陪审团（petty jury）负责审理，由此导致审判陪审

---

[1]　L.W.Levy, *The Palladium of Justice — Origins of Trial by Jury*, p.15.

[2]　同上书，第 12 页。

[3]　从 1216 年起，在英国的司法档案中再也找不到一件使用神判法的案件记录。决斗还存在，但已不具有司法审判意义。参见 F.Pollock and F.W.Maitland, *History of English Law Before the Time of Edward I*, Vol.II, p.599。

团（jury of deliverance）的出现。大、小陪审团分离的标志是 1352 年爱德华三世颁布的一项法规，该法规禁止大陪审团成员参加案件审理。从此，两种陪审团的构成人员和功能彻底分开，大陪审团仅仅负责审查案件的基本材料，决定是否向法庭起诉，审判权由另外 12 名合法自由人组成的小陪审团和法官行使。小陪审团就案件事实问题和被告人是否有罪做出裁决，据此法官再根据法律做出判决和处罚，即陪审团裁决事实问题，法官裁决法律问题。14 世纪后期，大陪审团由 23 人组成，小陪审团由 12 人组成成为定制。大陪审团实行简单多数表决原则，超过半数同意即可对被告人"提起公诉"，然后以起诉状（indictment）的形式提交法院。

开始时小陪审团的成员往往既是审判员又是知情的证人，或者说法官希望他们是知情人，从陪审员选自当事人的邻里乡亲就体现了这一点。如果陪审员不了解案情，"在接到传召后，立即就他们出庭时必须发表意见的那些事实进行调查。他们必须收集证据，必须对证据进行权衡，必须在裁决时阐明结论"[1]。所以，陪审员在法庭上"说"多于"听"，如果出现误判错判，也总以伪证罪论处。不仅如此，那时陪审团在法律上还被视为是唯一的证人，拥有排他性作证权，其他人的证言证物法庭一律不予采纳。如果有人主动向法庭提供证据，将以包揽诉讼罪（指唆使、怂恿、帮助他人进行诉讼，旨在胜诉后分享一部分诉讼利益的行为）论处，如此规定，旨在防止陪审团受到外界的不正当影响。

后来，随着社会生产力特别是城市的发展，人口流动性增大，案情日益复杂化，要想找到知晓案情的 12 个人越来越困难，加之陪审员不再从案发地点的居民中挑选，而是从全郡范围内选出，结果经常陷入因"信息不足"而无法对案件做出判断的困境。另一方面，人们也逐渐认识到，知情陪审员往往先入为主，带有偏见，影响判决公正性。于是，证人和陪审员又分离开来。1303 年休果一案可视

---

[1] F.Pollock and F.W. Maitland, *History of English Law Before the Time of Edward* Ⅰ, Vol.Ⅱ, pp.624-625.

为二者分离的标志。休果被指控犯有强奸罪，他以自己是教会执事为由，要求享受神职人员的优惠特权。法官获知休果已经与一位寡妇结婚，据此驳回了休果的要求。休果申辩说，他的妻子在与他结婚时不是寡妇。当时的陪审团成员对休果妻子的婚史状况一无所知，无法做出裁决。于是，法官破例传唤了知情证人出庭作证。根据证人的证言，陪审团首先对休果之妻是否是寡妇做出裁决，然后又就强奸指控做出判决。① 此后，证人出庭作证成为陪审制的一道合法程序，"不知情"反而成为陪审员的任职条件之一。爱德华三世的 1352 年法规明确规定，被告人有权要求知情陪审员回避。② 陪审团只能在法庭上听取当事人陈述和证人证词以及双方律师的法庭辩论后，才能对案件做出裁决。至此，早期的知情"证人陪审团"完成了向不知情"审判陪审团"的转变。小陪审团真正成为一个超然于诉讼双方之外的中立的裁判机构。

陪审制的运作方式

在陪审制下，民事诉讼从原告向大法官申请起始令状（original writs）开始，取得起始令状意味着诉讼请求得到批准，但令状不发给原告本人，而是发给郡长，由郡长送达原告和被告，通知他们在指定日期出庭。刑事诉讼由大陪审团向法院提起，也可以由个人通过自诉（appeal）提起，但自诉请求必须经大陪审团认定后才能正式向法院提出。法院在受理诉求后，便签发盖有法院印章的司法令状（judicial writs），③ 交由郡长传唤原告和被告于指定日期出庭应诉。

为了确保刑事被告及时出庭，法院有权在开庭之前通过不同形式的司法令状采取必要的预防性措施。如：财产查封令状，即要求郡长查封被告部分财产以强迫其按时出庭应诉的令状；拘提令状，

---

① Julius Stone, *Evidence: Its History and Policies*, Butterworths & Co., Ltd., 1991, p.19.
② 参见沈德咏主编：《刑事证据制度与理论》，法律出版社 2002 年版，第 34 页。
③ 司法令状概念有广义、狭义之分。广义的司法令状是指所有与司法有关的令状，既包括大法官签发的，也包括法院签发的；狭义的司法令状仅指法院于审判过程中签发的令状。这里指的是狭义司法令状。

即要求郡长拘提被告出庭答辩的令状；禁止出境令状，即限制有逃讼意图的被告人出国离境的令状。[①] 如果被告拒绝出庭应诉，将以蔑视法庭罪论处，此时法庭可以采用缺席审判程序。

开庭之日，诉讼双方在法官和小陪审团面前公开进行诉答辩论，包括传唤证人、出示证据。在民事和轻罪案件中，当事人可以聘请律师协助法庭辩论。在听取原告申诉和被告辩诉以及证据调查之后，首先由法官就案件的事实争点和法律问题向陪审团作简要的提示性总结，然后陪审团退到陪审室，经过评议后做出裁决（verdict）。陪审团的评议是秘密进行的，不准记录、旁听和对外泄露。裁决意见由陪审团长报告法庭，只宣布裁决结果，无须说明裁决理由。

在中世纪时期，陪审团被视为是社区共同体的代表，如同一个人一样，因此，裁决意见须12名陪审员一致同意，这是一件十分困难的事。为了达成一致意见，早期英国采取了两种今天看来十分荒唐的方法：一种是用马车拉着陪审员挨个城镇转，直到分歧消除。这种办法始于1367年"罗伯特'无罪'抗辩案"，当时11名陪审员裁定罗伯特有罪，一名陪审员坚持其无罪。巡回法官以监禁相威胁，但这位陪审员回答说，宁可死在监狱中也不愿作出违背良心的裁决。法官无奈，仅凭11名陪审员的意见，就宣判罗伯特有罪。罗伯特不服，向王座法院提出申诉。王座法院以"11名陪审员的意见不能作为陪审团的裁决"为由，撤销了原判，并建议，出现意见分歧时法官可"让陪审员和他一起乘上马车挨个城镇转转，直到他们的意见一致"。[②] 另一种方法是，陪审员一旦进入陪审室评议程序，就拒绝提供"肉、酒、火或蜡烛"，利用饥饿、寒冷、黑暗来逼迫他们尽快达成一致意见。[③] 如果陪审员在做出一致裁决前又吃又喝，法官有权处以罚款。

---

① 参见〔美〕阿瑟·库恩：《英美法原理》，陈朝璧译注，第58—60页。

② 参见〔英〕丹宁勋爵：《法律的未来》，刘庸安、张文镇译，法律出版社1999年版，第44页。

③ W.Blackstone, *Commentaries on the Laws of England*, Vol. Ⅲ, The University of Chicago Press, 1979, p.375.

于是，在英国出现了一个奇怪现象：陪审员在进入法庭前口袋中往往装有糖果、水果之类，以备不时之需。1570 年代中期，约翰·马洛克因私带冰糖、甘草到陪审团评议室而被监禁。十年后的一次审判，陪审员因评议时间太长而被搜查，结果发现多人身带违禁品，其中两人带了并吃过无花果，每人罚款 5 英镑，3 人带了苹果但没有吃，每人罚款 40 先令。[①]

"意见一致"原则的初衷本为防止个别陪审员徇私作梗妨碍诉讼，以保证司法效率与公正。但是，由于法官有权依凭该原则对持有异议的陪审员采取惩罚措施，结果经常影响陪审员的独立裁断，尤其是在多数陪审员与法官意见不一致时，该原则往往沦为法官压制陪审员的工具，所以不时有人呼吁对此进行改革。17 世纪后期，这个问题终于通过巴谢尔案例得到了解决。1670 年 8 月中旬，一批贵格派教徒在伦敦会所举行和平宗教集会，被政府军队强行驱散，之后被迫改在格雷斯丘奇大街露天举行，有三四百人参加，威廉·佩恩进行了布道演讲。伦敦当局以莫须有的"煽动暴乱"罪逮捕了佩恩和威廉·米德，交付伦敦市刑事法庭审判。在庭审中，伦敦当局拿不出任何有说服力的证据，陪审团拒绝作有罪裁决。法官将陪审员关在陪审室里两天两夜，不给饭吃和水喝，但陪审团不屈不挠，坚持二人无罪。法官恼羞成怒，决定对陪审员每人罚款 40 马克，而且在交出罚款之前将他们拘押在监。12 名陪审员在陪审团长巴谢尔的领导之下拒交罚金，被关进新门监狱。巴谢尔等人提出申诉，10 个星期后，高等民事法院首席法官沃恩判决巴谢尔等人无罪，立即释放。在判决书中，沃恩列举了法官不应有惩罚陪审员权力的三条理由：第一，由陪审团查清和认定事实，对嫌疑人是否有罪做出裁决，是诉讼过程中独立而重要的一环。如果陪审员处于随时被处罚的阴影中，陪审团将形同虚设。第二，陪审员除了知悉呈堂证据外，还可能掌握着某些来自法庭外的信息，有时比法官更了解案情，所以

---

① 参见〔英〕丹宁勋爵：《法律的未来》，刘庸安、张文镇译，第 46 页。

要求陪审员意见与法官"一致"是毫无道理的。第三，"一致"原则可能会导致荒唐后果：如果陪审团不服从法官意见，将受到处罚，如果服从法官意见，则有可能做出不公正裁决，这无疑会使陪审团无所适从。[①] 从此以后，陪审团的独立裁决权获得了保障，法官专断受到限制。这个案例还将陪审员和证人的不同角色及其宣誓的不同内涵区别开来：证人是为法庭提供他们"所知道的"，并为此而宣誓；陪审员是为法庭提供他们"所相信的"，并为此而宣誓。对此，沃恩是这样解释的："陪审团的裁决，和证人的证词是两回事，证人对他所听到或看到的东西发誓……但是，陪审员发誓运用他的理解力，根据这些证人的证词来推断并作出结论。"[②]

陪审团的裁决分两种形式：一种是一般裁决，即对于事实问题和法律问题泾渭分明的案件，根据事实争点做出的综合性裁决；另一种是特别裁决，即针对某些事实问题和法律问题纠缠一起的案件做出的专项裁决。在特别裁决案件中，通常先由法庭将案件事实问题剥离出来，由陪审团就事论事做出裁定，至于该问题属何法律性质则留给法官裁断。

根据陪审团的裁决，案件通常由法官当庭判决（judgment）。若不服陪审团裁决，当事人可以提出抗诉。13 世纪时，当事人可申请撤销陪审团裁决令状。凭此令状，法庭可以另成立一个由 24 人组成的大审判陪审团，对一审陪审团的裁决进行审查，若发现确有错误，可推翻原裁决，并对一审陪审团成员给予罚款、剥夺一年陪审资格的处罚。例如，在 1300 年前后的一个地产案中，陪审团裁决原告弗兰克败诉，被告格兰逊胜诉。弗兰克不服，申请到撤销陪审团裁决令状。于是，法庭重新组建了一个大审判陪审团，由 24 名骑士组成。格兰逊和原陪审团被传唤出庭。原陪审团成员中有 3 人已经亡故，两人缺席，其余 7 人全部到庭。他们"像犯人一样垂手站在被告席上"。

---

① W.S.Holdsworth, *A History of English Law*, Vol.I, p.346.
② 〔英〕萨达卡特·卡德里：《审判的历史——从苏格拉底到辛普森》，杨雄译，第 76 页。

弗兰克的律师首先揭露了原裁决中的错误，接着格兰逊及其律师进行了辩解，但不是被对方律师驳回，就是遭到法官的否定，最后24人陪审团决定撤销原判，地产归弗兰克所有。①

撤销陪审团裁决令状是"证人陪审团"时期对陪审团实施监督的一种手段。14—15世纪时，当独立的证人出庭作证制度建立之后，这种令状被废弃。此后，如果当事人对陪审团的裁决有异议，可向法庭申请重审，条件是必须提出充足理由，例如，陪审员在审判过程中与当事人有私下交往。17世纪上期，可申请重审的条件大幅度放宽，像损害赔偿金额过高、裁决结论与证据不符、法官有误导陪审团行为等，均可成为申请依据。

最后，不服陪审团裁决的当事人还可针对庭审中的法律技术错误动议中止判决。在陪审制建立初期，中止判决动议主要基于庭审记录中的细微纰漏，如侵权案件中未写明侵害人"使用暴力和武器"字样等。18世纪以后，允许法庭自行检查庭审记录，若发现非实质性文字错误，可立时改正，因此，以后中止判决动议越来越少。

民事判决主要靠败诉方自觉执行，倘若败诉方拒不执行，胜诉方可向法院申请执行令状，由郡长强制执行。在损害赔偿案和债务纠纷案中，通常由法庭颁发保全令状，以保证败诉方如期执行判决。保全令状有三种形式：一是动产扣押令状。凭此令状，郡长可以扣押被执行人与赔偿金额相当的动产，以逼迫被执行人及时支付赔偿金，若被执行人在规定期限内没有付清赔偿金，郡长可以变卖扣押的财产，偿还判定的赔偿金额。不过，被执行人赖以维持生计的用品，如劳动工具、简陋住宅、床铺衣物等排除在外，这一规定旨在保证被执行人的基本生存条件。二是地产扣押令状。凭此令状，郡长可以扣押被执行人相当于判决赔偿额一半的自由地产，另一半以扣押动产相抵。郡长可用扣押地产的收益逐年偿还赔偿金，直至偿清为止。三是拘押令状。该令状主要用于没有地产和动产可以扣押的被

---

① 参见〔美〕约翰·梅西·赞恩：《法律的故事》，孙运申译，第248—252页。

执行人。凭此令状，郡长可以拘押被执行人，直到他（包括亲朋好友）全面执行判决为止。

刑事判决由郡长执行。英国刑法将犯罪分为轻罪、重罪和叛国罪三种，轻罪处以罚款或监禁，重罪和叛国罪一般处以死刑。到中世纪末和近代初期，因社会转型，犯罪率上升，英国刑法残酷，重罪范围十分宽泛。1688年时，共有50种绞刑罪名，1810年增加到200种，可判死刑的罪名多达600余种。盗窃财物价值12便士以上者皆以重罪论处，可判处绞刑。不过，自斯图亚特复辟王朝时起，某些死刑犯可以通过赦免程序减为流刑，被流放到北美，北美独立后主要流放到澳大利亚。

陪审制的法治意义

陪审制是中世纪后期以来英国法制中"最伟大、最令人瞩目的标志性制度"[①]，这一制度以其特有的优良品质，对于英国乃至欧洲与世界法治文明的进步产生了广泛而深远的影响。

第一，陪审制有利于准确认定事实、正确适用法律，保证司法公正。公正合理的判决案件是司法的首要价值，欲达此目标，前提是认定事实准确、适用法律正确。就事实认定来说，采用陪审制较之法官一人独断毫无疑问更具优越性。因为在陪审制下，法官专注于自己擅长的法律问题，事实认定则交给陪审团，这是陪审团能够做得来并能做得好的一件事。陪审员全部来自当事人所在社区，熟悉当地的生活环境和乡规民俗，对当事人行为的认识往往更为深刻全面，加之12名陪审员可以集思广益和互相监督，所以更容易发现事实真相，一如贝卡里亚所说："组成（法律）执行机构的人越多，践踏法律的危险就越小，因为在相互监督的成员之中，是很难营私舞弊的。"[②] 所以西方学者查默斯坚信，"要搞清事实问题，用陪审

---

① 〔比〕范·卡内冈：《法官、立法者与法学教授——欧洲法律史篇》，薛张敏敏译，北京大学出版社2006年版，第36页。

② 〔意〕贝卡里亚：《论犯罪与刑罚》，黄风译，第123页。

制要比一个单一法官好得多。我对陪审团考察得越多，对它们的裁决就越尊重……它们具有发现欺蒙诈骗行为的奇特本领"[①]。

在法律适用方面，陪审制也有其独特优势。因为法官受职业思维习惯的局限，通常特别重视法律规则本身，而相对忽视法律规则适用的后果，就是说，他们通常更加看重程序和过程，往往自觉不自觉地拘泥于法律条文而偏离千变万化的社会现实。陪审员是法律门外汉，但熟悉世故情理，可以把社会大众对法律的理解引入司法过程，弥补法官机械执法的偏狭性，从而收到刚性法律与柔性情理统筹兼顾之效，达致法理与情理、形式正义与实质正义的统一。对此，美国证据法学家威格摩尔曾写道：

> 法律和正义不可避免地处在经常性的冲突之中。我们向往正义，并且我们认为，实现正义应当通过法律。但如果我们通过法律不能实现正义，我们就谴责之。这就是现在陪审团起作用的场合。退庭后进入保密状态的陪审团将会调节法律的一般规则，以实现具体案件的个别正义。如此这般，臭名昭著的法律的严格规则便被避免了，而人民对于法律的满意心态得以保全。陪审团要做的就是这些。它提供给我们的是法律的灵活性，而这对实现正义和获得人民的支持是至关重要的。须知，法律的这种灵活性是审理法官永远不可能给出的。法官必须写出他的判决理由，宣布法律，并认定事实。对于这些要求，他不得在公开的记录上偏离一丁点。陪审团以及陪审团评议室的秘密性，乃是人民司法的一个不可或缺的组成部分。[②]

第二，陪审制有利于防止法官专断和外部干预，促进司法独立。对内而言，陪审制将司法裁判权一分为二，法官必须在陪审团的事

[①] W. S. Holdsworth, *A History of English Law*, Vol. I , p.348.

[②] 汤维建："英美陪审团制度的价值论争——简议我国人民陪审员制度的改造"，http://www.legal-history.net，最后访问时间为 2014 年 8 月 20 日。

实认定和有罪裁决基础上才能适用法律定罪量刑，这种分权结构限制了法官的司法权，有利于抑制司法腐败，防止司法权滑向"纯专业化""纯国家化"的歧途。对外而言，法官作为国家权力系统的组成部分，很难完全超脱既得利益的羁绊，有时可能迎合权贵的政治需要。与此不同，陪审员来自国家权力系统之外的普通大众，对政治权力本能地保持戒备之心，对滥权行为心怀憎恶。陪审员一旦进入法庭，便处于半封闭状态，主要依据常识与良知裁决案件，对判决结果无须承担法律责任，所以，较之法官更富有独立自主意识。加之陪审团随机成立，一案一任，案件审结后立即解散，从而形成了杰弗里·哈泽德所说的"随机制约"效应：它"使权力始终处于新鲜状态，当权力还没有凝固化，徇私的通道还没有打开就面临权力的更替。将权力随机化，就是从根本上克服了权力垄断的基础，避免了徇私基础"①。特别是在政治案件审判中，陪审团的独立性尤为突出和珍贵，以至于有人认为"陪审团似乎是政治案件的天然裁判者"②。

更奇妙的是，陪审制限制了法官权力，却提高了法官权威，因为陪审团站在国家权力和人民意志之间，为法官提供了一道上可抵御权力干预、下可减轻舆论压力的防护屏障，即使法官偶尔出现失误，也有陪审团为之遮风挡雨，不会对法官和司法的公信力造成大的损害。可见，"表面上看似限制了司法权的陪审制度，实际上却在加强司法权的力量；而且，其他任何国家的法官，都没有人民分享法官权力的国家的法官强大有力"③。

第三，陪审制是保持司法权社会性本色的有效机制。自从孟德斯鸠以来，人们习惯于把司法权与立法权、行政权相提并论，统称为国家三大权力。实际上，司法权与立法、行政两种权力性质上是

---

① 〔美〕杰弗里·哈泽德等：《美国民事诉讼法导论》，张茂译，中国政法大学出版社 1998 年版，第 134 页。
② 转引自施鹏鹏：《陪审制研究》，中国人民大学出版社 2008 年版，第 82 页。
③ 〔法〕托克维尔：《论美国的民主》（上卷），董果良译，商务印书馆 1988 年版，第 318 页。

有所不同的。立法权和行政权都是国家权力，政治性是其根本属性，而司法权本质上是一种社会权力，或者说"社会性是司法权的根本属性"[①]。因为在国家产生之前，既无立法也无行政，但司法权业已出现和存在，只不过那时的"法"还不是"国家之法"而是"社会之法"、"权"还不是"国家之权"而是"社会之权"而已。[②]国家产生后，司法权归属于国家，成为国家权力的一种，与立法权和行政权比肩而立，但此时的司法也仅仅在"权力形式"上代表国家，而"权力渊源却来自市民社会的市民法规定"[③]。难怪首创三权分立学说的孟德斯鸠也曾坦承："在上述三权中，司法权在某种意义上可以说是不存在的。"[④]不过，在实践上，司法权归属国家的程度各不相同，有的高度国家化，致使其原有的社会性本色消失殆尽，有的国家化程度较低，依旧保持了鲜明的社会性本色。前者可称为以国家为本位的司法，后者可称为以社会为本位的司法。以国家为本位的司法依附于政治权力，缺乏自主性、独立性，必然沦落为国家控制社会、统治人民的工具；以社会为本位的司法则游离于政治权力，自主性、独立性较强，所以能够发挥反抗政府压迫、保护国民自由的政治效能。总之，两种不同本位的司法对于法治的意义是明显不同的。

陪审制的一个重要价值就在于它是司法权社会本性的有力支柱，可以抑制司法走向国家本位主义，因为陪审团植根社会大众，代表的是社会权力，凭借这一特性，陪审制先是本能地继而自觉地拒绝充当权力的工具，勇敢地抵制政府违法行为。例如，1649 年和 1653年英国在审判平等派领袖李尔本的过程中，陪审团顶住国王和法官的巨大压力，两次做出李尔本无罪的判决，致使政府迫害李尔本的

---

① 逄志龙："论司法权的社会性"，苏州大学 2004 年硕士学位论文，"导论"，第 2 页。
② 参见黄伟文："司法权社会性的历史考察——兼论法律效果与社会效果的统一"，《广西政法管理干部学院学报》2011 年第 2 期。
③ 程春明：《司法权及其配置》，中国法制出版社 2009 年版，第 19 页。
④ 〔法〕孟德斯鸠：《论法的精神》（上册），张雁深译，第 160 页。

政治图谋化为泡影。[①]

第四，陪审制是实现司法民主和公平正义的成功形式。关于司法与民主的关系，学界一直存有争议，有人强调司法专业化与职业化的重要性，有人强调司法民主化的重要性。笔者认为，司法职业化与专业化是法治的必要条件甚至首要条件，但不是充分条件。司法不应隔绝于民主。恰恰相反，司法需要民主的介入。只有借助民主，司法才能确保自身的社会本性不变，才能实现真正意义上的法治。如若不然，就会像中世纪后期的欧陆各国和古代东方国家的司法那样，沦为政府的政治统治工具。当然，民主介入司法不能过度，更不能主导或"绑架"司法，否则将如同古代雅典那样，司法判决随民意波动而飘忽不定。这两种情况实际上都走向了法治的反面。可见，问题的关键不在于司法要不要引入民主，而在于以什么样的方式和在多大程度上引入。

陪审制是一种既把民主引入司法又不至于让民主"绑架"司法的有效方式，因为陪审团既分享了法官的司法权，又未影响法官的司法主导地位，从而将国家权力与社会权力、司法专业化与民主化巧妙地结合在一起。植根社会的陪审团总是自觉不自觉地站在社会大众的立场上看待法律和裁决案件，毫无疑问，这是有利于防止法律名义下的罪恶的。例如，当陪审团认为适用法律的结果"不合于严格的正义，他们就任意指摘法律"[②]，勇敢地说"不"，而且无须说明理由，因为陪审团的裁决是不容置疑和否定的。因此，"陪审制使公民享有一种有效的防御手段，使其可直接反抗凌驾于正义及人性之上的恶法"[③]。

第五，陪审制是一种廉价而高效的普法教育形式。在陪审制下，国民担任陪审员是义务性的，而且具有强制性。借此机制，国民的

① L.W.Levy，*The Palladium of Justice—Origins of Trial by Jury*，pp.55-57.

② 〔美〕阿瑟·库恩：《英美法原理》，陈朝璧译注，第73页。

③ 转引自施鹏鹏：《陪审制研究》，第96页。

社会责任感将得以提升。同时,陪审制赋予每个公民以执法者的资格,可以提高他们的自信心、荣誉感和明辨是非的判断力。陪审制教导人们"要做事公道"①,因为每个人在担任陪审员审判他人的时候,一定会联想到有朝一日自己也可能涉讼而受到他人的审判,所以一般情况下他会像希望他人公正对待自己一样地去公正地对待当事人,这无疑会增强国民的正义感和公德心。

就法治而言,陪审制的运行过程本身就是一个普及法律知识、培养法治观念的教育过程。出身普通大众的陪审员通过与专业法官同堂审案,"经常同上层阶级最有教养和最有知识的人士接触,学习运用法律的技术,并依靠律师的帮助、法官的指点甚至两造的责问,而使自己精通了法律"②。所以,托克维尔称赞陪审团是"一所常设的免费学校"③。英国著名法官丹宁勋爵曾经断言:"我相信,参加这种司法活动对于培养英国人的守法习惯所起的作用要超过其他任何活动。"④一位美籍华人曾谈及自己参加陪审的亲身体会:

> 担任陪审员的经历,不仅使我对美国的司法制度有了直接的了解,也给了我很好的教育。从那以后,遇到问题,我学会了从法律角度来思考,而不是凭着冲动去做。当然,也真正理解了什么是"法制",它的具体内容是什么,以及它的操作过程。⑤

由于陪审制具有上述优良品质,所以赞美之词不绝于书。早在

① 〔法〕托克维尔:《论美国的民主》(上卷),董果良译,第316页。
② 同上书,第316—317页。
③ 同上书,第316页。
④ 〔英〕丹宁勋爵:《法律的未来》,刘庸安、张文镇译,第39页。
⑤ 江月:"我在美国当大陪审员",http://www.360doc.com/content/09/1101/15/54130_8215127.shtml,最后访问时间为2016年10月10日。

15 世纪，英国法学家福蒂斯丘就称其为"最明智的制度"①。18 世纪的布莱克斯通宣称："由陪审团审判过去曾被认为是而我相信今后也会被认为是英国法律的光荣。"② 20 世纪英国法官德夫林勋爵说："由陪审团审判不仅是实现公正的手段，不仅是宪法的一个车轮，它还是象征自由永存的明灯。"③ 当代美国学者莱维甚至称其为"正义的智慧女神"（palladium of justice）。④ 当然，十全十美的制度是不存在的，陪审制也有其内在缺陷。例如，陪审员易于感情用事，有时会与职业法官产生"非理性对抗"，影响司法效率，浪费司法资源；"陪审制是一项昂贵的事业"，⑤陪审团的组建、评议都需要人力物力与时间的投入。但是，这些不足与其正面价值相比是微不足道的。所以，近代以来陪审制迅速走出了英伦三岛，扩散到世界各地，包括欧陆各国都移植了这一制度（当然形式上有所改变），对沿袭已久的纠问制进行了根本改造。

---

① 〔英〕萨达卡特·卡德里：《审判的历史——从苏格拉底到辛普森》，杨雄译，第 63 页。

② W. Blackstone, *Commentaries on the Laws of England*, Vol. Ⅳ, The University of Chicago Press, 1979, p.379.

③ 〔英〕丹宁勋爵：《法律的未来》，刘庸安、张文镇译，第 41 页。

④ L.W.Levy, *The Palladium of Justice — Origins of Trial by Jury*, p.1.

⑤ 麦高伟、杰弗里·威尔逊主编：《英国刑事司法程序》，姚永吉等译，法律出版社 2003 年版，第 349 页。

第三编　走向现代司法与法治

　　中世纪后期，在多元法律体系相互交融和司法制度理性化发展的基础上，欧洲各国顺应民族主权国家兴起的时代需要，陆续启动了法制现代化的进程。在此进程中，尤其是在其早期，司法发挥了显著作用，司法之于法治的价值与意义也得以充分展示与演绎。

第八章　英国

在欧洲各国中，英国是法制现代化启动最早的国家，也是司法作用最突出的国家，因为"世界上没有任何其他法律制度像英国那样特别强调司法因素"①。

一、亨利二世司法改革与普通法的形成

12 世纪末，亨利二世进行了一场司法改革。这次改革最重要的成果是建立了具有理性化和民主化特征的陪审团审判制度。除此之外，这次改革还有两项重要的直接成果和三项后续成果。

建立专职法院组织

亨利二世改革之前，英国的司法与行政是混同一体的。地方司法权和行政权由郡法院（County Court）、百户区法院（Hundred Court）等公共集会法院行使。它们分属不同层次的地方共同体，由当地自由人组成。行使司法权时，由全体与会者即"诉讼人"（suitors）通过原始审判方法集体做出判决，主持法院的郡长、百户长只是集会式法院的召集人、审判过程的主持人和判决结果的执行人。涉及王公贵族的大案要案，在盎格鲁－撒克逊时期由贤人会议（Witan）审判。贤人会议由教俗大贵族和王室官员组成，人数超

---

① 〔英〕施米托夫：《国际贸易法文选》，赵秀文译，中国大百科全书出版社 1996 年版，第 598 页。

过百人，是一个集咨询、立法、行政和司法的综合性机构。作为国王的法院，国王是其当然首脑，但他无权独断案件，一切判决都由贤人会议集体做出。诺曼征服后，贤人会议演变为御前大会议（Great Council），职能未变，但它是按照领主－封臣的封建原则组成的一个封建机构，其成员为国王直属封臣，即世俗贵族、教会贵族和王室官员，每年召开三次。其中的核心成员为王室官员，他们常伴君侧，可随时集会，史称小会议（Small Council）。小会议的职能和大会议没有原则区别，堪称为大会议的常设机构。与此同时，在大小御前会议之下，一套专门处理封主与封臣、封臣与封臣、庄园主与农奴封建权益关系的封建法院体系建立起来，主要包括领主法院（Seigniorial Courts）和庄园法院（Manorial Court）。

亨利二世改革后，随着陪审制的采用，越来越多的诉讼从地方公共法院和封建法院转入国王法院，作为综合性机构的御前会议日益不堪重负。为满足现实需要，设置专职司法机构便提上了日程。1178 年，亨利二世颁布法令，任命五名小会议成员，其中两名教会贵族，三名世俗贵族，组成专职法院，常驻威斯敏斯特大厅，随时受理来自全国的普通民事诉讼，英国的第一个中央专职法院宣告诞生，称高等民事法院（Court of Common Plea）。到 1215 年，通过《大宪章》第 17 条规定，高等民事法院的独立地位获得法律的正式认可。1234 年，随着统领百官、总揽朝政的政法官（相当于中国古代的宰相，经常以国王首席大臣身份出席高等民事法院）建制的取消，高等民事法院与行政机关分离，它的组成人员主要从精通法律的律师中任命。"从此以后，普通法有了两个主要的中央法院，一个跟随国王游移不定，另一个固定于威斯敏斯特"[①]。

第二个专职中央法院是财政法院（Court of Exchequer），是为财务署职权分化的产物。财务署设立于亨利一世时期，是英国最早的中央职能机构，主管财税收支。由于税收经常与财产或借贷关

---

① 转引自 Radcliffe and Cross, *The English Legal System*, Butterworth & Co., Ltd., 1977, p.56.

系纠缠在一起，所以财务署兼有财政与司法两种职权，分别由"下财务署"和"上财务署"行使。后来，二者在组织上分离开来，形成了专司财务核算的财务署和专司法律事务的财政法院。1236—1237年，开始出现单独的财政案件审判记录，是为财政法院取得独立地位的标志。

第三个中央专职法院是王座法院（Court of King's Bench）。王座法院萌芽于约翰国王时期，它由国王亲自主持，由部分小会议成员组成。1216年约翰死后，年仅九岁的亨利三世即位，王座法院一度中断。1236年，成年亲政后的亨利三世重建王座法院。1268年，劳伦斯·德·布鲁克被任命为"在国王面前受理诉讼的首席法官"，即王座法院首席法官。他带领3—4名法官，专注于案件审理。到14世纪末，随着议会（Parlement）的形成和小会议日益专注于国家行政管理工作，王座法院与小会议在组织上彻底脱钩，其标志就是建立了自己独立的庭审记录和法院卷档。

三个中央法院的管辖权有所不同。高等民事法院主要受理普通人之间的民事案件；财政法院主要受理财税案件，偶尔也受理一些与之相关的普通民事案件；王座法院除了受理国王诉讼和重大刑事案件外，还有权对前两个法院的错判案件进行复审纠错，地位最高，这是因为王座法院在法理上是"国王亲临法院"，尽管国王并非总是出席。

建立巡回审判制度

除了三大中央固定法院外，亨利二世还建立了不固定的巡回法院。巡回法院起源于法兰克王国的特派专员调查制度，11世纪经由诺曼人传入英国，但是，直到亨利一世时，仅仅偶而用之，未成制度，而且在随后的"斯提芬内战"时期一度中断。亨利二世在总结前人经验的基础上，于1166年颁布《克拉伦顿法令》，派遣两名王室法官巡回全国审案。此后又经多次巡回试验，于1176年颁布《北安普顿法令》，将全国划分为六个巡回区，成立了六个巡回审判小组，每组三名法官，分赴各巡回区就地受理案件。从此，巡回审判成为一种正常的司法制度。

进入 13 世纪以后，巡回审判制度臻于完善，这主要表现在两个方面：一是确立了综合巡回法院（General Eyre）、民事巡回法院（Commission of Assize）、刑事巡回法院三种基本类型，其中刑事巡回法院又分听审裁判巡回法院（Commission of Oyer and Terminer）和清审监狱巡回法院（Commission of Gaol Delivery）两种不同形式。二是巡回审判定期化、规范化。综合巡回每七年一次；听审裁判巡回和清审监狱巡回每两年一次，14 世纪后增加为每年两次；普通民事巡回最频繁，每年巡回三次。

综合巡回法官由政府官员兼任，除受理案件外，还负有收集地方信息、监控地方官员、增加财政收入等职责，所以"与其说它是巡回法院，不如说它是巡回政府"①。民事和刑事巡回法院的专业化程度较高，法官精通法律，其职责完全限于司法。民事巡回法院专门受理民事案件，其中主要是与自由土地保有权有关的地产纠纷案件。听审裁判巡回法院主要受理委任状中指定地区内发生的刑事案件，或者专门审理某一类案件，有时甚至仅仅调查处理某一特定案件。清审监狱巡回法院负责提审地方监狱中在押的刑事嫌疑犯，目的是清空监狱，以便关押新的犯罪嫌疑人。②"如果说中央王室法庭免除了民众追赶国王以求王室救助的辛劳，那么巡回法庭则将国王的恩惠送到了千家万户的门口。"③

三大中央法院和巡回法院的建立，标志着一套疏离于行政系统、覆盖全国的专职法院组织建立起来。这套法院体系凭借自身的优

---

① J. H. Baker, *An Introduction to English Legal History*, Butterworth & Co., Ltd., 1979, p. 15. 由于综合巡回法院的一切差旅开销均由当地居民承担，而且法官们为了国王和个人利益，总是借机搜刮民脂民膏，所以逐步衰落，最后一次综合巡回是 1337 年。参见 Radcliffe and Cross, *The English Legal System*, p.94.

② R.V.Turner, *The English Judiciary in the Age of Glanvill and Bracton*, Cambridge University Press, 1979, pp. 196-199.

③ 〔比〕R.C. 范 . 卡内冈：《英国普通法的诞生》，李红海译，"译者序"，第 4 页。

势——如审判方法较为合理，判决相对公正，因有国王作后盾执行更有保障等——逐步侵蚀公共法院、封建法院以及城市法院的司法管辖权，最后把全国司法置于自己直接或间接控制之下，实现了现代法治所要求的司法中央集权化。

亨利二世司法改革还引发了一系列后续变化，推动英国沿着现代法治的方向稳步前进。

司法职业化与专业化

亨利二世时的专职法院皆由国王任命的 3—5 名王室法官组成。不过，在以后的近一个世纪内，法官还不是训练有素的专业法律人员，而是王室官员，多数出身教士，因为教士文化素质高，熟悉法律，精通法庭通用的拉丁语和法语。此外，那时的法官虽以司法为主，但仍未完全脱离其他政府工作，法官出席御前会议参与行政管理依然是家常便饭，特别是综合巡回法庭的法官，除受理案件外，继续肩负着财政、行政、督察地方官员等多项任务。

真正意义上的职业法官是 13 世纪中叶以后产生的。1268 年出任王座法院首席法官的布鲁克，是第一个既非政府官员亦非高级教士而仅凭自己的渊博法律知识和丰富办案经验而登上审判台的。到 13 世纪末，在法官席上已看不到行政官员的影子，"法律已明显地和政治相分离"[1]。约于此时，教皇下令禁止教士学习世俗法律和参加世俗法院的审判工作，这一禁令加速了法官的世俗化进程。1316 年以后，除了斯坦恩顿的哈维（1326 年出任法官）外，在英国再没有任何教士出任法官。[2] 法官必须从律师阶层中择优任命，作为一条不成文的习惯法原则确立起来。英国法学家密尔松说：

> 当我们谈到专业法官的时候，我们所讲的是一个法律已经变得与一般政府职能有明显区别的时代。在某种意义上说，法

---

[1] W.S.Holdsworth, *A History of English Law*, Vol. Ⅱ, Methuen & Co., Ltd., 1923, p.226.
[2] 同上书，第一卷，第 197 页。

律已经成为一种一个人可以将自己的一生贡献给它的事业。①

与职业法官同时崛起的是职业律师。随着专职法院的建立，司法令状的大量使用，法律规则日趋复杂，诉讼审判的专业技术性日益提高，特别是实行陪审制后，诉讼双方必须于公堂之上当面质疑，即席答辩，这对于普通当事人来说是很难独自完成的。于是，一个以协助或代表当事人进行诉讼为业的新兴群体——律师就应运而生了。

英国律师产生伊始就分辩护人（narratores）和代理人（attorneys）两种，在格兰威尔时代（12 世纪后期），已出现关于代理人、辩护人的记载，有少数代理人的名字频繁出现于司法档案中，足见这些人已经以代办诉讼为职业。到布莱克顿时代（13 世纪中期），职业律师已十分普遍，有人随时应当事人之请代理诉讼或代为辩护，有人则被王室、教会或大贵族聘为常年法律代表。无论采用何种形式，他们都是以提供法律服务换取的报酬为生。"各种迹象表明，到亨利三世时，律师已经成为一种新型职业。"②

职业法官和律师的产生过程亦即法律界自治化的过程。由于英国法官都是从优秀律师中选拔出来的，法官和律师关系密切，他们共同组成了一个封闭性的法律职业共同体，控制了司法的运行。其中，职业律师自发地建立了四大律师会馆，即内殿会馆（Inner Temple）、中殿会馆（Middle Temple）、格雷会馆（Gray's Inn）、林肯会馆（Lincoln's Inn）。四大会馆自主地开展法律教育、授予律师资格和进行职业管理，不受政治当局控制。它们从有志于从事法律工作的中小贵族子弟中招收法律学徒，经过七年的专业训练，合格者被授予出庭律师资格，独立开业。各个会馆均采用理论与实践相结合的教学方式，一方面由资深律师开设法律知识、典型案例分析等课程，另一方面组织学徒起草法律文书、开展法律咨询

---

① 〔英〕S.F.C. 密尔松：《普通法的历史基础》，李显冬等译，中国大百科全书出版社 1999 年版，第 22 页。

② T. F. T. Plucknett, *A Concise History of Common Law*, Butterworth & Co., Ltd., 1940, p.194.

服务、参加模拟案件讨论会、见习法庭辩论等实务活动。[1]这样，一批又一批具有法学素养和实践能力的律师从四大会馆源源不断地输送到司法界，律师队伍日益壮大，律师素质不断提高。共同的教育背景、知识结构和职业经历，赋予这些法律职业者以共同的价值理念、思维模式和行为习惯，"有了这些习惯，法律人之间无论差异多大，其相似性都大于其不同点"[2]。自治型法律职业群体成为维护法律权威、弘扬法律意识的坚强堡垒和推进英国法治进步的主体力量。

司法独立的成长

司法的职业化、专业化和法律职业的自治化必然促进司法独立。尽管法院是国王创设的，法官由国王任命，从法理上讲，法官必须效忠国王，维护王室利益，服从王室监管。但是，擅长法律拟制（fictio，意为在保持原有法律形式的前提下改变其实际内容与运用）技术的英国法官们创造了多种合乎逻辑的理由，可以巧妙地跳出国王股掌，独立地履行审判职能。

首先，他们把具体的国王和抽象的王权分割开来，曲解说，效忠国王并非意味着忠于国王（King）这个"自然人"，而是忠于"王权"（Crown），[3]即国王加冕时所承诺的以王冠为象征的"法律与正义"。易言之，只要忠于"法律与正义"，就是忠于国王。后来，英国法官借鉴教会"基督有两个身体"的说教，把"国王"与"王权"二分说进一步发展为政治法律层面的"国王二体论"[4]。该理论宣称，

---

[1]　J.H. Baker, *An Introduction to English Legal History*, pp.137–138.

[2]　〔美〕朱迪丝·N. 施克莱：《守法主义：法、道德和政治审判》，彭亚楠译，中国政法大学出版社 2005 年版，第 8 页。

[3]　将"王权"和"国王"区别开来的思想在 13 世纪中叶的英国已经出现。当时英国著名法学家布莱克顿认为，临时性王室领地属于"国王"的私人财产，而不属于"王权"；对于这种领地，"国王"可以不受限制的任意转让和处分。参见 F.Pollock and F.W.Maitland, *The History of English Law Before the Time of Edward Ⅰ*, Vol.Ⅰ, p.514。

[4]　关于"国王二体"理论，参见 E. Kantorowite, *The King's Two Bodies: A Study in Medieval Political Theology*, Princeton University Press，1957。

国王有两个身体，一个是"自然之体"（body natural），另一个是"政治之体"（body politic）。前者是具体的，和普通人一样，也是肉体凡胎，也有七情六欲，会犯错误，会死亡；后者是抽象的，无影无形，无私无欲，既不会犯错误，也不会死亡。国王的两个身体可能是统一的，也可能是分离的。由于英国的法官产生伊始就自命为"法律与正义"的代表者和守护者，因而总是以"国王二体"是否统一的裁判者自居，一旦他们认定实在的国王的"自然之体"分离于虚拟的国王的"政治之体"，做出有悖于"法律与正义"的行为时，就可以理直气壮地予以抵制。其次，法官们提出了国王司法权"枯竭论"，宣称国王虽是"司法权的源泉"，但是，建立专职法院后，国王已把司法权全部"委托"给了法官，国王本人不能也不应参与司法，案件只能由法官按照正当法律程序审理之。最后，法官们还提出了普通法"技艺理性论"，宣称普通法是由无数博学之士通过长期的实践探索和经验积累创造出来的，是技艺理性的结晶。因此，只有法律职业者才能真正理解和正确适用它，非专业人员没有资格和能力介入司法审判，包括"天纵聪明""智慧超凡"的国王也不例外。16世纪英国大法官福蒂斯丘对该理论做过明确阐述，他在《论英国的法律和政制》一书中，借虚构人物大法官之口对国王说："我很清楚，您的理解力飞快如电，您的才华超群绝伦，但是，要在法律方面成为专家，一个法官需要花二十年的时光来研究才能勉强胜任。"据此，这位大法官劝告国王不要插手司法，案件的审判应当"留给法官和在英国称之为御用状师（serjeant-at-law）的律师们，以及被普遍称之为法律学徒（apprentices-at-law）的其他法律专家们"[1]。

凭借上述无可辩驳的理论根据，法官们把自己打扮成"正义圣坛的主人"[2]，可以名正言顺地独立行使司法审判权，即使与王命

---

① 〔英〕约翰·福蒂斯丘爵士：《论英国的法律和政制》（影印英文本），中国政法大学出版社2003年版，第16页。

② 布莱克顿曾说，英国法官自视为"不断添加薪料让正义之火长燃不熄的圣坛的主人"。参见 The Committee of the Association of American Law Schools, *Select Essays in Anglo-American Legal History*, Vol. I, p.645。

相佐，也能够合理合法地自主裁判。因此，当代美国学者戈登评论说：
"自从古代雅典以来，还没有一个国家的法院被置于如此有力的位
置，能够独立于国家的机构而运作，并能限制它们对权力的行使。"①
于是，在中世纪君主制度的框架下，英国形成了一种历史罕见的治
理权（gubernaculum）与审判权（jurisdictio）相互分离的二元化
权力结构：在治理权（亦即政治或行政）领域，国王"高于所有
人之上"，拥有不容置疑的绝对权力，在审判权（亦即法律或司法）
领域中，国王"低于上帝和法律"，在这里法律和法官享有至高无
上的权威。②

　　英国学者特纳通过对 12 世纪后期到 13 世纪中期英国几十位法
官司法实践的研究发现，"这时，法官们正在形成一种应当不顾国
王意愿对所有人公平执法的严肃的责任感"③。特纳列举了许多法官
自觉抵制国王政府干涉司法的事例。例如，在亨利三世早期，国王
咨议会出于政治原因推翻了巡回法院的一项判决，巡回法官们立即
联名上书抗议；④再如，1234 年国王亨利三世以特别命令的方式宣
布罢免法官休伯特·德·伯格，法官威廉·雷利代表法院宣布国王
的命令无效，使之形同具文。⑤到中世纪后期，法官们忠于职守、自
觉抵制国王无理干涉的事例更为经常。例如，1405 年，国王要求法
官判处大主教斯克罗普和马歇尔伯爵死刑，王座法院的首席法官威
廉·盖斯科因坚决予以拒绝，他说："根据国家的法律，我的领主
您和您的任何臣属都不能宣判一位高级教士的死刑。马歇尔伯爵有
权由他的同等者审判。"⑥1485 年，当国王就一宗叛逆罪案件预先

---

① 〔美〕斯科特·戈登：《控制国家——西方宪政的历史》，应奇等译，第 244 页。

② 参见〔美〕C.H. 麦基文：《宪政古今》，翟小波译，第 62—71 页。

③ R.V.Turner, *The English Judiciary in the Age of Glanvill and Bracton, 1176–1239*, p.227.

④ 同上书，第 276 页。

⑤ F.Pollock and F.M.Maitland, *History of English Law Before the Time of Edward Ⅰ*,
Vol. Ⅱ, p.587.

⑥ The Committee of the Association of American Law Schools, *Select Essays In Anglo-American Legal History*, Vol.Ⅰ, p.671.

征询法官意见时，首席法官休斯以外柔内刚的语气回绝道："此事应在王座法院开庭时处理。到那时，法官们将根据自己的权力做他们应该做的事。"①

法律统一与普通法的形成

由三大中央法院和巡回法院组成的全国性法院组织的建立，以及由专业法官和职业律师组成的法律职业共同体的出现，有力地促进了司法权的集中和各地法律的统一。在这方面，巡回法院发挥的作用尤为突出。巡回法院定期巡回各地，有条件了解、汇集、整理不同地区的习惯法。巡回之余，法官们回到中央法院，总要相互交流心得体会，总结经验教训，研讨法律疑点。某些正确合理的判例、习惯自然会得到大家的普遍认同，成为以后共同遵奉的判案准则。当法官内部出现意见分歧时，通常聚议一堂，通过协商、争论求得共识。就这样日积月累，原先分散混乱的各地习惯法以及封建法逐步融为一体，形成通行全国的普通法。12 世纪中叶时，已出现普通法概念，那时出版的《财政署对话》一书中写道："森林法完全是国王个人意志的产物，它与国王的普通法形成鲜明对照。"13 世纪初，教皇英诺森三世及其派驻英国的代表多次提到普通法，并把它视为是不同于教会法的一套自成体系的世俗法律。到爱德华一世（1272—1307 年在位）时，普通法已成为广为流行的时髦词汇。②

普通法是欧洲历史上第一套国家范围内的统一法律体系，它是"英格兰政府逐步走向中央集权和特殊化的进程中，行政权力全面胜利的一种副产品"③。按常规逻辑推论，作为权力副产品的普通法理应成为国王的御用工具，依附于政治，甚至成为妨碍法治进步的不利因素，但实际结果恰恰相反，普通法的产生为英国现代法治文

---

① J.H. Baker, *An Introduction to English Legal History*, p.114.
② F.Pollock and F.M.Maitland, *The History of English Law Befor the Time of Edward Ⅰ*, Vol.Ⅰ, p.177.
③ 〔英〕S.F.C. 密尔松：《普通法的历史基础》，李显冬等译，第 3 页。

明奠定了稳固基础，个中原因在于哈耶克所说的普通法是一套"自生自发秩序"，它是王室法官在司法实践中通过判例的积累逐步形成的，而且借助于法官对既有判例的解释和不断开创新判例而实现自身的发展，质言之，普通法是"法官造的法"，是"法律人的法"。在其产生和发展过程中，王权并未直接参与法律的创制，仅仅是支持法官造法的政治后盾。这种由社会自发生成的法天生"独立于政治权力机构而存在"，①哈耶克把它称之为社会秩序的"内部规则"，以区别于通过权力意志强加于社会的政府立法——"外部规则"。他说：

> （内部规则）是一种并非任何人设计的不断展开的秩序；这种秩序是在权力机构并不知道的情况下且往往与该机构的意志相悖的情形下自我形成的；它的扩展会超出任何人以刻意的方式加以组织的范围；它也不是以服务于任何人之意志的个人为基础的，而是以这些个人彼此调适的预期为依凭的。②

在这样的法律体系下，法官通过遵循先例原则维护着法律的确定性，同时又通过司法解释赋予法律以灵活性，于是，法律表现为一连串的判例，法官变成了法律秩序的一部分，"他不能致力于任何一种不是由个人行为规则决定的而是由权力机构特定目的决定的秩序。法官不能关注特定的人或特定的群体的需求，不能关注'国家理由'或'政府的意志'，也不能关注一种行动秩序可能应予服务的特定目的"③。美国学者伍达德曾把自治属性视为普通法特有的"荣耀"，他说：

---

① 参见〔英〕弗里德利希·冯·哈耶克：《法律、立法与自由》（第1卷），邓正来等译，中国大百科全书出版社2000年版，第197—198页。
② 同上书，第184页。
③ 同上书，第187页。

　　　　"荣耀"是指它不把自己的存在归功于任何单个并确定的
法律制定者，即以固定而有限的形式将法律颁布"下来"的神、
国王或其他制定者。在很大程度上，这种法律传统形成了它
自己的生命，虽然它确实为法律职业所支配，但它仍然相对
独立于政法干预，因为并不存在什么与它密切结合的"权威性
的命令"。①

况且，以维护个人权利为天职的律师和出身社会大众的陪审员也参
与了判例的创造过程，这就使普通法在实体内容上融进了相当部分
的社会良知和常识常理因素。因此，尽管普通法有"王室法"（伯
尔曼语）之称，但它自始就呈现出某种"超国家性"或"非国家性"，②
而具有浓厚的社会性和较高的法治含量。有学者甚至认为普通法具
有宪法性质，一如阿兰所说，"在英国，由于缺乏一部以成文法宣
示的、被尊为唯一法律源泉的高级'宪法法'，所以法治便充当了
宪法形式……而构成法治的那些观念和价值均体现和包含在了平常
的普通法之中"，因此，"从根本意义上说，英国有一部'普通法
宪法'"。③ 正是立足于普通法的这种宪法属性，高等民事法院首席
法官爱德华·柯克在 17 世纪初勇敢地宣称，如果议会的制定法与普
通法相悖，普通法法院可以宣布其无效。

　　总之，由亨利二世司法改革所引发的一系列直接与间接变化清
晰地表明，到 13 世纪末，英国已经具备了其他欧洲国家难以企及的
现代法治的诸多特征。据此，英国法律史学泰斗梅特兰认为英国是

---

　　① 〔美〕肯尼思·W. 汤普森：《宪法的政治理论》，张志铭译，生活·读书·新知三
联书店 1997 年版，第 78 页。
　　② 法国学者勒内·达维德说："在英国人眼里，从法是情理这个观念引出某种符合传统
的法的超国家或更确切地说非国家性质的意识"，正是这种"以情理为基础的法的非国家性的
观念……是赋予西方世界各国法的统一、使之不受各国政治任意干扰的基本因素"。见〔法〕
勒内·达维德：《当代主要法律体系》，漆竹生译，第 370 页。
　　③ T. R. S. Allan, *Law*, *Liberty*, *and Justice*: *The Legal Foundations of British Constitutionalism*, Clarendon Press, 1993, p. 4.

一个法制早熟的国家，他说："如果把 1272 年的英国同当时的西欧各国加以比较，那么，英国法律制度最突出的特点就是它的早熟性，至少可以这样说，那时英国的法律制度在本质上足以与近代的文明制度相比拟。它已荡涤了各种原始性特征，而这些特征在法国和德国仍程度不同地存在着。"[1]

二、《大宪章》与宪法的起源

较之亨利二世改革和普通法的形成，诞生于 1215 年的《大宪章》（Magna Carta）则是英国现代法治进程开始启动的更加醒目的标志。

反约翰人民起义

《大宪章》产生于约翰国王任意践踏法律的个人专制以及由此引起的以贵族为主体的英国人民武装起义。

约翰国王（1199—1216 年在位）即位后，力图实行专制统治，肆意践踏封建法律，迅速激化了与贵族的矛盾。对外，围绕坎特伯雷大主教的人选问题，约翰与罗马教皇闹翻，被教皇一度褫夺教籍；为保卫自己在大陆的领地，他于 1202 年发动了对法战争。为筹措军费，约翰滥用封建领主权利，变本加厉地横征暴敛。他把封臣的免服兵役税[2]从每块骑士采邑 2 马克提高到 4.5 马克，把土地继承税增加了 3—4 倍。他强行干涉封臣的遗孀或女继承人的婚姻，如果拒不服从便处以巨额罚款。他滥用领主监护权，提高监护期间的领地收入，甚至把监护权转让或出卖给自己的亲信。他经常罗织罪名，无端没收封臣的土地，如贵族威廉·德·布雷奥斯原是约翰的宠臣，1207 年被莫名其妙地宣布为叛逆者，土地被没收，布雷奥斯被迫逃

---

[1] F.Pollock and F.M.Maitland, *The History of English Law Befor the Time of Edward Ⅰ*, Vol.Ⅰ, p.224.

[2] 亨利二世改革除了司法改革外，还进行了军事改革，其内容是废除了作为国王直属封臣的大贵族为国王提供骑士作战的义务，代之以征收免服兵役税。

往爱尔兰。约翰还滥用国王司法权，向诉讼双方敲诈勒索，把法律变成了一个巨大的赚钱机器。他经常使用酷刑，以莫须有的罪名惩治自己的政敌。透过上述事例，人们看到的是一个无视法律、任意侵犯封臣权益的暴君形象，不满情绪在贵族中迅速增长。对法战争的失败加速了贵族叛乱的爆发。1203 年，约翰被法军赶出了诺曼底。不久，安茹、曼恩等英属大陆领地相继落入法王之手。到这年年底，除阿奎丹和普瓦图外，英国在法国的领地丧失净尽，致使那些在海峡两岸同时拥有地产的贵族遭受了巨大损失。贵族们终于忍无可忍，于 1215 年 5 月初联合一起发动了武装起义。

值得注意的一个现象是，起义虽是贵族发动的并以贵族为主体，但参加者还有教士和城市市民。因为约翰当政期间，对教会和城市同样实行残暴统治。当时，不少主教、修道院长不堪迫害，逃往国外，约翰便乘机派遣"看守人"，接管这些主教区、修道院的土地财产，将其据为己有。为搜刮金钱，约翰对城市市民同样不择手段。他巧立名目，向市民征收各种苛捐杂税，还经常以没收城市自治特许状相要挟，向市民敲竹杠，所以广大市民也站在了起义贵族一边。在内战中，伦敦市民曾主动打开城门，迎接贵族军队。可以说，当时除农奴之外的所有社会阶层都程度不同地参与了这次起义，致使约翰陷入孤家寡人的困境。当他最后同贵族集团谈判时，身边只剩下数名骑士。据说，即使这区区数人内心深处也是同情起义贵族的。可见，这场反约翰斗争不只是一次贵族叛乱，更是一次各阶层联合反抗专制暴君的人民维权大起义。正是参与阶层的广泛性赋予了贵族集团以"社会民众代表""自由权利卫士"的形象，使其本来企图强迫国王遵守封建法、尊重封臣权利的自私、狭隘的初衷升华为强迫国王按照法律进行统治的法治诉求，从而使这次起义的果实《大宪章》具有了限制王权的宪法属性，尽管在其表面裹着一层厚厚的封建胎衣。

另一个值得注意的现象是，贵族集团发动起义不是为了推翻约翰国王、夺取国家权力，而是为了维护自身受到侵害的合法权利。

质言之，贵族集团进行的是权利斗争，而非权力斗争。正因如此，斗争初期他们并不想诉诸暴力，一直试图在法律框架内解决争端。1215 年 1 月初，贵族与约翰的矛盾虽然已经达到白热化程度，但他们选择了请愿方式，派人将申明自身权利要求的《无名自由宪章》呈奏约翰，希望通过协商解决纷争。但约翰虚与委蛇，直到四个月后的 5 月 1 日才接见贵族代表。会谈中，贵族代表要求由双方各出四名代表组成仲裁团解决纠纷，但约翰坚持自己是最高领主，并要求给予教皇英诺森三世（此时教皇已与约翰和解而成为约翰的支持者）以最后决定权，亦即教皇可以否决八人仲裁团的任何决议。对此要求，贵族集团自难接受，致使谈判以失败告终。在协商无望的情况下，贵族集团才于 5 月 3 日依据封建法的规定，宣布终止对国王的效忠，拿起武器，实施兵谏。5 月 12 日，约翰下令没收反叛贵族的地产，内战正式开始。此时贵族集团仍无意破釜沉舟，依然希望与国王谈判，只因约翰未予回应而终告破灭。5 月 16 日，贵族军队在市民的帮助下攻入伦敦。伦敦的陷落使约翰认识到，只有谈判才是体面结束内战的唯一出路。此后，双方信使你来我往。5 月 29 日，军事行动宣告结束，算起来双方交战时间只有 24 天。可见，诉诸暴力仅仅是贵族们不得已而为之的最后手段，而且尽力将其控制在兵谏的有限范围内，因为他们"想要达到的目的不是推翻国王，而是让国王在法律的框架内行事"①。正是这种旨在维护合法权利的斗争性质及其有理有节的理性斗争方式，才促成了《大宪章》的诞生。这种理性的权利斗争方式为后来的英国人民所继承发扬，积淀为一种重权利而轻权力、重法则而轻暴力的民族文化传统，并成为推动英国法治文明进步的一种无形力量，因为"权利斗争的目的不是获取权力，而是得到权利……斗争的方式一般是以法律为依据，采取合法的手段，而不是激烈的暴力……斗争的结果是使法律得到贯彻，纠正不法行为，或使法律的解释向自己方向倾斜，有的试图废止旧

---

① 〔英〕尼克·海姆："英国《大宪章》有多重要？"，http：//www.bbc.com/ukchina/simp/uk_life/2015/01/150120_fooc_magna carta，最后访问时间为 2015 年 6 月 12 日。

法律，建立新法律"①。

《大宪章》的宪法属性

1215 年 6 月 15 日，贵族集团与约翰国王相会于伦敦附近泰晤士河畔的兰尼米德草地，开始谈判。贵族们把一份预先拟好的羊皮纸文件交给约翰，走投无路的约翰无奈地在文件上署印，这就是人类历史上的第一个宪法文件《大宪章》。随后，约翰命令文秘人员在四天内抄录了 13 份，派特使分送各地，昭告全国。

《大宪章》用拉丁文写成，共 63 条。纵观《大宪章》，通篇都是具体规则，多是习以为常的成规，没有任何抽象原则的宣告和空洞虚无的说教，除少数条款外，绝大多数只是重申了封建法规则，其中，关于贵族的封建权利占据了最重要的地位。所以，《大宪章》只是对几百年来的封建契约规范的全面"记述"，它"陈述了旧法律，并未制定新法律，就这一点来说，《大宪章》是一个过去的文件，不是一个未来的文件，它属于正在消失的过去"②。但是，《大宪章》首次把传统法则集中在一个正式文件中，要求国王明确接受，保证实行，而且确实得到了国王"世代遵行、永矢勿渝"的郑重承诺。它"从头至尾给人一种暗示，这个文件是个法律，它居于国王之上"③。《大宪章》以具体申述陈旧法律的含蓄语言和普通宪章的文件形式，体现和宣告了一条崇高的宪法原则——王权有限、法律至上。随着时间的流逝、社会的进步，《大宪章》的大部分具体规定都被抛进了历史的垃圾堆，"但《大宪章》一直作为国王应遵守法律的象征而矗立着。"④ 所以，《大宪章》作为英国宪法起源的标志，至今仍被英国人置于所有宪法文件之首，并被公认为世界史上的宪法开山之作。

---

① 丛日云：《西方政治文化传统》，第 529 页。

② G.B.Adams，*The Origin of the English Constitution*，Yale University Press，1912，p.129.

③ 〔英〕温斯顿·丘吉尔：《英语国家史略》（上册），薛力敏、林林译，新华出版社 1985 年版，第 234 页。

④ S.Painter，"Magna Carta"，*The American Historical Review*，Vol.53，No.1，1947，p.46.

《大宪章》的宪法属性通过内含于具体规则中的宪法原则体现出来。

1. 自由权利保障原则

《大宪章》分门别类地规定了教会、贵族、城市市民的基本自由与权利，并允诺予以保障。《大宪章》第1条规定："英国教会应当享有自由，其权利将不受克减，其自由将不受侵犯。关于英格兰教会所视为最不可缺少与最重要之自由选举，余等及余等之世代子孙当永远善意遵守。"然后是关于贵族自由权利的规定，从第2条到第16条，多达15个条款，内容具体而详尽，涉及免服兵役税、领地继承税、助钱、未成年继承人的监护权等方方面面，并明确规定，除了法定的封建贡金外，不得任意增加贵族的负担。关于城市的自由权利集中在第13条，它规定："伦敦城，无论水上或陆上，俱应享有其旧有自由与自由习惯。其他城市、州、市镇，港口，余等亦承认或赐予彼等以保有自由与自由习惯之权。"可见，不同的阶层所应享有的自由权利是有等级差别的，但是，也有许多条款全面覆盖了所有自由人，而且重在保护处于弱势的下层等级。例如，第16条规定："对于服务于骑士采邑或其他自由保有地之人，不得强其服额外之役务。"很显然，该条款的目的旨在限制大贵族任意侵害小贵族以及自由农民的权利。再如，第28、30、31条分别规定："余等之巡察吏或管家吏，除立即支付价款外，不得自任何人之处擅取谷物或其他动产。""不得擅取自由人之车与马作为运输之用。""不得强取他人木材，以供建筑城堡或其他私用。"第41条规定："除战时与余等敌对之国家之人民外，一切商人，倘能遵照旧时之公正习惯，皆可免除苛捐杂税，安全经由水道与旱道，出入英格兰，或在英格兰全境逗留或耽搁以经营商业。"这些规定实际上宣告了个人财产权不受侵犯、商业自由等原则，其受益人不仅限于贵族和教士，也包括了自由农民和工商业者在内的普通自由人。第20条甚至规定"农奴犯罪时，应同样科以罚金，但不得没收其农具"。该条款的目的无疑是为了保证封建领主对农奴劳动的剥削，但客观上毕竟有利于农奴保全自己的生产资料。

对于自由权利条款覆盖面的广泛性，《大宪章》第 60 条做了专门说明：“余等在上述敕令中所公布之一切习惯与自由，就属于余等之范围而言，应为全国臣民，无论僧俗，一律遵守。”这里的“全国臣民”指的是除农奴之外的所有自由人阶层。对此，斯塔布斯评论道：

> 领主们自己为法律的公正与平等拟定了第 60 条文……这样，贵族们一方面追求自己的权利不受国王侵犯的同时，另一方面规范和约束了他们对其下一级封臣的行为。平民的权利和贵族的权利一样得到了保证，自由人的利益得到了保护，商人的货物安全和农奴的农具都据《大宪章》的条文受保护，免遭过分惩罚。[①]

《大宪章》的自由权利条款说明此时的英国人已经形成了较清晰的权利观念。后来的历史证明，这些自由权利条款经常被诉讼当事人援引，用作维护自身利益的法律武器。在 1221 年的一个案件中，被告人根据《大宪章》的规定，要求由郡法院审理，结果案件从领主法院转交给了郡法院。13 世纪 30 年代，当事人经常声称“他们是自由人，应该接受王国法律的审判”。1265 年，当国王下达接管伦敦市的命令后，伦敦市民引证《大宪章》第 13 条，声称国王的命令违反了有关伦敦市“应享有其旧有自由与自由习惯”的规定，坚持市民自主选举市长。1275—1285 年，有人抱怨国王官吏任意征用教士的船只、货物和马匹，于是国王下令禁止这种违反《大宪章》的做法，并指示严惩“违反者”。[②] 这些事例说明“《大宪章》所体

---

① W.Stubbs, *The Constitutional History of England: In its Origin and Development*, Clarendon Press, 1926, p.570.

② F.Thompson, *The First Century of Magna Carta: Why It Persisted as a Document*, University of Minnesota Press, 1925, pp. 39, 41, 45.

现的自由，其实是一个共同体的自由，这个共同体不是由这种或那种特殊地位的人组成而是指整个王国"①，同时也证明《大宪章》并非仅是一纸空文，而是具有可诉性的有效法律。

2. 法治原则

要保障自由权利，离不开公正的司法。《大宪章》中约有10个条款与司法直接相关，它们都内含着法治原则。其中最重要的是第39条，它规定："任何自由人，如未经其同等地位之人依据这块土地上的法律作出合法裁判，皆不得被逮捕，监禁，没收财产，剥夺法律保护权，流放，或加以任何其他形式的损害。"就是说，任何自由人的人身自由和财产安全都应受到法律的保护，这一原则如今已被收入世界各国的法典之中。此外，第17条规定："一般诉讼应在一定地方审问，无须追随国王法庭请求处理。"该条款显然指的是设立在威斯敏斯特的高等民事法院。第20条规定，自由人如若犯罪，"应按犯罪之程度"科以罚金或没收其土地以及居室以外的财产，并且"须凭邻居正直之人宣誓证明，始得科罚"。该条款肯定了罪罚相当和罪刑法定原则。第21条规定："伯爵与男爵，非经同级贵族陪审，并按照罪行程度外不得科以罚金。"该条款肯定了"同侪审判"原则。第18条规定，关于强占土地案件，应由王室法官2人"每年四次分赴各州郡，会同该州郡所推选之武士四人，在指定日期，于该州郡法庭所在地审理之"，"应不在该案件所发生之州以外之地区审理"。该条款肯定了巡回审判制度以及属地管辖权司法原则。第45条规定："除熟习本国法律而又志愿遵守者，余等将不任命任何人为法官、巡察吏、执行吏或管家吏。"该条款含蓄地承认司法职业化和专业化原则。第40条规定，国王"不得向任何人出售、拒绝或延搁其应享之权利与公正裁判"。该条款实际上肯定了当事人求诸司法救济的诉权不得"拒绝或延搁"，国王的司法权不得"出售"给他人。

---

① J.C. Holt, *Magna Carta*, Cambridge University Press, 1965, p.185.

《大宪章》颁布之际，亦即英国普通法形成之时。由于内在精神的一致性，二者彼此促进、相得益彰。《大宪章》以其成文法形式强化了不成文的普通法的确定性，普通法则通过具体的司法实践保证了《大宪章》的实效。14 世纪中叶，爱德华三世从 1331 年到 1368 年先后颁布了六个法令，使《大宪章》与普通法更紧密地结合在一起。概括起来，这六个法令的内容主要是，任何人不得因为某个人或少数人向国王提出的意见而被拘捕；除非由案发地点良好守法的邻人通过普通法的合法程序正式提起诉讼，任何人不得受到指控；在诉讼审理之前，或未经适当的辩护程序，任何人不得被剥夺生命、土地或其他财产，如有违反这一规定的判决，一律无效。[①] 通过上述法令，《大宪章》中使用的"自由人"概念被置换成了"任何人""所有人"，原来含义模糊的"王国法律"被明确为"普通法的合法程序"。于是，《大宪章》所规定的法治原则与普通法的司法制度不可分割地融合在一起，所以有学者认为："《大宪章》的悠久历史得益于这样一个事实，那就是它与一个快速发展的英国法律体系（指普通法）恰好相互吻合。"[②]

3. 征税须经同意原则

英国素有"国王靠自己生活"的传统，亦即政府平时所需经费由国王本人承担，只有发生对外战争等涉及全国公共利益的重大开销时，方可向全国征税，而且需要经过国王咨议机关（先是贤人会议继而是御前大会议）的同意。平时王室和政府的财政开支，全部由王室领地及其他国王私人收入（如封臣贡金）提供。在中世纪早期，政府规模小，所需经费有限，国王的私人收入基本上可以应付，政府对国税的依赖性较小。但是，12 世纪亨利二世改革以后，政务日趋繁杂，官僚制度开始萌芽，财政需求越来越大，单靠国王的私人收入已经难以维持，财政拮据成为常态，这迫使国王经常通过御

---

① J.C. Holt, *Magna Carta and the Idea of Liberty*, Krieger Publishing Company，1982，pp.100, 101, 102.

② 同上书，第67页。

前大会议征收国税，有时则不经大会议同意而擅自强行征税，因此，围绕财政税收问题时常引发激烈的政治斗争，1215 年的反约翰起义爆发的主要原因就是国王滥征赋税，所以《大宪章》把限制国王征税权放在了重要位置。第 12 条规定："除了支付余等之赎金、余等之长子骑士册封之费用、余等之长女出嫁之费用以外，无王国公意许可，将不征收其他任何免服兵役税与贡金；且这些贡金亦须以一次合理的征收为限。伦敦城之贡金，依次办理。"随后，在第 14 条中对何为"王国公意许可"做了具体解释：为了获得"王国公意许可，应将加盖印信之召集书分别送至各大主教、主教、修道院院长、伯爵与大男爵；通常我们也须通过我们的郡长和郡守召集我们的总封臣。召集书应指明时间与地点，并至少应在开会以前 40 日送达；召集书应载明召集缘由。召集之后，如果所召集之人没有全部到达，前述事项则应在规定的日期依出席者公意议决，不以出席者有缺阻延之"。从此，国王征税必须经由代表"王国公意"的御前大会议的同意，作为英国宪法的一条基本原则确立起来。

到 13 世纪后期，御前大会议演变为议会，征税权遂成为议会最早和最重要的一项职权。1297 年，议会利用爱德华一世的财政困难，逼迫其颁布《无承诺不课税法》。该法令在列举了前两年内一系列"非法"税收后明确宣告："非经王国之大主教、主教、伯爵、男爵、武士、市民及其他自由民之自愿承诺，则英国君主或其嗣王，均不得向彼等征课租税，或摊派捐款"；"未经物资所有者之自愿承诺，朕或朕之继承人与官吏，皆不得征用任何人的谷物、羊皮、皮革，以及其他任何物资"；"今后对任何物资，皆不得以通行税之名或其他理由，予以征收"。[①]通过该法令，原来《大宪章》中有关"王国公意许可"的模糊概念获得了确切的内涵，即必须经由"大主教、主教、伯爵、男爵、武士、市民及其他自由民之自愿承诺"，实质上就是指议会的同意。

---

① G.B.Adams and H.M.Stephens, *Select Documents of English Constitutional History*, p.88.

财税是国家政府的命脉，议会征税权是法治政府的基石。正是立基于征税权，英国议会的权力不断扩大。在14世纪，议会以同意征税为筹码，进而争取到了参与立法、影响政府决策、批评监督行政行为等宪法权力，确立了两院制的组织形态，实现了议会召开的制度化，完善了议会运行的程序规则，还取得了议员自由辩论和免于逮捕的特权。借助征税权，议会经常干预和影响国王大臣的任免，审查政府财政账目，惩处失职的财政官员，弹劾违法大臣，在特殊情况下甚至能够废黜国王，14世纪时曾有两个国王被议会赶下台。到15世纪，由于各种历史机缘的催化作用，议会超越王权之上，成为国家政治生活的主导力量，一度出现"早产的议会政治"。[①] 这一切发展变化实际上都与《大宪章》紧密相联，所以英国学者布特称《大宪章》为"第一个伟大的议会文献"[②]。

4. 王权应受监督和可合法反抗原则

贵族集团制定《大宪章》的初衷在于以法律约束王权，但在草拟《大宪章》时，贵族们普遍认识到，约翰国王在武力胁迫下签署《大宪章》后能否信守诺言仍是一个无法预卜的未知数。对此，来自北部地区的少数贵族态度悲观，认为城下之盟不会太久，一纸宪章根本无力约束未来国王的行为，所以在《大宪章》拟就之前他们就打道回府了。不过，多数贵族认为，可以在《大宪章》中规定一种合法的强制性方法，以监督和确保国王遵守《大宪章》。为此，他们特意制定了第61条，史称"安全条款"。

"安全条款"规定，由贵族推选25位男爵组成一个特别委员会，负责监督《大宪章》的执行。其方法是：如果该委员会中的4人发现国王或政府大臣有违反《大宪章》、侵犯任何人之权利的错误行为，应立即面奏国王，要求改正之；自错误指出之日起40天内如果仍未见改正，该4人应将其报告给25人委员会；经委员会表决同意后，可联合全国人民，采取一切手段，包括采用武力夺取国王的城堡、

---

① 参见程汉大：《英国政治制度史》，中国社会科学出版社1995年版，第122—127页。
② R.Butt, *A History of Parliament*, *The Middle Ages*, Constable & Co., Ltd., 1989, p.51.

土地和财产，强迫国王政府改正错误，但对国王、王后及其子女的人身不得加以侵犯；错误一经改正，则贵族与国王当复为君臣如初。[①] 这一条款"将判断某种情况下法律是否遭到破坏的权力从国王手中拿了过来"[②]，置于一个独立于王权之外的委员会手中，其实质是企图建立一种常规性权力监督机制，以确保国王依法治国，并把武力作为最后保留手段，这里面蕴含着的王权不是不可置疑和不可侵犯的，国民有权合法地反抗国王、有权强制国王遵守法律的宪法理念和原则，实为一次首创性的制度设计。而且，该条款严格遵循了正当程序原则，措辞严谨，"没有为国王留下任何脱逃的借口和漏洞"[③]，致使约翰找不到任何拒绝的理由，不得不接受署印，尽管内心极不情愿——据说约翰回到王宫后，大声吼道："他们强加给我 25 个太上皇！"难怪丘吉尔说，有人认为亨利二世时期是英国法治的开端，其实不然，因为那时"王权仍然高于法律"，但是，自《大宪章》起，"国王也受到了法律的约束，这是前所未有的事情。"[④]

第 61 条款没能付诸实施，在不久后颁布的《大宪章》新文本中删掉了这一条，但它所首创的限权思路却被英国人民继承下来。在 1244 年大会议上，贵族们提出一份文件，其内容为：由全国公意选出 4 名"自由维护者"组成特别委员会，任何政府决策都必须取得他们的同意。很明显，"4 名'自由维护者'所起的作用是效仿1215 年 25 人委员会中的 4 名男爵的"[⑤]。更为典型的一次效仿是1258 年《牛津条例》（*Provisions of Oxford*）。该条例规定，建立一个由贵族组成的 15 人委员会，参与国家政府管理；国王应该根据该委员会的建议统治国家；国家高级大臣和地方官员任期为 1 年，

---

① G.B.Adams, *The Origin of English Constitution*, Yale University Press, 1912, p.305.

② 同上书，第 178 页。

③ 齐延平：《自由大宪章研究》，中国政法大学出版社 2007 年版，第 183 页。

④ 温斯顿·丘吉尔：《英语国家史略》（上册），薛力敏、林林译，第 234 页。

⑤ F.Thompson, *The First Century of Magna Carta*：*Why It Persisted as a Document*, p.34.

届满时要向 15 人委员会述职。① 稍加比较即可发现，"《牛津条例》是以《大宪章》为基础的，它借鉴了《大宪章》第 61 条款规范国王权力的思想以及相应的方法"②。

《大宪章》的长效价值

《大宪章》的未来命运表面上有些扑朔迷离，以至于不少学者误认为《大宪章》在中世纪后期的英国销声匿迹了。事实上，《大宪章》一直影响着后来英国政治法律的发展，只不过时而彰显在外时而隐藏不露而已。

《大宪章》订立后三个月，约翰重新稳固了自己的统治，于是在 1215 年 9 月宣布《大宪章》无效。教皇英诺森也借口《大宪章》是"武力胁迫"的结果，拒绝承认它的合法性。到 9 月底，贵族集团和国王重启战端，《大宪章》成为废纸一张。但幸运的是，约翰国王于 1216 年 10 月 18 日突患痢疾猝死于林肯郡的纽瓦克，继位者亨利三世是个九岁幼童，国家不得不实行摄政制，摄政大臣们为安抚不满的贵族集团，重申和确认了《大宪章》。③ 但不久之后，又将其置之脑后。贵族集团借助法国的支持，再次诉诸武力，占领了英国南部地区，逼迫国王政府于 1217 年 9 月第二次重申和修定《大宪章》。1225 年，亨利三世年满 18 岁，成年亲政。为争取贵族集团的支持，他又一次重新颁布《大宪章》，贵族集团也做了些许让步，如删除了"安全条款"，但基本精神未变。1225 年《大宪章》得到了以后历代国王和贵族们的认可，成为最权威的版本。此后，《大宪章》又相继于 1234 年、1237 年、1240 年、1253 年、1297 年多次重新颁布，并被翻译成普通人能够读懂的法文和英文。通过 30 多

---

① G. B.Adams, *The Origin of English Constitution*, p.305.

② 同上。

③ 对于约翰王的突然死亡之于《大宪章》的意义，丹尼尔·汉南评价说，这位"遭天谴的国王终于为他的国家做了件好事：死得早不如死得巧……但凡约翰能再活久些，《大宪章》的诸多理想恐都难实现了"。见〔英〕丹尼尔·汉南：《自由的基因：我们现代世界的由来》，徐爽译，广西师范大学出版社 2016 年版，第 130—131 页。

次的不断重申与确认，《大宪章》作为"王在法下"原则的象征、国民自由的化身，深深扎根于英国人的心灵深处。它像一座灯塔，指引着英国政治与法律制度的未来发展。所以戈登说，《大宪章》"超乎时代地成了君主的权威从属于后来所谓英格兰的'古代宪法'这一原则的偶像符号"①。

　　到中世纪晚期，《大宪章》"依旧活着并且完好"②。在 15 世纪，《大宪章》"既没有被废弃也没有被忘记"③，1429 年的一份议会请愿书将《大宪章》的名字赫然写在了标题中。都铎王朝建立了带有专制色彩的绝对王权，《大宪章》似乎有些落寞，但正是此时第一部印刷版《大宪章》（1508 年）出现于英国。更重要的是，此时《大宪章》的基本原则和精神，诸如人身自由、财产安全保障、遵循正当法律程序等，都已融入普通法和日常司法实践中，某些宪法规范，诸如任何人不得凌驾于法律之上、国家税收须经议会批准、立法须有议会的参与和同意、议会有权批评监督国家政策和政府大臣等，随着议会议事规程的日趋完备已初步实现制度化。所以，英国宪法史学家哈兰姆断言，到 15 世纪末，英国已经确立起了五条宪法基本原则，它们是："第一，除非经上、下两院组成的议会的同意，国王不得征税。第二，任何法规的制定都必须经议会同意。第三，除非根据法院的专门令状不得逮捕任何臣民；被捕者必须迅速交付法庭审判。第四，刑事诉讼中关于被告的犯罪事实问题，必须在案发地区的普通法法庭上由 12 人组成的陪审团决定之；一旦陪审团做出一致决定，则不得上诉。第五，对侵犯臣民个人自由和权利的国王大臣和政府官员也可以提出控告，不得以他们享有的权力为由请

---

　　①　〔美〕斯科特·戈登：《控制国家——西方宪政的历史》，应奇等译，第 234 页。

　　②　〔英〕詹姆斯·C. 霍尔特：《大宪章》，毕竞悦等译，北京大学出版社 2010 年版，第 10 页。

　　③　齐延平：《自由大宪章研究》，第 195 页。

求保释，即使国王御旨也不得为他们作担保。"①

17 世纪初，斯图亚特王朝无视英国法治和宪法传统，试图建立欧陆式的专制统治，议会反对派和法律职业阶层奋起抗争，并顺理成章地打出了《大宪章》的旗帜，作为反专制斗争的法律武器。大法官柯克不惜被罢官免职，坚定地维护司法独立和普通法的权威，他用"是金子总会发光"的谚语高度评价《大宪章》，②由他起草的1628 年《权利请愿书》重申了未经议会同意不得强征任何赋税、未经正当法律程序不得逮捕监禁任何人、任何人不得中止或干预案件审判等原则，被誉为"英国的第二个自由大宪章"③。自此之后，《大宪章》连同"大宪章神话"在世界范围内传播开来，成为人类共有的宝贵财富。1776 年的美国《独立宣言》和 1948 年联合国《世界人权宣言》以及 1953 年《欧洲人权公约》，在原则精神上都与《大宪章》一脉相承。

三、大法官法院与衡平法的产生

普通法趋于僵化

英国的普通法因为源于不成文习惯，又是以判例法为存在形式，所以在形成之初具有相当的灵活性，掌管起始令状签发权的大法官可以根据现实需要创制新令状，每创制一种新令状就等于创立了一条新法律。此外，普通法的判例主义原则那时尚未确立，法官在审判案件时"有着某种自由裁量权"④，他们可以根据案情的特殊性和个人对法律的理解灵活处理，遇到无先例可循的案件时，还可以创

---

① H. Hallam, *Constitutional History of England*: *Henry Ⅶ to Gaorge Ⅱ*, J. M. Dent & Sons, Ltd., 1912, p.8.

② 参见〔英〕詹姆斯·C.霍尔特：《大宪章》，毕竞悦等译，第 3 页。

③ 齐延平：《自由大宪章研究》，第 224 页。

④ A. Putney, *Introduction to the Study of Law*: *Legal History*, Cree, 1910, p.159.

造新先例。因此，那时的普通法具有自我发展的生机与活力。

　　然而，进入 14 世纪以后，普通法日趋保守，甚至显露僵化趋势。出现这一变化的原因在于，随着主导地位的确立，普通法出于维护自身权威的需要，必然把稳定性放在首位，而对灵活性加以抑制。英国法史学家特纳说："这时法官们正在形成一种严肃的责任感，作为国王的代理人，保持高水准的司法是他们的义务。"① 另外，从 14 世纪起，职业法律阶层的兴起及其对诉讼业务的垄断，也是促使普通法走向僵化的一个原因。这个阶层本身就是司法专业化和诉讼技术化的产物，他们以法律服务为业、为生，本能地维护繁琐复杂的法律规则和诉讼形式而反对变革。因此，思想保守、因循守旧是法律职业者的突出特征。当时，律师中间流行这样的信条：法律应当从严解释，宁肯在个案中做出有悖于正义的错判，也不能改变或违反既定的法律原则和诉讼程序。有一次，首席法官贝德福坚信原告的诉讼请求是合理的，但苦于找不到有效证据，便以正义和良心为由，要求被告律师支持原告的请求，被告律师厉声反驳道："法官大人，您绝不能让良心妨碍您执行法律。"② 英国著名法律史学家梅特兰在谈到 15 世纪律师们的保守主义特征时说："天可以塌下来，玫瑰战争可以无法无天，但普通法的律师们只会在争论中依循定制。"③

　　普通法的僵化趋势体现在以下几个方面：

　　第一，大法官创制新令状的权力受到严格限制。令状制度把原属封建领主法院的案件收揽到国王法院中，封建贵族们的利益受到损害，自然心怀不满，所以他们竭力限制大法官创制新令状的权力。1258 年，由封建贵族把持下的大会议制定了《牛津条例》，其中规

---

　　① R. V. Turner, *The English Judiciary in the Age of Glanvill and Bracton*, 1176–1239, p.277.

　　② T. F. T. Plucknett, *A Concise History of Common Law*, p. 608.

　　③ F. W. Maitland, *Justice and Police*, Macmillan Press, 1985, p.34.

定，没有国王和咨议会大臣的同意，大法官不得创制任何新令状。[①]
不过，实践证明这一规定是行不通的。因此，1285年的《威斯敏斯特Ⅱ号法令》对上述规定进行了修正，它规定："若对某个案子运用了某一令状，类似的案件就应适用相似的法律，并给予同样的救济。大法官如果发现没有这样的令状，应同意制作新的令状。"[②] 这样，大法官创制新令状的权力虽然予以肯定，但严格限定在"没有合适令状可用"的条件下。从此，新令状越来越少见，普通法不能受理的案件越来越多，以至于许多正当权利受到侵害的当事人投诉无门。

第二，令状的种类和形式日趋凝固，出现了令状"石化"现象。每一种令状都有固定格式，只能适用于一种诉讼。当事人如果向法院提起诉讼，必须首先申请（实为购买）相应令状，如果没有恰当的令状可用，就无法启动司法程序，当事人的合法权利就得不到法律的保护，普通法特有的格言"没有令状，就没有权利"即由此而来。如果令状选择错误，法院将驳回诉讼请求，当事人必须从头开始，另申请合适的令状，重新起诉。令状对案件的审判程序、步骤和方法都有明确规定，法官必须严格遵守，尤其是随着判例主义的形成，遵循先例成为法官判案的基本原则，致使法官的自由裁量空间越来越小，诉讼形式主义特征越来越明显。

第三，诉讼形式主义导致普通法对于某些正当权利无法提供必要的法律保护。例如，对于中世纪后期日益流行的土地用益制，普通法拒绝给予支持，致使受托人权利遭受损害时深陷无奈困境。在侵权案件中，普通法只能对于侵权行为所造成的损害给予有限的补偿，而不能制止侵权行为的实施。在契约纠纷案件中，普通法只承认签字盖章的书面合同的有效性，对简易合同或口头协议则拒绝采信，经常因此造成判决不公。此类弊端在债务诉讼中尤为突出，举例说，如果某人因一时疏忽或轻信口头承诺，把钱款或物品借予他

---

① H. Rothwell, *English Historical Documents 1189-1327*, Eyre & Spottiswoode, 1975, p. 363.

② 同上书，第443页。

人时没有立字为据，一旦对簿公堂，就因拿不出有效证据而注定败诉。反过来，假如借款人在还债时没有收回借据，债权人就有可能凭此借据将他告上法院，而法院也只能判决被告重复还债。

由于在许多特殊案件中普通法无力保障公平正义，失望的当事人只能转向普通法之外去寻求公道。于是，衡平法（equity）和衡平法院（Court of Chancery）就应运而生了。

从文秘署到大法官法院

从普通法无法获得法律救济的当事人只能向国王及其咨议会或议会请愿，因为英国国王素来被尊为"正义的源泉"，国王加冕宣誓时也郑重承诺负有伸张正义的神圣职责，所以从13世纪末起，蒙受冤屈而求告无门的当事人便以冤诉状、请愿书的形式请求国王主持公道。如果获得国王恩准，通常采取两种处置方式：具有普遍意义的重大冤诉状交给咨议会或议会，以立法形式处理，结果可能催生出一部新法律；仅与私人利益相关的冤诉状交给文秘署（Chancery）处理，以个案方式给予司法救济。

文秘署是英国最早的职能机构之一，隶属国王及其咨议会，首脑是大法官（Chancellor），其下有一批职业官员相辅佐，主要负责起草、签发、保管国王的法令、令状、特许状、条约协议等政府机要文件。12世纪后期，随着三大普通法法院的相继建立，文秘署在保持原有政治职能的同时，司法管理职能日益突出，因为它掌管着开启普通法诉讼大门的"唯一钥匙"①。随着诉讼的增多，到12世纪末，文秘署与咨议会分离开来，发展为一个特殊的职能机构。其特殊性表现在，大法官一方面仍是咨议会的核心成员和国王宠臣，另一方面又是普通法体制的最高首脑，从而成为联接行政与司法、政治与法律的桥梁和纽带。

咨议会主要是一个行政管理机构，其成员熟谙政治，但法律知

---

① H. G. Hanbury and D. C.M. Yardley，*English Courts of Law*，Oxford University Press，1979，p. 93.

识贫乏，只有与法院关系密切的大法官精通法律，所以冤诉请愿特别是在普通法法院无法讨得公道的衡平诉求，自然而然地集中于大法官和文秘署。日久天长，文秘署便演变为一个以提供特别法律救济为主的专门法院。在这里，"大法官传召当事人，安排日期，提出问题，回答异议，聘请律师。即使在其他咨议会成员反对的情况下，仍能凭自己的职责评断案件，宣布法院的决定"①。到1400年前后，绝大多数冤诉请愿不再写给"咨议会中的国王"或"议会中的国王"，而是直接写给大法官或文秘署，这说明衡平法院即大法官法院的独立地位已得到社会认可。不过，在此后很长时期内，大法官法院的判决仍然以咨议会的名义宣布，"甚至在大法官取得了独立坐庭的权力后，也没有剥夺咨议会审理类似案件的权威，尽管咨议会逐渐地不再干预大法官法院的事务"②。1474年，大法官第一次以自己的权威宣布判决结果，此举被视为大法官法院建立的标志。

大法官法院实行独任法官制，大法官是唯一的审判官，他手下有一批等级制职员辅佐其工作。第一等级是身穿特制长袍的12名主事官（Master of Chencery），他们多数在牛津大学或剑桥大学接受过法律教育，主要职责是协助大法官进行调查取证等审前准备工作，预审案卷、提出报告以帮助大法官做出裁决。主事官的首脑称作掌卷主事官（Master of Rolls），负责保管卷宗，经常和大法官一起坐堂审案，或代表大法官预审案件，所以都铎时期人们私下里称其为"副大法官"。③

第二等级职员称作文秘官（Clerks），负责法律文书和法院命令的草拟、审查、签发、保管及诉讼费用的收取工作。最初，文秘官经常兼任当事人的代理律师，代写起诉书，后来，随着诉讼事务的增多，工作量的增加，文秘官遂成为大法官法院的专职官员，当

---

① W. S. Holdsworth, *A History of English Law*, Vol. I, p.404.

② H. Potter, *Historical Introduction to English Law and Its Institution*, Sweet & Maxwell, 1958, p.153.

③ 同上书，第 162 页。

事人只能聘请职业律师协助自己完成诉讼。

第三等级职员是 24 名书记员（Cursitors），负责立案登记、庭审记录等日常文字工作。

到 16—17 世纪，大法官法院的组织结构日趋合理，分工更加明确。主事官的司法职权明显上升，特别是掌卷主事官，日益向法官角色靠拢。其余职员等级分明，各司其责。此外，大法官及主事官完成了世俗化和专业化转变。此前，除极少数例外，大法官都由高级教士或政治官员兼任。宗教改革后，教会势力衰落，大法官逐渐改由精通普通法的高级律师担任。亨利八世（1509—1547 年在位）时的托马斯·莫尔是第一个既非教士又非政客而是出身法律职业者的大法官，他的父亲是高等民事法院的法官，本人毕业于林肯律师会馆，曾长期从事律师工作。莫尔的后继人都是著名律师。到都铎王朝后期，由普通法专家出任大法官成为固定制度。进入 17 世纪后，主事官也全部改由普通法律师担任。上述变化表明大法官法院作为一个专门的常规法院已臻于成熟。

大法官法院的管辖范围与诉讼程序

大法官法院主要受理在普通法体制内无法讨得公道的衡平案件，用吉尔达特的话说："大法官法院在做普通法法院没有做或不愿做的工作。没有这些工作，人们的权利不能够被很好地保护。"① 大法官法院受理的案件大致分以下几类：

第一，用益（uses）和信托（trust）案件。中世纪后期的英国，用益制广为流行。许多土地保有者为了在保证土地收益享用权的前提下，规避附属于土地的法律义务（如犯有重罪时土地将被没收，归国王或领主所有），或者为了摆脱长子继承制的束缚，争取对死后土地的自由处分权，往往把土地委托给某个朋友掌管，约定土地的收益归指定的受益人享用，甚至与受托人约定在自己死后由受益

---

①　W. Geldart, *Introduction to English Law*, Oxford University Press, 1991, p.24.

人继承土地。如果在委托人、受托人和受益人之间发生利益纠纷，如受托人声称这块土地是他自己的，普通法法院对受益人的用益权是不予承认的，大法官法院则在充分承认委托人的土地保有权和受托人的土地使用权的同时，给予受益人的合法权利以衡平法保护。1535 年，在普通法律师的推动下，议会制定了《用益权法》，把受益人的用益权纳入了普通法的保护范围，这对大法官法院的司法管辖权有所削弱，但它并未涵盖所有的用益制案件，像"积极用益"（active use）①和"双重用益"（use upon a use）②中第二层次上的用益权，仍然仰赖大法官法院的保护。进入 17 世纪，由第二层次用益权演化而来的信托制迅猛发展，信托案件急剧增加，所有信托案件都属于大法官法院的管辖范围。

第二，合同欺诈和违约案件。由于普通法法院只承认形式完备的契约的效力，因而当有人利用不正当手段诱骗或胁迫他人签订了显失公平的契约时，当有人违反简易契约的约定义务时，大法官法院便本着重内容轻形式和道德良心、公平正义高于一切的原则，为受害人的合法权益提供法律保护。如果普通法法院依据形式上合法但实际上含有欺诈因素的证据做出了不公正的判决时，大法官法院将颁发禁令（injunction），阻止判决的执行。在违约案件中，大法官法院将颁发强制履行令（specific performance），强迫违约人完成约定义务。16 世纪以后，随着资本主义工商业的发展和经济往来活动的日益多样化、复杂化，违约诈骗案件直线上升，审理此类案件成为大法官法院的一项繁重任务。

第三，债务抵押案件。对于债务抵押案件，普通法的一贯原则是，一旦抵押人不能如期偿还债务，抵押财产将归债权人所有。对此类案件，大法官法院认为，财产抵押仅仅是为了保证债务人能够偿还

---

① "积极用益"指的是受托人不仅必须转交受托土地上的收益，还必须履行为受益人偿付债务、准备嫁资或为宗教信仰进行慈善投资等积极义务。

② "双重用益"是指在一种用益权之上再设定一种用益权，如委托人 A 将土地转让给 B，约定 B 为 C 的用益权而占有土地，而 C 又是为另一人 D 的用益权而占有土地。第一层次上 C 的用益权受普通法保护，第二层次上 D 的用益权则受衡平法保护。

债务的一种手段，还债才是最终目的。如果抵押人在有正当理由的情况下未能按期偿债，其财产所有权不应被剥夺。例如，抵押人由于遭遇天灾横祸或暂时困难而未能如期还债，大法官法院将本着"抵押总是抵押"的原则，再给予抵押人一次赎回抵押财产的机会。

大法官法院的审判程序也不同于普通法法院。在这里，原告起诉案件不用起始令状，而用请愿书、冤诉状甚至口头申诉，后来主要使用起诉书（bill）。起诉书用英文写成，格式要求不严格，通常只要申明冤情和诉由，指出被告的不法行为，提出希望解决的问题即可，其中不可少的一项内容是，必须说明自己的诉求无法取得普通法的救济。如果大法官认为原告的诉求应予支持，便向被告发出传票（writ of subpoena）。传票仅仅通知被告在规定日期出庭应诉，并不告之他被何人、因何事而被起诉，而且特别提醒：如若不按时出庭将以蔑视法庭罪论处。理论上庭审须由大法官主持，但实践上经常由掌卷主事官主持，后来掌卷主事官升为主审法官，主持庭审的机会越来越多。审判采用纠问式，诉讼双方须经宣誓如实回答法官提出的任何问题。法官可以积极主动地介入法庭辩论，只要符合道德良心公平正义，法官可以要求当事人做任何事情。与普通法法院奉行的"凡主张皆应有证据"的原则不同，大法官法院实行"不否认即承认"原则，就是说，如果被告未否认原告的指控，即被视为默认，据此可判原告指控成立。诉讼双方均可向法院提供证人名单，但证人不必出庭，通常由法院派专员在庭外询问证人，以书证形式提交法院，所以当事人没有机会当面质疑证人。如果发现有人出于邪恶目的不正当地使用书证，法官可以宣布这些书证无效。整个审判过程都不用陪审团，不管是事实问题，还是法律问题，均由法官做出裁决。如果当事人对判决不服，可在限定时间内提出抗诉，要求复审案件，复审必须由大法官亲自主持。复审后若当事人仍然不服，可上诉到议会上院。

综合观之，大法官法院的诉讼审判有以下几个特点：

第一，强调道德、良心等伦理价值，注重个案公平和实质正义。

在大法官法院，道德和良心被奉为审案断讼的根本依据，所以大法官被誉为"国王良心的监护人"。1452 年，高等民事法院首席法官福特斯丘在参加大法官法院的一次庭审时明确表示："我们是来讨论良心的，而不是来讨论法律（指普通法）的。"① 该时期的一个当事人在谈及大法官法院的印象时说："这个法院施行的法律是'良心法'"②。16 世纪末 17 世纪初的大法官艾利斯梅尔勋爵曾公开宣称，衡平即良心，即公平正义，大法官法院就是一个"道德法院""良心法院"。在他的经典判例"牛津伯爵案"的判词中，道德、良心作为衡平法的代名词反复出现。③ 可以说，道德伦理规范就是大法官法院据以解纷断案的实体法。

第二，"对人不对物"，注重对当事人品行声誉的调查。大法官法院受理案件的一个基本原则是，起诉他人首先必须自己行为端正，该原则后来凝结为一句衡平法谚："求助于衡平法者自身必须清白"。所以，对于道德败类、奸猾之徒的投诉，尽管诉由合理，大法官法院通常也不予受理，相反，对于贫弱诚实者的权益总是积极地予以保护，一如大法官斯蒂林坦在 1467 年所自诩的那样："上帝是愚人的代理人"。④ 与普通法法院坚持的"人的思想不可审判"的原则不同，大法官法院不仅重视当事人的行为及其后果，而且关注当事人的动机与目的。⑤ 为此，法官可以在庭审前秘密询问当事人，可以根据行为后果推定行为人的初衷，有时强迫当事人出示不利于自己的证据。法官有权宣布显失公平的成文合同无效，有权责令当事人履行口头合同、落实信托义务。总之，只要有助于保证个

---

① J. H. Baker, *An Introduction to English Legal History*, p. 124.

② W. S. Holdsworth, *A History of English Law*, Vol. Ⅳ, p. 453.

③ 参见薛张敏敏："衡平法'良心'司法传统的过去、现在与未来——一种基于近、现代衡平司法风格的观察"，《河北法学》2017 年第 8 期，第 139 页。

④ 〔美〕伯尔曼：《信仰与秩序：法律与宗教的复合》，姚剑波译，中央编译出版社 2010 年版，第 63 页。

⑤ W. S. Holdsworth, *A History of English Law*, Vol. Ⅳ, p. 292.

案的公平正义、符合道德规范要求，大法官法院有权采取任何必要措施。

第三，审判程序简便易行，方法灵活快捷，法官拥有较大的自由裁量空间。梅特兰说："大法官不认为自己应受法律准则的严格束缚，每一个大法官都有相当大的按照他自己的是非观进行自由裁量的自由。"[1] 而且，大法官法院没有休庭期，始终向当事人洞开大门，也不受开庭地点的限制，甚至在大法官的家中都可以接受投诉。对此，普拉克内特评论道，大法官"依教会精神行事，讨厌迂腐刻板，倾向实体高于形式"[2]。

衡平法的产生及其法治意义

16—17 世纪时，大法官法院成为英国最繁忙的法院。沃尔塞任大法官（1515—1529 年）时期，大法官法院每年受理的案件超过 500 件。詹姆士一世（1603—1625 年在位）时期，大法官法院共受理 32 000 件讼案，平均每年 1 464 件。诺丁汉任大法官（1673—1682 年）的九年内，平均每年受理 1 650 件。[3] 该时期大法官法院兴旺发达的主要原因是，此时英国资本主义发展迅速，经济关系和诉讼纠纷日趋复杂多样，衡平案件数量剧增，另一原因是大法官法院诉讼程序简捷，成本低廉。

随着衡平案件的急剧增长，大法官法院也模仿普通法法院建立起了庭审记录制度和典型案例汇编制度。1617 年，大法官培根任命了一名专职记录员，负责记录案件的庭审情况。1649 年，第一部衡平法案例报告结集出版，内容包括 1559—1646 年间大法官法院审判的主要案例，作者是托西尔。1650 年和 1652 年又有两部案例报告集相继问世，覆盖时间大约是 1557—1606 年。从 1693 年到 1716

---

[1] F. W. Maitland, *The Constitutional History of England*, p. 235.

[2] 〔美〕伯尔曼：《信仰与秩序：法律与宗教的复合》，姚剑波译，第 73 页。

[3] W. S. Holdsworth, *A History of English Law*, Vol.I, p. 410.

年，又陆续出版了三部上下连贯的报告集，收录了 1625—1710 年间的典型案例，它们合在一起，统称为《大法官法院报告》。[①]案例报告集的正常出版，促进了衡平法稳定性的提高，使之逐步发展成为一套独立于普通法之外的拥有自己的实体内容、程序规则和执行机构的法律体系，从而促成了英国特有的二元法律结构。

从形式上看，衡平法与普通法一样，也以判例法为主，但在内容上，衡平法更接近于道德规范，更强调自然权利和实质正义。从某种意义上说，衡平法就是"道德的法律化"或"法律化的道德"。不过，衡平法和普通法自始就不是平行并列关系，而有主副之别，用梅特兰的话说，衡平法"在每一点上都以庞大的普通法的存在为前提"，它们二者是"法典与法典补充条款、正文与注释之间的关系"[②]。如果说普通法是一件完整但有漏洞的衣服，那么，衡平法就是弥补这些漏洞的补丁。换言之，如若去掉普通法，衡平法将不复存在，而去掉了衡平法，普通法依然作为一件完整衣服而存在。当然，这个比喻绝非意味着衡平法在英国法律体系中是无足轻重的，相反，它的地位和作用是独特而无可替代的。正是得益于衡平法的拾遗补缺、纠偏救弊作用，普通法才得以较早地走向完备与成熟，英国才能够在欧洲和世界法治进程中长期保持领先位置。

具体言之，衡平法对于英国法治文明具有两大重要意义：

首先，衡平法的产生较好地解决了法律的稳定性与灵活性的平衡关系。稳定性与灵活性是任何法律体系的内在要求，因为缺乏稳定性的法律将无从产生权威与实效，缺乏灵活性的法律迟早会被历史抛弃，一如美国法学家庞德所说："法律必须稳定，但又不能静止不变……因此，法律秩序必须既稳定又灵活。"[③]但是，稳定性与灵活性本身又是一对矛盾，因此，如何协调二者关系求得平衡，便

---

① T. F. T. Plucknett, *A Concise History of Common Law*, p. 621.

② F.W.Maitland, *Equity; Also the Forms of Action at Common Law*, eds. by A. H. Chaytor and W. J. Whittaker, Cambridge University Press, 1910, p.153.

③ 〔美〕罗斯科·庞德:《法律史解释》，邓正来译，中国法制出版社 2002 年版，第 2 页。

成为一切法律思想和法律制度所必须面对的一个永恒课题。对此，不同的法学流派和不同国家的法律实践都试图给予解决，但因二者的关系极其复杂微妙，故而很难准确把握，总是自觉不自觉地失之偏颇。在西方法学史上，早期的神学法学派声称法律是源自终极权威（上帝）的神谕，不可随意更改，19世纪的历史法学派声称法律是民族精神的产物、历史积淀的结果，只能发现而不可创造，这些观点侧重强调的是法律的稳定性；而自然法学派宣扬自然理性至上，主张人类可以并有能力根据理性改变既有法律和创造新法律，甚至有人声称"每一部法律的自然有效期限都不应当超过19年（一代人）"①，这种观点侧重强调的是法律的灵活性。在中国法律思想史上，先秦法家主张"君臣释法任私必乱"②"有道之君贵静不重变"③，是注重法律稳定性的反映；儒家主张"引经注律""引经决狱"，把道德伦理引入司法，允许裁判官享有较大的自由裁量权，则是注重法律灵活性的表现。在法律实践上——

　　在古罗马法中，市民法代表了法律稳定性的机制，大裁判官法及"法学家的解答"代表了法律灵活性的机制；在古代阿拉伯帝国所适用的伊斯兰法中，《古兰经》和"圣训"是法律稳定性的机制，"公议"、"类比"和"个人意见"则表现为法律灵活性的机制；在近现代的大陆法中，法典和法规是法律稳定性的机制，司法解释和某些领域的"判例法"则是法律灵活性的机制；在古代中国，"律"代表了法律稳定性的机制，"令"、"格"、"式"和"例"等代表了法律灵活性的机制。④

从实际效果看，对于法律稳定性和灵活性关系的处理经常是差强人

① 〔美〕罗斯科·庞德：《法律史解释》，邓正来译，第19页。
② 《商君书·君臣》。
③ 《韩非子·解龙》。
④ 高鸿钧："英国法的主要特征"，《比较法研究》1991年第4期。

意的。例如，在伊斯兰国家，通常是法律的稳定性有余而灵活性不足，而在古代中国，则与之相反。

英国的普通法—衡平法二元法律结构在协调法律稳定性和灵活性关系方面，应该说效果是良好的，尤其在衡平法产生初期的14—16世纪。究其原因在于，代表法律稳定性的普通法和代表法律灵活性的衡平法既互为补充、相辅相成，又互不隶属、彼此独立，从而构成了一个内含张力的竞争＋合作的对立统一体，这样一方面可以通过竞争彼此施压，互为发展动力，另一方面又能相互取长补短，携手共进。例如，在灵活高效的衡平法的压力下，普通法于14世纪承认了简易合同的法律效力，开始给予违反简易合同者以惩罚，给予受害方以赔偿，使自身的适应性得以加强。反过来，衡平法吸收了普通法遵循先例的原则，开始形成固定明确的规则体系甚至格言，[①] 使自身的确定性不断强化。于是，英国的法治文明在普通法和衡平法相互竞争与渗透的互动中，在稳定性与灵活性关系不断调适的过程中稳步发展，正如一位现代法学家所言："正因为有两套不同的法律，我们才可能通过掂量二者的优劣取得进步。"[②]

其次，衡平法较好地解决了法律与道德的平衡关系。自古以来，法律和道德就是规范人们行为、维护社会秩序的两种最基本的规则体系，[③] 二者的关系问题一直是法律思想和法律实践史上的经典课题。笼统言之，法律和道德既有区别又有联系，既各自独立又相互交叉，这早已是学界通说。其中，就二者的区别来说，法律是强制性的规范，规制人们的外部行为，思想、观念、意图等自然不在法律管辖范围之内；道德则是非强制性规范，主要规制人们的内心世界，思想、

---

① 衡平法格言主要有：衡平法遵从法律（普通法）；衡平法不允许有错误存在而没有救济；求助于衡平法者自身必须清白；衡平法注重意图而不重形式；衡平法可以推定出履行义务的意图；衡平法把应做之事看成是已做之事；等等。

② J. M. Zane, "The Five Ages of the Bench and Bar of England", The Committee of the Association of American Law Schools, *Select Essays in Anglo-American Legal History*, Vol. I, p.729.

③ 对此，康德曾有句广为流传的名言："这个世界上，唯有两样东西能使我受到深深的震撼：一是我们以理性与智慧凝成的无上法律，二是我们内心崇高的道德法则。"

观念、意图等都属于其管辖的范畴，所以，尽管没有违法行为但邪念已生也会受到道德的谴责。在生成方式上，法律多是人们有意选择或制定的，甚至只是少数人选择、制定的，可以在朝夕之间加以改变；道德是社会大众的创造物，是历史积淀的结果，不可能瞬间改变。在作用机制上，法律以他律为主，靠国家强力制裁来保障实施；道德以自律为主，靠个人的信仰以及社会舆论和文化传统的力量来维持。就二者的联系来说，法律起源于道德，并以道德为自己的价值基础，[①]故而有"法律是道德底线"之说，没有道德基础的法律是"恶法"，"恶法"在自然法学眼中根本不具有法的资质。道德则是法律的超越，是最高标准的法律；但是由于道德缺乏强制力，所以道德又需要法律来保驾护航。总之，法律与道德既不能相互替代、混为一谈，也不能相互割裂、扬此抑彼。

由于法律与道德之间有一个交叉重叠的结合部，不存在泾渭分明的界线，因此，无论理论上还是实践上，如何准确地区分和恰当地处理二者的关系，一直是困扰人们的一个社会难题。职是之故，学者们的看法也难免有所偏颇，如自然法学派偏重二者不可分割的内在联系，主张只有体现道德的法律才真正具有法律的品质；实证法学派则偏重二者的差异性和可分性，主张将"应然的法"和"实然的法"严格区分开来。西方格言"上帝的归上帝，恺撒的归恺撒"，现代法谚"道德的归道德，法律的归法律"，都包含了对二者差异性和可分性的肯定。在实践上，有的国家（如古代中国）偏重道德价值，贬抑法律的功用，致使法律生活带有浓厚的道德色彩，"亲亲相隐"原则就是这一特色的集中体现。有的国家（如纳粹德国）片面强调法律的规范效能，忽视法律的道德属性，结果造成恶法横行，暴政肆虐。上述两种偏向都是法治文明前进道路上的绊脚石。

英国法的普通法＋衡平法二元结构形式将法律与道德纳入了一

---

① 在西方，《摩西十诫》被奉为法律的原典，十条戒律中有六条是关于道德规范的，即第五条"当孝敬父母"、第六条"不可杀人"、第七条"不可奸淫"、第八条"不可偷盗"、第九条"不可作伪证"和第十条"不可贪恋别人的妻子财物"。

个良性的互动机制中，较好地保持了法律与道德的协调与平衡关系，因为自成体系的衡平法充当了法律与道德之间的桥梁和纽带。借此，某些道德规范可以通过具体案例进入法庭，获得强制效力，上升为法律规范，是为"道德的法律化"过程。反过来，道德规范的不断注入拓展和丰富了法律的内容，提升了法律的伦理水准和正当性，所以这又是一个"法律的道德化"过程。这样，"一方面，法律程序与法律制裁强化了善恶是非标准；在另一方面，法律准则被赋予了一种它们以前极少能企望的神圣正义性"①。而且，由于英国始终坚守"衡平法遵循普通法"的原则，只有当普通法不愿或无力保证公正时才插手干预，从而防止了法律走向泛道德化的歧途。于是，法律和道德既相互渗透又彼此制约，推动英国法律制度和法治文明持续健康地向前发展。

四、"都铎悖论"：专制与法治之间

经过中世纪后期数百年的稳步发展，英国形成了一套统一且结构合理的二元法律体系，以及虽无成文宪法但日趋稳固的宪政传统，建立了相对独立和品质优良的司法制度，这些令人瞩目的成就意味着英国的法治文明已经领先于欧洲乃至世界各国。到 15 世纪末，现代法治对于英国来说已经呼之欲出。但是，由于此时国内国际政治大环境的变化，16 世纪英国法治文明进程步伐趋缓，王权明显加强，统治方式呈现专制趋向。于是，已有的法治成果和新出现的专制趋向交织一起，形成了奇特的"都铎悖论"（Tudor Paradox）现象。②

都铎王朝的专制趋向

中世纪晚期，随着封建制度的衰落和资本主义的发展，欧洲各

① 〔美〕伯尔曼：《法律与宗教》，梁治平译，第 54 页。
② "都铎悖论"概念是英国史学家邓纳姆提出的。参见 W. H. Dunham, "Regal Power and Rule of Law: A Tudor Paradox", *The Journal of British Studies*, Vol. Ⅲ, 1964, p.56。

国的封建贵族势力每况愈下，已无力像往昔那样抗衡王权、左右朝政，而新兴资产阶级蒸蒸日上，但尚未成熟到足以挑战王权的程度，甚至还未产生夺取国家统治权的政治要求，双方的任何一方都无力压倒对方，结果出现了恩格斯所说的历史的"例外"情景："那时互相斗争的各阶级达到了这样势均力敌的地步，以致国家权力作为表面上的调停人而暂时得到了对于两个阶级的独立性。"① 于是，肩负着消除封建分裂、建立主权国家使命的绝对君主主义应运而生，并迅速风靡欧洲。在这一时代潮流下，法国、西班牙等欧陆大国以及德意志各邦国纷纷加强中央王权，建立了以个人集权为核心特征的君主专制制度。与欧陆一衣带水的英国自然不可能置身其外。况且，此时英国国内政局的变化也为王权的强化提供了契机。1455—1485年，英国爆发了历史上规模最大的一次封建内战，兰开斯特和约克两大贵族集团为争夺王位拼杀了30年，完成了贵族阶层的自相残杀。许多名门望族身死家灭，残留的贵族世家屈指可数，再也无力在政治舞台上"兴风作浪"。于是，在内战废墟上崛起的都铎王朝顺应时势，建立起了带有专制主义特征的绝对君主统治。

1. 国家体制上的变化

都铎家族原是兰开斯特家族的旁支，继位权根据不足。为巩固王位，都铎王朝通过"政府革命"，② 将封建时代的"王室政府"改造为具有现代意义的"国家政府"，从政治体制上强化了王权。在中央政府中，新成立的枢密院（Privy Council）取代了纷争不断松散无力的咨议会。枢密院由国王钦命大臣组成，他们多出身社会中下层，对国王忠贞不贰，精明干练，是都铎专制王权最得力的统治工具。亨利七世（1485—1509年在位）末年，创设国务秘书一职，它上承王命，下领众臣，强化了国王对政府的个人控制。在地方政府中，都铎王朝扩大了各郡治安法官（Justices of the Peace）的职

① 《马克思恩格斯选集》（第4卷），第172页。

② G.R.Elton, *The Tudor Revolution in Government, Admistrative Changes in the Reigh of Henry Ⅷ*, Cambridge University Press, 1959, p.427.

权，① 把他们变成了中央王权的"杂役女佣"，全权负责一切地方事务。为防范治安法官的地方主义，都铎王朝创设了郡尉制，每郡设郡尉一人，通常由枢密大臣兼任，除负责征集、训练、指挥民兵外，还有权推荐治安法官人选，监督其工作。在郡以下，都铎王朝把过去的教区改造为一级行政组织，取代了自治性较强的百户区和村镇，原有的教区大会已形同虚设，权力集中于由教区执事、济贫员、公路检查员组成的小型教区会议手中，而教区会议又处于治安法官的监督和控制之下。这样，一套带有明显专制主义倾向的政治体制建成了，王权的触角伸展到最基层的普通居民。

司法体制也发生了趋向专制主义的变化，这集中体现为一系列特权法院的建立。第一，星室法院（Court of Star Chamber）。它由枢密院大臣和王座法院、高等民事法院的首席法官组成，不用陪审制，采用流行于欧陆各国的纠问式审判法，并且可以对被告或证人进行刑讯逼供。第二，恳请法院（Court of Request）。原是御前会议的一个委员会，都铎王朝将它独立出来，改造为一个专职民事特权法院。第三，财政特权法院，包括土地没收法院（Court of Augmentations）、监护法院（Court of Words）、王室地产检查员法院（Court of Surveyers）和首年俸法院（Court of First Fruits）等专门法院。第四，宗教特权法院，包括高等代理法院（High Court of Delegates）和高等委任法院（Court of High Commission）两种。前者主要受理主教法院和大主教法院的上诉案件，后者则是一个贯彻宗教改革法规、镇压异端的初审法院，类似于西班牙的宗教裁判所。上述特权法院都是由国王任命的特别专员组成。第五，地方特权法院，即威尔士边区法院（Council of Wales and the Marches）和北方法院（Council of the North）。它们是特设在西南和北部边

① 治安法官起源于 12 世纪末的治安员，最初仅仅是郡长的治安助手，14 世纪 60 年代取得司法权，权势超越郡长之上。治安法官多数出身乡绅（gentry），每郡约 6—8 人，后增至 20—30 人。除了负责治安和司法外，治安法官也兼管地方行政。乡绅是英国中世纪后期和近代初期介于贵族和自耕农之间的一个特殊阶层，由骑士、缙绅、上层自耕农构成。他们家道殷实，不愁生计，独立性强，有闲暇时间和为公共服务的条件与愿望。

疆的两个全权统治机构，但以司法为主。第六，产生于 15 世纪的大法官法院此时演变为一个半特权法院，因为这时的衡平法虽然已走向规范化和体系化，但由于它把公平正义、道德良心奉为至高原则，继续保持固有的灵活性，审判方法又较为简便灵活，因而享有较大的自由裁量权。而大法官作为国王亲信、朝廷重臣和枢密院要员，与国王的关系十分密切，因而很容易为国王所用，充当王权的专制工具。

通过政府改组，到亨利八世（1509—1547 年在位）初年，国王在世俗领域内的至上权威已经牢固树立起来。此后，都铎王权把矛头指向了教会。为摧毁这个独立而强大的堡垒，摆脱罗马教皇对英国的经济勒索和政治干预，亨利八世自上而下进行了宗教改革，宣布断绝与罗马教廷的一切关系，禁止向罗马教廷缴纳任何贡赋和上诉任何案件，[①] 还宣布英王是英国教会的唯一和至高无上的首脑，拥有决定一切宗教事务的权力，包括推荐神职人员、规范教义与教规、镇压异端邪说等。[②] 随后，亨利八世解散修道院 500 多所，修道士被勒令还俗，修道院的土地财产全部没收。

改革后的英国教会称国教教会，独立于教皇控制之外，隶属于英王。没收来的教会财产充实了国库，进一步加强了国王的财政独立地位。教士大会依然存在，但它只能根据国王的命令召开，它制定的宗教法规必须经国王同意后方能生效。教会法院不得违背国家法律，国王有权修改教会法。主教须根据国王的提名选举产生。这样，存在千年之久的王权与神权并立、教会与世俗政权对抗的二元社会结构被神权服从王权、教会隶属国家的一元社会结构所取代，国王的权力覆盖了世俗世界和精神世界的所有领域。

---

① G.R.Elton, *The Tudor Constitution*, *Documents and Commentary*, Cambridge University Press, 1960, pp.353–358.

② D.L.Keir, *The Constitutional History of Modern Britain Since 1485*, A.& C.Black, 1961, pp.64–65.

2. 统治行为上的表现

凭借中央集权体制,都铎王朝的统治行为呈现出专制主义特征。在立法上,都铎王朝虽说对议会是尊重的,但也经常采用操纵议员选举、控制议长人选、对议员恐吓训话、逮捕反对派议员等手段滥施君威,影响议会立法。例如,1532 年,议会下院对涉及国王封建权利的政府议案提出批评,亨利八世得知后立即召见下院代表,警告他们说:"希望各位适可而止,否则朕会在不得已的情况下采取极端行动。"[1]结果,该议案在下院顺利通过。1555 年,一项涉及宗教问题的政府议案在两院均遇到麻烦,玛丽一世(1553—1558 年在位)"召来两院代表,当面训斥,迫使他们接受了该法案"[2]。伊丽莎白一世(1558—1603 年在位)经常对议会恩威并用,迫使议员就范。她时常为议会讨论划定范围,如 1593 年,他派掌玺大臣警告下院议长说:"所谓言论自由就是对议案说 'yeas or no'。"[3]在她统治期间,两院议员基本上都是女王的"驯服臣民",但偶尔也有不顺从的举动,如在 1586—1587 年,清教徒议员们提出了"一个具有革命性的议案",企图以长老会代替国教的主教管理机构,这是对教会最高首领国王决定宗教事务之专有权力的公然挑战。女王闻讯后大怒,下令将议案的提出人彼得·温特沃思等五名议员投入伦敦塔监狱,并派几位枢密院大臣去下院游说,"用一种强制与说理相结合的手段粉碎了清教徒的此次行动"[4]。如果议会在立法上坚持己见强行通过法案,国王还可以动用议会解散权或立法否决权,将法案扼杀于生效之前。在伊丽莎白一世时期,几乎每届议会都有法案被女王否决,其中 1597 年被否决 12 项,1601 年被否决 8 项。

都铎专制特征在司法领域表现得更为明显。国王特权法院有时

---

[1]　G.R.Elton, *The Tudor Constitution*, *Document and Commentary*, p.314.

[2]　刘新成:《英国都铎王朝议会研究》,首都师范大学出版社 1995 年版,第 230 页。

[3]　W.S.Holdsworth, *A History of English Law*, Vol. Ⅳ, p.90.

[4]　J.E.Neale, *Queen Elizabeth I*, Triad/Panther Books, 1979, p.51.

借口"案情特殊",把案件从普通法法院中调走,置于自己的自由裁量权之下。如果在特权法院和普通法法院之间发生权限之争,枢密院往往以仲裁人的身份出面,但暗地里总是站在特权法院一边。有时枢密院借口国家安全需要,命令普通法法院搁置案件的审理,或者示意案件应如何判决。如果案件涉及政府官员,枢密院则以他们是"国王的仆人"为由出面保护。特殊情况下,国王甚至亲自出马,干预司法。如 1517 年的某一天,亨利八世御驾王座法院,命令把伦敦塔的所有犯人带到他面前,并"宽恕了他们"。①

都铎司法的专制趋向突出体现在特权法院的严刑峻法上面,鞭打、割耳、切鼻、断肢、颈首枷是当时星室法院经常采用的刑讯方法,有时甚至采用卑鄙的诱供手段,费舍案就是典型的一例。费舍是罗彻斯特主教,因为对规定国王为教会最高领袖的《至尊法》态度暧昧而被关进伦敦塔。一天,总检察长里奇假装探监,诱骗费舍说出了《至尊法》"等于宣布上帝不再是上帝了"的真实想法,数日后法院开庭,费舍被判死刑,唯一的证据就是他和里奇的这次狱中谈话。②涉及国王私人利益与声誉的案件,审判总是秘密进行,处罚也特别严厉。例如,亨利八世的第二位妻子因说了一句"国王从未赢得她的芳心"而以叛国罪被处死刑;埃塞克斯伯爵因没有预先告诉亨利八世其第四位新娘"相貌丑陋"而被判处叛国罪;萨里斯伯利伯爵夫人因儿子接受了罗马红衣主教职位而被判极刑。③伊丽莎白一世终生未婚,但身边情人如云。男宠们表面上风光无限,实际上稍不留神便招致铁窗之苦,甚至杀身之祸。④尖锐的宗教冲突加剧了都铎司法的残酷性。亨利八世时,天主教徒惨遭迫害。那时的大法官托马斯·奥德利是个宗教偏执狂,凡是承认教皇至上者皆被砍头,异教徒被烧死。玛丽女王时期,天主教徒重新得势,新教徒又陷入

---

① W.S.Holdsworth, *A History of English Law*, Vol. Ⅴ, Methuen & Co., Ltd., 1924, p.348.

② The Committee of the Association of American Law Schools, *Select Essays in Anglo-American Legal History*, Vol.Ⅰ, p.690.

③ 同上书,第 689 页。

④ 同上书,第 690 页。

水深火热之中。据统计，该时期被处以火刑的新教徒达 300 多人。[①]

都铎统治的法治特征

但是，在专制趋向增长的同时，都铎王朝依旧保持了法治的底色。这主要体现在以下三个方面：

1. 混合君主制下的有限专制

都铎王权的加强不是以牺牲议会权力为代价的，而是借助议会的支持与合作实现的，因此，在王权强化的同时，议会的权威非但未被削弱，反而有新的提高。这是一个王权与议会同兴共荣的混合君主制时代。

都铎初期，亨利七世强化王权的大部分政策措施，都是通过议会立法的形式制定和实施的，因而在加强王权的同时也提高了议会的权威。后来，亨利八世的宗教改革，从断绝与罗马的关系，剥夺教皇宗教案件终审权和教职授予权，到确立国王的宗教至尊地位、解散修道院，以及确定教义和礼拜仪式，都是通过议会立法完成的。因此，通过宗教改革，议会法的效力范围覆盖了包括宗教生活在内的所有方面，获得了压倒"上帝法"（教会法）的至尊地位，议会成为国家主权的化身。当时的政论家托马斯·史密斯曾写道：

> 英国最高的和绝对的权力在议会……昔日罗马人无论在"百人团民会"或"特里布斯民会"里可以做的事情，英国议会也可以做。议会代表并且握有全国中央和地方的权力。[②]

需要说明的是，史密斯笔下的议会指的是由国王、议会上院和下院组成的三位一体的广义议会，亦即西方学者所说的"国王在议会中"（King in Parliament）。此前，英国人一直把国王和议会视

① D. L. Keir, *The Constitutional History of Modern Britain Since 1485*, p.77.
② G.B.Adams, *Constitutional History of England*, H.Holt & Company, 1935, p.263.

为两个分立的政治实体，议会由教会贵族、世俗贵族（上院）和平民（下院）组成，不包括国王。宗教改革后，人们依然认为议会由三部分组成，但换成了国王、上院和下院。伊丽莎白一世的宠臣塞西尔曾明确指出：

> 上院贵族是议会的成员之一，代表全国平民的来自郡邑的下院议员也是议会的成员，女王陛下亦然。这三者构成可以立法的议会机构。[①]

"国王在议会中"是一种复合式主权结构，与当时欧陆国家的主权结构明显不同。此时法国流行的是博丹的主权理论，认为国家主权应当集中于国王手中，实际上那时法国的政治现实正是如此。当然，在英国的混合君主制中，三个组成部分不是平等的，国王居于核心位置，因为国王拥有议会召集权、解散权和所有议会法案的批准权，有册封贵族、增设选区以改变议员成分的权力。"国王的权威是议会的原动力。假如没有这一生命力的源泉，这架庞大的机器将停止运转，毫无效能"[②]。然而，国王的最高权威只能"在议会中"才能体现出来，才能合法、有效地行使，一旦脱离议会，将流于空谈。用亨利八世自己的话说就是："朕在任何时候都不像在议会中这样高高地位于王位之上。"[③] 该时期的复合主权为17世纪革命虚化王权和议会独掌主权亦即狭义议会主权的建立铺平了道路。

2. 遵循"正当法律程序"

总体而言，都铎王朝对法律是尊重的，是遵循"正当法律程序"

[①]　G.R.Elton, *Studies in Tudor and Stuart Politics and Government*, Vol. II, Cambridge University Press, 1974-1983, p.32.

[②]　D.L.Keir, *The Constitutional History of Modern Britain Since 1485*, p.151.

[③]　G.R.Elton, *Studies in Tudor and Stuart Politics and Government*, Vol. II, p.270.

进行统治的。在立法上，国王虽占据主导地位，但重要法律都是在议会的参与和同意下，经过三读程序制定的。都铎议会曾多次否决国王政府的提案，甚至连爱德华六世亲自参与起草的 12 个提案都遭到议会拒绝。因此，国王要想将自己的意志转化为法律，只能因势利导，利用议会，而不能甩开议会。当然，根据 1539 年《公告法》的规定，国王会同枢密院制定的公告（proclamation），与国王会同议会制定的法规（statute）具有同等法律效力。表面看来，这一规定似乎意味着国王从此获得了可以绕开议会任意立法的特权，其实，《公告法》的第二部分明确限定了公告的效力范围和低于法规的下位法地位。它规定，国王的公告"不得侵犯私人财产权"，"不得与议会制定法和普通法相抵触"。[①] 可见，《公告法》实际上以肯定国王单独立法权的方式，含蓄地宣告了这一权力是议会法授予的，其背后的逻辑是，国王的个人立法权是低于议会立法权的。[②]

在行政上，都铎王朝尽管不乏个人专横行为，但基本上遵循了"正当法律程序"原则，即通过与议会协商行使其决策和管理权。都铎诸王通常的做法是，先以政府议案的形式提交议会，经议会同意后再付诸实施。协商事项十分广泛，大到宗教改革、解散修道院、变更王位继承人选、修改叛国罪法、改组政府机构，小到铺设城市输水管道、禁止射杀益鸟、保护鱼卵等区区琐事。[③] 所以，都铎时期从未抛开议会强行征收过一次全国性赋税。1496 年，御前小会议曾决定征税 12 万镑，但它同时宣布该决定只有经下届议会批准后才能生效。1504 年，亨利七世借口自己的儿子阿瑟晋封骑士和女儿玛格丽特出嫁，要求以助钱的名义征税，遭到议会的严词拒绝。[④] 1593 年，

---

① G.R.Elton, *Studies in Tudor and Stuart Politics and Government*, Vol. Ⅱ, p.272.

② T.F.T.Plucknett, *A Concise History of the Common Law*, Butterworth & Co., Ltd., 1940, pp.45-46.

③ 参见刘新成：《英国都铎王朝议会研究》，第 181—185 页。

④ 参见〔苏〕N.H.奥西诺夫斯基：《托马斯·莫尔传》，杨家荣、李兴汉译，商务印书馆 1984 年版，第 8 页。

有人建议在重新估价财产的基础上按年征税，伊丽莎白一世通过宫廷副总管宣布：她无意改革赋税制度，而宁肯"维持旧制"。[①]

3. 普通法的主导地位

都铎时期的法治特征在司法方面的主要表现是，普通法和普通法法院继续保持其主导地位和相对独立性。

16 世纪时，普通法已经融入英国人民的日常生活和文化传统中，深受大众喜爱，"如果国王试图改变任何一条原有的（普通法）既定法律原则，那么，每一个英国人都将视之为是剥夺自己的生命"[②]。而且，该时期是英国普通法教育的黄金时期，四大律师会馆生源爆满，职业律师和法官队伍迅速壮大，"没有一个郡、城、镇，也很少有一个村没有他们（律师）"[③]。法律职业阶层本能地维护普通法的崇高地位。因此，尽管此时衡平法大有发展，还建立了若干特权法院，但这些并未动摇普通法的主导地位，因为衡平法和特权法院只是作为普通法和普通法法院的一种补充而出现和存在的。都铎王朝始终坚持的一条基本原则是，只要普通法能够伸张正义的案件，就保留给普通法法院处理；凡是投诉于星室法院的案件，必须提出充足理由，以证明该案件在普通法法院难以得到公正审理。因此，星室法院所受理的案件主要是直接涉及国王利益或国王重臣的案件，以及普通法上缺乏明确规定的诽谤、伪证等案件。从某种意义上讲，北方法院和威尔士边区法院的建立还有助于提高普通法的权威，因为正是它们真正把普通法推广和落实到了西南和北部边陲地区。大法官法院的主要职能在于用衡平法来弥补、匡正普通法的刻板僵化而导致的判决不公，所以处于从属普通法法院的地位，这一点从当事人投诉时的选择顺序就能看得一清二楚：那时三个普通法中央法院和大法官法院都设在威斯敏斯特大厅，分别占据大厅的一边，当事人一

---

① 参见刘新成：《英国都铎王朝议会研究》，第 175 页。

② W.S.Holdsworth，*A History of English Law*，Vol. Ⅳ，p.26.

③ 戚国淦、陈曦文主编：《撷英集：英国都铎史研究》，首都师范大学出版社 1994 年版，第 293 页。

般首先向普通法法院投诉，只有在这里无法讨得公道时，才穿过大厅向大法官法院寻求救济。

从总体上看，除了涉及宗教改革或王位继承等问题的少数特殊案件外，都铎时期的普通法法院基本上是按照"正当法律程序"进行案件审判的，即使亨利八世处死两个王后和罢黜权臣克伦威尔也是严格按照法律程序完成的。法官因政治原因而被蛮横罢免的事例屈指可数，有据可查的可能只有玛丽女王时期因参与改变王位继承人的阴谋而被免职的首席法官乔姆利与蒙塔古和因宗教信仰而遭监禁的黑尔斯。伊丽莎白一世即位时，保留了玛丽女王的所有法官，其中数人虽被怀疑为天主教徒，但仍然官居原职，直到退休。而且，都铎时期法官趋炎附势、贪赃枉法的丑闻极少发生，相反，法官不畏权势、坚持司法独立的事例却不胜枚举。例如，1550 年枢密院下令中止某一诉讼的审判，遭到法官的联合抵制。1591 年，法官们一致反对枢密院随意拘押犯人的行为，并要求限制枢密院的斟酌处理权。法官们对于自身的尊严更是珍爱有加，据说伊丽莎白一世的宠臣塞西尔有一次试图携带佩剑进入高等民事法院，首席法官戴尔命令他摘下佩剑放在法院门外。[①] 此举背后的潜台词就是，法院是讲法说理的正义殿堂，是不允许象征暴力的刀光剑影玷污它的。

可见，法律至上是都铎英国的一大特点。正因如此，当有人上书建议玛丽女王摆脱法律束缚独揽大权时，玛丽女王断然拒绝，当众将奏折付之一炬；当议会对"王冠上最璀璨的明珠"专卖权提出质疑时，伊丽莎白一世虽然口头上声称专卖权属于国王特权，任何人"无权置喙"，但行动上不得不废除部分专卖权，并将其余专卖权交由法律处理。难怪当时的伦敦主教约翰·埃尔默坚定地宣称，伊丽莎白一世不是专制君主，因为"首先不是她在统治，而是法律在统治"[②]。

---

① W.S.Holdsworth, *A History of English Law*, Vol. V, p.348.

② W.H.Dunham, "Regal Power and Rule of Law: A Tudor Paradox", *The Journal of British Studies*, Vol. Ⅲ, 1964, p.27.

综上所述，都铎时期的英国可以说是王权和法律的权威同步提高，专制和法治并行不悖，本是水火不容的两种对立因素不合逻辑地结合在了一起，这一"都铎悖论"现象曾令许多学者困惑不解。然而，深入思之，并非不可思议：它实际上是特定时代的历史需要和英国独特的法治传统相互妥协的产物。在 16 世纪的欧洲，建立民族主权国家是时代主题，在当时条件下，能够实现这一目标的唯一途径就是强化王权，建立强有力的绝对君主统治。但是，历经中世纪后期数百年积淀而成的普通法制度和议会制度以及浸透其中的宪法与法治原则已经根深蒂固，这成为横亘在都铎王朝面前的一个无法逾越的障碍，所以，专制主义在英国不可能像欧陆国家那样走得太远，只能保持在有限范围内。

正因为"都铎悖论"是建立民族主权国家的时代压力的产物，所以这一现象只能是暂时的。一旦使命完成，专制和法治之间的内在张力就会像松了绑的弹簧一样迅速膨胀开来，冲突必将全面爆发。实际上，在都铎王朝末期，双方的冲突已经初现端倪。那时，围绕国王滥发专卖特许证问题，议会不依不饶，伊丽莎白一世被迫让步才将斗争平息下去。此后，伊丽莎白一世只能依靠个人威望和灵活娴熟的统治策略，才将"悖论"结构又勉强维持了数年。1603 年以后，当热衷于王权无限论的斯图亚特王朝试图建立欧陆式绝对君主统治时，一场专制与法治的生死较量便不可避免地发生了，一个崭新的现代法治国家也将在这场较量中喷薄而出。

五、17 世纪宪政革命与司法独立

专制统治与反抗斗争

1603 年，伊丽莎白一世去世，詹姆士一世（1603—1625 年在位）即位，开始了斯图亚特王朝对英国的统治。詹姆士一世来自苏格兰，信奉君权神授、王权无限等专制主义，试图仿效法国建立绝对君主统治。他的后继者查理一世（1625—1649 年在位）全盘继承了父亲的专制衣钵，在刚愎自用方面甚至有过之而无不及。两位国王的专制统治激起了英国人民的广泛不满与反抗，都铎时期形成的专制与法治并存体制以及"国王在议会中"的主权结构陷入了重重危机，这突出体现在议会为争夺国家主权进行的政治斗争和司法界为争取司法独立的法律斗争两个方面。

1. 议会争夺国家主权的斗争

詹姆士一世即位伊始就与议会（狭义的）发生尖锐冲突，且愈演愈烈。冲突集中于以下问题上：其一，宗教问题。当时，英国的清教运动如火如荼，清教徒们要求清除国教教会中的天主教残余，包括取消主教制。詹姆斯一世不但予以拒绝，而且支持以坎特伯雷大主教劳德为首的极端教会派，大力加强主教权力和宗教仪式主义，但议会同情和支持清教徒的要求。其二，财政税收问题。詹姆士一世多次召开议会，请求拨款。议会因不满于政府政策，几乎每次都要求"先纠正弊政、再讨论拨款"，致使国王政府和议会之间经常陷入对峙僵局。每当互不相让时，国王便蛮横地解散议会，然后强行征收各种非法税收，抗税者则被逮捕。其三，自由选举问题。詹姆士一世经常干预选举，以期操纵议会，取得拨款。其四，外交政策问题。1618 年，大陆新教国家和天主教国家之间爆发"三十年战争"，议会希望政府支持新教国家，但詹姆士一世却对天主教国家西班牙采取友善政策。其五，专卖政策问题。斯图亚特王朝为增加财政收入，变本加厉地推行专卖政策。1624 年，议会通过《反专卖制法案》，规定将对一切专卖商品进行审查，对违背普通法准则的专卖行为处以巨额罚款。

1625 年查理一世即位后，议会的斗争开始超越消极抵制，转而主动进攻。首先，议会对政府首席大臣白金汉公爵提出弹劾，尽管查理一世动用议会解散权，致使弹劾夭折，但它体现了议会要求大臣向自己负责的宪政要求。其次，议会于 1628 年通过了《权利请愿书》，它规定，未经议会同意不得征收任何赋税；除非根据正当法律程序不得逮捕任何人；军队不得进驻民房；不得在平时实施战时法。

《权利请愿书》内容十分具体，但其根本目的是企图将国王政府的行为限制在法律和议会许可的范围之内。最后，围绕吨税和磅税问题议会与国王彻底决裂。查理一世登基之时，议会没有按惯例批准他终生征收吨税和磅税①的权力，仅同意他征收一年，但一年过后，查理一世继续征收不止。议会多次提出抗议，查理一世都置之不理。1629年，议会反对派首领埃里奥特提出议案，要求抵制吨税和磅税。为阻止该议案通过，查理下令议会休会。当议长宣读完国王命令起身准备退席时，愤怒的议员们将他强行按在椅子上，以鼓掌欢呼的方式通过了埃里奥特议案。一周后，查理一世宣布解散议会，将埃里奥特等九名反对派领袖逮捕入狱。此后连续11年没有召开议会，英国进入了"无国会"个人专制时期。

上述议会反国王斗争虽然围绕着具体问题，但隐含着争取国家主权的要求，倘若那时议会的具体要求获得实现，议会的地位将高于国王，英国将由此跨进议会主权制的门槛。

2. 普通法法官维护司法独立的斗争

在司法领域，斯图亚特王朝出于专制统治的需要，一改都铎王朝的谨慎克制政策，经常蛮横干涉普通法法院的案件审判，致使司法独立面临严重危机。那时，对于涉及政府利益的案件，国王时常在开庭前召见法官，施加压力，以影响法庭判决，或者强迫法庭将受理的案件束之高阁。如果法官违抗王命，则予以解职，如高等民事法院首席法官克鲁和黑斯、财政法院首席男爵沃尔特先后于1626年、1634年和1630年因政治原因被免职。对于不与合作的律师，惩罚更为严厉。例如，律师怀特洛克因反对强行征税于1610年被监禁，福勒因反对高等委任法庭的司法权而被罚款。为增加财政收入，斯图亚特王朝还公开出卖司法官职。理查逊为谋求高等民事法院首席法官职位花费了17000镑，就连法院的刀笔小吏书记员一职也卖

① 吨税是对出口英国的羊毛和皮革等商品征收的关税；磅税是对进出口英国的甜酒等商品征收的关税。从15世纪起，新国王继位后的第一届议会总是授予国王终生征收吨税和磅税的权力。

到了 5000 镑的高价。[①] 高级律师职位也可买卖，据说 1632 年任命的 15 名高级律师每人付给了国王 500 镑。

面对政治干预对司法独立的严重威胁，一部分法官奋起抗争，高等民事法院首席法官爱德华·柯克义无反顾地充当了旗手。他坚持普通法是英国的最高法律，法官是法律的唯一解释者和执行者；除了服从法律外，法官不受任何个人和机关的约束与控制。他抓住每一个机会，对国王干涉司法的行为进行斗争。1607 年，保王派法官福勒声称法官是国王的臣仆和代理人，国王有权从法庭提审裁决有异议的案件，柯克奋起批驳，引征了大量案例说明国王无权插手干预法官业已受理的案件。1608 年的某一天，詹姆士一世意欲亲临法院问案断讼，柯克犯颜谏阻道："国王陛下，您不能亲自判决任何案件……案件应在法庭上依据英国的法律习惯审理之。"他还申明了自己的理由：

> 上帝赋予陛下优秀的美德和杰出的天赋，这是事实。但陛下没有学习过英国法律，涉及臣民生命和财产的事……是根据法律来判决的。法律是一门经过长期研究和实践才能掌握的技术，只有经过长时间学习和具有实践经验的人，才可以行使司法审判权。[②]

詹姆士闻听大怒，厉声训斥道："如此说来，国王将被置于法律之下。"柯克毫不退缩，反驳道："布莱克顿有句至理名言：国王虽高居众人之上，但低于上帝和法律。"[③]1616 年，柯克调任王座法院首席法官，詹姆士一世本打算借此软化柯克的强硬立场，但柯克并不买账，继续为司法独立而斗争。同年 6 月，詹姆士召集了一批

---

① W. S.Holdsworth, *A History of English Law*, Vol. V, p.353.

② O.H.Philips, *The Principles of English Law and the Constitution*, Sweet & Maxwell, 1939, p.431.

③ W. S. Holdsworth, *A History of English Law*, Vol. V, p. 430.

法官，要求他们就是否忠心维护王室利益明确表态，大部分法官慑于国王淫威，做了肯定的回答，只有柯克不计后果，坚持法官应当独立地秉公执法。数月后，詹姆士单独召见柯克，要求他承认"犯上"错误，柯克拒绝从命，詹姆士愤然罢免了柯克的王座法院首席法官职位。[①]

　　此后，柯克进入议会下院，与议会中的国王反对派结成同盟，把争取司法独立的斗争推进到一个新阶段。1621 年，柯克积极参与了对国王特权拥护者培根大法官的弹劾，并取得成功。1628 年，由柯克起草的《权利请愿书》被议会通过，它重申了除非依据法律和法院的判决，任何人不得被拘捕、监禁、剥夺财产或逐出法律的法治原则，并规定国王必须依照议会的立法进行统治。此间，柯克等普通法法官还把斗争矛头指向了特权法院。1604 年和 1609 年，法官们对威尔士边区法院和北方法院的合法性提出质疑，迫使国王取消了这两个特权法院的民事司法权，只保留了刑事司法权。[②]1610 年，柯克联合一批法官对高等委任法院监禁通奸者的做法提出尖锐批评，并颁发令状，将当时已被收押在监的切西释放。对于星室法院，柯克认为，这个法院不具有合法性，因为"通过法规创建一个法院，既违背法律，也违背历史经验"[③]。在普通法与衡平法的关系上，柯克坚持普通法至上原则，因而与大法官艾利斯梅尔勋爵冲突迭起，愈演愈烈。

　　17 世纪初期议会和司法界联手进行的反专制斗争成效甚微，最后以查理一世的"无国会"统治而告终。但王权的胜利只是表面现象，实际上专制与法治的矛盾更加深化了，一场更剧烈的革命风暴正在酝酿中。

①　Radcliffe and Cross, *The English Legal System*, pp.123-124.
②　W. S. Holdsworth, *A History of English Law*, Vol.I, p. 512.
③　同上。

议会的胜利

在"无国会"统治期间，查理一世摆脱了议会的束缚，可以肆无忌惮地为所欲为，英国的法治进程进入了最困难时期。不过为时不长，1638 年苏格兰爆发起义，为筹措军费，查理一世被迫于 1640年 4 月重开议会，积压多年的不满情绪立即像火山一样迸发出来。议会严词拒绝了国王的征税要求，结果三个星期后被强行解散。8 月，苏格兰起义军进逼约克，走投无路的查理一世于 11 月 3 日再次召开议会。这届议会存在了 13 年之久，史称"长期国会"。

"长期国会"的帷幕刚刚拉开就对王权展开积极而猛烈的进攻。首先，议会利用非常法律程序剥夺公权法案（Bill of Attainder）[①]，处死了国王最信任的两位宠臣斯特拉福伯爵和号称"英国教皇"的劳德大主教，砍掉了查理一世专制统治的左膀右臂。其次，议会通过决议，宣布废除星室法院、北方法院、威尔士边区法院、高等委任法院。大法官法院保留下来，因为衡平法已是英国法不可或缺的一部分。再次，议会宣布废除船税、吨税、磅税等一切未经议会同意的非法税收，禁止强迫臣民接受骑士衔和借调查王室森林地界进行勒索，对王室优先采买权也进行了限制，切断了国王政府所有议会外的财政来源。最后，议会通过了《三年法案》，规定每三年必须召开一届议会，每届议会开幕后 50 天内，未经议会同意，不得强行解散和休会，由此限制了国王召开、解散议会的随意性。

上述胜利成果提升了议会和普通法的权威，促使国家主权开始从国王手中向议会手中转移，但议会没有就此止步。1641 年 2 月，议会通过《大抗议书》，列举了几十年来国王滥用权力的种种暴政，要求进行立宪改革，包括由议会任命政府官员，建立对议会负责的政府；军队归议会控制；法律官职不得买卖；实行公开、固定、高

---

① 剥夺公权法案形式上是一种立法法案，实质上相当于司法判决书。其特点是，议会既是原告又是法官，法案一经议会通过和国王签署，即刻生效，无须通过司法机关的正当法律程序，就可对被指控人处以包括死刑在内的任何惩罚。剥夺公权法案是中世纪后期和近代初期英国议会在反专制斗争中用以对付国王权臣的一件锐利武器。

额法官工资制；保护私有财产、商业自由和企业经营自由；限制主教权力，停止宗教迫害，取消烦琐的宗教仪式，保障宗教信仰自由。《大抗议书》勾画出了一幅立宪君主制的蓝图，标志着革命斗争已深入国家体制改革的深层领域。查理一世认为上述要求是对国王固有权利的公然挑衅，决定采用强硬手段对付议会反对派。他亲率卫兵冲进议会大厅，试图逮捕皮姆等五位反对派领袖，但因走漏消息，五位议员幸免于难。随后，查理一世离开伦敦，跑到约克，招兵买马，决心用武力压服议会。

1642年8月23日，国王宣布"讨伐议会"，悍然挑起内战。历经两次内战，议会于1648年取得胜利，国王沦为阶下囚。1649年1月，议会通过决议，宣布议会享有最高主权。随后成立特别高等法庭，经审判将查理一世送上了断头台。审判国王弘扬了法律至上原则——一个人不管地位多高、权力多大，哪怕九五之尊，也都在法律之下，如若违法，必将受到法律制裁；同时也彰显了英国人的法治意识——即便是进行革命，也尽力保持在法律的框架内。2月，议会宣布取消上院，废除"无益而又危险"的君主制，一院制共和国宣告成立。

共和国的行政机构称国务会议，按照法律规定，国务会议须对议会负责，但实际上共和国的一切权力都掌握在以克伦威尔为首的军队手中，议会和国务会议都是军官集团的掌中玩物。司法系统表面上没有多大变化，事实上同样控制在克伦威尔权力集团手中。革命前曾经挺身而出反对非法税收的那些人，现在只能眼睁睁地面对克伦威尔更专横的税收而束手无策。首席法官罗利及其同僚因受理了一宗抗税案件，被克伦威尔叫去用下流语言痛骂了一顿，并被立即解职。律师梅纳德和普林因抗议强行征税，结果前者被关进伦敦塔，后者被处以罚款和监禁。

1653年，克伦威尔就任护国主，革命的领袖摇身一变成为"没有御座的国王"。他虽然召开过两届议会，但都不过是装潢门面的点缀品，克伦威尔的话就是法律，议员们只能表示同意，不得说半个不字。更有甚者，1655 年克伦威尔实行赤裸裸的军事管制，把个人独裁推向顶峰。他把全国划分为 12 个军区，每个军区派一名少将军官为总督，总揽一切大权，甚至连百姓的日常生活和娱乐活动也纳入了总督的控制范围。在这样的专制体制下，是绝对没有司法独立的存身之地的。可见，就法治文明而言，共和国时期是英国历史上的一个停滞与倒退的时期。

复辟时期的法治进步

1658 年克伦威尔去世，继任护国主理查德懦弱无能，无力驾驭局势，不久被迫辞职，政权落入高级军官集团手中。他们相互争权夺势，倾轧不已，造成政府失控，社会动荡不安。流亡国外的斯图亚特王朝乘机复辟，1660 年，查理二世（1660—1685 年在位）继位。旧王朝的复辟从本质上讲是以国王与议会、权力与法律之间的平衡为支点的一次政治妥协，①内战爆发前制定的所有法律都继续有效，所以复辟初年国内政局较为平静。但是，由于引发革命的政治法律问题没有根本解决，所以数年后，争取法治和司法独立的斗争重新高涨。从总体上看，复辟时期的斗争既有成功也有失败。

1. 法治的进步

在复辟时期，废除了封建土地租佃制，取消了国王的优先购买权和监护法院，封建法寿终正寝。此后，近代的土地托管法成长起来。1670 年，议会通过立法，对无遗嘱财产如何分配做了具体规定。1677 年的反欺诈法规范了财产托管程序。对法律证据的界定更加明确，传闻证据不再为法庭接受，遗嘱案件的审判权从教会法院转入大法官法院，后者还控制了抵押、托管等案件的司法管辖权，教会法院的权限受到削弱。

该时期的另一法治进步是陪审团的独立裁判权得到了保障。自中世纪以来，陪审团一直在某种程度上受控于法官，所以不时有人

---

① 参见程汉大：《英国政治制度史》，第 195—197 页。

呼吁对其进行改革，但因种种原因均未成功。1670 年，通过巴谢尔判例这个问题得到解决。[①] 从此，陪审团摆脱了法官的控制，可以独立地行使事实方面的审判权。

复辟时期最重要的法治进步当属于人身保护法的完善。过去，如果有人被逮捕，可以向高等民事法院申请人身保护令状，如无充分法律依据，相关政府部门必须立即释放被捕者，这是英国用以保护人身安全与自由的一种古老手段。不过，它存在着重大缺陷。例如，政府可以秘密拘押被捕者，使其家属亲友无从知道羁押地点，从而提不出申请人身保护令状的正当理由；法官有时还借口休庭期或国家安全需要而拒绝签发人身保护令状，致使被捕者只能忍受无端拘押之苦。有鉴于此，议会在多次讨论后于 1679 年通过了《人身保护法》。它规定，除叛国罪或遇有战争或在其他紧急状态下，若没有法院签发的写明理由的拘票，不得逮捕和羁押任何人；被捕者及其亲友有权请求上级法院签发人身保护令状，接到申请的法官应迅速予以办理，即使处在休庭期也不得延误，违者处以 100—200 镑的罚款；被捕者在被捕后 20 天内必须移交法院，法院应尽快审核逮捕理由，如认为理由不成立，应立即释放，若确认逮捕理由成立，应决定是否允许保释或继续拘押以待审判。[②]《人身保护法》尽管仍有不完善之处（如没有明确规定保释金限额），但它毕竟限制了国王政府的逮捕权，推动英国法治和人权保障向前迈进了一大步。

2. 未决的法律问题

复辟时期，由于特权法院已被废除，国王的司法特权大为削弱。不过，国王仍享有法律赦免权（dispensing power）、法律中止权（suspending power）和法官任免权。这三项权力仍是复辟王朝干涉司法的重要工具。

所谓法律赦免权是指国王有权赦免某人的违法罪行。复辟初期，

① 参见本书第二编第七章"司法审判制度"。

② G.B.Adams and H.M.Stephens, *Select Documents of English Constitutional History*, pp.440-448.

查理二世偶尔使用法律赦免权，主要用于保护革命期间帮助他逃亡国外的天主教徒和与王室关系密切的违反《航海条例》的商人。当时正值议会与王权关系和谐时期，查理二世的做法没有引起多大争议。后来，由于复辟王朝日益经常地滥用这一特权，导致议会强烈不满。1668 年，在进口爱尔兰牛的问题上，查理二世试图利用赦免权谋取私利，引发议会抗议。下院通过一项法案，宣布"这（指国王滥用赦免权）是一件大众普遍讨厌的事"，暗示国王应迷途知返，停止使用赦免权。1674 年，首席法官沃汉在审理托马斯诉索伦尔一案中，认可了上述议会的看法。在 1678 年丹比弹劾案中，议会指控首席大臣丹比为换取财政支持与法国政府秘密交易，犯有叛国罪。查理二世颁发赦免令，力保自己的宠臣。丹比则声言任何普通法和制定法都不能阻止国王使用赦免特权。对此，律师议员温宁顿反驳道："国王的特权是有限度的，国王不能赦免叛国罪……因为国王应是臣民的庇护者，而不应是臣民敌人的避难所。"[1] 在议会的坚持下，丹比终于被判有罪，锒铛入狱。[2] 这一结果实际上否定了国王滥用赦免令的有效性。

然而，由于没有从法律上明确宣布国王的赦免权是非法特权，因而在复辟王朝后期，国王滥用这一特权的现象仍时有发生。1686 年，天主教徒黑尔斯未经宣誓出任团长，格登根据《宣誓法案》将他告上法庭，黑尔斯拿出盖有国玺的国王赦免令为自己辩护，数位法官认为国王赦免令是无效的，主张对黑尔斯治罪，并宣称，赦免权虽是国王的一项特权，但议会有权予以剥夺。[3] 由于詹姆士二世事先已对法院进行了清洗，支持王权的法官占了多数，黑尔斯不但被判无罪，而且不久后飞黄腾达，相继升任多弗总督、伦敦塔监狱总管和军械署长官。黑尔斯一案表明，国王的赦免特权是对英国法治

---

① Michael Landon, *The Triumph of the Lawyers: Their Role in English Politics 1678-1689*, Alabama University Press, 1970, p.78.

② D. L.Keir, *The Constitutional History of Modern Britain Since 1485*, A.& C.Black, 1961, pp.235-236.

③ W. S.Holdsworth, *A History of English Law*, Vol. Ⅵ, p.204.

的一个巨大威胁。

　　所谓法律中止权是指国王通过公告、命令的形式暂时停止实施某项法律的权力，这也是一项存有争议的国王特权，所以成为当时法律斗争的另一焦点。复辟初期，查理二世曾运用这一权力中止了《战时法》的实施。1662 年 6 月，查理二世再次试图使用该权力中止《市政法》，遭到法官们的强烈反对，查理二世只得作罢。在此前后，议会为巩固国教的统治地位，连续制定了几项宗教性法案，统称为《克拉伦敦法典》，对天主教徒和不信从国教者规定了种种限制和严惩办法。查理二世虽是新教徒，但内心同情和支持天主教徒，为保护天主教徒的利益，他于 1672 年 3 月颁布《信仰自由令》，试图中止《克拉伦敦法典》的效力。此举"受到法官的敌视，而议会的敌视尤甚"[①]。1673 年 2 月，议会下院通过决议，宣布"除了议会的法令外，任何人不得中止有关宗教事务的刑事法律"[②]。尽管决议公诸于世，但以议会声明的形式，故未成为正式法律。不过，它已经清楚地表达了议会的立场。查理二世发现自己的目标难以实现，只得收回成命，《信仰自由令》胎死腹中。

　　到复辟王朝后期，詹姆士二世（1685—1688 年在位）作为一名虔诚的天主教徒，决心利用法律中止权恢复天主教。他于 1687 年和 1688 年两次颁布《信仰自由令》，并要求主教向教徒公开宣读，这激起了法官、议会以及不信从国教者和国教教士的普遍抗议。以坎特伯雷大主教威廉·桑克罗夫为首的七位主教联合抵制，拒绝宣读《信仰自由令》，结果被政府逮捕和交付法庭审判。在庭审中，一批著名律师为七位主教进行了义正词严的辩护，令法官无言以对。辩护律师萨默尔指出，"国王的赦免权与中止权是不同的。如果说赦免权在英格兰某些特殊案件中还具备一点点合法性基础的话，那么，国王通过《信仰自由令》所声称的中止权则明显不具备任何合法性

---

　　① 　J.K.Jones，*The Restored Monchary 1660-1688*，Macmillan Press，1986，p.76.
　　② 　Michael Landon，*The Triumph of the Lawyers*：*Their Role in English Politics 1678-1689*，p.213.

基础，是非法的"①。最后，陪审团一致裁决七主教无罪，詹姆士二世拒绝接受这一裁决，转而要求法官支持他的法律中止权，结果遭到首席法官琼斯的坚决反对，气急败坏的詹姆士二世发誓说，他要找 12 名律师接替全部法官职位，琼斯回答道，陛下可以找到观点一致的 12 名法官，但却找不到 12 名观点一致的律师。②可见，围绕国王法律中止权的斗争是异常激烈的，但如同国王法律赦免权一样，复辟时期最终也没能真正解决这个问题。

复辟初期，查理二世为求政治稳定，很少滥用法官任免权，在最初的八年内，从未因政治原因罢免过一名法官。1668 年以后，由于国王和议会的分歧日益扩大，而法官通常站在议会一边，查理二世开始为了政治需要而罢免法官但仍较为克制。1676 年后，随着政治与宗教斗争的激化，查理二世不断利用法官任免权排除异己，到 1683 年，共有 11 名法官因政治原因被罢免，其常用的方法是，借口年老体弱逼迫法官提前退休，以便安插亲信，例如，1678 年，查理二世以身体原因迫使雷恩斯福德辞去首席法官职务，目的是为自己的宠臣斯克洛格斯接任此职扫清道路。③詹姆士二世即位后，开始明目张胆地滥用法官任免权，法官的任职完全失去保障，在短短的四年内，被免职的法官就达 12 人之多，连治安法官和陪审团也难逃厄运。1687—1688 年，詹姆士二世对各郡治安法官进行了全面清洗，两年内共任命新治安法官 1 250 人。对于刚刚通过巴谢尔判例获得独立地位的陪审团，詹姆士二世主要采用操纵其人员组成的办法实行控制。他经常指示郡长必须选择支持王权的人担任陪审员，所以有人指出，"在英国历史上从没有像该时期这样广泛地使用填塞陪审员的方法"④。可以想见，在随时都有可能被罢免的威胁下，法官们是很难真正独立审判的。所以，复辟王朝后期法官的职业道德和

---

① 李栋：'英国宪政革命中的辉格党律师"，《华东政法大学学报》2011 年第 5 期。

② The Committee of the Association of American Law Schools, *Select Essays in Anglo-American Legal History*, Vol. I, p. 708.

③ J. H. Baker, *An Introduction to English Legal History*, p. 145.

④ J. K. Jones, *The Restored Monchary 1660-1688*, p.90.

专业素质普遍下降。在七主教案件审判中，法官素质的低下暴露无遗，面对律师的辩护演说，法官们个个理屈词穷，对于历来从优秀律师中选任法官故而一向把法官视为法律精英的英国来说，这种尴尬局面实在令人匪夷所思，所以那次审判被英国人讥讽为"咄咄怪事"。

复辟王朝后期国王滥用法律赦免权、中止权和法官任免权的行为及其危害，充分说明司法独立对于法治的重要性，所以，争取司法独立成为引发光荣革命的直接原因之一。

光荣革命与司法独立

复辟王朝末年，詹姆士二世从保皇派占多数的议会取得了每年200万镑的固定拨款，基本实现了财政独立，并利用法国政府的巨额津贴建立起一支3万人的常备军，从而可以无所忌惮地对外推行亲法政策，对内力图恢复天主教，把英国推向了君主专制的边缘。1688年6月，七名贵族联名写信，代表议会邀请荷兰执政威廉入主英伦，以保护"新教、财产和自由的议会"。威廉遂率军登陆英国，兵不血刃地进入伦敦，詹姆士二世逃亡法国，是为光荣革命。为淡化革命的色彩，增强政权更迭的合法性，议会在拥戴威廉三世（1689—1702年在位）为国王的同时，宣布詹姆士二世的女儿即威廉的妻子玛丽为女王，建立了空前绝后的双王君主制。

随后，议会制定了一系列限制王权的宪法性法案，确立了议会的最高主权地位。其中，1689年的《权利法案》（The Bill of Rights）最为重要。它一方面重申了某些重要的既有宪法原则，诸如议会应定期召开、议员享有言论自由、征税权属于议会等，另一方面做出了一些新的规定，如明确禁止国王中止任何法律的实施，未经议会同意国王不得行使法律赦免权。[①]这样，复辟时期争议不决的两个宪法问题终于得以解决。《权利法案》还规定，未经议会同意国王不得在和平时期征集和保持常备军，这使议会拥有了军队控

---

① 　G.B.Adams and H.M.Stephens, *Select Documents of English Constitutional History*, p.464.

制权。而且，自 1689 年起，国王政府只有根据议会每年重申一次的《兵变法案》的授权，才能成立军事法庭，惩办逃兵与哗变者，由此保证了议会的军权不会流于空文。此外，1694 年《三年法案》规定，每三年必须召开一届议会，每届议会的最长任期不得超过三年，这样，国王随意召集和解散议会的权力被剥夺。

1690 年 3—4 月议会为解决财政问题连续通过了数个法案，统称为"财政解决"，这是"光荣革命"的另一重要组成部分。其主要内容是，政府每年的财政收入分为国王固定岁入和议会特别拨款两部分，前者供王室、宫廷和政府日常开支，后者用于战争及其他非常需要。国王固定岁入由关税、国产税提供，其中一部分国产税允许威廉三世终生享用，另一部分为永久性政府岁入，但关税只准许威廉征收四年（1694 年改为五年）。同时，给予国王的固定岁入故意少于政府的实际需要，每年大约短缺 60 万镑，用当时的廷臣埃特里克的话说，新国王被置于了"仅够伙食钱"（at-board-wages）[①]的财政困境中。从此，国王再也无法"靠自己生活"，只能"靠议会生活"，君主专制的危险得以根除。

"光荣革命"根本改变了国家权力结构，确立了以议会主权为特征的英国现代宪政制度。国王虽然仍是国家元首和政府首脑（内阁制形成后首相成为政府首脑），继续享有大臣任免权、行政决策权与国家管理权，"但他只能在议会广泛限制的范围内行使这些权力，一遇冲突，只要议会采取不妥协态度和动用财政手段，总能迫使国王屈服"[②]。例如，在立法上，国王继续享有否决权，但控制钱袋的权力使议会的立法要求总能实现。威廉三世当政期间曾五次行使否决权，但被他否决的法案在议会的坚持下最后都成为了正式法律。安娜女王（1702—1714 年在位）只使用过一次否决权，即 1708 年否决爱尔兰自治法案。从此以后，国王的立法否决权成为一项有名

---

① 参见程汉大：《英国政治制度史》，第 201—205 页。

② 〔英〕哈里·狄金逊："1688 年'光荣革命'的革命性问题"，王章辉译，《世界历史》1988 年第 6 期。

无实的虚权，法案送交国王签署只是一种例行手续而已。在行政上，威廉三世和安娜女王仍是"既统又治"的国王，内外政务事必躬亲，但重大决策倘若议会拒不支持，最后国王只能让步，以至于威廉三世抱怨说议会"把他当作一只狗来使用"[①]。

"光荣革命"后的另一重大变化是法官的任期获得了保障，从而真正实现了司法独立。1701年《王位继承法》规定，法官只要"品行端正"（during good behaviour）即可一直任职；只有在议会两院的弹劾下才可罢免法官；法官的薪俸应予保障。从此以后，再没有一位法官因政治原因而被罢免。不过，在以后的半个多世纪内，英国法律仍旧承认一切司法权力均来源于国王，故而一旦国王去世，司法权便自动转归新国王所有，原任法官的任期将随之终止。所以，新王登基后的首要工作之一就是把国玺授予大法官，由大法官通过盖有国玺的委任状任命新朝的法官。这时，如果原有法官没有收到重新任命的委任状，将被视为免职。1702年，安妮女王曾利用这一程序终止了几名法官的任期，乔治一世（1714—1727年在位）即位时也曾用此方法对法官做了个别调整。[②] 但是，1760年以后，法官任期不能因国王去世而中断作为一条习惯性宪法原则确立下来，这等于建立起了法官任职终身制。

"光荣革命"后，国王影响司法独立的唯一手段是控制着包括法官薪俸在内的司法经费，因为根据"财政解决"，这些经费从国王的固定岁入中支付。由于国王固定岁入从一开始就不敷所需，故而年年出现赤字。为此，1697年议会决定实行国王年金制，通过估算，每年给予国王70万镑的固定年金，用于王室生活费用以及包括法官在内的文官薪俸的开支，政府办公经费不在其列。然而，由于政府规模不断扩大，官员日益增多，加之物价持续上涨，仍然赤字不断，所以议会不得不每隔数年便代为国王清偿一次债务。为根本解决这一问题，1830年议会通过《国王年金法案》，将国王年金分为两部

---

① J.Miller, *The Glorious Revolution*, Addison-Wesley, 1983, p.76.

② G. Holmes, *Britain After the Glorious Revolution, 1689-1714*, Macmillan Press, 1969, p.46.

分，一部分为御用钱，用作王室生活费用，另一部分为文官薪俸费用，用以支付行政、司法、外交部门中的文职薪酬。前者纯属私人年金，每年确定为 51 万镑，由议会固定拨款提供，后者属于公共开支，纳入国家预算，从统一国库金（Consolidated Fund）中支付。[①] 这样，国王私人财政和国家政府财政一分为二，国王利用法官薪俸影响司法的危险彻底消除，司法独立获得了充分保障。

司法独立的确立标志着英国正式跨入了现代法治社会。从此，法院和法官摆脱了外界权势的压力和影响，可以真正做到唯法是从，司法审判的公正性和法律的权威性、公信力都大为提高，国民的自由权利获得更有效的保障。所以，"光荣革命"后的英国成为自由主义的大本营，为欧洲各国受迫害的进步人士提供了安全避难所。

六、议会主权下的现代法治

议会主权与三权分立

法治的要义在于通过法律约束国家政府，以防止权力滥用和保障公民权利。历史经验和理论研究均已证明，要确保政府依法用权，最有效的方法应是立法、行政、司法三权分立制衡机制。然而，在最先建立现代法治的英国，这三种权力的划分并不严格，更难说相互平衡，议会拥有最高权威，故而被称为议会主权制。

英国的议会主权制在组织上体现为议会与行政机关和司法机关都存在一定的交叉和联系。18 世纪时，英国的许多法官同时兼任议会议员。在 1870 年代以前，大法官法院的卷档主管是当然的议会成员。在上院中，总是包括一部分法律贵族，他们控制着国家的最高上诉管辖权。在司法与行政的关系上，18 世纪首席法官曼斯费尔德勋爵和埃伦巴勒、上诉法院法官凯夫勋爵都曾长期兼任内阁大臣。

---

① D. L. Keir，*The Constitutional History of Modern Britain Since 1485*，p.389.

"二战"以后，随着国家对社会经济生活干预的日益加强，英国建立了一系列组织上隶属行政系统的裁判所，进一步模糊了司法与行政的界限。同时，随着委托立法的急剧增长，越来越多的立法事务转入行政机关手中，立法和行政的分立也出现了淡化趋势。最典型的是"三栖"人物大法官，他既是最高司法长官，又是议会上院议长，还是内阁要员，一身三任。2003 年 6 月，大法官职位被取消，另设宪法事务部，接管了原属大法官办公厅的司法行政管理工作，但宪法事务部长仍是内阁成员。作为行政机关的内政部不但负责警察和监狱的管理，还可以组建治安法院、任免书记官和领薪治安法官、提出犯罪赦免建议等。行政与立法的联系最为密切，"光荣革命"为国王保留的行政权在 18 世纪转入内阁之手后，形成了行政权与立法权紧密相连的责任内阁制。内阁由议会多数党组成，首相通常是多数党党魁。内阁整体和阁员个体都直接向议会负责，如果议会对整体内阁或某位阁员不信任，该届内阁或该阁员必须辞职以示负责。对此交叉现象，19 世纪英国宪法学家白芝浩给予了充分肯定，他说："英国宪法的有效秘密可以说是在于行政权和立法权之间的紧密联合，一种几乎完全的融合。"[①] 但是，当代英国学者通常采用下列托词自我辩解："权力分立只是政治智慧的一个规则，当公共政策有坚实的理由需要该规则让路时，它就必须让路。"[②] 还有人干脆把英国排除于三权分立的范畴之外，说"我们国家的宪法原则从来不是源于孟德斯鸠和布莱克斯通，而是来自先例。谈论什么三权分立纯属愚蠢之举"[③]。

若按西方正统理论推演，三权交叉是不利于权力制衡与法治的，但实践上并非必然如此。究其原因在于，绝对的三权分立在实践上既不可取，亦无可能。因为每一个现代国家的政府都是由多种权力机构组成的统一整体，政府的有效性取决于各权力机构之间的互动

---

① 〔英〕沃尔特·白芝浩:《英国宪法》，夏彦才译，商务印书馆 2005 年版，第 62 页。
② 〔英〕M.J.C. 维尔:《宪政与分权》，苏力译，生活·读书·新知三联书店 1997 年版，第 220 页。
③ J. H. Baker, *An Introduction to English Legal History*, p.193.

协作，因此，权力分立从来不是一种泾渭分明的机械分割，各种权力机构在组织人事上可以严格分开，但在职能上不可能相互隔绝。如果三种权力没有某种联系与协作，政治体系将无法运转甚至无法存在，所以凯尔森说，严格的三权分立只是一种"从未完全实现过"的"理想的自由主义国家观"。[①] 即使是在三权分立最典型的美国，三权之间也存在着"局部混合"，如副总统是参议院的当然议长，联邦最高法院的大法官由总统任命，总统可以否决议会的决议，在总统受到弹劾时参议院扮演最高法院角色，等等。英国的议会主权制和三权之间的交叉仅仅表明，与"强分权、强制衡"的美国相比较，英国是一个"弱分权、弱制衡"国家而已，[②] 这无碍于根本体制上的分权制衡之大体。

议会主权与司法独立

所以，议会主权制对于英国司法独立和法律主治没有产生不利影响。戴雪认为，议会主权和法律主治"似乎相互反对，即使让一步说，至少成为两支抗衡的力量"，但实际上二者是彼此兼容、相辅相成的：一方面议会主权"最能容纳法律的至尊性"，从而促进法律主治覆盖全国，另一方面"法律主治足以提挈巴力门的主权，而且足以增加此项主权的权力"。[③] 因为在英国，"巴力门固然是一个至尊立法者，他的意志所表示即成法律，但法律一经制定，这种意志旋即让审判员为之解释。而当解释之际，审判员的见解不但受执政者的感情所感应，而且受常法原理所转移，于是，他们对于有违异常法原理的法案所下诠释往往不能尽同巴力门的意旨"，结果"巴力门的主权运行所至，必归宿于法律主治，而法律主治不特要求巴力门出而运用主权，而且要求巴力门的主权以法律精神而运用"。[④]

---

① 参见〔奥〕凯尔森：《法与国家的一般理论》，沈宗灵译，中国大百科全书出版社1996年版，第307页。

② 参见孙万胜：《司法制度的理性之径》，人民法院出版社2004年版，第283—286页。

③ 参见〔英〕戴雪：《英宪精义》，雷宾南译，中国法制出版社2001年版，第415页。

④ 参见上书，第420页。

可见，在英国，议会主权与法律主治、司法独立实际上是融为一体的。

职是之故，"光荣革命"把实现司法独立和议会主权同时奉为两大目标，革命后议会主权制下的英国也一直对司法独立重视有加，并使之不断巩固和完善。法官只要遵循正当程序，依法履行审判权，不管做出什么样的判决，都不允许其他权力机关以任何形式予以干涉。法官的职务行为享有免于社会批评的职业特权，无论是政府官员还是议员，都不得随便对其说三道四。1973 年议会下院做出一项规定，不得对法官职务行为的个人动机、品质提出诘难，除非以议会法案的形式不得提出撤消法官职务的建议。1980 年，一位议员指责法官迪普罗科勋爵是"保守法官"，该议员立即遭到议会的严厉谴责。1995 年，住房大臣曾就一宗案件的判决发表评论，资深法官一致认为，该大臣"违反了惯例，损害了司法独立"。①

为确保司法独立，英国还实行了其他两项保障制度，一是法官高薪制，二是法官裁判责任豁免制。

英国法官采用年薪制，17 世纪中叶确定为每年 1 000—1 500 英镑。"光荣革命"后，相对于迅速上涨的物价，这一薪酬标准是比较低的。因此，法院买卖挂名闲职、法官收受津贴小费现象严重，法官虚报预算、冒领经费之事也时有发生。在当时某些人看来，此类灰色收入是对法官待遇低下的一种隐形补偿，虽属违法，但情有可原，政府也睁一只眼闭一只眼。但是，从 18 世纪中叶起，政府越来越清楚地认识到，经济不独立势必影响法官的独立执法和司法公正，于是，在 1759 年、1779 年、1799 年和 1809 年连续四次提高法官薪酬，到 1825 年，法官年薪平均达到 5 500 英镑，与此同时严格取缔了各种司法津贴和小费。从此，法官的薪酬在英国公职队伍中一直名列前茅。20 世纪 80 年代时，大法官的年薪为 5.93 万英镑，高等法院法官年薪为 6.5 万英镑，上诉法院法官年薪为 7.15 万英镑，均超过当时首相的年薪（4.9 万英镑）。② 到 1996 年，高级法官的年薪突破

---

① 参见唐明毅、单文华主编：《英美法评论》（第 1 辑），法律出版社 2003 年版，第 285 页。
② 参见肖扬主编：《当代司法体制》，中国政法大学出版社 1998 年版，第 28 页。

了 10 万英镑。① 而且，法官的薪酬管理不受行政机构控制，从国家财政中支付。这种高额、单一、公开的薪酬制度，虽说不可能完全杜绝司法腐败，但对于解除法官经济上的后顾之忧，增强其抵御金钱诱惑的自律能力，保障法官的独立性，无疑是具有积极意义的。

所谓裁判责任豁免制，是指对于法官在执行职务中对事实认定、法律解释和案件裁决的责任不受法律追究的制度。该制度起源于 1670 年巴谢尔案判例。当时，伦敦刑事法院对佩恩"非法集会"案陪审员的罚款判决被高等民事法院推翻后，陪审员们趁机对伦敦市长和法官的错判提起诉讼，结果却被高等民事法院断然驳回，理由是，尽管该案被告人犯有错误，但这个错误是他们在履行司法职责时犯的，因此没有理由对其提起诉讼。②

当然，议会对法官的弹劾不在此限，因为弹劾案的提起是以法官贪污腐败、故意枉法裁判等违法行为为前提的。不过，自 1701 年起，议会的弹劾权仅仅成功地行使过一次：1830 年，海事法院法官乔纳·巴林顿爵士因挪用司法经费遭到议会弹劾，被免职和判刑。1906 年，部分议员试图再次动用弹劾程序，但尚未启动就中途搁浅了。当时，一部分下院议员对法官格兰瑟姆在"雅茅斯选举请愿书"一案中的审判行为提出弹劾动议，在议会辩论中未获通过，因为多数议员认为格兰瑟姆的行为没有触犯法律，应属于裁判责任豁免的范围。

1975 年，上诉法院首席法官丹宁勋爵在"西罗斯诉莫尔"一案中，对法官裁判责任豁免的范围做出了明确界定，他写道："对于法官在行使其司法权力时的任何言行都不能提起诉讼。法官的言论受到一项绝对特权的保护。他发出的命令、做出的判决，不能成为反对他的诉讼内容，无论他的错误多么严重，他是多么无知，或是

---

① 参见徐昕：《英国民事诉讼与民事司法改革》，中国政法大学出版社 2002 年版，第 26 页。

② Brooke, *Judicial Independence—Its History in England and Wales*, http://www.jc.nsw.gov.au/fb/fbbrook.htm，最后访问时间为 2015 年 10 月 11 日。

受到嫉妒、仇恨、偏见的影响多么巨大。总之，不管他如何不怀善意，都不能被起诉。"接着，丹宁勋爵又补充指出："当然，如果法官接受贿赂或发生腐败，哪怕一丁点儿腐败，或违反司法程序，是应当受到刑事处罚的。"① 丹宁勋爵关于"职权范围内的错误言行"和"受贿腐败""违反程序"等违法行为的区分以及责任豁免仅限于前者的观点，得到法律界的广泛赞同。

至于法官裁判责任豁免制的法理依据，丹宁勋爵解释道："因为这样可以保证法官毫无畏惧、完全独立地履行其职责。"② 坦特顿在 1829 年"加尼特诉费伦德"一案中也做过类似解释："免予起诉可以使法官像所有司法人员应该做的那样自由思考和独立判决。"就是说，法官裁判责任豁免制是司法独立和法治的需要。不过，学界的看法也非完全一致，如大卫·潘尼克在 1987 年出版的《法官》一书中就写道："在当事人受到侵害而法官行为是诚实的抑或恶意的尚存争议的情况下，不得对法官提起诉讼的观点是站不住脚的。"③

看法不一是正常现象，因为完美无缺的制度是不存在的，任何制度都是利弊兼具，故而评价和取舍某种制度的关键在于正确地权衡利弊。总体而言，法官裁判责任豁免制应该说是利大于弊的，是值得肯定的。对此，支持这一制度的布里奇勋爵曾阐述过自己的理由，他说："在 1000 个法官中，如果有一个不诚实的法官在行使职权时侵害了当事人利益而且还得不到救济，比之 999 个诚实法官不时面对恼怒的当事人宣称法官在行使正当权力时带有偏见的骚扰，对于社会健康机体的损害程度要小得多。"④ 据此或许可以说，法官裁判责任豁免制度实为一种不得已而为之的"最不坏"的制度。

---

① Brooke, *Judicial Independence—Its History in England and Wales*, http://www.jc.nsw.gov.au/fb/fbbrook.htm，最后访问时间为 2015 年 10 月 11 日。

② 同上。

③ 同上。

④ 同上。

议会主权与司法审查

违宪审查是现代法治不可或缺的一种机制，但方式因国而异。在法国和德国，分别设有专门审查机构（宪法委员会或宪法法院），负责审查议会立法和行政命令是否违宪。在美国，没有单独的审查机构，由普通司法机关行使违宪审查权。在英国，因无成文宪法，又奉行议会主权原则，从法律上讲司法机关不享有对议会立法的审查权，更不会设立单独的违宪审查机关。尽管柯克在 1610 年"博纳姆医生案"[①]中曾对一项议会立法进行过审查，并明确提出了司法审查的主张，[②]但是，由于不久后爆发的宪政革命确立了议会主权，博纳姆判例和柯克的呼吁遂成为历史陈迹。所以，英国行政法专家韦德说：

> 他们（英国法院）不像美国最高法院那样有权宣布法律违宪。例如，当法律试图违反权力机关服从法律的正当程序或诸如此类的宪法保障时，法院不能坚持这些保障。他们只能遵从议会最近的指示。[③]

英国的法官们也把执行议会制定的法律奉为己任，他们"从未主张自己有权撤销议会立法，他们也从未撤销议会立法；相反，议会有权废除法官创造的法律，并经常废除法官创造的法律"[④]。例如，在

---

① 英国在亨利八世时曾颁布一项议会法案，规定在伦敦开业的医生必须预先取得伦敦医师协会签发的特许执照。剑桥大学毕业的医学博士托马斯·博纳姆因没有预先申请特许执照就在伦敦擅自开业行医，被伦敦医师协会以非法行医罪告上法庭。时任高等民事法院首席法官的柯克受理了此案，判决医师协会败诉。

② 柯克说："从我们的历史文献可以看出：在很多情况下，普通法得审查议会的法案，有时可以裁决其为完全无效：因为，当议会的一项法案违背普遍的权利和理性，或者令人反感，或者不可能实施的时候，普通法得审查它，并宣布该法案无效。"见〔美〕小詹姆斯·R. 斯托纳：《普通法与自由主义理论：柯克、霍布斯及美国宪政主义之诸源头》，姚中秋译，北京大学出版社 2005 年版，第 21 页。

③ 〔英〕威廉·韦德：《行政法》，楚建译，中国大百科全书出版社 1997 年版，第 33 页。

④ A.V.Dicey, *Introduction to the Study of the Law of the Constitution*, Macmillan Press, 1959, p.60.

1974 年"皮金诉英国铁路委员会"一案中，莫利斯勋爵说，实施议会通过的法律是法院的职责；在 1866 年的一个案件中，韦利斯法官自称是"议会的仆人，而不是它的上诉机构"①；在 1983 年"曼纽尔诉总检察官"一案中，罗伯特爵士裁决道，一旦某项法案经确认成为一项议会法律，在英国，没有哪个法院能够拒绝遵守或质疑其效力。②

不过，法律原则和法律实践往往不完全是一回事。在现实生活中，英国实际上存在着"普通法外衣下的"司法审查。③学者研究证明，在英国普通法传统中，原本就蕴含着深厚的法院审查公权力行为和维护公民宪法权利的责任和功能。近代以来，法院在某些案件中事实上也实施了审查议会立法的权力，尽管从未公开挑战议会主权原则。例如，在 1952 年"国家救助委员会诉威尔金森"一案中，作为终审法院的议会上院解释说，根据普通法，丈夫没有抚养通奸的或离弃他的妻子的法律责任，据此，上院否定了 1948 年《国家救助法》第 42 条第 1 款关于"丈夫绝对有责任抚养其妻子"的规定。④这个判例实际上是对议会立法进行的合宪性审查。1959 年，在"安尼斯米尼克公司诉赔偿委员会"一案中，议会上院委婉地肯定了法院的司法审查权。安尼斯米尼克公司是一家经营苏伊士运河航运的英国公司，1956 年该公司和其他几家英国公司一起被埃及政府征收，但埃及政府向英国提供了一笔资金用作赔偿，具体理赔事宜由英国政府负责。1959 年，安尼斯米尼克公司提出赔偿申请，被英国赔偿委员会拒绝。于是，安尼斯米尼克公司向法院提起诉讼。此案使法院陷入了困境，因为英国在 1950 年《国外赔偿法》中明确规定，"赔偿委员会对于赔偿申请所做的决定，任何法院都不得审查"。案件辗转到了议会上院手中，上院巧妙地利用法律解释技

---

① 何海波："没有宪法的违宪审查：英国故事"，《中国社会科学》2005 年第 2 期。
② 参见张海廷："英国议会主权的变迁"，《法商研究》2001 年第 4 期。
③ 参见何海波："没有宪法的违宪审查：英国故事"，《中国社会科学》2005 年第 2 期。
④ 参见童建华："以英国为个案看不成文宪法国家的违宪审查"，《法学》2008 年第 2 期。

术化解了这个难题。它声称，"不得审查"条款的适用范围仅限于赔偿委员会"在其权限内所做的决定"，而非可以适用于赔偿委员会的"任何决定"；在"本案中，赔偿委员会错误地理解了有关法律，从而超越了它的权限，其决定应予撤销"。① 这个判例以"超越权限"为由，否定了"不得审查"的议会禁令，肯定了法院的司法审查权。

如果说上述案例中的司法审查是隐性的，那么自英国加入欧盟（1973 年以前称欧共体）后，显性的司法审查也开始出现于英国。因为相对于欧盟成员国的国内法来说，欧盟法恰似美国联邦法之于各州法，具有最高效力，成员国都有义务服从和执行它。因此，欧盟法不但在英国自动生效，而且具有优先于国内法的上位法效力。例如，在 1991 年"弗克托特纳姆公司诉运输大臣"一案中，议会上院拒绝适用英国议会在 1988 年制定的《商船法》，理由是该法违反了禁止以国籍为由进行歧视的欧盟法。更明显的变化发生在 1998 年，这一年，英国议会颁布《人权法案》，正式赋予了法院审查议会立法的法定权力。该法案第 3 条第 1 款规定："如有可能，基本立法和次级立法必须以一种与公约权利相一致的方式被解释并赋予效力。"第 4 条第 2 款规定："如果法院确定该规定与公约权利不一致，它可以做出不一致的宣告。"尽管英国政府仍小心翼翼地维护着议会主权原则，特意在《人权法案》第 4 条第 6 款中规定："本条中的宣告（不一致宣告）（a）不影响对其做出声明的条款的效力、继续适用或执行；和（b）不拘束做出声明的诉讼所涉及的当事人。"但是，在多数法官、学者和政府官员看来，《人权法案》属于宪法性法律，不可以像普通法律一样随意被议会立法默示废除或撤销，而且在实践上已经产生实质性效果，"在许多案件中，当法院做出不一致宣告之前、纠正行为还没有被采取时，政府已经通过废除、修改或承诺废除或修改案件所涉及的不一致条款做出了反应"②。可

---

① 参见何海波："没有宪法的违宪审查：英国故事"，《中国社会科学》2005 年第 2 期。

② 童建华："以英国为个案看不成文宪法国家的违宪审查"，《法学》2008 年第 2 期。

见，自 1998 年以后，法院可以在议会主权的宏观架构内，在微观层面的具体案件中依据《人权法案》堂而皇之地审查议会的普通立法，英国的司法审查由此而建立于更加坚实的基础之上。

七、对抗制的确立及其意义

近代初期英国司法制度的最大变化是对抗制（adversarial system）的建立。该制度萌芽于中世纪后期的民事审判，"光荣革命"后陆续扩大到叛国罪以及重罪和轻罪刑事审判领域，18 世纪后期全面确立起来。

民事审判率先采用对抗制

对抗制的产生需要两个前提条件：一是裁判者即法官和陪审团的中立性，二是诉讼双方的对等性。后者不仅是指双方当事人在诉讼地位上的相互平等，而且包括享有律师辩护的平等权利，即"对等武装"权，因此，律师辩护制是对抗制的必要前提之一。

在英国，律师辩护制出现于 14 世纪，当时仅仅存在于民事审判中。这是因为民事案件属于个人之间的法律纠纷，不涉及国家公共利益，诉讼双方地位平等，所以民事审判最先允许双方当事人平等地聘请律师进行法庭辩论。

采用对抗制后的民事审判首先进行的是诉答程序（pleading）。此时一般先由原告方律师代表当事人陈述诉由（count），接着是被告方律师进行应诉答辩（pleas）。诉答程序亦即法庭辩论过程，其目的在于揭示案情真相，明确诉讼争点（issue），以便于法官和陪审团做出判断。

从 15 世纪起，在诉答辩论过程中，如果需要，法庭将传唤相关证人出庭口头作证。至于何人具备证人资格、所举证据可否采信等问题，由法官裁定之。日积月累，一套民事诉讼证据法规则逐步形成。其中，最早确立也是最重要的一条规则是，与当事人有利害关系的证人及其提供的证据排除在外。

如果双方都有合法证人出庭作证，双方律师可以轮番对证人进行交叉询问。交叉询问分为两轮。第一轮是询问原告方证人，此时首先由原告方律师进行询问，是为直接询问（direct-examination），然后由被告方律师进行交叉询问（cross-examination）。如果原告方的证人不止一个，则逐一进行，每一个证人都必须依次接受直接询问和交叉询问。对原告方证人的询问结束后，再进行第二轮询问，即询问被告方证人。此时双方询问顺序倒置，即首先由被告方律师进行直接询问，然后是原告方律师进行交叉询问。

法庭诉答辩论规则十分严格，形式主义特色突出，对技术要求较高，所以，律师辩论水准的高低往往对诉讼的成败起着举足轻重的作用，这既推动了律师素质的不断提高，也促使律师职业迅速走红。15 世纪的著名法学家利特尔顿曾告诫他的儿子要学习辩护之道，他说："精通辩论艺术是我们法律中一件最风光体面、最令人艳羡和最有利可图的事情。"①

近代初期刑事审判的非对抗性

在民事审判采用对抗制后的数个世纪内，英国的刑事审判继续保持非对抗性。这是因为，自诺曼征服以后，刑事犯罪不再被认为仅仅是对受害人的权利侵犯，而且也是对"国王安宁"（King's peace）的破坏，因而被划入了"国王诉讼"（King's pleas）的范围，这意味着刑事司法管辖权属王室法院所专有，国王在法理上是一切刑事诉讼的原告人。于是，刑事被告人实际上与高高在上的国王相对立。这种地位的不平等在诉讼程序上体现为刑事被告人不允许聘请律师进行辩护，所以那时刑事审判只有陪审制而无对抗制。

自 14 世纪起，英国的刑事诉讼过程分为逮捕嫌犯、预审、起诉、

---

① J. H. Baker, *An Introduction to English Legal History*, p. 62.

提审、庭审、裁决、判决等步骤。治安法官在接到报案并掌握了初步证据时，便签发逮捕令，由警官（Constables）对嫌犯实施逮捕。之后，由1—2名治安法官进行预审。根据1555年《刑事法规》，预审采用秘密和口头方式进行，不允许律师参加，其主要目的是找到足够证据以证明指控成立，所以治安法官不是一个中立的调查者，而是偏向原告一方，主要审问被告。预审笔录经整理后，作为证据移交法庭，包括被告的口供。由于预审是秘密进行的，经常发生诱供逼供，尽管在普通法上这是不允许的，但实践上很难避免。这种偏向原告的"一边倒"式预审程序，与后来警察部门的侦查调查很相似。不过，被告有权要求保释，是否允许保释，由治安法官根据罪行轻重决定之，不得保释的重罪被告则收监候审。若被告认为逮捕根据不足，可以申请人身保护令状。接到令状，治安法官必须出示逮捕的正当理由，否则应立即释放。

庭审前1—2天，原告的起诉书须经大陪审团审查。多数起诉书是由治安法官移送来的，也有一些是原告人或是国王总检察长直接提交的。如果大陪审团认为证据充足，则在起诉书背面签上"准予起诉"（true bill），否则，就签上"不准起诉"（ignoramus），予以驳回。批准后的起诉书由大陪审团长和另外两名陪审员正式提交法庭。在庭审之前，原告可以聘请律师协助做诉前准备，但被告不允许聘请律师。

庭审的第一步称为提审。首先，法官向被告宣读大陪审团的起诉书。那时，重罪案件的被告在提审前无权知晓指控自己的罪名，更得不到起诉书的副本，所以尽管允许被告自我辩护，但因缺乏准备，又无律师帮助，辩护效果普遍很差，经常流于形式。若被告对指控罪行供认不讳，法庭立时判决。若被告拒绝回答，保持沉默，则视同默认指控。若被告否认指控，案件争点就出现了。此时，小陪审团宣誓入席，进入正式庭审阶段。

因无律师出庭，庭审完全控制在法官手中。法官可以询问原告和被告及其证人的任何问题，双方的回答均构成判决的依据，但双方证言的证明力是有差别的，原告及其证人的证言须经宣誓后提供，被告及其证人的证言无须经过宣誓程序，这是因为那时的刑诉理论把国王视为法律上的原告，事实上的原告即受害人或其亲属被视为"第三方"，在庭审中扮演的是证人角色，故而享有充分的出庭作证权，而被告无论在法律上还是在事实上都是当事人，所以他的证言在证明力上低于原告的证言。同时，法庭有权强迫原告方证人出庭作证，但不能强迫被告方证人出庭作证。最后，被告本人无权直接质疑原告及其证人，只能通过法官提问。这些程序上的明显不平等使得控辩双方根本无法形成对抗。

听取了双方诉答后，陪审团有时退席评议，做出裁决，但多数情况下当场裁决。庭审过程简单而迅速。16—17 世纪时，包括陪审团评议在内，审判一个案子的平均时间为 15—20 分钟。

1696 年《叛国罪审判法》

由于禁止被告聘请律师辩护，判决时有不公，这一弊端在复辟王朝时期几个重大叛国罪案件①的审判中暴露无遗。在这些所谓的"国家审判"中，控方（国王）有专业律师协助起诉，而被告人缺乏辩护律师的帮助，结果数以百计的无辜者被判处死刑，其中包括不少政界精英。特别是在蒙默斯叛乱案中，有 200 多人死于非命。大批冤案的发生说明改革叛国罪审判制度已经刻不容缓。于是，"光荣革命"后仅仅数年，议会便于 1696 年制定了《叛国罪审判法》。

《叛国罪审判法》首先在前言中确立了诉讼程序应遵循的两条基本原则：假定被告无罪和诉讼双方权利平等。然后，规定了落实上述两原则的具体措施：第一，至少提前五天将原告的起诉状副本"完整""真实"地送交被告，方可开庭。就是说应给予被告以足够的时间进行应诉准备。第二，允许被告聘请律师出庭辩护，其数量不

---

① 第一个是 1678 年"天主教徒阴谋案"（Popish Plot），第二个是 1683 年"啤酒馆阴谋案"（Rye House Plot），第三个是 1685 年"蒙默斯叛乱案"（Monmouth's Rebellion）。

超过两名。第三，允许被告的事务律师①于开庭前得到起诉状，以便有针对性地进行辩护准备。第四，允许被告在开庭前与出庭律师见面，商讨法庭辩护事宜，以保证辩护质量。第五，被告有权在开庭前两天得到陪审团成员的名单，以便有时间对陪审员进行调查，有效行使要求陪审员回避的异议权。第六，若被告要求，法庭可强制被告方证人出庭作证，被告及其证人有权通过宣誓举证。这样，控辩双方及其证人的证言具有了完全平等的证明力和可采信性。

通过《叛国罪审判法》，原先只有原告单方面享有的某些诉讼权利，如宣誓举证权、强制证人出庭作证权等，扩大到被告身上，实现了诉讼双方"对等武装"原则，对抗制随之在叛国罪案审判中建立起来。

梅特兰曾经指出，英国法发展的一个鲜明特点是，最初"只代表大人物利益的法律，（后来）逐渐变为代表所有人利益的法律"②。尽管《叛国罪审判法》的适用范围限于上流社会，其直接受惠者主要是以贵族为主体的政治精英，但该法案毕竟标志着刑事诉讼制度的革命性变化，它所确立的控辩平等原则和"对等武装"原则，不久后便推广到被告多是普通民众的重罪和轻罪领域。到18世纪晚期，对抗制在整个刑事诉讼中全面确立起来。《叛国罪审判法》是英国刑事审判制度史上的一个重要里程碑。

对抗制的全面确立

在重罪案件审判领域，18世纪初开始允许原告聘请事务律师介入诉前调查和起诉程序，但被告仍无权聘请律师。某些经济实力

---

① 事务律师（solicitor）是英国律师的一个分支。英国律师产生伊始就存在辩护人和代理人之分。辩护人在13世纪以后发展为御用状师（serjeant-at-law），垄断了出庭辩护业务。进入近代后，由于御用状师因循守旧趋于衰落，被新兴的出庭律师（barrister）取而代之。代理人于16世纪与新兴的事务律师融合一起，组成了事务律师分支，以非诉讼业务和审前准备工作为主。出庭律师和事务律师各自独立，互不统属，更不得兼任，这种二元制是英国律师制度的一大特点。

② F. Pollock and F. W. Maitland, *The History of English Law Before the Time of Edward I*, Vol. II, p.224.

雄厚的法人单位，如政府机关（财政部、铸币厂等）、经济巨头（英格兰银行、东印度公司等），都常年雇有专职代理律师，随时应对诉讼需要。普通民众则自发地建立互助型"重罪起诉协会"（此类协会一度多达数千个），采用会员分摊制的方法筹集诉讼费。这样，诉前准备过程实现了律师化，一个被称作"新门事务律师"（Newgate Solicitors）的特殊职业群体的出现就是这一变化的产物。这些人麇集于关押候审重罪犯人的新门监狱附近，专门承揽证据的收集、整理以及诉状起草业务。因事务律师没有出庭权，他们准备好的起诉状和证据资料，须交由出庭律师向法庭正式提出。在 18 世纪最初 20 年的"老贝利"（The Old Bailey）[①]法院档案中，每年至少有一件诉讼是由出庭律师提起的。进入 30 年代，起诉律师化进程进一步加快。1734 年，在"老贝利"法庭上有八件诉讼是出庭律师提起的。[②]

诉前准备和起诉过程的单方面律师化使本来就处于弱势地位的被告更加无力与原告相抗衡，被告的合法权利经常因此而受到侵害，控辩双方的失衡是促使被告获得律师辩护权的主要原因。除此之外，"光荣革命"后政府对危害财产权的刑事犯罪所实行的奖励控告制度以及由此引发的诬告、伪证现象的泛滥，则是促成重罪案律师辩护制产生的直接原因。自 1692 年起，英国议会颁布了多项法规，对抓捕、控告抢劫盗窃犯并能证明罪名成立者给予高额奖励，[③]由此导致了一个称之为"寻赏抓贼者"的社会怪胎。一些投机之徒为捞取奖金，把抓捕"嫌犯"作为职业，他们像幽灵一样神出鬼没，寻找"猎物"，一旦得手，便罗织罪名，伪造证据，信誓旦旦地向法庭作证。在奖励控告制度（该制度直到 1818 年才废除）下，诬告、伪证丑闻

---

① "老贝利"为英国中央刑事法院。

② 不过，就总量来说，那时由出庭律师代表控方当事人出庭的诉讼并不占多数。1734 年时，一位著名律师估计，此类诉讼仅占"老贝利"法院受理刑事案件的 1/20。见 J. Langbein，*The Origins of Adversary Criminal Trial*，Oxford University Press，2003，pp.146，285。

③ J. Langbein，*The Origins of Adversary Criminal Trial*，pp. 149–150.

层出不穷。另一个刺激诬告伪证现象蔓延的因素是"国王证人制度"。根据这种制度，在团伙犯罪案件中，若某一嫌犯主动坦白、揭发同伙，便被视同"国王的证人"，其本人所犯罪行可以赦免，他所揭发出来的同伙犯罪事实可作为法庭立案定罪的有效证据。这是一种变相的奖励控告制度。不难想象，在这种制度下，某些嫌犯为自我开脱而陷害同伙的事情自然经常发生。

程序不平等和诬告、伪证现象的泛滥，把如何检验控方证据的真伪、避免冤枉无辜的问题尖锐地提到了法庭面前。法官们逐步认识到，唯一的解决办法就是引入业已取得成功的叛国罪审判模式，"拉平"控辩关系，允许被告聘请律师出庭辩护。于是，从18世纪30年代起，辩护律师开始走进重罪审判庭。不过，这不是通过一次立法而是在司法实践中逐步完成的，所以历经半个多世纪，直到18世纪最后25年，律师辩护制和对抗制才在重罪审判领域取得主导地位。此间，治安法官的预审也改为公开方式，允许辩护律师出庭质疑控告人及其证人，从而也实现了律师化。律师化使预审由原来的"一边倒"式的审讯演变为平等对抗式的审判。

回顾整个过程，英国的对抗制不是根据某种预设理论自觉构建的产物，而是为了解决控辩失衡造成的司法不公所采取的一系列实用主义应对措施逐步积累的结果。正如朗芬所说：

> 英国刑事审判对抗制的产生过程主要是一个法律史问题，而不是一个法理学问题，因为那时我们根本没有应当生活于怎样一种刑事审判程序下的足够理论。[①]

对抗制的确立过程从一个侧面展示了英国经验理性主义的法律文化特征。

---

① J. Langbein, *The Origins of Adversary Criminal Trial*, p.9.

对抗制的法治意义

对抗制的确立深刻地改变了诉讼的结构和理论，推动了法治文明的进步。

1. 诉讼结构的变化

对抗制确立了以审为中心、以控、辩为平衡支点的等腰三角形诉讼结构，当事人、律师、法官和陪审团职责分明、相互制衡。当事人及其律师的任务是调查举证，揭露案件真相；陪审团的任务是认定事实，裁定有罪非罪；法官的任务是主持审判，适用法律做出判决。这种诉讼结构呈现出以下鲜明特点：

第一，法官真正实现了中立化。在对抗制下，法官作为案件审判过程的主持人，高居诉讼双方之上，如同体育比赛中的裁判员，负责维护比赛规则和赛场秩序，以确保公平对抗。作为裁判员的法官超然局外，正襟危坐于高高的审判台上，俯瞰台下两造相斗，不能主动询问，至多对诉讼双方提出的动议或异议给予有效或无效的裁定。法国观察家科图在 1820 年时评论道："英国的法官对于法庭上进行的事始终是一个局外人。"[①] 为了保证自我克制，英国的法官在审案时经常在席位上放一纸条，告诫自己"谨勿开口"。假如在庭审中法官不安于消极角色，主动询问，干扰了平等对抗游戏规则，不管是故意还是过失，都会受到惩处。1957 年，法官哈利特爵士就因在案件审理中讲话太多而被告上法庭。他在"琼斯诉全国煤炭管理局"一案中担任主审法官，庭审中喋喋不休，问了很多问题，引起控辩双方的不满。案件上诉到上诉法院，受理这起上诉案的丹宁勋爵认为哈利特的确"超过了限度"，实际上"等于自卸法官责任，改演律师角色"。[②] 哈利特因此而结束了自己的法官生涯。

第二，律师居于法庭调查的中心。在对抗制下，案件的调查取

---

① R. H. Helmholz, *The Privilege Against Self-Incrimination*, The University of Chicago Press, 1997, p.99.

② 参见〔英〕丹宁勋爵：《法律的正当程序》，李克强等译，法律出版社 1999 年版，第 64—67 页。

证由事务律师完成，法庭陈述、答辩、质疑、反证由出庭律师负责，律师成为诉讼活动的主角，当事人可以缄口不语，"即使用一根木棒撑上一顶帽子来代替被告出庭，也不会对审判有任何实质影响"[1]。18世纪80年代以后，被告自我辩护已十分罕见，尽管在控方陈述结束后，法官仍然礼貌性地征询被告意见，但被告的答复几乎是同一句话："让我的律师回答。"律师辩护制不仅是被告人的一种权利，甚至可以说是被告人的一种义务了。

律师辩护制提高了辩护质量，对被告特别有利。不过，直到1836年以后，控、辩双方的平等对抗才真正实现。在此之前，控方律师除交叉询问双方证人外，还有权在辩论开始时面向陪审团简要介绍案情，在辩论结束时做总结性评论，从而有机会直接对陪审团施加影响，这被称为"充分辩护权"（full defense），而当时的辩方律师没有这一权利。为此，辩方律师通常将事实问题掩盖于法律问题的外衣下加以评论，或者在交叉询问过程中巧妙插入解释性说明，致使辩方律师无"充分辩护权"的法律规定名存实亡。1836年，议会不得不承认了这一现实，通过立法正式授予辩方律师以"充分辩护权"。从此，真正实现了控辩双方平等对抗的诉讼结构，每一方律师都公然申明自己的天职就是实现当事人利益的最大化，如当时的著名律师布鲁厄姆宣称：

> 一个辩护律师在履行其职责时，心中只想着一个人，那就是他的当事人……拯救自己的当事人，是他的首要和唯一职责。[2]

第三，陪审团的独立性进一步提高。1670年法官惩罚陪审团的权力被取消以后，法官仍然可以通过提示性总结对陪审团施加影响，

---

[1] R. H. Helmholz, *The Privilege Against Self-Incrimination*, p. 98.

[2] J. Langbein, *The Origins of Adversary Criminal Trial*, p. 309.

这种影响虽然不具有强制力，但对陪审团的裁决影响巨大，因为陪审员都是法律外行，历来把法官视为"灯塔"（黑尔语），敬畏有加。但是，到 18 世纪晚期，情况完全改变。通过对抗式辩论，案件的事实真相和是非曲直被全方位地展现于陪审员面前，无须法官的指导，陪审团也能形成明确的判断。所以，此时法官的总结评论日趋谨慎含蓄，社会舆论也公开支持陪审团独立裁断，如 1811 年的一本小册子呼吁陪审团应当对法官的指示"闭目塞听"。

第四，刑事自诉传统和当事人主义诉讼特征得以保持。针锋相对的激烈对抗，把当事人和律师调查取证的潜能和积极性最大限度地调动起来，双方都不遗余力地搜集和展示有利于自己的证据，揭露对方证据中的纰漏和破绽，法院和法官可以"坐享其成"，无须也无权积极主动地发现事实，这与欧陆各国刑事调查完全国家化的公诉传统明显不同。尽管 19 世纪建立现代警察制度之后，特别是1985 年皇家检察署成立以后，英国也出现了公诉制度，警察和检察机关控制了刑事侦查和起诉的主导权，但"私人起诉原则仍然存在，并自始至终都在实行"①，因为"任何人都可以起诉"的自由主义传统在英国根深蒂固。对于大多数犯罪来说，任何机关和个人都不享有专有起诉权，受害人有权决定起诉或不起诉。

2. 诉讼理论的变化

对抗制虽不是诉讼理论发展的产物，但建立后引起了诉讼理论的深刻变化，这集中体现为一套现代刑诉基本原则的确立。

第一，控方举证义务原则（production burdens of the prosecution），又称证明责任倾斜原则，即提供证据证明犯罪确实发生并且确定是被告人所为的责任由控方承担。控方举证义务原则的法理根据是，控、辩双方的诉讼角色不同，控方是"进攻"方，处于主动地位，辩方是"防御"方，处于被动地位。另外，双方占有的司法资源也是不均衡的，控方的背后通常有国王或国家做后盾，可以使用强制手段收集证据，

---

① 麦高伟、杰弗里·威尔逊主编：《英国刑事司法程序》，姚永吉等译，第138 页。

辩方只能自行调查，没有审讯权、搜查权、传唤权、强制调取证据权，故而控方理应提出充分证据，以证明诉求的合理合法性，而辩方则不必承担证明自己无罪的义务。如果控方没有完成证明责任，即所举证据不足以证明罪名成立的话，被告人可以拒绝答辩，法庭将驳回控方的诉求。1935年，上诉法院大法官桑基在伍尔明顿诉检察官一案中明确宣布：

> 在整个英国刑法的编织物中，人们总能看到一根金线，这就是……不管是哪种控告，也不管审判是在什么地方进行，原告必须证明刑事被告有罪的原则是英国普通法的一部分，任何想损害这一原则的企图都是不能允许的。[①]

不过，在特殊情况下，举证责任也可以倒置。如英国《1981年治安法院法》规定，证明任何"例外、豁免、但书、借口或资格"的责任由辩方承担。再如，若辩方声称被告人在实施某犯罪行为时精神不正常，或是出于正当防卫需要等，则辩方必须提出充分证据予以证明。

第二，无罪推定原则（presumption of innocence）。该原则要求，除非有充分证据证明被告人有罪，就应当假定被告人是无罪的。这就是说，不得强迫被告人自我指控、自证其罪。所以，无罪推定原则又称为反对自我归罪原则。该原则建立于以下原理之上：在没有证明某一判断之前，这个判断是不能成立的。1791年"老贝利"法院在审理一起谋杀案时，被告律师加罗的辩护词对这一原则做了清晰的表述："在证明有罪之前，每一个人都应假定是无罪的。"[②] 这里需要指出的是，反对自证其罪原则不仅适用于被告人，而且也适用于证人。当律师在交叉询问中出现"不当"或"恶意"询问、有可能损害证人的名誉和尊严时，法庭应当予以制止。例如，1784年，

---

① 〔英〕丹宁勋爵：《法律的界碑》，刘庸安、张弘译，第255—256页。

② J. Langbein, *The Origins of Adversary Criminal Trial*, p.265.

辩方律师托马斯·厄尔基尼为了解控方证人是否诚实可信，问此人以前是否受过鞭刑，法官立即制止道："任何人都不得被提问可能使其蒙羞的问题。假如一个妇女被询问是否生过私生子，那是一定要被制止的。"[1]证人的这项权利在 19 世纪时划入个人名誉权的保护范畴。

第三，沉默权原则（right to silence）。沉默权是控方举证义务原则和无罪推定原则的题中之意，但是，沉默权概念的正式提出特别是沉默权制度的确立却经历了一个漫长过程。从 1568 年首席法官戴尔为一位拒绝宣誓回答特权法院提问的被告签发人身保护令状，到 1641 年议会撤销两年前星室法院对李尔本蔑视法庭罪的判决和肯定被告人拒绝回答法庭询问的合法性，再到 1688 年"七主教案"中大主教圣克罗夫特勇敢地宣布"我有权合法地拒绝发表任何可能使我自证其罪的言论"，沉默权作为刑事被告人的一项诉讼权利才开始得到英国法律的承认。然而，由于沉默权存在的"前提是被告人有由另一人代替他说话的有效权利的存在"[2]，因而在 18 世纪晚期之前，被告的沉默权实际上一直处于飘忽不定的虚化状态，直到律师辩护制和对抗制建立，被告人无须亲自开口说话之后，沉默权才真正落到了实处。19 世纪时，英国法律明确规定，被告人在法庭上有权拒绝作证，免受交叉讯问。此后，沉默权进一步扩大适用于诉前警察询问和治安法官的预审程序。1912 年，英国制定了《法官规则》，明确要求治安法官或警察在每次询问或预审开始之前，必须主动告知犯罪嫌疑人："你有权保持沉默。如果你有话要说，那么你所说的一切将被记录下来，用作判案的证据。"沉默权的确立加强了被告人的防御手段和与控方相抗衡的能力。

第四，"一罪不二审"原则（autrefois convict）。即一个人不能因同一个犯罪行为受到两次审判。根据这项原则，在审判中，只要陪审团宣判被告人无罪，案件事实的审查认定就宣告结束了，控

---

[1]　J. Langbein, *The Origins of Adversary Criminal Trial*, p.284.
[2]　转引自孙长永：《沉默权制度研究》，法律出版社 2001 年版，第 29 页。

检方不能就无罪的判决提起上诉或抗诉，法庭更不得再次传唤审问被告人，除非发现初审在程序上存在明显不公或错误。

总之，对抗制使双方当事人的诉讼地位发生了实质性变化。过去，原告作为追诉人，是主动性诉讼主体，被告人作为追诉对象，是被动性诉讼主体，因此，被告总是法庭关注和审查的重点。在对抗制下，法庭关注和审查的重点转向原告一边，审判的主要目的不再是审查被告做了什么，被告的行为是否犯罪、犯了什么罪、犯罪有多严重等问题，而是审查原告方的指控能否成立，呈堂证据的证明力是否达到了排除一切合理怀疑的程度。因此，在刑事诉讼中，"审判"概念被赋予了新的内涵，它首先意味着"被告方律师对原告方的诉求和证据进行彻底审查的一次机会"[①]。如今，这一新的审判概念已被世界各国公认为刑事诉讼的一条根本原则。

3. 证据规则日趋健全

在对抗制下，法庭辩论成为诉讼过程的核心环节，证据成为决定诉讼胜负的关键因素。因此，哪些证据可以采信，哪些应当排除，可采信证据的证明力价值几何，证明力须达到何种程度才能定罪等等问题，都需要做出准确判断，才能确保判决公正。适应着这一需要，英国在17—18世纪通过法官实践经验的不断积累，逐步形成了一套严格的现代证据规则。

从总体上说，英国的证据规则分一般规则和具体规则两大类。一般规则又分为可采性（admissibility）规则（亦称排除规则）和证明标准规则两大类。可采性规则有两条是最为基本的：一是关联性（relevance，亦称相关性）规则，即证据必须与待证案件事实之间具有实质性联系，能够使案件事实显得更有可能或更不可能，法庭才可以采纳；没有关联性的证据，法庭不予采纳。二是适格性（competence，亦称合法性）规则，即证据的主体、形式和收集证据的程序与方法必须符合法律规定，法庭才可以采纳，一切不具备

---

① 　J. Langbein, *The Origins of Adversary Criminal Trial*, p.310.

合法性的证据均在排除之列。

在证明标准方面，也有两条规则是最基本的：一是"超越合理怀疑"（beyond a reasonable doubt）规则。根据这个规则，控方所举证据的证明力必须达到足以排除一切合理怀疑的确定性程度时，才能裁定犯罪嫌疑人有罪；否则，即使事实上有罪，也必须在法律上认为是无罪的。该规则的理论依据是，有罪判决事关一个人的生命和自由，必须谨慎从事。如果存在合理疑点，就应采用"疑罪从无"原则。二是"盖然性占优"（preponderance of probability）规则。这个规则要求，当诉讼双方主张相反，并各自提出了不同证据时，法官和陪审团应当对双方证据的证明力进行"概率权衡"，如果某一方证据的证明力优于另一方，即证明事实为真的概率高于另一方，那么该方证据即为"优势证据"，法庭就应据此判该方胜诉。至于概率优势的具体标准应当如何确定，英国法律界看法不一，有人认为只要概率达到51%即可视为"优势证据"，也有人认为必须达到60%—70%。在实践中，概率优势标准在很大程度上由法官掌握。不过，有一点是确定无疑的，那就是"优势证据"标准低于"超越合理怀疑"标准，[①] 即只要存在"合理怀疑"就必须推定无罪。

在上述一般规则之下，18世纪的英国还形成了若干具体的证据规则。这主要包括：

第一，品格证据规则（character rule）。指的是有关诉讼当事人或证人的品质及可信度的证据规则。在17世纪中叶以前，控方为了证明指控成立，经常提出被告人曾有犯罪前科或一贯品行不端或经常说谎等证据。在那时，这些做法都是法律所允许的。但是，从17世纪80—90年代起，法庭开始拒绝采纳这类证据，从而逐步形成品格证据排除规则。1684年，汉普顿被控犯有煽动性集会罪，辩方律师以控方证人是一个无神论者为由对其证言的可信性提出质疑，法庭宣布质疑无效。1692年，哈里森被控犯有杀人罪，为证明指控

① 何家弘、姚永吉："两大法系证据制度比较论"，《比较法研究》2003年第4期。

成立，控方证人提出，哈里森在三年前曾犯过谋杀罪，以此说明被告人本来就品格不良，首席法官霍尔特认为，该证据与在审案件没有实质的关联性，应当拒绝采纳。[1] 在此后的数十年内，尽管接受品格证据并据此而判定被告有罪的案例依旧不绝于史（在盗窃案中尤为多见），但是，自 1715 年起此类案例越来越少，由此可以断定，品格证据排除原则从此基本确立。

不过，以下四种情形属于例外：一是辩方证人提供的证明被告人品格良好的证据；二是控方作为反证提供的证明辩方品格证据不可信的证据，是为"反证例外"原则；三是证明证人诚实与否的证据；四是"类似事实"证据。

第二，供述证据规则（confession rule）。供述指的是刑事被告人在庭审前向预审人员所做出的承认有罪的口供。在罗马法中，被告人的供述属于有效证据，而且被视为"证据之王"。英国在 18 世纪以前，被告人面对治安法官做出的有罪供述通常以书面方式提交法庭。根据普通法原则，只要有罪供述是被告人自愿所为，而非预审人员通过刑讯逼供等非法手段取得的，法庭就应采纳为有效证据。这里说的自愿意味着供述行为必须完全出于个人"自由意志"。但是，在实践中法官们发现，在真自愿和假自愿之间是很难作出准确判断的，所以被告人的自愿供述经常是靠不住的，预审人员很可能采用心理暗示等隐形手段影响被告人的供述行为，使之表面自愿实际违心地做出虚假供述。因此，从 18 世纪 60 年代起，供述证据自动排除原则进入英国法庭。1761 年，在一起盗窃案中，因为只有被告人自己所做的有罪供述，而没有任何其他证据佐证，法庭判决被告人无罪。[2] 到 80 年代，该原则日益明确，即被告人的庭外有罪供述不得进入诉讼过程，除非控方能够证明供述是被告人真正自愿做出的，而且证明标准要达到排斥一切合理怀疑的程度。这个规则后来明确写进了英国 1964 年《法官规则》和 1984 年《警察与刑事证据法》。

---

[1]　J. Langbein，*The Origins of Adversary Criminal Trial*，p.191.

[2]　同上书，第 221—222 页。

第三，传闻证据规则（hearsay rule）。指的是证人通过间接途径获得的证据，如证人 X 作证说 Z 曾入室盗窃，但这个事实并非 X 亲眼目睹，而是从 Y 那里听说的，那么 X 的证言就属于传闻证据。在英国，大约从 18 世纪 30—40 年代起，传闻证据开始被排除于诉讼程序之外。那时，法庭经常以传闻证据"未经证明"为由而拒绝采纳。到 18 世纪末，传闻证据排除原则得以确立。该原则的法理根据是：（1）传闻证据未经宣誓证明，缺乏起码的真实性保障；（2）对方当事人无法在法庭上通过交叉询问对传闻证据进行质证，其可靠性令人怀疑；（3）传闻证据是第二手信息，属间接证据，如果传闻证据可以采纳，不但违背原始证据是最佳证据的基本原则，而且使法庭陷入大量不可靠证据的压力下，加重证据甄别取舍的工作负担，造成诉讼时间的拖延和司法资源的浪费。

当然，传闻证据排除规则也有例外。在原始证据已经灭失或无法取得的情况下，如不采用传闻证据就无裁判根据，此时可以采用某些传闻证据。如垂死之人的"临终陈述"、特殊情景下的"激动陈述"等传闻，可以作为有效证据采纳。1968 年英国制定的《民事证据法》将传闻证据分为两类，区别对待。第一手传闻即直接从案件目击者或知情人那里获得的，可以采纳；第二手传闻即间接获得的，不具有可采性。

第四，补强证据规则（corroboration rule）。指的是法庭在运用某些证据的时候必须有其他佐证材料，否则不得判定被告人有罪。该原则大约产生于 18 世纪中叶，促使其产生的直接原因是同案犯经常为了自我开脱而提供伪证的现实。1744 年，"老贝利"法院受理的三起盗窃案，因为只有同案犯的证言而没有其他证据补强，被告被无罪释放。[1]1751 年，中塞克斯郡治安法官亨利·费尔丁指出，"尽管同案犯提供的证据是确定的和清楚的，且与案件密切相关，说明

---

① J. Langbein，*The Origins of Adversary Criminal Trial*，p. 205.

被告人很可能犯了罪，但若无其他证据补强，仍是不充分的"[1]，单凭这种证据不能判定被告有罪。后来，补强证据规则的适用范围进一步扩大为只要仅有一个证人（不管是否是同案犯）的证言，特别是不了解宣誓意义的未成年人的证言，必须有其他证据进行补强，否则不能认定被告人有罪。

上述证据规则规范了诉讼参与人的取证、举证、质证、认证活动，提高了控方的证明责任，强化了被告人合法权利的保护机制。这样，通过有意识地"抑强扶弱""损有余以补不足"，使诉讼双方真正达到了对等与平衡。

4. 实践效果总体评价

古人云："两刀相割，利钝乃知；二论相订，是非乃见。"[2] 对抗制赋予了控辩双方同等的权利，每一方都会竭尽全力进行举证和质证，最终被法庭采纳的证据一定是最全面和最可信的，从而可以避免偏听偏信，收到兼听则明的效果，有助于保证法庭判决的公正性。对此，英国著名法官戴维林男爵说：

> 获得真相的最好方法是让各方寻找能够证实真相的各种事实，然后双方展示他们所得的所有材料……两个带有偏见的寻找者从田地的两端开始寻找，他们漏掉的东西要比一个公正无私的寻找者从地中间开始寻找所漏掉的东西少得多。[3]

所以，对抗制受到普遍好评，如美国学者乔恩·华尔兹认为，"对抗似乎是迄今发明出来的迫使真相大白的最好方法"[4]。富勒则从人性论的角度肯定了对抗制的价值，他认为，凭借熟悉的经验对自己

---

① J. Langbein，*The Origins of Adversary Criminal Trial*，pp. 206-207.

② 〔汉〕王充：《论衡·案书》。

③ 〔英〕迈克·麦考韦利："对抗制的价值和审前刑事诉讼程序"，《英国法律周专辑》，法律出版社 1999 年版，第 120 页。

④ 〔美〕乔恩·R. 华尔兹：《刑事证据大全》，何家弘等译，中国人民公安大学出版社 1993 年版，第 7 页。

尚未完全清楚的事物做出过分轻率的结论,是人性的一种自然倾向,而对抗制似乎是防止这一人类弱点影响司法审判的"唯一有效的对策",因为对抗式法庭辩论"等于使案件置于正反两方面意见之间悬而未决。使案件的正确类属如此维持在未确定状态中,以便有时间探索它的一切特性和微妙差别"①。富勒还把对抗制比喻为将一块瑕瑜并存的宝石的两面分别而充分地展示给顾客,控方充分展示一个面,辩方充分展示另一个面,从而使顾客能够相互权衡,对宝石的真实价值做出准确的判断。

由于对抗制审判是在控辩双方的平等参与下完成的,判决结果较为客观公正,因而输者心悦诚服,赢者心安理得。所以,对抗制可以最大限度地吸纳不满、化解矛盾,可以把不服判决的上诉概率以及执行难降到最低限度,保证判决的有效性。在英国,上诉和执行难的问题较少发生,原因主要在此。

不过,对抗制也存在些许不足。概括而言,其不足表现在三个方面:

第一,耗费时间,影响效率。对抗制赋予了双方充分而平等的相互质证权,致使争议问题经常需要传唤多名证人和反复问答才能澄清,必然耗费大量时间和成本。尤其是辩方律师,经常故意吹毛求疵,拖延时间,以便使证人记忆模糊,使陪审团精力疲惫,好混水摸鱼,趁机取胜。结果,案件的审判往往旷日持久。如1995年美国辛普森案的审理过程中共传唤证人126人,从初审到结案,费时460天。

第二,过分强调形式平等,容易导致"财富效应"(wealth effect)。对抗制要求当事人自己承担取证、举证责任,结果必然有利于富人而不利于穷人。因为富人有足够的财力,可以高价聘请优秀律师,对案件进行全面细致的调查,而穷人经常请不起律师。18世纪末,聘请出庭律师的被告仅占1/4—1/3,聘请出庭律师的原告

---

① 〔美〕哈罗德·伯曼编:《美国法律讲话》,陈若桓译,生活·读书·新知三联书店1988年版,第32页。

仅占 1/20。^① 所以，1757 年一位被指控犯有伪造合同罪的贫穷妇女无奈地哀叹道："如果我难免一死，那是因为我太穷了。我无力（即无钱）改变它。"同一年，"老贝利"法院的一名被告抱怨说："我无钱请代诉人作为我的律师，因为我一无所有，无钱支付律师的正常费用。"^② 这种因贫富差别而带来的诉讼不平等，直到 20 世纪建立法律援助制度后才有所改变，但即使在此以后，昂贵的调查费用仍然使穷人处于弱势地位。

第三，过分强调双方的对立性，容易导致"战斗效应"（combat effect）。对抗制使庭审变成了一场以言词为武器的生死格斗，把法庭变成了一个没有硝烟的战场。诉讼双方的首要目标都是击败对手，争取胜诉，而不是发现事实真相。为此，双方律师都会尽其所能利用自己的诉讼技巧与经验，以蒙蔽法官和陪审团的眼睛，有人把这种策略比喻为"在一位外科医生做手术时往他的眼里撒辣椒面"。而法官总是把是否恪守程序规则放在第一位，有时甚至为了维护程序的严格性而置实体上的公正性于不顾。所以在对抗制下，不管信息材料多么有用和重要，如果它违反了证据规则，就不被考虑。于是，在对抗制下，有些证据不足的案件有可能借助律师巧舌如簧的诡辩伎俩而胜诉，有些本来诉由充分的案件则有可能因为律师的无能、偶然失误而导致败诉。许多律师毫不隐晦和大言不惭地宣称，"最令人兴奋不已的就是在对方出错时打赢官司"。难怪英国长期流行一种说法：对抗制"使真理和正义变成了人工说辩艺术的牺牲品"。^③

八、不断完善的现代司法制度

到 18 世纪末，英国确立了以司法独立为基石、以陪审－对抗制为

---

① J. Langbein, *The Origins of Adversary Criminal Trial*, p. 314.
② 同上书，第 317 页。
③ Radcliffe and Cross, *The English Legal System*, p.181.

骨架的现代司法制度。不过，由于历史的原因，其中仍包含许多封建残余，在具体环节上还存在不少缺陷，所以进入 19 世纪后，随着工业革命的完成和工业社会的到来，越来越难以适应现实需要。于是，从 19 世纪上期起，英国不断地进行司法制度改革，使之逐步完善化。这些改革都是零星进行的，迄今仍在继续，故而呈现出徐缓渐进的特点。

司法体制的调整

17 世纪的宪政革命废除了特权法院，普通法法院系统基本原封未动。这些法院组织全是中世纪的遗产，其内部结构、运作程序仍沿袭传统，其最大特点和弱点在于普通法法院和大法官法院（衡平法院）两套系统同时并存。由于二者之间缺乏明确的权限界定，自 16 世纪末起，双方不时发生管辖权之争，冲突迭起。大法官法院视为合理的诉讼请求经常被普通法法院驳回，而普通法法院做出的判决则经常被大法官法院宣布为无效。此外，早期的郡法院、百户区法院等地方公共法院，在中世纪后期已趋于衰落，但在 19 世纪以前仍未销声匿迹。建立于 14 世纪由治安法官组成的季审法院（Quarter Session）①，在 18—19 世纪上期正值鼎盛时期，在地方司法舞台上发挥着重要作用。最后，教会法院、城市法院、海事法院和商人法院等也都是各自为政，有着自己的诉讼程序、审判规则甚至法律术语。多元化的组织体系不符合现代司法文明对于统一化、有序化、合理化的要求，为此，19 世纪的英国通过立法对法院体系进行了改组和调整。

1. 重建郡法院

自亨利二世改革后，司法权日益集中于中央法院和巡回法院手中，郡法院只保留了诉讼标的额 40 先令以下的民事案件管辖权。由于主管民事诉讼的高等民事法院位于伦敦，巡回法院只是断断续续

---

① 季审法院产生于 14 世纪，由治安法官组成，每个季度开庭一次，是中世纪后期英国最主要的地方法院。季审法院有权审理所有民事案件和除叛国罪之外的各种轻罪、重罪刑事案件。

地在各郡中心城市开庭，因而给当事人的投诉带来极大不便和沉重负担，边远地区当事人的诉讼负担尤为沉重，经常赢了官司赔了钱。资料显示，在 1822—1827 年间，平均每年投诉于高等民事法院的案件是 9 万件，其中 3 万件案值在 20 先令以下。据 19 世纪司法改革倡导者布鲁厄姆的估算，如果这 9 万案件全部聘请律师出庭辩护的话，诉讼费大约相当于案值总数的 4 倍。① 因此，从 17 世纪开始，人们纷纷呼吁重建方便廉价的地方法院，以便及时有效地审理普通诉讼。

18 世纪中期，在布莱克斯通的鼓动下，中塞克斯郡于 1749 年重建了郡法院（County Court）。法院每月至少在郡内的每一个百户区开庭一次，法庭由一名出身出庭律师的常设郡书记官（County Clerk）主持，由 12 名自由土地所有人参加，审理 40 先令以下的小型民事案件。中塞克斯郡的尝试取得令人满意的效果。1846 年，大法官林德赫斯特推动议会制定了《郡法院法》，将中塞克斯郡的经验推广到全国。根据该法案，全国建立了 500 个郡法院，作为专门受理民事案件的基层法院。根据有利于司法独立和方便当事人的原则，这些法院不按行政区划设置，而是分设在 60 个巡回区。每个巡回区至少配备一名专业的地区法官（Registrar），由大法官从执业七年的出庭律师中任命。地区法官每月至少应在自己辖区内的每个郡法院开庭一次。

郡法院有权受理诉讼标的额不超过 1 000 英镑的地产案件、契约纠纷案件、侵权赔偿案件，诉讼标的额在 5 000 英镑以下的涉及信托、抵押和合伙的衡平法案件，超过以上标的额的案件由高等法院审理。不过，在司法实践中，这种分工并不是绝对的，某些法律上属于高等法院审理的案件，在当事人双方同意的情况下，也可由郡法院审理。另外，进入 20 世纪以后，有关收养、遗嘱、未成年人监护权、消费者权益保护等方面的案件，都划入了郡法院的管辖范围。因此，

---

① Radcliffe and Cross, *The English Legal System*, p.282.

每年郡法院受理的案件都数以万计。

郡法院采用简易程序，不用令状而用传票，也不设陪审团，通常也不需要律师辩护，只有特殊案件并在诉讼双方的要求下，才使用陪审团。1974年，在全国郡法院审判的所有案件中，只有3件采用了陪审制。法官可以决定法律和事实两方面的所有问题，当事人有权利和义务提供必要的证据。程序的简便保证了效率，在郡法院建立的最初五年内（1846—1851年），平均每年审判案件43万多件，这与1846年以前普通法法院每年审判案件总数只有10万件形成鲜明对照。

郡法院判决的案件可以上诉到高等法院相关法庭，还可以进一步上诉到上诉法院。有些经议会立法特别授权的案件可采用"蛙跳"程序，直接上诉到上诉法院。1934年以后，所有案件都可以直接上诉到上诉法院。

20世纪后期以来，郡法院越来越多地采用庭外调解方式。1975年，投诉于郡法院的案件约180万件，其中绝大多数原告的诉求是无争议性的，所以在开庭之前就通过调解方式得到解决，或者是缺席（被告未出庭）判决的，真正由法官通过庭审结案的只有15万件。[①]

2. 新建治安法院和刑事法院

近代初期，由治安法官组成的季审法院是最主要的地方刑事法院，同时也是地方治安和行政管理机构。在18—19世纪初，治安法官的权势达到顶峰。但是，1834年《新济贫法》颁布后，一场行政管理革命在英国全面展开，特别是1839年建立郡区警察制度和19世纪后期地方政府改革以后，治安法官失去了地方治安和行政管理权，演变为职能单一的司法审判官，其名称也改为业余治安法官（lay magistrates）。根据18世纪的法律规定，业余治安法官必须由年收入100英镑的自由土地所有人担任，这一财产资格要求直到1906年才取消。业余治安法官无须经过法律教育，[②]没有固定薪酬，只有少

---

① Radcliffe and Cross, *The English Legal System*, p. 282.

② 从1966年起，法律要求业余治安法官必须在就职前和就职后第一年内完成某些指定法律课程的学习。

量差旅费和生活津贴，以补偿他们因担任法官而造成的个人经济损失。

18世纪末，出现了少量领薪的专业治安法官（Stipendiary Magistrates）。1792年，伦敦市为解决业余治安法官的素质低下问题，任命了第一批专业治安法官。[①]他们都是执业满七年的出庭律师或事务律师，享有固定薪酬。最初，其薪酬由伦敦城自理，后改为从统一国库金中支付。按照法律规定，只要城市治安委员会提出申请，国王就应为其任命专业治安法官，但奇怪的是，除伦敦外其他城市很少提出这种申请，所以专业治安法官的数量始终微不足道。1975年时，全国只有40名全日制专业治安法官（其中伦敦之外仅有10名），直到2002年1月也不过98人，[②]而这时的业余治安法官已接近3万人。

无论专业治安法官还是业余治安法官，都是通过治安法院（Magistrates'Court）行使其司法权的。根据1952年《治安法院法》，全国划分为900多个司法管区，每个管区设一个治安法院。司法管区和治安法院同样独立于行政区划之外。专业治安法官可以一人单独开庭审案，也可以由一名专业治安法官和一名业余治安法官组成合议庭进行审判，如果只有业余治安法官出席，则至少需要3人才能组成合议庭。

英国现代刑法把刑事犯罪分为两大类，一类是可起诉罪，另一类是不可起诉罪，前者性质较为严重，须通过大陪审团的正式起诉程序，采用陪审制审判；后者比较轻微，可采用简易程序审判。与此相适应，治安法院的刑事司法权也分两种形式：一是采用简易程序审判不可起诉罪案件，如交通肇事罪、轻度伤害罪等，此类案件治安法院可自行审结；二是对可起诉罪案件的预审。如果治安法院认为证据充分足够起诉，便将案件提交刑事法院进行审判，其中可以定罪的，定罪之后再移送刑事法院判处刑罚。

---

① Radcliffe and Cross, *The English Legal System*, p. 336.
② 参见麦高伟、杰弗里·威尔逊主编：《英国刑事司法程序》，姚永吉等译，第262页。

治安法院不用陪审团，治安法官身兼法官和陪审团双重角色，可以就事实和法律方面的所有问题独立做出判决。合议庭的判决以参审法官的多数票为准，如果票数相等，则另组合议庭重审。对治安法院的判决，当事人可以上诉到刑事法院。

刑事法院（Crown Court）位于治安法院之上。第一个刑事法院建立于伦敦。1834年，刑事巡回法院在伦敦"老贝利"法院完成巡回审判后驻留下来，成为管辖伦敦市区的固定的刑事法院，人们习惯上称它为中央刑事法院（Central Criminal Court）。它由伦敦首席司法官、高等法院的法官、伦敦市长和市政官员组成，下分12个审判庭。中央刑事法院建立后，伦敦的治安和刑事司法大为改善，但在一个多世纪内，伦敦的经验仅为利物浦和曼彻斯特两个城市所仿效。20世纪中叶以后，英国犯罪率居高不下，刑事案件大量积压，议会遂于1971年通过《法院法》，将伦敦的"老贝利制度"推而广之，[①]建立起了覆盖全国的刑事法院系统。

刑事法院作为地方上的高级刑事司法机关，主要受理经治安法院预审后决定起诉的案件、已经治安法院定罪但尚未判处刑罚的案件和不服治安法院判决的上诉案件。根据1971年《法院法》规定，英国（苏格兰和北爱尔兰除外）划分为六个巡回审判区，即：中部及牛津巡回区（总部设在伯明翰）、东北巡回区（里兹）、北部巡回区（曼彻斯特）、东南巡回区（伦敦）、威尔士及切斯特巡回区（加的夫）、西部巡回区（布里斯托尔）。每个巡回审判区设有三个不同层次的审判等级中心。第一审判等级中心设置在全国24个较大的城市里，由高等法院的法官主持、巡回法官协助审判重大刑事案件，可判处最严重的刑罚。第二审判等级中心设置在十几个较小的城市里，审理重大案件以外的可诉罪案件。在该中心，高等法院的法官一般不出庭，案件的审判主要由巡回法官和首席司法官主持。第三审判等级中心设置在其他46个城镇里，由刑事法院的法官主持，审

理那些可以正式起诉也可以采用简易程序审理的刑事案，如伤害罪、盗窃罪等。在该中心，没有高等法院的法官出席，具体案件的审理由巡回法官或刑事法院的业余治安法官主持。

刑事法院采用陪审团审判，是当今英国采用陪审制的主要法院，庭审程序严格规范，仪式隆重，气氛庄严，传统特色浓厚。对刑事法院的判决，当事人如若不服，可以向上诉法院刑事法庭提起上诉，但上诉理由仅限于法律问题。

3. 改组中央法院

对多元化中央法院的改造是逐步完成的。1857 年，议会颁布《离婚法》，成立了离婚法院，负责受理原属教会法院管辖的离婚及其他家事纠纷案件。同一年，议会又通过《遗嘱检验法院法》，成立遗嘱检验法院，其审判工作由离婚法院法官主持。从此，教会法院的世俗司法权被剥夺。

合并普通法法院和衡平法法院两套法院系统是 19 世纪司法改革的重点，因为不仅普通民众无法搞清二者的区别，即使某些法学家也往往疑惑不解，致使当事人经常因为选错法院而造成诉讼迁延不决。例如，1844 年 "克纳特诉渥斯福德的马魁斯" 一案，因为管辖权不清而拖延了 14 年之久。[①] 对于此类现象，布莱克斯通斥之为 "荒唐怪事"，他说： "没有比在一个国家建有两个独立的、拥有最高权力的法庭对共同的臣民和事务行使同等的司法权更为荒谬的事情了。" [②] 为此，1867 年英国议会成立了一个司法委员会，负责制定改革方案。通过调查研究，司法委员会认为， "英国法律制度的弊端并不在于它有普通法和衡平法之分，而在于当一个人去普通法法院寻求救济时，如果诉讼过程中出现衡平法上的要求和衡平法上的辩护，他将不得不回到衡平法法院重新开始" [③]。根据委员会的建议，

[①]　P. S. James, *Introduction to English Law*, Butterworth & Co., Ltd., 1979, p. 34.

[②]　W. Blackstone, *Commentaries on the Laws of England*, Vol. Ⅲ, p. 441.

[③]　D. C. Douglas（ed.）, *English Historical Documents 1833-1874*, Routledge, 1996, p. 538.

议会于 1873 年制定了《司法法》（1875 年 12 月 1 日生效），将普通法法院系统的王座法院、高等民事法院、财政法院、海事法院、遗嘱检验法院、离婚法院、伦敦破产法院、大法官法院合并为统一的最高法院（Supreme Court of Judicature）。

《司法法》规定："最高法院包括以下两个常设法院：一是女王陛下的高等法院，另一个是女王陛下的上诉法院。"[1] 高等法院接管所有原普通法法院和大法官法院的初审司法权，上诉法院专门受理高等法院下属各法庭的上诉案件。从此，两套法院分立并存的二元结构宣告结束，法院组织体系实现了一体化。

起初，高等法院分为五个下属法庭，即王座法庭，普通诉讼法庭，财政法庭，大法官法庭和海事、遗嘱检验与离婚法庭。这些法庭虽各自都沿用旧名称，享有原有职权，但它们不再各自为政，而是一个统一的整体，各法庭分别在自己的主管领域内代表高等法院行使司法权，各法庭的法官可以相互流动，大法官可以根据需要随时委派某个法官参与任何法庭的案件审判。1880 年，普通诉讼法庭和财政法庭被并入王座法庭，高等法院所属法庭缩减为三个，即王座法庭（Queen's Bench Division）、大法官法庭（Chancery Division）和海事、遗嘱检验与离婚法庭（Admiralty Probate Divorel Division）。

高等法院"是一个拥有完整司法权的法院"[2]，它的建立意味着"普通法和衡平法的分离状态宣告结束"[3]。不过，由于普通法和衡平法毕竟性质迥异，所以时至今日它们仍然如同并行流淌于同一渠道中的两股水流而没有（也不可能）完全合为一体，由此决定了在特殊情况下仍有可能发生冲突。为此，1873 年《司法法》特别规定："若在同一事实上衡平法原则和普通法原则存在冲突或差异，衡平

---

①　G. B. Admas and H. M. Stephens, *Select Documents of English Constitutional History*, pp. 543-544.

②　Radcliffe and Cross, *The English Legal System*, p. 305.

③　R.M.Jackson, *The Machinery of Justice in England*, Cambridge University Press, 1953, p.8.

法原则应优先适用。"①

4. 设立上诉法院

中世纪英国因没有上诉制度，所以未设专门上诉法院。不过，如果判决中存在明显的法律错误，当事人可以申请纠错令状（writ of error），由上级法院审核纠正。最高级别的民事错案受理机构是财务署上诉法院和议会上院。衡平法案件的上诉审权则由大法官法院的上诉法院负责，它由大法官和两名专职上诉法官组成。这种民事错案申诉制度保持了数百年之久。1873 年《司法法》颁布后，将普通法和衡平法的上诉司法权统一起来，由新建上诉法院（Court of Appeal）统一管辖。上诉法院可以受理来自高等法院各法庭和各地郡法院的一切民事上诉案件。

在中世纪和近代初期，刑事上诉同样采用纠错令状的形式。1705 年以后，申请刑事纠错令状必须得到总检察长的批准。由于控制严格，在 19 世纪以前刑事上诉一直寥寥无几。为了保证刑事错判案件能及时得到纠正，1848 年英国成立了"国王诉讼保留法院"，由三大普通法法院的全体法官组成，负责受理地方季审法院的上诉。但上诉仅限于法律适用错误，事实认定错误不准上诉，这种状况通过 1907 年刑事上诉法院（Court of Criminal Appeal）的设立而得以彻底改观。②

议会上院继续保持着中世纪遗留下来的最高上诉审权，但对其运行方式进行了合理化改造。原来，上院的上诉审权由本院全体贵族集体行使，由于上院贵族源于世袭爵位，多数不懂法律，这种由外行控制司法终审权的制度显然不合道理。1844 年，爱尔兰人奥康

---

①　G. B. Admas and H. M. Stephens, *Select Documents of English Constitutional History*, p. 546.

②　设立刑事上诉法院与"贝克诈骗案"的错判直接相关。由于 12 名伦敦妇女认错了人，指控阿道夫·贝克诈骗了她们大量珠宝，贝克被捕判刑。但《每日邮报》的一名记者在数年前就听贝克讲过他曾去秘鲁旅行，时间正是 12 名受害人被骗期间，于是《每日邮报》呼吁释放贝克。同时，真正的诈骗犯威廉·梅耶在再次作案时被当场抓获，贝克案情真相大白。在社会舆论的压力下，英国当局最终将已经服刑五年的贝克无罪释放，并于 1907 年设立了刑事上诉法院。

内尔因不服都柏林法院的判决，上诉到议会上院。当时上院中的非法律贵族一分为二，形成尖锐对立的两派，一派主张维持原判，一派主张推翻原判。时任枢密院院长的沃恩克利夫抓住这个机会，以避免出现僵局为借口，建议两派都不要参加投票。他的建议被采纳，由此开创了非法律贵族不得参与上诉案件审判的宪法惯例。此后，当议会上院审理上诉案件时，只有时任大法官、前任大法官等区区数名法律贵族参加。1876 年的《上诉管辖法》增设了数名领薪的终身法律贵族，使其人数达到 12 人，他们被称为常任上诉法官（Lord of Appeal in Ordinary）。

12 名常任上诉法官代表议会上院受理来自上诉法院的一切民事、刑事上诉案件，但根据 1954 年《司法管理法》，上诉必须预先取得上诉法院或议会上院的准许。上院审理案件时，无须当事人和证人出席，只根据初审法院提交的审判记录和双方律师的口头陈述进行法律论证。判决根据少数服从多数原则做出，不同意见允许保留，附在判决书后。第二次世界大战以后，上诉案件的审理通常在议会上院的一个委员会的房间中进行，由五名常任上诉法官组成合议庭，不过，只要有三名出席即达法定人数。宣判仪式仍在议会大厅进行，通常以口头方式向全体议员宣布了事。

5. 健全特别法院

除了上述常规性民事、刑事、上诉法院外，英国还建立健全了各种管辖范围较为狭窄但具体明确的特别法院，这主要包括行政法院和专门法院两大系列。

（1）行政法院系列

行政法院在英国称作行政裁判所（Administrative Tribunals），它们是适应着现代社会对规范行政管理行为的需要而建立起来的。

英国人对于行政法及行政法院普遍持不信任态度，所以英国行政法向来不如欧陆国家发达，独立的行政法院长期付之阙如。然而，自 20 世纪以来，随着城市建设、交通运输、卫生保健、商标专利、福利制度等各种社会事务的发展，政府社会调控范围的扩大和力度的加强，行政立法和行政诉讼急剧增加，行政法院成为必不可少的一种法律机制。1921年，英国颁布《裁判所和调查法》，正式设立行政裁判所。1958年，成立全国"裁判所委员会"，负责指导各种行政裁判所的工作。此后，行政裁判所的种类和数量迅速增加，到1971年，上诉法院院长丹宁勋爵宣称："现在的确可以说我们有一个发达的行政法制了。"[1]

目前，英国大约有3 000个行政裁判所，涵盖着移民、社会保障、劳动、教育、税收、运输、土地、租赁等各个社会生活领域，每年审理案件达100万件以上，[2] 这个数字比高等法院和郡法院每年受理案件的总量高出了数倍。从这个意义上说，行政裁判所在当今英国司法体制中的实际作用不亚于普通法院。行政裁判所隶属普通法院管辖，独立于行政系统。

在行政裁判所系列中，作用最突出的有以下几种。①社会保障与福利裁判所：主要审理包括失业、养老、疾病、死亡、妇产等福利保障方面的案件。②财政裁判所：主要审理涉及所得税、增值税、关税等一切税务争议案件。③土地裁判所：主要审查有关地方当局的土地税率评定、土地征用与买卖、地价评估等类案件。土地法庭的成员包括专业律师、地主和鉴定人等。④就业裁判所：根据1975年的反性别歧视法、1976年的种族关系法和1975年、1978年的就业保障法，该裁判所主要审理因就业歧视或随意解雇员工所引起的纠纷案件。⑤交通裁判所：主要审理有关过路费、运费收取事项的争议案件。它由五人组成，其中一人是法律专业人员，另四人是熟悉交通运输业务的人员。⑥职业行为裁判所：通常采用委员会的形式，按行业设立，主要受理行业内部成员的违规违纪案件，如全国医药总会可以将违犯职业道德的医生除名或给予其他形式的惩罚。⑦精神健康复审裁判所：根据1983年《精神健康法案》设立，由医学专

---

① 张正钊主编：《外国行政法》，中国人民大学出版社1990年版，第142页。
② 张越编著：《英国行政法》，中国政法大学出版社2004年版，第612页。

家组成，主要审理有关精神病鉴定以及治疗行为方面的纠纷事宜。[1]

（2）专门法院系列

专门法院是指独立于民事和刑事法院之外的特设法院，主要有验尸官法院、军事法院和青少年法院等。

①验尸官法院（Coroner' Court）。验尸官法院属于地方习惯法院，主持人验尸官产生于 12 世纪。今天的验尸官由郡务会议从执业五年以上的出庭律师或事务律师中任命，其主要职责是初步侦查和预审，没有判决权。1988 年《验尸官法》规定，当辖区内发现无名尸体，并有充分理由怀疑死者是他杀或非自然死亡，验尸官有责任对尸体进行勘验，以查明死者是何人，何时、何地、因何致死，凶手可能是谁等有关详情细节。[2] 由此可见，验尸官法院并非是一个严格意义上的法院。

②军事法院（Courts-martial）。军事法院是负责审理军职罪和军职人员普通刑事罪的专门法院。对军职罪，军事法院有专属管辖权；对于军职人员的普通刑事罪，军事法院与普通法法院共享管辖权。如果军事法院的审判在前，不妨碍普通法法院再次审判，但普通法法院应当考虑军事法院已给予的刑事处罚；如果普通法法院先行审理的话，军事法院不得就同一罪行再予追究。军事法院按军种设立，采用合议庭形式。陆军和空军军事法院由 3—7 名军官组成，海军军事法院由 5—9 名海军军官组成。军事法院都不用陪审团，只有一名军法顾问协助，提供咨询，并在审理终结时就证据和法律问题向合议庭作总结性提示，但他没有表决权。军事法院允许被告自我辩护或委托律师辩护。不服军事法院判决的，可以向上诉法院提起上诉。

③青少年法院（Youth Court）。青少年法院初建于 1908 年，当时被称作未成年人法院，负责受理 16 岁以下的青少年犯罪案件。1992 年改名为青少年法院，管辖范围扩大为 10—17 岁的青少年犯罪案件。青少年法院由 3 名经过专门培训的法官组成，其中至少有

---

① 参见〔英〕詹·迈克科米克－华生：《英国法律体系基础》（影印本），武汉大学出版社 2004 年版，第 95、94 页。

② 王德志、徐进：《西方司法制度》，山东大学出版社 1995 年版，第 70 页。

1 名女性。陪审团由来自当地社区的两名成员和 1 名主管当地青少年犯罪工作的专业人员组成。出于保护青少年的需要，青少年法院开庭时不允许旁听，新闻记者虽然可以进入法庭采访，但在报道中不准透露当事青少年的名字和其他任何身份信息。属于杀人罪或其他情节严重的青少年犯罪案件，须移交给治安法院审理。如果青少年和其他成年人共同犯罪，当事青少年则和当事成年人一起出席治安法院受审，但当事青少年可以送回青少年法院宣判。[①]

总之，通过 19 世纪的持续而零碎的改革，英国构建起一套统一的四审级现代司法体制。其突出特点是：第一，系统单一，局部复杂。英国只有一个普通法院系统，而不像法德两国那样，有三个独立的法院系统：普通法院系统、行政法院系统和宪法法院系统，也不像美国那样，有两个互相独立的法院系统：联邦法院系统和州法院系统。这是因为，英国是一个单一制的议会主权国家，行政法不甚发达，所以地方法院隶属于中央法院，下级法院服从于上级法院，宪法的解释权属于议会，因而无须建立宪法法院，行政裁判所都隶属于普通法院的监管之下，没有独立地位。所以准确说来，英国司法体制应当是"总体单一，具体复杂，中央单一，地方复杂"[②]。第二，法院系统与行政系统完全脱钩，自成体系，上下有序，职权分明。中央高等法院自不待言，地方的郡法院、治安法院和刑事法院无不独立于行政区划之外，单独设立司法管区，而且，民事管区和刑事管区也不相重合。采用司法管区单列体制可以防止行政干预和地方保护主义，体现了现代司法的独立精神。

在财政经费上，英国法院系统一直没有独立的支配权，司法机关和其他政府机关一样，所需经费统一归财政部管辖，每年由财政部与大法官办公厅协商起草预算，然后由内阁提交议会投票表决。议会通过后，由大法官办公厅按各类需求进行分配。这种司法经费

---

① 参见赵勇："英国青少年司法体系的改革及启示"，《中国青年政治学院学报》
2003 年第 5 期。

② 方立新：《西方五国司法通论》，人民法院出版社 2000 年版，第 34 页。

管理制度暗含着行政机关利用"经济手段"威胁司法独立的可能，因为谁付钱谁就有发言权。现任议会上院法律议员尼考拉斯·布劳恩－威尔金森甚至认为，这是一种"更险恶的威胁"，因为它威胁到整个司法系统的独立性，而不是在其中工作的法官个体的独立性。[①]

不过应当承认，在 20 世纪 50 年代以前，司法独立并未因这种经费管理制度受到多大影响，因为那时司法经费的需求总量相对较少，而英国又是一个发达国家，经费需求都能得到满足。然而，从 60 年代起，随着犯罪率和诉讼量的上升和法律援助制度的建立，司法经费的需求量大幅度增长，经费拮据及其制约司法独立的潜在危险也同步上升，这主要体现在政府加大了对司法经费开支情况的监督和控制。财政部于 1985 年公开提出了"经济效益"原则，作为衡量公共经费使用效果的标准，要求大法官办公厅就如何最佳使用经费建立明确的目标责任制，如果未能达到预期的"经济效益"，财政部将拒绝批拨下一年的预算。毋庸置疑，"经济效益"原则与司法工作的特殊性质是不相契合的，因为司法以公正为首要价值目标，而司法的公正性是很难用经济指标来衡量的。但大法官办公厅又不能不执行政府的规定，为了达到财政部的"经济效益"指标，它只能本着"怎么省钱怎么干"的原则，而不能按照"怎么有利于公正怎么干"的原则去进行司法管理。所以，尼考拉斯·布劳恩－威尔金森在 1987 年的讲学中不无忧虑地提醒人们注意："在我看来，没有人故意侵犯司法系统的独立；但这种情况正在我们不注意、不理会的时候发生。"[②]

审判制度的改善

近代英国的陪审－对抗制是世界上最先进的司法审判制度，但仍存在不少需要改进的细节性缺陷。而且，制度的先进性都是相对

---

① 最高人民法院司法改革小组编，韩苏琳编译：《美英德法四国司法制度概况》，第 333 页。

② 同上书，第 340 页。

的，在日新月异的现代社会中，任何制度都需要不断调整、与时俱进。所以，19世纪以后的英国司法制度一直处于不断改善的变动过程中。

1. 废除令状制度

作为封建残余的司法令状因种类繁多、格式僵化，与现代司法文明的要求越来越不相协调。按照令状制度的要求，当事人必须根据诉讼的性质选择相应令状，如果选择错误，法院将拒绝受理，此时当事人必须撤回诉讼，另选合适的令状重新起诉，人称"换马"程序。如果案件涉及两种诉讼，当事人必须申请两种令状，作为两起案件分别起诉。令状制度增加了诉讼成本，影响了司法效率。为此，英国议会在19世纪通过了五个法案，逐步废除了这一古老制度。1832年的《统一程序法》首先废除了对人诉讼的各种令状。1833年的《不动产时效法》又废除了大约60种不动产诉讼令状，只保留了回复不动产之诉等三种令状。1852年的《普通法诉讼条例》规定用简单的土地追索之诉代替回复不动产之诉，同时取消所有古老的诉讼形式，改用新的程序规则。1875年的《司法法》又取消了传唤令状，代之以统一而简单的传票（writ of summon）。至此，令状制度彻底退出了英国历史舞台。

2. 改善陪审制

（1）陪审员的资格

长期以来，英国对陪审员实行财产资格限制制度，1972年制定的《刑事司法法》取消了陪审员财产资格，只要登记为选民即可担任陪审员。《1974年陪审团法》规定，凡在议会或地方选举中登记为选民，年龄在18岁至65岁，在英国居住五年以上，没有因犯罪被剥夺陪审权或因职业限制不得参加陪审的公民，均可充任陪审员。[1]其中的"职业限制"主要指议员、法官（包括治安法官）、律师、警察、牧师以及贵族、士兵和医生。另外，与案件有利害关系的人，与被告、证人关系密切的人，有精神缺陷的人都不得担任陪审员。

---

① 参见肖扬主编：《当代司法体制》，第35页。

除此之外，种族、宗教、政治信仰和职业等均不能作为剥夺陪审员资格的理由。在英国，担任陪审员是强制性的公民义务，没有适当理由不得拒绝，否则将受到罚款处分。

（2）陪审员的选任与回避

选任陪审员由法院书记官负责，分初选和庭选两个步骤。初选时，由书记官随机从选民登记册、报税单甚至电话簿或驾驶执照登记册上挑选出一批候选人，由法院通知本人。庭选于开庭的第一天上午在法庭上公开进行，方法是将适量候选人卡片放进抽签箱，由书记官从中抽取，抽中的卡片经法官审查后，确定 12 名人选，组成在审案件的陪审团。在诉讼过程中，如果陪审员因病或其他原因辞职，只要总数不少于 9 人，审判即可进行。陪审员没有薪酬，起初连津贴也没有。1949 年《司法法》颁布后，陪审员可以领取一定的差旅费和误工补贴。

依照法律规定，如果当事人对陪审员持有异议，可要求回避。回避程序是，陪审团组成后，法官立即询问双方当事人及其律师是否要求回避，如有此要求，被要求回避的陪审员必须退出陪审团，缺额再以抽签方式补足。

回避分有因回避和无因回避两种，前者又称"相对异议"（challenge for cause），后者又称"绝对异议"（peremptory challenge）。对于"相对异议"诉讼双方均可提出，前提是必须有正当理由。下列情况属于正当理由：一是陪审员与当事人有亲属、朋友关系；二是陪审员与当事人存在利害关系，如上下级关系、同事关系或者债权债务关系等；三是虽无以上关系，但是有事实证明陪审员对当事人存有偏见，可能影响公正审判，如种族歧视思想等。

"绝对异议"的要求权只能由被告方提出，不需要说明理由。根据 1509 年法律规定，刑事案中的被告可以提出"绝对异议"20 次。这种规定在英国延续了几个世纪。布莱克斯通从人道主义立场出发，肯定"这种规定对犯人充满了仁慈和人道"[①]。然而，在实践中该制

---

① W. Blackstone, *Commentaries on the Laws of England*, Vol. Ⅳ, p.353.

度却经常被滥用。1840年，一名伪造证据罪的嫌犯把20次"绝对异议"权全部用尽，致使陪审团迟迟组建不起来，延误了案件审理。因此，不时有人呼吁限制"绝对异议"的次数。于是，1948年《刑事审判法》将其限定为7次，1977年的《刑法》又进一步减少为3次。[①]回避制度有助于保障司法公正，也体现了现代司法的人文关怀。

（3）绝对多数裁决原则

1670年通过巴谢尔判例废除了陪审团必须意见一致的传统原则，改用绝对多数裁决原则。1967年，议会通过立法确立了这一原则，使每一个陪审员都获得了独立判断的自由。1974年的《陪审团法》规定了"绝大多数裁决"原则的具体实施办法：第一，当陪审团由12人组成时，必须有10人同意；当陪审团由10人组成时，必须有9人同意。第二，陪审团的裁决必须由陪审团长在公开法庭上宣布了同意和不同意的人数后才能生效。第三，只有当法庭根据案件的性质和复杂程度，认为陪审员已在合理的时间内（至少两个小时）进行了充分评议，才能接受其裁决。如果法庭认为时间短促、评议不充分，可再延长两小时。如果给予了足够的评议时间，陪审团还未达成一个"绝大多数意见"，法官将宣布解散陪审团，重新组建新陪审团对案件进行审理。不过，这种情况极少发生。

（4）陪审制适用范围缩小

18世纪和19世纪上期是英国陪审制的黄金时代，从19世纪中叶起，陪审制开始受到质疑。质疑理由主要有四个：一是陪审制需要花费更多时间，影响审判效率。二是陪审制需要支付陪审费，增加了审判成本。三是陪审团的构成具有不确定性，同一类性质的案件由不同的人组成陪审团审理，其裁断可能有所不同，导致法律混乱。四是陪审员都是法律的门外汉，容易感情用事，不利于判决的公正性。在质

---

① 即使限制为3次，在特殊情况下"绝对异议"权仍有可能被滥用而影响司法效率。丹宁勋爵在《法律的未来》一书中就讲过一宗案件：在一次暴乱中，12名暴乱分子被捕受审，按法律，他们每人都有3次"绝对异议"权，结果他们共使用了35次。可以想象，完成这35次异议、回避、补缺程序，法庭要付出多大的时间代价！所以，丹宁勋爵生前曾建议取消"绝对异议"权，只保留"相对异议"权。

疑声中，19 世纪后期陪审制在英国日渐式微。在民事案件中，1854年的《普通法程序法》规定，只要当事人同意，即可由法官单独审判，不用陪审团。1873 年的《最高法院组织法》颁布后，大部分民事案件可以免用陪审制。到 1948 年，民事诉讼中的陪审制基本废止。在刑事诉讼方面，1948 年的《刑事司法法》废除了大陪审团制度，同时准许以简易程序审判轻罪案件。1977 年的《刑事法》将刑事案件分为陪审团审判、简易审判和两者皆可三种情况，属于第一种情况的只有谋杀、凶杀和强奸案。据统计，在当今英格兰和威尔士，由陪审团参加审判的案件只占 5%，其中刑事案件占 4%，民事案件占 1%。[①]

陪审制的使用量在当代英国日趋下降是不容置疑的事实，但绝不能据此得出陪审制正趋向消亡的结论，"陪审团审判的原理是有生命力的，可能在未来的许多年中它仍将作为英国刑事司法制度的基本特征"[②]。减少陪审制使用的动因在于节省成本，提高效率。在科学发展不断地为司法提供新的技术证明手段的今天，有些案件通过技术鉴定（如 DNA 检测）就能轻而易举地辨明真相，对于这类案件若继续使用陪审制，无疑会劳民伤财，造成"正义的迟到"。然而，对于某些特别复杂微妙、扑朔迷离（例如诽谤罪）的复杂案件，如果单纯依靠客观性技术手段是很难做出公正判决的，它们需要人文因素和主观价值判断的介入，所以采用陪审制仍是必要的。可见，适用范围的缩小仅仅意味着陪审制日益集中于最必要的审判领域，以实现其效能和价值的最大化，这恰恰是英国司法现代化程度日益提高的结果和体现。

3. 改善对抗制

（1）弱化对抗强度

在过去的 30 年内，英国对抗制呈现对抗强度逐步弱化的趋势。导致这一变化的原因有三：一是 70 年代以来在一系列爱尔兰共和军

---

① H. J. Abraham，*The Judicial Process*，Oxford University Press，1986，p.103.
② 麦高伟、杰弗里·威尔逊主编：《英国刑事司法程序》，姚永吉等译，第 366 页。

恐怖案件的审判中，许多无辜者在对抗制下被错误定罪，促使越来越多的英国人认识到，对抗制并不是绝对可靠的。二是对抗制不能给证人和被害人特别是未成年人和强奸案件中的受害人提供足够的保护，辩护律师在盘问时经常使他们遭受人格尊严的伤害，甚至陷入被报复的危险之中。三是反复的交叉询问，降低了审判效率，增加了司法成本。

针对上述问题，1993年皇家刑事司法委员会进行了以下改革：引进欧陆国家的纠问制因素，让法官在审判中扮演更积极的角色，如审前警察调查应当受法官监督，对于特别复杂的案件，法官可以要求举行审前听证会，以减轻庭审中举证和质证的压力；在特殊案件中，可允许证人匿名举证，以免遭致报复；禁止盘问性犯罪案中的受害人；未成年证人可以不用出庭，通过审前庭外录音或录像作证；等等。上述改革表明，法官更积极地介入诉讼和发挥作用，控辩双方更少地公开对抗，除被告人外其他各方的利益也应给予有效保护，例如证人和被害人的利益。

（2）辩诉交易广泛使用

辩诉交易（plea bargaining）是一种新兴的简易速决刑事诉讼制度，最早产生于美国，20世纪30年代发展为一种正式诉讼制度，不久传入英国。根据这种制度，在正式开庭审案前，控辩双方（有时法官也介入）可围绕被告人的定罪量刑问题进行协商与交易。经过"讨价还价"后若能达成协议，被告人将作"有罪答辩"，控方（检察官）则承诺对指控罪行和判决予以"打折"，作为对被告人"有罪答辩"的回报或奖励。譬如，可以减少指控，即在被告人的多项犯罪指控中，只起诉其中的一项或几项；可以降格指控，如本可指控被告人一级谋杀罪，可降格为二级谋杀罪；可以建议法庭从轻处罚，如本应判处被告人10年监禁，可减为8年。至于具体"折扣"多少，法律上没有也无法做出明确规定，但英国律师界普遍认为，作有罪答辩的被告应该得到减刑三分之一的奖励。

为了规范辩诉交易程序，英国上诉法院在1970年特尼尔上诉案中，以陈述意见的方式做了一系列规定，称作"特尼尔规则"。其主要内容是：①律师可以自由地向被告人提出辩诉交易建议。②被告人对作有罪答辩还是无罪答辩有完全的选择自由。③律师可就量刑问题与法官自由沟通和讨论，讨论内容应及时通知被告人。2000年12月，总检察长颁布《接受答辩指南》，对辩诉交易规则又补充了两项内容：第一，坚持公开原则。除个别情况外，讨论答辩和量刑事宜均应公开进行。第二，坚持透明原则。只有在例外情况下才允许法官在办公室讨论答辩和量刑事宜，而且应将所有决定和评议做好记录，在检察机关备案。

辩诉交易缩短了刑事诉讼周期，节省了人力、物力和财力，降低了抗诉和上诉概率，提高了司法效益，对此，英国皇家刑事司法委员会给予了充分肯定。[1]但是，也有学者指出，辩诉交易实际带来的利益可能比宣称的要少，从某种意义上说，它是以"出卖正义"为代价的，理由是："打折"原则与现代刑法中罪刑法定和罪刑相当原则是不符的；让被告人逃脱或减轻应有的惩罚对受害人来说是不公平的；辩诉交易可能导致公法私法化，把单方面强制性的公共义务变为一种有偿的等价交换行为，使法官丧失独立与公正性，甚至对诚实、正直等社会公德建设产生不利影响。

尽管褒贬不一，辩诉交易毕竟已是当今英国刑事司法制度中的一个客观存在，并呈现出不可逆转之势。[2]实际上，辩诉交易是在面对取证困难的特殊案件，在无法达到兼顾公正与效率的最优目标的情况下，退而求其次的一种理性选择，它一方面使案件得到了及时处理，保证了效率，另一方面也满足了基本的公正要求。虽说这不是最理想的诉讼解决方式，但却是特定情况下唯一现实的最佳方式。可以肯定，今后争论将继续存在，但辩诉交易不会消失，只能对其

---

[1] 参见麦高伟、杰弗里·威尔逊主编：《英国刑事司法程序》，姚永吉等译，第335页。

[2] 其实，除了英美两国外，其他各国的刑事司法实践中都程度不同的存在辩诉交易，只是没有作为一种法律制度公开承认罢了。例如，我国长期实行的"坦白从宽、抗拒从严"的刑事政策中，就包含着辩诉交易的因素。

加以规范和进一步改进与完善。

（3）恢复性司法发展迅速

如果说辩诉交易是一种简易刑事诉讼程序的话，那么，最近十几年兴起的恢复性司法（restorative justice）则是一种以修复被破坏的社区关系为宗旨、以协商补偿为主要手段、由各种社会力量共同参与和完成的替代性刑事解纷程序，亦即"所有处于特定纠纷或犯罪中的当事人共同处理纠纷或犯罪带来的后果及其影响。从而使得罪犯有机会去了解他们的所作所为对社会的影响并予以弥补。同时，被害人也有机会使它们受到的伤害和损失得到承认和补偿"①。

恢复性司法首创于20世纪70年代的加拿大，90年代引入英国。1993年，牛津郡警察局最先将恢复性司法应用于青少年刑事案件。具体做法是，当警察发现犯罪人实施犯罪后，如果犯罪人做了有罪答辩，警察不是将他们送交法庭，而是带他们到作案社区，与受害人直接交谈，面对面地聆听受害人陈述受到的伤害，并向受害人表示道歉，以争取受害人的谅解和促使犯罪人反躬自省。当需要对其犯罪做出补偿时，警方则召集一个"恢复性会议"，邀请犯罪人、受害人以及他们的支持者参加，共同协商补偿方案。然后，将犯罪人移送给经专业培训的志愿者组成的青少年犯罪者帮助小组，按照商定的计划协助犯罪人改过自新。②

恢复性司法不但可以通过犯罪人的当面认罪和道歉，缓和甚至消除受害人的内心仇恨，而且不给犯罪人留下耻辱痕迹，有利于他们洗心革面重返社会。同时，通过犯罪人、受害人和社区成员的共同参与，可以缓解对立情绪，修复和维护社区的和谐关系；还可以省却庭审程序，减少在押人数，节省司法资源。因此，恢复性司法程序一出现就表现出强劲的发展势头，迅速从青少年犯罪扩大到成年人犯罪领域，并推广到全国各地。

---

①　齐树洁主编：《英国司法制度》，厦门大学出版社2005年版，第558—559页。

②　参见吴丹红："恢复性司法初探"，http://article.chinalawinfo.com/article/user/articledisplay.asp?ArticleID=24589，最后访问时间为2014年10月20日。

4. 近年来的司法改革

（1）设立独立的最高法院

如前所述，英国的现代政治体制是一种议会主权下的"弱分权"结构，最高司法权属于议会上院，其审理过程也不对外公开，以致被媒体讥为"藏在威斯敏斯特宫的幽长走廊里"，这在学理上是违背三权分立和司法独立与公开原则的。随着现代法治的不断发展，这种体制的不合理性日益明显地暴露出来。另外，"二战"后欧洲一体化进程和欧盟法的发展也给英国带来巨大挑战和压力。1950 年制定的《欧洲人权公约》对司法独立设定了严格的要求，它规定："任何人都有理由在合理的时间内受到依法设立的独立而公正的法院的公平且公开的审判。"1959 年成立的欧洲人权法院则通过判例多次明确宣告，审判机构不仅在实质上必须是独立的，而且在形式上也必须如此；如若立法职能和司法职能混同，将无法满足公正审判的要求。① 这些变化使得改革议会上院迫切地提上了议事日程。于是，布莱尔工党政府首先在 1999 年出台《议会上院法》，废除了世袭贵族制，随后在 2005 年制定了《宪政改革法》，决定设立独立的最高法院。经过数年筹备，2009 年 10 月 1 日，联合王国最高法院（Supreme Court of the United Kingdom）正式成立，取代议会上院成为英国最高司法机关。

最高法院由 12 名法官组成，设院长和副院长各 1 人。在首批 12 名法官中，10 名来自原议会上院常任上诉法官，1 名原是卷宗主事官，1 名暂时悬缺。出任最高法院法官后，原来的上院议员资格和权力随即终止。以后若出现法官职位空缺，由院长、副院长以及英格兰、苏格兰和北爱尔兰的地方司法任命委员会各 1 名成员组成的 5 人委员会，根据专业素养、实践经验等因素予以综合评估后推荐人选，交首相提名，由国王书面任命。法官资格要求必须担任高级法院法官两年以上，或有相关从业资格并实际从业 15 年以上者。法官接受国王任命时必须

---

① 参见江国华、朱道坤："世纪之交的英国司法改革研究"，《东方法学》2010 年第 2 期。

进行宣誓，宣誓内容主要有尊重法治，捍卫司法独立，履行法官职责等。

最高法院继承了议会上院的终审司法权，负责解释和发展英国法律，受理联合王国的民事案件，同时受理除苏格兰之外的刑事案件，①主要是来自中央和地方高等法院的上诉案件，尤其是具有重要影响的商业纠纷和涉及《人权法案》的上诉案件。最高法院还受理涉及苏格兰、北爱尔兰和威尔士权力下放事务的案件，此类案件往往事关国家宪政架构，其重要性和影响力不言而喻。

最高法院下设三个审判庭，庭审沿袭传统的合议方式，一般案件由 5 名法官合议审理，特别重大的案件由 9 位法官合议审理。审判庭的内部设置进行了革新，采用了由两个半椭圆形组成的圆桌会议布局。双方律师不是分坐法官两边，而是并排坐在法官席的对面，体现了平等精神。

设立最高法院的直接后果是削弱了枢密院司法委员会（Judicial Committee of the Privy Council）的职权。枢密院司法委员会建立于 17 世纪，原名"贸易和海外殖民地委员会"，由 5—6 人组成，其中 1—2 人出身律师，其余都是枢密院大臣，主要负责审理来自英国殖民地的上诉案件，其判决为终审判决。1833 年《司法委员会法》规定，只有担任过高级法官的枢密院大臣才能出任枢密院司法委员会成员，从此该委员会演变为一个覆盖大英殖民帝国的专门司法组织，有"帝国法院"之称。它除了受理海外的上诉案件外，还有权裁决国内有关权力下放事务的纠纷。"二战"以后，随着英联邦成员国的独立性日益增强，枢密院司法委员会对联邦成员国的上诉终审权陆续宣告终止。最高法院成立后，枢密院司法委员会的国内司法权被取消，仅在某些联邦成员国的有限范围内保留了理论上的上诉终审权，职能大为减弱，在英国司法体系中实际上已无足轻重。

设立最高法院最重大的后果是英国进一步靠向三权分立，司法独立原则得到强化，议会主权理念受到削弱。对此，首任院长菲利

---

①　苏格兰的刑事案件只能上诉到苏格兰高等法院，因为苏格兰高等法院是当地的最高刑事法院。

普斯勋爵曾在最高法院成立仪式上如是说："英国迈出了权力分立的最后一步。尽管这一步是通过相当缓慢的渐进变革实现的，但司法权终于完全与立法和行政分立……这一宪政体制变革的核心之一就是公开，让公众更方便地了解我们的审判工作……我希望，当一百年后人们回过头来回顾这一重大变革时会认为这是英国宪政发展史上的一个里程碑。"[1]

（2）改革民事审判制度

1994 年，英国大法官办公厅任命沃尔夫勋爵牵头进行民事审判制度改革。在随后的两年内，沃尔夫勋爵通过全面调查，写出了两份题为《接近正义》的调查报告，提出了 300 多项改革建议。在此基础上，英国政府于 1998 年制定了新的《民事诉讼规则》（以下简称《新规则》），对民事司法制度进行了全局性改革。改革的主要内容是[2]：

第一，简化诉讼规则，缩短诉讼时间。《新规则》将高等法院和郡法院的诉讼规则合二为一，减少特殊规则；统一诉状书写格式，降低其技术性要求；严格限制证据开示规模；取消原来多种多样的上诉和申诉方式，实行统一的上诉规则，并控制上诉数量；所有案件都必须确定审理日程表，诉讼过程最长时限不得超过 30 周；快速程序实行固定日程表，庭审必须在一天内结束。

第二，合理确定诉讼费用，尽量降低诉讼成本。《新规则》要求，诉讼费用应考虑民众的经济承受能力，兼顾诉讼双方利益；应当与案件的争议金额和复杂程度相称；快速程序实行固定诉讼费制；对于程序不复杂、结果可预测的案件，由法院签发诉讼费用指南，有关人员参照执行。

第三，加强法官对案件的管理，缩小当事人自由决定的范围。

---

[1] 程雪阳："英国最高法院掠影"，高鸿钧主编：《清华法治论衡》（第 14 辑），清华大学出版社 2011 年版，第 470 页。

[2] 有关这次改革的内容，参见齐树洁主编：《民事司法改革研究》（修订版），厦门大学出版社 2004 年版，第 428—440 页；徐昕：《英国民事诉讼与民事司法改革》，第 421—492 页。

《新规则》规定，法官可以不经当事人申请而直接行使案件管理权，无须听取当事人的异议；如果当事人不遵守日程安排或有关费用规则，法官可以自行决定排除诉讼；对于违反程序的行为，法官可以采取强制性措施。另外，法官有权根据案件的难易程度，自主决定审理程序的繁简。对于诉讼标的额较小、案情简单的案件，可采用小额求偿程序，无须律师参加，以便尽快解决纠纷。对于争议金额和案情复杂程度属于中等的案件，可适用快速程序；快速程序必须遵照预定的时间表进行和完成，并在证据开示、律师辩护和律师费计算方式（不实行计时收费制）方面受到诸多限制。对于金额较大、案情复杂的案件，可采用多轨程序。多轨程序相对复杂些，但法官同样可以发挥积极管理作用。例如，法官可以通过审前会议发布管理性指令，可以在各个诉讼阶段随时介入，组织和推动诉讼程序的进行。总之，《新规则》通过扩大法官对案件的管理权和"因案制宜"的自由决定权，在传统的当事人主义诉讼模式上打开一道缺口，引入职权主义的新鲜空气，从而可以更合理地配置和使用司法资源，提高效益。

第四，提倡当事人采用替代性纠纷解决方式，以缓解法庭诉讼压力。替代性纠纷解决方式（alternative dispute resolution）是一种取代费时费财的庭审，通过调解、调停使诉讼双方达致和解的解纷方式，简称 ADR。这种方式虽然出现于 1998 年之前，但直到《新规则》颁布后才获得法律的明确肯定。为推广 ADR 方式，《新规则》制定了一些鼓励措施，如法庭有义务向当事人提供有关 ADR 的信息，法律援助基金应给予使用 ADR 的当事人以同等援助，法官可凭职权中止诉讼一个月，以便于当事人通过 ADR 达成和解等。同时，《新规则》规定，如果当事人无端拒绝 ADR 方式或在 ADR 实施过程中无理取闹，法庭有权在判决中要求其承担不利的法律后果。ADR 方式的采用和推广，既开发了新的司法资源，减少了庭审数量，提高了司法效率，也缓和了诉讼的对抗性。据资料统计，1990 年英国郡法院共受理民事案件 350 万件，交付庭审的案件仅占 2.1%，同年高等法院受理民事案件 37 万件,只有 3 500 件进入庭审,所占比例不到 1%。① 可见,当今英国绝大多数民事案件是通过替代性纠纷解决程序予以解决的。

如今,英国的民事审判制度改革仍在进行当中,对它的成败得失还不到盖棺论定的时候,但仅就近五年的实践效果和社会反响看,改革获得了大多数英国人的拥护和支持。

(3)改革刑事审判制度

第一,沉默权受到限制。由于沉默权本身是一把双刃剑,它既是无辜者的保护伞,也可能成为犯罪者的防空洞。因此,自 20 世纪 70 年代以来,随着犯罪率的上升和治安局势的恶化,特别是恐怖犯罪的日益加剧,英国朝野不断有人呼吁对沉默权加以限制。1972 年和 1982 年刑事法律修订委员会两次建议:被告人如果在警察讯问中没有提及他后来用以为己辩护的事实,法官就应作不利于被告人的推论。1988 年,北爱尔兰首先将上述建议运用于恐怖犯罪案件的审判,并进而扩大适用于一切刑事案件。1994 年,英国通过《刑事审判和公共秩序法》,将限制沉默权的政策推广到英格兰和威尔士。该法案的主要内容是,在某些法定情况下,如果被告人没有在被捕时就其身体上或身体附近存在物的可疑痕迹或物品向警察做出解释,如果被告人在审判中用作辩护理由的事实没有在接受警察讯问时向警察透露,那么,法官可以做出不利于被告人的推论。②

限制沉默权的改革在英国法律界引起巨大争议,部分学者对此提出异议。他们认为,沉默权是一道保护犯罪嫌疑人合法权益的重要屏障,"不利推论"的适用将会导致沉默权名存实亡,而代之以如实陈述的义务,其结果可能会促使警方把注意力由调查取证转为获取嫌疑人的口供,可能诱导刑讯逼供重新抬头,究其实质是向纠问制倒退,与当今诉讼民主化的潮流不符,与联合国确立和推行的

① 参见贺小荣:"论民事简易程序司法解释的法理基础及其价值取向(上)",《法律适用》2003 年第 10 期。

② 参见麦高伟、杰弗里·威尔逊主编:《英国刑事司法程序》,姚永吉等译,第 94 页。

刑事司法国际准则相悖。[①]笔者认为，这种否定性评价有些言过其实，因为对沉默权的限制仅仅限于"某些法定情况"，这非但不是刑诉文明倒退的表现，恰恰相反，意味着刑诉开始注意原告人、被告人和社会大众各方利益的综合平衡，从而更接近实体公正。就此而言，这一改革恰恰标志着英国刑事审判制度的进一步完善。

第二，"一罪不二审"在一定范围内废除。"一罪不二审"规则因为体现了人权保护和程序公正原则，在英国已实行数世纪之久。到 20 世纪末，随着恐怖犯罪和严重暴力犯罪的急剧上升，这一规则固有的不利于打击犯罪的弱点开始暴露出来。于是，英国在 1996 年《刑事程序和侦查法》第 54 条中规定，如果一审无罪裁判是由于诉讼程序受到干扰或陪审员与证人受到恐吓所致，那么，对原判无罪的被告人可以重新进行审判。2003 年 11 月 20 日，英国议会通过《刑事司法法》，规定，对受害人或社会的危害后果特别严重的 29 种犯罪，如故意杀人、强奸、贩毒、武装抢劫等，在发现新的和令人信服的证据证明原审无罪判决确实存在错误的情况下，允许对被告人再次追究。这样，"一罪不二审"规则在一定范围内宣告废除。这一改革纠正了因为过分注重程序公正和被告人权利保护而忽视实体公正和社会公共利益的弊端，所以在英国没有引起任何争议。

英国司法制度的价值取向与发展走势

纵观现代英国司法制度的建立与发展不难看出，它在价值取向上具有以下三个鲜明特征：

第一，在司法公正与司法效率的关系上，特别强调公正的价值。公正与效率是司法制度的基本价值目标，二者相互依存、密不可分。一方面，"正义是社会制度的首要价值，正像真理是思想体系的首要价值一样"[②]；另一方面，"正义的第二种涵义——也许是最普通

---

① 参见卞建林、郭志媛："英国对沉默权的限制"，《比较法研究》1999 年第 1 期。
② 〔美〕罗尔斯：《正义论》，何怀宏等译，第 1 页。

的涵义——是效率"①。所以，从理论上说，效率和公正是统一的，公正的司法肯定是讲究效率的，置效率于不顾的公正则不是真正的公正。然而，在实践中公正和效率却经常处于紧张关系中，甚至相互冲突，所以人们不得不有所选择。从理论上说，选择的一般原则应当是"两害相权择其轻，两利相较取其重"。据此，正确的选择应当是公正优先、兼顾效率，因为与强调效率优先的行政制度不同，司法制度的灵魂在于公正。没有了公正，效率将一钱不值。回顾历史，英国正是遵循了这一原则。陪审 - 对抗制程序烦琐，规则严密，诉讼过程漫长，客观地讲，效率是不算高的，但英国人却情有独钟，乐此不疲，其主要原因在于这种制度能够最大限度地保证司法公正。

第二，在程序公正（过程公正）与实体公正（结果公正）的关系上，特别注重程序公正的价值。由于英国普通法是借助于令状制度形成的，其大部分实体法内容都是"从程序的缝隙中逐渐渗透出来的"②，因而从一开始就具有重程序轻实体的诉讼形式主义特征。在英国人看来，程序是实体之母，只要程序是公正的，不管审判结果如何都被认为是公正的。换言之，为了程序公正，即使牺牲实体公正也在所不惜。例如，在刑事审判中，只有程序上明显不公的判决才允许上诉。如果程序是公正的，即使判决结果在实质上是错误的，也没有机会得到纠正，这一点集中体现在"一罪不二审"的规则中。

第三，在诉讼当事人合法权利的保护上，特别重视对被告人权利的保护。英国法一向认为，由于被告人特别是刑事被告人在诉讼结构中处于防御性的弱势地位，其合法权利很容易被忽视甚至受到侵害，所以在制定诉讼规则时，有意识地向被告人倾斜，从而形成了"宁可错放十个罪犯，不可冤枉一个无辜"的"布莱克斯通原则"（Blackstone's ratio），亦即刑法比值原则。从大陪审团审查起诉、小陪审团参与审判、律师辩护制，到沉默权制度和各种具体复杂的

---

① 〔美〕波斯纳：《法律的经济分析》（上），蒋兆康译，中国大百科全书出版社1997年版，第31页。

② H. Maine, *On Early Law and Custom*, Kessinger Publishing, 2008, p.389.

证据规则，无不体现着这一价值取向。这种倾向体现了关注弱者的人道主义精神，但也带来一定的负面效应，那就是有时可能让真正的罪犯逃脱法律制裁，影响对违法犯罪的有效打击，从而间接损害原告人、被害人利益和社会公共利益。

不过，如前所述，自 19 世纪以来进行的一系列司法改革表明，在价值取向上英国正在有意识地纠偏取正，努力在各种对立价值之间寻求平衡，而且，这一点仍将是未来英国司法制度发展的价值坐标。例如，在坚持公正优先的前提下，更加重视效率的提高；在尊重程序公正价值的前提下，更加强调实体公正的价值；在注重被告人权利保护的同时，也给予其他相关人（如原告人、被害人、证人）的权利以及社会公共利益（如惩罚犯罪、保障社会安全等）以足够的重视；在继承当事人主义传统的前提下，适当增加职权主义因素，进一步向"管理主义模式"靠拢；在保持对抗制结构模式的前提下，加强诉讼双方的合作性；等等。总之，未来英国司法制度的总体框架不会根本改变，但在具体环节上将继续不断地进行微调，其总趋向是更加注重各种诉讼角色、权利、资源、价值之间的统筹兼顾，力求通过多元利益的折冲樽俎达致和谐统一，从而促使司法审判更加"接近正义"。正如 2000 年 12 月 14 日英国议会上院在某案件的判词中所写的那样：

> 人们必须记住，保护被告人的权利不是（刑事司法）要追求的唯一价值目标，刑事司法的目标是要让每一个人在日常生活中免除犯罪对人身或财产的侵害或由此带来的恐惧。而且，严重犯罪应该受到有效的侦查或起诉，这是符合每个人利益的。（司法）对各方都必须是公正的，在一个刑事案件中，它要求法官考虑三角形利益关系，包括被告人、被害人或其家庭，以及公众的利益的定位。[①]

---

① 转引自茆巍："论刑事审判的检察监督"，湖南大学 2007 年硕士学位论文，第 10—11 页。

第九章　法国

法国是继英国之后第二个告别中世纪走向现代法治的欧洲国家，而且在法制现代化的早期，如同英国一样，司法功不可没。但是，由于自身的历史传统和客观条件，尤其是罗马法文化的深厚底蕴以及罗马法继受运动的直接影响，后来法国走上了以立法为主导的法制现代化道路。

14 世纪以后，随着民族主权国家的建立，法国形成了中央集权体制和专制色彩浓厚的绝对君主统治。此间，以巴黎高等法院为首的司法系统曾经对专制王权进行过顽强的抗争，但终因政治体制的局限而收效甚微。因此，法国的法治水准长期低于英国，直到 18 世纪末的大革命摧毁了专制制度特别是 19 世纪 70 年代确立了共和宪政以后，法国才真正跨入现代司法与法治文明的门槛。

一、封建王权的变化

王权的强化

843 年，查理曼大帝的三个孙子签订《凡尔登条约》，三分帝国，西部地区归秃头查理，称西法兰克王国，东部地区归日耳曼人路易，称东法兰克王国，中部地区归长孙罗退尔，称"中间王国"，由此奠定了后来法、德、意三国的雏形。

当时，欧洲封建制度蒸蒸日上，三国均处于四分五裂的政治局面中。法王名为国君，实际统治区域限于狭小的"法兰西岛"，面积不足 3 万平方公里，仅为法国领土的 1/15。国王政府居无定所，也无常设机构和职业官僚，更无稳定的经济来源，财政全靠王室领地内"田庄的收入、农民的赋税、农奴的劳动所得和该地区修道院及主教的'自愿贡奉'"①。王室领地之外的地区分别控制在几十个大贵族手中，它们形成了一个个各自为政的独立王国，许多王国的领土面积和富庶程度都远远超过国王。不过，王权在法理和文化上占据优势。按照封建法，国王是最高领主，所有大贵族都要宣誓效忠国王，承担军事义务。两大宗教中心巴黎和奥尔良均在王室领地内，国王可以借助教会提升自身权威。新王即位时由大主教主持的加冕典礼和涂油仪式，给王权增添了一道神圣光环。自 10 世纪起，王位长子世袭制确立，形成了国王生前册立嗣君的政治惯例，由此剥夺了贵族选立国王的传统权利，增强了君主制政府的政治稳定性。特别是国王作为一国之君和法兰西利益的最高代表，平时有权召集各地大贵族参加御前会议共商国是，如果外敌入侵或发生国内动乱，国王有权决定宣战与媾和，征调附庸军队，维护国家安全和政局稳定，这些都是国王的合法权力与职责。更重要的是，封建制度本身也内含着加强王权的潜在动力，因为在层层分解的主权结构下，"封建体系的顶端没有任何真正的整合机制"，离心倾向和无政府主义威胁始终挥之不去，而一旦出现无政府状态，整个封建生产方式将荡然无存。因此，保持一个足以维护稳定秩序的权威中心，便成为封建制度赖以生存的结构性内需，而唯一能够满足这一需求的力量就是王权。所以，在封建时代，"王权实际上总是必须受到维护并进行扩张，以对抗作为一个整体的封建政治实体的自发特性"②。正是在这个意义上，马克思说，在中世纪"普遍的混乱的状态中，王

---

① 〔德〕诺贝特·埃利亚斯：《文明的进程：文明的社会起源和心理起源的研究》，王佩莉、袁志英译，上海译文出版社 2009 年版，第 252 页。

② 〔英〕佩里·安德森：《从古代到封建主义的过渡》，郭方、刘健译，第 155 页。

权是进步的因素"，它"代表着秩序，代表着正在形成的民族"。①

利用上述有利条件，987 年建立的卡佩王朝大力扩张王权，推动国家的政治统一。进入 12 世纪后，国王集权和国家统一的步伐进一步加快。在路易六世（1108—1131 年在位）和路易七世（1131—1180 年在位）时期，国王多次出兵镇压王室领地内的贵族分裂势力，摧毁了位于巴黎和奥尔良之间蒙勒里家族的城堡和武装，将南北两块王室领地连成一片，强化了国王对"法兰西岛"的统治。同时，卡佩王朝把教会置于王权的保护之下，任用精明强干的教士为王室谋臣；支持各地的城市自治运动，以换取市民的经济支持；保护工商业，发展贸易，改善王室财政。随后，卡佩王朝通过武力征服、联姻或购买等方式，大肆扩充王室领地，并积极参与十字军东征和外国争端，提升自身的国际威望。及至腓力二世（1180—1223 年在位）时期，王室领地扩张达到高潮。腓力二世是一位杰出的政治家和军事家，他利用英王约翰与法国贵族间的冲突，以封君名义宣召约翰到法国受审，约翰不从，腓力二世便宣布剥夺约翰在法国的全部领地，并于 1204 年出兵占领诺曼底，接着又吞并了曼恩、普瓦图、安茹、图棱等地，王室领地瞬间增加了三倍，法国一跃成为欧洲头号大国，腓力二世也因此得到"奥古斯都"的称号。腓力二世的后继者除巩固既有领土外，继续向外扩展，先后将法国北部、东部、中西部和南部分散的公爵和伯爵领纳入王室统治范围。到腓力四世（1285—1314 年在位）时期，法王直接统治的区域西抵英吉利海峡，东达马斯河，南至地中海沿岸，大致确定了日后法国的疆域版图。

随着王室领地的扩展和王权的强化，法国的封建君主制也在发生变化。在 12 世纪以前，法国处于封建制度的鼎盛期，国王的主要角色是最高领主，其国君身份虽为世所公认，但虚有其名，"许多贵族不知何为国王，与国王几乎没有或根本没有任何关系，一切主权实体都是地方性的，独立的。国王的头衔，加在封建贵族中的某

---

① 《马克思恩格斯全集》（第 21 卷），第 453 页。

一人身上，只表示一种记忆，有名无实"①。进入 12 世纪后，卡佩王朝在扩张领地的同时，进行了一系列政治法律方面的创新与改革，逐步淡化了国王作为最高领主的封建色彩，强化了作为国君的政治角色与功能，从而促使封建君主制开始向统一国家下的主权君主制转变，用基佐的话说就是，"一种新因素、新性质进入了王权，一种新君王诞生了"②。

从路易六世定都巴黎起，卡佩王朝就踏上了通往主权君主制的道路。此前，唯一的中央政府机构是集咨询、司法和立法为一体的御前会议，它由作为国王封臣的教俗大贵族以及王室官员组成，独立性较强，其成员经常利用封建法权抗命不遵，阻碍国王意志的实现。路易六世对御前会议进行了改组，他不信任世袭权贵，转而重用中小贵族和下层教士为王室官员。这些人出身低微，唯王命是从，又精明强干，成为国王治国理政的得力助手，王权威势大幅上升，并赢得了外国君主的尊重。到 "1148—1150 年间，法国出现了王位或王权概念，同时这个概念与王国的概念日益相连"③，王权的性质在悄然改变。

到腓力二世时期，御前会议的财政和司法职能分离开来，设立了专门负责政治事务的国王参政院和专门处理法律纠纷的司法院，后者亦即日后巴黎高等法院的前身。还组建了文秘署，以协调中央各部门的关系，政府专业化初露端倪，效率提高。同时，国王的权力触角向下伸展到地方管理中。在此之前，法国国王已经创设了邑吏（prevots），取代各自为政的封建领主，代表国王管理地方。邑吏的职权包括征税、行政管理、逮捕和审判违法者、召集骑士军队等，实际上控制了地方的经济、政治和军事大权。但是，由于邑吏常驻管辖领地，拥有可继承的固定封地，职位世袭，还有权从辖区内国

---

① 〔法〕基佐：《欧洲文明史——自罗马帝国败落起到法国革命》，程洪逵、沅芷译，第 158 页。

② 同上。

③ 郭华榕：《法国政治制度史》，第 13 页。

王的常规收入中扣留一部分作为薪酬，在经济上和政治上享有很大独立性。[①]为此，腓力二世又创设了邑督（bailiffs）官职，作为国王在地方上的钦差代理人，原来的邑吏虽继续保留，但职权大为削弱。

邑督拥有三项职权，即行政监督权、司法审判权和财政权。行政监督权指监督邑吏的工作与行为，每三年向国王汇报一次。若发现邑吏犯有叛逆、谋杀、强奸、杀人罪行，邑督可以代表国王将其就地免职。后来，邑督的监督权扩大到其他地方官吏，实际上成为地方上的最高监察长官。在司法上，邑督每个月须代表国王巡回辖区一次，在当地四名贤达的协助下开庭审案，核查邑吏法庭审结的案件。[②]邑督法庭（bailiwick）的司法管辖权包括民事和刑事各类案件，还可以行使逮捕权。邑督法庭审理案件时，可向当事人收取罚金，登记造册后上交国库，这构成了王室的一项重要财政来源。原来的邑吏法庭只保留了轻微案件的审判权，而且如果当事人不服其判决的话，可向邑督法庭提起上诉。在财政上，邑督负责调查王室领地的收入，征收特定税赋，上交王室。13世纪末，设立了专职收税官，接管了财政，邑督专注于行政、司法和军队指挥。邑督由国王任免，任命条件一是政治忠诚，二是熟知法律。邑督上任前须向国王（后改为向审计法院）宣誓，保证忠实执行国王政令和当地习惯法。与领受采邑的邑吏不同，邑督从国王处领取货币薪俸，数额与王廷一品大臣不相上下，属于"真正的薪俸官员"。[③]

邑督制的建立标志着法国由采邑制封建官员向领薪制政府官僚转变的开始。进入13世纪，邑督制臻于正规化，开始形成固定的邑督区（bailliage），各区相互毗邻，覆盖全国，由此奠定了日后各省的雏形。通过邑督制，地方贵族势力受到抑制，位于公共权力顶端的国王与社会底层的臣民可以直接链接起来，中央政府的政策和

---

① 参见〔法〕马克·布洛赫：《封建社会》（下卷），李增洪等译，第677页。

② J.H.Shennan, *The Parlement of Paris*, 2nd ed., Sutton Publishing, Ltd., 1998, p.11.

③ 参见〔法〕马克·布洛赫：《封建社会》（下卷），李增洪等译，第677页。

法律可以顺畅地贯彻到王国每一个角落，社会基层信息也可及时地上达天听，国王成为整个王国的象征和统治权的化身，主权君主制的架构基本形成。而且，邑督制重点实行于法国北部地区，这里素以分散的日耳曼法和封建习惯法为主，邑督制的推行加速了地方习惯法与罗马法的融合，促进了法国法律的统一和理性化。

腓力二世的后继者继续通过改革推进主权君主制的发展。路易九世（1226—1270年在位）在军事上改行募兵制，建立了训练有素的常备军，取代了封建骑士军制。到15世纪，国王常备军达到2万人。在经济上，国王下令铸造通行全国的货币，限制地方货币的流通，促进了各地的经济联系与发展。路易九世的改革使王权具备了主权国家的各种管理职能，使国王政府拥有了更强大的实力和更崇高的威望，所以路易九世有能力在1230年首次向全国贵族发号施令，要求他们参加默伦会议，而不像以往那样仅能号令王室领地内的贵族。此外，路易九世还以国内和平与安宁的维护者自居，严禁王室领地内的私人战争，在王室领地之外则宣布实行"国王四十日和平"制度，要求发生纷争的封建贵族必须提前40日向对方宣战，在此期间，可将纷争上诉至国王，由王室法庭裁决。"四十日和平"期满时，若纷争仍未和平解决，方可开战。[①]到腓力四世时期，贵族私战基本绝迹。此时，国王的征税权不再限于自己的封臣，而"扩大到了整个王国，扩大到了王国的每个臣民身上"，而且"几乎每年都要向全国征税"。[②]凭借日益强大的政治经济势力，腓力四世公开挑战罗马教皇，制造了著名的"阿维农之囚"。在同教皇斗争期间，腓力四世为争取国内各阶层的支持，于1302年召开了法国历史上第一次三级会议（Estates General）。除第一等级僧侣和第二等级贵族外，第三等级城市市民也被邀请与会，这意味着新兴市民阶级被吸纳到

---

① 参见〔苏〕亚·德·柳勃林斯卡娅、达·彼·普里茨克尔、马·尼·库兹：《法国史纲》，北京编译社译，生活·读书·新知三联书店1978年版，第100页。

② 〔法〕雷吉娜·佩尔努：《法国资产阶级史：从发端到近代》（上册），康新文等译，第176页。

国家政治体制中，法国由此进入了等级君主制时期，主权君主制和现代主权国家崭露头角。就在第一次三级会议上，围绕一项重大政策投票时，596 票无条件地支持国王，93 票有保留地支持国王，反对国王者仅有 18 票，[①] 这说明国王的主权者地位得到了大多数国民的认可。

罗马法学家与君主主权论

不过，卡佩王朝依靠军事、经济、政治手段建立起来的主权君主制只能说是一种事实的存在，它必须用充分的法理依据武装起来才能立于不败之地。因此，卡佩诸王在强化君主主权的过程中，借助罗马法继受运动中崛起的法律专家，努力寻求法理的支持。为此，新兴法律职业者对中世纪前期流行欧洲的封建法权观念和皇帝主权论进行了批驳，提出了"国王就是其王国内的皇帝"的王权新定义，创立了与日益强大的卡佩王权相适应的君主主权论。

罗马法继受运动开始于 11—12 世纪的意大利，后波及全欧。此间，欧洲各地的学生纷纷涌入意大利波伦那大学攻读法律，学成后再返回故土，或者进入当地大学从事法律教学与研究，传播法律知识，或者进入政府，从事法律实务工作，致力于本国法律制度的建构与改革。于是，一个法律职业阶层在欧洲各国普遍兴起——

　　这些法律家由于共同的训练，由于引导教会的法律活动和帝国、王国、城市、庄园、商人行会以及其他行会的世俗领域的法律活动的共同任务而联系在一起。法律学生本身，至少在最初是组成一种社团、一种行会的，虽然毕业之后他们分散到许多国家，但是由于共同的训练和共同的任务，他们仍然非正

---

① 参见〔法〕雷吉娜·佩尔努：《法国资产阶级史：从发端到近代》（上册），康新文等译，第 178 页。

式地联系在一起。①

在法国，罗马法继受运动自 12 世纪起如火如荼地展开，并得到卡佩王朝的大力支持。法国南部地区因罗马法底蕴深厚，很快形成了蒙彼利埃大学、图卢兹大学和马赛大学等几个罗马法研究中心，其中蒙彼利埃大学被誉为波伦那的"知识子公司"。不久后，研究罗马法的热潮向北扩散，覆盖了法国全境，在中北部地区又出现了奥尔良、巴黎等罗马法研究重镇。一批批出身平民、训练有素的法律专业人才从各地大学源源不断地走入社会，跻身法官、律师或法学教育行列，其队伍迅速壮大，社会影响和政治作用不断提高。许多法学家成为国王的座上宾，被授予要职。1286 年在掌玺大臣公署中，出身法律公证人的官员数量有 10 名，1343 年猛增到 98 名。到 13 世纪末，法律专家在宫廷中占据了主导地位，被腓力四世封为"法律骑士"，跻身贵族行列。② 彼埃尔·贝勒佩谢和博马努瓦尔堪称是法学家参与政治的典型代表，前者在蒙彼利埃大学接受过系统的罗马法教育，先后担任过图卢兹大学和奥尔良大学的法学教授以及巴黎大学的教务长，著有《查士丁尼法典》《法学汇纂》《释读集》《论封地》等，后来晋升为王室法律顾问。后者毕业于巴黎大学，著有《韦博地区习惯法》，曾担任邑督，后升任巴黎高等法院法官。这些法律专家借用罗马法的一般原则来解释和改造本地习惯法与封建法，特别是将罗马法中的"国家权力""君主主权"等范畴"移植于现实的沃土之中"，③ 有力地推动了法国法律制度的变革和发展。

按照封建法的解释——

---

① 〔美〕哈罗德·J. 伯尔曼：《法律与革命——西方法律传统的形成》，贺卫方等译，第 198 页。

② 参见〔法〕雷吉娜·佩尔努：《法国资产阶级史：从发端到近代》（上册），康新文等译，第 150 页。

③ 同上书，第 152 页。

　　社会本身是由无数的私人契约组成，它们把每个人，或更确切地说每个家族，每个"家庭"联结在一起；领主之所以管理封地，并不是作为某种超越一切的权力的代表，而只是作为祖传遗产的管理者；这一概念存在于社会各阶层的财产关系和人与人的关系中，无论是在直接隶属国王的大封建主的庄园，还是在农奴们的乡间茅舍。[①]

针对这种封建君主论，法学家们引入罗马法的"国家""君主""权力"等概念，明确提出了君主主权论。他们宣称，国家权力"不需要任何（私人）契约就能够成立"，就具有合法性——

　　它为君主一人独掌，绝对不需要征得臣属的同意，如果说这种国家权力应该为公益活动服务的话，相反，它却明显凌驾于一切私权之上，包括并超越了单纯的遗产法权……国王不再是一个封建君主，而是一位至高无上的皇帝。附庸也不再是根据臣从宣誓，即"誓约"来服从于他，而仅仅是因为他享有至高无上的权力，他在王国中的权力超越了其他任何权力。[②]

例如，13 世纪的法学家博马努瓦尔说，"国王的主权及于所有的人，他依据其自身权利而监护其王国，他们可以为此而制定他们所中意且合乎其王国共同利益的法律，而其所钦定者自当谨遵勿违"[③]；邑督等王室官员"应当机敏、坚定、并专心致志于体现王权意向……必须服从君主命令"[④]。

　　为了确立君主主权论，法学家们还对中世纪早期欧洲流行的皇

---

① 〔法〕雷吉娜·佩尔努：《法国资产阶级史：从发端到近代》（上册），康新文等译，第 153 页。

② 同上。

③ 〔法〕泰格·利维：《法律与资本主义的兴起》，纪琨译，第 134 页。

④ 同上书，第 129—134 页。

帝至上论进行了批判。皇帝至上论起源于罗马帝国时期。那时，罗马皇帝被奉为全欧洲至高无上的帝王。10世纪以后，皇帝至上论为神圣罗马帝国皇帝所继承，欧洲各王国被视为是帝国的藩属，国王类似于罗马帝国下的行省总督，法理上并不具有主权地位，而应服从于皇帝。显而易见，若不破除皇帝至上论的思想枷锁，君主主权论将很难确立。为此，13世纪的法国法学家们提出了一个新的原则："国王是其王国内的皇帝"。就是说，国王在自己的王国内拥有至高无上的权力。如当时的法学家圭勒穆斯·杜兰杜斯声称，法国王廷的裁决不可向神圣罗马帝国皇帝上诉，因为"法国君主是其王国之内的皇帝"。[1]圣路易国王则自信地宣称，"本王国所有贵族均由我而立，而'我'则是仅由上帝和我自己的宝剑而立'"[2]，其言外之意是：他的权力既非来自教皇，也非来自神圣罗马皇帝。14世纪的一本小册子也宣称，法国国王和帝国皇帝是"平等伙伴"，所有皇帝所能享有的特权和权利，法国国王同样也能够享有。[3]总之，自13世纪后半叶起，"法兰西一直都在坚持的原则是'国王就是在其王国之内的皇帝'。它被赋予的含义是，在他的王国里，国王就是最高统治者"[4]。这样，神圣罗马帝国皇帝的至上权威被逐出了国境，君主主权论成为占主导地位的意识形态。

二、司法与主权君主制

卡佩王朝为强化王权和构建主权君主制，特别重视司法手段的利用，甚至将司法奉为最重要的手段，在这一点上，此时的法国和

---

① 转引自陈颐："腓力四世到路易十四时代法国的法律与国家建构——从司法主权到立法主权"，华东政法学院2006年博士学位论文，第23页。

② 〔法〕泰格·利维：《法律与资本主义的兴起》，纪琨译，第133页。

③ 参见〔法〕雷吉娜·佩尔努：《法国资产阶级史：从发端到近代》（上册），康新文等译，第152—154页。

④ 〔英〕沃尔特·厄尔曼：《中世纪政治思想史》，夏洞奇译，译林出版社2011年版，第193页。

亨利二世时的英国十分相似。

卡佩王朝之所以特别重视司法与封建国家的权力结构特点以及封建时代的法律观念有着密切关系。前已述及，封建国家是不成熟的前现代国家，政治功能简单，政府机构残缺不全，公共官僚系统尚未建立，国家的统治"主要是一个解释性的行为，在这里，我们所谓的'行政'和'立法'部门服从于我们所谓的'司法'部门。"[①]因此，对于中世纪的人们来说，国王首先是一个法官，其首要职权是司法审判。

此外，中世纪流行的神意法律观也是卡佩王朝对司法重视有加的重要原因。在中世纪的观念中，法律不是人们有意制定的，而是上帝意志的体现、正义的化身。换言之，在当时人的心目中，信仰上帝、追求正义和服从法律是不可分割的统一体，所以"在9世纪大量的论文中，一大部分是劝诫国王维护正义的内容。如果我们问，他们所说的正义指什么，很显然，他们首先是指法律"[②]。既然法律源于神意，理所当然地拥有不容置疑的至上权威，包括国王在内的世间所有个人与机构都低于法律，都负有服从和维护法律的义务。13世纪布莱克顿的那句名言"国王在众人之上，但却在上帝和法律之下"，以及15世纪库萨的尼古拉的著名论断"如果不以法律为至上权威，便不存在国家"，都是法律至上观的清晰表达。所以，卡莱尔谈及中世纪思想的特质时说："我们有理由认为，中世纪政治社会的首要原则不是君王至上，而是法律至上。"[③]

在以司法为中枢的封建体制和视法律为至上权威的时代氛围中，"法国人的头脑中和身上培养出一种发达的'司法感觉'，他们习惯于将司法视之为一种正常的管理方式，将司法者视之为正常的管

---

① C. H.McIlwain, *The Growth of Political Thought in the West from the Greeks to the End of the Middle Ages*, Macmillan Press, 1932, p.284.

② A. J. 卡莱尔："中世纪政治思想的特质"，马德普主编：《中西政治文化论丛》（第2辑），天津人民出版社2002年版，第193页。

③ 同上书，第194页。

理者"①。因此，卡佩王朝给予司法以特别重视是毫不奇怪的。

不过，卡佩王朝初期，法国正处于封建制度鼎盛期，尚未出现统一和专门的司法机构，国家司法权被大大小小的封建领主所分割，每一个领主都是自己领地内的最高法官。国王的司法权通过综合性机构御前会议行使，管辖范围只限于王室领地。御前会议兼有咨询、行政、立法和司法等一切国家权力，内部没有任何分工，司法只是它的多种职能中最重要的一种。该机构规模庞大，通常在每年的四个重大宗教节日（圣诞节、复活节、圣灵降临节、万圣节）召开，地点根据国王需要随机而定。当审判案件时，御前会议即是国王法院。此时，如同处理立法和行政决策时一样，也采用集会式，缺乏系统严格的程序规范，审判效率和质量可想而知。所以，提交国王法院的案件一直不多，主要是国王直属封臣即大贵族之间发生的争讼案件以及针对各地领主法院的错判提起的上诉案件。据说，在1137—1180年的43年间，御前会议一共受理案件85起，平均每年只有两起，其中大多数是因为封建领主法院拒绝受理或判决不公而导致的上诉案件，或是拥有自由特许状的城市之间的争讼案件。②

自腓力二世起，卡佩王朝就开始重视司法的作用，邑督制的创设就是其中的一项重要举措。邑督相当于国王钦差，拥有统治地方的全部权力，但司法是其权力核心，这既体现在邑督以熟知法律为任职资格之一的要求上，更体现在邑督以司法审判为主的功能角色上，故而中国学者通常将邑督译为"大法官"或"大司法官"。邑督以国王的名义开庭审案，管辖权十分广泛，所以邑督法庭等于是定期开庭的"王室地方法庭"。③通过邑督的司法活动，国王法院的权势与威望不断提升。不久后，当人们遇有法律纠纷寻求司法救

---

① 杜苏："司法独立的黎明：法国古典司法体制诸问题研究"，《中外法学》2013年第1期。

② 参见〔美〕哈罗德·J.伯尔曼：《法律与革命——西方法律传统的形成》，贺卫方等译，第565页。

③ 参见黎敏：《西方检察制度史研究——历史缘起与类型化差异》，第85页。

济时,第一选择不再是地方法院或领主法院,而是首先诉诸国王法院,所以越来越多的诉讼案件集中于国王手中。1202年的一次特殊审判使得国王法院声名大噪:此前两年,英王约翰抛弃原配,另娶法国波亚图的伊莎贝拉公主为妻,波亚图领地作为嫁妆遂转入约翰手中,但伊莎贝拉早年已与法国于格公爵订婚,被横刀夺爱的于格向约翰提出抗议,要求补偿自己的损失,被约翰断然拒绝。于是,于格一纸诉状将约翰告到他们的共同领主法王那里。腓力二世坚定地支持于格,于1202年初传召约翰到法国应诉受审。约翰自恃领土和财富均多于法王,拒绝应召前往,腓力二世便以约翰拒不履行封臣义务为由,缺席裁判没收约翰在法兰西的全部领地,这一裁判体现和提升了法国国王法院的国际地位与声望。

腓力二世之后,卡佩诸王继续利用司法手段,加强和巩固主权君主制。路易九世一方面通过镇压异端、提倡圣物崇拜、支持十字军东征和审判圣殿骑士团,将自己打扮成一个虔诚的基督教圣徒(故而有"圣路易"之称),以强化国王的权威性,另一方面以最高法官自居,宣称自己的司法权是在加冕时由上帝授予的,负有为臣民主持正义的神圣职责,所以他经常亲临法院,在精通罗马法或教会法的常任官员的协助下坐堂问案,原来构成法院主体的大贵族们只有在审案件与之有直接关系时才被允许参与庭审。卡佩王朝还千方百计寻找理由,扩大国王法院的司法管辖权。例如,他们提出了国王是"王国监护人"概念,扩大了"王室案件"的内涵,因为作为"王国监护人"的国王承担起了保障"王国和平"、保证全体臣民安全的法律责任,王室利益与国家公共利益重合一起,因而凡是危害到"王国和平"的行为,诸如私战、叛乱、宗教异端、擅自持有武器、伪造货币、放高利贷以及杀人放火、抢劫盗窃等刑事犯罪,统统都以"王室案件"的名义被纳入国王法院的专有管辖范围。[①]据历史记载,路易九世时常简装素服,坐在万森地区的一棵橡树下,受理来自各地

① 转引顾盈颖:"自中世纪西欧王权与法律关系的变革——论王室法的兴起",华东政法学院2006年硕士学位论文,第27页。

民众的冤诉。正因如此，路易九世被誉为法国"司法上诉制度的首要奠基者"，而"万森的橡树"则从此成为法国司法权的象征与化身。[①]

随着国王司法权的迅速扩大，封建领主司法权走向没落，主权君主制日趋巩固，国家统一进程稳步推进。从在这个意义上说，在法国，"近代国家建构的进程是一个司法史的进程，而非政治史的进程"[②]，至少就卡佩王朝时期来说，此言非虚。

三、巴黎高等法院与司法专业化

在充当主权君主制建构工具的过程中，法国司法制度开始踏上专业化的道路，其标志就是由法律专家组成的巴黎高等法院的建立。

巴黎高等法院的建立

随着大量一审案件和上诉案件涌入国王法院以及诉讼案件复杂性的增长，缺乏专业分工的御前会议越来越难以满足社会需求。于是，路易九世开始把司法事务分为两种形式，由教俗大贵族和王室重臣参加的御前会议仍然在每年的重大宗教节日召开，宣布案件的判决，但案件从受理到调查取证再到裁决意见的拟定，由另外一个专门委员会完成，该委员会由出身卑微但精通法律的低级官员（多是教士）组成，他们常伴国王左右，被称为"王室调查员"。[③] 腓力三世（1270—1285 年在位）即位后，"王室调查员"不再追随国王四处巡游，而是常驻巴黎，一个时称"御前高等法院"（Curia in Parlamento）的专职司法机构由此诞生。1278 年，位于塞纳河斯德岛的一座旧王宫成为这个新机构的永久所在地，人称司法宫，巴黎

---

① 参见杜苏："司法独立的黎明：法国古典司法体制诸问题研究"，《中外法学》2013 年第 1 期。

② 陈颐：《立法主权与近代国家的建构：以近代早期法国法律为中心》，法律出版社 2008 年版，第 26 页。

③ J.H. Shennan，*The Parlement of Paris*，2nd ed.，pp.13—14.

高等法院（Parlement）正式成立，中文音译为"巴列门"。1302 年，腓力四世的一项法令明确指出，政府的"政治职能属于大参议会，司法职能属于高等法院，财务职能属于审计署"[①]，政府职权分化初露端倪。从 1278 年 1 月起，法王陆续颁发了多项法令，规定了巴黎高等法院的组成、职权范围和运作程序，使之逐步规范化。1318 年以后，巴黎高等法院每年开庭一次，期限半年，从 11 月 12 日（圣马丁节）到第二年的夏天。

作为巴黎高等法院首脑的国王，在法院建立之初经常亲临法院主持审判，到腓力四世时就不再参加了，法官们便以"受国王委托"之名代行审判权，但国王仍保有随时亲临法院提审案件的权力，因为理论上一切司法权皆归国王所有，于是形成了"受国王委托的司法权"和"国王保留的司法权"的区分，后者构成"御临法院"（lit de justice）的法理依据。

国王退出后，巴黎高等法院遂产生院长之职。在 1296 年的国王法令中，首次出现"院长"一词。据申南分析，当时在高等法院开庭期至少有两位院长出席，一位出身高级教士，一位出身世俗贵族，这种安排意在平衡教俗两界力量，但无论是教士还是世俗贵族，都必须具备法律专长和司法经验。院长由国王任命，主要职责是监督报告人、任命官员去外省执行调查庭的调查命令、分配法官的审判任务、宣布辩论程序和判决结果等。到 14 世纪，巴黎高等法院形成了自己稳定的领导核心，它由国王任命的一名首席院长、数名普通院长和顾问、一名公共主事官、一名检察长和几名总辩护律师组成。[②]领导核心形成后，司法审判事宜由法院自主安排，司法独立性进一步增强。

组织上，巴黎高等法院分为审判庭、调查庭和诉状审理庭三个

---

① 杜苏："司法独立的黎明：法国古典司法体制诸问题研究"，《中外法学》2013年第 1 期。

② 参见〔英〕戴维·M. 沃克：《牛津法律大辞典》，北京社会与科技发展研究所译，第 666 页。

分支机构。审判庭又称大法庭，是法院的主体与核心。除了案情特别重大和当事人地位特别重要的少数案件，其他案件都由审判庭做出最终裁决，宣布于众。审判庭由法院的全体法官组成，法官的人数和人选最初是不固定的，国王每年都提出一个新的法官名单，其中既有王室官员和教会贵族，也有骑士和一般神职人员。1296 年的一项国王法令首次界定了法官的资格，王室政务官被排除在外。①14 世纪初，腓力四世建立了法官年度名册制度，开创了法官一年一度举行宣誓的惯例，法院的人员构成日趋稳定，专职化与专业化水准进一步提高，但无人得享终身任职权。到查理五世（1364—1380 年在位）时，法官宣誓改为只在初次进入法院时宣誓一次，这意味着法官连任现象已经相当普遍。不过，邑督从一开始就不得担任巴黎高等法院的法官，理由是他们是封疆大吏，与所辖管区有着千丝万缕的利害关系，有可能偏袒自己辖区的诉讼当事人，影响司法公正的实现。

调查庭负责案件受理和案情初步调查，具有预审性质。按照传统，原告人在向法庭正式起诉之前，需要获得传唤对方当事人的许可，因此必须首先向法庭提出授权申请，经法庭审查并确认其诉求的合法性后，案件才能进入诉讼程序。这项工作最初由两名法官负责，后因诉讼不断增多，设立了调查庭，专门负责立案和初审，并向审判庭提出书面案情简报。为提高效率，调查庭下分两个分庭，每一个分庭由四名调查法官组成。调查法官不是审判庭的成员，须在审判庭开庭前数周提前集会，受理当事人的投诉，但他们仍属于法官系列，若经特别召集，可参加审判庭的庭审。进入 14 世纪后，调查法官的数量增加到数十人。

诉状审理庭负责接受当事人的书面诉状，其工作同样具有预审和立案性质。1291 年法令透露，国王特别指定了诉状审理庭的 3 位法官，在法院开庭期间，每天在司法宫大厅的一个角落就座，随时

---

① J.H. Shennan, *The Parlement of Paris*, 2nd ed., p.20.

受理案件。腓力四世时，建立了独立的诉状审理庭，由 9 位法官组成。

　　巴黎高等法院的法官人数最初是变化不定的。1316 年 6 月，国王任命了 29 名审判庭法官，半年后增加到 35 名。但在 1319 年 12 月，国王仅仅指定了 22 名法官，其中包括 12 名世俗人员，8 名神职人员和两位院长。1345 年，腓力六世（1328—1350 年在位）任命了 15 名神职人员、15 名世俗人员以及 3 位院长为审判庭法官。此后，审判庭的规模保持在 30 名法官以上。调查庭和诉状审理庭的法官数量变化特别大，而且一直呈增长趋势。例如，调查庭的法官人数在腓力四世时达到 22 人，到 1345 年猛增到 40 人。[①] 到近代初期，调查庭发展为 5 个分庭，诉状审理庭有两个分庭，法官规模可想而知。另外，调查庭和诉状审理庭的法官还有一点不同于审判庭法官，那就是审判庭的人员只是在开庭或年终审判时定期地履行职责，"调查庭的人员和诉状审理庭的律师们则是常设的、领取俸薪的专职人员"[②]。

　　巴黎高等法院拥有初审案件和上诉案件的审判权。无论初审还是上诉审，其判决都具有终极效力。初审案件包括涉及王权、大贵族的案件，侵犯"国王和平"即危害到国家安全和公共秩序的严重刑事案件，以及地方法院和领主法院无权和无力管辖的案件。上诉案件包括各地邑督法院和城市法院拒绝受理或判决不公的案件，以及少量不服领主法院判决而提起的上诉。

建立巴黎高等法院的意义

　　巴黎高等法院的建立对于法国司法和法治文明的进步具有积极而深远的影响。这主要体现在以下四个方面：

　　第一，改变了分散的封建司法体制，促进了司法权的中央集权化。此前的法国，各种各样的法院比肩而立，王室法院、领主法院、城

[①] J.H. Shennan, *The Parlement of Paris*, 2nd ed., p.26.

[②] 〔法〕雷吉娜·佩尔努：《法国资产阶级史：从发端到近代》（上册），康新文等译，第 171 页。

市法院、教会法院互不隶属，它们的司法管辖范围相互交错，权域界限模糊不清，审判案件所采用的实体法则和程序方法也各不相同，冲突时有发生。巴黎高等法院建立后，外地各省纷纷效法，高等法院如雨后春笋般出现。14 世纪时，第一个外省高等法院在诺曼底建立。15 世纪，相继建立高等法院的省份有：普瓦蒂埃（1418 年）、图卢兹（1443 年）、格勒诺布尔（1453 年）、波尔多（1462 年）、布尔戈尼（1477 年）等。16 世纪初，又建立了普罗旺斯高等法院（1501 年）和卢昂高等法院（1515 年）。[①] 到 18 世纪后期，外省高等法院达到 14 个。它们都是独立自主的，在自己的辖区内位居至尊，但普遍把巴黎高等法院尊为全国最高权威，后者也自诩为法院系统的龙头老大，把各省高等法院视为自己的分支。与此同时，领主法院迅速衰落，城市法院的司法权限受到限制，教会法院除保留了婚姻遗产等案件外，基本退出了世俗司法领域，司法权日益集中于中央和各省的高等法院手中，法国的司法结构发生了根本变化。其中，巴黎高等法院的上诉审判权对于建立中央集权式司法制度的作用至关重要，因为上诉原本就是封建司法权分散性的一种矫正机制，通过上诉机制，"把一种统一的因素导入司法组织中"，有力地促进了司法权的集中。[②]

第二，启动了司法专业化进程，一定程度上改善了法律的混乱状况。此前的法国，罗马法、习惯法、教会法、封建法同时并存，各地不一，特别是在以罗亚尔河为界的南北地区之间，差别尤为明显。南部是成文法地区，以查士丁尼编纂的罗马法为主要法律，沿用罗马法的诉讼方式，并适用于所有的人。北部是习惯法地区，日耳曼法、教会法、法兰克王国敕令集构成该地区的法律主体，罗马法仅仅起一点辅助作用。不同的法律分别由不同的法院实施，法院采用的审判方法或者是誓证法，或者是神判法、决斗法。在习惯法地区，如果围绕某一习惯规范发生争议，只能利用地方调查程序予以澄清

---

① 参见郭华榕：《法国政治制度史》，第 25 页。

② 参见〔法〕马克·布洛赫：《封建社会》（下卷），李增洪等译，第 604 页。

和确定。新建的高等法院由精通罗马法或教会法的专业法官组成，专职司法审判。审判方式采用纠问制，注重证据和程序规范。博马努瓦尔在 1283 年出版的《波瓦西习惯集》一书中，曾列举出八种证据形式，包括誓言、书证、人证、法庭记录、对方供认、法院通知、推定等，关于出庭证人的资格、证据可采性的标准等，在该书中也都有细致明确的阐述。[①]

程序规则的复杂化既对法官的专业素质提出了更高要求，也使得不懂法律的普通当事人无力单独完成诉讼过程。于是，一个为社会提供法律服务的律师、公证人群体在法国应运而生。他们是以法律为业的自由职业者，除了为当事人提供法律咨询、办理日常法律业务外，主要是代理诉讼、调查取证、出庭辩护。辩护律师的出现提高了王室法院的判决质量和公信力，加之此时王室检察制度的建立和国家对刑事犯罪追诉权的集中控制，[②]国王司法权迅速渗透到全国各地，"使法国边缘地区的人民也认识到了王室司法的优越性"[③]，所以越来越多的诉讼被吸纳进国王法院。于是，通过巴黎高等法院判例的日积月累，历史遗留下来的各种不同的习惯法开始融合一起，"创造了一种法兰西的习惯法体系，它作为一种强有力的统一和具有教育作用的力量而发挥作用"[④]。1330 年，法国的法学家们把巴黎高等法院的判决报告编辑成册，还出版了一部关于该法院诉讼程序的手册，这些判例和程序规范汇编得到了地方高等法院和法官的普遍认可，所以，各地之间的法律差异尤其是刑法和诉讼法上的差异不断缩小，这为 16 世纪以后习惯法典的系统编纂奠定了坚实基础。

第三，积极介入政治和行政管理，加速了主权国家的形成。巴

---

① 参见〔美〕哈罗德·J. 伯尔曼：《法律与革命——西方法律传统的形成》，贺卫方等译，第 573 页。

② 参见本书第二编第七章"司法审判制度"。

③ 〔美〕约翰·巴克勒、贝内特·希尔、约翰·麦凯：《西方社会史》（第一卷），霍利文、赵燕灵等译，广西师范大学出版社 2005 年版，第 481 页。

④ 〔美〕哈罗德·J. 伯尔曼：《法律与革命——西方法律传统的形成》，贺卫方等译，第 569 页。

黎高等法院虽以司法审判为己任，但在国家权力尚未明显分化而司法又处于政治权力核心地位的时代，它不可能也不甘心自我封闭于单纯的定分止争，相反，它把所有涉及秩序稳定的政治性或行政性事务都视为自己的分内之事，所以在中世纪后期的法国，到处都能发现巴黎高等法院的身影，尤其在巴黎市区内，以至于佩尔努认为它是那时"君主行政制度的支柱"。① 例如，它承担了社会治安管理工作，经常颁令禁止械斗和私藏武器，或宣布宵禁，管制淫乱赌博活动甚至公共娱乐演出；维护公共道路、桥梁、码头的交通安全，监督监狱、医院和集市的运营；有时组织巴黎的日用品供应，号召捐款救济穷人，以防止市民骚乱，维护市内生活秩序的稳定；裁决不同城市、不同行会或工人与雇主间的纠纷；制定出版审查标准，监督各大学出版物的审批，甚至插手大学的课程内容、教学活动及考试方法。② 巴黎高等法院还经常以仲裁者的身份干预政治纷争，如1312 年那慕尔伯爵与腓力四世兄弟查理的纠纷、1342 年洛林公爵和其连襟的纠纷都是提交巴黎高等法院裁决的。在法国宗教战争期间，天主教派和胡格诺教派都把巴黎高等法院尊为仲裁者。在王权与教皇的对抗中，自从圣殿骑士团案件（1307—1309 年）之后，巴黎高等法院"就支持王权反对教皇的权力。这是它始终不渝、从未中断遵循的准则"③。难怪伏尔泰断言："高等法院这个机构在任何时候都是法国对抗罗马教廷的侵害劫掠行径的盾牌。没有这个机构，法国会受尽屈辱，成为一个俯仰由人，听命他国的国家。"④ 当出现危急情况时，巴黎高等法院甚至直接行使政府职权，例如，1411 年因发生内战王权瘫痪时、1525 年法兰西斯一世战败沦为查理一世皇帝的阶下囚时，巴黎高等法院毅然承担起维护秩序、组织防卫的重任，

---

① 〔法〕雷吉娜·佩尔努：《法国资产阶级史：从发端到近代》（上册），康新文等译，第 283 页。

② 参见陈颐：《立法主权与近代国家的建构：以近代早期法国法律为中心》，第 20—22 页。

③ 〔法〕伏尔泰：《巴黎高等法院史》，吴模信译，商务印书馆 2015 年版，第 21 页。

④ 同上书，第 49 页。

成为国家唯一合法的政治权威。[1] 正是通过上述作用的发挥，巴黎高等法院充当了链接国王政府与全国臣民的纽带和推动国家整合与政治统一的重要力量。所以 16 世纪的法国法学家卢瓦佐指出，如果没有巴黎高等法院，法国就会像德国和意大利一样成为一个分崩离析的国度。[2]

第四，通过法律注册权（register）和谏诤权（remonstrance）参与立法，既增强了王权的合法性，又抑制了王权的无限膨胀。从 14 世纪起，法国国王为了方便法令的颁布执行以及日后查阅，每制定一项法令都提交巴黎高等法院进行登记注册，久而久之，"这种习惯逐渐成了一种不可或缺的手续"[3]，法律注册权遂成为高等法院的一项基本权力。最初，法律注册只是将国王的立法登记存档使之生效的一种例行程序，该程序意味着国王的立法获得了最高司法机构的认可，所以，主权君主制的合法性因此而得以增强，巴黎高等法院也成为主权国王政府的重要支柱，这对于法国现代法治文明的构建无疑具有积极意义，因为国家的统一和主权政府的确立是现代法治文明必要的政治平台。后来，随着时间的推移，高等法院法官们的法律主体观念和司法独立意识逐步提升，他们在承认自身是国王政府组成部分的前提下，开始把维护法律尊严奉为自己的神圣职责。如果他们认为国王的法令有违基本法而难以接受的话，便拒绝注册，并提出抗议，是为谏诤权。1344 年 12 月，瓦卢瓦王朝的腓力六世（1328—1350 年在位）正式承认了巴黎高等法院的谏诤权。1390 年，巴黎高等法院以有害于王权且违反法律为由，首次拒绝注册查理六世授予巴黎圣母院以特权的法令，虽然最终国王通过亲临高等法院，强迫法院注册了该法令，但此后拒绝注册的谏诤事例不时发生，巴黎高等法院因此在一定程度上获得了对国王立法进行评

---

[1] 参见陈颐：《立法主权与近代国家的建构：以近代早期法国法律为中心》，第 23—25 页。

[2] J.H. Shennan, *The Parlement of Paris*, 2nd ed., pp.85, 147.

[3] 〔法〕伏尔泰：《巴黎高等法院史》，吴模信译，第 47 页。

议、抵制和提出告诫的权力，亦即立法审查权。利用这一权力，巴黎高等法院时常使国王拟定的法令无法生效，或者迫使国王对法令进行修改，这对于保证立法质量、防止国王凌驾于法律之上和立法独断，也是一种积极的限制力量。所以，在 16 世纪法国人文主义学者的心目中，巴黎高等法院是一个独立于国王的国家机构，其作用足以与古罗马的元老院相提并论，"若没有这一元老院的裁决，甚至连国王自己的公共事务、王国的法律和财政的决定都不可能继续下去"[①]。甚至晚至 1732 年，面对空前强大的波旁绝对王权，法国的一份备忘录依旧宣称："国王如无高等法院的参与不得制定法律，他必须听从高等法院的批驳和异议。"[②]

四、立法与绝对君主制

习惯法的编纂

不过，在 15 世纪中叶以前，法国法律的分散状况并没有根本改变。因为地方司法仍然控制在以适用当地习惯法为主的外省高等法院和地方法院手中，尤其在法国北部，习惯法主要依靠口耳相传，极不确定，法官判案时要想弄清习惯法的真谛，"必须通过一种称为'向居民进行习惯法调查'的方式，让若干本地居民说明他们记忆中的习惯法的宗旨"[③]。这种状况迫使法国王权于 15 世纪后期开始将目光由司法转向立法，力图通过系统编纂习惯法来实现国家法律的统一。

1454 年，查理七世（1422—1461 年在位）颁布法令，要求各

---

①　Julian H. Franklin, *Jean Bodin and the Rise of Absolutist Theory*, Cambridge University Press, 1973, pp.8-11.

②　史彤彪：《法国大革命时期的宪政理论与实践研究（1789—1814）》，中国人民大学出版社 2004 年版，第 231 页。

③　〔德〕K. 茨威格特、H. 克茨：《比较法总论》，潘汉典等译，法律出版社 2003 年版，第 120 页。

地将当地的习惯、习俗以及惯例予以整理简化，书写成文，呈送国王，由国务会议或最高法院审查确认后予以公布。该法令的颁布拉开了习惯法编纂运动的帷幕。然而，在最初的半个世纪内成效甚微。因为那时传统的法律观念——习惯法是约定俗成的产物，当地居民在习惯法的确认、取舍和修定上拥有不容置疑的终极权力——仍然具有强大影响力，因此，整理、编纂和起草习惯法初稿的任务交由地方政府负责，如果遇有争议问题，则通过当地居民基于记忆的集体证言（inquête par turbe）予以确定。[1] 这种基于地方自决原则的传统理念是束缚国王政府积极推进习惯法编纂的一个巨大障碍。

然而，统一法律毕竟是主权君主国家的迫切需要，也是大势所趋，所以不久之后，国王政府改变了编纂方法。1498 年，国王查理八世颁布法令，将习惯法编纂过程分为两步，第一步由地方政府主导，其工作包括由地方等级会议起草预备性文本，并首先向社会公布，让当地居民有机会参与评议，以便修改完善，然后由地方等级会议表决通过。第二步在国王特别任命的 2—3 名王室专员的主持和控制下，在当地等级会议面前，以国王的名义批准和颁布习惯法最终文本。借此批准颁布程序，国王政府控制了习惯法编纂的最后决定权。有证据表明，王室专员凭借其身份地位以及在法典编纂方面的特长，可以对最终文本提出修改意见，并常常为地方等级会议所接受。公布之后的最终文本在呈报巴黎高等法院登记注册后即可生效。这套新的工作程序一方面保持了地方等级会议在习惯法编纂中的主体地位，另一方面提高了国王政府在最后文本批准与公布中的权力。这样，"一种立法工具被创造了出来：它需要由皇家的权威来认证最终的文本，但它又使地方议会对于立法的过程握有实质的控制力"[2]。

采用新方法后，习惯法编纂进程明显加快。1506 年，默伦、蓬

---

[1] John P. Dawson, "The Codification of the French Customs", *Michigan Law Review*, Vol. 38, No. 6, 1940, pp.772—773.

[2] 〔英〕约翰·P. 道森："法国习惯的法典化"，杜蘅译，许章润主编：《清华法学（第8辑）：法典化研究专辑》，清华大学出版社 2006 年版，第 46 页。

蒂耶和桑斯 3 个地区颁布了成文的习惯法。从 1507 年到 1510 年，又有 14 个北方地区的习惯法以成文形式公布于众。其中，1510 年巴黎习惯法的颁布标志着法国习惯法编纂臻于鼎盛。随后的 10 年，习惯法编纂进一步扩展到南部和西部地区，甚至推进到了波尔多周围的成文法区。到 1582 年，几乎所有的习惯法地区都有了自己的成文习惯法典。①

习惯法的编纂使法国原来分散杂乱的不成文习惯实现了法典化，尽管法典内容主要涉及民事私法，在细节上各地差异依旧存在，语言上也不够精确，但法典化本身就是法律走向体系化、统一化的巨大成就。不久之后，一个法国特色的"普通法"概念油然而生。16 世纪法国法学巨匠杜穆兰指出，法国有一种"普通法"，它是由不同习惯法所表达的法律观念组成的整体。为进一步阐释"普通法"，杜穆兰撰写了《评巴黎习惯》（1539 年出版），通过对不同习惯法的批判性比较，"发现那些共通的法律原则"②。所以，戴维·帕克在谈及法学家对于习惯法体系化的贡献时说，杜穆兰以及他的无数追随者试图将各不相同的习惯法统一为一个整体，这一最初几近无望的努力最终催生出了统一的法律法典，③这对于"习惯法与成文化的融合都是十分必要的。否则，1804 年的民法典绝不可能统一法国的法律"④。唯其如此，道森认为 16 世纪是"法国法律史上的一个决定性时期，足以与英格兰的布莱克顿时代，以及罗马帝国早期的古典法学家时期相媲美"⑤。

---

①　参见陈颐：《立法主权与近代国家的建构：以近代早期法国法律为中心》，第 35—36 页。

②　〔德〕K. 茨威格特、H. 克茨：《比较法总论》，潘汉典等译，第 122 页。

③　David Parker, "Sovereignty, Absolutism and the Function of the Law in Seventeenth-Century France", *Past and Present*, No. 122, 1989, pp.40-41.

④　〔德〕K. 茨威格特、H. 克茨：《比较法总论》，潘汉典等译，第 121 页。

⑤　〔英〕约翰·P. 道森："法国习惯的法典化"，杜薇译，许章润主编：《清华法学（第 8 辑）：法典化研究专辑》，第 62 页。

实际上，习惯法编纂的意义远远不限于习惯法的成文化与法典化，因为编纂工作绝不仅仅是对既有习惯法的简单汇总，其间不可避免地要对原有习惯的不确定之处予以界定，对相互抵触的部分予以协调，还要运用法学原理和概念术语对习惯规范进行归纳和分类，使之成为一个逻辑严密、结构完整的体系，故而编纂者势必将自身的法律理念渗入其中。就此而言，习惯法的编纂过程是一个具有立法性质的法律改革与创新过程，尤其在16世纪国家权力积极介入后，其立法性质更加明显。因此，习惯法的编纂对未来法国法制的发展模式产生了深远影响。

第一，习惯法编纂扩大了地方等级会议的职能，提高了法律专家的地位和影响。通过这一编纂过程，负责起草法典文本的地方等级会议在很大程度上成为了一个立法机关。为保证所编法典既承继传统又适应时代需要、既为民众所接受又符合法理，各地等级会议采取了两种技术措施，一是实行少数服从多数的表决方法，亦即在出现不同意见时，以多数派的意见为准，将其写入最终文本，但保留少数派向巴黎高等法院提出申诉的权利。这样，既保证了少数派的意志自由，又不影响编纂工作的进行和多数派认可的法律文本的效力。二是吸收法律专家参与编纂过程。法学教授、法学理论研究者和职业律师、公证人被大量吸收到地方等级会议中，他们在解决法律争端和疑难问题中发挥了独特的专业优势，做出了突出贡献。一如道森所言：

> 法律家从一开始就处在显著的位置，这不单在编订预备性文本的过程中是如此，而且在证实有关地方法律的状况以及对外行的意见施加影响方面，也是如此。在后期的（法典）公布活动中，（地方）议会本身就主要地由法律家们所组成；他们以作为有权出席会议者的授权代表的身份参加会议……似乎可以毫不过分地讲，后期公布活动的卓著效率，主要应当归功于

地方民众议会中一个专业阶层的悄然"征服"。①

反过来，通过习惯法的编纂，法学理论家和法律实务者进一步密切了相互关系，成为一个具有共同知识背景和共同利益的职业阶层，法国的法律职业共同体基本成型。

第二，通过习惯法编纂改革了过时的实体法内容，积累了如何通过立法手段促进法律变革以保证法律适应社会需要的经验。英国法学家梅因曾经指出，最初的法律都起源于社会习惯，而且都是沿着"习惯法"——"法典法"——"法规法"的进化路径由低级向高级逐步发展的，因为法律本能地追求稳定，但社会无时无刻不在变化，所以法律与社会之间总是存在着或大或小的"缺口"，必须不断地消除或缩小这个"缺口"，法律才能跟上社会进步的步伐。在习惯法时期，法律的进化具有自发性质，主要借助司法判例得以实现，变革极其缓慢。自从法典法出现后，法律的自发进化时代便宣告结束，人类通过能动方式干预法律发展的时代就开始了。此后，有意识的立法改革便成为法律进化的主导形式。②在法国，如果说中世纪早期颁布的国王法令代表了法典法的萌芽，那么，16世纪系统全面的习惯法编纂则标志着大规模立法改革的开端。例如，1506年巴黎等地方等级会议建议对既有的习惯法进行修改，依据此类建议而修改后的法律条款都被正式公布的文本所采纳。③即使在预备性文本公布后，某些条款仍可修正和改进。例如，桑斯地区的习惯法典文本于1506年颁布后，律师们发现其中存在某些不公正、不理性条款，于是通过请愿，促使国王于1555年任命了三位法律专家予以修改后重新颁布。1558年，国王发布授权令，赋予王室专员以修改法典文本的权力。此后，陆续有15部习惯法典重新修订公布。这个过

---

① 〔英〕约翰·P.道森："法国习惯的法典化"，杜蘅译，许章润主编：《清华法学（第8辑）：法典化研究专辑》，第49—50页。

② 参见〔英〕梅因：《古代法》，沈景一译，第1—15页。

③ 参见〔英〕约翰·P.道森："法国习惯的法典化"，杜蘅译，许章润主编：《清华法学（第8辑）：法典化研究专辑》，第51页。

程既体现了法律专家的主导作用，也反映了国王政府在立法改革中的领导地位。

编纂过程中的立法改革集中于私法领域，重点是修正过时的封建法则和显失公平的习惯规则。在此之前，流行法国的私法主体是封建习惯，到 16 世纪时，封建制度基本瓦解，许多封建习惯已经落后于现实，所以多数改革都顺利取得了成功。例如，在未成年贵族的监护问题上，旁系亲属的租金权被废除，直系亲属的监护权受到严格限制。① 再如，关于财产继承，过去的习惯是，对已故父母未作遗嘱处分的遗产，未成年子女不享有继承权，这是一条旨在维护封建兵役制的法律，16 世纪时封建兵役制已被废弃，所以该规则被各地等级会议宣布取消，取而代之的是源于罗马法的直系血亲代位继承制。② 此外，取得成功的改革还有：已婚人士的财产共有权受到限制，婚生子女的权益更有保障；遗嘱执行人的权力有所扩大；遗嘱执行手续更加严格，程序更加规范；寡妇的亡夫遗产继承权受到了限制；长子继承权在细节上了进行调整。③

上述实体私法的改革顺应了社会变革和时代发展的要求，清除了过时的封建法成分，增加了许多具有资本主义性质的法律要素，为法国现代法律制度的建立铺平了道路。正是在这个意义上，道森说，"习惯的法典化在中世纪与现代法律之间的鸿沟上面，架起了一座不可或缺的桥梁"，它构成了法国法制由传统向现代转变的"关节点"。④

第三，习惯法编纂确认和贯彻了法律源于民意的法理原则，由此限制了国王权力在私法领域中的任意扩张，有助于延缓君主集权

---

① 参见〔英〕约翰·P.道森："法国习惯的法典化"，杜蘅译，许章润主编：《清华法学（第8辑）：法典化研究专辑》，第 52 页。

② 代位继承是一种法定继承制度，指被继承人子女若先于被继承人死亡，财产由被继承人子女的晚辈直系血亲代位继承。

③ 参见陈颐：《立法主权与近代国家的建构：以近代早期法国法律为中心》，第 42 页。

④ 〔英〕约翰·P.道森："法国习惯的法典化"，杜蘅译，许章润主编：《清华法学（第3辑）：法典化研究专辑》，第 65 页。

的发展。在习惯法编纂过程中，国王政府始终把地方等级会议的同意作为法律有效性的前提，实际上肯定了民意是习惯法源泉的原则。尽管法典文本必须由国王专员批准公布方能生效，但"没有证据表明国王试图亲自干预或者控制地方议会的自由决定，而地方议会一旦怀疑有此类干涉出现，它们便会毫不迟疑地予以抵制"。例如，1539 年布里塔尼习惯法典草稿对旧有习惯做了修改，三个等级的代表提出抗议，最后，王室专员答应给他们留下足够时间对修改之处进行审议，并做出了"国王并不希望也无意在任何方面更改他们的习惯"的保证之后才表示满意。①

应当承认，习惯法源于民众同意本是欧洲的一种古老原则，但在中世纪早期，它只是一种客观存在。通过习惯法编纂过程的洗礼，该原则上升为一种自觉的立法理论和实践，并在当时的法学著作中得到了阐发论证。例如，法学家科屈勒（1523—1603 年）在《尼韦奈习惯评注》中明确指出，习惯法的效力源于民众的意志，而民众意志则通过他们在地方等级会议中的代表来表达。正是立足该原则，16 世纪时有人提出，"国王的立法在由习惯法调整的地方统统是无效的"②。当然，习惯法源于民意的原则在那时只是指习惯私法，在刑法、程序法等领域，国王政府始终坚持自己拥有立法权，不应受民意支配。就是说，地方等级会议只在实体私法领域内保有立法自由，其他领域的立法权归属国王所有。或许正是因为这一立法权限的界分，使得国王感到自己的主权地位不仅不会受到威胁，反而可以借助民众力量消除法律混乱状况而加强王权的法律基础，故而在编纂运动的后期认可了民众对实体私法的立法支配权。

民众同意原则隐含着政治当局不得介入实体私法事务、政治权力与法律权威应当适度分离的理念与诉求，所以，该原则对于法治文明的进步具有重要意义。不过，需要说明的是，随着习惯法典编

---

① 参见〔英〕约翰·P.道森："法国习惯的法典化"，杜蘅译，许章润主编：《清华法学（第8辑）：法典化研究专辑》，第 59 页。

② 同上书，第 60 页。

纂的完成，法国习惯法走进了由法学理论家和法律实务者所操纵的复杂精致的法律技术之中，"习惯法的民众渊源被遮蔽了"①。从此以后，修订旧法和创制新法的权力乃至法律的执行权统统收揽到国王政府手中，法国进入了以王权垄断下的立法主权为特征的绝对君主制时期。

立法主权论的兴起

习惯法编纂的一个副产品是传统的司法主权论与王权有限论的消退和立法主权论的兴起。

在16世纪初，在法国占主流地位的是塞瑟尔的"新君主制"学说，其核心是既强调君主的最高权威，又坚持君权应受到限制，具有从中世纪向近代的过渡性质。②塞瑟尔宣称，君主拥有王国内的最高权力，但又处于"统治方式""宗教信仰""正义原则"等一系列"约束物"的制约下，其中包括：作为上帝亲命法官的国王有义务遵循上帝意志、维护正义原则，保护社会等级结构以及各阶层的合法权益，在立法和决策时应听取臣民的有益劝谏等。③然而，16世纪上期，一批政法学家纷纷著书立说，批判了塞瑟尔学说中的君权有限论，鼓吹君权至上，宣扬一切权力特别是立法权应当而且只能归国王所有。早在路易十二（1498—1515年在位）时期，费罗尔就在一本小册子中呼吁授予法国君主几乎不受限制的权力。到亨利二世（1547—1559年在位）时期，君权至上论日益高涨。例如，早年曾经对巴黎高等法院谏诤权及其钳制王权的作用持肯定态度的勒比菲，在1549年发表的《评钦定宪法和钦定法令》中转而承认，"国王不听劝谏就公布法律的权力现在是无可非议的"，因为国王单凭自己的权威

① 〔英〕约翰·P. 道森："法国习惯的法典化"，杜蔺译，许章润主编：《清华法学（第8辑）：法典化研究专辑》，第61页。

② 参见孟广林："塞瑟尔的《法国君主制度》与'新君主制'学说"，《历史研究》2004年第2期。

③ 参见〔英〕斯金纳：《现代政治思想的基础》，段胜武等译，求实出版社1989年版，第533—534页。

"既可废除法律，又可承认与法律相对立的惯例"。那时的另一政法学家夏塞罗同样否定了国王立法应听取劝谏的必要性，理由是国王在所有方面都高于他的臣民。[①] 著名政法学家杜穆兰早年曾认同塞瑟尔的观点，但到 16 世纪中叶，成为君权至上论的积极拥护者和捍卫者，他在《评巴黎习惯法》一书中，批判了法国人文主义学者关于封建制度起源于罗马的观点，宣称封地制是 6 世纪以后"旧法兰克王国的发明"，这等于说法国贵族的封建权利是通过法国自己的习惯形成的，是对国王绝对主权的非法僭取。杜穆兰认为，领主的司法权是国王权力的委托与赠与，而不是独立的权利，因为"在整个王国的每一部分，国王是一切法律的源泉，他掌握所有的司法权，享有完全的最高权力"[②]。这样，杜穆兰从理论上摧毁了由权利义务对应关系构成的封建等级结构，构建了一个新的绝对君主制的主权结构："国王被单挑出来作为完整主权的掌握者，其他所有社会成员都处于一个没有区别的法律地位——国王的臣民"[③]。杜穆兰强调，任命官员、授予其权力是国王的专有特权，法官只是以国王的名义"执行司法权"，故而法官"不可能是司法权的独立所有者"，更"没有最高立法权"。反过来，由于"国王是最高权力的唯一所有者"，"是一切形式的司法权的源泉"，所以"国王随时可以要求任何官职的权利'回归其发源的王权'"。最后，杜穆兰得出结论："在任何情况下，国王都应保留'按其所愿'对国家的官职作出任意安排的权力。"[④]

16 世纪中叶的政法学家们根本否定了封建制度下的分裂式主权结构，证明了君主主权的正当性与合理性，这为法国民族主权国家的建立提供了理论支撑。但是，他们还没有完全摆脱传统观念的羁绊，仍然把君主视为"王国内的一种具有生命的法律，一个具有形

① 参见〔英〕斯金纳：《现代政治思想的基础》，段胜武等译，第 535 页。
② 同上书，第 536—537 页。
③ 同上书，第 537 页。
④ 同上书，第 539—540 页。

体的上帝"，把国王"看作是上帝的代表，受上帝之命在世界上'维护上帝的法律和法令'"，这说明他们的思维"仍然是中世纪式的、司法式的"，因而未能完成立法主权的论证，[①]甚至没有明确提出立法主权命题。然而，正是在他们奠定的基础上并沿着他们开启的方向，16世纪后期法国的两位政治法律思想家科拉斯和博丹完成了这一历史使命。

让·德·科拉斯（1515—1572年）是法学教授，曾担任过图卢兹高等法院法官和纳瓦尔大法官，其代表作是《论将罗马法提炼为一门技艺》。在该书中，科拉斯从法律是一门科学和技艺的观点出发，通过对罗马市民法及其立法制度的考察，论证了立法在国家主权中的核心地位，阐述了立法的定义、形式、功能、效力以及司法解释等，初步构建了一套体系化的立法理论。[②]这是人类法律思想史上的一次根本变革，因为此前人们一直认为，法律不是来自创制，而是来自发现，而发现法律的主要方式是司法，立法从未作为一个独立课题受到法学家和政治家的重视。科拉斯首次明确指出，立法权就是创制、制定法律的权力，这种权力"完全依赖于任何合法组织的团体或个人在其领土内命令发布法律的内在权能"，首先"依赖于通过意志行为创制它的真实的行动"。因此，立法的结果不仅仅创制了法律，也赋予了法律以强制效力亦即对公民的约束力；法律的强制效力在法律颁布后始终存在，主要通过法官得以执行和遵守。这样，科拉斯便把创制法律与执行法律区别开来，由此推导出法官的职能在于执行法律，法官应当服从于立法者的结论。于是，中世纪流行的司法是国家权力核心的观念被颠覆，司法被置于从属于立法的次要地位。科拉斯没有就此止步，他进一步把立法与国家主权联系起来，认为立法权是一个国家最主要的主权权力，而主权只属于国家统治

---

① 参见陈颐：《立法主权与近代国家的建构：以近代早期法国法律为中心》，第76—77页。

② 关于科拉斯的立法理论，参见陈颐：《立法主权与近代国家的建构：以近代早期法国法律为中心》，第77—84页。

者所有，故而统治者是国家唯一的立法者。尽管科拉斯并未将主权等同于最高立法权，但他明确肯定了立法对于国家的决定性影响，实际上默示了立法者居于国家中心位置，是国家的最高权威。科拉斯甚至认为，立法者在国家事务和人类社会的角色"可与上帝作为神圣事务的创造者的角色相提并论"①。

让·博丹（1530—1596 年）是 16 世纪后期法国最著名的政治法律思想家，其代表作是 1576 年发表的《国家六论》。与科拉斯立足于古罗马法律制度的微观研究不同，博丹通过对世界各国政治制度的宏观比较，对立法主权论进行了更为广阔和深刻的论证，使之发展为一个成熟的理论体系。

博丹的立法主权论立基于近代国家学说。在他看来，国家是由"众多家庭依靠一个崇高、永久的权力而建立的合法政府"，"国家的根本特征就是'主权'（Sovereignty）"；②主权是国家的基石，是"理解国家性质的主要的也是最重要的问题"③。按照博丹的定义，主权就是"国家中最高的、绝对的、永远位于公民和臣民之上的权力"④，它由政治社会中的某个确定的个人或集团所拥有和行使。在君主制国家里，主权由君主所有和行使，而且仅归君主"排他性地享有，而其他拥有审判权的领主、法官和所有臣民是不能享有的；在这个意义上……主权是不可转让的、不可分割的，也是不可消灭的"⑤。

博丹指出，与一般权力相比，主权权力"在力度、作用和存续时间上都不是有限的"⑥，这意味着主权具有至高无上性，而且不以

---

① 转引自陈颐：《立法主权与近代国家的建构：以近代早期法国法律为中心》，第85页。
② 〔意〕萨尔沃·马斯特罗内：《欧洲政治思想史——从十五世纪到二十世纪》，黄华光译，社会科学文献出版社 1998 年版，第 56 页。
③ 〔英〕斯金纳：《现代政治思想的基础》，段胜武等译，第 561 页。
④ 同上书，第 562 页。
⑤ 〔法〕让·博丹：《主权论》，李卫海、钱俊文译，北京大学出版社 2008 年版，第 146 页。
⑥ 同上书，第 29 页。

任何义务为附加条件,具有不受限制的绝对性。他宣称,政府的基本目标应当是保护秩序而不是保护自由,故而在任何政府中都必须有一个享有主权的君主,"赋予君主的主权,如果还要受若干条件和义务的限制,那么这样的主权就不是真正意义上的主权或绝对权力"①。从君主主权的绝对性中,博丹进而推演出了君主是不可反抗的结论。他说:"任何臣民个人,或全体臣民整体,试图凭借事实或正义原则去做任何反对君主荣誉、生命和尊严的事,都决不可能是合法的,不管君主做了何种罪恶的、不敬的和残酷的事。"他指出,君主的臣民若"打着公正与正义的旗帜去破坏君主的法律或以其他方式反对他,也依然是不合法的",因为"拥有主权的人除了不朽的上帝外,不需要向任何人负责"。②

博丹认为,主权的另一突出特征在于立法是它的基本性质和真正标志。尽管博丹也承认,主权是一组主权性权力的集束,除了立法权外,至少还包括宣战与媾和、任命高级官员、征收赋税、听取最终上诉、赦免罪犯、决定货币、接受效忠和规定度量衡八种权力。③但是,立法权毫无疑义是其中最为根本和重要的,而且主权者在制定法律时"不必经过其他人的同意,不论这些其他人的地位是比制定者高,与之平等还是较之卑下"。就是说,主权者的立法权"不能与他的臣民共同分享"。④更关键的是,在博丹看来,立法权是其他一切权力的源泉,包括上述八种具有主权性特征的权力和所有其他的一般性权力都是立法权的延伸。由此可见,博丹的主权论就是立法主权论,就是主权君主可以不受限制地制定任何法律,"并且能废除和搁置会带来不利后果的法律,或用新的法律来代替这些有

---

① 〔法〕让·博丹:《主权论》,李卫海、钱俊文译,第37页。
② 〔英〕斯金纳:《现代政治思想的基础》,段胜武等译,第559、561页。
③ 参见〔法〕让·博丹:《主权论》,李卫海、钱俊文译,第110页。
④ 同上书,第107、109页。

弊病的法律"①。

在论证君主立法主权的绝对性时，博丹对司法主权时代限制君主立法权的种种法律和观念（早年博丹基本上是赞同的）逐一进行了批判。对于巴黎高等法院有权通过拒绝登记而否决国王立法的观念，博丹认为是由于对法国政体发展史的误解而产生的一个"错误"观点，而且是"违背正义和法律"的。②针对三级会议的权能以及由此产生的国王应接受人民忠告的解释，博丹指出，三级会议除了可以拒绝征税的权力外，在任何事情上都无权下达命令、做出决定或发表意见；只要国王认为符合自然理性和正义，就可以背离三级会议的要求。③针对法官只要不犯重罪就不得罢免、法官享有独立地位的传统主张，博丹明确表示，所有法官和政府官员"都仅仅是法律和君主的执行者和代理者"，绝不是独立权威或司法权力的所有者。④针对国王应受古老习惯限制的传统观念，博丹宣称，习惯与法律是截然不同的，"习惯只有在使君主满意的情况下才可以说具有效力。也就是说，君主掌握着由自己批准而使习惯成为法律的唯一权力"⑤。

必须说明的是，尽管博丹强调君主立法主权的绝对性，但并不等于他主张毫无限制的绝对君主专制。博丹反复申明，主权君主的绝对性是以服从神法和自然法为前提条件的。他说："如果法律的目的是正义，如果法律是君主的作品，并且君主是上帝的映像，那么，君主的法律就必须模仿上帝的法律。"⑥博丹之所以特意说明神法和自然法高于主权者的立法，目的在于防止他的学说成为君主凌驾法律之上的借口。但是，由于自然法和神法虚无缥缈，不具有实在法

---

① 〔法〕让·博丹：《主权论》，李卫海、钱俊文译，第 42 页。

② 参见〔英〕斯金纳：《现代政治思想的基础》，段胜武等译，第 574 页。

③ 同上书，第 573 页。

④ 同上书，第 575 页。

⑤ 同上书，第 573 页。

⑥ 转引自陈颐：《立法主权与近代国家的建构：以近代早期法国法律为中心》，第 101—102 页。

的强制力，故而对主权者的实际限制作用是微不足道的；相反，主权者反而可以利用它们的模糊性，把自己的一切立法乃至专断行为，都冠之以符合上帝意志和自然法则的名义，轻而易举地找到正当性依据。正因如此，后来的绝对君主主义思想家们无不赞同博丹的主权论，并且引申出了"君权神授"概念，使主权君主身上又多了一件神圣外衣。

无论如何，博丹的立法主权论彻底改变了国家的立基之本。过去，国王首先被认为是一位法官；现在，国王首先被认为是一位立法者。这一理论变化创立了现代意义上的立法概念——"制定"规则，并用它取代了中世纪的立法概念——"发现"规则。从此，为民众制定法律被认为是国家机关（不管是国王还是议会）应有的权力，立法、国家、主权实现了三位一体。"直到这时，国家才成为国家，统治者与臣民之间的对等的公共关系才代替了单个的附庸与其大领主之间的半私人的关系"[1]。可见，立法主权论是"建构绝对主义国家的一个基本要素"[2]，是"形成近代欧洲的一个决定性因素"[3]。

立法主权论深刻地影响了法国法制的未来发展，使之走上了立法主导型的法制现代化道路（至少是最重要原因之一），从而与司法主导型的英国法制现代化道路迥然有别。

绝对君主制的发展

从瓦卢瓦王朝（1328—1589 年）后期起，法国就朝着绝对君主制急速迈进，权力越来越集中于国王和宫廷手中。封建旧贵族亦即佩剑贵族的经济势力和政治影响不断削减，职业官僚日益成为政府

---

[1]　C.H. McIlwain, *The Growth of Political Thought in the West from the Greeks to the End of the Middle Ages*, pp.390-391.

[2]　David Parker, "Sovereignty, Absolutism and the Function of the Law in Seventeenth-Century France", *Past and Present*, No.122, 1989, p.42.

[3]　〔意〕登特列夫：《自然法——法律哲学导论》，李日章译，联经出版事业公司1984 年版，第 64 页。

管理的中坚力量。他们领取薪俸，唯王命是从，控制了中央各个职能部门。其中，许多官吏出身贵族化了的资产者亦即穿袍贵族，富有执法理政才能。军事上建立了四个兵团的职业军队，多达十几万人。地方上设立军政府，加强对外省的控制，并通过督察官严密监督地方官员。

在立法主权论的推动下，16 世纪法国绝对君主制的发展进一步加速。弗朗西斯一世（1515—1547 年在位）时，法国官吏达 12 000 人，行政机构的规模和效率闻名于欧洲。巴黎高等法院和三级会议的权威趋于萎缩，对王权的钳制作用明显下降。1515 年，掌玺大臣迪普拉向高等法院宣布国王决策时，断然回绝了法官们的评议权和建议权要求。[①] 1561—1563 年，掌玺大臣洛皮塔尔先后三次到高等法院，告诫法官们说，国家必须是"一人统治，众人服从"，只有在国王"愿意的情况下"才征求法官们的意见，"即使国王下令做某些似乎不公正的事"也不能直接反对，因为"直接反对国王的意志和命令"绝不可能是合法的。[②] 1598 年，开创波旁王朝的亨利四世（1589—1610 年在位）颁布南特敕令，宣布天主教为法国国教，但给予胡格诺教徒以信仰自由。南特敕令结束了长达 32 年的宗教战争，同时也是绝对王权的一次张扬机会：亨利四世面对高等法院法官对敕令的抗议警告说："现在我要当名副其实的国王，我以国王的身份说话；我要求顺从。"在财政上，15 世纪时国王开始绕过三级会议向全国征收人头税和土地税，1522 年又发行国债，并向教士征收十分之一税，第二年又设立了"酬金局"，公开卖官鬻爵。随着独立税源的扩大，国王基本摆脱了对三级会议的依赖，所以从 1614 年起再未召开三级会议，直到 1789 年。

路易十三（1610—1643 年在位）和路易十四（1643—1715 年在位）时期，法国绝对君主制发展到顶峰。路易十三时期担任首相

---

① 参见〔英〕斯金纳：《现代政治思想的基础》，段胜武等译，第 529 页。

② 参见上书，第 529—530 页。

达 18 年之久的红衣主教黎塞留把"使国王崇高"、"使王国荣耀"奉为两大执政目标，为强化王权不遗余力。他在中央设立各部大臣，直属首相领导，原有的贵族机构国务会议流于形式。他把过去国王派往各地的钦差大臣改为总督，全权控制地方。他创建了出版检查制度，实行思想文化专制。人称"太阳王"的路易十四奉行"一个君主，一种法律，一种信仰"的治国原则，决心要做"自己的首相"和"职业的国王"，故不再委任首相，事无巨细躬亲独断，个人集权空前加强。他按照不同的职能要求，把御前会议分成了最高国务会议、王室财政会议、政务会议、国务会议、财政会议、枢密会议等不同机构，组成了"会议体系"[1]式的行政体制，各会议的成员可随政务需要随机变动。其中，最高国务会议相当于内阁，由国王召集的 2—5 位大臣组成，可参与大政方针的讨论，但最后决定权操于国王一人之手。路易十四还自诩为"上帝在人间的代表"，加强对教会的控制。1682 年，他召集全国高级教士会议，重申王权独立于教权原则，宣布教皇不得做出任何侵害法国教会自由和权利的事情。[2]1685 年，他颁布枫丹白露敕令，取消了允许信仰自由的南特敕令，迫使大批胡格诺教徒逃亡国外。在路易十四执政的 72 年中，法国的绝对君主制达到极盛。1655 年春天，路易十四在"御临法院"[3]庄严宣告："朕即国家"，此话连同他的"国王是绝对的主人""法出于我"[4]等类似名言，成为当时法国王权至高无上的象征符号。

法国绝对君主制最突出的特点是国王充分发挥了一个立法主权者的权能，把自己的个人意志首先上升为国家法律，然后利用国家

---

① 申南说："路易十四统治下的法国是以会议体系来运作的。"见〔英〕J.H. 申南：《路易十四》，李宁怡译，上海译文出版社 2001 年版，第 17 页。

② 参见吕一民：《法国通史》，上海社会科学出版社 2003 年版，第 73 页。

③ 御临法院是指国王亲临巴黎高等法院主持司法或会议。17 世纪以前，御临法院有三项功能：一、审判大贵族；二、讨论国是，为国王建言献策；三、为幼王举行成年仪式，表示幼王已达到成为立法者的年龄。17 世纪，国王经常利用御临法院强行登记法令使之生效，实际上已沦为国王专断立法的形式性程序。见庞冠群："法国旧制度下的御临高等法院"，《中国社会科学报》2013 年 12 月 11 日。

④ 郭华榕：《法国政治制度史》，第 42 页。

行政系统施行于全国。因此，法国绝对君主制的发展过程同时也是法国一系列国家法律的制定颁布过程。其中，普通法律是以国王法令的形式颁行的，重要法律则采取法典形式，诸如刑事诉讼法和民事诉讼法等。

路易十四统治时期是法典的集中制定颁布时期。当时，朝中重臣柯尔伯和巴黎高等法院首席院长拉姆瓦尼翁以及多马等法学家们，都是法典制定的积极组织者和主持者，他们从一开始就抱有明确的目的，即将自然法与法律正义融为一体，彻底改造法国的法制现状，构建一套简约化、标准化的"完美法律"。[①]为实现这一目标，路易十四组建了一个司法委员会，具体负责立法计划的拟定与实施。1667 年颁布了《民事司法改革法典》，详细规定了民事诉讼的司法规则。在此后不到 20 年的时间内，又陆续制定了多部法典。如1670 年的《刑事法典》，确立了刑事诉讼的管辖权范围和刑事司法程序；1673 年的《商事法典》，统一了商事行为的法律规范；还有1679 年《森林法典》、1681 年的《海事法典》以及 1685 年的《黑人法典》等。[②]路易十四还制定了军队规章，改变了过去军队管理的混乱状况。路易十四去世后，大臣达盖索继续制定新法，又颁布了三部重要法典，即 1731 年的《赠与法》、1735 年的《遗嘱法》和1747 年的《信托法》。

与 16 世纪的习惯法典编纂相比，这次法典制定不是面向过去汇编既有的不成文法，而是着眼于未来的一次有意识的改革性立法。法典内容不再沿用诸法合体传统，而采用分门别类形式，结构完整，语言上很少使用古老法律词汇和专业术语，更易于被民众所接受。其中，《民事司法改革法典》堪称典范。这部法典分为 35 章，编排体例遵循诉讼运行顺序，各项条款简洁清晰，逻辑连贯，通篇浑

[①] 参见陈颐：《立法主权与近代国家的建构：以近代早期法国法律为中心》，第 141 页。

[②] H. A. de Colyar, "Jean-Baptiste Colbert and the Codifying Ordinances of Louis ⅩⅣ", *The Society of Comparative Legislation*, new series, Vol.13, No.1, 1912, pp.71-79.

然一体。[①]

17 世纪的法典制定是一次真正意义上的国家立法。这些法典的颁行促进了民族主权国家的形成，并给绝对王权涂上了一层浓厚的法制色彩。由于这些法典完全出自国王政府之手，以加强中央王权为根本目的，从而推动法国的绝对君主制达到巅峰。不过，与东方国家相比，法国王权始终没能凌驾于法律之上而独断专行，因为以巴黎高等法院为首的司法系统为守护司法传统和法律权威一直进行着不懈的抗争。

高等法院的抗争

自巴黎高等法院建立后，法国又相继建立了税务法院、审计法院、王宫诉状审理法院等附属法院。仿照此模式，外省也纷纷建立了高等法院和附属法院，于是初步形成一套从中央到地方的法院系统。这些法院作为常设专职司法机关，在一定程度上相对独立于政治和行政管理系统。

早期巴黎高等法院是王权的工具，是推动绝对君主制发展的重要力量，法官主要由高级教士担任。15 世纪中叶以后，出身穿袍贵族的世俗人士占据了法官的多数。穿袍贵族是从第三等级的上层中发展出来的一个特殊群体，他们普遍受过大学法律教育，凭借金钱购买官爵，[②] 跻身于贵族行列，成为介于佩剑贵族和第三等级之间的一个特权阶层。穿袍贵族包括三个部分：一是巴黎高等法院及其他王室法院的法官和司法官吏；二是地方政府的总督、外省高等法院的法官以及其他地方司法机构的成员；三是律师、公证人、书记官、诉讼代理人和执行吏等法律自由职业者。[③]1604 年的一项法令规定，

---

① 参见陈颐：《立法主权与近代国家的建构：以近代早期法国法律为中心》，第139 页。

② 1302 年，菲利普四世将书记官和公证人的职务出售，法国历史上的卖官鬻爵制度由此开始。

③ 参见郭丰秋："探析十七世纪中叶法国穿袍贵族的地位"，《社会科学论坛》2010年第 6 期。

所购官职可以转手倒卖，可以继承，条件是每年向国王缴纳官职价值的 1/60 的"官职税"。① 该法令实际上将所购官职变成了捐官者的世袭财产，所以此后法国出现了不少法官世家，其中最为著名的有拉穆瓦尼翁家族、莫莱家族等。启蒙思想家孟德斯鸠就是一个出身于法官世家的穿袍贵族，他的祖父在波尔多法院购得了一个庭长职位，后传给了孟德斯鸠的伯父，1716 年又传给孟德斯鸠。十年后，孟德斯鸠为潜心著述，以年金 5 200 利弗尔的价格将其卖掉。申南认为，到 18 世纪上期，穿袍贵族不仅占据了高等司法部门的全部职位，而且许多政府大臣和督察官都是直接或间接地从这些职位上提拔起来的。② 据福特统计，那时仅高等法院中的穿袍贵族就多达 2 000—2 300 人。③

历史的吊诡在于，本为筹集金钱的卖官鬻爵制度客观上使法官获得了任职保障，因为根据公平交易原则，除非把捐官钱款如数退还本人，国王不得随意罢免他们，而巨大的赎回成本又是国王无力承受的，④ 所以，尽管理论上国王有权随时任免法院院长、法官和检察长，但在实践上根本无法做到，⑤ 高等法院系统的独立性因此而有所增强。多伊尔说："1789 年以前，司法官员可以言行无忌，国王无从罢黜他们。"⑥ 托克维尔曾尖锐批判法国旧制度，唯独对它的法官和司法制度给予了肯定，他说："法官实行终身制，不求升迁，这两点对其独立性都是必不可少的。"⑦ 正因为法官享有一定的独立

---

① 参见陈文海："法国封建专制时期鬻官制度"，《华南师范大学学报》1996 年第 5 期。
② J.H. Shennan, *The Parlement of Paris*, 2nd ed., Sutton Publishing, Ltd., 1998, p.121.
③ Franklin L. Ford, *Robe and Sword: The Regrouping of the French Aristocracy After Louis XIV'*, Harvard Universi Press, 1968, pp.53-54.
④ 路易十四的宠臣柯尔柏（1619—1683）在 17 世纪 60 年代曾做过估算，政府如果要赎回全部已售出的官职，将需要 4.196 亿利弗尔巨额资金。然而，在 17 世纪的前 50 年中，只有 9 年政府年收入超过 1 亿利弗尔，其他年份的收入从 1 000 万到 9 000 万不等，而这些数字当中还包括卖官鬻爵所得的"额外收入"。参见陈文海："法国封建专制时期鬻官制度"，《华南师范大学学报》1996 年第 5 期，第 121 页。
⑤ 参见陈文海："法国封建专制时期鬻官制度"，《华南师范大学学报》1996 年第 5 期。
⑥ 〔英〕威廉·多伊尔：《法国大革命的起源》，蔡百铨译，国立编译馆出版 1995 年版，第 56 页。
⑦ 〔法〕托克维尔：《旧制度与大革命》，冯棠译，商务印书馆 1992 年版，第 153 页。

性，所以"那个时代被压迫者使自己的呼声上达的唯一途径，就是司法机构。法国当时因其政治和行政制度已成为一个专制政府的国家，但是由于它的司法制度，法国人民仍然是自由的人民"①。

利用自身的独立性和法定的注册权、谏诤权，高等法院系统在17—18世纪多次奋起抗争，反对国王的专断立法和不当决策。虽说法官抗争大多以失败告终，但毕竟抑制了法国绝对王权向绝对专制的发展。况且，由于此时三级会议已经不再召开，高等法院成为唯一有资格代表"民族"的权威机构，所以在约束王权方面的作用更加凸显出来。职是之故，路易十四时期的检察长塔隆声称，高等法院是"第二种力量"，其任务在于削弱国王所代表的"第一种力量"。②

第一次大规模的法官抗争发生在17世纪40—50年代。当时路易十四尚未成年，由太后安娜担任摄政，红衣主教马扎然任首相。那时，巴黎高等法院的法官们多次发表激烈言词，指责"大臣专制"，与马扎然政府公开对抗。1848年4月，为增加国库收入，马扎然下令，要求包括法官在内的官员预付四年保证金才可获得九年任职权，由此引发了福隆德（Fronde）运动。巴黎高等法院拒绝注册上述法令，并联合外省高等法院，提出了27条改革建议，包括限制王权、整肃时弊、实行财政改革、取消督察官、保障臣民人身自由等。8月，太后与马扎然下令逮捕了运动领导人布鲁塞尔等三人，引起巴黎武装起义。起义者用福隆德射击马扎然拥护者的住宅。10月，路易十四被迫出走。1650年，巴黎高等法院通过决议，解除马扎然的首相职务。不久，法国签订《威斯特法利亚和约》，法军从前线撤回，包围了巴黎，将福隆德运动镇压下去。1652年10月，14岁的路易十四返回巴黎。

福隆德运动之后，成年亲政的路易十四一直对巴黎高等法院实行高压政策。1688年，他派遣掌玺大臣前往巴黎高等法院，撕毁了关于福隆德运动的三册记录本，宣布取消巴黎高等法院的谏诤权。

---

① 〔法〕托克维尔：《旧制度与大革命》，冯棠译，第152页。
② 参见郭华榕：《法国政治制度史》，第46页。

从此，法官们被剥夺了发表意见的机会，国王可以任意立法和征税，并通过"密札"（空白拘票）逮捕反抗者，不经审判就把他们长期关押在巴士底监狱。路易十四还把督察官变为常设官职，成为集政治、经济、司法、警察等广泛权力的地方王权代理人。

1715年，路易十四去世，时年5岁的路易十五（1715—1774年在位）即位，由摄政会议代行王权。根据路易十四的遗嘱，摄政会议由奥尔良公爵担任主席，成员包括一批亲王，其用意旨在钳制主席。奥尔良公爵不愿受制于人，暗中与巴黎高等法院达成交易：由高等法院出面改变遗嘱，改组摄政会议，交换条件是恢复法官谏诤权。但在完成摄政会议改组后，奥尔良公爵背信食言，任命苏格兰投机商人约翰·劳为财政总监，推行货币财政改革，并把铸造新币的法令送到货币法庭注册，故意绕过巴黎高等法院，法官们认为这是对法国立法传统的破坏，表示强烈抗议，并提出谏诤书，宣称像这种事关全局的重要法令必须送往巴黎高等法院进行注册，"这是颁布法律的一种必要形式"。奥尔良公爵回应道："法律的存在仅仅是因为国王的意志，高等法院的注册并没有增加它们的合法性。"高等法院随即予以反驳："王室法令只有在高等法院注册后才是有效的，且法官们有权自由地审查它们。"[①] 双方针锋相对，互不妥协。最后，奥尔良公爵悍然采用强制手段，下令把高等法院所有法官流放，直到1720年12月16日才把他们召回。这次法院的抗争虽以失败告终，但把立法权归属问题尖锐地提了出来，迫使国王政府认识到高等法院的注册在立法中的重要地位和法官在国家政治生活中的巨大影响。

1725年，外省高等法院站在了抗争的前沿。1723年路易十五成年亲政，为克服国家财政危机，决定开征五十分之一所得税。为了能顺利实施，国王采取"御临法院"的形式迫使巴黎高等法院勉强通过，但遭到了来自外省高等法院和教士集团的反对。1726年6月，红衣主教弗勒里开始主政，政府态度有所软化，五十分之一税遂于

---

① 转引自王丽："试论法国高等法院的政治角色（1715—1789）"，山东大学2013年硕士学位论文，第26页。

1727 年 7 月被废止。

1713 年，教皇克勒芒十一世颁布《乌尼詹尼图斯敕令》，重申教皇有权干涉所有教会内部事务，有权将包括国王在内的任何教徒革除教籍。巴黎高等法院对教皇敕令的法律地位提出了质疑和抗议。1730 年 3 月，主政的弗勒里以"御临法院"的形式迫使高等法院给予注册，促使冲突加剧，巴黎高等法院将谏净书印刷出版，希望通过舆论力量"使弗勒里认识到他们作为已有法律的支持者、专制政府的反对者有着重要的作用。法官们没有质疑国王的最高权威，他们只是在试图使政府的活动处在法律规定的范围之内"[①]。

1743 年以后，路易十五日趋专制，国王政府与巴黎高等法院的矛盾进一步激化。1747 年，巴黎新任主教博蒙要求所有临终忏悔者必须提交一份保证书，表明自己遵奉《乌尼詹尼图斯敕令》。据此要求，1752 年波埃旦神甫拒绝为没有提交保证书的勒梅尔主持临终圣事，勒梅尔向巴黎高等法院提出申诉，高等法院做出了支持勒梅尔的裁决，但国王支持波埃旦神甫，撤销了法院裁决。1752 年 4 月，高等法院颁布禁令，要求神职人员遵守法国内部的教会法和有关规章，不得拒绝给未提交保证书者做临终忏悔。国王站在主教一边，取缔了该禁令，由此激起巴黎高等法院的强烈不满。1753 年 5 月，巴黎高等法院向路易十五递交了"大谏净书"，被国王断然拒绝，法官们立即宣布集体罢工进行反抗。罢工法官遭到镇压，被集体流放了15 个月。但不久后七年战争爆发（1756 年），国王为了开征新税不得不做出让步，默认了高等法院禁令的合法性。

取得临终圣事冲突的胜利后，法官们开始有意识地大量印刷出版谏净书，以争取公共舆论的支持，对待王权的态度也越来越强硬。1763 年，财政总监贝尔丹颁布法令，要求第三次延长二十分之一税，巴黎高等法院拒绝批准该法令，并提出谏净，路易十五只得更换了财政总监，才使法令得以在巴黎高等法院注册。然而，在外省高等

---

① J.H. Shennan, *The Parlement of Paris*, 2nd ed., pp.307-308.

法院注册时却遇到了阻碍，雷恩高等法院的法官以集体辞职来抗议该法令。国王大怒，于 1765 年 11 月下令逮捕了被怀疑以匿名信攻击国王的六名法官，宣布成立新法院，取代旧法院。此举使巴黎高等法院认识到，国王仅凭一纸命令即可决定法院去留的做法一旦成为惯例将会危及自身的生存，于是声明支持雷恩的法官，并向路易十五提出谏诤。1766 年 3 月 3 日，路易十五到巴黎高等法院发表了严厉的"鞭笞训辞"，重申王权是绝对和至高无上的，巴黎高等法院被迫承认国王的权威，国王也顺势做了些许让步，于 1769 年宣布恢复雷恩高等法院并召回原来的法官。但雷恩的法官们没有就此罢休，他们将支持国王的雷恩省长埃吉永公爵告上巴黎高等法院，巴黎高等法院随之传唤埃吉永公爵出庭受审。1770 年 6 月 27 日，路易十五责令法院停止审判，同时宣布埃吉永公爵无罪。巴黎高等法院立即发表声明，抗议国王干预司法，并通过"褫夺贵族资格判决书"，剥夺埃吉永公爵的贵族权利，直到他能证明自己的清白为止。[①] 国王和巴黎高等法院一时间僵持不下。

1770 年 12 月，掌玺大臣莫普决心采取更强硬的手段，以迫使巴黎高等法院就范。他颁布法令，重申国王是一切法律之源，严格限制法官谏诤权，禁止法官参与政治事务。法官们马上宣布集体罢工，以示抗议。1771 年 1 月 20 日，国王命令法官恢复审判，否则将被流放。大多数法官抗命不从，结果 155 名巴黎高等法院的法官被免职流放到偏远地区。外省高等法院和律师们纷纷声援巴黎高等法院，但莫普仰仗王权支持，拒绝任何让步，并对高等法院系统进行了彻底改组。他调整了法院的司法管辖区域，将覆盖全国三分之二地区的巴黎高等法院的管辖范围大为缩减，使之仅相当于一个外省高等法院；在原来没有高等法院的六个城市增设了六个新的高级法庭，行使原属巴黎高等法院的司法管辖权。新建的高级法庭仅享有司法审判权，不具备政治功能，它们仍有法令注册权，但不得延迟注册。此间，

---

① 参见王丽："试论法国高等法院的政治角色（1715—1789）"，山东大学 2013 年硕士学位论文，第 30 页。

外省高等法院也做了类似的改造。①莫普还对法官律师制度进行了改革，宣布废除法官买卖制，改由国王任命，并根据法官履行职责的情况发放薪酬，禁止各法院之间相互联系，限制在高等法院庭审中使用《案情摘要》，严禁在案件审理期间将其印刷传播。②莫普的这些改革目的在于摧毁高等法院的独立性，削弱司法贵族对司法权的控制。

围绕莫普改革的斗争实质上是法律与国王、司法与行政之间的一次大规模的正面冲突。当时整个法律界异乎寻常地团结一致，为维护司法独立而对抗王权——

> 高等法院的法官们丧失了他们的地位和权力，但是在国王的意志面前，没有一个人屈服退让。不仅如此，种类不同的各法院，如审理间接税案件的法院，虽然并未受到株连和威胁，但当国王的严厉处罚已经确定无疑时，他们情愿挺身而出，同受处罚。还有更精彩的事例：在最高法院出庭辩护的首席律师们甘愿与最高法院共命运；他们抛弃荣华富贵，宁可缄口不言，也不在被羞辱的法官面前出庭。③

莫普改革使司法界元气大伤，但是，因改革引发的抗争也促使国王政府的专制倾向暂时有所收敛。1774年路易十六（1774—1792年在位）继位后，莫普被罢免，其改革也随之被废除，巴黎高等法院重新恢复。在此后的十几年内，司法系统与国王政府的关系较为平静。直到1787年路易十六为挽救濒于破产的财政危机试图开征新税时，巴黎高等法院才重新掀起反王权斗争。在1787—1788年的两年内，巴黎高等法院多次拒绝注册政府的征税法令，数次迫使国

---

① 参见王丽："试论法国高等法院的政治角色（1715—1789）"，山东大学2013年硕士学位论文，第30页。
② 参见庞冠群："莫普司法改革与法国旧制度的崩溃"，《世界历史》2007年第3期。
③ 〔法〕托克维尔：《旧制度与大革命》，冯棠译，第153—154页。

王政府放弃征税计划，如 1787 年 8 月路易十六被迫收回了印花税和土地税征收法令。有时法官们还提出比较激进的政治主张，如 1787 年 7 月法官们宣称"国王本身并不等同于国家"；① 同年 11 月，国王再次通过"御临法院"强令注册，巴黎高等法院宣布"仅仅是国王的意志不足以成为法律"②，并声称强制注册是非法行为，国王怒斥道："这是合法的，因为我要这么做。"③ 在 1788 年的谏诤书中，巴黎高等法院更经常地引用启蒙思想家的观点和话语，如"公民个人的自由""人生而自由""自由是不因时效而丧失的权利"等。④ 上述事实说明，此时的法官们已不再单纯关注司法问题，而开始公开表达自己的政治立场和政治诉求了。

综观 13 世纪末到大革命爆发前高等法院的历史可以看出，作为国家的专门司法机关，高等法院代表了法国权力分立的开始，对于中世纪后期法国司法与法制文明的进步做出了积极贡献。在 16 世纪之前，高等法院作为王权的工具，推动了绝对君主制的发展和国家政治法律的统一；在 16 世纪之后，随着绝对王权日益倚重于立法和行政，高等法院承担起了司法传统和法律权威代表者和守卫者的历史使命，通过不屈不挠的抗争遏制了绝对王权的无限扩张，使之未能突破底线而走向东方式的皇权专制主义。多伊尔说："在整个 18 世纪，政府从法院遭到最强大也最持续的反对。"⑤ 不过，高等法院的抗争历程也充满了软弱和妥协，几乎所有的抗争都起因于具体的宗教或税收问题，而且大多以相互让步而告终，有时甚至屈服于王权淫威。之所以如此，原因在于高等法院本身就是绝对君主制的支柱，从来不是一个真正独立的权力实体，法官属于特权阶层，他们

---

① Bailey Stone，*The French Parlements and the Crisis of the Old Regime*，University of North Carolina Press，1986，p.133.

② J.H. Shennan，*The Parlement of Paris*，2nd ed.，p.322.

③ 〔英〕威廉·多伊尔：《法国大革命的起源》，蔡百铨译，第 86 页。

④ 庞冠群："十八世纪法国的高等法院与启蒙运动"，《历史教学》2010 年第 4 期。

⑤ 〔英〕威廉·多伊尔：《法国大革命的起源》，蔡百铨译，第 55 页。

"生来就是王室权利的守护者,他们的一切所作所为都要诉诸司法,至少是要为司法所包容,而司法权又是从国王那里祈求而来的"①。从根本上说,他们反对王权只是为了将绝对君主制保持在既定的法制轨道上,防止其放纵不羁,而不可能成为王权的反叛者和革命者。尽管在法制层面上高等法院堪称是旧制度机体内的一股正向力量,但在国家体制的束缚下,其能量和作用都是极其有限的,对于王权有时反而产生"小骂大帮忙"的负面效果。这种状况告诉我们,在旧的国家体制根本变革之前,单纯的法院抗争是不可能推动国家走向现代法治的。就此而言,17—18 世纪高等法院系统持续不断的抗争意味着:法国的绝对君主制已经丧失了自我调节能力,如同一个生命垂危的病人来日无多了。正如研究者所言,那时"强化王权的威权君主制道路走不通,以高等法院制衡王权的自由君主制也没有生存的空间,旧制度完全陷入了自身无法解脱的矛盾之中"②。于是,一场以体制外的第三等级为主力、以"自下而上"彻底改造国家政治法律制度为特点的大革命就不可避免地爆发了。

五、革命年代的法制变革

1789 年 7 月 14 日法国大革命爆发,旧制度瞬间土崩瓦解。8 月上旬,控制了政权的制宪会议颁布了被称为"旧制度死亡证书"的"八月法令",宣布废除农民的人身义务、贵族的免税特权和教会什一税,取缔卖官鬻爵制度以及国王和领主的司法权。与此同时,革命政府开始创建现代政治法律制度。

与英国革命不同,法国大革命是在启蒙运动提供的成熟系统的政治理论和自然法学思想的基础上发生的,因而处处都打着启蒙思想的深刻烙印。其中,影响最为明显的是为所有启蒙思想家普遍信

---

① 转引自杜苏:"司法独立的黎明:法国古典司法体制诸问题研究",《中外法学》2013 年第 1 期。

② 庞冠群:"莫普司法改革与法国旧制度的崩溃",《世界历史》2007 年第 3 期。

奉的自然权利说、卢梭的社会契约说与人民主权说以及孟德斯鸠的三权分立说与司法独立说。这些学说不仅为大革命提供了摧毁旧制度的思想武器，而且直接指导了法国现代国家制度的构建实践，甚至一直影响着后来法国政治法律制度的发展走向。由于理论资源充足，加之中世纪后期形成的国家主义、立法主权传统，法国选择了一条以建构理性为主导的法制现代化道路。建构理性的特点是，对人类的理性充满自信，对历史经验和传统文化较少重视，崇尚逻辑推演方法，确信人类通过深思熟虑可以把握现在和规划未来。由此出发，法国革命者设想："从自然法学派思想所建立的基本前提进行推理，人们就能够取得一种可以满足新社会和新政府所需要的法律制度。"①建构主义路径的选择赋予了此后法国的法制现代化进程以鲜明的理想主义特色，也造成了近百年的反复制宪废宪、政体瞬息万变的动荡局面，致使法国的现代政治法律制度经过了近一个世纪的曲折动荡后才稳固地建立起来。

制定新法律

立足于立法主权和建构理性，在"八月法令"后，制宪会议仅用了两个星期就于 1789 年 8 月 26 日颁布了《人权宣言》，明确提出了"自由、平等、博爱"的宏伟目标，这既是指引大革命破除旧制度的旗帜，更是指导革命者构建新制度的纲领。《人权宣言》确立了最基本的宪法和法律原则：（1）人人生而自由平等原则（第 1 条）；（2）政府有责任保障人权原则（第 2 条）；（3）人民主权原则，即国民是主权的本原（第 3 条）；（4）法无明文禁止即合法原则（第 5 条）；（5）法律面前人人平等原则（第 6 条）；（6）人身自由保障原则，即非经法律程序不得控告、逮捕或拘留任何人（第 7 条）；（7）罪刑法定原则，即除非依据法律，不得处罚任何人（第 8 条）；（8）无罪推定原则，即任何人在未被判定犯罪以前应被推定为无罪

---

① 〔美〕约翰·亨利·梅利曼：《大陆法系》，顾培东、禄正平译，第 28 页。

（第 9 条）；（9）分权原则，"凡个人权利无切实保障和分权未确立的社会，就没有宪法"（第 16 条）；（10）私有财产神圣不可侵犯原则（第 17 条）。"《人权宣言》从国家制度、法律制度及具体的人权制度等方面全方位地诠释了现代司法的基本理念和精神，其基本内容至今仍为法国及其他各国的宪法和主要公法部门所遵循。因此法国大革命是法国司法制度现代化的起点"①。不过，《人权宣言》也明确提出："法律是公意的体现。全国公民都有权亲身或经由其代表去参与法律的制定。在法律面前，所有的公民都是平等的，任何人不得违反。"（第 6 条），这一体现卢梭民意至上思想的条款，把具体的立法权等同于抽象的人民主权，使之处于不容置疑的绝对地位，虽有助于确立法律权威，但也造成了对立法合宪性审查的困难，致使法国违宪审查制度迟迟未能建立起来。

基于《人权宣言》的原则与精神，制宪会议于 1791 年制定了法国历史上的第一部宪法，并把《人权宣言》作为前言写入其中。该宪法宣布，法国是君主立宪制国家，实行三权分立制度；"立法权委托给由人民自由选出的暂时性的代表们所组成的国民议会，由它协同国王的批准按照下面所定的方式行使之"；"行政权委托给国王，在他的管辖之下由部长和其他负责官员按照下面所定的方式行使之"；"司法权委托给由人民按时选出的审判官行使之"。该宪法还确立了"法律高于国王"的法治原则，宣布王权首先受宪法的限制："国王在登位时或在其已达成年时应在立法议会向国民宣誓：要忠于国家和忠于法律，要用其所承受的一切权力来支持国民制宪议会所制定的宪法并下令施行法律"；其次受普通法律的限制："国王只能根据法律来治理国家，并且只有根据法律才得要求服从"，"行政权不得制定任何法律，即使是暂时性的法律，只得发出符合法律的公告以便命令或号召法律的施行"。②1791 年宪法还明确宣布了

---

① 程乃胜："论法国司法制度现代化"，公丕祥主编：《法制现代化研究》（第十二卷），南京师范大学出版社 2009 年版，第 263 页。

② 吴绪、杨人楩选译：《十八世纪末法国资产阶级革命》，商务印书馆 1962 年版，第 56 页。

司法独立原则，规定司法权专属法院，独立于立法权和行政权，"在任何情况下，司法权不得由立法议会或国王行使"；法官由选举产生并实行常任制。不过，这部宪法仅仅实施了一年就因君主立宪派的倒台而被废除。此后，随着政局的变化又相继制定了 1793 年宪法、1795 年宪法。这些宪法都昙花一现，其中 1793 年宪法从未付诸实施，但它们都坚持了共和制度与法治原则。

在 1789—1791 年间，制宪会议还制定和颁布了一系列除旧布新的具体法令。在改造国家机构方面，1789 年 10 月 1 日制宪会议颁布关于政府基本原则的法令，规定立法权只属于一院制议会，国王的行政权必须依照法律行使，不经议会同意不得征税等。10 月 8 日和 11 月 3 日发布两个法令，宣布废除巴黎高等法院和各省高等法院，对原有的刑事诉讼制度进行了改革。12 月 14 日和 26 日，又发布改组地方政府的法令，将全国划分为人口和面积大致相等的 83 个郡，结束了旧制度下区域划分混乱状况。在教会改造方面，1789 年 11 月到 1790 年 3 月，制宪会议连续颁布数个法令，宣布没收一切教会财产，收为国有，或者出售或者以之为抵押发行财政债券。1790 年 2 月至 11 月的几个法令命令教士还俗，取消旧的教区，按新的行政区划设立新教区。主教由公民选举产生，不再由教皇任命，高级教士的薪俸由国家支付，实现了教会的世俗化。在改造等级制度方面，1790 年 6 月 19 日制宪会议下令，永久废除世袭贵族，取消亲王、各种爵位以及一切类似的头衔。①

1799 年 8 月拿破仑执政后，创立新法进入高潮。这年年底，拿破仑颁布了"共和八年宪法"，建立了执政府。这部宪法赋予第一执政公布法律及任命全部刑事和民事法官的权力，体现了拿破仑对法律和司法的重视。1804 年拿破仑称帝，随即制定了"帝国宪法"。该宪法仍然肯定了宪法在政治生活中的至上地位。同一年，拿破仑主持制定并颁布了《法国民法典》，确立了法国现代民法制度的原

---

① 参见张芝联：《法国通史》，北京大学出版社 1988 年版，第 162 页。

则与框架，具有里程碑性质，其中大部分条款至今仍在适用。此后，拿破仑又陆续主持制定了《法国民事诉讼法典》（1806年）、《法国商法典》（1807年）、《法国刑事诉讼法典》（1808年）和《法国刑法典》（1810年）。这些法典连同宪法，合称"法国六法"。

"法国六法"的制定过程"是有史以来最理性和最周密彻底的……整个法国的法院和律师界都参与进来；召开数十次专家会议；提交了数百份报告；法典草案在不同的立法机关连续进行数次讨论。到最后，仅仅是法典编纂的程序记录就有 40 册之多"[①]。在内容上，这些法典承继了以往法国历代立法的精华，系统总结了法国大革命的成果，反映了现代资本主义的发展要求，组成了一个以民法典为基础、以宪法为根本法的有机整体。其中的《法国民法典》"不仅仅是法国私法的核心，而且也是整个罗马法系诸私法法典编纂的伟大范例"[②]。

"法国六法"的颁布确立了法国资产阶级法律制度，奠定了西方两大法系之一的大陆法系的基础。在形式上，"法国六法"系统完整、清晰连贯，语言流畅明快、通俗易懂。这种风格与法国流行的严格分权思想有着密切关系。梅利曼说，法典的编纂者们汲取了革命前法院插手立法的教训，认为立法机关是立法权的唯一所有者，法官只是法律的实施者，连法律解释权也不得享有。如果法典不完整，法官在裁断案件中遇有法条缺失时，"他实质上是在创制法律，这就会有损分权原则"，要避免此种情形发生，"势必要求立法机关制定出完美无缺的法律"。此外——

> 如果法典中的条文互相矛盾，需要法官选择对案件事实更为适用的规定，那么这样做又形成了法官立法。因此，为了避

---

① 〔美〕约翰·H.威格摩尔：《世界法系概览》（下），何勤华等译，上海人民出版社 2004 年版，第879—880 页。

② 〔德〕K.茨威格特、H.克茨：《比较法总论》，潘汉典等译，第118 页。

免这类情况的发生，就要求法典规定本身不自相矛盾。最后，如果允许法官对模棱两可或者含混不清的法律条款进行解释，那就无异于承认法官立法。因此，这又要求法典的规定必须明白无误。[①]

法国法典的这种风格与德国法典讲究专业性、科学性和语言深奥晦涩的特点形成鲜明对照。

重建司法制度

在大革命之初，巴黎高等法院和各省高等法院与旧制度一起退出了历史舞台。法官集团随之没落。因为在中世纪晚期，出身穿袍贵族的法官们总是站在特权等级的立场上，把司法职位视为个人私有财产，如同房屋和土地一样，可以购买、出售、出租和遗传。他们虽然对国王的专制行为进行过抗争，但也因此"获得了太过于频繁干涉其他国家机构活动的名声。此种干涉，即便它们有时可能有益地消解了君主政治的专制主义倾向，但更多的时候有点像一种司法权的专横滥用"[②]。

正是出于对法官的怀疑和对司法不公的不满，制宪会议在1790年5月5日决定实行法官选举制，法官任期限定为6年，并提出民事司法只是化解纠纷的一种辅助手段，调解才是解决民事争端的合理方式。8月，制宪会议开始组建新的民事司法系统，下令成立由治安法官组成的初级法院，其主要职责是调解争端，实际上是一种法律仲裁机构。治安法官不需要具备法律知识，由民众选举产生，人数根据当地人口数量确定，如巴黎设有48个治安法官职位。初级法院之上是省级法院，全国共设立547个，每一个法院负责一个裁

① 〔美〕约翰·亨利·梅利曼：《大陆法系》，顾培东、禄正平译，第29页。
② 〔意〕莫诺·卡佩莱蒂：《比较法视野中的司法程序》，徐昕、王奕译，清华大学出版社2005年版，第169页。

判区。省级法院是一种真正的司法机构，法官也是由选举产生，但都熟知法律。省级法院沿用革命前的民事诉讼程序，拥有民事司法领域的一般管辖权，但商事案件归属专门的商事法院管辖。省级法院有权受理初级法院的上诉案件，但在省级法院之上未设上诉法院，它们的上诉案件采取平级相互受理方式，[①] 亦即由相邻的省级法院审理。

在刑事司法领域，革命政府通过 1791 年 9 月法令创建了一套全新的司法制度。根据该法令，酷刑和有辱人格尊严的刑罚被废除。违法犯罪分为违警、轻罪和重罪三类，与之相适应，设立三类刑事法院，即违警法院、轻罪法院和重罪法院。违警法院的法官由市镇行政官员担任，若当事人对判决不服，可向省级法院上诉。轻罪法院由两名治安法官组成，其上诉程序与违警法院相同。重罪法院由 1 名选举产生的主席和 3 名从各裁判区中挑选的治安法官以及 12 名陪审员组成。[②]

1790 年，制宪会议在"统一的立法和司法判例是必要的"理念指导下设立了最高法院（Tribunal de cassation），法官由立法机关从全国 30 岁以上的资深法官和法律职业者中选举产生。最高法院有权受理所有下级法院的上诉案件，可以撤销一切违反法律或曲解法律而做出的判决。但是，由于对司法权缺乏信任，制宪会议没有授予最高法院以法律解释权，法官的权力被严格限定在"执行法律"的范围内，如果出现法律争议只能由立法机关做出最终解释。因此，最高法院"不能根据案件的是非曲直自己做出判决，而只能撤销受到指责的原判，将案件发回与原审法院同等审级的其他法院重新审理"；如果第二个判决又因提起上诉而被撤销，则继续按照同等审级原则交由第三个法院审理，"该法院必须听命于最高法院的法律

---

① 有学者称其为"循环上诉审模式"。参见金邦贵主编：《法国司法制度》，法律出版社 2008 年版，第 10 页。

② 参见上书，第 11 页。

观点"。① 制宪会议还明令规定，司法机关不得暂停法律的执行，不得干预立法权的运作，必须定期向立法机关汇报工作，因为立法机关是真正的人民代表机关。

综合而言，大革命初期建立的司法制度有两大突出特点：一是贯彻了民主原则，摒弃了法官任命制，所有法官皆由选举产生，或者是民众直接选举，或者是代议机关选举。二是司法与立法地位不平等，法院实际上依附于立法机关，司法权不得干预立法权和行政权，但立法权可以干预司法权。对此，法国革命史专家勒费弗尔评论道："司法权的次要地位和立法权的纯代表性，这是法国公法中两项永不变更的原则。"② 这两个原则反映了法国革命者对卢梭人民主权论的迷信，以及对司法的价值和司法独立之重要性的轻视。由于这一指导思想上的偏差，再加上当时险恶的国内外环境，使得司法在大革命后期背离了自身逻辑，充当了当权者的政治工具。例如，1792 年国民公会决定审判国王路易十六，既未交由普通法院，也未成立特别法庭，而是由国民公会越俎代庖公审国王。这样，国民公会既是当事人又是审判者，既是原告又是法官，这在法律上不仅违反了 1791 年宪法关于"司法权不得由立法议会行使"的分权规定，而且违背了"任何人不得担任自己案件法官"的法治基本原则。所以，公审国王实质上不是一次司法审判，而是一次政治审判，用罗伯斯庇尔的话说就是以"人民审判"代替了"法庭审判"。这次政治审判影响十分恶劣，在随后几年内，法国"出现了一系列政治性的审判和指控，在这些审判和指控中，所有司法公正的观念统统被清除了"③。到 1793—1794 年时，司法完全变成了罗伯斯庇尔激进派用以镇压异己的恐怖机器，除了真正的政治敌人外，许多昔日的

---

① 〔联邦德国〕康·茨威格特、海·克茨："法国和意大利的法院和律师"，贺卫方译，《环球法律评论》1990 年第 1 期。

② 〔法〕勒费弗尔：《法国革命史》，顾良、孟湄、张慧君译，商务印书馆 2010 年版，第 136 页。

③ 转引自史彤彪：《法国大革命时期的宪政理论与实践研究》，中国人民大学出版社 2004 年版，第 283 页。

革命战友也纷纷被送上断头台。1793 年 9 月 17 日国民公会颁布《惩治嫌疑犯条例》后，违反法治、滥杀无辜现象愈演愈烈。[1]1794 年春天，国内外局势逐步好转，但罗伯斯庇尔派不但拒绝放弃恐怖政策，而且变本加厉，以致"恐怖成了保护自己的一种手段"[2]。1794 年 6 月 10 日，国民公会通过了库通提出的《惩治人民之敌法》，取消了预审程序和辩护制与陪审制，惩罚办法一律采用死刑，如果证据不足，可以按"意识上的根据"和"内心确信"做出判决。法庭还鼓励人们互相告密，致使人人自危。从 6 月 10 日到热月政变的短短 48 天内，仅巴黎一地，就处死了 1 376 人，平均每周 196 人。这一令人不堪回首的历史悲剧虽然可以解释为"革命需要""形势所迫"，但它永远警示人们：司法一旦丧失独立性而沦为权力的附庸，必将走向法治的反面。

1794 年 7 月的热月政变结束了法国大革命。热月党政府力图恢复国内正常秩序，但因内外交困历时 5 年也未能实现。于是，军人出身的强势人物拿破仑粉墨登场。在其执政的 15 年内，拿破仑为建立强有力的中央政府和有效统治，完成了"法国六法"的制定，恢复和改进了制宪会议期间的司法系统，并确立了司法独立原则。

在民事司法领域，拿破仑引入了审级制度。最高法院获得了监督其他法院、考核所有法官的权力，从而成为司法系统真正的至上权威。基层治安法官及其调解职能保留下来。调解成功则具有法律效力，若调解不成，仍可提起诉讼。民事法院按行政区划设置，每一个基层行政区设立一个民事法院，享有广泛的民事案件初审权，还可受理不服治安法官判决而提起的上诉。每三个省设立一个上诉法院，受理基层民事法院的上诉案件。这样，由平级的一审法院受

---

① 截至 1794 年 5 月，法国全国被捕的嫌疑犯总数超过 30 万，监狱人满为患。据统计，整个大革命期间，共有 1.7 万人被判处死刑，另有 3.5 万—4.5 万人未经司法审判被处死。派往里昂的特派员库通等人因嫌断头机杀人太慢，辅之以炮轰和步枪排射，仅此一城就有 1667 人丧生。在南特，特派员卡里埃组织了"马拉连队"，别出心裁地让人设计了一种船底活动的船只，先后将 2 000 多被捕者淹死在卢瓦尔河中。

② 《马克思恩格斯全集》（第 37 卷），人民出版社 1993 年版，第 146 页。

理上诉的"循环上诉制度被等级明确的上诉制度所取代"①。在初审中，治安法官和民事法院无权受理商事案件，但上诉法院可以受理商事法院的上诉。此外，根据 1806 年 3 月 18 日法令，创立了劳资仲裁委员会，由劳资双方代表组成，但双方代表数额不平等。

在刑事司法领域，拿破仑对诉讼规则做了较大改革。1808 年的《刑事诉讼法典》规定了起诉、预审和审判三段式诉讼流程，确立了纠问式与控告式相结合的诉讼程序，赋予了检察院主动提起公诉的权力。1810 年的《刑法典》确认了违警、轻罪和重罪三种罪行的划分，明确了最高刑罚和最低刑罚之间的量刑幅度和具体操作规则。②

拿破仑时期继续奉行大革命初期确定的司法不得干预行政的原则，并在此原则基础上产生了行政法院的萌芽。早在 1790 年 3 月，制宪会议就规定："司法权必须与行政权分立。民事法官不得以任何方式过问行政活动，违者撤职，也不得要求行政官员就其职权的行使向它负责。"③1795 年 9 月 4 日热月党政府再次重申："严格禁止法院审理任何行政活动。"④1799 年 12 月 13 日的"共和八年宪法"规定，构成国会四院之一的参事院"负责起草法律和行政命令草案，并解决行政领域中出现的问题"，这实际上创设了最高行政法院。在地方，各省也设立了参事院，由地方行政长官担任参事院院长。关于行政法院的职权，1799 年宪法第 52 条规定："行政法院负有裁决因行政事项而发生的争讼之责任。"⑤

六、共和宪政的确立

拿破仑执政的前五年保持共和形式，后十年改行帝制，但实际

---

① 金邦贵主编：《法国司法制度》，法律出版社 2008 年版，第 13 页。
② 参见金邦贵主编：《法国司法制度》，法律出版社 2008 年版，第 13—14 页。
③ 由嵘、胡大展主编：《外国法制史》，北京大学出版社 1989 年版，第 208 页。
④ 何勤华主编：《法国法律发达史》，法律出版社 2001 年版，第 171 页。
⑤ 程乃胜："论法国司法制度现代化"，《法制现代化研究》（第 12 卷），2009 年。

上始终都是个人的军事独裁统治。拿破仑帝国灭亡后，波旁王朝复辟，该王朝虽然制定了"1814 年宪章"，形式上类似于英国君主立宪制，但实质根本不同，法国国王握有至高无上的实权。1824 年即位的查理十世公开宣称："宁可去锯树也不能按英王那种方式进行统治。"[①]尤其是流亡归国的封建贵族们，处处倒行逆施。因此，复辟王朝很快便被 1830 年的"七月革命"推翻。

"七月王朝"颁布了"1830 年宪章"，依然保持君主立宪政体形式。国王奥尔良公爵路易·菲利普努力把自己打扮成一副"平民国王"的形象，但他从来不甘心沦为虚君，他对朝廷重臣基佐所说的一句话"王位不是一把空椅子"赞赏有加，千方百计地维护着自己的权力中心地位。因此，在 1845—1846 年经济危机后，法国于 1848 年 2 月再次爆发革命，七月王朝灰飞烟灭。革命后迅速召开了制宪会议，于同年 11 月 4 日制定了 1848 年宪法，法兰西第二共和国宣告成立。

第二共和国的最大特点也是其致命弱点在于，它在采行美国总统制的同时，又企图移植英国的议会制，结果形成了总统和议会两个权力实体，二者都以普选为合法性源泉，彼此平等，相互独立。总统拥有议会法案否决权，却不能解散议会，更不向议会负责；议会有权约束总统权力，却不能选举总统，也不能罢免总统，只能在总统犯有叛国罪时提出弹劾。行政官员是向总统负责还是向议会负责含混不清，缺乏明文规定。可见，第二共和国是一个怪胎，它"既是总统制的又是议会制的"[②]。这种两权分割的二元政体意在防止一权独大，但忽视了两权关系的协调问题，缺乏一个化解二者冲突的有效机制，因而只有分立而没有制衡。一旦发生权力冲突（这是不可避免的）便注定是个死结，只能求助于反法治的非常手段摆脱困境，所以最终归宿必然是一权独裁。马克思对此做过深刻的分析，指出，

---

① 吕一民：《法国通史》，第 166 页。
② 洪波：《法国政治制度变迁——从大革命到第五共和国》，中国社会科学出版社 1993 年版，第 176 页。

第二共和国宪法——

> 　　如同阿基里斯一样，有一个致命的弱点，只是这个弱点不是在脚踵上，而是在头脑上，或者不如说，是在两个头脑（在这里宪法便消失了）上：一个是**立法议会**，另一个是**总统**……国民议会可以用合乎宪法的办法排除总统，而总统要排除国民议会却只能用违背宪法的办法，即只有取消宪法本身。可见，这里宪法本身是在号召以暴力来消灭自己。[①]

　　历史的发展正是如此。拿破仑一世的侄子路易·波拿巴自1848年12月10日当选总统后，一直与立法议会冲突不断，最后于1851年12月2日效法其伯父，发动政变解散国民议会，随后再举行公民投票对政变予以追认，"以一种特别丑恶的形式恢复了君主制"[②]。一年后，波拿巴宣布建立法兰西第二帝国，称皇帝拿破仑三世。

　　法兰西第二帝国存在了18年。此间，法国工业革命高歌猛进，经济欣欣向荣，迅速成为仅次于英国的欧洲第二经济强国。但是，普鲁士的崛起与德意志统一进程的加速，对法国的欧陆霸权提出了严峻挑战。拿破仑三世决心铤而走险，发动了普法战争，结果自取灭亡。1870年9月2日，法军在色当惨败，拿破仑三世被俘。消息传来，富有革命传统的巴黎人民于9月4日又一次发动革命，第二帝国被推翻，资产阶级共和派成立了临时政府。此后，共和派与君主派围绕国家政体形式进行了数年的激烈斗争，最终在1875年1月30日的国民议会投票中，以353票对352票的一票多数通过了确认

[①]　《马克思恩格斯选集》（第1卷），第598页。
[②]　《列宁全集》（第25卷），人民出版社1958年版，第79页。

共和制的宪法修正案。^①同年2月到11月，国民议会又先后通过《关于参议院组织的宪法性法律》《关于公共权力组织的宪法性质法律》《关于公共权力关系的宪法性质法律》《关于参议员选举的组织法律》和《关于众议员选举的组织法律》，这些法律合称为1875年宪法或法兰西第三共和国宪法。

1875年宪法不是一部系统完整的宪法法典，内容上也存在明显缺漏，"它一无序言，二无理论说明，所有法律都仅限于分别阐述各个机构的选举、组成、职权以及它们相互间的关系"^②。然而，就是这样一部七拼八凑的宪法却成为法国历史上寿命最长的一部宪法，持续实施65年，直至"二战"结束，法国的共和宪政体制由此确定下来。1875年的立宪成功，主要因为"避开了抽象理论，而着重根据经验和实际需要创建适当的权力机构"^③，所以具有较强的适应性。一如台湾学者张金鉴所说：

> 这部宪法是实际的，并非哲学的；是事实的，并非理论的，并且保持了法国的传统，无损于法国国民的精神与尊严。宪法条文系成长成功的事实，载之典籍，并非想着空想条文创造事实。所以它是切合实际，合乎需要的。在宪法文字的本身，似乎不很合乎逻辑，但是它合乎更大的历史逻辑。^④

---

① 最初的宪法修正案中因带有"共和"字样，遭到君主派和右翼共和派的反对，多次被议会否决。针对这种情况，温和共和派议员瓦隆巧妙地提出了一项宪法修正案："为了选举共和国总统，由参议院与众议院组成一个国民议会，选举以绝对多数进行，总统任期7年，可以连选连任。"1875年1月30日，国民议会表决瓦隆修正案，左翼和右翼共和派议员们投了赞成票，君主派议员们投了反对票，双方票数相等。尚博隆将军最后一个投票，他经过一番犹豫后，最终投下赞成票，结果瓦隆修正案以一票多数险获通过，瓦隆也因此被称为"共和国之父"。"一票共和"说明法国确立共和宪政的艰难与幸运，所以有人称法兰西第三共和国为"从窗缝中潜入的共和国"。

② 吕一民：《法国通史》，第237—238页。

③ 洪波：《法国政治制度变迁——从大革命到第五共和国》，第97页。

④ 张金鉴：《欧洲各国政府》，三民书局1976年版，第150—151页。

当然，宪政制度不可能是一成不变的，此后的法国又经历过两次较大的政治制度调整，但它们都是在原有体制基础上的改进与完善。一次是第四共和国通过 1946 年宪法建立了议会内阁制。那时，国民议会采用两院制，居于权力中心地位，总统没有多少实质性权力。对于行政机关内阁，国民议会比较容易通过不信任案，而内阁提议解散国民议会的条件则受到较多限制。因此，国民议会对内阁的制约是强有力的，内阁对于议会则缺少有效的反制措施。在这种权力结构下，随着议会内政党力量的分化组合与消长变化，内阁更迭频繁，政局动荡不宁。在第四共和国存在的 11 年半中，法国内阁像走马灯似地换了 21 届，这激起人民的极大不满。因此，当 1958 年"阿尔及利亚事件"引发政治危机之时，东山再起的戴高乐将军出任临时政府总理，决定进行宪政改革，这是"二战"后法国宪政的第二次较大调整。

在戴高乐的领导下，1958 年 10 月 4 日法国颁布了一部新宪法，即第五共和国宪法。根据该宪法，总统处于国家权力的中心地位，既享有一般权力，还享有特殊权力。总统的一般权力包括任命总理和根据总理建议任免政府其他成员的人事权、公布法律的立法权、主持内阁会议讨论和决定重大方针政策的行政权、作为军队最高统帅的军事权、派遣驻外使节和接受外国使节的外交权等。总统的特殊权力包括解散国民议会的权力、决定举行全民公投的权力、行使宪法第 16 条规定的非常权力。总统可以独立、自由地行使特殊权力，不需要任何副署。特殊权力是第五共和国总统权力扩大的突出表现。

相对而言，议会的地位有所下降。第五共和国议会实行两院制，由国民议会和参议院组成。议会两院共同行使立法权、审批国家预算和监督政府，但这些权力都受到了诸多限制。在立法方面，议会只对宪法所列举的事项拥有立法权，所有属于政府制定行政法令范畴的问题，议会不得进行立法。政府为推行施政纲领，还可要求议会授权其制定法令。在财政审批权方面，政府将财政法案提交给国民议会后，若议会两院在 70 天内未做出答复，政府可以法令的形式颁布实施。在对政府的监督方面，议会的质询权和弹劾权也受到限制。在质询辩论后，不再像以往那样进行投票表决。当然，国民议会可以通过不信任案迫使政府辞职，但宪法对此做了极严格的规定，致使议会的不信任案很难获得通过。

第五共和国设有以总理为首的中央政府，政府拥有提出法律草案、颁布具体法令、制定和实施内外政策等广泛权力，但实际上受总统控制。宪法规定，总统任免总理，并根据总理的提议任免政府其他成员，无须议会批准，这就使政府的成立和组成与议会脱钩，从而有助于政局的稳定；总理名义上是政府首脑，实际上只是"首席部长"而已；总统不仅是国家元首，而且是实际上的行政首脑。总统与总理之间呈现出"强总统—弱总理"态势：总统决定大政方针，总理负责具体实施。

可见，第五共和国宪政体制具有总统制的特征。但是，它与美国总统制又有区别。法国以总理为代表的行政机构需要对议会负责，议会拥有对政府的质询权、弹劾权、财政监督权等，这些又是典型的议会制特征。用戴高乐的话说，它既是议会制的，又是总统制的，故称"半议会半总统制"。这是一种权力中心可在总统和议会之间滑动的宪政体制：在一般情况下，国家权力中心在总统；但在特定条件下，议会可以弹劾总统，此时权力中心便移向议会。而权力中心的滑动总是与政治形势和党派力量对比联系在一起：当总统和国民议会多数属于同一派别时，国家权力中心在总统；如果总统和议会多数分属两派，总统就必须任命议会多数派领袖担任政府总理，实行"左右共治"。由于宪法规定总统任期7年，议会任期5年，致使左右共治几乎是不可避免的。例如，1986—1988年是左翼总统密特朗和右翼总理希拉克，1993—1995年是左翼总统密特朗和右翼总理巴拉迪尔，1997—2002年是右翼总统希拉克和左翼总理诺斯潘。在这种情况下，总理不会甘心仅仅充当总统的执行工具，注定会利用宪法赋予的权力，依托议会多数努力使自己成为独立自主的政府首脑，挑战总统的权力中心地位；而总统也不可能任由总理为所欲为，眼睁睁地看着自己的权力被虚置化，必定会见机行事，启用任免总理、解散议会的宪法权力来对付总理及议会。双方都拥有制约对方的有效权力和手段。可见，法国第五共和国的半议会半总统制是一种既坚持了分权制衡原则，可防止专权独裁的发生，又具有一定的灵活机动性，保证政府的有效统治。当然，左右共治有时也影响政府的内部和谐，导致政治运行不畅，因此，法国后来又对 1958 年宪法进行了某些微观层面的修正，①但整体架构没有大的变动。

七、现代法国司法与法治

在共和宪政体制的政治基础上，法国现代司法制度逐步健全和完善。反过来，日趋完善的现代司法制度也有力地支撑和推动了法国共和宪政和政治文明的发展。

多元化司法体制

现代法国的司法体制既具有欧洲各国共有的普遍特征，也因国情、历史和文化传统的不同而形成的自身特点。其突出的特点是，在单一制的国家宪政体制下，没有建立集中统一的司法组织，法院体系较为复杂，司法权内部呈现一定程度的专业化，同时，也没有建立美国式的司法审查制度。

大革命初期，法国人出于对君主专制的痛恨和自由的向往，把孟德斯鸠的三权分立和司法独立学说奉为金科玉律，但是，法国人对于分权的理解却带有某种极端化倾向，即维尔所说的："在法国，纯粹权力分立学说强烈地并长期地占据了人们的头脑。"②在法国人看来，为了保障和维护政治自由，防止权力滥用，必须把政府严格

---

① 例如，为了避免左右共治的发生，2000 年法国对宪法进行了修定，把总统任期由 7 年缩减为 5 年，使总统和议会同期改选。

② 〔英〕M. J. C. 维尔：《宪政与分权》，苏力译，第 165 页。

划分为立法、行政和司法三个部门；三者在组织上必须相互分离，由不同的人员组成，不允许任何个人同时兼任两个部门的成员；每个部门都有自己确定的职权范围，不允许超越权限侵蚀其他部门的职权。

同时，卢梭的人民主权、主权不可分割、公意至上等学说，也被当时法国人奉为不容置疑的公法原则。卢梭思想的一个核心论点是，人民是主权的所有者，法律是主权者的意志；"立法权是人民的最高意志的行使。这一权力是不能分立或代理的；从任何其他渊源试图创立普遍可行的规则都代表了对大众主权的一种篡夺，并且不可能产生法律"①。因此，卢梭鄙视那种把宪法置于普通法律之上的"高级法"理论，反对赋予国家各个组成部分以独立权力以求相互制约的均衡理论。"法国大革命所采纳的正是人民主权不可分割的信念，这使得孟德斯鸠的政制理论，除了以最刻板的权力分立形式外，无法被接受。"②例如，《人权宣言》第3条明确规定："整个主权的本原主要是寄托于国民。任何团体、任何个人都不得行使主权所未明白授予的权力。"第6条规定："法律是公共意志的表现。"1791年宪法第3条第1款规定："主权是统一的、不可分的、不可剥夺的和不可转移的；主权属于国民。任何一部分人民或任何个人皆不得擅自行使之。"大革命初期的政治活动家和理论家西耶斯宣称，国民的意志具有最高性，永远是合法的；国民"不仅不受制于宪法而且不能受制于宪法，也不应受制于宪法"③。既然国民意志是至高无上的，那么，作为民意代表机关的议会以及议会制定的法律就是至高无上的，由此自然而然地得出"议会优位""法律至上""立法中心主义"等逻辑结论，"这意味着宪法解释应该由议会执行。这属于主权行使问题，故议会才是审查自己法律合宪与否

---

① 〔英〕M.J.C.维尔：《宪政与分权》，苏力译，第166页。
② 同上。
③ 〔法〕西耶斯：《论特权 第三等级是什么》，冯棠译，商务印书馆1991年版，第60页。

的法官。因此法院不能解释宪法，至少他们不拥有事关立法机关的权力"①。

此外，法国的司法权在历史上曾长期为穿袍贵族所把持，法官属于旧统治集团的一部分，因而形成了一种对司法的不信任感甚至反司法心理，加之大革命初期法官们又公开站在旧制度一边，因此法国革命者担心司法权力过大有可能干涉议会，导致"法官政治"。所以，革命初期制宪会议采取了一系列法律措施，严格限制司法机关的职权范围。

绝对分权理论和对司法权的不信任使得法国不可能像美国那样实行三权平衡制约，司法权被严格局限于司法领域，不允许介入行政和立法事务。对于行政权和立法权的监督和控制，分别交由这两个权力系统内部专门设置的特殊机构去行使。这样，法国的司法机关在组织上是不统一的，除了普通法院系统外，还设有独立的行政法院系统。普通法院负责审理民事、刑事以及与之相关的某些专门领域的诉讼纠纷，行政法院则负责审理行政管理者与被管理者之间发生的诉讼纠纷。此外，还单独设立了审理司法管辖权纠纷的权限争议法院，以及监督议会立法、行使违宪审查职能的宪法委员会和特别政治法院，从而形成了一套以普通法院和行政法院二元并存为主体、以特别法院为补充的多元化与专业化特征突出的司法体制。

普通法院系统和行政法院系统的内部组织都呈现三级金字塔结构，塔基是根据地域划分或案件性质设置的不同法院，塔尖最高法院，中间是上诉法院。

1. 普通法院系统

普通法院系统分为低级法院、上诉法院和最高法院三个层级。

低级法院按民事、刑事区分，受理一审案件。低级民事法院包括大审法院（Tribunal de grande instance）、小审法院（Tribunal d'instance）和一系列特别民事法院。

---

① 〔美〕路易斯·亨金著，阿尔伯特·J.罗森塔尔编：《宪政与权利》，郑戈等译，第 36 页。

大审法院是法国最为重要的普通民事一审法院，由 1790 年制宪会议设立的区法院演变而来，1958 年第五共和国定名为大审法院。目前，法国共有 181 所大审法院，175 个在本土省，6 个在海外省。原则上大审法院按行政区划设置，但又与省区（法国本土分为 22 个大区、96 个省，海外有 5 个省）划分不完全吻合。一些省只有一个，一些省有两个或者更多，最多的省有 9 个。法官的编制数量也相差巨大，规模小的只有 4 名法官，而巴黎大审法院有 337 名法官。大审法院负责审理所有的个人诉讼和标的额巨大的动产诉讼，以及家庭纠纷案件等。原则上大审法院采用合议制审理案件，至少 3 名法官参加，但根据首席法官的决定有时也可采用独任法官制，需要检察官出庭行使公诉职能。如今，独任制越来越普遍，已取代合议制成为常规方式。不服大审法院判决的，可向上诉法院或最高法院上诉。

小审法院由 1790 年设在各市区和乡镇的和平法院（以调解为主）演变而来，1958 年改名为小审法院。目前，全国共有 473 个，按区划设立，平均每省 5 个，设在省会城市和各大市镇。小审法院主要是调解民间纠纷和审理标的额较少的动产纠纷，以及不动产租赁、消费合同等其他小型民事案件。小审法院原来只设一名法官，后来根据管辖范围和案件数量酌情增加，如巴黎各区的小审法院各有两名法官，马赛的小审法院有 11 名法官，最多的达到 16 名法官。小审法院采用独任制审理方式，检察官不必出庭，以言辞辩论为主，程序简单，费用低廉，多数案件以和解告终。由于小审法院的法官基本上都是大审法院的职业法官，所以判决质量是有保证的。

特别民事法院有商事法院、劳资仲裁法院、农村租约法院、社会保险法院以及近年新设的近民法院。

法国商事法院起源于 16 世纪，因其独特的法官选任制度，在大革命后得以幸存下来。商事法院负责一审商事纠纷案件，故按照商务活动多寡分地区设置，没有设置商事法院的地区，由当地的大审法院行使商事诉讼管辖权。截至 2007 年初，法国共有 185 个商事法院，3 300 名商事法官。商事法官从商人中选举产生，都是无偿的非职业法官，但具有丰富的商事经验。初次当选的商事法官任期两年，再次当选任期4年，可连选连任。商事法院诉讼采用口头和简易方式，以调解为主。由于法官缺乏司法专业知识，商事法院的公正性问题一直受到质疑。为此，1982年进行了改革，引入了助理法官制度，由职业法官和商事法官共同组成混合法庭审理案件。但这次改革遭到了商事法官的抵制和商人群体的反对，被迫于2002年放弃，法国成为目前世界上少有的由非职业法官组成商事法院的国家之一。[1]

劳资仲裁法院始建于1809年，起源于当时里昂为处理丝绸厂主与工人之间的纠纷而成立的一个司法机构。目前，法国共有208个劳资仲裁法院，15 000名劳动法官。劳动法官按照均等原则，从雇主和工人中间直接选举产生，任期为5年。劳资仲裁法院负责处理与劳动合同有关的所有个人诉讼，案件审理须由4名劳动法官参加，其中两名雇主法官，两名劳工法官。调解是前置程序，当事人必须出庭；调解不成，才进入普通程序。如果双方票数相等，无法达成判决，则由小审法院法官主持重新进行裁决，此时法庭组成为奇数，以保证能够形成多数意见。

农村租约法院产生于1943年维希政府成立的由人数相等的土地出租人和土地承租人组成的调解判决委员会，1958年正式定名为农村租约法院。农村租约法院附设在小审法院中，全国总数为431个，负责审理农村不动产所有权人和承租人之间的诉讼。它结合了助理法官制和均等制原则，由一名小审法院法官主持，两名出租人代表和两名承租人代表进行庭审，当事人必须出庭。

社会保险法院是在"二战"后随着社会保险制度的建立，为处理相应的法律和技术问题而设立的特别法院，目前全国共有116个。法院采用助理法官制和均等制原则，由一名大审法院的职业法官主持，与分别代表雇主和雇员阶层的两名陪审员组成合议庭。案件审理采用口头程序，判决前先进行调解。与劳资仲裁法院不同的是，

---

　　[1]　参见金邦贵主编：《法国司法制度》，第149页。

律师可以代理出庭。

近民法院建立于 2002 年，是为方便当事人诉讼而创设的。近民法官是从离任的司法系统公务员、有经验的老调解员、有能力从事司法工作的公民中，由总统以法令形式任命的，但须经司法官学校短期培训后才能上任，任期 7 年。近民法院的办公和庭审地点设在小审法院内，负责受理数额较小、案情较为简单的民事诉讼和较轻微的刑事案件，审判方式与小审法院大体一致，也采用法官独任制，通常首先进行调解，当事人既可亲自出庭，也可由律师代理出庭。可见，除了法官出身于民间社会人士外，近民法院并未引起法国司法的多大革新。

低级刑事法院分为治安法院、轻罪法院和重罪法院。

治安法院又称违警法院，设在小审法院，实际上与小审法院是同一的：在刑事审判中称治安法院，在民事审判中称小审法院。目前，法国共有 475 个治安法院，原则上按区设立。治安法院由一名法官、一名检察官、一名书记官组成，负责处理罚金较少的违警罪，但检察官只在比较严重的犯罪案件中才出庭。审判实行法官独任制，遵循口头原则、公开原则和对审原则。轻微案件可采用更简便的刑事裁定程序，由法官通过书面填写表格的形式进行裁决，而无须采用对审原则。

轻罪法院设在大审法院，全国现有 186 个，是法国最主要的刑事审判组织。据 2005 年统计，轻罪法院一审案件占刑事案件庭审总数（包括预审、一审、二审、复核审）的 50%。[1] 轻罪法院原来只采用合议制审判方式，常常因法官人数不足而延迟开庭。为此，1972 年开始采用独任制审判方式，但案情复杂和可能判处 10 年以上监禁的案件，不得采用独任制。不服治安法院和轻罪法院判决的，可以上诉至上诉法院。

重罪法院又称巡回法院，是唯一的省级司法机构，其成员由大

---

① 参见金邦贵主编：《法国司法制度》，第 173 页。

审法院和上诉法院的法官按季度轮流担任，全国共有 104 个。它不是常设机构，但定期开庭，每三个月一次。重罪法院负责审理 10 年以上徒刑的重大刑事案件，诉讼程序较为复杂。庭审由 3 名职业法官组成合议庭进行，其中 1 人担任审判长，两人担任助理法官，并有陪审团参审，陪审员从选举人名单中随机抽选，共 9 名，这是法国唯一采用陪审团参审制的法院。庭审实行公开、口头、对抗和不间断原则，可以缺席审判。重罪法院的地位与上诉法院平行，其判决具有终审性，不能上诉，但通过 2000 年 6 月 15 日的改革，重罪法院判决后也可以上诉。

此外，法国还特设若干特殊刑事法院，包括未成年人犯罪法院、军事法院和海上刑事法院。

未成年人犯罪法院负责审理青少年涉嫌重罪、轻罪和违警罪的案件，主要包括三类法庭：一是少年违警罪法庭，二是少年轻罪法庭，三是未成年人重罪法庭。鉴于当事人身心发育尚未成熟，三类法庭的庭审均实行有限公开原则，处罚则以教育为主。

军事法院出现于"二战"以后，最初是临时性的，后经 20 世纪 60 和 80 年代的多次改革，形成了和平时期与战争时期双层军事法院体系。和平时期军事法院位于巴黎，负责审判和平时期法国军人在国外的各种犯罪案件。根据案情的严重程度，审判庭的法官人数有所不同。轻微案件采用独任制，轻罪和重罪案件采用合议庭制。轻罪合议庭由 3 名法官组成，重罪合议庭由 7 名法官组成。所有法官均来自普通法院系统。被告如果对判决不服，可向上诉法院提起上诉。战争时期军事法院分为三种类型，即本国武装部队法院、部队军事法院及武装部队高等法院，它们都是非常设的。本国武装部队法院的审判庭由 5 名法官组成，审判长为上诉法院的法官，其他 4 名法官分别由 1 名普通法院的法官和 3 名军官担任。部队军事法院的合议庭亦由 5 名成员组成，都是军人。武装部队高等法院的审判庭由最高法院的一名法官担任审判长，其他 4 名法官则分别由 1 名上诉法院的民事法官及 3 名与刑事被告拥有同等军衔的军事参审员组成。

海上刑事法院设置在沿海大港口地区，负责审理海上重罪和轻罪案件。审判庭由1名大审法院法官担任首席法官，4位海洋法专家担任助理法官。

法国司法实行二审终审制，上诉法院（Cour d'appel）是主要的二审法院。上诉法院起源于1790年8月建立的区法院巡回上诉制度。当时法律规定，当事人对区法院判决不服的，可向邻近的区法院提起上诉。为了体现上诉审的重要性，后来设立了更高级别的上诉法院。目前，法国共有上诉法院35个，本土30个，海外省5个。原则上，2—4个省设一个上诉法院，但也有的省单设一个。

上诉法院负责对一审案件的事实和法律进行重新审理，但是，标的额较少的民事案件、处罚额较少的刑事案件不得上诉，一审判决即为终审判决。上诉法院内部按专业设有若干审判庭，其数量根据管辖范围和诉讼量而定，如巴黎上诉法院有25个审判庭，艾克斯普罗旺斯上诉法院有16个审判庭。各上诉法院的法官数量也多少不等，如巴黎上诉法院有61名首席法官和126名法官，而巴斯蒂亚上诉法院只有两名首席法官和6名法官。一般说来，上诉法院包括一个民事法庭、一个社会法庭、一个预审法庭、一个轻罪法庭、一个未成年人法庭。

上诉法院由院长和首席检察官主持和管理。审判方式采用合议制，合议庭由3名法官组成。某些特别重要的案件，由两个或三个法庭联合审理。除特殊案件不公开审理外，庭审一般是对外公开的。民事诉讼采用书面审理形式和出庭律师强制代理制度；刑事诉讼采用口头审理形式，被告人可以自行辩护，也可请律师代理。上诉法院判决后，当事人不能再提起上诉，但可向最高法院提起法律复核审。

最高法院（Cour de cassation）位于普通法院系统的顶端，起源于1790年11月通过立法设立的最高法庭。最初，最高法庭依附于立法机关，1804年更名为最高法院，不久后获得完全独立地位，成为真正意义上的最高司法机关。

最高法院的法官按资历分为三类：大法官、助理大法官和初级法官。目前，最高法院有大法官 88 名，助理大法官 65 名，初级法官 8 名。法院管理由院长和总检察长共同负责，分别对法官和检察官实施纪律监督。总检察长有一名副总检察长协助工作，还有 22 名总检察官负责日常检察事务。在最高法院进行法律复核审时，总检察长代表国家行使监督权。

最高法院设有六个审判庭：第一民事审判庭，审理民事合同纠纷和国际法律纠纷；第二民事审判庭，审理侵权案件和与民事程序有关的纠纷；第三民事审判庭，审理与不动产有关的纠纷；商事和金融法庭，审理商事案件及与税法有关的案件；社会法庭，审理劳动纠纷及社会保险纠纷；刑事法庭，审理与刑法有关的案件。每个审判庭配备 15 名左右的大法官，由大法官组成合议庭审理案件。合议庭的组成可分为普通合议庭与简易合议庭两种形式，普通合议庭由 5—9 名大法官组成，简易合议庭由 3 名大法官组成。如果案件的法律问题涉及几个法庭的管辖权限，或者问题已经引起或可能引起各法庭的不同解释，可提交混合法庭审理。混合法庭由三个以上法庭的法官组成，人数最少为 13 人。

最高法院"不是一个第三审级的机关，对于受理的案件既不进行事实审也不进行法律审，只是审查裁判是否与法律规则相符合，是否违反了法律"①。所以最高法院实际上只是对一审案件进行法律复核，故而称为申诉（pourvoi en cassation）而不是上诉。最高法院的法律复核采用书面形式，而不开庭审理。如果最高法院认定下级法院适用法律正确，则驳回申诉，维持原判；如果认为下级法院法律适用上有错误，则撤销原判，将案件交由与原审法院同级的另一法院重新审理。接受案件重审的法院有义务对整个案件的事实与法律问题进行全面审查，并拥有完全的决定权，不受最高法院所做出的法律解释的拘束。如果当事人对重审法院的判决仍然不服，可

① 〔法〕皮埃尔·特鲁仕主编：《法国司法制度》，丁伟译，北京大学出版社 2012 年版，第 60 页。

第二次提出申诉，最高法院经全体会议研究后，可以将案件发给另一个新的重审法院再次审查，直到重审法院做出与最高法院全体会议意见一致的判决。这种最高法院既提出重审意见又不得对案件进行实质性审查的程序规定"是司法机关在适用法律中独立性的重要保证"①。

不过，自20世纪60年代起，最高法院的职能呈逐渐扩大趋势。1967年，法律授予最高法院以大法庭（Assemblée plénière）的形式直接对案件进行判决。大法庭由院长、各庭庭长、各庭资深大法官、6名大法官（每个审判庭1名）组成，共19人。2000年6月15日法律又赋予大法庭对涉及违反人权的刑事案件的审查权。如果欧洲人权法院对法国法院的某项刑事判决做出了违反人权的裁定，则由大法庭对其进行法律复核审。②

2. 行政法院系统

行政法院萌芽于拿破仑统治时期，时称参事院，其职能除了为第一执政提供咨询和负责起草与审查法律法规外，还受理公民对于行政机关申诉的案件，提出解决争议的建议，协助第一执政解决行政机关和法院之间、各部大臣之间的权力冲突。但参事院本身尚未取得行政审判权和独立地位，一切裁决均以国家元首的名义做出。由于它行使的是国家元首所保留的权力，故称之为"保留的司法权"。③ 1872年5月24日的法律授予参事院的裁决以最高效力。从此，参事院不再是行使国家元首所保留的审判权，而是以法国人民的名义独立行使的"委托的司法权"，从而成为真正的行政法院（Conseil d'Etat）。1953年9月30日的《行政审判组织条例》和同年11月28日的《公共行政条例》颁布后，最高行政法院（即原来的行政法院）和初审行政法院（Les Tribunaux administratifs）的管辖权限明确

---

① 〔法〕皮埃尔·特鲁仕主编：《法国司法制度》，丁伟译，第60页。

② 参见金邦贵主编：《法国司法制度》，第106—107页。

③ 王名扬：《法国行政法》，中国政法大学出版社1988年版，第554页。

区分开来，及至 1987 年设立上诉行政法院（Cours administratives d'appel）后，行政法院系统也形成了三层级金字塔体制，并且同样附设有若干特殊行政法院。

初审行政法院按行政区划跨省设置，截至 2000 年，全国共有 37 个（包括海外省），法官超过 5 000 人，管辖范围与普通上诉法院大致相同。

每个初审行政法院设院长一人、副院长数人。院长负责法院日常管理，也可主持一个审判庭的审判工作。根据诉讼量的多少，初审行政法院下设数量不等的审判庭，如巴黎初审行政法院有 17 个审判庭，马赛初审行政法院有 8 个审判庭。审判庭按照行政责任、公共服务、财税等专业设置，旨在提高审判效率。每个审判庭通常由 1 名庭长和两名法官组成。法官必须从国家行政学院毕业生中招聘，并经过专门考试。审判方式多采用合议庭形式，也可采用独任制，但随着行政诉讼的不断增多，近年来独任制日益普遍。对于重要案件，则需要由全体会议做出决定。

若不服初审行政法院的判决，可以提起上诉。上诉审原本由最高行政法院行使，1987 年，为缓解最高行政法院二审案件大量积压的压力，设立了上诉行政法院。目前法国共有 9 个上诉行政法院，其管辖范围是跨大区的。法官必须具备地方行政法院一级法官资格，且已满 6 年从业经验。审判方式采用合议庭形式，由 5 名法官组成，重要案件则由全体法官集体决定。当事人若对上诉行政法院的判决不服，可以向最高行政法院提起复核审程序。

最高行政法院设在首都巴黎，既是政府在制定法律草案和行政法规时的咨询机关，也是受理行政诉讼的终审法院。院长由政府总理担任，但实际上由司法部部长代表出席。最高行政法院有 150 多名法官，主要职能是审查下级行政法院的判决，受理有关选举的特殊案件的上诉。最高行政法院有权撤销适用法律有误的下级行政法院的判决，有权应下级行政法院的请求就诉讼涉及的法律问题发表咨询意见。

在三层级行政法院主体之外，法国还设有若干专门行政法院，总数达数十个。它们的共同特点是由职业法官和专业人士共同组成，具有司法审判和行政管理双重职能，而且都包括国家和地方两个等级。[①] 例如，审计法院始建于 1807 年，内设 7 个审判庭，负责协助议会监督预算法案的执行和政府财政金融法规的实施，对公共管理部门的财会账目进行审计。核查账目后，按照普通法律程序进行"账目判决"。法庭认为合格的，则对其做出"免责判决"；对违反公共财政制度的，则对其做出"亏欠判决"。对于不服审计法院判决的，可向最高行政法院申请法律复核审理。再如大区审计法庭，此为地方财政审计机构，是适应着地方分权改革的需要于 1982 年以后设立的，共 26 个，分设在法国本土的 22 个大区和 4 个海外省中。它们负责对地方预算和行政管理进行监督，对地方政府及附属公共机构（医院、学校）的财政管理进行审计，并可对审计结果做出两种形式的判决。司法属性最为突出的是预算和财政纪律法庭，该机构设立于 1948 年，由 12 名法官和 6 名候补法官组成，其中一半由最高行政法院大法官担任，另一半由审计法院大法官担任。它的职责是按照普通刑事诉讼程序，对违反预算和公共财政制度的职务行为做出判决，给予惩罚，判决过程遵循对抗原则、证人出庭原则和律师辩护原则。不过，该法庭审理的案件数量有限，从其成立到 2006 年，它仅审理了 150 件左右的案件。[②] 此外，最高教育委员会、难民请求委员会、社会帮助委员会等，也属于专门行政法院范畴，但它们的行政管理属性更浓厚一些。

上述行政法院系统既外在于普通法院系统，又独立于行政系统。如今，法国行政法院无论从外观上看还是从内容上看，都与一般法院没有什么两样。但是，由于行政法官既熟知司法规范，又有丰富的行政管理经验，在解决行政诉讼中表现出独特的优势。在漫长的

---

① 参见〔法〕皮埃尔·特鲁仕主编：《法国司法制度》，丁伟译，第 66—67 页。
② 参见金邦贵主编：《法国司法制度》，第 240 页。

实践过程中,法国行政法院创造出了一套自成一体的判例法,因为"行政事项极为繁多和复杂,行政法官经常遇到无法可依的情况,不能不在判决中决定案件所依据的原则,从而使行政法的重要原则,几乎全由行政法院的判例产生"①。判例法是具体的法律规范,没有成文法那种抽象概括、含义宽泛的弊病,尤其是判例法特有的灵活性,使其能够适应千差万别的行政诉讼需要。所以,在瞬息万变的现代政治、经济与社会环境中,法国行政法院能够"及时调整对行政权力的法律限制,使行政法既能对行政行为构成有效的法律控制,又能满足现代行政的连续性要求,从而达到公共利益与个人自由的合理平衡"②。当代法国行政法官让－马克·索维说,行政法院的历史"在许多方面都是令人光荣自豪的。在一个多世纪中,面对行政机关,行政法官有效地保障了公共自由"③。正因如此,法国的行政法虽然至今没有(也不可能)形成完整统一的法典,但仍然具有广泛的世界性影响,法国也因此被誉之为行政法的"母国"。法国的行政法制经验被欧洲大陆其他国家纷纷仿效,形成了大陆法系独有的行政司法制度。

3. 特别法院系统

普通法院和行政法院两大系统并存体制,不可避免地会产生司法管辖权的冲突,因为某些诉讼本身就存在模糊性甚至多重性,难以定性。为解决此类纠纷,保证司法工作正常运行,法国于1872年设立了权限争议法院(Tribunal des conflits)。它由9名正式法官组成,其中3名来自最高法院,3名来自最高行政法院,两名来自上届争议法院成员,司法部长担任主席。当法院表决票数相等时,主席可投出决定性的一票。争议法院除裁决两大法院系统之间的管辖权纷争外,还对普通法院系统内各法院之间的管辖权争议进行裁决。设

---

① 王名扬:《法国行政法》,第21页。
② 张千帆:"法国的国政院与行政行为的司法控制",《中国法学》1995年第3期。
③ 〔法〕让－马克·索维:"法国行政法官与基本权利和自由保障",张莉译,《行政法论丛》(12卷),法律出版社2010年版,第597—598页。

立权限争议法院在欧洲各国中是独一无二的。

另一别具一格的特别法院是宪法委员会（Conseil constitutionnel）。它的历史最早可追溯到 1799 年建立的元老院。那时，议会由四院即参政院、评议院、立法院和元老院构成，参政院草拟和提出法案，评议院讨论和修改法案，立法院表决和通过法案，元老院审查立法院通过的法案是否违宪，并将它认为合宪的法律交第一执政公布，它认为违宪的法律则不得公布。但是，1799 年宪法的实施过程证明，元老院只是拿破仑专制统治的工具。1852 年宪法模仿 1799 年宪法，建立了参议院、立法院和参政院组成的三院制议会，参议院被赋予维护宪法和保障法律执行的职能，但由于这部宪法是路易·波拿巴政变的产物，因而仍是权力的御用工具。1946 年的第四共和国首次使用宪法委员会名称，其主要职权是监督和保障宪法实施，但在当时强议会—弱政府的宪政体制下，宪法委员会实际上流于形式，并未在维护政治稳定中发挥多少积极作用。法国之所以在此之前的半个多世纪内频繁更换宪法、数量多达 11 部，原因固然十分复杂，但与缺乏一个稳定有效的宪法监督机制是不无关系的。有鉴于此，1958 年 10 月 4 日戴高乐主持制定了第五共和国宪法，改变了第四共和国时期的议会至上体制，加强了总统的权力，同时设立了宪法委员会，赋予其违宪审查权，以期实现监督立法机构、保障行政权正常运转的目的。

根据 1958 年宪法的最初规定，宪法委员会由 9 名法官组成，其中 3 名法官由总统任命，3 名由国民议会（众议院）议长任命，另外 3 名由参议院议长任命，前任总统是其当然成员。宪法法官不得兼任其他职务，任期 9 年，不得连任，每三年更新其中的三分之一。宪法委员会的职能是特定的，主要是监督总统选举、议会选举和公民投票活动，裁决国民议会和参议会选举过程中产生的争端；审查组织法的合宪性和议会各院的议事规则；根据"法定人员"即法国总统或总理或议会任何一院议长提出的申请，对议会通过的尚未生效的法律进行审查，裁决其是否违宪；裁定国际协定是否违反宪法；

对共和国总统履行职务的障碍事由进行认定，为紧急状态下总统权力的行使提供咨询。可见，其设计初衷主要是一个维护分权机制、"防范议会制偏差的工具"[①]，基本不涉及国民基本权利保障的问题，因此有学者将其形象地比喻为"一门对准议会的大炮"[②]。

职是之故，在最初十几年内，宪法委员会作为一个与行政关系密切的政治机构广受诟病，其自身也缺乏自信，处处谨小慎微不敢作为，没有发挥出其守护宪法、保障人权的应有作用。造成这种局面的根本原因在于1958年宪法在违宪审查制度设计上就存在缺陷：首先，提出法律合宪性审查的申请者主体仅限于政府"四巨头"，即总统、总理、国民议会议长、参议院议长，范围过于狭窄，这样，权利最容易受到违宪法律侵犯的公民实际上被排除在审查请求主体之外，这显然不利于公民权利的保障。其次，宪法委员会对议会立法的合宪性审查是一种事前审查。就是说，它的审查对象实际上不是法律，而是未生效的法律草案。这种预防性审查虽然有利于维护法律的稳定与尊严，但对法律实施过程中经实践证明为违宪的生效法律是无能为力的。事实上，法律是否违宪，在不同的时代和社会环境下可能会有不同的答案，在生效之前往往似是而非众说纷纭，只有通过法律实践的检验才能得出准确的结论。缺乏事后审查机制限制了宪法委员会立法审查功能的发挥。第三，单纯的事前审查剥夺了普通公民通过具体诉讼对生效法律的合宪性提出质疑的权利，堵塞了宪法进入司法领域的通道，致使司法过程中暴露出来的违宪法律问题无法得到及时解决，从而使宪法在实际法律生活中的作用不可能全面体现。第四，尽管1958年宪法序言郑重宣告：谨遵1789年《人权宣言》所明定及1946年宪法序言所确认与补充的基本权利保障原则，但由于宪法不能司法化，因而普通公民没有机会

[①] 转引自王建学："从'宪法委员会'到'宪法法院'——法国合宪性先决程序改革述评"，《浙江社会科学》2010年第8期。

[②] 朱国斌："法国的宪法监督与宪法诉讼制度——法国宪法第七章解析"，《比较法研究》1996年第3期。

在具体诉讼中指称其基本权利受到法律的侵害，这使得当时的法国成为欧洲唯一不允许公民向宪法司法机关提出申诉的国家。

上述弊端通过 20 世纪 70 年代以来宪法委员会的判例或宪法修正案一一得到了解决。其中，具有里程碑意义的判例有三个：

一是 1971 年关于结社自由的裁决。法国在 19 世纪对结社实行严格控制，依据是 1808 年《法国刑法典》中的一项规定，"只有获得政府同意，并在使公共权力机关满意的条件下"，才能组成任何超过 20 人的社团。1901 年"结社自由法"取消了刑法上的事前限制，允许通过递交简单申请表而结为社团。据此，1970 年萨特等人创立了"人民之友"组织。为获得法人地位，他们向巴黎市警察局递交了通告，但警察局长认为该组织乃是刚被查禁的一个旧组织的翻版，因而拒绝向"人民之友"传送承认通告的收据。该组织发起人遂起诉至行政法院，并得到行政法院的支持。政府承认行政法院的裁定，因而未向最高行政法院上诉，但转向议会寻求支持，提议修正 1901 年结社自由法，要求成立社团必须事前获得政府批准。1971 年 6 月 30 日，众议院通过了这一法案。7 月 1 日，参议院议长提请宪法委员会对该法案进行合宪性审查。宪法委员会认为，宪法序言肯定的基本原则包括结社自由，据此原则国民可以自由成立社团，并可通过事先递交通告的方式而公开化，不应受制于"事前批准"。于是，宪法委员会裁决政府提议的法案违反了宪法而无效。这一"结社自由裁决"确认了宪法序言中的原则性规定具有法律效力，也宣告了宪法高于普通法律的至上性。同时，这次裁决立足于保护公民基本自由权利，开创了从实体内容上进行违宪审查的先例，从而大大拓展了宪法委员会的合宪性审查范围。所以，学界称其为法国版的"马伯里诉麦迪逊案"。[1] 利弗罗教授认为，通过 1971 年裁决，"在法国自有史以来第一次，保护自由不受法律侵犯的必要性受到承认，

---

[1] 转引自李晓兵："法国宪法委员会 1971 年'结社自由案'评析"，《厦门大学法律评论》（2010 年卷）总第十八辑。

并被转化为行动"①。法国前总理巴尔在 1987 年的评论中指出："我们在法国最经常持有的观点是，世上只有议会法律。议会法律可根据多数而变化。但我们在近年来理解到，还存在着比议会法律更高的宪法。"② 此后，宪法委员会以保障基本自由人权的名义，又相继否决了政府提出的几部法律草案，如 1977 年的个人自由法案、1977 年的教育自由法案、1983 年的住宅不可侵犯法案、1979 年的罢工权法案、1984 年的大学教授独立法案，以及 1986 年的新闻自由和通讯自由法案等。③

二是 1974 年宪法修正案。该修正案打破了只有总统、总理和两院议长即"政治四巨头"才可以提请违宪审查的限制，规定 60 名国民议会议员或 60 名参议员也可以将法律草案提交宪法委员会审查。这一新规定赋予了议会中的反对派或少数派在法律草案首轮投票失败后再次表明政见、挑战议会法案合宪性的权利，增加了宪法委员会发挥其违宪审查作用的机会。从此以后，向宪法委员会提请合宪性审查的案件明显增多。据学者统计，宪法委员会建立之初，向其提请合宪性审查的法案平均一年 1 件，到 1974 年前增加到平均一年 13 件，而在 1974—1981 年的短短几年间，猛增到平均一年 66 件。④其中绝大多数审查案件源于议员们的申请，这既意味着宪法委员会在政治法律生活中变得更加活跃，也说明普通议员在合宪性审查中扮演着越来越重要的角色。据统计，近年来宪法委员会受理的合宪性审查案件 90% 是由两院议员提出的。⑤

三是 2008 年宪法修正案。该修正案进一步扩大了提请审查的主

---

① 张千帆："法国宪政院与人权的宪法保护"，《公法研究》（第一辑），商务印书馆 2002 年版，第 212 页。

② 同上书，第 213 页。

③ 参见施鹏鹏："法国宪法委员会若干问题研究"，《山东社会科学》2006 年第 9 期，第 77 页。

④ 参见徐霄飞："司法在宪制变革中的角色与司法政治的兴起——法国的经验与启示"，《甘肃行政学院学报》2013 年第 4 期。

⑤ 参见〔法〕皮埃尔·特鲁仕主编：《法国司法制度》，丁伟译，第 43 页。

体，完善了审查方式，打开了宪法司法化的大门。它规定："在法院审理过程中，当某一法律条款明显侵犯宪法保障的权利和自由时，最高行政法院或最高法院可提请宪法委员会审查。宪法委员会应在规定期限内作出裁定。"[①]据此，在行政法院或普通法院所受理的一般诉讼案件中，公民如果认为宪法所保障的个人权利和自由受到已生效之法律的侵害，可以提出"违宪性抗辩"，交由最高行政法院或最高法院进行审查；如果最高行政法院或最高法院认为确有必要对该法律进行违宪审查的，应交由宪法委员会审理。"违宪性抗辩"程序的创立使普通公民也有权提请违宪审查，只是需要经过最高行政法院和最高法院的"过滤"而已。从此，启动违宪审查程序的主体不再限于政客集团，而扩大到全社会的普通公民。在原有的事前审查基础上，又增加了事后审查新渠道，法国违宪审查制度日臻完善。通过具体的、司法的审查程序，宪法委员会的守护宪法、保障人权的功能进一步增强，从而在本质上成为了一个宪法法院。一如宪法委员会主席德勃雷所说：

> 宪法委员会的职责的扩大，带来了新的前景，尤其是有利于公民享受法治国的好处。借此机会，宪法委员会将在未来的 50 年内迎来第二轮大发展。第一轮发展是在 1971 年判决和 1974 年宪法修改之后，宪法委员会演变为基本权利的捍卫者。第二轮发展是宪法委员会将被允许以具体的方式，在逐个的宪法案件中，发展对基本权利的保护。法兰西同样将赶上欧洲的宪法法院模式。[②]

第三类特别法院是政治性的，主要有特别高等法院和共和国法

---

① 孙轶伟："法国 2008 年修宪重点变化条款评析——以宪法委员会的存在为视点"，《云南大学学报》2009 年第 5 期。

② 转引自王建学："从'宪法委员会'到'宪法法院'——法国合宪性先决程序改革述评"，《浙江社会科学》2010 年第 8 期。

院。特别高等法院设立于"二战"之后，设立的缘由是对"二战"中主动投靠希特勒、担任傀儡政府首脑的贝当的审判。这次审判是由普通法院的最高法院完成的。此后，法国将追究总统与政府成员刑事罪责的任务授予了由议会产生的高等法院。1993年，法国补充设立了共和国法院（La Cour de justice de la Républic）之后，高等法院成为只受理以国家元首总统为当事人之案件的特殊审判机关。高等法院由选举产生的12名国民议会议员和12名参议院议员组成，任命5名最高法院法官组成预审委员会，检察官由最高法院的首席检察官担任。高等法院可以只给予政治处罚，也可以同时给予刑事处罚。2007年，国家元首的刑事责任变更为纯粹的政治责任，高等法院也定名为特别高等法院（Haute Cour）。

共和国法院设立于1993年，起因是输血感染案件。它由15名法官组成，其中包括12名选举产生的议员（6名国民议会议员和6名参议院议员）和3名最高法院大法官。共和国法院只拥有对高级政府成员在履行职务中的犯罪行为的司法管辖权，对象主要是总理、部长及国务委员。诉讼中，由最高法院总检察长代表国家提起公诉。1999年3月，共和国法院曾对涉嫌输血感染案的几名政府成员进行审判，包括前总理、社会保障部部长和负责卫生工作的国务委员。

上述几种特别法院使得法国司法体制的多元性和专业性特征愈显突出。

混合型诉讼制度

1. 刑事诉讼制度

（1）刑事诉讼结构与流程

中世纪时期法国就形成了职权主义纠问式刑事审判制度，这种制度虽然不无优长，但毕竟弊端较多，所以到18世纪遭到了启蒙学者的无情批判。启蒙思想家们比照英国的当事人主义陪审团审判制，纷纷指责职权主义纠问制违背理性和人性。① 所以，在大革命爆发的第二年，制宪会议就决定移植英国陪审制。1791 年 9 月 26 日至 29 日的法律规定，对重罪的审判实行陪审团制度；案件经治安法官预审后，先提交大陪审团决定是否提起公诉；若同意提起公诉，再将案件移送重罪法庭，由小陪审团决定事实问题，庭审采用公开、对抗和言词方式进行。

然而，实践很快证明，英国式陪审制并不适合法国国情，由当地居民组成的大陪审团经常充当控方特别是检察官滥用起诉权的工具，未能起到保障公民权利的应有作用。于是，在 1811 年废除了大陪审团起诉制度，恢复了原有的检察官公诉制度。小陪审团审判制度保存下来，但使用范围仅限于重罪案件，而且审前程序恢复了纠问制。此后，围绕是否和如何采用陪审制的问题，在法国一直争论不断。历经一个多世纪的讨论和经验积累，最终于 1932 年决定将职业法官和陪审团结合一起。是年 3 月 25 日的法律规定，首先由陪审团对案件的事实问题进行合议，如果陪审团认定被告有罪，再与职业法官一起对刑罚问题进行合议。1941 年 11 月 25 日的法律将职业法官和陪审团进一步结合为一个共同体，就事实和法律问题一起进行表决。至此，陪审团和职业法官混合审判制亦即参审制确立下来。② 这种制度一直保持至今。

法国的刑事诉讼流程分为审前侦查、提起公诉、预审、庭审和上诉五个环节，参审制只适用于重罪庭审和上诉程序中。

刑事案件发生后，首先由司法警察根据受害人的控告或他人举报进行勘察，收集证据。法国的警察分为行政警察与司法警察两部分。行政警察负责预防犯罪，维护治安，对破坏社会公共秩序的行为给予行政性制裁。司法警察负责发现犯罪、接受报案、初步侦查、逮捕犯罪嫌疑人、移送案件以及辅助检察机关进行追诉。不过，司

---

① 转引自汪海燕："法国刑事诉讼模式转型及启示"，《金陵法律评论》2003 年秋季卷。

② 参见施鹏鹏：《法国参审制及其借鉴意义》，西南政法大学 2004 年硕士学位论文，第 17 页。

法警察没有独立侦查权，必须听从检察官的指挥，因为追诉权原则上属于检察机关。在现行犯罪案中，司法警察可以采取搜查、扣押、拘留等强制措施，但必须尽快报告检察官，拘留超过 24 小时，需要检察官明确授权。1993 年以后加强了人权保护，对拘留权的法律限制日趋严密，如一旦拘留嫌疑人，必须告知其享有的权利，必须制作详细记录，允许嫌疑人会见律师等。① 在初步侦查和原始证据的基础上，根据犯罪的性质，由检察官代表国家决定是否提起公诉。对于未发现犯罪嫌疑人或危害不大的案件，可以不予起诉；违警罪和轻罪案件可通过"直接传唤"方式，传讯嫌疑人到治安法院或轻罪法院受审；重罪案件则须提出立案意见书，移送重罪法院预审法官处理。

预审法官收到检察官的立案意见书后，须对案件作进一步的深入调查，以确定犯罪嫌疑人的行为。预审过程原是秘密进行的，方式主要是讯问被审查人、听取证人证言、聘请专家鉴定等，律师不得参与，证人作证也不具有对审性质，所以形式上仍是一种侦查行为，但它不属于行政行为的范畴，因为它具有被动性，预审法官只有根据检察官的要求才能展开调查，不能主动介入，而且必须恪守中立地位，不仅收集不利于被审查人的证据，而且收集有利于被审查人的证据，尽可能客观公正地对是否犯罪和罪行轻重做出准确评判；如果预审法官认为不符合起诉条件，仍可做出不予起诉的裁定。因此，预审实质上是一种起诉审查程序，属于司法范畴。② 但无论如何，预审法官享有较大的职权，因此，预审制度是法国司法职权主义特征的主要标志。1959 年，法国对预审制度进行了改革，取消了预审法官的侦查权，使之成为单纯行使预审权的纯粹法官，侦、审职权明确区分开来。为有效保护嫌疑人的人权，2000 年 6 月 15 日的法律又规定，除非因侦查需要或有可能对第三人产生不利外，如果嫌疑

① 〔英〕杰奎琳·霍奇森："警察、检察官与预审法官：法国司法监督的理论与实践"，朱奎彬、廖耘平译，《中国刑事法杂志》2010 年第 2 期。

② 曹文安："法国预审制度新论"，《福建警察学院学报》2008 年第 3 期。

人要求，预审应公开进行，并允许律师在场和质疑证人，这使预审法官的权力受到一定限制，但职权主义的基调并未根本改变。所以，改革预审法官制度的呼声在法国一直不绝于耳。[①]

预审后，案卷交由检察机关向重罪法院提起公诉。重罪法院的庭审采用参审制，分为审前准备、法庭调查、法庭辩论和合议判决四个阶段。审前准备工作主要是将被告人带至法庭、传唤证人和组建陪审团。法国的个案陪审员需要依次通过三个不同的遴选程序产生。首先是遴选年度陪审员，由一个专门委员会从当地居民中抽签选出，大约1 300人中选取一人，每个省至少200名。名单确定之后，由重罪法院书记室保存。其次是遴选开庭期陪审员，在重罪法院开庭前至少30天进行，由法院院长主持，从本法院的年度陪审员名单中以随机抽签方式公开选取，人数一般为40名，还有12名左右的候补陪审员。最后是个案陪审员的产生和审判陪审团的组成，具体程序为：由法院书记官传唤开庭期陪审员和候补陪审员到庭，通过抽签从中选出9名个案陪审员和两名候补陪审员。开庭期陪审员无合法理由必须到场参加个案陪审员抽签，否则处以罚金：第一次罚款100法郎，第二次罚款200法郎，第三次罚款500法郎并取消担任陪审员的资格。控辩双方当事人对个案陪审员有回避申请权，且无须说明理由，控方有四次无因回避权，辩方有五次无因回避权。个案陪审员确定后，按照抽签确定的次序分坐在3名职业法官的两

---

① 预审制度的职权主义弊端通过"乌特罗变童案"充分暴露出来。2004年，预审法官法布里斯·布尔戈因轻信谎言和假证，裁定对乌特罗市被指控犯有儿童性侵罪的17名嫌疑人提起公诉，其中6人被判刑。2005年，该案主要原告人承认自己撒了谎，所有被告都被无罪开脱。这一冤案震惊全国，改革预审制度一时呼声四起。2009年1月7日，总统萨科奇宣布了一个刑事诉讼程序改革方案，计划将预审法官改为预审监督法官，其原有的侦查职能交由检察官承担。然而，不少人担心这个改革计划将威胁到司法独立，因为检察官隶属行政部门司法部领导，实行垂直式科层制管理，没有"不可撤职"的特权，所以预审监督法官有可能演变成行政机关的"活图章"。由于分歧较大，这个改革计划不了了之。

旁，并须当众宣誓。①之后，审判长宣布陪审团正式成立，庭审开始。

庭审在审判长的主持下进行。审判长享有较大的自由裁量权，可以采取任何"有助于查明案件真相"的必要措施，而且不必拘泥于控辩双方的请求，也不需要听取其他法官和陪审团的意见。审判长和法官可以积极主动地提问被告人和证人，这是职权主义纠问制痕迹的表现。陪审员在整个审理过程中享有与法官大致相当的职权。在法庭调查时，陪审员经审判长许可后也可向被告人和证人提问，还可以查看物证，记录比较重要的证言。当然，在法庭辩论中，向当事人和证人提问最多的是律师。通常由被害人的代理律师首先发言，主要阐明"被告人有罪"的主张，包括向法庭提出赔偿请求。然后是检察院提出公诉词，逐条罗列被告人所涉嫌的罪行，并提出相应的证据。最后是辩护人和被告人的发言，主要针对公诉词所罗列罪状和证据进行反驳及询问证人。证人在回答询问前，需要郑重宣誓，誓词为"在上帝和诸民面前，无私无畏讲出真相，而且只讲真相"。有时法庭辩论仅仅几个小时，有时则要持续几天甚至几个星期，需要分成几轮，但辩方总是享有最后发言权。法庭辩论的最后，审判长通常要向陪审员归纳提出需认真考虑和回答的主要问题，这些问题都与"被告人是否有罪"直接相关，或者与加重或减轻情节相关。

之后，庭审进入法官和陪审员合议庭评议阶段。整个评议过程秘密进行，不得中断，不得记录，有警卫把守评议室门户，未经审判长许可，任何人都不得入内。在做出判决之前，法官和陪审员都不准离开评议室，事后也不得对外透露任何信息。评议依次对主要罪行、补充问题、加重情节、减刑情节、是否赦免等问题进行讨论，

---

① 首先是审判长起立宣读誓词："认真履职，认真听取对被告人的控告，既不偏向被告人，也不偏向公诉人，也不偏向被害人；合议之前，不与任何人交谈案件情况；不受他人意见左右；一个信守无罪推定，所有怀疑必须印证；听取辩护方意见，遵循内心确信，始终保持一个诚实、自由的公民的公正无私，严格保守秘密，即使以履行完毕陪审员资格。"然后，所有陪审员依次举起右手宣誓："我宣誓遵守。"见〔法〕皮埃尔·特鲁仕主编：《法国司法制度》，丁伟译，第142页。

每一个问题都采用无记名投票方式进行书面表决，并当场开箱统计票数。在表决被告人是否有罪的问题时，合议庭必须有三分之二以上的人同意才能做出不利于被告人的判决。表决票在统计完毕后立即烧毁。之后，法官和陪审员回到审判庭，审判长向被告人公开宣读判决结果。若是无罪判决，被告人当庭释放。

长期以来，由于重罪案件是通过代表民意的陪审团参与审判的，判决结果被认为是"从事实的角度对最后真相的表达"[①]，所以合议庭的判决具有终局性，当事人不得上诉。后来，在欧洲人权法院的压力下，为有效保护被告人的合法权利，法国于2000年6月15日进行了改革，允许不服重罪法庭一审判决的当事人向最高法院提出上诉，由最高法院指定另一重罪法院重新审理，这被称作"轮转上诉"。[②]提起上诉的期限为判决宣布之日起10天之内，承担上诉审的重罪法院的合议庭由12名陪审员和3名职业法官组成。上诉的判决必须经半数以上的陪审员（7名）同意。

（2）刑事诉讼基本原则与特点

法国刑事诉讼制度奉行以下基本原则：

第一，公开、口头、对审原则。审判公开在法国被认为是保护被告人的一项重要措施，它意味着公众可以旁听，新闻媒体可以"对司法活动进行准确报道"。对案件的实质判决，须公开宣布结果，并说明判决理由，后一点在法国是通过"问题列表制度"实现的，即在庭审中"审判长依法律规定将案件进行细化分解，制作一定数量的问题，要求陪审团做出'是'或'否'的回答，以决定被告人行为是否构成犯罪，是否有减刑情节等"，因此，"问题列表"就相当于"简明的判决理由书"。[③]不过，如果法庭有充足理由认为"公开会危及公共秩序及道德"，也可秘密审判。口头原则是指公诉人、

---

① 〔法〕卡斯东·斯特法尼等：《法国刑事诉讼法精义》（上），罗结珍译，中国政法大学出版社1998年版，第405页。

② 参见施鹏鹏："法国参审制：历史、制度与特色"，《东方法学》2011年第2期。

③ 同上。

被告人、证人都要当庭进行口头陈述，法官只能基于在审判过程中直接提交法院的证言证物做出裁决。不过，这一原则也有例外。在治安法院和轻罪法院中，审判长可以破例授权使用证人的书面证言。对审原则要求公平地给予控辩双方阐明事实和理由的机会，法庭有义务平等地听取双方的陈述。根据这一原则，诉讼双方及其律师都应出庭，在重罪审判中，律师到场甚至是强制性的。此外，案件审理应当持续进行，直至法庭做出裁定、宣布审判结束为止。对于任何指控，一旦在法律上宣布无罪，均不得因为同一事实而重新起诉，即使是以其他罪名也不允许。

第二，无罪推定原则。早在1789年的《人权宣言》中就明确提出："对任何人，凡未宣告为有罪以前，皆应视为无罪。"此后，法国始终坚持该原则，并在2000年正式写入《刑事诉讼法典》。该法典的序言规定："在其犯罪行为被确立之前，所有犯罪嫌疑人和被告人均被推定为无罪。"与此原则紧密相关的是控方举证原则和不得强迫被告人自证其罪原则，即检察机关必须提出充分的证据，才能追究被告人的刑事责任，判处刑罚；任何人都有权"不受强迫做不利于其本人的证明"，都有"不受强迫供认自己有罪的权利"。因此，对于公诉机关针对个人的侦查活动，其本人有权保持沉默，不予回答。当然，公诉机关负有的举证责任也不是绝对的，在特殊的情况下，也可倒置举证责任。例如，法国刑法设立了一项"财产来源不明罪"，如果发现个人财产与其申报的收入明显不符，则实行有罪推定，设定其财产来源不合法，被告人应证明其财产来源合法，否则将被判定有罪。

第三，内心确信原则。历史上法国曾经沿用罗马法的法定证据制度，甚至采用定量化方式，对不同证据规定了不同的法律证明价值。这种机械的证据制度剥夺了法官在运用证据中的自由裁量权，影响了其能动作用的发挥，所以在法国大革命时期被废除，代之以法官内心确信制度。此后，内心确信成为法国刑事审判中运用证据的一条基本原则。现代法国刑事诉讼法规定：

在重罪法庭休庭前，审判长应责令宣读下列训示，并将训示内容大字书写成布告，张贴在合议室最显眼处：法律并不考虑法官通过何种途径达成内心确信；法律并不要求他们必须追求充分和足够的证据；法律只要求他们心平气和、精神集中、凭自己的诚实和良心，依靠自己的理智，根据有罪证据和辩护理由，形成印象，做出判断。法律只向他们提出一个问题：你们是否形成内心确信？这是他们的全部职责所在。①

内心确信原则要求法官在提交法庭并经双方当事人相互质证后的证据基础上，凭借自己的知识、经验和良知进行综合评析，以便做出更接近真相和公平正义的判断。内心确信原则在我国习惯上翻译为自由心证原则，其实这一翻译是不准确的。内心确信并不是"自由"的，更不是用"心"去证明的，而是以呈堂证物证言以及法庭辩论材料为依据的，是通过去粗取精、去伪存真的深入分析、由感性认识上升到理性认识的一个过程，而且前述"问题列表制度"的程序要求等于法官必须说明判决理由，这也限制了法官运用证据的随意性，所以，称其为内心确信比之自由心证更为确切。②在法国，内心确信原则普遍适用于一切刑事审判，包括轻罪和治安案件。当然，任何原则都有例外，像司法警察制作的笔录就具有特别证明力。除非能够提出笔录系伪造的证据，笔录均具有法律效力。可见，在某些证据的价值认定上，法国仍然保持了法定证据制度的传统痕迹。

上述三大基本原则中，第一、第二原则已是现代欧洲乃至世界各国的普通原则，其中对审原则可以说是英国当事人主义对抗制影响的表现，而第三原则，即内心确信原则和法定证据原则的某些残余，则是法国职权主义纠问制传统的反映。由是言之，现代法国的刑事诉讼参审制是英国和法国所代表的普通法系与大陆法系两种西方法

---

① 施鹏鹏："法国参审制：历史、制度与特色"，《东方法学》2011 年第 2 期。
② 参见刘新魁："法国刑事诉讼制度的主要特点"，《人民法院报》2003 年 7 月 21 日。

律传统相互渗透的产物。如果说在审前程序中职权主义纠问制特色较为突出的话，那么，在庭审程序中当事人主义对抗制已经占据了主导地位。从陪审员遴选范围的广泛性和遴选程序的民主性来看，法国与英国已经没有太大差别。原则上，具有完全民事能力和政治权利的法国公民都享有担任陪审员的权利，法律禁止以财产、出身、种族、阶层等理由限制或禁止公民履行参审职责。从年度陪审员到开庭期陪审员再到个案陪审员，整个遴选过程不受行政权力的干预，由此可以保证陪审员的独立性。同时，庭审过程自始至终是由陪审员和法官共同完成的，陪审员不仅参与事实审，而且参与法律审，不仅可以在法庭调查中主动提问，而且可以对判决结果发表意见，加之合议庭裁决程序采取一人一票的表决机制，陪审员凭借相对于法官的人数优势（在重罪法院是 9∶3，在上诉法院是 12∶5），对案件的定性与量刑往往享有最终决定权。这意味着法国刑事参审制的民主化程度丝毫不亚于英国陪审制，也说明法国的现代刑事审判制度是一种兼收并蓄自身传统与外国经验的混合产物。

混合型特征体现在法国刑事诉讼的各个具体环节上。例如，法国的检察机关隶属于法院系统，检察官受上级检察机关和同级法院院长的双重领导。检察官一般派驻于各级法院内，最高法院设总检察长一人，检察官若干人；上诉法院设检察长，重罪法院和轻罪法院分别设检察官，治安法院不设检察官，只派驻公设律师。在法律上，检察官和法官地位平等，他们都属于司法官，所穿制服也一样，只不过法官是坐着的法官，检察官是"站着的法官"而已。但在庭审中，"他们的职能是不同的，法官独立于检察官，检察官独立于法官……法官不能阻碍检察官对案子的追究，检察官不能影响法官对案子的判决"[1]。除了检法合署办公外，在重罪案件的审前调查阶段，检、法、警是混合一起的，司法警察的初步侦查是在检察官的直接领导和指挥下进行的，学界称这种制度为检警一体制度。不仅如此，一

---

[1] 杨蓉："国际司法对话：法国司法制度和检法及检警关系"，《中国检察官》2008年第 1 期。

且案件移送预审法官，预审法官也享有一定的独立调查权，如他可以直接指挥司法警察调查重大刑事罪案，决定是否逮捕犯罪嫌疑人，所以预审法官又有"超级警察"之称。[①] 从刑事案件的处理方式看，也是多种多样的。一个治安法官可以单独审理违警案件，也可以采用简易速决程序处理轻微的违警案件。轻罪法官可以根据案件性质决定采用合议制还是独任制，或者在检察官的建议或主持下，通过调解程序在犯罪嫌疑人和受害人之间达成和解与赔偿，只有重罪案件必须采用合议制和参审制。可见，刑事案件实际上可以通过诉讼式或调解式、合议庭制或法官独任制、参审制或非参审制等不同渠道，分门别类地予以处理，[②] 所以总体上也是混合型的。

其实，混合型特点只是对制度表征的概括，隐于其后的是力图平衡公正与效率两大目标的价值追求。众所周知，公正是司法的首要价值目标，效率是司法的第二价值目标，公正＋效率构成了司法的两大永恒主题。二者紧密相关，不可分割。丧失了公正，效率将毫无意义，甚至蜕变为负价值；没有了效率，公正也无从谈起，因为迟到的正义即不正义。因此，自司法产生伊始，一切司法制度的创建与改革无不围绕着公正与效率这两条主线展开。不过，二者毕竟有时存在矛盾冲突。为了实现公正，人们设置了种种正当程序以限制法官擅权专断，而正当程序的设立又往往影响司法效率。为此，又需要采取简易程序以提高司法效能，而简易程序又隐含着损害公正的危险。一部人类司法文明史就是一部公正与效率的变奏曲。旧制度下的法国刑事诉讼制度立足于效率，带有浓厚的职权主义纠问制色彩，判决不公在所难免，故在大革命中受到彻底批判。此后，法国刑事诉讼制度发展的总趋势是淡化职权主义纠问制因素，增加当事人主义对抗制因素，诸如陪审员参审制、对审制、律师介入侦查等制度，以提升司法的公正性，由此开创了法国诉讼模式发展的

---

① 参见杨蓉："国际司法对话：法国司法制度和检法及检警关系"，《中国检察官》2008年第1期。

② 参见金邦贵主编：《法国司法制度》，第394—398页。

崭新时代。与此同时，法国没有完全置司法效率于不顾，通过保留原有制度中的某些合理成分，诸如赋予检察官以侦查指挥权、允许预审法官积极追诉、采用法官内心确信审判原则等，还创立了繁简分流机制、简易速决程序，以节省司法资源、保证诉讼效率，从而形成了将职权主义与当事人主义杂糅一起的混合型诉讼模式。可见，"混合"的根本目的在于兼顾公正与效率，实现二者的平衡。可以肯定，这一价值取向仍将是未来法国刑事诉讼制度发展的主旋律。

2. 民事诉讼制度

（1）民事诉讼制度的演变

现代法国民事诉讼制度是在两部系统的成文法典基础上建立起来的。一部是1806年《民事诉讼法典》，另一部是1975年《新民事诉讼法典》。比较两部法典的不同和司法实践的变化，法国现代民事诉讼制度的发展趋势如同刑事诉讼制度一样，也逐步走向了混合型模式，但起点和过程略有差异：混合式刑诉制度是在职权主义基础上通过不断增加当事人主义因素建立起来的，而混合式民诉制度则是在当事人主义的基础上通过不断增加职权主义因素发展而来的。

1806年民诉法典制定于大革命刚刚结束之际，当时自由主义思想风靡欧洲，对专制的痛恨和法官的不信任充斥法国上下，所以该法典较为彻底地贯彻了当事人主义和公开、口头、对审等基本诉讼原则，目的旨在通过严格的程序规则限制法官的能动性，防止恣意枉断，保障公民的自由权利。加之那时诉讼法学理论研究尚欠发达，所以法典内容多是具体的实务性条款和纯描述性规则，"不包含任何理论阐述，也不包含任何司法组织运行的基本原则"[1]，具有法定主义和形式主义的鲜明特征。法官的作用被严格局限于执行法律，不得解释法律，处于消极被动地位。启动和推动诉讼的主动权置于

---

① 周建华："从程序法定主义到程序人文主义——法国民事诉讼法典的发展述评"，《四川大学学报》2013年第3期。

当事人之手，例如审前交换证据、确定案件争点、是否和解等，法官都必须尊重当事人的意见。由于 1806 年法典把民事诉讼视为私人之间的纠纷，法院并不主动审查原告的起诉是否合法，而由被告以抗辩的形式进行审查。这样，被告除具备实体抗辩权外，还具有一系列诉讼程序上的抗辩权，包括受诉法院无管辖权、取消传唤状、请求诉讼延期的抗辩等。在庭审阶段，法官不得改变当事人的诉讼请求及其理由，不得传唤当事人未指定的证人，不能主动索取当事人未向法院提供的证据材料等。法官就像"一只破钟的机件，要让它很快再走动起来，就得不断敲打震动它"①。正是基于这一特点，有日本诉讼法学家把 1806 年法国民事诉讼法典称为"彻底的当事人主义"②。

随着时间的推进，1806 年法典的不足日益暴露出来。由于当事人在程序上的主导作用和法定规则的形式化，法官无力控制诉讼的运作，当事人经常滥用诉讼权利，导致诉讼过程拖沓冗长，案件积压，妨碍了司法效率和公正目标的实现。为此，从 1935 年开始，法国对民事诉讼法多次进行局部修正，如鼓励采用调解方式，改进缺席判决、无效行为、抗辩事由、上诉程序、再审程序等司法救济途径，设置程序监督法官，简化无用而繁琐的程序。这些修正意味着当事人和法官的功能分配开始变化，诉讼过程指挥权逐渐从当事人向法官方面转移，由此"开启了法国民事诉讼法的质的改革进程"③，民诉法的基本理念和原则也随之发生变化。在上述零碎改革的基础上，1975 年法国成立专门法律委员会，遵循简化诉讼程序、提升司法效率的宗旨，对民事诉讼法典进行了全面修定。新的民事诉讼法典于 1976 年 1 月 1 日生效。

新法典吸取了已臻成熟的诉讼法学理论，开宗明义宣告诉讼法

---

① 〔德〕拉德布鲁赫：《法学导论》，米健等译，第 128 页。

② 〔日〕兼子一、竹下守夫：《民事诉讼法》，白绿铉译，法律出版社 1995 年版，第 68 页。

③ 周建华："从程序法定主义到程序人文主义——法国民事诉讼法典的发展述评"，《四川大学学报》2013 年第 3 期。

的根本目的就是为了保证法官在合理的期限内对当事人的实体争议做出公正的判决，并围绕该目的规定了民事诉讼的一系列基本原则，包括诉权保障原则、对审原则、处分原则、争议恒定原则以及法官不得处分争议原则等。其中，直接引入诉权概念并为此专设一编是新法典的一个鲜明特色。在第二编中，除肯定了所有公民均享有自由诉诸司法救济的权利外，还把诉权分为物权的诉权、债权的诉权、混合的诉权以及动产诉权、不动产诉权等几种类型，并对诉讼主体、诉讼标的、诉讼期限、诉权行使的两大方式即原告请求（攻击）与被告抗辩（防御）做了明确规定。这样，新法典首次把抽象的诉权理论和具体的诉讼程序与制度联系起来，"应该说迄今为止这在各国民事诉讼法中是绝无仅有的"[1]。在其他各编中，这种特色也通过大量采用言简意赅的法律术语而清晰地体现出来。所以，有学者认为，"如果说 1806 年法国民事诉讼法典是一部实践技术法典，1975 年法国民事诉讼法典则是一部诉讼艺术法典"[2]。不过，最值得关注的新变化还在于，1975 年诉讼法典在坚持当事人主义的前提下，赋予法官以更多的自由裁量权，使之能够更积极主动地发挥作用。例如，在审前阶段，基于程序监督法官的经验，正式设立了审前程序法官，授予其引导和监督审前程序公正进行的指挥权力；加强了法官调查证据的权限和庭审程序运行中的引导权；允许法官为查清事实真相采取法律许可的必要强制手段；增加了某些可提高效率的特别程序，如紧急程序、免费起诉程序等。总之，新法典力图协调和平衡当事人权利与法官职权的关系，将当事人主义和职权主义两种诉讼模式合理地结合一起：一方面坚守着"诉讼属于当事人自由权利"的原则，另一方面"确认法官的权力，寻求解纷的最公正手段，维护一般利益"。[3]

---

① 张卫平："法国民事诉讼中的诉权制度及其理论"，《法学评论》1997 年第 4 期。
② 周建华："从程序法定主义到程序人文主义——法国民事诉讼法典的发展述评"，《四川大学学报》2013 年第 3 期。
③ 转引自周建华："从程序法定主义到程序人文主义——法国民事诉讼法典的发展述评"，《四川大学学报》2013 年第 3 期。

（2）民事诉讼制度的构造

在新法典下，民事诉讼的普通程序由起诉与受理、审前准备、法庭辩论、合议与判决、上诉五个环节组成。

诉讼的启动原则上保留了当事人的主动权、撤诉权与自认权，但某些涉及公共秩序的特定诉讼除外。按照不告不理的民诉原则，法官不得依职权自行受理诉讼申请，诉讼申请必须由具备"诉讼利益"和"诉讼资格"的当事人提出，其内容包括：双方当事人的身份、诉讼请求、起诉时间、受理法院、委托的律师等，并附有主要事实和法律依据。提出申请的方式可以由原告向法院书记室呈交诉状，或者通过口头陈述由书记员制作的记录起诉，也可以由双方当事人通过向法官呈交共同诉状，或者通过有双方当事人签字的自愿提起诉讼的记录起诉，还可以由原告委托法院执达员向被告送达传唤状起诉，但原告在送达传唤状后，必须在一定期限内将传唤状副本呈交法院书记室，此时该案才由受诉法院受理，若超过一定期限，传唤状将自动失效。被告在收到原告的传唤状后，须在法定期限（通常为 15 日）内委托律师，并由律师向原告送达答辩状，若超过此限，法院将应原告的请求，适用缺席程序进行审判。法院受理起诉后，诉讼程序正式开始。可见，当事人告诉仍是启动诉讼程序的前提，但启动诉讼程序的决定权属于法院。

法院受理后，诉讼进入审前准备环节，由审前程序法官主持，以书面形式进行，因为书证优先主义是法国民事诉讼法的基本原则。审前准备的具体工作由当事人及其律师（在大审法院委托律师代理具有强制性）完成，主要包括以下内容：当事人双方律师相互交换诉讼文件，包括阐明诉讼主张的陈述书或答辩书、证人的书面证言和事实状态确认书（执达官制作的描述事实情况的文书），并将这些文件的副本呈交法院书记室。通过互换诉讼文件，整理出诉讼双方的争点，做到知己知彼，为开庭辩论做好攻防准备，以提高法庭辩论效果。此间，审前程序法官享有如下权力：有权参与证据调查活动，既可以亲自询问当事人或证人，也可以委托技术人员询问；

有权行使释明权，即传唤当事人双方或其中一方出庭，就任何问题进行询问，不仅可以针对当事人，而且可以针对代理律师，要求他们明确在事实上和法律上的主张，解释尚未清楚的事项与理由，说明攻击防御的方法；有权处理附带诉讼，如决定诉讼程序的合并或分离、延期审理、诉讼行为无效、先行给付等；最后，当审前程序法官认为案件已适合言词辩论时，有权裁定结束准备程序。一旦宣布准备程序终结，当事人不得再补充意见和提交新的证据。①对于法官的终结准备程序决定，当事人不得上诉。可见，法官在审前程序中实际上起着主导作用。在这一阶段，双方当事人可基于和解目的而达成停止诉讼的合意，法官对此合意应予以尊重。

庭审亦即法庭辩论，按照确定的日期进行。大审法院多采用合议庭制，由审判长主持。除少数离婚案件外，庭审一律公开进行。尽管原则上要求书证优先，但庭审方式仍以口头辩论为主，按照先原告、后被告的顺序进行。首先由原告及其律师陈述诉讼请求，并提供相应证据。然后是被告及其律师进行答辩，答辩必须即时进行，不得延迟，否则将面临丧失权利和败诉的危险。法庭辩论通常围绕不同争点分阶段进行，实质上是法官对案件进行深入调查、收集资料、分析判断、形成心证的过程，因而在此过程中法官起着组织和主导作用。概括而言，此时法官享有如下权力：第一，可行使释明权，即在必要时要求当事人从法律上或事实上做出说明，或者要求当事人对含糊不清的问题给予进一步解释，以期查清事实、明确争点。第二，主持询问证人。法庭询问证人以法官为主，而且在证人作证时，当事人不得打断或质问证人。法官询问证人制度显示了法国庭审程序的职权主义特征。第三，委托技术人员对证据进行查证、验证或鉴定。第四，决定终结口头辩论。经过一轮或多轮辩论后，法官若认为事实已经查清、能够形成心证时，则宣布结束法庭辩论。辩论终结后，当事人不得再就案件发表意见。

---

① 参见〔法〕皮埃尔·特鲁仕主编：《法国司法制度》，丁伟译，第104页。

依据法庭辩论情况和记录，由参与案件审理的三名合议庭法官采用不公开方式进行合议，通过投票做出判决，并制作判决书，写明判决的法律和事实根据，由合议庭的一名法官公开宣布。对标的额 4000 欧元以下的案件，大审法院的一审判决即为终审判决，如果当事人不服，只能向最高法院请求法律复核，其他案件，可以向上诉法院提起上诉。

（3）民事诉讼制度的特点及发展趋势

作为大陆法系和启蒙运动典型代表的法国，继承了罗马法重视基本原则的法律传统和启蒙学者的自由平等思想，因而构建起了以基本原则和普通程序为核心的法国式民事诉讼制度。但是，基本原则和普通程序只反映一般需要，无法满足例外情况下的特殊需要，而现实中的诉讼又是千差万别的。为避免或缓和基本原则与普通程序的严苛性可能对司法公正的损害，法国民诉制度在坚持基本原则的前提下，不排除采取必要的灵活措施，在普通程序之外又辅之以若干特殊程序，从而形成了原则性与灵活性相统一、普通程序与特殊程序并存的特点，这是法国诉讼制度混合式特征的又一体现。

对审原则和处分原则是法国民事诉讼的两大基本原则。所谓对审原则是指诉讼双方享有平等的诉讼权利，这包括双方平等地享有诉诸司法救济和了解对方主张与证据的权利，平等参与法庭辩论和拥有平等对抗手段的权利。所谓处分原则是指划分当事人与法官诉讼职权的基本原则，其核心是，提供事实是当事人的权利与义务，适用法律是法官的权力与义务。然而，在现实法律生活中却存在许多不完全符合以上两大原则的特殊程序。例如，若当事人一方无正当理由而未按时出庭，法官可以启用缺席审判程序。在某些情况下，当事人一方可以向法官申请对另一方采取查封资金或财产、保全证据、恢复原状等紧急措施，而无须事前通知对方。在债务纠纷中，应债权人的请求并有足够证据支持，法官可以做出要求债务人支付债款的裁定，或要求其做出或停止某些行为的裁定。[①]就处分原则而言，提供事实是当事人的专有权利，但在必要的情况下，法官"有权要求当事人向其解释相关事实"，也可以采信"一些当事人没有专门用于证明自己主张的附加的事实"[②]。反过来，适用法律是法官的权力与职责，但"法律从来就不是当事人禁入的领域。当事人完全有可能援引法律作为自己主张的支撑"[③]。此外，法官负有适用法律的义务，但并不意味着必须机械刻板地套用法律，应当事人的请求，法官可以在必要时超越法律框架，根据自然正义原则做出衡平判决。

前述从起诉到合议庭审再到上诉的诉讼程序是最为烦琐复杂的一种，它主要适用于大审法院，其他民事法院，如小审法院、商事法院、劳资仲裁法院、社会保险法院、农村租约法院等，都可以根据案件的性质，比照大审法院适用的普通程序予以调整简化，或者采取适应于自身专业需要的特殊程序。即使在大审法院合议庭，法官也几乎在每一个环节中都享有自由裁量权，可以根据需要采取简易程序。例如，在大审法院，原则上必须以书面文件提起诉讼，当事人必须委托律师，法院应组成合议庭进行审理。但法律又规定，在例外情况下原告也可以通过口头程序起诉；委托代理律师也不是绝对的，当事人可以聘请任何人，诸如配偶、父母、同事、直系或旁系亲属代为出庭；合议庭也不是唯一的庭审方式，院长有权决定将某些案件交由独任法官审理；独任法官既可以在听取当事人辩论后再交由合议庭判决，也可以径直做出判决；某些案件则一向由专门法官独任审理，如家庭事务，一名法官就可以构成一个法庭。而口头程序实际上适用范围相当广泛，小审法院和特别民事法院的多数案件都是通过口头程序启动和处理的，甚至在上诉法院某些方面的程序也是口头的。[④]按照普通程序要求，民事诉讼应由当事人启动

---

① 参见尹佐海："法国的民事诉讼制度"，《山东审判》2005年第5期。
② 金邦贵主编：《法国司法制度》，第420页。
③ 同上书，第422页。
④ 参见尹佐海："法国的民事诉讼制度"，《山东审判》2005年第5期。

和推动，法官奉行不告不理原则，公诉机关不应介入，但法律允许检察官在例外情况下可以就有关家庭、暂缓追究债务、个人破产等案件作为当事人，主动提起民事诉讼；在涉及未成年人和无行为能力人的案件、慈善与遗产案件、有关国家或其他公益团体的案件以及涉及个人判断能力的案件中，允许检察官作为联合当事人提起诉讼，这称之为民事公诉制度。① 随着社会和经济的发展，法国检察机关作为社会公益的代表提起民事公诉案件的范围越来越广，职权也越来越大。在一审判决之后，根据两审终审制的法律规定，当事人如若不服，可在规定期限内提出上诉，但为了避免诉讼拖沓、节省司法资源，各个一审民事法院都对上诉案件的标的数额有明确规定，一般为 3 700—3 800 欧元之间，低于规定数额者，当事人不能上诉。② 最后，在上诉期限尚未届满即尚未做出终审判决时，法官可以就抚养费之类的纠纷案件，主动或应当事人申请启动先予执行程序，使一审判决立即付诸执行。但是，如果先予执行导致明显不良后果，上诉法院的院长可以在上诉程序中裁定停止先予执行。③

总体而言，法国的民事诉讼制度具有多样性，表面看来甚至有些杂乱，但基本原则和普通程序的核心地位始终如一；法官的职权有所扩大，但当事人的主导作用保持未变，因为公权力毕竟是为了私权利而存在的。在此基础上，通过不断简化程序，增设各种特殊制度和例外手段，使之更富于灵活性和实用性，可以应对各种复杂情况的需要，实质上是优化司法功能，从而更有利于司法公正与效率双重目标的实现。

值得关注的是，自 20 世纪末起，法国越来越强调法庭不应是冲突各方决斗的竞技场，而是法官和双方当事人共同合作以妥善解决纠纷、修复人际关系、促进社会和谐的场所，所以有意识地淡化传统程序中的对审抗辩性质，提倡当事人双方以及当事人与法官之间

① 参见胡娅："法国民事公诉制度及其启示"，《法制与经济》2006 年第 9 期。
② 参见尹佐海："法国的民事诉讼制度"，《山东审判》2005 年第 5 期。
③ 参见金邦贵主编：《法国司法制度》，第 431 页。

的协商与妥协，鼓励法官从正义原则出发，"在合理的期限内作出一个人性化的裁判"[①]。与此同时，努力在司法程序之外探索更为迅捷经济的解纷方式，提倡诉讼双方在法官或者律师的介入下通过非诉讼方式化解纠纷，所以，以和解、调解、仲裁为主的替代诉讼解纷机制得到迅速发展。1995 年一项法律规定，法官可以授权他人处理和解案件，1996 年设立和解员，挂靠在上诉法院，在具体案件中根据法官授权进行家庭纠纷案件的司法和解。法官也可以直接介入居中调停，这称为司法调解。司法调解在劳资纠纷、交通事故赔偿等案件中日益显示出其独特效能，并开始向小额盗窃、损坏财物等轻微刑事领域延伸。对于工商企业间的纠纷，则多采用仲裁方式。[②]为推广和规范替代诉讼解纷机制，自 2008 年起，法国先后出台了关于民商案件调解与口头程序的法令（2010 年）、关于家事纠纷调解和司法活动的法令（2010 年）和关于友好解决纠纷的法令（2012 年）。第三个法令对法国民事诉讼法典进行了体系上的调整，增添了第五卷"纠纷的友好解决"，对于司法程序之外的调解程序、律师参与下的协商程序、法官对和解协议的确认权限与程序，都一一做了详细规定。[③]可以肯定，强化合作主义和人文主义仍是今后法国民事诉讼制度发展的主流趋势。

3. 律师辩护制度

在大多数刑事和民事案件中，当事人都是在律师的协助下完成诉讼过程的。律师充分参与司法过程是法国司法制度的基本要素之一。截至 2005 年初，法国共有 43 977 名正式律师，7 123 名实习律师，平均 10 万人中有 76 名律师。

律师是独立的自由职业者，属于司法辅助人员，其主要职能是，

---

①　周建华："从程序法定主义到程序人文主义——法国民事诉讼法典的发展述评"，《四川大学学报》2013 年第 3 期。

②　参见〔法〕皮埃尔·特鲁仕主编：《法国司法制度》，丁伟译，第 96—97 页。

③　参见周建华："从程序法定主义到程序人文主义——法国民事诉讼法典的发展述评"，《四川大学学报》2013 年第 3 期。

以其专业知识和技能为当事人提供法律服务。律师业务分为诉讼业务和非诉讼业务两种形式。诉讼之外，律师主要是为个人、企业或团体提供法律咨询、草拟法律文书、进行商业谈判、签订合同租约等法律事务。诉讼之内，律师职能包括辩护与代理两种。前者是指为当事人提供建议、协助调查证据和代表当事人进行法庭口头辩论，这称为辩护律师。后者是指代理当事人与案件相关的所有程序性事务，包括制作法律文书、证据调查、代为出庭辩护等，这称为代理律师。辩护律师在法庭上仅是辩护人，当事人并不为他的辩护承担法律义务。代理律师的职责被看作是一种"诉讼委托"，可以全权处理诉讼过程中的所有法律事务，他所采取的一切活动都由当事人承担后果。一般而言，代理职责中自然地包括了辩护职责，二者是不分的，但有时候这两个职能也可以甚至必须交给两个不同的律师行使，因为法国对律师辩护权没有任何地域限制，律师可以在全国各地的任何地方法院，包括普通法院、行政法院、商事法院出庭辩护，但代理诉讼实行"属地原则"，律师只能在其登记注册的律师公会所在地的法院行使代理权。如果某一案件需要在律师注册地以外的地方审判，该律师仅能协助当事人辩护，代理权则需要求助于当地律师来行使。此外，自1971年和1990年律师立法改革以后，在最高法院和最高行政法院的最高审级诉讼中，只能由司法部长任命的专门律师担任代理，他们人数不多（目前不超过90人），但地位颇高，被称为"垄断的职业"。[①]值得注意的是，法国的诉讼代理不需要律师和当事人订立书面委托书，法庭也不要求律师证明其具备委托代理资质，法官仅凭律师身穿律师袍出现在法庭上就足以推定其获得了代理授权，这称为"推定代理"原则。[②]"推定代理"蕴含着对律师职业的尊重与信任。当然，如果律师未经当事人同意擅自为当事人采取法律行动，将承担职业责任，但这种情况在法国几乎闻所未闻。

聘请律师辩护是法定的公民权利，而且律师的辩护权十分广泛，

---

① 参见金邦贵主编：《法国司法制度》，第349页。
② 参见施鹏鹏："法国律师制度述评"，《当代法学》2010年第6期。

覆盖了民事和刑事案件以及行政案件。在刑事案件中，从立案侦查、预审法官的预审到正式庭审、判决乃至上诉的各个阶段，都允许律师介入。侵犯律师辩护权的行为将受到程序无效和判决无效的处罚。例如，如果律师在法庭卷宗中发现法官在庭审前已准备好判决方案，该律师有权以侵犯辩护权为由要求撤销该判决方案。在庭审中，律师享有充分的辩护自由，可以毫无顾忌地发言，因为他的辩护言词不能被看作是其当事人的当庭供述，也不能因其未能说服法官而承担责任，所以，较之当事人来说，辩护律师拥有更大的行动空间。对律师辩护权的唯一限制是不得"侮辱法官"，否则以犯罪论处。设立"侮辱法官罪"的目的是为了保护法官免受干扰，确保审判顺利进行，但很少有律师因此而受到处罚。律师还享有通信不受干涉、律所不受搜查等豁免特权，律师在诉讼案件中所发表的言论及其提交的书面材料不得作为指控证据。这些法律规定可以防止律师在执业中遭受公权机关及利害关系人的报复，从而积极充分地发挥司法支柱的作用，有效地维护当事人的权利。

法国律师职业的自由独立性还体现在律师公会的自治制度上。律师公会不按行政区划设置，而是设在大审法院所在地，全国共有181个。不论大小，各公会一律平等，互不干涉，更不受公权机关控制。律师公会对内管理律师职业道德与纪律，对外代表和维护律师利益。1990年后，成立了全国律师公会，用以协调全国性事务，如统一各地的律师培训标准等。在政府立法或决策涉及律师利益时，全国律师公会作为律师界的唯一和最高代表，可与政府进行沟通，反映律师的建议和意见。

不过，为了保证律师及其法律服务的质量，法国对律师职业设置了严格的准入标准，建立了严厉的纪律惩戒制度。法律规定，必须是大学法科学士毕业或同等学力，且品行端正、正直诚信者，经过考试进入地区职业培训中心，接受为期18个月的理论和实务培训，然后再通过由地区职业培训中心组织的律师职业资格考试，才能获得律师资格，还必须在当地律师公会注册登记后，方可正式开业。

入职时，必须庄严宣誓："余誓以律师之身分，庄严自重、依凭良心、坚持独立、恪遵正直、符合人道，执行余之律师业务。"[1] 对于违背誓言、发生违法或严重过错的律师，由律师公会理事会给予惩处。在这种纪律惩戒制度下，律师公会理事会既是起诉机构，又是裁判机构，这有违欧洲人权公约关于"控审分离"的正当程序条款，所以在 2004 年转由新成立的附设在上诉法院的律师惩戒委员会负责。新的惩戒程序仿照普通诉讼，分调查、起诉、预审、庭审、宣判等环节。处罚宣布后，如若不服，可在一个月内向上诉法院提出上诉。

在严格的职业道德纪律的约束下，法国律师的社会评价总体较好。律师作为一支精通法律的专业力量，凭借独立自由的辩护权，在保障司法权正常运行、维护司法公正中发挥着不可替代的重要作用。

司法独立与法治

不过，要确保司法公正，最关键的还在于确保法官独立地行使司法审判权，因为法官毕竟是司法权的行使主体，是司法独立的核心。[2] 因此，现代法国无论在理论上还是在实践上，一直都对法官独立重视有加。如果说三权分立共和宪政制度和多元化法院体制的建立，从政治体制上为法官的整体独立提供了基础，那么，一套法国特色的司法官制度则为法官个体独立行使审判权提供了保障。

1. 司法官制度

大革命期间法国曾一度实行法官选举制，大革命后恢复了任命制。经过长期的探索和经验积累，1958 年 12 月 22 日通过第 58—1270 号条例确定了司法官制度的基本框架，后又经过多次细微改革使之日趋完善，沿用至今。

司法官制度涵盖了司法官考录、培训、遴选、晋升、任职、纪

---

① 李鏵澂："法国律师制度"，《法学丛刊》2002 年第 2 期。
② 司法独立包括司法权独立、司法机关独立和法官独立三层含义，其中，法官独立是司法独立的核心。参见左卫民、吴玉馨："司法独立的核心——法官独立"，《四川省政府管理干部学院学报》2000 年第 1 期。

律等各个领域。在法国，广义的司法官包括职业法官，即普通法院的司法法官、检察官以及行政法院的行政法官，和非职业法官，即商事法院的裁判官和劳资仲裁法院、社会保险法院的调解官等。狭义的司法官则单指普通法院的司法法官。检察官和行政法官在职能上虽属于司法官系列，但编制上属于公务员系列，归司法部管辖。不过，由于检察官和行政法官以及宪法法官即宪法委员会成员的职权性质属于司法类别，所以在独立性、职业权利与义务以及道德纪律要求等方面与司法法官大同小异。

法国的司法法官隶属国家最高司法委员会管辖，该委员会由总统任命的 9 名委员组成，总统担任主席，司法部长任当然副主席。法国宪法规定，司法机关是个人自由的保护者，总统以及最高司法委员会保障司法机关的独立性。最高司法委员会的职权主要是任命法官和惩戒违纪法官。最高法院法官、上诉法院和大审法院首席法官由总统和最高司法委员会直接任命，其他法官由司法部长提名、最高司法委员会确认、总统任命。所有法官在正式任命前，都需要经过考试和培训。

法官考试每年举行一次，考生必须符合品德良好、身体健康及年龄条件。考试分两种，一种是竞争激烈的入学招生考试，考生主要有三类：一是大学本科毕业生，专业不限；二是国家公务员，须有 4 年工作经验；三是某些非职业性司法工作者，须有 8 年工作经验。第二种考试面向专业法律人士，考生须拥有法学本科文凭，并有 4 年以上的法律、经济或社会实践经验，如律师或法学教育研究人员。

考生通过入学考试后，便进入国家司法官学院。国家司法官学院是专门培养法官的高等学府，学生要在此接受为期 31 个月的专业培训。入学时学生须进行宣誓，保证毕业后从事 10 年以上的法官职业。培训内容为：理论知识学习 8 个月；在一个公共部门或私人企业实习 3 个月，旨在了解社会；在司法机关或律师事务所实习 14 个月，此间可以参加法院庭审或检务活动。培训结束时须参加结业考试，按成绩排出名次，并将各地法官职位空缺情况统一列表公示，根据成绩顺序由学生依次选择职位。此后，根据选定的岗位再进行为期6个月的岗前培训，为正式上岗做好准备。最后，由培训考试委员会就每位学生所适合从事的工作提出推荐意见，由总统和最高司法委员会任命为法官。可见，法国的司法官学院培训制度可以通过职业强化训练，培养学生独立的法律思维和职业精神，而且培训内容注重社会需要，强调实用性，所以法官的实务能力较强，入职后能够迅速胜任审判工作。目前，法国90%的法官出自国家司法官学院。

除了国家司法官学院外，法国还通过多种辅助性途径招录法官。从1995年起，允许上诉法院招收特殊任务法官，申请者须具有硕士学位、至少15年职业经验，年龄要求50—60岁。实践证明，"此举对于缓解上诉法院人员紧张起到了相当重要的作用"[①]。从2001年起，法国每年增加了两次面向专门人才的考试，一次是二级法官考试，候选人须年满35岁，在法律、行政、经济和社会领域至少有10年的从业经历；另一次是一级法官考试，候选人应年满50岁，在法律、行政、经济和社会领域至少有15年的从业经历。这两类考试通过者无须培训，可直接进入法官队伍，而且可终生从事司法职业。此外，法国还允许直接遴选补充法官。补充法官与终身法官的区别在于，他们只是在限定的时间内暂时从事（4—12年不等）法官工作。总之，法国的法官遴选在坚持考录制和严格准入标准的前提下，呈现出开放性特征，这有利于广泛吸纳社会优秀人才进入法官队伍。

法国制定了一整套有关法官权利的法律规则，以保证其独立地位。法官一经任用，便可终身任职，不得随意罢免，只有按照法律规定才能被弹劾、撤职、调离或责令提前退休，这有利于法官依法独立审判案件。法官在执行职务时，受刑法典和其他特别法律的保护。1958年条例规定，任何人不得以任何方式威胁和攻击法官。新刑法规定，任何人通过行动、言辞或文字企图使司法文书和决定丧失威信的行为，都要处以刑罚，因为这些行为损害了司法的权威性

---

① 〔法〕皮埃尔·特鲁仕主编：《法国司法制度》，丁伟译，第79页。

或独立性。此外，在判决宣布之前，禁止发表对法官可能形成压力的敏感性评论。[①] 在薪酬上，实行法官高薪制，退休后可以领到优厚的退休金，这为法官公正廉洁、秉公执法提供了必要的物质生活保障。法官还享有晋升的权利。法国法官共分三个级别，特级法官、一级法官和二级法官，之下又分 10 个层级。晋升方式主要是选拔，先由以最高法院院长为主席的 20 人晋升委员会从符合条件者中提出名单，再经过材料审核、对抗式论辩、公示晋升名单，最后以法令形式任命。所有二级法官以上的晋升都由总统在听取最高司法委员会的意见后决定之。

另一方面，法国也规定了一系列法官义务。例如，法官不得兼任其他职务，如行政官员、议员和欧洲议会议员、经济和社会理事会的职务等，更不得从事与司法相关的职业，如律师、公证人等；必须保持政治中立，不得参与政党或政治活动，包括具有敌视共和国政府性质的游行示威等，必须在政治上保持中立。最高司法委员会还制定了法官义务守则，如法官必须充分听取当事人双方意见，公正司法；必须正确适用法律，不得滥用权力；必须自尊自律，不得在履行职责时获取金钱；应注意言论举止，避免对司法公正造成负面影响；应保持与职业相应的合理的生活方式；应与同事相互尊重，团结友好等。[②]

对于违反法官义务的违纪过错行为，由最高司法委员会下设的法官惩戒委员会负责给予相应处罚。处罚种类包括口头警告、训诫、撤销部分职权、调职、降职、停职、开除等。处罚法官一般先公开举行听证会，处理决定也要公开宣告。从近年来发展趋势看，法国对违纪法官的处罚是相当严厉的，并不断加强。1988 年只有一人被处罚，1999 年有 16 人受罚。实行严厉的纪律惩戒制度对于保证法官正确行使司法权起到了重要作用，实质上从另一侧面维护了司法

---

① 参见刘新魁："法国司法官制度的特点及启示"，《中国法学》2002 年第 5 期。

② 参见〔法〕皮埃尔·特鲁仕主编：《法国司法制度》，丁伟译，第 82 页。

的独立权威。

2. 法官独立与法治

现代法治的实质在于通过法官的独立司法，限制社会、个人和公权机关的权力滥用，以保障公民的自由权利。如果说司法法官的主要功能是限制社会、个人和团体之间的权利侵害行为，那么，行政法官和宪法法官则主要承担着限制立法和行政等公共权力侵害公民自由权利的职责。鉴于宪法委员会在制约议会立法权方面所发挥的重要作用前已述及，这里重点介绍行政法官对行政权力的限制功能。

实际上，与立法权和司法权相比，行政权与公民日常生活的关系是最为密切的，加之行政权具有扩张本能，最为积极活跃，更容易侵害公民个人的自由权利。因此，能否有效限制行政权力往往是决定法治成败的关键。法国行政法官在这方面的作用应当说是十分突出的，因为行政法官有权对行政行为进行"广泛、苛刻和有效"的合法性审查，"'广泛'体现在受审查行为的性质方面；'苛刻'体现在审查依据方面；'有效'则体现在对行政相对人的救济途径方面"[1]。

在法国，一切行政行为，包括针对非特定主体、具有普遍约束力的行政行为和针对某一特定主体的具体行政行为，上至总统和总理颁布的行政条例，下至市镇首长发布的有关家庭垃圾收集或农贸市场开市条件的行政命令，以及某些特定机构如金融市场监管委员会、能源规制委员会的决定与行为，都在行政审查范围之列，而且，所有在法律上与行政行为存在利害关系的个人、组织都可以提起行政诉讼。从审查依据看，行政法官遵循下位法服从上位法的原则，可以适用多种层次的法律规范。最低一级上位规范是从行政判例特别是最高行政法院判例中归纳出的法的基本原则，之上是议会通过的法律，再高一级是国际条约与协定，位阶最高的是宪法。从审查效果看，行政相对人可以通过直接起诉质疑行政行为的合法性，这

---

① 〔法〕让－马克·索维："法国行政法官对规范性行政行为的合法性审查"，张莉译，《比较法研究》2011 年第 2 期。

意味着，"行政相对人只要能够证明其存在可诉的利益，就可以提起旨在撤销受诉行政行为的诉讼，特别是越权之诉"①。如果法官认为受诉行政行为违法，可以裁定撤销该行政行为，该裁定具有溯及既往的法律效力，即受诉行政行为被认为自始就不存在。这样，行政相对人的权利可得到彻底有效的救济，但诉讼时效限定在受诉行政行为公布后的两个月内。如果不能在法定时效内直接起诉，行政相对人可以通过附带审查方式提起诉讼，在这种情况下，"诉讼的标的是适用该合法性受到质疑的条例而做出的具体行政行为"，而非行政条例本身。如果法官认为受诉条例违法，可以撤销依据其做出的受诉具体行政行为。与直接起诉相比，附带审查的裁决不具有溯及既往的法律效力。就是说，以往依据受诉条例做出的具体行政行为依旧有效。但是，从面向未来的角度看，受到质疑的行政条例的法律效力将大打折扣，行政相对人的基本权益将得到保障。而且，附带审查程序的大门永远向社会敞开，当事人可以随时以违法抗辩形式质疑行政行为的合法性，不受诉讼时效的限制。

正是基于行政法官对行政行为合法性审查的广泛性、严格性和有效性，法国行政法官让－马克·索维自豪地宣称：

> 与其他国家和地区的法律制度进行比较时，我们会发现，法国的制度可以让起诉更容易些，让接收审查的行政行为更丰富些。不仅如此，随着可供法官运用的法律和智力手段的日益完善，合法性审查的程度也在逐步加深，法官可以更有效地对各种可能的行政违法加以制裁。②

回顾法国近现代史，行政法官始终与司法法官和宪法法官一起，肩负着公共权力监督者和公民自由权利守护者的光荣职责，而且由

---

① 〔法〕让－马克·索维："法国行政法官对规范性行政行为的合法性审查"，张莉译，《比较法研究》2011 年第 2 期。

② 同上。

于行政诉讼的特殊性质，其作用表现得格外突出，一如让·里弗罗所言："在多数情况下，法国人在自由方面所受到的最高保护，来自于行政法官对自由主义原则的信仰。"[①]

在 20 世纪中叶以前，行政法官们就利用判例法的具体性和灵活性优势，对法律上笼统的"公共自由"概念的内涵与外延逐步予以明晰化，诸如集会自由、结社自由、出版自由、言论自由、信仰和宗教自由、表达自由、迁徙自由等，都通过行政判例得到肯定和不断加强，以致索维自信地断言："这只需要阅读《行政审判重要判决》一书就可以知晓行政法院在公共自由领域为行政机关设定义务的判决的数量，并衡量出其重要性。"[②] 而且，从 1933 年事关集会自由的"本杰明案"开始，行政法官创设了一种"比例审查"原则，即审理行政诉讼时，法官不仅要审查行政机关对公民自由所作的限制是否能为个案的特定情势所证明，还要审查所采取的措施在规模和严厉程度上是否超出了维护公共秩序所必要的限度。这个原则产生后，迅速扩展适用到集会自由之外的其他领域。1945 年的"阿玛吕案"又开创了"法的基本原则"的先例，即法官审查行政行为不仅可以成文法律为依据，而且可以隐含、暗示在成文法中的"基本原则"为依据。需要强调的是，由行政法官通过判例归纳出的这些原则构成了法国行政法最基本的部分，其中多数事后为宪法委员会判例所肯定，上升为宪法基本原则，从而成为任何公权机关都不可超越的公民自由权利的防护墙。

1950 年《欧洲人权条约》签订后特别是 1953 年欧洲人权法院成立以来，"法律至上"理论宣告终结，"基本人权"范畴日益走红，行政法官从中获得了新的权力，从而更有效地保护公民自由权利。他们把《欧洲人权公约》的规定和欧洲人权法院对人权所作的解释适用于本国，当本国法与上述规范不相协调时，会毫不迟疑地排除

---

① 转引自〔法〕让－马克·索维："法国行政法官与基本权利和自由保障"，张莉译，《行政法论丛》（第 12 卷），第 572—573 页。

② 同上书，第 573 页。

本国法的适用，由此推动法国法治不断深入发展。目前，最高行政院每年审理大约 3000 个案件，其中四分之一的案件中至少有一项诉讼理由涉及国内法律规范违反欧盟法或《欧洲人权公约》。[①]

1970 年代后，随着违宪审查制度的发展，行政法官也参与到"法律承认的基本原则"的识别与判定工作中，尽管法律的合宪性审查首先是宪法委员会的职责。行政法官们往往参考宪法法官对宪法原则的理解，将宪法委员会归纳出的原则纳入到行政法判例中——

> 使其服务于自身的使命。如确立了行政处罚必要性和比例性原则，并从中延伸出'有利规则可溯及既往'的原则；高等院校教师地位独立原则；观点与思想多元化宪法目标；由法律确定公共自由行使基本条件，以维护其全国统一适用性的宪法目标等。[②]

从此，行政法官可以将涉及法律合宪性的行政诉讼提交宪法委员会，也可以直接适用宪法原则自行决定，其限制公共权力、保障公民自由权利的法治功能进一步提升。

2000 年 6 月 30 日法律赋予了行政法官在特殊情况下可以启动"基本自由"保障紧急审理程序，以对抗行政机关在行使权力的过程中可能对基本自由造成的严重、明显违法的损害，并要求法官应当在 48 小时内做出裁判。虽然该法律没有明确定义"基本自由"概念，但历史上形成的那些重要的自由都无可争议地被认定为"基本自由"，而不论其具有个人属性、经济属性还是集体属性。况且，这种不明确性往往被行政法官所利用，在个案中给予宽泛解释。例如，已被法国接纳的外国人开展正常家庭生活是一项"基本自由"，这项自由可以通过宽泛解释阻止强制遣返措施的执行；再如，"财产"

---

① 〔法〕让－马克·索维："法国行政法官与基本权利和自由保障"，张莉译，《行政法论丛》（第 12 卷），第 577 页。

② 同上书，第 579 页。

一词也可做出宽泛的解释，将各种社会福利金、退休金甚至是根据生效判决形成的损害赔偿金都囊括在内。可以说，"赋予紧急审理法官的权力让行政法官获得了新的正当性和信誉。正当性来自于法律赋予行政法官的新的'基本自由捍卫者'的地位；而信誉则来自于法官迅速而高效的干预"[①]。

总之，从最近几十年的发展看，行政法官的独立司法在推进国家法治、保护个人自由权利方面一直起着重要作用，今后这种作用还将会进一步加强，这一趋势实际上也是当代法国司法与法治文明整体发展的一个缩影。

---

① 〔法〕让－马克·索维："法国行政法官与基本权利和自由保障"，张莉译，《行政法论丛》（第12卷），第586页。

第十章　德国

　　早期的德国类似于法国，政治分裂，社会动荡，法制混乱。但自12世纪起两国分途，法国借助不断强化的王权和主权国家的积极推动，开始告别中世纪向现代法制转型，而德国却依旧挣扎在分裂割据的泥潭中不能自拔。数十个各自为政的封建邦国长期保持着自己的地方法律和司法传统，致使法制现代化姗姗来迟，晚至15世纪末才在罗马法继受运动中缓缓启动。在此后的四个世纪内，德国的法制现代化一直步履维艰，直到19世纪后期实现了民族国家统一后，才建立起一套法治含量不高的全国性法律制度。再后来，又经过了纳粹浩劫之后才最终浴火重生，真正发展为一个现代法治文明的国家。

一、罗马法继受与司法制度的变化

罗马法继受与法律职业阶层的产生

　　源于东法兰克王国的德意志于919年选举萨克森公爵亨利一世为国王，德国历史由此开始。962年，国王奥托一世率军进入罗马，教皇为其加冕，称其为"罗马人的皇帝"，德国历史进入神圣罗马帝国时代。但是，这个所谓的帝国仅仅徒有其表，它"既非神圣，也非罗马，更非帝国"。在以后近千年的历史中，德国一直处于邦国林立的分裂状态中。尤其是1356年"黄金诏书"颁布后，皇帝由帝国的七个选帝侯选举产生，帝国重大事务由每年一度的选帝侯会议决定，各地诸侯的权力和地位得到巩固和强化，政治分裂进一步加深。皇帝徒有虚名，中央机构残缺不全，甚至连一个固定的首都也没有。皇权、教会、贵族领主、新兴城市相互争权夺利，冲突不断。这种状况"阻滞了普通德意志私法，普通德意志司法组织和普通德意志法律职业阶层的形成与合流"[①]。因此，法制杂乱无序，法律分散多样。教会自成一体，实行教会法，自设教会法院；城市独立于皇权之外，实行城市法，设有独立的城市法院；广大乡村地区则以封建化了的日耳曼法为主，德国人习惯称其为采邑法。采邑法保持了日耳曼法的不成文形式，内容主要涉及土地关系和农村生活习惯，具体而简陋，不成体系，而司法权则控制在大大小小的封建领主手中，呈碎片化状态。据说，13世纪时仅在萨克森一邦就有法院两千所以上。[②] 那时的司法审判方法十分落后，没有民事诉讼和刑事诉讼的区分，没有职业法律人。案件审判采用大众集会方式，审判过程以口头完成，极少说理辩论成分，当事人多以人格担保的宣誓方式来证明其主张的真实性与合法性。倘若案情复杂，法庭认为不能仅仅依据誓言作为裁判依据的话，则采取神判或决斗方式裁决。裁判过程只是确定有无罪责，而不需要说明判决理由。在谋杀案件中，甚至还保留着荒谬的"尸侦"程序，亦即让嫌犯把手伸进被害人尸体的伤口里，如果伤口再次出血，则认定嫌犯为犯罪人。基层法院大多保持民众法院传统——

> 主要参与审判工作的人是来自不同阶级及合作团体，由男性居民在有具体案件时集合在一起。这些男性居民有时负责法官的工作，或主持审判的进行，或负责做主席的工作；有时则作为判决者或参审者……审判者主要是以法律常识来进行审判，

---

① 〔德〕K. 茨威格特、H. 克茨：《比较法总论》，潘汉典等译，第 205 页。
② 参见〔法〕勒内·达维德：《当代主要法律体系》，漆竹生译，第 52 页。

而非以法学知识来进行审判工作，因为法学知识在当时的德国仍未发展且未被加以推广。①

政治的分裂、法制的混乱孕育了继受罗马法的社会需求。因为自奥托一世加冕为神圣罗马帝国皇帝之后，历任皇帝皆由日耳曼君主担任，由此滋生出了一种观念，即日耳曼君主是古代罗马皇帝的后裔，德意志是罗马帝国的当然继承者。在 11 世纪以后的德国文献中，"永续帝国"论的记载到处可见。这种观念是如此深入人心，以至于德国农民战争中士瓦本的农民曾发誓："只承认一个君主，即罗马皇帝陛下，不承认其他任何君主。"② 根据"永续帝国"理论，罗马法在德国人心目中不是外国法，而是德意志帝国的固有法律。另一方面，自罗马帝国时期起，罗马法在公法方面越来越倾向于强调君主权威，这一倾向在经过意大利法学家评注之后的罗马法中愈加突出。评注派法学家们普遍主张，帝王的政权不是经由教会或教皇媒介而是直接由上帝授予的；帝王是世界唯一的主人，享有王权法规定的绝对支配权，包括制定和解释法律的权力；帝王的人格和身体不受侵犯。显而易见，对于帝国统治者来说，上述公法理论"无论对抗教皇或与地方封建势力的斗争，均具有积极的鼓舞作用"。③一如托克维尔所言，此时整个欧洲大陆——自然包括德国——继受罗马法的关键原因在于，该时期"君主专制政权在各地稳固确立，欧洲的古老自由化为灰烬，而罗马法这种奴役法，最切合君主们的心意"④。

---

①　陈惠馨：《德国法制史——从日耳曼到近代》，中国政法大学出版社 2010 年版，第 169 页。

②　〔德〕威廉·戚美尔曼：《伟大的德国农民战争》，北京编译社译，商务印书馆 1982 年版，第 712 页。

③　参见戴东雄：《中世纪意大利法学与德国的继受罗马法》，中国政法大学出版社 2003 年版，第 179—180、181 页。

④　〔法〕托克维尔：《旧制度与大革命》，冯棠译，第 244 页。

其次，简陋杂乱的日耳曼法和封建法及其落后的诉讼方式，已不能满足中世纪后期随着商品经济的发展而变化了的时代需要，德国社会的各个阶层普遍渴望建立一种适应社会现实、合乎理性与公平原则的统一法律和司法制度，而缜密周全的罗马法恰恰是可以满足这一理想的现成法律。所以，尽管德国的罗马法继受（reception of Roman law）时间晚于法国和西班牙，但在继受的广度和深度上远远超过欧洲其他国家。对此，茨威格特和克茨分析道，原有的非理性的日耳曼法——

在中世纪晚期社会和经济关系日益复杂多样和错综纷乱的情况下已被视为不充分的。罗马法涌入了这个真空，并不是因为其规定在内容上比传统的德国法更好或更正确，而是由于它提供了丰富的概念设置和思想方法，凭此，人们可以把握困难的法律问题并合理地予以探讨、阐明，同时使之成为理智的讨论对象①。

德国学者维亚克尔将德国的罗马法继受过程概括为"理论性继受"和"实践性继受"两大阶段。②台湾法学家戴东雄则把这个过程分为四个阶段：第一，实施大学法律教育，培养年轻的法律专家。第二，法律专家进入行政机构，从事政治改革。第三，法律专家以主掌行政致力于诉讼裁判制度的改进。第四，法律专家进入法院担任改革法院的实务审判。③

德国的罗马法继受始于大学教育的发展。中世纪德国大学教育起步晚于英国和法国，14世纪中叶才出现第一批大学。布拉格大学

---

① 〔德〕K.茨威格特、H.克茨：《比较法总论》，潘汉典等译，第206—207页。

② 参见〔德〕弗朗茨·维亚克尔：《近代私法史——以德意志的发展为观察重点》（上），陈爱娥、黄建辉译，上海三联书店2006年版，第169—196页。

③ 参见戴东雄：《中世纪意大利法学与德国的继受罗马法》，第213—214页。

建立最早，时间是 1348 年，此后相继建立了维也纳大学（1365 年）、海德堡大学（1386 年）等。不过，由于"永续帝国"观念的影响和地理上的方便，自 13 世纪起就有德国学生负笈南下到意大利留学，攻读法律，其数量超过欧洲其他各国。例如，在波伦那大学，13 世纪约有德国留学生 483 人，14 世纪约 1 650 人，15 世纪约 1 038 人。从 1289 年至 1562 年，共有 4 400 名德国留学生在此学习法律。[1] 学成归国人员一部分进入大学，投身于法学教育，传授罗马法知识，培养法律专业人才，成为最早的法律职业者，其中法学教授一直是德国法律职业阶层中的佼佼者。

　　早期的德国法律职业者还难以挤进由贵族子弟把持的司法实务界，除了担任大学法学教授外——15 世纪时德国各大学都把罗马法列为必修课程，学习罗马法成为一种时尚，在全国每年入学的 6 000—7 000 名大学生中，有 1 000 多人是法科学生。1418 年，维也纳大学在校法科学生多达 3 563 人，可谓盛况空前[2]——相当一部分专门从事法律顾问或代理诉讼业务。其中，不少人供职于教会法院，担任律师、公证人或者法官、裁判官，因为教会法院采用书面审理和纠问制诉讼方式，"需要大量具备文字书写能力和法律技巧的大学法科毕业生的参与；并且，与教会的国家化相伴随的教会组织的行政化同样需要这些大学毕业生的参与"[3]。许多法律职业者把提供法律咨询作为一种生计，"从 14 世纪末起，法官和诉讼人就向德高望重的法学家寻求专业意见……一个世纪后，这类顾问的活动变得更加广泛……在 16 世纪后半叶，个人法学家的律师实践达到了巅峰"[4]。

---

[1]　参见戴东雄：《中世纪意大利法学与德国的继受罗马法》，第 218 页。

[2]　参见上书，第 224、229 页。

[3]　何勤华主编：《外国法律史研究》，中国政法大学出版社 2004 年版，第 169 页。

[4]　〔英〕梅特兰等：《欧陆法律史概览——事件，渊源，人物及运动》，屈文生等译，第 285 页。

法律职业者与审判方式的转变

但是，更多的早期法律职业者受聘于皇帝、诸侯、领主或城市当局，担任行政幕僚或法律顾问，如 14 世纪法律家弗兰德里奇是尼德布尔公爵的秘书、约翰是布莱德勃格侯爵的行政顾问，有人甚至被皇帝委以丞相要职，连特里尔枢机主教鲍尔丁也聘请世俗法律专家为其服务。卢比克市自 1258 年起大量招聘法律专家任职，1299 年特设法律顾问席。[①] 出任行政幕僚的法律专家主要集中在政治外交领域，多与法律事务相关。他们经常代表皇帝出席帝国议会，说明政治方针或行政措施的法律依据；或者陪伴诸侯领主出席地方议会，提供法律建议；或者代表城市当局参与解决城市与皇帝或领主之间的争端。他们虽然还不能从事审判工作，但在参与各种行政事务中有机会发挥专业特长，在一定程度上改变了政治体制和行政运作方式，成为当时公共生活中最活跃和最有影响力的一种职业。作为一个富有学养的新兴职业阶层，法学家也深受政府器重。14 世纪中叶，查理四世曾诏谕全国：所有法学博士，不问身世门第，皆具有贵族身份。[②] 由于这一新兴职业能够名利双收，所以吸引着上层社会的子弟纷纷进入法学院学习法律，法律职业群体迅速壮大。

15 世纪后，行政机关的法律专家开始运用手中的行政权和罗马法专长，改革诉讼程序与司法制度。法律专家首先主张以书面审理取代口头审理，原告的起诉、被告的答辩和法院的判决必须采用书状形式。书面程序把案件的审理过程变成了一个准确援引法律和遵循逻辑进行严密推理的过程，这使得没有经过专业法律训练的贵族子弟无力胜任，只能求教于行政机关中的法律幕僚或大学法学教授，当事人则需要法律职业者为其代写诉状或代为出庭辩护。这些变化

---

① 参见戴东雄：《中世纪意大利法学与德国的继受罗马法》，第 245—246 页。
② 参见〔美〕孟罗·斯密：《欧陆法律发达史》，姚梅镇译，中国政法大学出版社1999 年版，第 278 页。

促使越来越多的法律职业者参与到诉讼过程中，从而为法律专家最终主导司法审判铺平了道路。

案卷移送制度是法律专家介入司法审判的早期形式。所谓案卷移送制度（aktenversendung），是指法院将载明案件基本情况的卷宗移送至附近的大学法学院，由法学教授们书面审理后，出具法律鉴定书或拟定诉讼判决书，前者具有建议性质，供法官参考，后者则对法官和当事人具有约束力。该制度始创于 1532 年的《加罗林纳法典》（又称《查理五世刑事法院条例》），该法典是中世纪后期神圣罗马帝国颁布的最重要的一部刑事和刑诉法典，其中关于诉讼法有一条规定：在由官方依照职权提起的案件中，若遇有疑难问题不能做出裁决，法官应向附近的大学法学院或所在城市中通晓法律的人士寻求法律意见，但是，对于 10 塔勒以下的轻微罚金刑案件，法官没有案卷移送义务。另外，在私人提起的刑诉案件中，法院可以向所在地的上一级法院或者具有刑罚权的当地统治者征询法律意见。[①] 可见，按照法典的最初规定，案卷移送仅限于职权追诉中的重大刑事案件，但事实上远远超出这一限定。法典颁布后不久，帝国议会和各邦国的立法机关就将案卷移送制度的适用范围扩大到了民事诉讼领域，条件是必须由当事人申请，经法院同意。不过，如果双方当事人一致要求移送案件，法院必须同意。

法学院接受移送来的案件卷宗后，先予以登记，然后由院长根据案件性质和专业对口原则，分配给法学院审判团的一位教授审理。审判团由法学院全体专任教授组成，院长任主席。承审教授根据书面材料仔细研究案情，若认为事实和法律问题基本清楚，就提出书面处理意见，之后交由审判团集体讨论表决。若意见不一且票数相等时，由主席定夺。形成决议后，由承审教授代表审判团拟定判决书，盖上封印，连同案卷送回原审法院，以法院的名义宣布。[②]

---

① 参见刘家汝："德国司法史上的案卷移送制度"，陈兴良主编：《刑事法评论》（第32 卷），北京大学出版社 2008 年版，第 227 页。

② 参见上书，第 230—231 页。

那时刑事案件尚未建立上诉程序，法学院的判决一经宣布便立即生效，但在判决宣布前，如果原审法院不满意，可以将案卷移送给另一个大学法学院重新审理。不过，这种情况很少发生，因为案卷移送需要支付相当的费用。当时民事诉讼可以上诉。如果法学院受理的是初审法院的移送案件，其拟定的判决书宣布后，上一级法院可以撤销该判决；如果法学院受理的是上诉审级法院的移送案件，其拟定的判决书宣布后即为终审判决。

在 16 世纪和 17 世纪，案卷移送制度发展到顶峰，许多大学法学院平均每年受理移送案件 100—200 件。如符腾堡大学法学院在 1572—1600 年间共受理移送案件 3 640 件，年均 130 件；1601—1685 年间共受理 15 257 件，年均 180 件。[①] 但是，18 世纪中期以后，随着法官职位为法律专家所垄断，分工明确的审级制法院组织的建立，司法对大学法学精英的依赖性大大降低，案卷移送制度急速衰落，1879 年帝国法院组织法颁布后宣告终结。

案卷移送制度是日耳曼法和罗马法相互交融的产物，是特定历史条件下法律专家介入司法实践的一种特殊形式。在此制度下，大学法学院不再是单纯的法律教育研究机构，而成为兼有裁判权的司法机构，法学教授实际上间接承担了法官的职能。因此，该制度拉近了法学理论与司法实务之间的距离，标志着德国罗马法继受从"理论性继受"深入到了"实践性继受"阶段，既推动了德国司法实务的专业化和理性化，也促进了法学研究的发展，"因为来自实践的知识能让理论更为丰富，它弥补了只从抽象推理中发展理论的缺陷"[②]。不过，法学教授在身份上还不是法官，他们做出的判决仍须经原审法官的正式宣判后方能生效。

---

① 参见刘家汝："德国司法史上的案卷移送制度"，陈兴良主编：《刑事法评论》（第 32 卷），北京大学出版社 2008 年版，第 226 页。

② 〔英〕梅特兰等：《欧陆法律史概览——事件，渊源，人物及运动》，屈文生等译，第 286 页。

二、帝国枢密法院：司法转向的标志

15 世纪末，部分法律专家开始进入法院担任法官，直接行使司法审判权，帝国枢密法院（Reichskammergericht）的建立就是这一历史性变化的标志。

法院构成与职权

1495 年，马克西米利安一世皇帝（1486—1519 年在位）在沃尔姆斯帝国议会上宣布，为了在帝国境内实现"永久和平"，特设立帝国枢密法院作为帝国最高法院，定址于法兰克福市，同时颁布了《帝国枢密法院组织法》，对法院的构成、法官的任命、司法流程、经费保障等，一一做了规定。11 月 3 日，帝国枢密法院第一次开庭。1527 年，帝国枢密法院迁至毗邻法国的南德城市施佩叶。1635 年初，德法发生战争，施佩叶被法国占领。战争结束后，帝国枢密法院于 1693 年固定于远离政治中心维也纳的小城威茨拉尔，直至神圣罗马帝国灭亡。

帝国枢密法院由 1 名枢密法官和 16 名陪审法官[①]组成。根据 1495 年组织法的规定，枢密法官必须是"教会或世俗的诸侯，或者是伯爵或男爵"，由皇帝直接任命，并以皇帝的名义主持法院的日常工作，相当于院长职位。陪审法官是案件的具体审判者，构成司法主体，他们是"由德意志帝国内各邦选送的正直、可敬之人"，"必须具有相应的知识与经验。其中必须有一半为精通法学者，另一半则为骑士以上之贵族"。[②]其中，6 名由选帝侯提名，2 名由世袭领地奥地利和勃艮第提名，8 名由其余的邦国诸侯提名。1521 年修订后的组织法进一步规定，骑士身份的陪审法官如果未接受大学

---

① 这是最初的法官人数。后来随着诉讼量的增长，法官人数不断增加。16 世纪时达到 24 人，17 世纪中叶进一步增加到 50 人。

② 林海：《帝国枢密法院——司法的近代转向》，中国法制出版社 2010 年版，第 104 页。

法学教育，则至少应对法院的判例有所研究。陪审法官经皇帝任命后，还须在上任前通过帝国枢密法院的职业能力考试。可见，陪审法官虽然几乎全部出身贵族，但都是通晓法律（罗马法）的专家，他们出庭时须头戴假发、身穿法袍。法官资格的专业化标准使得那些仅仅知晓日耳曼习惯法的旧式裁判官在帝国枢密法院内"简直无立足的余地"①。为了保证该法院的经费供应，1495 年组织法决定向全帝国臣民征收公共芬尼②税，专款专用。1548 年奥格斯堡和会后，建立了"临场视察"制度，要求各地"诸侯自己或他们的顾问官，隔几个月或几周到帝国枢密法院所在的地方巡视，检查金库，了解滞纳之数，担任追索"，同时检查法院在执行法律方面存在什么问题，有无滥用职权行为，以及"法院的设施有什么缺陷"③，以便及时弥补。1557 年，每年的例行巡察任务交由专门设立的帝国枢密法院督察团负责。实行巡视督察制的初衷旨在保证法院所必须的物质条件，但实践中也对案件的判决依据进行审查，所以对法官的恣意枉断也起着某种监督作用。

基于实现帝国"永久和平"的目的，帝国枢密法院被赋予的主要职权是，受理各地贵族领主之间的诉讼，调解帝国各等级之间的冲突，消弭选帝侯、诸侯邦主、城市之间的暴力争斗，以期通过法律手段建立和维护帝国的和平秩序。除此之外，对法院的具体司法管辖范围没有明确的限制，所以，实践中帝国枢密法院的司法权限是相当广泛的，它既受理民事案件，也受理刑事案件，既有初审权，也有上诉审权，只是刑事上诉审权是有条件的，只限于程序上严重违法的初审案件。

由于帝国枢密法院独立于皇帝控制之外，又享有广泛司法权，因而在设立后不久，马克西米利安一世便感到皇权有被架空的危险，

---

① 戴东雄：《中世纪意大利法学与德国的继受罗马法》，第 264 页。

② 芬尼为德国的一种旧货币。100 芬尼等于 1 马克。

③ 〔德〕歌德：《诗与真》，刘思慕译，人民文学出版社 1999 年版，第 555 页。

于是在 1497 年 12 月又设立了一个表面与之类似而实质不同的司法机构，即帝国皇室法院（Reichshofrat）。帝国皇室法院完全依附于皇权，主要职能是为皇帝提供咨询，协助处理与皇室有关的法律事务。根据当时颁布的帝国皇室法院组织法的规定，皇室法院设主席、副主席、秘书各 1 人，法官 18 人，除秘书一职由美因茨选帝侯任免之外，其余职位全部由皇帝直接任免。如遇皇帝驾崩，帝国皇室法院自动解散，皇位继承人有权重新组建下一届帝国皇室法院。所以，其成员几乎全是忠于皇权的贵族。在司法上，帝国皇室法院与帝国枢密法院没有管辖权范围的明确界分，但事实上帝国皇室法院"主管采邑和特权"[1]，尤其是与哈布斯堡皇族利益有关的各类政治经济纠纷。在审理此类案件时，帝国皇室法院的法官们总是从芜杂混乱而且矛盾丛生的习惯法和封建法中，选择那些有利于维护皇族利益的规范作为判决依据，本能地排斥罗马法的适用。由于同皇权关系密切，帝国皇室法院"被视作帝国内部诉讼和法律判决的最后上诉法院，同时也是以皇帝作为最高法官的所有诉讼活动的最后上诉法院"[2]。

由于帝国皇室法院政治色彩浓厚，所适用的习惯法和诉讼程序相对落后，加之该法院经常伴随皇帝游移不定，不便于当事人投诉，故而在最初一个世纪内，在与帝国枢密法院的竞争中明显处于下风。广大中下层骑士和农民更加青睐适用成文罗马法和院址固定的帝国枢密法院，投诉于该法院的案件数量持续增长。到 1600 年前后，帝国枢密法院每年受理案件数百件。这些案件多是关于领主之间的权利冲突，如刑事审判管辖权、税收权、狩猎权等。正是通过对于各种各样的案件审理，帝国枢密法院在法律和政治领域内树立起了自己的权威。然而，帝国枢密法院也有自己的不足，如它的诉讼程序复杂烦琐，审判效率不高，平均每年审结案件仅在 60 件左右，许多

---

① 参见〔德〕马克斯·布劳巴赫等：《德意志史》（第二卷），陆世澄、王昭仁译，商务印书馆 1998 年版，第 479 页。

② 同上。

案件迁延数年不决，由此造成大量积案。[①]与此不同，帝国皇室法院程序简易灵活，效率高，在较短时间内就能给当事人一个明确的结果。因此，自17世纪起，帝国枢密法院受理的案件数量大幅减少，影响力下滑，进入18世纪才有所回升，此后趋于稳定。与此同时，帝国皇室法院却凭借其效率优势得以发展壮大。两个最高法院同时并存局面又维持了一个世纪，直到神圣罗马帝国瓦解。

法律适用与运作程序

但是，从司法与法治文明史的角度看，帝国枢密法院的地位和影响远在帝国皇室法院之上，因为它享有较大的独立性，在法律适用和运作程序上更富有理性特色。

1495年《帝国枢密法院组织法》规定："凡是合理的日耳曼习惯法，一经证明其拘束力，则其效力优先于普通法（即复兴后的罗马法）。"后人把这一实体法适用原则归纳为"城市法优先于地方法，地方法优先于帝国法"[②]。按逻辑推论，该原则似乎意味着罗马法仅仅是德国日耳曼习惯法的补充，但事实恰恰相反，因为出身罗马法专家的法官们认为罗马法是至善至美的法律，而对德国固有的日耳曼习惯法则持蔑视态度，甚至视其为违背理性的"蛮族法"，故而总是借用司法解释技术巧妙地限制日耳曼习惯法的适用。他们在适用法律时实际奉行的原则是，当诉讼当事人援引罗马法时，则无须提出该法律有拘束力的证明，因为罗马法被预定为"法院已知的法律"。但是，当诉讼当事人援引日耳曼习惯法时，必须证明该习惯法有确实的拘束力，而日耳曼习惯法多是不成文的，因而其拘束力经常是无法证实的，即使当事人对日耳曼习惯法提出了有拘束力的证明，如果该习惯法与作为成文理性的罗马法相抵触时，法院也视

---

① 歌德在《诗与真》中对帝国最高法院有过这样的描述："杂乱无章的案卷堆积如山，年复一年还在不断增加，因为17个文员根本不能将每年的案件处理完毕，总共已经累计积压了两万件诉讼。每年可以处理掉60件，但是又会有一倍的新案件遗留下来。"

② 戴东雄：《中世纪意大利法学与德国的继受罗马法》，第274页。

其为不良法律而拒绝适用。① 所以，在帝国枢密法院的司法实践中，实际上是以罗马法为主，以日耳曼习惯法为辅。职是之故，在帝国枢密法院存在的300多年中，罗马法的传播日趋广泛和深入，而日耳曼习惯法的适用范围却日益缩小，最后仅限于商业、矿业等特别法领域。

"与实体的法律适用相同，实际上也基于相同的理由，帝国高等法院（即帝国枢密法院）的诉讼程序自始就罗马化"，亦即采用的是"有学养的诉讼程序"②，或者说理性化的诉讼程序。这主要体现在以下几个方面：

第一，帝国枢密法院采用合议形式，遵循多数决原则，由陪审法官投票做出判决。1495年组织法明确规定：

> 16名法官之判决，须以其中多数以毫无疑问的表示做出。每位法官的投票权是完全相同的和平等的。法官应以独立之法律判断作判，不受他人影响。枢密法官与16名陪审法官之间，应保持作判的独立，不互相干涉。未经特别许可，不得回避或缺席审判。③

从这些规定可以看出，帝国枢密法院审理案件采用的是集体审判制，几乎不存在独任制；每一法官个体都有独立的判断权，相互不得干涉；判决通过集体投票做出，一人一票，以多数为准。不过，由全体法官参加的集体审判实际上仅用于重大案件，普通案件通常由8名陪审法官参加。④ 后来，可能为提高效率，法院采用分庭审判制，设立

---

① 参见戴东雄：《中世纪意大利法学与德国的继受罗马法》，第275页。

② 〔德〕弗朗茨·维亚克尔：《近代私法史——以德意志的发展为观察重点》（上），陈爱娥、黄建辉译，第166页。

③ 林海：《帝国枢密法院——司法的近代转向》，第104页。

④ 参见林海："帝国枢密法院：德意志地区法制近代化的推动者"，徐昕主编：《司法》（第4辑），厦门大学出版社2009年版，第232页。

了 3—4 个审判庭，每一个审判庭由 1 名高级陪审法官任庭长，法庭仍然由多名法官组成，仍是集体审判制，类似现代的合议庭制。

第二，实行书面审判原则，按照"攻击、防卫、反击"的基本结构安排诉讼流程。诉讼请求，只有经过诉讼当事人及其代理人向枢密法官提出并由法庭书记官记录在案，才正式启动诉讼程序。诉讼请求须以拉丁文书面形式提出，内容包括投诉的法院名称、当事人姓名、诉求事由、争议的事实与引据的法条等。受理之后，由法庭传唤被告，有时需要采用收取押金等手段强迫被告准时出庭应诉。被告的答复、抗辩、反击也以书面方式提出。所有的诉讼材料和参与人的行为，都由法庭文员记录在案。书面程序离不开专业人士的帮助，所以当事人需要聘请律师或代理人，对此法院也予以鼓励。帝国枢密法院的档案保存了一系列"防卫、反击、二次抗辩、三次抗辩"的记录，说明一件诉讼有时需要经过多次"攻击"与"抗辩"才能审结。反复"攻击—抗辩"的过程，亦即通过当事人的相互质疑和答辩以揭示案情真相、明确法律争点的过程。不过，庭审是不公开的，审问证人时，当事人不能在场。宣誓仍然在整个诉讼过程中占有重要地位，法官、律师、当事人和证人都需要进行宣誓。

第三，书面主义要求卷宗文件简明扼要，因而需要将琐碎凌乱的事实问题与所涉法律问题分开，将其中的关键性法律争点提炼出来，化约为一个"直抵问题核心"的诉讼标题。例如，某主教领当局为宫廷所属的药店主颁发了一份附加许可证，未获得这种许可证的药店主认为此举有失公平，可能会影响自己的生意，遂诉之法院。该案的法律争点在卷宗中被概括为"独占特权：是否会影响自由贸易和经营权利"①，可谓一目了然。

第四，判决同样采用书面形式，并需要对判决理由作出合乎逻辑的说明。因此，法官不仅需要识别证据、认定事实和援引法条，而且需要将一般性法律与案件的具体事实有机勾连起来，有时还需

---

① 林海：《帝国枢密法院——司法的近代转向》，第 121 页。

要运用更为抽象的法理，采用类比演绎等形式逻辑方法，对案件进行有理有据的分析论证，最后推导出令人信服的结论。如果仍然像中世纪早期那样单凭生活经验、社会常识和个人良知是无法完成审判的。所以，采用说理判决的结果是"整个法官成员都必须受学术定理的拘束"[①]。这样，面对来自各地错综复杂的案件，法官们必须以普世性的法学原理为导向，对相同的案件适用相同的法律和逻辑，由此既促进了司法学术化与理性化的进步，也推动了德国固有习惯法与罗马法的融合以及法律的统一化进程。

第五，重视程序的正当性，反对采用神判法和刑讯手段，甚至在审理上诉案件时拒绝采信地方法院经刑讯或神判取得的证据，并以此为由宣布原判无效。例如，在1588年受理的玛格丽塔·伯里奇上诉案中，帝国枢密法院发现原审法院在审理过程中使用了"占卜、水刑、出于私仇与嫉妒的逼供"，于是裁定取证方法违法，原审判决无效。[②]反对刑讯和神判是帝国枢密法院诉讼程序理性化最醒目的表现。需要指出的是，帝国枢密法院宣布通过刑讯所做出的判决无效仅限于具体个案，而不具有普遍意义，因为那时刑讯在地方法院中不仅大量存在，而且是合法的。不过，正因如此才更加彰显出帝国枢密法院的司法理性色彩。

除理性化外，帝国枢密法院的另一特点是法官享有较大的独立性。沃尔夫冈·赛勒特指出，相对于英法两国，"德国在更早的时候就开始进行使司法免受统治者干预以及保护法官不被免职的尝试，这首先反映在1495年建立的帝国最高法院所做的努力中"[③]。从整体上说，帝国枢密法院建立伊始就疏离于皇权，有自己的固定院址和专项经费，因而有条件避开皇帝和帝国行政机构的干涉而独立运

---

① 〔德〕弗朗茨·维亚克尔：《近代私法史——以德意志的发展为观察重点》（上），陈爱娥、黄建辉译，第167页。

② 参见林海：《帝国枢密法院——司法的近代转向》，第62页。

③ 〔德〕沃尔夫冈·赛勒特："'法官独立'和'法官法定'原则在德国的历史发展"，马红湘译，《南京大学法律评论》1997年春季号。

行。根据 1555 年修定后的帝国枢密法院组织法——

> 司法应是自由不受干扰的。皇帝的干预是不允许的。法官应在不受任何恐吓、威胁、暴力和命令的前提下做出公正的裁决，尤其是统治者作为诉讼当事人参与的案件中更是如此。[①]

同时，作为帝国的最高司法机关，帝国枢密法院享有凌驾于各邦地方法院和各个帝国等级[②]之上的至上尊荣。原则上帝国枢密法院是各郡地方法院的上诉法院，据此，它不仅可以撤销或驳回地方法院的原判，甚至可以把地方法院据以做出判决的法律视为"不合理"或"不存在"的习惯[③]。所以，各郡诸侯以及地方法院很难对帝国枢密法院施加实质性影响。

从微观层面看，帝国枢密法院的法官享有个体独立性，可以根据自己的理解对案件作出自主判断，并对最终判决产生有效影响，而不受院长或庭长的拘束，因为院长一般不参与具体案件的审理，庭长仅是法庭主持人，引导庭审程序的进行，在判决结果的表决中跟普通陪审法官一样，只有一票投票权。法官享有个体独立裁判权是司法独立的核心，也是司法公正的前提。考虑到中世纪后期绝对君主制正风靡欧洲的时代背景，能够做到这一点的确难能可贵，难怪有国外学者惊叹道："帝国枢密法院在司法独立这一点上得到了

---

① 〔德〕沃尔夫冈·赛勒特："'法官独立'和'法官法定'原则在德国的历史发展"，马红湘译，《南京大学法律评论》1997 年春季号。

② 帝国等级是指中世纪时期组成神圣罗马帝国议会的三个等级：教会贵族、世俗贵族和城市市民。但是，在形式上体现为帝国议会的三个议会：第一个议会为 7 个选帝侯；第二个议会为诸侯议会，包括僧侣和世俗两个分会：僧侣分会包括 3 个大主教、24 个主教、6 个修道院长和若干高级教士，世俗分会包括公爵、侯爵、公国首领和若干伯爵；第三个议会包括 50 个自由城市，分莱茵分会和士瓦本分会：莱茵分会包括亚琛、科隆、斯特拉斯堡、巴塞尔、美因兹、图尔、吕贝克等 20 多个城市；士瓦本分会包括雷根斯堡、纽伦堡、乌尔姆、诺德林根、林道等 20 多个城市。

③ 参见林海：《帝国枢密法院——司法的近代转向》，第 166 页。

令人难以置信的实现。"[1]

其实，帝国枢密法院的法官独立特色是不难理解的。就客观因素而言，国家的长期动乱以及由此产生出的对和平与正义秩序的普遍渴求是其深厚的社会根源；皇权与帝国政府的虚弱、政治权力体系的分崩离析，虽然从根本上说是司法与法治文明的不利因素，但在当时却促成了帝国枢密法院远离权力中心，从而客观上为法院和法官的独立裁判提供了有利条件。就主观因素而言，具有一定合理性的法官制度与诉讼程序的设计安排是最重要的原因，如法官遴选委任中对专业素养的严格要求以及诉讼程序的学术化、理性化倾向，赋予了法官一种对于外部干预的"天然抵御能力"；基本有保障的法官薪酬制度——1495 年组织法规定，为保证法官恪尽职守，当事人缴纳的诉讼费应首先用于法官薪酬，如果不敷所需，"剩余部分再由帝国财政予以拨付"[2]——为法官解除后顾之忧、自主裁判提供了物质经济基础。[3]与此同时，1495 年组织法还规定，陪审法官不得接受更高权力和法庭中贵族法官的影响，"不得收受相关当事人与第三人的赠予、礼物与其他形式的好处，也不得在作判之前接触一方或双方当事人或其他亲近之人"等。[4]这些具体严格的纪律要求对于法官拒绝金钱诱惑、独立行使司法权也起到了重要作用。例如，1587 年，帝国枢密法院受理了一桩以科隆市为一方当事人的抵押案件，科隆市的检察官请求出身科隆市的四位陪审法官予以关照，其中一位法官安德里斯·盖尔明确回绝道，任何法官都只能凭学理作判，很难进行违背法理的裁判。[5]

---

① 林海：《帝国枢密法院——司法的近代转向》，第 147 页。

② 同上书，第 145、147 页。

③ 不过，三十年战争（1618—1648）爆发后，各邦经常拖欠或拒纳公共芬尼税，帝国枢密法院的经费和法官薪酬失去保障，接受当事人捐献与贿赂的现象不时发生，法官独立性受到一定影响。

④ 林海：《帝国枢密法院——司法的近代转向》，第 146 页。

⑤ 参见上书，第 130 页。

司法方式与效能的现代趋向

不可否认，帝国枢密法院的独立性、法官的专业化和诉讼程序的理性化只是相对于当时其他法院而言的，绝不能评价太高，但它们毕竟体现了现代司法的发展趋向。除此之外，帝国枢密法院的现代趋向更深刻地体现在它的司法实践及其实际效能上，亦即推动法制、促进和平和救济权利的作用发挥上，以及为此而创设的各种格式化诉讼形式上。

在中世纪早期的德国，贵族领主之间若发生争端，通常诉诸暴力手段，致使私斗不断，民不聊生。帝国枢密法院自始就把"以法律实现和平"[①]奉为己任，力图通过受理帝国等级之间和以帝国等级为被告的民事案件，或者受理严重违反正当程序的地方法院一审刑事案件的上诉，将复杂激烈的社会争端纳入法律的轨道，通过司法和平解决，以消弭战乱。而且，帝国枢密法院在化解私斗方面的重要性还不仅限于判决本身，一如拉尔夫－皮特·福克斯所言，有时"诉之帝国枢密法院并不必然意味着当事人希望获得一个终审判决，这也可能是一种策略，以促进双方实现庭外和解"，因而在许多情况下，"诉讼双方在诉讼过程中已经通过谈判实现了和解"。[②] 所以，在哈特曼看来，帝国枢密法院和帝国皇室法院一起，"保障了帝国的和平秩序与受尊重的权利秩序，为各种大小不一的领地邦国和城市之间和平相处提供了保证"[③]。考虑到帝国枢密法院执行力的有限性，言其"保障""保证"了和平似有夸大之嫌，但该法院在减少私斗、促进和平与法制方面的功效是不可否认的。

帝国枢密法院促进和平与法制的作用还体现在以法律化解宗教

[①] 1994 年，在威茨拉尔城举行的纪念帝国枢密法院成立 500 年的展览取名为"以法律实现和平"，准确地概括了帝国枢密法院的宗旨。

[②] 转引自林海：《帝国枢密法院——司法的近代转向》，第 18 页。

[③] 〔德〕彼得·克劳斯·哈特曼：《神圣罗马帝国文化史，1648—1806 年：帝国法、宗教和文化》，刘新利等译，东方出版社 2005 年版，第 37—38 页。

冲突方面。16世纪宗教改革后，其他欧洲国家很快确定了天主教或者新教为国教，但在德意志地区，北德各邦信仰新教，南德各邦信奉天主教，形成了两大教派平分天下的对峙局面，故而宗教冲突持续时间更久，斗争更激烈。其中规模最大的一次冲突是始于1618年的"三十年战争"，波及了整个欧洲。1648年战争结束，签订了《威斯特伐利亚和约》，承认了新教的合法性，与天主教平等，但因新旧教徒之间缺乏宽容，宗教迫害仍十分严重，教派冲突依然不断。因此，不时有宗教案件提交到帝国枢密法院，这为帝国枢密法院发挥其和平解纷功能提供了新的用武之地。对于此类案件，帝国枢密法院恪守司法中立原则，唯法是从，从不介入教义与信仰的是非对错问题，只关注冲突各方是否存在违法侵权行为。同时，遵循1555年《奥格斯堡和约》确立的"宗教和平"原则，选择同等数量的天主教徒法官和新教徒法官组成混合法官委员会，力求对案件做出公正的判决。这些宗教诉讼实质上是解决宗教冲突的法律化形式，它一方面有利于避免或减少宗教战争的发生，另一方面也有助于政治与宗教、法律与宗教的相互分离，亦即促进了现代法治社会所必不可少的政教分离原则的确立。

作为覆盖帝国全境的最高法院，帝国枢密法院可以受理各邦国和贵族领地内的"臣民之诉"，加之该法院所适用的是注重个人权利保护的罗马法，因而具有限制地方诸侯领主滥用权力、保护弱势群体权利的作用。在帝国枢密法院的档案中保存了这方面的大量案例，既有个人诉讼也有团体诉讼。例如，在前述药店特许状之诉中，帝国枢密法院支持了作为市民的药店主的要求，否定了市政当局颁授独占权特许状的不正当行为。在另一关于森林财产权的案例中，农民起诉当地领主，法院适用罗马法上的财产权规则，否认了森林看管权自然地归土地所有权人的惯例，做出了支持农民收益权的推定。还有一案例，该法院依据"自由农之推定"权利否决了领主的徭役要求。[1]

在最易于制造冤案的审巫诉讼中，帝国枢密法院的权利保护功效尤为显著。在 15 至 18 世纪的欧洲，由于宗教迷信盛行，人们听信教会的说教，认为巫师与魔鬼定有密约，会通过巫术让灾难降临，特别是黑死病的传播和宗教改革引发的新旧教派的激烈斗争，使得社会笼罩在一种紧张甚至恐慌情绪中，处于弱势地位的巫师尤其是女巫便成为人们释放压力的出口。于是，教会和世俗政权联手，掀起了一场声势浩大的猎巫运动（witch hunting）。许多无辜者未经起诉程序，仅仅因为某个人的秘密告发或者被怀疑是自然灾害的制造者，就被送上法庭，受尽酷刑折磨，造成了无数骇人听闻的冤案。帝国枢密法院对此类案件虽没有直接管辖权，但可以通过两类格式化诉讼程序介入审巫案件，为被诬陷者提供法律救济。当然，这两类诉讼格式不仅仅限于审巫案件，也适用于其他案件。其中一种诉讼格式称为"宣告无效之诉"，即如果有人未经合法程序而被起诉或被拘捕，未经审讯或取证手段不当而被判刑，只要诉讼还未结束，被告人乃至亲友可以申请此种救济程序，帝国枢密法院有权宣布其无效。另一种称之为"令状之诉"，即在诉讼过程中，当事人若受到了不正当审讯，可以向帝国枢密法院申请一种特殊令状，被申请人有义务按照令状要求实施或停止某种作为。令状以皇帝的名义颁发，配有一个简短的拉丁文标题，故而形成了各种样式一致、内容不同的令状，如"无合法证据不得处罚"令状、"不得违反《加罗林纳法典》"令状、"不得拒绝提供必要生存资料"令状、"须释放被关押者"令状、"须文明地管理监狱"令状、"须提供辩护机会"令状，以及允许亲属和律师自由进入监房、禁止隔离关押、禁止刑讯逼供等令状。帝国枢密法院的令状不可能件件都能严格落实，但多数产生了效力。有学者统计过，帝国枢密法院一共受理过大约 250 件审巫案件，其中，申请人的正当权利得到成功保护者占到了

---

[1] 参见林海："帝国枢密法院：德意志地区法制近代化的推动者"，徐昕主编：《司法》（第 4 辑），厦门大学出版社 2009 年版，第 251 页。

三分之二。① 可见，帝国枢密法院的干预与理性司法，在一定程度上缓和了宗教狂热和猎巫运动的危害性，使得许多遭人诬陷的无辜者幸免于难。

最后，体现帝国枢密法院现代趋向的一点是，它首开德国法律援助制度的先河。1495 年组织法规定：

> 为使穷人的权利也受到法律保护，如果当事人能证明其贫穷状况，并发誓这一状况属实，枢密法官应为其配备律师与辩护人，他们应具有最好的法律知识与正义良心。这些辩护人或律师必须受理这些诉讼，否则将受到刑事处分或免职惩罚。②

综合法院组织体制、法官结构、审判方式与实际效能等各个方面的特点，可以说帝国枢密法院标志着德国司法向现代的转向。尽管 1806 年德国被拿破仑占领后，神圣罗马帝国土崩瓦解，帝国枢密法院也随之销声匿迹，但它所采用的专业化、职业化、理性化的司法原则，广泛而长期地影响了德国未来的司法与法治文明进程。实际上，继帝国枢密法院建立之后，各邦国纷纷以其为榜样，设立了类似的邦内最高法院。例如，巴登（1499—1505 年）、西里西亚（1498年）、萨克森（1499 年）、黑森（1500 年）、布伦瑞克－吕内堡（1501年）等邦国，在 1500 年前后相继创建了宫廷枢密法院或专门的宫廷法院。这新建的地方最高法院“大多是由市民出身的法学家组成的合议组织，封建因素逐渐被排除”③，所以在 1806 年以后继续沿着帝国枢密法院开辟的方向和道路，推动罗马法在德国深入传播以及德国司法与法制向现代转型。

---

① 参见林海：“帝国枢密法院：德意志地区法制近代化的推动者”，徐昕主编：《司法》（第 4 辑），第 253—255 页。

② 林海：《帝国枢密法院——司法的近代转向》，第 190 页。

③ 〔德〕马克斯·布劳巴赫等：《德意志史》（第二卷），陆世澄、王昭仁译，第 495 页。

三、16—18 世纪的立法与司法

国家主义法学家与各邦立法

在 16 世纪罗马法继受高潮中，罗马法传播到德国大部分地区，在城市地区普遍取得了优势地位。德国的早期法学家大多笃信罗马法是"写下来的理性"，具有普世价值，而把驳杂分散的日耳曼习惯法视之为"蛮族法"，力图全盘采纳罗马法以取代本国传统法律。但是，在习惯法根深蒂固的某些农村地区，如萨克森、巴伐利亚，罗马法的传播却遇到了阻力，因为罗马法的契约法不认可当时依旧保持活力的世袭租地制（农奴制），致使利益受到损害的骑士和农民怨声载道。1497 年巴维里亚骑士团抱怨说：

> 自接受罗马法之后，反乎既成习惯之事实层出不穷，一切欺诈、错误及紊乱之情，莫不由此以起；此盖彼法学教授者流，对于吾德人之习惯，毫无所知；纵其知之，然又固执偏见，对于吾人之习惯，亦必不愿意表示丝毫之让步，奈何奈何！ [①]

1514 年符腾堡的平民也发出了同样的怨言，1525 年农民战争中的起义农民甚至吁请当局驱逐所有的法学博士。[②]

一部分现实主义法学家也对全盘继受罗马法而无视德国法律传统的倾向不以为然，他们被称作国家主义法学家，主要代表人物有贝内迪克特·卡普佐夫（1595—1666 年）、赫尔曼·康林（1606—1681 年）、达维德·梅维乌斯（1609—1670 年）、克里斯蒂安·托马修斯（1655—1728 年）、格奥尔格·拜尔（1665—1714 年）等。

---

① 〔美〕孟罗·斯密：《欧陆法律发达史》，姚梅镇译，第 282 页。
② 参见上书，第 283 页。

国家主义法学家不否认罗马法具有系统理性和技术先进等优点，也不排斥罗马法概念与方法的运用，但坚信引进外来法必须以自身的既有法律传统为基础。他们指责德国的罗马法继受脱离了实际，华而不实，结果只是为本国的固有法律披上"一张华丽的网"，"蒙蔽了人们的视野"。[①] 他们或者著书立说，或者开设讲座，努力将法学研究转向为德国服务的轨道，尤其对德国法律史的研究重视有加，如康林撰写的《论日耳曼法的起源》详细地描述了日耳曼法的渊源和历史。同时，他们呼吁人们认真分析德国习惯法与罗马法的异同之处，有选择地吸收罗马法中"应当有用的、有益的并和德国习惯法相一致"的部分。[②] 在方法论上，国家主义法学家深受培根经验主义哲学的影响——

> 他们收集并考察了法院中体现的法律观点，作为经验的事实；然后赋予它们司法形式；再通过整合，然后形成更高层次的原则……他们把自己的问题视为由"务实的"法律所展示出来的，而非在客观上固定下来或建立的法律所体现出的问题，换言之，他们是由真正的、活生生的法律公平地决定。并且他们认为，一项法律原则在理论上能否采纳的标准就是它在现实生活中是否具有真实效力。[③]

国家主义法学家的研究实践将德国法从罗马法中分离出来，标志着德国自己的法学的萌芽，由此开启了罗马法在德国的"现代应用"时代，提升了本国传统法律的效力，推动了德国法的系统化进程。

在政治上，16—18 世纪正值绝对君主制在欧洲大行其道的时期，法国、西班牙、俄国都建立了以个人专权为核心、以军事官僚制度

---

① 〔英〕梅特兰等：《欧陆法律史概览——事件，渊源，人物及运动》，屈文生等译，第 323 页。

② 参见上书，第 324 页。

③ 同上书，第 326 页。

为支柱的君主专制以及与之相适应的统一法律制度，包括英国也建立了都铎专制王权。在德意志，本来就有名无实的神圣罗马帝国此时走向下坡路，皇帝和帝国政府权威下降，各邦诸侯的独立地位相应增强。在此国际国内政治环境下，各邦当局纷纷建立健全行政管理机构，加强邦内的封建统治，同时努力改变法律的分散状态，以实现邦内法律的统一。所以，该时期帝国立法陷于停滞，各邦国成为最重要的立法主体。

从 16 世纪中叶开始，许多邦国开始编纂综合性法典或部门法法典，立法活动异常活跃，先后出现了《尤利西邦法》（1537 年）、《符腾堡邦法》（1555 年）、《索姆邦法》（1571 年）、《萨克森法典》（1572 年）、《哈登邦法》（1583 年）、《沃斯特邦法》（1611 年）、《巴伐利亚刑法典》（1751 年）、《巴伐利亚民法典》（1756 年）、《普鲁士邦国法典》（1794 年）、奥地利的《特蕾西亚刑法典》（1709 年）和《奥地利民法典》（1811 年）等。这些诞生于国家主义法学和罗马法学张力中的法典都以协调本国法与罗马法的相互关系为旨归，一方面借鉴了罗马法的体例结构、分类方法和概念术语，通过明确的立法使罗马法变得更通俗易懂、运用更为简便，另一方面在具体内容上主要总结继承了本国习惯法，将德国法从原先附属于外国法的地位中解放出来，重树其权威，同时还吸收了若干教会法和城市法规则，实际上是各种法律渊源与规范的杂糅融合。因此，该时期邦国法典的制定意味着德国继受罗马法的结束和德国法的初步成形。[①]

在上述法典中，最为重要的是《巴伐利亚民法典》《普鲁士邦法》和《奥地利民法典》。《巴伐利亚民法典》的起草人是该邦枢密院顾问、著名法学家克莱特迈尔，法典遵照罗马法的民法体系，分为人法、物法、继承法和债法四篇，吸收了当时仍流行于德国的封建私法和习惯。

普鲁士是个新兴大邦，其前身是 12 世纪设立的勃兰登堡伯爵

---

① 参见史会明："英德两国法律演进道路之比较——以两国与罗马法的关系为视角"，中国政法大学 1995 年硕士学位论文，第 28 页。

领。1252 年，勃兰登堡伯爵取得选帝侯称号，1356 年又被确定为七大选帝侯之一。15 世纪以后，勃兰登堡选帝侯通过征服、购买、吞并等手段不断扩大领地。1618 年，勃兰登堡选帝侯借与普鲁士公爵女儿的婚姻关系，继承了原属波兰王国的普鲁士。1701 年 1 月 18日，腓特烈一世以支持哈布斯堡王朝的对法战争，换得皇帝约瑟夫一世同意他加冕为王，勃兰登堡伯爵领从此改称普鲁士王国，成为堪与控制帝国皇位的哈布斯堡王朝抗衡的另一个政治中心，促成了德意志双强并立格局的形成。由于普鲁士的崛起主要依靠武力扩张，较早建立了训练有素的常备军和高效率的行政官僚体制，所以形成了深厚的军国主义传统。然而，在 18 世纪启蒙运动的推动下，普鲁士开始转而推行开明专制。1740 年继任普鲁士国王的腓特烈二世（1740—1786 年在位）既熟谙军事立国之道，又深受启蒙思想的影响，他一方面坚持绝对君主政体和军国主义政策，声称"王侯当为国家之第一奴仆"，另一方面努力在国内统治中增加法制色彩。他即位后不久就取消了军队中的体罚制度，实行了农业改革、军事改革、法律改革，放宽书报检查，提倡宗教宽容，建立强制性义务教育，鼓励发展科学文化，试图把普鲁士改造成为一个现代化的民族国家。为编纂一部综合法典，腓特烈二世建立了一个专门委员会，并亲自拟定了编纂计划。1784 年草案完成，后经几次修定，于 1794 年以《普鲁士邦国法典》名义公布。这是一部综合性的法典，分序论和两篇正文。序论阐述了法的一般原则，突出体现了罗马法风格。第一篇和第二篇的前半部分主要是私法，涉及人法与物法，包括契约、侵权行为、占有权、所有权、债权、继承、代理以及商法、票据法、保险法等内容。第二篇的后半部分主要是公法，包括王权法、行政法和刑法等内容。

《奥地利民法典》的编纂始于特蕾西亚女王（1740—1780 年在位，因其是女性无权继承皇帝职位，只享有奥地利大公及匈牙利、波西米亚女王称号）时期。特蕾西亚女王是奥地利史上的一位有作为的君主，她从 1760 年开始推行"仿普鲁士"的开明专制改革，内容涉及政治、经济、军事和法律各个方面。1766 年，女王制定了奥地利民法和刑法，规定凡违法者，不论贵族和平民，一律惩办。10 年后，颁布了《特蕾西亚法典》，明确宣布法律面前人人平等，废除刑讯，减少死刑。[①] 其中的家庭法部分在约瑟夫二世（1765—1790 年在位）时期以《约瑟夫法典》名义予以颁布，后来又将法典内容予以扩充，囊括了整个私法领域，形成了 1811 年颁布的《奥地利民法典》。该法典既吸收了大量罗马法，也采纳了许多本国法内容。

上述各邦国的立法成果都具有鲜明的过渡性质，它们一方面吸收了文艺复兴以来人文主义的思想成果，采纳了一些符合资本主义商品经济发展的原则和规则，如契约合意原则、财产不可侵犯原则，另一方面又极力维护绝对君主制的国家政体和封建法权关系，如肯定了农奴制、贵族特权等。[②] 如果说前者体现了德国实体法正在迈向现代法制的话，那么，后者则反映了其身后依旧拖着一条中世纪封建法制的尾巴。此外，言其具有过渡性还有另一层含义，亦即它们初步完成了一邦范围内即区域性的法律统一，从而为民族国家范围内的法律统一铺平了道路。

诉讼制度的变革

在诉讼制度上，16—18 世纪的德国同样呈现出从中世纪向现代的过渡性质，尽管变化是细微的。

总体而言，该时期的德国诉讼制度继续沿用 13 世纪以来形成的职权主义纠问制，同时吸收了书面审判等罗马法因素，这在帝国枢密法院中表现尤为明显。但在萨克森等地区的民事诉讼中，某些日耳曼习惯如当事人主义顽强地保留下来。根据 1622 年萨克森法院规则，诉讼没有法定的顺序和宣誓程序，但起诉必须对诉由做出完整清晰的陈述，并提出证据；被告必须在一定期限内（6 周零 3 天），针对原告诉由一一做出回答，同时提供反驳证据。无论原告还是被告，

---

① 参见丁建弘：《德国通史》，上海社会科学出版社 2002 年版，第 146 页。
② 参见何勤华主编：《德国法律发达史》，法律出版社 2000 年版，第 25 页。

都奉行主张与证据同时提出原则。如果被告未参加审理，法庭可以缺席判决。受萨克森诉讼程序影响，帝国枢密法院于 1654 年对民事诉讼进行了改革，放弃了法定顺序原则和诉讼宣誓，采纳了"谁主张谁举证"的原则。新规则要求原告在起诉中简明扼要、客观清晰的陈述事实；被告必须在限定时间内对原告诉状中的所有问题进行答辩，并提供答辩担保金，如若答辩不实将被没收担保金。在此改革的基础上形成的民事诉讼构成了普通诉讼，它包含了帝国法院诉讼和萨克森诉讼的因素。普通诉讼和其他的全国法院诉讼规则一直适用至 19 世纪。①

　　比较而言，该时期普鲁士的民事诉讼改革呈现出更明显的职权主义趋向，这反映了专制主义政治体制对司法的影响。根据 1781 年制定的《普鲁士弗里德里希法典》和 1793 年颁布的《普鲁士国家通用法院规则》，民事诉讼保留了书面原则，但取消了当事人主义和主张与证据同时提出原则，改为由法官直接询问当事人以获取证据；律师被取消，当事人可以选择身为官员的"司法经纪人"作为自己的代理人或者辅助人。通过对双方当事人的询问调查，由指导法官（仅指导当事人进行诉讼而不作判决）出具书面意见，然后据此意见由合议庭做出判决。由于当事人对"司法经纪人"和指导法官普遍缺乏信任感，所以到 1846 年又重新恢复了当事人主义和主张与证据同时提出原则，并在诉讼双方交换书面文件后进行口头审理，但在口头审理时只允许陈述书面材料中的主张和证据。②

　　在刑事诉讼领域，16—18 世纪的德国保持了 1532 年《加罗林纳法典》确立的制度框架，甚至直到 1844 年，曼海姆高等法院的一位律师还如是说："我们生活在 19 世纪当中，而我们的刑事诉讼程序法与刑法还是已在 16 世纪出现的《加罗林纳法典》的基础上。"③

---

① 参见李大雪："德国民事诉讼法的历史嬗变"，《西南政法大学学报》2005 年第 2 期。
② 同上。
③ 转引自陈惠馨："1532 年《卡洛林那法典》与德国近代刑法史"，《比较法研究》2010 年第 4 期。

　　《加罗林纳法典》是一部由帝国议会颁布的通行全德的刑法典，其主要内容包括刑事实体法和刑事诉讼法两部分，以刑事诉讼法为主。其中，关于刑事实体法的规定较为分散杂乱，不成体系，只是将犯罪类型笼统地区分为侵害国家法益之罪、侵害社会法益之罪和侵害个人法益之罪三大类型。但是，对如何追诉犯罪、如何进行调查取证、如何判定嫌犯有罪非罪、如何处罚犯罪人等程序规范，法典做了详细严密的规定。由于该法典内容具体明确，语言通俗易懂，被许多邦国奉为参考模板，甚至将其中的某些内容直接收入自己邦国的刑法中。[①]因此，《加罗林纳法典》在其存在的数百年中，实际上成为德意志境内最权威的刑法典。

　　《加罗林纳法典》从法律上确认了职权主义纠问制诉讼模式。它规定，追诉刑事犯罪可采用两种形式，一是由私人告诉，包括被害人及其亲属或知情人，但告诉人须对起诉事项负担保责任。二是以职权起诉，即如果发生了刑事案件后无私人告诉，但通过传言等渠道获得了些许犯罪信息，法官可凭其职权主动追诉犯罪，并从头至尾负责案件的调查。案件审理实行有罪推定原则，采用纠问方式，由法官（richter）和审判官（urteiler）共同完成。法官主导诉讼程序的运行，不决定审判的结果；审判官由贵族或法律专家担任，负责询问被告人和证人，进行调查取证和判决。[②]被告要证明自己无罪，必须提出充足的证据。不难想象，在此制度下，由于审判者既是启动追诉程序的原告，又是裁判者，被告难免蒙受不白之冤。这一弊端直到后来建立了独立的检察制度，由检察官调查取证和起诉，法官独立于原、被告双方居中裁判之后，才得以改变，但这是19世纪以后的事了。

　　在《加罗林纳法典》中，对犯罪的处罚方式已经抛弃了中世纪早期的赔偿金、罚金或私人和解，主要采用死刑、身体刑和监狱刑

①　参见〔德〕李斯特：《德国刑法教科书》，徐久生译，法律出版社2006年版，第47页。
②　参见陈惠馨："1532年《卡洛林那法典》与德国近代刑法史"，《比较法研究》2010年第4期。

三种形式，具有残酷性特色，当今属于轻微犯罪的行为，那时会被处以惨重的刑罚。例如，亵渎神明或宗教圣器、小偷小摸都可能被处死刑。死刑的执行方式有火刑、用剑刺死、分尸、轮刑、吊刑、溺刑、活埋等。身体刑有割舌、割耳、断指、杖刑等。监狱刑即今天所说的自由刑，当时比较少用。[①]

　　到18世纪，德国刑事诉讼制度发生的最大变化是刑罚出现轻缓化趋势，刑讯受到了限制。"死刑和使人残废的身体刑的某些执行方法的运用变得越来越少，取而代之的是（除了将犯人示众、打上烙印和体罚外）主要依据罗马法科处罪犯参加公益性的劳动，修建马路和要塞，服兵役，在橹船上作苦役；特别是在矫正思想的影响下，将罪犯关入监狱和劳改营"[②]。关于刑讯，《加罗林纳法典》曾规定，当案件存在"可疑情状"，为查清犯罪事实而需要取得嫌疑人的供述时，可以对其采用刑讯，至于刑讯的使用范围、方式、时间以及次数均未作明确规定，仅仅要求法官依据理性判断来决定。事实上，"可疑情状"概念十分宽泛，难以把握。例如，在谋杀案中，如果在死者死亡时间段内有人被发现衣服上染有血迹，或手中持有凶器，或身上藏有死者的东西，甚至与死者生前有矛盾的人，都可能被怀疑为谋杀嫌疑人，构成"可疑情状"，从而可以对其进行刑讯。[③]所以，在中世纪后期的德国，刑讯逼供大量存在，在审巫案件和宗教迫害案件中尤为严重，被告人的权利很难得到保障。然而，进入18世纪以后，在启蒙学者的自然权利学说和意大利法学家贝卡里亚人文主义刑法学思想的影响下，德国刑法科学也开始强调个人自由权利，如安塞姆·冯·费尔巴哈提出了一套"自由化的、理性化的刑法观"[④]，主张罪刑法定、罪刑相当，反对酷刑。费氏的自由主义刑

---

　　① 参见陈惠馨："1532年《卡洛林那法典》与德国近代刑法史"，《比较法研究》2010年第4期。

　　② 〔德〕李斯特：《德国刑法教科书》，徐久生译，第55页。

　　③ 转引自陈惠馨："1532年《卡洛林那法典》与德国近代刑法史"，《比较法研究》2010年第4期。

　　④ 〔德〕李斯特：《德国刑法教科书》，徐久生译，第62页。

法理论在 18 世纪末 19 世纪初的德国迅速传播开来，成为刑事立法与司法的主导思想。在一片反对声浪中，普鲁士率先废除了刑讯制度。1740 年 6 月 3 日，即腓特烈二世即位后的第三天，召集枢密大臣宣布取缔刑讯拷问。受此影响，职权主义纠问制色彩趋于淡化。不过，当时仍有所保留：对于所谓侵犯国家利益的犯罪，例如谋反或者企图谋害君主的行为、严重的谋杀行为，仍允许施用刑讯。所以，直到 19 世纪中叶，刑讯制度才在普鲁士和其他邦国绝迹。

18 世纪德国诉讼制度的另一变化是司法独立的发展。前已述及，帝国枢密法院已经迈出了法官独立裁判的第一步。经过启蒙运动，分权和司法独立思想在欧洲日益深入人心。英国司法独立制度的优越性此时已充分显示出来，法国巴黎高等法院为争取独立而与王权的抗争，也为德国法官树立了榜样。在此背景下，德国在原则上基本保持了司法独立，法官职位不得通过行政行为随意罢免，除非基于法院的判决。即使在专制王权最为强大的普鲁士，号称"铁血君王"的腓特烈二世也在 1752 年政治遗书中承认法官独立裁判原则："帝王负有不干涉未决诉讼的义务；只要有法律说话的地方，皇帝就必须保持沉默。"① 当然，法官不可能毫无约束地行使职权，国王仍保留了对法官行为的业务监督权。1777 年 7 月 23 日的一项普鲁士法令规定，如果法官未对案件进行深入调查之前就将其搁置一边，将被免职或拘禁。

其实，理论与实践之间往往存在距离，现实中的腓特烈二世并没有将自己的权力局限于对法官进行业务监督的狭小范围内。因此，该时期德国的司法独立仍处于不确定状态。此时发生的著名的"磨坊案"故事，就是因为权力干预司法而引起的。

故事发生在 1771 年。在波茨坦奥德河畔有一座水力磨坊，属当地领主施梅托伯爵所有，但农民阿诺德拥有永佃权，每年需向领主缴纳一定租金。后来，另一个更强势的贵族格斯多夫在河的上游引

---

① 〔德〕沃尔夫冈·赛勒特："'法官独立'和'法官法定'原则在德国的历史发展"，马红湘译，《南京大学法律评论》1997 年春季号。

水圈塘养鱼，河水流量减少，致使磨房无法运转，阿诺德没有了收入，无法支付租金，于是施梅托伯爵将阿诺德告上领地法庭，阿诺德以缺水为由抗辩，但法官仍然判决阿诺德败诉，必须如数缴纳租金。阿诺德不服，层层上诉，官司打了近十年，结果还是维持原判，磨坊被强行拍卖。阿诺德继续上诉，最后抵达天庭，到了国王腓特烈二世手中。腓特烈二世责成柏林的最高法院调查此事，并要求判给阿诺德以经济赔偿。柏林最高法院坚持司法独立立场，抗命不遵，依然判决阿诺德败诉。腓特烈二世一怒之下，派人把审理案件的三级法院的六名法官全部拘留，怒斥他们"办案不公"，是"世上最可恶的无赖"。此话一出，全国哗然，法官们一致拒绝审判被拘留的同行。最后，腓特烈二世亲自坐堂问案，于 1780 年 1 月 5 日以枉法罪判处办案法官一年监禁。权力获得了胜利，司法独立遭到践踏。但腓特烈二世于 1786 年 8 月 17 日驾崩，新国王腓特烈·威廉二世（1786—1797 年在位）继位后马上颁令，宣布被判刑的法官无罪，官复原职；案件的民事诉讼部分由普鲁士最高法院重审。1787 年 7 月 27 日，威廉二世确认了新判决，由国家给予阿诺德的领主以赔偿，恢复阿诺德的磨坊永佃权，故事终以权力的让步而结束。[①]

这座磨坊作为司法独立的象征至今屹立在波茨坦的土地上，成为法律高于权力的标志性建筑。但是，必须认识到，该案中法官们的最后胜利终究还是依靠权力的干预而获得的，这说明那时德国司法独立的基础还是相当狭窄和脆弱的。几年后，在普鲁士普通邦法草案中规定了禁止统治者非法干预案件审判的条款，对此腓特烈·威廉二世没有表示反对，这似乎预示着司法独立已有突破性进展，但在这部法典的最终定稿中，该条款还是被删除了。有人解释说，删除的原因是当时法国大革命的发生及其引发的动荡局面，使德国人害怕对君主权力作进一步的限制。其实，深层次的原因是，在绝对

---

　　① 参见袁治杰："磨坊主阿诺德案考论"，《比较法研究》2011 年第 2 期。德国"磨坊案"的故事在我国广为流传，但因过度演绎，谬误颇多，不宜作为学术研究素材。此处参考的袁治杰的这篇文章就是专为还原"磨坊案"的历史真相以正视听而作的。

君主专制体制下真正的司法独立是不可能的。

在 18 世纪，德国律师职业作为诉讼制度的一个组成部分，已是不容否认的事实，但与法官相比，律师的地位更为低下，职业自由度和独立性更少得到保障。作为罗马法继受的产物，早期德国律师对罗马法更为熟悉和偏爱。由于罗马法强调个人本位，而德国传统的日耳曼法侧重团体主义，因而对于共同体意识强烈的德国人来说，"为犯罪人辩护就会受到某种罪恶感所纠缠。所以，刑事辩护律师往往受到社会民众的歧视。至于接受犯罪人的报酬，甚至被视为反社会的行为"①。因此，早期律师特别是刑事辩护律师的社会形象不佳，被污蔑为"犹太街的贱业"。民众对律师的厌恶之声不绝于耳，诸如知识浅薄、强词夺理、厚颜无耻等污言秽语经常落在律师头上，有人甚至辱骂道："他们实际上就像几只青蛙一样，除了没出息地蛙鸣和怒喊之外，别无是处——然而，这种人却从穷人那里赚得许多银子。"②

至于政府当局对于律师的态度则不仅是厌恶，而且充满猜忌和敌视。因为律师是一种营利性的自由职业，身处国家权力系统之外，并以维护法律尊严、个人权利和公平正义为己任。在专制体制下，许多案件会涉及政府权力与民众权利的法律关系问题。每当二者发生冲突，律师往往站在法律和民权一边，故而不为政府所容，甚至被视为挑词架讼的"司法的瘟疫"。③因此，在德国历史上打压律师的事例屡屡发生，在 17—18 世纪各邦君主专制不断加强的时代尤为严重。例如，普鲁士国王腓特烈·威廉一世（1713—1740 年在位）继位后，对律师做的第一件事就是限定辩护律师的数量，并要求律师每年支付费用以换取律师执照，还要求律师必须身穿黑色披风，以便于识别。据统计，此举导致 60% 以上的律师丧失了辩护资格。

---

① 〔日〕东京第二律师协会主编：《各国律师制度》，朱育璜、王舜华译，法律出版社 1999 年版，第 299 页。

② 〔英〕梅特兰等：《欧陆法律史概览——事件，渊源，人物及运动》，屈文生等译，第 288 页。

③ 参见何勤华主编：《外国法律史研究》，第 175 页。

1739 年，腓特烈·威廉一世又发布敕令："凡胆敢惑乱军心，怂恿他人为区区小事，如请求赦免等，呈递诉状或任何诉讼案卷之辩护人、检察员以及法案起草者，将与狗类一并绞死，决不宽恕。"[1]1780 年，腓特烈二世一度禁止律师出庭辩护，只允许他们经批准后担任司法专员，从事法律咨询等非诉讼性业务，另设立"司法辅佐官"和"司法委员"两个文官职位。"司法辅佐官"的任务是协助当事人双方调查案件事实，帮助法官查证。"司法委员"最初主要负责非诉讼法律事务，例如土地账目管理、契约缔结、公证等，后来才从事诉前咨询、判决的强制执行和为刑事被告辩护等工作。[2]这一举措显示了普鲁士统治者希望将律师职业纳入职权主义体制下以便于控制的企图。不过，1781 年，腓特烈二世明确肯定了律师是"独立的自由职业者"。

总之，16—18 世纪德国的立法与司法虽有所进步，但实质性变化微不足道。立法几乎全部局限于邦国层面，全国法律的统一在政治分裂局面下仍是可望而不可即的幻影；法官独立裁判权和律师自由执业权在理论上虽已树立起来，但实践上还缺乏切实有效的保障。这种状况说明此时的德国距离现代司法与法治文明还有相当的距离。

四、"法治国"的变奏

自由法治国的理论与实践

19 世纪的欧洲是资本主义高速发展的时代，也是法治文明大踏步前进的时代。在欧洲三个主要国家中，英国已经确立了以君主立宪为形式的现代宪政与法治，并正在进一步完善其制度细节；法国历经大革命后半个多世纪的曲折动荡，也于 19 世纪 70 年代建立了

---

① 宋冰编：《读本：美国与德国的司法制度及司法程序》，中国政法大学出版社 1998 年版，第 214 页。

② 参见何勤华主编：《外国法律史研究》，第 179 页。

共和宪政，跨入了现代法治社会；只有德国继续处于邦国林立、君主专制的统治之下。1815 年拿破仑帝国崩溃后，在奥地利领导下，德国组成了一个包括 34 个主权邦和 4 个自由市（不来梅、汉堡、卢卑克、法兰克福）的松散联合体——德意志邦联。各邦内部的专制权力结构一仍如旧。歌德曾讽刺道："谢天谢地，我们真幸运，暴君被送到赫仑纳！可是一个暴君被赶走，一百个暴君来称霸。"[①] 面对时代的发展趋势和巨大的国际落差，德国对于法治国家的社会要求特别迫切，一个与英国普通法"法治"（rule of law）范畴形似而神异的"法治国"（Rechtsstaat）概念在德国应运而生，其主要支持力量是新兴的资产阶级和自由派贵族。

　　"法治国"概念由"法"和"国家"两个单词合成，指代"法的国家"或"法的统治"，这是德国特有的一个政治法律概念。著名哲学家康德（1724—1804）在 18 世纪末最先阐述了法治国思想，他在 1797 年出版的《法的形而上学原理》一书中提出了国家与法律一体的观点，认为国家与法都是自然理性的产物，二者紧密联系、不可分割；国家依靠法律来进行统治，而国家统治的首要任务就是维护法律的秩序，因为国家本身就是"许多人依据法律组织起来的联合体"。[②]1813 年，魏克尔（1790—1869 年）首次使用法治国概念，他将国家的发展分为三个阶段：专制国、神权国、法治国，而法治国是其最高形式；在法治国里，人民与国家间的关系由客观理性的法律来界定，[③] 亦即国家依法而治，人民依法而为，任何人都必须接受法律的约束。可见，法治国概念是作为传统神权专制国家的对立物而产生的。此外，法治国理念还是应对当时正在悄然增长的警察国家的理论产物。所谓警察国家是指国家治理主要依靠警察力量；国家权力不受约束，为了保障公共秩序和人民福祉，国家可以

---

　　① 丁建弘：《德国通史》，第 168 页。
　　② 〔德〕康德：《法的形而上学原理》，沈叔平译，商务印书馆 1991 年版，第 139 页。
　　③ 参见刘争志、林恩伟："德国法治国概念源流考略及新探"，《法治论丛》2010 年第 6 期。

对人民实行思想和行为的全面控制，包括牺牲公民的个人自由。① 从16世纪起，德意志帝国和各邦就开始制定警察法令，建立警察组织，以维护社会秩序。② 进入19世纪后，奥地利率先建立了系统的国家警察部队，随后，其他邦国纷纷效法。凭借警察力量，统治者经常蔑视法制，侵犯公民合法权益，随意逮捕公民、检查书报、干涉个人私生活。德国法学界认识到警察国家对法治的严重危害性，于是提出了法治国概念与之对抗。

上述背景决定了法治国概念产生时本是一个自由主义范畴。无论康德还是魏克尔，都立足于启蒙学说，既注重法律的工具性价值，视法律为国家治理的手段，又强调法律的目的性价值，认为法律是国家用以保障个人自由权利的工具。例如，康德一方面声称"在任何情况下，人民如果抗拒国家最高立法权力，都是不合法的"，"人民有义务忍受最高权力的任意滥用，即使觉得这种滥用是不能忍受的"；③ 另一方面，他又主张"这些法律必须要被看成是先验的必然，也就是，它们一般地来自外在权利的概念，并不是单纯地由法令建立的"④。他认为，在法治国里，法律内含着公民所拥有的三种不可分离的权利，即自由、平等和独立（自主）。⑤ 为实现这些法的内在价值，康德反对封建特权和绝对君主制，主张依法治国和立法权、执行权与司法权三权分立。魏克尔也是一个自由主义法治国论者，同样既认为法律是与道德相分离的社会行为准则，因而应当具有普遍性、可识别性和限制个人自由滥用的强制力等形式要素，同时又

---

① 拉德布鲁赫说："对于警察国家来说，无所谓国家活动的界限。它不仅是想针对其他国家的属民，而且还针对自己限定的属民判断来保护其属民，强迫其属民以他们的自由为代价取得他们的幸运，不禁止的，即适当的，无须任何许可的，这曾是警察国家的格言。"见〔德〕拉德布鲁赫：《法学导论》，米健等译，第37页。

② 参见〔英〕梅特兰等：《欧陆法律史概览——事件，渊源，人物及运动》，屈文生等译，第308页。

③ 〔德〕康德：《法的形而上学原理》，沈叔平译，第148—149页。

④ 同上书，第139页。

⑤ 参见上书，第140页。

对法律的内在价值提出了明确的道德要求，认为法律只是道德活动的外在形式，正如身体器官是心灵活动的表达形式一样；没有道德渴求的国家就像一个没有爱的婚姻家庭，徒具法律形式而已。[①]因此，魏克尔的法治国概念是"外在上具有适合于全体公民的客观的法的形式，内在上确认公民自由的价值"[②]。总之，早期的法治国概念不仅包含法治的形式要素，即法律的普遍效力、依法治理、权力分立、司法独立等有形制度，也包含了法治的实质要素，即自由平等、公平正义等无形价值，是一个集形式因素与实质因素为一体的完整概念，[③]其目标是建立一个完备法制形式与实在法治内涵协调统一的自由法治国。不过，德国的法治国理论自始就隐含着一个无法消解的固有矛盾："它的目标是要促进具体的个人自由和解放，但这种目标却试图借助于抽象的不受限制的国家权力，依靠国家的立法性控制和个人的完全服从来实现"[④]，因而暗藏着国家优先于公民个体自由的国家本位主义逻辑，这一点既是它与以个体自由为本位的英国法治理论的根本差异所在，也是它在不久后的实践中自我异化而走向歧途的内在根据。

无论如何，法治国理论提出后，对于德国的法治实践还是产生了一定的积极影响，推动一些邦国进行了自由主义色彩的立法改革。当然，那时出现自由主义立法改革，更根本的原因还在于德国资本主义的发展和新兴资产阶级的壮大。除此之外，法国大革命的影响也不容忽视。作为近邻，德国各邦为法国大革命及其体现的自由民主平等精神所深深震撼，《德国近现代史》的作者平森指出，当时除了少数例外，"德意志学术文化界的所有著名人物都为革命的到

---

① 参见劳东燕："自由的危机：德国'法治国'的内在机理和运作逻辑——兼论与普通法法治的差异"，《北大法律评论》（2005 年）第 6 卷第 2 辑。

② 郑永流：《法治四章——英德渊源、国际标准和中国问题》，中国政法大学出版社2002 年版，第 96 页。

③ 参见邵建东："从形式法治到实质法治——德国法治国家的经验教训"，《南京大学法律评论》2004 年秋季号。

④ 劳东燕："自由的危机：德国'法治国'的内在机理和运作逻辑——兼论与普通法法治的差异"，《北大法律评论》（2005 年）第 6 卷第 2 辑。

来深为激动"[1]。在拿破仑战争期间，法国革命的一些积极成果如《拿破仑法典》在德意志广为传播。正是在理念和现实因素的共同作用下，19 世纪上期许多邦国制定了宪法或宪法性文件，如 1813 年的黑森公国宪法和萨克森王国宪法、1814 年的拿骚公国宪法、1816 年的萨克森－魏玛宪法、1818 年的巴伐利亚王国宪法和巴登公国宪法、1819 年的符腾堡王国宪法、1820 年的黑森－达姆斯塔特公国宪法等。这些宪法首次对人民的基本自由，诸如宗教自由、思想自由、职业自由以及公民在法律适用方面的平等地位做出了明确规定。[2] 然而，由于这些立法都是在邦国统治者的主导下完成的，都以维护绝对君主的专制权力为旨归，因而对公民的政治参与权和代议民主制只字未提，致使列于宪法中的种种个人权利实际上都流于空谈。

在 19 世纪早期的立法改革中，普鲁士的成就或许最大，但片面性也最明显。主持改革的宰相施泰因深受孟德斯鸠三权分立思想影响，向往英国式君主立宪制，希望在普鲁士推行法治与宪政。"他高度评价民主与自治，在备忘录中他除了要彻底改组中央机构外，还要在省、县、市实现有产者自治，最后在整个普鲁士建立人民代表机构"[3]。施泰因先后颁布了《十月敕令》（1807 年）、《城市管理条例》（1808 年）和《改善国家最高行政管理机构的规章》（1808 年）。但是，改革开始后不久，既有特权受到侵犯的容克阶级和官僚集团便起而反抗。他们不惜采用卑鄙手段，设计圈套，使施泰因的一封信件落于法国人手中，借拿破仑之手逼迫国王于 1808 年 11 月底将施泰因免职。1810 年继任宰相的哈登贝格是一位圆滑务实的改革派政治家，他采取温和渐进方式，在保持开明专制体制的前提下，成功地完成了农业、行政、教育和城市自治改革，使普鲁士成为德意志境内国力最强大的王国，但在法治和宪政改革方面毫无作为。

---

① 〔德〕科佩尔·平森：《德国近现代史：它的历史和文化》，范德一等译，商务印书馆 1987 年版，第 43 页。
② 参见陈新民：《德国公法学基础理论》（上），山东人民出版社 2001 年版，第 13—15 页。
③ 〔德〕卡尔·艾利希·博恩等：《德意志史——从法国革命到第一次世界大战》（第三卷·上册），张载杨等译，商务印书馆 1991 年版，第 77 页。

19 世纪初期立法改革的有限成果说明，在一个政治支离破碎和绝对君主主义横行的国度中，自由法治国的理念是不可能获得实践空间的。

然而，19 世纪初期仍有不少学者天真地希望通过制定一部适用于全德意志的法典，绕过国家分裂和专制王权两大现实障碍，实现法治国的理想，其代表人物就是海德堡大学的罗马法教授蒂堡（1772—1840 年）。他继承了先前的国家主义法学传统，于 1814 年发表了《论一统一民法典对德国之必要性》，指责德国当时的法律"没有统一的形式，自相矛盾，混乱不堪，尺度不一，国家的分裂与这样的法律密不可分，法官和律师也无法掌握精确的法律知识。即使一个人能够掌握这种混乱不堪的法律，也于事无补"。他分析了德国法律之所以"沦丧到这个地步"，原因在于德国人"被盲目的激情迷住了双眼"，过于崇信罗马法。他认为，"德国人的法律也是十分丰富的，因为他们拥有脚下的所有财富，只要将它们从地下挖掘出来即可"。[①] 据此，他极力主张尽快用德文编纂一部包括民法、刑法和诉讼法的统一法典。这种主张遭到了以萨维尼为代表的历史法学派的强烈反对。后者认为法律就像语言、风俗、政制一样，具有"民族特性"，是"民族的共同意识"，具有"世世代代不可分割的有机联系"，它"随着民族的成长而成长、民族的壮大而壮大"，企图依靠法学家的理性人为地编纂统一法典是不可取的和不现实的。[②] 不过，由于萨维尼和蒂堡的民族主义立场以及对法治国的渴求是一致的，所以不久之后历史法学派就不再反对法典编纂了，编纂统一法典的呼声在各邦迅速高涨。但是，此后大半个世纪的历史证明，在邦国体制结构根本改变之前，要编纂一部统一法

---

① 参见〔英〕梅特兰等：《欧陆法律史概览——事件，渊源，人物及运动》，屈文生等译，第 333 页。

② 参见〔德〕弗里德里希·卡尔·冯·萨维尼：《论立法及法学的现代使命》，许章润译，中国法制出版社 2001 年版，第 11 页；张宏生主编：《西方法律思想史》，北京大学出版社 1983 年版，第 369 页。

典是不可能的，所谓的自由法治国只能是一个乌托邦式的梦想。[①]

国家统一道路与"法治国"的形式化

1812—1815 年反抗拿破仑帝国统治的解放战争，极大地激发了德意志人的民族意识，国家统一问题空前尖锐地提上了议事日程。

从理论上讲，那时德意志存在着两条不同的统一道路。一条是自由派贵族和资产阶级所主张的"立宪统一"道路，亦即如同美国那样，首先召开全德议会，制定一部宪法，通过立宪将各邦整合为一个自由统一的法治国家。另一条是容克阶级所主张的"王朝统一"道路，亦即在某一大邦王朝的领导下，凭借军事实力，剥夺其余各邦王朝的独立权力，将国家统一起来。这两条不同的道路将深刻地影响统一后德国的法治命运，因为前一条道路遵循的是"立宪优先"或立宪与统一"并举"逻辑，力图一举克服专制与分裂两个障碍，统一后的德国将是一个法制形式与法治内涵兼备的实质法治国；后一条道路遵循的是"统一优先"逻辑，统一后的德国很可能是一个偏重法制形式而忽视法治内涵的形式法治国——个中道理不难理解：因为完成统一的王朝会获得民族国家缔造者的桂冠和比之统一前更为强大的权力，受权力本性所驱使，它不会轻易地将自身置于法律的严格制约之下。两相比较，"立宪统一"道路显然是最为理想的。

但是，就德国现实而言，"立宪统一"实现的可能性几乎等于零，因为它缺乏一个足以担此重任的力量主体。支持这条道路的自由派主要是资产阶级及其知识阶层，力量分散弱小，而且由于德国资产阶级"出世得太迟了"[②]，天生政治软弱，惧怕革命。所以，具有现实可能性的只有"王朝统一"一条道路，因为普奥两个大邦都有领导统一的野心和力量。但也正因如此，客观上又形成了两个具体的

---

① 参见〔英〕梅特兰等：《欧陆法律史概览——事件，渊源，人物及运动》，屈文生等译，第 334 页。

② 《马克思恩格斯选集》（第 2 卷），第 626 页。

统一方案：一个由普鲁士王朝领导，将奥地利排除在外，把其余所有邦国统一起来，是为"小德意志方案"；另一个由奥地利王朝领导，将包括奥地利在内的所有邦国统一起来，是为"大德意志方案"。比较两大邦国的实力与条件，普鲁士略胜一筹，它的强大的经济军事力量及其民族构成的单一性，使其成为德意志人心目中国家统一的希望所在。相比之下，奥地利是个多民族帝国，经济军事都较为落后。普鲁士王朝也自认为负有领导统一的使命，所以从解放战争之后就首先从经济入手，于 1834 年领导成立了德意志关税同盟，将 18 个邦整合为一个经济统一体。至 1852 年，关税同盟囊括了除奥地利之外的所有各邦，这为不久后的政治统一奠定了基础。

不过，"立宪统一"道路意外地获得了一次实践机会。1848 年 1 月，意大利西西里首举革命义旗。2 月，法国革命接踵爆发。3 月，德意志各邦也纷纷发生革命，建立起了倾向自由主义的政府，通过召开全德议会制定宪法以实现国家统一的目标似乎已近在咫尺。革命爆发后不到两个月，由各邦选出的 830 名代表组成的全德国民议会，于 1848 年 5 月 18 日在法兰克福召开。经过近一年的讨论，1849 年 3 月 28 日通过了法兰克福宪法，其主要内容有：第一，建立统一的德意志联邦，由 36 个邦组成。成立中央政府，负责外交和军事，制定陆海军法和关税政策，在全德实行统一的关税、贸易、货币和度量衡制度。联邦皇帝由普鲁士国王兼任，拥有任命内阁、宣战、媾和、解散议会的权力，但各邦保持内政上的独立自主权。第二，召开联邦议会，作为国家最高立法机关，由人民院和国家院组成，人民院代表通过普遍、平等、直接和秘密选举产生，任期 3 年。国家院由各邦代表组成。联邦议会通过的法律，国王无权否决，只能延迟执行。第三，取消贵族的等级特权；公民享有迁徙、言论、出版、宗教信仰自由；法律面前人人平等；私有财产不可侵犯。第四，司法审判权由法院和法官独立行使，禁止政府、联邦皇帝以及政府各部非法干预案件的审理；只有依据判决或法律规定才可免除法官的职务或改变其等级与薪金，除非根据法律规定不得违反法官意志对法官进行调动或令其退休；取消由行政机关裁判行政纠纷的做法，改由独立的行政法院审理。第五，奥地利本土及德意志民族聚居区留在联邦内，匈牙利等斯拉夫民族聚居区排除在外。总之，法兰克福宪法包含了公民基本权利、分权制衡、普选代议制、司法独立等民主宪政因素，体现了自由法治国的形式与实质两方面的内容要求。

然而，正因为宪法的自由法治特色明显，所以难以被各邦当局所接受。1849 年 4 月 2 日，法兰克福议会代表团前往柏林，送去了王冠和宪法，被普鲁士国王威廉四世（1840—1861 年在位）断然拒绝，他说："这不是王冠，而是奴隶所带的铁项圈，一戴上它，国王就会变成议会的奴隶。"随后，普鲁士政府命令所有出席法兰克福议会的普鲁士代表辞职。奥地利也召回了法兰克福议会代表，因为宪法按民族区别将奥地利帝国一分为二，这是奥地利所不能接受的。两个大邦的退出，使法兰克福议会陷入瘫痪，不久被迫解散，宪法胎死腹中，革命以失败告终，立宪和统一两大目标双双落空。

"立宪统一"道路的失败，打击了自由主义的力量。1848 年革命后，各邦当局纷纷加强了专制统治，包括马克思在内的大批进步人士被迫流亡国外，自由法治国的第一次实践以失败告终。失望之余，德国自由主义学者不得不屈服于现实，将注意力越来越集中于对现有公法规范的解释和适用上，这使得本来就缺乏自然法学传统的德国公法学研究日趋实证主义化。一如施托莱斯所言：

> 政治上的失望，向"现实政治"和实在法的转变，相对于先进的民法而需要对公法进行弥补——这些推动力量现在结合在一起，在 1850 年到 1866 年导致公法分裂。一部分固守以前的方法，折中来自历史、一般国家学说和国家法的论据，但必须领会旧公法学政治思考在贬值。另一部分则与之形成鲜明对比，它提出更新的要求，应许摆脱政治、历史和经济，严格降

> 到法律要素上，最大程度地接近现实，使法律具有实施能力，尤其是法的确定性。①

于是，实证法学日益广泛地流行开来。

实证法学是19世纪欧洲法学在挑战自然法学的过程中出现的一个法学流派，其突出特征是主张将实然法和应然法区别开来，强调法学研究应严格局限于"实际存在的法"的范围之内，在方法上主要采用实证分析。该流派认为，法律的本源不是自然法的普世法则，而是国家立法者的意志；在国家立法之外不存在任何其他法律渊源。实证法学的典型用语是："法律就是法律"，法律是"主权者的命令"。这一学派的奠基人奥斯丁说：

> 法的存在是一个问题。法的优劣，则是另外一个问题……一个法，只要是实际存在的，就是一个法，即使我们恰恰并不喜欢它，或者，即使它有悖于我们的价值标准。②

可见，实证法学关注的是法的形式要素，诸如法律的确定性与效力等实然问题，而不关心法的实质内涵，诸如伦理道德、天赋权利、自然正义等应然价值，这里面隐含着"恶法亦法"的命题和要求民众盲目守法的思想。实证法学从理论上促进了德国自由法治国向形式法治国的蜕变。

19世纪中后期的法学家弗里德里希·尤利乌斯·施塔尔（1802—1861年）和奥托·迈耶（1846—1924年）是德国"形式法治国"理论的集大成者。施塔尔说道：

> 国家应是法治国……国家应像以法的方式具体规定公民的

---

① 〔德〕米歇尔·施托莱斯：《德国公法史（1800—1914）——国家法学说和行政学》，雷勇译，法律出版社2007年版，第358页。
② 〔英〕奥斯丁：《法理学的范围》，刘星译，中国法制出版社2001年版，第208页。

自由并对之加以严格保护那样，确定自己作用的方式与界限，国家不应再坚持什么道德国家论，国家只是一个法律围栏，一个最低的法律围栏。法治国的概念不是指国家的目标和内容，而只是指国家实现目标和内容的形式与方式。①

迈耶则从行政法的角度对法治国概念做了形式化的解析，他认为，国家权力主要指的是行政权与立法权，司法权没有多少实际意义，因为法官仅是法律的喉舌，法官的任务并非执行国家权力，而只是做出符合逻辑的理智行为，因而足以受到成文法的有效控制，不会成为一个实在的问题。据此，迈耶推出结论，法治就是用法律来规范国家行为，主要是行政行为；法治国就是"经过理性规范的行政法国家"。②总之，此时的法治国概念特别钟情于法律的形式与程序，尤其是行政行为的合法化，至于立法权的行使是否违法以及所立之法是善是恶在所不问，从而渐渐疏离了法律的自由价值，偏向了形式法治国，结果更接近于"法律国家"（Gesetzesstaat）。

形式法治国下的第二帝国强权政治

形式法治国理论在第二帝国时期成为德国学术界的主流，受其影响，德国的法制实践日趋保守，这集中体现在第二帝国的法制构建和强权政治的实践上。

自"立宪统一"希望破灭后，德国唯余"王朝统一"之一途，而统一的领导者则非普鲁士莫属。普鲁士的统治者也从1848年革命中认识到武力是实现统一的唯一手段，所以在革命后积极地进行军事准备。1862年出任普鲁士宰相的俾斯麦无视宪法规定和议会抗议，擅自增加军费，完成了军事改革。然后，将其成竹在胸的"铁血政策"付诸实施，接连发动三次王朝战争，实现了国家统一。第一次

---

① 郑永流：《法治四章——英德渊源、国际标准和中国问题》，第101—102页。
② 参见〔德〕奥托·迈耶：《德国行政法》，刘飞译，商务印书馆2002年版，第60页。

是 1864 年对丹麦的战争，将德意志居民占多数的石勒苏益格、霍尔斯泰因两公国并入德国；第二次是 1866 年对奥地利的战争，将奥地利排挤出德意志，成立了北德意志联邦；第三次是 1870 年普法战争，迫使原先托庇于法国的南德四邦转而投靠普鲁士。1871 年 1 月 1 日，德意志第二帝国成立，俾斯麦为宰相。1 月 18 日，普鲁士国王威廉一世（1861—1888 年在位）在法国的凡尔赛宫镜厅加冕为皇帝，德国统一大业完成。

统一后的德国立即迎来了系统立法的黄金时代。自 1867 年北德意志联邦成立起，联邦政府就被授予了债法、票据法、刑法、诉讼程序法等方面的直接立法权，并确立了联邦立法是绝对普通法的原则。据此，1867—1869 年联邦制定了一批专门法律，它们在 1870 年后径直转变为帝国的正式法律。德意志帝国建立后，帝国政府承袭了北德意志联邦政府的立法权限，相继制定了著作权法（1870 年）、专利权法（1876 年）和包括法院组织法、破产法、民事诉讼法、刑事诉讼法在内的帝国司法法（1876 年），此后又制定了一系列贸易法规。到 19 世纪末德国形成了以六部基本大法——《德意志帝国宪法》（1871 年）、《刑法典》（1871 年）、《刑事诉讼法典》（1877 年）、《民事诉讼法典》（1877 年）、《德国民法典》（1896 年）、《德国商法典》（1897 年）——为主体的统一完整的法律体系。

纵观 30 多年的系统立法，前十几年基于个体主义和资本主义经济理论，后十几年越来越注重社会政治目的。[1] 这一立法旨向的转变反映了形式法治国理论影响的不断加深，促使德国走上了与自由法治国渐行渐远的强权政治道路。当然，德国滑向"形式法治国"，更深层的原因还在于社会现实因素。由于国家的统一是由普鲁士王朝自上而下通过"铁血政策"完成的，某种意义上只是普鲁士王朝政治的扩大，所以德意志帝国——

---

① 参见〔英〕梅特兰等：《欧陆法律史概览——事件，渊源，人物及运动》，屈文生等译，第 336 页。

远不是一个民族国家，它没有同质性，没有明确地属于
自己的生活方式。它只不过是按照普鲁士的纪律捆绑在一起
的一些地方政权的集合体。由于缺乏任何其他的标准，新的
德国倾向于把民族同一性等同于物质上和政治上的权力。它
总是试图通过不断获得越来越多的权力，来弥补它内在的虚弱
和不稳定性。[①]

由此决定了统一后的德国愈加推崇国家本位主义，愈加仰赖政府威权。
当时的历史学家特赖奇克直言不讳地宣称："国家的核心是权力。国
家决不是为了公民而存在。它本身就是目的。既然国家就是权力……
在一定条件下，国家将尽其可能地控制人们的生活。"[②]于是，在
《德意志帝国宪法》以及据此建立起来的二元制君主立宪制度身上，
深深地打着形式法治国的烙印，其中最突出的表现是，早在1849年
就明确写进法兰克福宪法的公民基本权利，在帝国宪法中只字未提。

1871年宪法规定，德意志帝国实行联邦制，由22个邦和3个
自由市组成，普鲁士是其中最大的邦。陆军、海军、外交事务、关
税和银行、间接税、度量衡、货币、民法、刑法、邮电以及殖民地
事务，都掌握在帝国政府手中，各邦政府只保留了警察、部分司
法、直接税、宗教和教育等邦内行政事务。帝国首脑是德意志皇帝，
由普鲁士国王担任，采用世袭制。皇帝是陆海军队的最高统帅，有
权宣战、媾和、缔约、接受和委派大使，有权召集和解散议会两
院，签署和颁布法律。帝国宰相是政府首席大臣，由普鲁士宰相担
任，皇帝任命。宰相只对皇帝负责而不对议会负责，任期取决于皇
帝的意愿，议会无权要求宰相辞职，若议会多数反对宰相，皇帝可
以解散议会。宰相主持帝国政府，在内阁中拥有绝对的权力。各
部大臣由宰相任命，他们不是享有实权的部门首脑，仅仅是宰相的
助手。

---

① 〔美〕埃里希·卡勒尔：《德意志人》，黄正柏等译，商务印书馆1999年版，第289页。
② 同上书，第274页。

议会是帝国的立法机构，分联邦议会和帝国议会两院。联邦议会由加入帝国的各邦政府代表组成，相当于各邦使节组成的最高合议机关。它由 58 名议员组成，其中普鲁士邦占 17 席，第二大邦巴伐利亚只有 6 席，其他邦分别为 4 席、3 席、1 席不等，主席由帝国宰相兼任。宪法规定，联邦议会对立法和决策拥有决定权，对各邦之间的争端拥有裁决权，只要 14 票反对，它就可以否决包括宪法修正案在内的任何法案，这使得普鲁士能够任意阻止对它不利的法案通过。帝国议会由 25 岁以上男子按照直接、秘密的普选选出（普鲁士等邦的邦议会选举仍采用三级选举制，而不是直接普选制），议员任期 5 年，容克和大资产阶级在其中占据优势。帝国议会享有立法权，但它的一切立法和决议都必须取得联邦议会和皇帝的同意方能生效。帝国议会最重要的权力是批准预算，但实践上作用有限，因为它不能问责内阁，只能"发表自白"，所以被讥讽为"一个没有政府的议会"。①

表面上看，德意志第二帝国存在皇帝和议会两个权力中心，属于二元君主立宪政体，实际上是一个披着立宪外衣的专制国家。皇帝威廉二世曾公开宣扬："朕的意志是最高法律……把德意志帝国锤炼出来的是士兵和军队，而不是议会决议。"马克思曾将德意志帝国描述为"一个以议会形式粉饰门面、混杂着封建残余、同时已经受到资产阶级影响、按官僚制度组成、以警察来保护的军事专制国家"②。结果，在第二帝国时期，政府对内实行高压政策，对外疯狂扩军备战，强权政治和军国主义进一步发展。到 1899 年，德国陆军达到 62 万人。与此同时，多次通过海军法案，加速发展海上力量。德意志如同一座大兵营，军事机构支配一切，武力崇拜充斥社会。统治阶级的野心也随之膨胀，俾斯麦时代以称霸欧洲为目标的"大陆政策"被抛弃，德国需要"阳光下的地盘"和"海神的三叉戟必须握在我们手里"等沙文主义口号甚嚣尘上，意欲征服世界的

① 丁建弘：《德国通史》，第 233 页。
② 《马克思恩格斯选集》（第 3 卷），第 315 页。

企图暴露无遗，第一次世界大战的策源地在形式法治国的外衣下迅速形成。

但值得肯定的是，帝国宪法规定了罪刑法定原则、法不溯及既往原则和司法独立原则，因为这些原则原本就是形式法治国的题中之意。其中，司法独立问题在19世纪初已经受到社会广泛关注，那时德国各邦沿袭纠问式秘密审判制，不采用直接原则和言辞辩论原则，法官仅仅依据案卷即可做出裁判，所以很容易沦为政治权力的工具。在解放战争后的自由主义运动中，纠问式秘密审判的弊端暴露无遗。1819年普鲁士成立了一个委员会，专门负责追究自由主义"煽动者"的刑事责任，柏林最高法院先后判决200多名学生犯有谋反罪（其中39名学生被处以死刑）。在此类诉讼中，法官的独立性和法定法官原则一再受到行政权力的侵害，连警察也享有逮捕权并可对嫌疑人施以处罚。司法政治化造成的判决不公，激起了司法独立呼声的高涨。在强大的社会压力下，普鲁士政府在1848年革命中做出了保证法官独立性和禁止随意免除法官职务的承诺，并将其写进了普鲁士宪法。同时，仿效法国取消了纠问制，设立了检察院，建立了刑事公诉制度。1871年，这些规定被全部收入了帝国宪法中。1879年《帝国司法法》生效后，司法独立原则进一步确立。该法明确规定了公开审判原则和口头辩论原则，保护公民免受任意羁押、保障刑事被告人基本权利（如法定法官、依法听审等）原则，控审分离和陪审原则，审判业务分配属于法院自我管理范围、行政机关不得干预的原则等。另外，1878年颁布的《律师条例》取消了此前的律师执业政府审批制，授予律师以自由执业权，并统一各邦律师称谓为"rechtsanwalt"，意为"法的维护者"。

不过，在第二帝国时期，围绕司法业务的监管、法官薪酬等问题仍然不时出现争议，这说明司法独立的相应配套制度还残缺不全。另外，帝国政府通过提高任职标准，将法官人选限定在了精英阶层的小圈子之内。当时的法律规定，只有接受过大学法学院的专业教育，然后再经过4年不带薪的司法培训和8—10年的助理法官见习期，方可出任法官。旷日持久的培训期和助理见习期意味着法官候选人必须是能够支付 7 500 马克的"定金",并拥有"为从事该职业所适合的" 1 500 马克年收入的家境富裕者。① 此间,政府有权随时取消其候选资格,借此程序,政府可以清除掉自由主义者和桀骜不驯分子,所以只有政治可靠的富有者才有望成为正式法官。结果,帝国时期的法官几乎全是对政府唯命是从的应声虫,司法政治化倾向空前加剧,在刑事领域尤为突出。臭名昭著的 1878 年《反社会主义法》实施后,多数法官与当局沆瀣一气,通过法律手段残酷迫害自由民主人士,从奥古斯都·倍倍尔、威廉·李卜克内西到罗莎·卢森堡,许多工人运动领袖被指控为叛国罪而受到审判,以至于那时的司法被人们讥讽为"阶级司法"。② 虽然也有个别法官对司法政治化深感忧虑,但整体上看司法界以支持帝国政府为己任,其中的一位代言人马克斯·海歇特曾不无自豪地声称:"在外由军队抵御外侮,而在内就得靠我们司法系统了。"③ 于是,在司法独立领域内又引发出"一个新的核心问题,即司法应当是中立的司法还是政治的司法"④。这个问题在第二帝国时期乃至此后的魏玛共和国时期一直尖锐存在,因为在形式法治国下,这一关涉法治实质性内涵的问题是不可能得到解决的。

魏玛共和国:形式法治国的实践顶峰

1914 年,德国统治集团为重新瓜分世界,悍然挑起第一次世界大战,但战争的结局却一败涂地。1918 年,第二帝国在"十一月革命"中化为灰烬。1919 年 2 月 6 日,国民议会在魏玛召开,通过了魏玛

---

① 参见〔德〕英戈·穆勒:《恐怖的法官——纳粹时期的法官》,王勇译,中国政法大学出版社 2000 年版,第 5 页。

② 邵建东主编:《德国司法制度》,厦门大学出版社 2010 年版,第 14 页。

③ 〔德〕英戈·穆勒:《恐怖的法官——纳粹时期的法官》,王勇译,第 8 页。

④ 〔德〕沃尔夫冈·赛勒特:"'法官独立'和'法官法定'原则在德国的历史发展",马红湘译,《南京大学法律评论》1997 年春季号。

宪法，宣布建立魏玛共和国，社会民主党人艾伯特当选总统。

根据《魏玛宪法》，德国是一个联邦制的民主共和国，下分 18 个州。宪法对联邦政府和州政府的权力范围做了列举式规定，既赋予了联邦政府足以维护国家统一的权力，又给各州政府保留了相当大的自主权力。在立法上，联邦享有一般立法权和专有立法权，前者包括民刑法律、警察治安、文化卫生、社会救济等领域，后者包括外交、殖民、国籍、兵役、货币、关税、邮政、交通等领域。联邦与州的立法权划分原则是，对于联邦有立法权而未行使时，各州保留，但联邦专有立法权除外；各州法律不得与联邦法律相抵触。这些规定体现了旨在保障国家统一的联邦立法优位原则。如果州与联邦之间或州与州之间发生法律争议而无法解决，则送请联邦最高法院裁定。

联邦立法机构由国民议会和联邦议会组成。国民议会由年满 20 岁以上的男女公民，依照比例代表制，采用"普遍、平等、直接、秘密"的选举方法选举产生，任期 4 年。国民议会是最高权力机关，有权宣战、媾和、修改宪法，但修改宪法须经三分之二成员中的三分之二赞成票通过。联邦议会由各州政府选派代表组成，它有权批准或否决国民议会通过的法律，各州平等，每州一票，不论大小。如果国民议会通过的法律被联邦议会否决，国民议会有权以三分之二多数票重新通过该项法律而使之生效。

联邦总统为国家元首和行政首脑，由国民直选产生，任期 7 年，可连选连任。总统拥有议会解散权、紧急处分权。联邦议会有权提出罢免总统议案，但需三分之二多数票通过。总统罢免案须交付国民公决，如果罢免案被否决，联邦议会必须解散。政府总理由总统任命，内阁各部部长由总理提名、总统任命。但是，总理和部长不对总统负责，而对联邦议会负责。如果总理及其内阁不受联邦议会信任，应立即辞职。这些规定的目的旨在使总统和议会相互独立、彼此制衡，以防止专制。

关于司法，宪法规定，"普通裁判，由联邦法院及各邦之法院行使之"，"不得设置特别法院，无论何人不得剥夺其受法定法官裁判之权利"；"法官独立，只服从法律"；"法官为终身职"，除非"依据法律规定之理由及形式，由司法机关决定"，不得"将其免职、停职、调任或退休"；单独成立行政法院，审理行政诉讼。

宪法规定了十分广泛的公民权利。宪法开宗明义宣布了人民主权原则："国家权力出自人民"；人民享有普选权和法律创制权（公民可直接向议会提出法律议案）与复决权（某些议会立法须交公民复议公决后方可公布）。其中，授予妇女以选举权尤其引人注目，因为这一规定把美国和英国都甩在了后面，后两个国家分别在1920年和1928年才授予妇女以选举权。在宪法第二编中，详细规定了公民的基本权利，包括法律面前人人平等、男女平等、人身自由不受侵犯、财产权利、迁徙自由、集会与结社自由、言论自由、宗教自由以及文化生活方面的权利等，还规定了许多社会民主权利，如工作权、受教育权、失业救济权、妇女儿童权益保障权，以及实行企业劳工会议制度等经济民主权利。

从字面上看，《魏玛宪法》所规定的公民权利的广泛性是前所未有的，堪称是当时最民主的一部宪法。在体制设计上，可谓博采众长，内阁制仿效英法，总统制取法美国，人民复决制源自瑞士，其"结构之严密几乎到了完善的程度，其中不乏设想巧妙、令人钦佩的条文，看来似乎足以保证一种几乎完善无疵的民主制度的实行"①。然而，正是由于过分追求形式的理想化，忽视了德国现实，结果造就了一个自由法治国表象下的形式法治国，也埋下了魏玛共和国短命而亡的祸根。

魏玛共和国的法治形式化首先体现在公民基本权利虚置化上。宪法关于公民基本权利的规定是全面详尽的，但却没有提供具体的保障措施，结果流于一纸空文。譬如，当基本权利受到立法者或执法者的侵害时，公民不可以直接提起诉讼，申请法律保护与救济。

---

① 〔美〕威廉·夏伊勒：《第三帝国的兴亡——纳粹德国史》，董乐山等译，世界知识出版社1979年版，第85页。

特别是宪法第 48 条规定："联邦大总统于德意志联邦内之公共安宁及秩序，视为有被扰乱或危害时，为恢复公共安宁及秩序起见，得取必要之处置，必要时更得使用兵力，以求达此目的。"可见，公民基本权利尚未获得至上性，只要国家宣称"公共秩序"面临危害，就可以"紧急状态"名义随时全部或部分剥夺之，仅凭这一总统"紧急命令权"条款，就有可能将宪法第 1 条（人民主权条款）、第 20 条（国会定位条款）、第 114 条（人身自由条款）和第 118 条（言论自由条款）化为乌有。当时的学术界并未察觉其中的潜在危险，更未发出任何反对声音，因为那时法律实证主义正如日中天，而自然法学黯然失色。20 年代中期，德国法学界虽然爆发了所谓的方法之争和方向之争，"有人对法律实证主义提出了尖锐的批评，并再次提出了以正义的理想为宗旨的、实质上的法治国家观念，但终究因势单力薄而未形成实质上的法治国家概念之独立一说"[①]。结果，宪法规定的公民基本权利只是纲领性的原则宣示，而总统的紧急处分权却具有实实在在的效力，从而成为权力侵犯权利、行政干预立法的合法工具。尤其是右翼势力代表兴登堡在 1925 年继任总统后，紧急处分权已经"不是总统宪法上的权力，而是兴登堡及其随从使用这些权力，以便找到替代议会民主制的意愿破坏共和国"[②]。这位"一战"时期的陆军元帅，对君主制和军国主义的信仰从未动摇过，所以自他上台开始，德国政局迅速右转，紧急状态令数量逐年上升：1930 年 5 次，1931 年 44 次，1932 年达到 66 次。[③]与此同时，议会立法数量则从 1930 年的 98 件骤减为 1932 年的 3 件。"议会急剧地丧失了决定和表现国家意志的能力，政党对于政治行为也越来越没有责任感了。以至于那些不能无限期地等待立法部门活动的紧急

---

① 邵建东："从形式法治到实质法治——德国法治国家的经验教训"，《南京大学法律评论》2004 年秋季号。

② John Garrard，Vera Tolz，Ralph，*White European Democratization Since 1800*，Macmillan Press，2000，p.103.

③ 参见吴友法：《冒险 失败与崛起——二十世纪德意志史》，武汉大学出版社 1992 年版，第 160 页。

决定，便只能由行政部门用紧急命令加以处理，这样行政部门成为主要的立法者”①。如此频繁地启用紧急命令权，意味着“权大于法”走向了合法化和常态化。

其次，作为魏玛共和国创新之举的比例代表制也体现了重形式轻实效的特点。所谓比例代表制，是一种根据各政党得票数量按比例分配议席的制度，形式上公平合理，实际结果却鼓励了政党碎化，造成议会内党派林立（那时德国议会内政党有 20 多个，全国共有政党 100 多个），难以形成稳定多数，致使内阁更迭频繁。比例代表制还迫使大党和小党之间往往通过私下交易建立政治联盟，以争取组阁权，从而损害了代议制的价值，加剧了政局的动荡。从 1919 年至 1932 年，德国一共更换了 20 届内阁，平均每届内阁的寿命只有 8 个月，最长的执政不到两年，最短的仅两个多月。如此瞬息万变的魏玛政府，面对战后濒临崩溃的经济困境、民怨沸腾的社会局面本来就已穷于应付，1929 年世界经济危机的爆发更是雪上加霜，从而深陷绝境而无法自拔，于是纳粹势力趁机崛起。

最后，魏玛共和国的法治形式化还表现在旧的司法系统、警察系统没有受到任何触动，完整继承下来，结果，具有保守倾向的法官们成为魏玛体制内合法抵制民主法治的一支政治力量。他们打着形式法治的旗号，冠冕堂皇地反对实质法治。在刑事案件审判中，明目张胆地迫害民主人士，偏袒保守和反动势力。例如，1921 年 4 月“巴伐利亚革命”失败后，“巴伐利亚国民法院”将所有幸存的革命参加者送上法庭，以一级叛国罪判处其中 1 人死刑、2 209 人入狱。②而对于右翼势力的叛乱暗杀活动，法庭却出奇的宽大。例如，在 1924 年右翼保守势力上演的围攻总统艾伯特的闹剧中，法官们竟然把共和国的缔造者送上了被告席，判处总统 3 个月徒刑，致使心力交瘁的艾伯特于 1925 年 2 月患病去世，从而为兴登堡当选总统扫

---

① 〔日〕佐藤功：《比较政治制度》，刘庆林、张光博译，法律出版社 1984 年版，第 160 页。

② 参见〔德〕英戈·穆勒：《恐怖的法官——纳粹时期的法官》，王勇译，第 10 页。

清了道路。这样，司法独立原则"成了体现法官政治倾向和单方裁决的个人特权而失去其良好的声誉。广大人民因此不再把法官的独立性原则视为正义的堡垒，而认为它是不公正的防护堤"①，由此导致了一次严重的信任危机，以至于时任法官联盟主席的约翰纳斯·雷卜哀叹道："一切权威都陨落了，包括法律的权威。"②

五、恐怖的纳粹司法

继魏玛共和国之后上台的纳粹政权表面上保留了《魏玛宪法》，也制定了大量成文法律，但"法制普遍，极其败坏"（富勒语），③无论形式上还是实质上，纳粹德国都与法治国背道而驰，不仅法律所应有的公平正义属性化为乌有，连分权制衡、依法行政、司法独立、罪刑法定等形式法治的表征也荡然无存。纳粹时期是一种赤裸裸的反法治的极权恐怖统治，在德国乃至人类司法与法治文明史上留下了最黑暗的一页。

法官的偏袒与纳粹的崛起

到魏玛共和国后期，司法的政治化与保守化倾向愈演愈烈，结果沉重打击了自由民主力量及其信心，纵容和鼓励了右翼势力及其嚣张气焰，客观上促进了纳粹的崛起和极权主义统治的建立。

纳粹党原是慕尼黑一个无足轻重的小党，1919 年希特勒加入后很快成为该党领袖，将其改名为"国家社会主义工人党"，并组建了褐衫冲锋队和黑衫党卫队等暴力工具。1923 年 11 月 8 日晚，纳粹分子在慕尼黑啤酒馆发动政变，遭到警察镇压，希特勒本人以一

---

① 〔德〕沃尔夫冈·赛勒特："'法官独立'和'法官法定'原则在德国的历史发展"，马红湘译，《南京大学法律评论》1997 年春季号。

② 〔德〕英戈·穆勒：《恐怖的法官——纳粹时期的法官》，王勇译，第 8 页。

③ 参见刘军宁："从法治国到法治"，刘军宁等主编：《经济民主与经济自由》（《公共论丛》第 3 期），生活·读书·新知三联书店 1997 年版，第 94 页。

级叛国罪被判处监禁 5 年，但实际上只服刑了半年。出狱后，希特勒领导纳粹党一方面继续在街头寻衅滋事搞暗杀，大搞恐怖活动，另一方面利用大萧条带来的经济混乱和日益高涨的民族复仇情绪加强宣传，积极参与议会选举，力争合法夺权。他们攻击低效无能的魏玛政府，鼓吹反共、反苏和种族主义，争取到上层阶级的财政支持，用"给所有人面包和工作"的美好许诺骗得下层阶级的信任，得票率逐年上升，议席不断增加。1928 年纳粹党获得 12 个议席，1932 年 7 月猛增到 230 个，虽仍未超过半数（总议席 608 个），但成为议会第一大党。1933 年 1 月 30 日，总统兴登堡按照宪法规定，任命希特勒为内阁总理，纳粹党控制了国家实权。

　　纳粹党之所以能够迅速壮大并最终攫取政权，与法官的祖护和纵容不无关系。在审判纳粹党的暴力刑事案件中，法官时常置法律于不顾，千方百计从法外寻找理由，为纳粹分子开脱罪责。例如，在 1930 年 9 月，施林格等三名军官企图在要塞驻军中建立纳粹组织，教唆士兵一旦发生纳粹暴动，不要向纳粹分子开枪，应当拒绝服从命令，甚至反戈一击，这显然属于煽动暴乱颠覆政府的犯罪行为，但最高法院强词夺理，声称三名被告具有"清白的过去""优良的美德"和"高尚的动机"，分别判处他们 18 个月监禁的轻微处罚。[1]法官们偏祖纳粹分子经常打出的幌子就是"保卫祖国"或"国家紧急状态"，结果把所谓的"国家利益"置于法律之上，严重损害了法律权威。那时，德国为洗雪"一战"惨败的耻辱，违背凡尔赛和约，秘密组建空军。为了防止机密泄露，军方谋杀了一名知情人，但事情意外败露，凶手受到司法调查。律师们以被告是代替政府采取"紧急自卫行动"为由进行了无罪辩护，这一理由被各级法院普遍接受，这等于承认了"保卫国家"可以构成谋杀的合法理由。再如，1932年 7 月 20 日，总统兴登堡借口"恢复普鲁士州范围内公共安全和秩序"，颁布命令，任命宰相弗朗兹·冯·巴本为普鲁士州专员，全

---

① 参见〔德〕英戈·穆勒：《恐怖的法官——纳粹时期的法官》，王勇译，第 17—18 页。

面接管该州政府，这一举措的目的在于打击以德国社会民主党为主导力量的普鲁士州执政联盟，而该执政联盟正是当时阻止纳粹上台的中坚力量。于是，普鲁士州政府向国事法院（根据《魏玛宪法》设立的负责解决联邦政府和州政府之间宪法争议的司法机构）提起诉讼，挑战总统令的合宪性。10月，国事法院做出裁定，确认了总统令的合宪性。这个裁定给予社会民主党以致命打击，为纳粹党夺权上台扫清了最大的障碍。

　　培根说过："一次不公的裁判比多次不平的举动为祸尤烈。因为这些不平的举动不过弄脏了水流，而不公的裁判则把水源败坏了。"① 上述不法判决破坏了法官理应竭力维护的法律秩序，使纳粹党看到了法律的软弱可欺，越来越肆无忌惮。希特勒出任总理后不到一个月，就蓄意制造了臭名昭著的"国会纵火案"，并以此为借口，取缔了共产党，然后制定了一系列具有宪法性质的不法之法。1933年3月23日，纳粹党采用欺骗拉拢、暴力威胁等非法手段，逼迫议会通过了"自废武功"的《授权法》，把议会的立法权、国家预算控制权、宪法修正权、国际条约批准权统统移交给了希特勒内阁，而且明确规定，内阁制定的法律由总理起草和公布，可以"与宪法有出入"。这部法律实际上颠覆了《魏玛宪法》和代议民主制，确认和肯定了纳粹极权制度和希特勒独裁政府，作为立法审议机关的议会从此沦为橡皮图章，甚至被弃之如敝屣。②

　　《授权法》颁布后，纳粹政府又接二连三地出台了一系列不法之法，其中最重要的是1834年《关于帝国最高领袖法令》。该法利用总统兴登堡的去世，宣布取消总统职位，把总理与总统合二为一，称为"国家元首"（Führer），由希特勒担任。这样，全部国家权

---

　　① 〔英〕培根："论司法"，《培根论说文集》，水天同译，商务印书馆1983年版，第193页。
　　② 从1933年到1939年，议会一共只举行过12次会议，"制定"了四项法律，即《联邦改造法》和三项纽伦堡法律。即使这区区四项法律在议会中也只是走个过场，除了希特勒发表演说外，议会没有对它们进行任何辩论或审议。

力集于一人手中。其他不法的宪法性法律大致分为以下三类[①]：一是确立一党独裁和党国体制的法律。如《禁止组织新政党的法律》（1934年7月14日）：在取缔了共产党组织后，该法又解散了社会民主党，宣布德国只允许唯一的政党即纳粹党存在，凡组织新党者，以谋反沦罪。《关于国家和政党统一法》（1933年12月1日）：该法规定纳粹党是公法上的团体，与国家不可分离，由此确立了党国一体化专制体制。《文官任用法》（1933年）：该法规定所有政府公务员、社会事业单位和政府投资在50%以上的企业职员、学校教员、军官和警察，都不允许由非日耳曼人、不认同纳粹意识形态者担任，这样，非纳粹人员和非日耳曼人被剥夺了担任公职或半公职的权利。《文职人员法》（1937年1月25日）：该法规定政府官员必须由纳粹党员担任，政府公务员必须效忠希特勒个人，包括法官在内的"政治不可靠"的官员必须撤换。二是确立中央集权的法律。如《各邦与国家一体化法律》（1933年3月31日）：该法改组了普鲁士以外的各邦议会，取消了各邦独立地位，宣布各邦主权归属中央。《各邦与国家一体化的第二个法令》（1933年3月31日）：规定纳粹有权根据中央政府的命令任免各邦政府特别是各邦行政长官。《联邦改造法》（1934年1月30日）：废除了联邦参政会；规定联邦政府有权修改各邦宪法，有权制定各邦法律；各邦政府隶属联邦政府内务部长指挥与监督。《联邦摄政法》（1934年4月）：规定在各邦设立"摄政"，"摄政"由总理任免，必须由各邦纳粹党魁担任，必须效忠希特勒。《德国总督法》和《乡镇法》（1935年）：由联邦政府派遣总督，作为地方政府的常驻代表，完全取消了地方自治。三是限制公民基本权利的法律。如《保护人民与国家法令》即《国会纵火案法令》（1933年2月4日）：该法宣布取缔集会和游行自由，取消人身、住宅不可侵犯、通信、言论、出版、集会等公民基本权利；死刑可以任意适用。

---

① 参见黄颖："'纳粹德国'法律现象之法理透视"，复旦大学2004年硕士学位论文，第9—10页。

通过以上不法立法,纳粹党彻底颠覆了魏玛共和宪政,确立了"一个民族、一个政党、一个领袖"的极权主义统治,给德国法治文明带来了毁灭性的灾难。

血腥的法律

极权主义是一种利用现代政党组织、官僚行政、传媒垄断和意识形态灌输等技术手段对社会实行全面控制的极端专制形式,是法治文明最凶恶的敌人。与过去的一切专制相比,极权主义具有两大显著特征:一是无孔不入的泛政治化。极权国家实为一个巨型利维坦,"既有力量也有动机去做到彻底毁灭所有子系统"[①],吞噬整个社会,政府权力的触角伸展到政治、经济、思想、文化乃至个人私生活等所有领域,具有总体的扩散性和弥漫性特征。二是无所不在的恐怖。恐怖虽是古今一切暴政的共同特征,但以往的恐怖仅仅用以威胁"正式反对者",而不威胁"没有政治观点的无害公民"。与此不同,极权主义是利用一切方式给全社会制造恐怖,不给异己分子保留任何存在的可能。在这里,恐怖不单是压迫和威胁政治反对派的手段,而且是"用以统治十分恭顺的民众"的工具。[②] 因此,极权主义"是登峰造极的暴政、是所有暴政中最强大的暴政"[③],而且具有反人类性——它不可能满足于一个国家的统治,而"企图征服和统治全世界,这是一条在绝境中最具毁灭性的道路,它的胜利就是人类的毁灭。无论在哪里实行,它都在开始摧毁人的本质"[④]。

不过,为了掩盖全面政治控制和暴力恐怖的本质,纳粹极权主义在形式上依旧披着冠冕堂皇的法制外衣。纳粹的上台就利用了《魏玛宪法》规定的议会制度和民众投票。上台之后,《魏玛宪法》名

---

① 〔美〕乔·萨托利:《民主新论》,冯克利、阎克文译,第228页。

② 参见〔美〕汉娜·阿伦特:《极权主义的起源》,林骧华译,时报文化出版企业公司1995年版,第640—648页。

③ 〔美〕乔·萨托利:《民主新论》,冯克利、阎克文译,第224页。

④ 〔美〕汉娜·阿伦特:《极权主义的起源》,林骧华译,"初版序",第3页。

义上仍然有效，尽管实际上已成废纸。后来，纳粹当局又陆续出台了一系列法律法规，立法和司法机关也都保留下来，并让其发挥一定的作用。然而不争的事实是，纳粹时期的立法"完全违背了法律的所有原则，而且使不公正的所有可能形式都显露了出来。它将自己碰到的这个法治国家弄成了一个完全意义上的'非法治国家'"①。因为在纳粹极权统治下，法律只不过是政治的奴仆、权力的玩偶，立法完全是"在法的外观下的恣意妄为"②，是纳粹意识形态的法律表达形式。其中，纳粹主义的四大核心原则是所有立法必须遵循的指导方针，它们是：第一，民族利益高于个人利益之上的国家至上主义原则。第二，德意志民族是优等民族，理应主宰世界，犹太人等是劣等民族的种族主义原则。第三，一党专政和党国一体原则。第四，领袖意志至上原则。

在上述政治原则的指导下，纳粹德国制定的许多法律具有维护极权、践踏人权的邪恶性质，散发着令人不寒而栗的血腥味道。这种恶法性质首先体现在反犹排犹立法上。1933 年 4 月，纳粹政府颁布第一个反犹太人法令——《抵制犹太人法令》，剥夺了犹太人的工作和生活权利。1935 年 9 月 15 日，纽伦堡纳粹党代表大会通过了《纽伦堡法》，规定犹太人或犹太混血儿是帝国的"首要敌人"，一旦血统确认，即剥夺其公民权、选举权和担任公职的权利。1938 年颁布了《犹太人财产申报令》和《关于出售犹太人财产的条令》，实际上变相地剥夺了犹太人财产权。

其次，纳粹法律之恶体现在"血统纯化"和种族灭绝立法上。纳粹当局借口维护德意志民族的"人种纯洁"，于 1933 年 7 月制定了《遗传病后代预防法》即《绝育法》，要求对患有遗传疾病（如先天低能、精神分裂症、抑郁症等）的个体实行强制绝育。1935 年 10 月，又颁布《婚姻卫生法》，禁止患有遗传性退化疾病的人结婚和生育，并推出了针对先天畸形婴儿的"T4 行动"（安乐死）计划。

---

① 〔德〕G. 拉德布鲁赫：《法哲学》，王朴译，法律出版社 2006 年版，第 207 页。
② 何勤华主编：《德国法律发达史》，第 38 页。

据不完全统计，1934 年 1 月至 1945 年 4 月，纳粹对 40 万属于"无生存价值"的人实施了强制绝育手术。在 1939—1941 年间，纳粹当局将数十万犹太人送往波兰等地的集中营，其中大部分惨遭杀害。1942 年 1 月，纳粹当局制定了灭绝犹太人的"最后解决"方案，数以百万计的犹太人、吉普赛人被推进了死亡的深渊，集中营变成了灭绝营。据纽伦堡法庭估计，从战前到 1945 年，欧洲共有 585 万犹太人即大约欧洲犹太人总数的一半和数十万吉普赛人惨死在纳粹种族灭绝的屠刀之下。

最后，纳粹法律之恶更广泛地体现在形形色色的特别立法上。在行政领域，1937 年的《公务员法》要求公务员必须"与纳粹世界观完全认同一致"，必须"对元首无条件忠诚"，公职人员的独立性和自由权利被剥夺净尽，变成了"元首在行政领域的政治军队"①。在经济领域，颁布了《卡特尔变更法》和《强制卡特尔法》，取消了对卡特尔的限制，加强了政府对企业的控制。还制定了《股权改革法》，取消了资本 10 万马克以下的股份公司，致使全部小企业的五分之一和上万家零售商店被消灭。在刑事领域，加大刑罚的残酷性，扩大刑法适用范围，模糊甚至取消了刑法与民法的界限。在1933 年时，德国可判死刑的犯罪行为只有 3 种，到 1943—1944 年时达到 40 种。在战前，出于备战需要，纳粹当局就把刑法用作干预经济生活的主要手段。战争爆发后，"把刑法适用的范围扩大到了极点、把刑罚规定得严厉到了极点，同时把刑法的使用'灵活'到了极点"②。例如，1939 年的《战争经济法》和 1940 年的《限制性配给产品管理法》，把违反消费管理规定、破坏劳动纪律、规避配给证制度以及伪造证件、诈骗等行为，统统都列入战争经济犯罪之列。其中，对违反消费管理法、军备管理法的行为可以判处从罚款 3 马克到死刑的任何惩罚。

---

① 参见〔德〕英戈·穆勒：《恐怖的法官——纳粹时期的司法》，王勇译，第 76 页。

② 黄颖："'纳粹德国'法律现象之法理透视"，复旦大学 2004 年硕士学位论文，第33 页。

堕落的法律职业

按照逻辑，法律职业者本不该与纳粹政权同流合污，因为他们受过专业训练，惯用法律思维，尤其是擅长思辨论证的德国法律人，理应是抵制恶法暴政、维护自由法治与公平正义的中流砥柱。然而，令人遗憾的是，那时德国能够坚守法治与正义的法律职业者可谓凤毛麟角[①]，绝大多数法律人与纳粹政权沆瀣一气，堕落为极权统治的工具。当然，他们中的不少人并不是坚定的纳粹主义者，有些人是因为政治高压而被逼为娼，但相当部分是出于主观认同或政治投机，主动委身于纳粹怀抱。如前所述，法官的偏袒曾经是纳粹上台的罪魁之一。此后，法律职业者扮演了更为可耻的角色。正是这些身披法袍、手执法槌的法律卫士们，在 1933 年 10 月的莱比锡上演了可耻而又可怕的一幕：一万多名法官肃立于最高法院门前，一起高举右臂行纳粹礼，在"嗨，希特勒"的声浪中"以德国人民的精神起誓"，将希特勒"作为德国法官终生追随的元首"[②]。也是他们，通过严谨缜密的逻辑推理，为纳粹的每一种恶法暴政提供正当性理由，其中包括为《纽伦堡法》进行合法性论证，致使惨绝人寰的种族灭绝计划得以明目张胆地实施。同样是他们，盗用法律的名义，通过貌似公正的法庭审判，"像擦拭武器一样细致地、恪尽职守地完成一次次恐怖的命令"[③]，心安理得地充当纳粹的杀人机器。

纳粹时期法律职业的整体性堕落在人类历史上是罕见的。出现这种现象，既有客观上的政治体制原因，也有主观上的思想理论根源。

---

① 律师汉斯·利滕（1904—1938）是极少数坚守法治与正义原则的法律人代表。在 1931 年 5 月 8 日"埃登舞蹈宫纳粹伤人案"的庭审中，27 岁的利滕担任辩护律师，希特勒作为证人被传唤出庭。面对如日中天的纳粹巨头，利滕凭胆识与智慧，盘问了三个小时，揭露了纳粹高层纵容甚至指挥冲锋队员所犯的暴力罪行，令希特勒理屈词穷丑态百出。怀恨在心的希特勒于 1933 年将利滕关进集中营。在受尽党卫军五年折磨后，利滕于 1938 年 2 月 5 日自杀身亡。

② 参见〔德〕英戈·穆勒：《恐怖的法官——纳粹时期的司法》，王勇译，第 33—34 页。

③ 〔德〕英戈·穆勒：《恐怖的法官——纳粹时期的司法》，王勇译，第 4 页。

就前者而言，垄断一切的纳粹极权政府上台伊始就对司法系统中的异己力量进行了全面大清洗，剥夺了法律职业者依法独立思考和行为的任何权利，不允许司法享有丝毫独立空间。最先遭到清洗的是警察系统。早在1932年夏天，戈林就控制了普鲁士的警察权。希特勒就任总理后，立即任命纳粹党人弗里克为内政部长即公安部长，任命戈林为不管部长兼普鲁士政府内政部长。因为德国警察归邦一级内政部长管辖，戈林遂成为握有实权的警察首脑，主管包括首都柏林在内的国家治安。1933年3月，纳粹冲锋队在利用恐怖手段控制议会选举的过程中，接管了德国大部分城市的警察权。此后不到一年，迅速完成了对警察系统中自由民主分子的清洗，解除了数百名警官的职务，将警察部队改造成了忠于纳粹当局的别动队。在此后的十几年内，警察一直凌驾于法官和律师之上，稳居司法系统之首。

随后是对检察系统的清洗。如同法国一样，德国的检察官隶属于公务员系列，可以随时被勒令退休而无须任何解释，因而习惯于唯上是从和服从政治需要。所以，德国的大部分检察官都是纳粹党的狂热支持者，只有少数人因政治原因被清除，检察系统很快便完成了纳粹"一体化"。

德国的法官在政治上一向较为保守，但并未因此而逃脱被清洗的厄运。在"国会纵火案"后不到两个月，清洗法官运动就在反犹太主义的旗号下拉开帷幕。司法部在1933年4月1日下令将所有犹太人法官停职，随后又于4月7日颁布《公务员复职法》，宣布将所有属于犹太人、社会民主党或其他"政治上不可靠"的法官永久性免除公职。根据这部法律第3条规定，如果法官不能保证站在纳粹国家的立场上，则应随时将其免职。尽管当时担任司法部长的居特纳只是一个名义上的纳粹分子，对清洗工作不是很积极，但仍有大批法官被驱逐。据统计，仅普鲁士一邦被解职的法官就多达643人。[1]1941年居特纳逝世后，代理司法部长施勒格贝格尔竭力讨好

---

① 参见〔德〕英戈·穆勒：《恐怖的法官——纳粹时期的司法》，王勇译，第32页。

希特勒，加大了清洗力度，包括某些执法不够严格的法官也被撤职。1942 年 8 月 20 日，希特勒任命对他言听计从的蒂拉克为司法部长，并发布命令，授权蒂拉克"不受现行法律的约束"，"建立国家社会主义的司法制度"。在此后的几个月里，法官队伍彻底实现了纳粹"一体化"。原来作为法官自治组织的各邦法官联盟纷纷表态，拥护希特勒政府，并入新成立的纳粹法官联合会。[①] 曾几何时，把司法独立奉为信条的德国法官们几乎毫无抵抗地归顺了纳粹政权，加入了肆意践踏法治的罪恶行列。

作为自由职业者的律师在 19 世纪末 20 世纪初的德国一度出现"短暂的春天"，在魏玛时代甚至扮演过"民主中流砥柱"的角色。1933 年，全国注册律师人数达到 19 000 多人，其中近四分之一是犹太人。在大城市，犹太人律师远高于这一比例，如柏林在 1933 年犹太人律师比例为 60%。[②] 对此状况，纳粹政府是不会容忍的。希特勒上台后，立即发动了为期 5 个月的律师"整肃"运动，剥夺了非雅利安人的律师资格。1938 年 9 月 27 日的《德国公民法第五实施条例》，取消了所有残留的非雅利安人律师的执业权，只允许他们担任犹太客户的法律顾问，不得行使与律师类似的职能。经过几番清洗，律师总数到 1939 年减至 14 800 人。[③] 犹太人律师原有 4 394 人（1933 年），到 1938 年时全部被清洗。[④] 对于保留执业权的律师，政府要求必须像法官和其他帝国公务员一样，宣誓"效忠德国和德国人民的领袖希特勒"，把服从"国家利益"放在首位。1943 年，政府取缔了律师职业自己的惩戒机构，对律师行为的监督权转交给了负责监督法官的惩戒法庭，该法庭直接适用管理公务

---

① 参见〔德〕英戈·穆勒：《恐怖的法官——纳粹时期的司法》，王勇译，第 32—33 页。
② 参见上书，第 54 页。
③ 参见朱文俊："德国律师制度的产生与发展"，西南政法大学 2009 年硕士学位论文，第 18 页。
④ 参见宋冰编：《读本：美国与德国的司法制度及司法程序》，中国政法大学出版社 1998 年版，第 237 页。

员的法律裁决律师违规违纪行为。上述整肃措施根本改变了律师的自由职业者角色和功能，他们不再是诉讼中一方当事人的代理，而是作为"法律战线上的战友"①与法官、检察官站在一起。所以，在庭审中律师往往与控方串通一气，成为事实上的第二起诉人，如在被控参与谋杀希特勒的霍普纳将军的审判中，辩护律师明确表示对其行为的憎恶，并公然要求法庭判处其死刑。②

纳粹的清洗还延伸到法学教育界。1932 年，120 名法学教授因种族原因被解职，占到了全国 378 名法学教授中的三分之一。1933年 4 月 7 日，所有犹太人和具有自由主义倾向的法学教授都被赶出了大学，取而代之的是具有"民族主义情感"的年轻教员。到 1939 年，德国法学院中三分之二的教师是 1933 年后新任命的。此间，许多进步学者被迫流亡国外，其中包括著名物理学家爱因斯坦。

除了组织大清洗和政治高压外，学术理论界的推波助澜也是导致司法系统整体堕落的一个原因。19 世纪哲学家黑格尔的国家至上论③和尼采的超人哲学，④不仅为希特勒所利用，成为纳粹意识形态的重要理论来源，也对德国法律职业者乃至德国人民的价值理念和思维方式产生了深刻影响。20 世纪 20—30 年代，在纳粹崛起的过程中，许多学者自觉不自觉地被纳粹意识形态所同化，成为纳粹主义的追随者和吹鼓手。其中，哲学家海德格尔和法学家卡尔·施密特堪称他们的代表。

---

① 〔德〕英戈·穆勒：《恐怖的法官——纳粹时期的司法》，王勇译，第 59 页。

② 参见上书，第 61 页。

③ 黑格尔宣称国家是一种理念和"客观精神"，强调"人们必须崇敬国家，把它看做地上神物"；宣扬国家就是一切，个人只有成为国家成员才具有客观性和现实性，才成为真正的人；个人利益只有结合国家利益才能得到承认。所以，国家对于个人拥有绝对至上的权力，个人必须服从国家。参见〔德〕黑格尔：《法哲学原理》，范扬、张企泰译，第336 页。

④ 尼采从反对基督教对人的个性压制与摧残出发，歪曲达尔文的进化论，宣称一切物种都会创造出超越自己的东西，人也必然进化到超人。超人是具有超常潜能、注定主宰平庸之辈的人，是规范与价值的创造者和天生的统治者，他们不受任何规则限制，为人类立法，他们的意志就是法律。参见北京大学国际政治系政治学教研室：《西方政治思想史原著选编》，北京大学出版社 1983 年版，第 281 页。

海德格尔是弗莱堡大学校长，1933 年加入纳粹党，成为纳粹德国红极一时的御用理论家。他是存在主义哲学的创始人，认为存在与时间密不可分，人不只出现在历史中，人本身就是历史的。他宣称，自由资本主义时代已告终结，只有日耳曼人的精神复兴才能把西方从持续的虚无主义没落中挽救出来。他还呼吁大学摒弃学术自由，鼓吹"领袖本人而且他一个人就是活生生的、本来的德国现实及法律"，并相信希特勒的历史使命正是实现他自己所想象的某种精神变革。

施密特是大学教授，政治嗅觉灵敏，善于见风使舵，是一个典型的机会主义政治法学家。他早年曾反对纳粹主义，1933 年转而参加纳粹党，并迅速成为政府首席智囊，有"纳粹桂冠法学家"之称。他认为，国家以政治为前提，政治则以界分敌友为核心。他承认，在常态国家中，法律占据主导地位，秩序是靠法律来维持的。但同时又强调，政治高于法律，法律是政治的产物，是为政治服务的，"任何法律秩序均建立在（政治）决断之上"。[①] 在他看来，立法本身就是政治决断的实现形式，司法也离不开政治决断，虽说法官判案依据法律，但法官不是自动售货机，因为任何法律规范都与法律现实之间存在"缝隙"，法官在判决中不可避免地加入某种决断因素。[②] 而在例外情况下，政治决断本身就是最高法律，其典型表现就是紧急状态令。施密特不否认紧急状态令意味着法律的终止，但这种终止不影响紧急状态令的正当性。他解释说，法律分"宪法"和"宪法律"两个位阶，前者高于后者，后者只是前者的具体实现。[③] 紧急状态令所终止的只是"宪法律"，而不是"宪法"本身。而且，终止"宪法律"的目的恰恰是为了维护真正的"宪法"，亦即通过非常手段以度过危机，保存国家和社会的基本秩序。以此为根据，

---

① 〔德〕卡尔·施米特：《政治的概念》，刘宗坤等译，上海人民出版社 2004 年版，第 9 页。

② 参见张旺山："施密特的决断论"，《人文及社会科学集刊》第 15 卷第 2 期。

③ 参见〔德〕卡尔·施米特：《宪法学说》，刘锋译，上海人民出版社 2005 年版，第 84—85 页。

施密特顺理成章地称颂 1933 年《授权法》为"第三帝国临时宪法"。施密特的这套政治宪法学说为魏玛后期频频颁布紧急状态令和纳粹时期紧急状态的常规化提供了合法性依据。他还直言不讳地鼓吹纳粹主义和领袖至上论，声称"今天整个的德国法律……必须完全地、惟一地接受纳粹主义精神的指导……任何诠释都应与纳粹主义相符"①；并旗帜鲜明地反对司法独立，宣扬政治至上、元首是"最高的司法"。他说：

> 法官的独立性并不意味着独立于政治领导。因为一个法官如果拥有自己的、独立于政治领导的权力，他将会发展成为敌人或敌人的工具。②

> 当元首在危急关头利用其元首地位，作为最高法官直接创制法律，这就是在最严重的滥用面前维护了法律。真正的元首一直就是一个法官，从元首权中产生出法官权，谁要是将这两者分割开来或对立起来，谁就将法官要么成为敌对元首，要么成为对敌元首的工具……在现实生活中，元首的行为是法院的行为，元首的行为不在司法之下，它本身就是最高的司法。③

其实，海德格尔和施密特只是德国学术界纳粹化的一个缩影，那时德国的大学教授特别是法学教授，实际上都已程度不同地沦为了纳粹的理论工具，他们通过开设讲座、著书立说，批判自由法治，鼓吹所谓"法律新思维"。例如，法学教授威廉·沙厄撰文肉麻地"赞美伟大的元首，我们的指路明灯，是他将德国人的灵魂顺利地

---

① 〔德〕英戈·穆勒：《恐怖的法官——纳粹时期的司法》，王勇译，第 63 页。

② 〔德〕沃尔夫冈·赛勒特："'法官独立'和'法官法定'原则在德国的历史发展"，马红湘译，《南京大学法律评论》1997 年春季号。

③ 郑永流：《法治四章——英德渊源、国际标准和中国问题》，第 125 页。

从黑暗引向光明，将它引向胜利的殿堂，引向上帝"①。在刑法学领域，纳粹思想的毒害尤为严重，许多早已得到公认的基本原则，诸如罪刑法定、禁止溯及既往、法律的明确性、法官独立审判等，统统受到质疑和批判，无数的所谓新方法、新理念，诸如"罪犯类型""本质违法""创造性解释""立法者的意志""国情原则"等伪科学概念纷纷出笼。纳粹刑法专家们竭力宣扬，"刑法最根本、最重要的价值就是作为保存和捍卫国家权力的手段"；"过去的自由主义法治国，根本上将对个人自由和国家权力的裁判交给独立的法官行使，在今天，这两项原则早已过时"；"在纳粹主义领袖国家中，法官绝非凌驾法律之上的主宰，（法官）不得拒绝服从同时兼任立法者的政治领导（当局）的命令"；②刑法的关注重点不是"法律规则的明确性，而是实质的公正"；刑法研究不应致力于"划清罪与非罪的界限"，而应努力"使这一界限尽量模糊直到完全抹杀"。施密特甚至提出，在某些特殊案件中，程序规范不仅多余，而且有害，"在判决政治犯罪时，规范和程序的运用只能意味着束缚元首的手脚，有利于反抗者"。③基尔大学刑法教授诶里希·施文格则提出"宇宙目的论方法"，鼓励法官确定某一法律隐含的意识形态"意旨"，并用此"意旨"来任意解释法律条文。有人甚至借口法律规范无法覆盖所有可能情形，建议废除刑法，认为"抛弃对具体犯罪的定义，向法官提供几条指导原则供其根据犯罪行为的性质去具体运用会更好"。④由是观之，穆勒所言"在第三帝国法律崩溃的过程中，德国的大学教授起了至关重要的作用"⑤，的确不无道理。

---

① 〔德〕英戈·穆勒：《恐怖的法官——纳粹时期的司法》，王勇译，第63—64页。
② 郑逸哲："德国刑法学者与纳粹主义"，http://www.reocities.com/CollegePark/Library/1933/Professor.htm，最后访问时间为2014年9月24日。
③ 〔德〕英戈·穆勒：《恐怖的法官——纳粹时期的司法》，王勇译，第68—69页。
④ 参见上书，第74、69页。
⑤ 同上书，第61页。

恐怖的法院

希特勒上台后，为把司法改造成纳粹的镇压工具，在清洗法官队伍的同时，对法院系统也进行了大幅度调整。各邦最高法院和区法院以及治安警察、监狱、拘留所等依旧保留，但其管辖范围大为缩小。司法权主要集中于经过改造或新设的帝国最高法院、国民法院、特别法院和各种专门法院，以及由冲锋队、党卫队、盖世太保、德国中央保安局，及其附属设施集中营等组成的法外暴力恐怖组织手中。

最高法院是上诉法院，它有权以纠正"不公正判决"的名义，推翻下级法院的判决。那时的上诉方式包括无效请求和特别申诉两种。无效请求即请求最高法院将案件发回重审，在形式上与传统的上诉有些类似。对于无效请求，最高法院有三种选择：一是驳回上诉，二是发回原审法院重审或交由另一法院重审，三是接受上诉由自己重审。特别申诉由检察官代表元首提起，一旦提起特别申诉，原判即告无效，另由最高法院特别法庭即"元首法庭"审理。与正常情况下的上诉通常由被告人提起不同，纳粹时期的上诉绝大多数是由公诉方提起的，最终结果大多量刑进一步加重。据统计，在总共21起特别申诉中，只有一个案件胜诉，两个案件加重了刑罚，14个案件改判死刑。在最高法院第三刑事庭受理的437个无效请求中，只有四分之一胜诉，其余四分之三量刑都被加重。[①] 例如，在德国占领的布拉格，两名捷克公民偷了一些配额券倒卖给他人，布拉格特别法院于1941年11月7日以"轻微罪行"分别判处两人8年和7年有期徒刑，地方法官沃尔夫岗·弗兰克向最高法院提起无效请求，最高法院将案件发回重审，并指示"必须考虑是否应判处最高刑死刑"，结果，这两个捷克人被认定为"情节特别严重"而改判死刑。

---

① 参见〔德〕英戈·穆勒：《恐怖的法官——纳粹时期的司法》，王勇译，第118—119页。

最高法院总是利用其上诉审判权对法律条例作扩大化解释，并为下级特别法院确立法律适用原则。例如，纳粹当局颁布的《社会蠹虫条例》规定，侵犯生命、肢体和财产的罪行和"其他犯罪"应视为"社会蠹虫"，其中对"其他犯罪"的具体内容未作任何说明。鉴于条例列出的几项具体犯罪都可判死刑，"其他犯罪"应当仅指严重犯罪，最初最高法院也是这样解释的，但后来不断扩大，最后甚至把一些轻微的自诉案件也包括其中，致使本已十分严峻的法律更加残酷。例如，赛根地方法院审理的一个案子，一名男子被指控以不体面的方式向一位已婚妇女写信求婚，被告上法庭。此类行为通常仅仅构成侮辱罪，只需缴纳一小笔罚款即可了事，但法院认定被告"利用了战时的特殊情况"，将其定性为"社会蠹虫"，判处死刑。在另一案件中，过失罪也被纳入了"社会蠹虫"范畴：一名男子搭坐他人的车，不幸发生车祸，肇事车主逃逸，地方法院认定这位男子未阻止车主逃跑而犯了"不协助罪"，是"社会蠹虫"，最高法院肯定了这一结论，理由是该男子的"犯罪行为表明其对民族的态度"，证明他已"成为民族的敌人"[1]。

然而，在面对纳粹官员犯罪时，最高法院却温情脉脉，千方百计为被告辩解，掩饰其犯罪行为。例如，在 1934 年 6 月 30 日，德国北部某城堡的冲锋队与驻守当地的海军发生争执，一名冲锋队军官用匕首刺死了一名水兵。由于该水兵当时手中没有任何武器，冲锋队军官不属于正当防卫，地方法院判决该军官犯有谋杀罪。而最高法院却援引《冲锋队公务条例》推翻了这一判决，认为被告"不仅有权……而且确实有义务维护他体现的与被赋予的指挥权的尊严和利益"，因而刺杀是"合法"的，宣布被告无罪。

最高法院以其随心所欲的法律解释为下级法院树立了恶劣榜样，各邦法院普遍成为纳粹党国的政治附庸，或者将纳粹党的利益等同于国家法律，或者将纳粹党的需要置于法律之上。例如，在普鲁士，

---

① 参见〔德〕英戈·穆勒：《恐怖的法官——纳粹时期的司法》，王勇译，第 122 页。

一名男子佩戴了一枚假的纳粹党徽，尽管他从未从中牟取任何利益，法院还是判其"欺诈罪"。而对于司法不公的任何不满和批评都将受到犯罪指控。在一个案件中，一名牧师在结束布道时要求群众为一名教徒祈祷，说这位教徒"自 1937 年 2 月 2 日一直被拘留，尽管对他的起诉已被撤回"，法院抓住"尽管"二字大做文章，判处这位牧师"扰乱社会秩序罪"，理由是"将这两个句子连接起来是指桑骂槐地对应予释放却仍拘留人的行为进行批评"。[①]

最高法院和各邦法院毕竟是常规法院，不得不披着法律的遮羞布，这对于纳粹当局来说总归是个束缚。为了能够无拘无束地为所欲为，纳粹政府组建了两个抛掉一切法律伪装的非常规法院，其中之一是国民法院（Volksgerichishof）。该法院的建立与"国会纵火案"的审判结果有着直接关系。在那次审判中，由于找不到有效证据，释放了四名共产党被告中的三人，只有荷兰人范·德·卢勃由于招认而被判有罪，这事使希特勒和戈林大为恼火。于是不出一个月，在 1934 年 4 月 24 日通过一项法令成立了国民法院，设在柏林法院内。起初，该法院仅管辖叛国罪、攻击帝国元首罪、严重破坏军事设施罪、暗杀或企图暗杀国家和政府首脑罪等政治性案件，后来扩及普通刑事案件，其地位超越最高法院之上。法院初建时由两名法官和五名纳粹党与冲锋队官员及八名职员组成，后来人员逐步增加，到 1939 年以后，专职法官达到 34 名，义务工作人员达到 173 人。这些义务工作人员都是受过特殊政治训练的"专家"，来自军队和纳粹党各个部门。

国民法院始终把"消灭第三帝国的所有敌人尤其是共产党和社民党"奉为己任，是一个地地道道的政治法院。国民法院副院长卡尔·恩格特和高级检察官直言不讳地宣称，国民法院的目标不是不

---

① 参见〔德〕英戈·穆勒：《恐怖的法官——纳粹时期的司法》，王勇译，第 126 页。

偏不倚的司法公正，法官们首先要当好政治家，其次才是法官。[①]国民法院的法官被希特勒特别恩准穿戴原本最高法院大法官专用的红色法官袍，审案秘密进行，类似于战时的临时军法审判，法官身后悬挂的不是国徽和国旗，而是弗里德里希大帝和希特勒的画像以及纳粹党党旗，一幅阴森恐怖的景象。

审判的政治性和秘密性使国民法院成为凶狠残暴的代名词，被告大多被判处死刑。尤其是 1936 年提拉克担任院长以后，国民法院做出的死刑判决急剧上升。提拉克曾任萨克森最高法院副院长，是希特勒的心腹法学家，最擅长运用法律来满足"元首"的政治需要。经他之手制造的一个典型冤案是埃里亚斯案。1940 年，德军占领法国，获得了捷克流亡政府文件，发现埃里亚斯与捷克流亡领袖有联系，但证据少的可怜。为达到置其于死地的目的，提拉克勾结曾任安全局局长的哈特·海德里希，不按宪法规定由检察院提起公诉，而由党卫军提起诉讼，审判也不在法院内而在布拉格的党卫军警卫队总部进行。尽管主要指控都是捕风捉影，但在仅仅四个小时的审判后，埃里亚斯就以"通敌"罪被判处死刑。在战争期间，《军事法条例》第 5 条"破坏士气"罪成为国民法院草菅人命的惯用借口，但凡发表不利于战争或怀疑德国必胜的言论，不管是在公共场合还是与亲友交谈中，一律处以极刑。一位商人因私下言辞侮辱了戈培尔和戈林被处死，理由是"任何政治言论原则上都应视为公开言论"；荷兰钢琴家因在朋友的母亲家中用餐时称希特勒"残暴、病态、疯狂"，被指控为"援敌"和"破坏士气"而被判处死刑。在对 1944 年 7 月 20 日暗杀希特勒未遂案的大清算中，国民法院扮演了最重要的角色。施陶芬伯格等四名军官当晚即被枪决，数千名所谓"叛乱者"和"知情不报"者被捕。为避开军事人员犯罪应由军事法庭审判的法律规定，纳粹临时成立军事"荣誉法庭"，将涉案军人开除军籍，这样就排除了国民法院管辖权上的障碍。第一次审判于 1944 年 8 月 7 日进行，

---

① 参见〔德〕英戈·穆勒：《恐怖的法官——纳粹时期的司法》，王勇译，第 129 页。

庭审前嫌犯遭到盖世太保的严刑拷打。庭审由弗莱斯勒担任主审法官，所有其他出庭者，包括被告、指定的辩护律师、公诉人和其他法官同事，都形同虚设。第二天，叛乱者被判死刑，并被挂在普吕成河监狱的猪肉钩上。随后又对所谓同情暗杀行动者展开新一轮审判，一位女士只因对暗杀"元首"行动的失败表示遗憾也被判处死刑。

另一非常规法院是特别法院（Sondergericht），设立于1933年3月21日，初设时共21个，每个上诉法院区一个，1940年增加到45个。特别法院下设若干法庭，如柏林特别法院共有9个法庭。每个法庭由3名法官组成，他们必须是可靠的纳粹党党员，审判不用陪审团。特别法院本来仅仅管辖"阴险攻击政府"的政治案件，但1938年之后成为刑事司法的核心。1943年时三分之二的刑事案件是由特别法院审理的。

特别法院的可怕之处在于，作为主导地位的刑事法院不注重对刑法的精确解释和对犯罪构成要件的分析，只是简单地将犯罪分为几种类型，采用"从快从重"的特殊诉讼程序，用当时最高法院法官奥托·施瓦茨的话说就是，"通过以最小的代价、最快的速度和尽可能彻底的刑罚来惩罚犯罪"，故而被称之为"国内战线的即决法院"。1940年的一份半官方评论把特别法院的审判对象归纳为以下五种：国家的政治和军事敌人；经济寄生虫；社会蠹虫；破坏性的袖手旁观者；日常生活中的寄生虫。"检察院被授权在他们认为必要之时将任何人归于其中某一类。"① 该法院审理案件无视司法的形式规范要求，无须进行审前调查和确认指控是否合理；辩护律师无权要求控方出示证据，法官有权自行决定证据的采纳；判决一经宣布即时生效，被告无权上诉。

在最简单的程序和从重处罚的原则下，特别法院对于任何被告都不可能"心慈手软"，从而成为纳粹政府的恐怖机器。例如，

① 〔德〕英戈·穆勒：《恐怖的法官——纳粹时期的司法》，王勇译，第143页。

1944 年 3 月 24 日，邮差格奥格·豪普夫途经一处被炸弹击中而引起火灾的房屋时，协助救援人员抢救出大批物资，由于豪普夫整夜滴水未进，饥肠辘辘，便顺手牵羊拿了一根香肠和一瓶香水，特别法院遂以抢劫罪判处他死刑。设立在德国占领区的特别法院尤为凶残。在波兰，刑事法规只规定了两种处罚方式，集中营和死刑，判决书也不用说明法律理由。法官们还炮制出了"心理支持"即可判处武装叛乱罪而处以死刑的荒谬理论。更荒唐的是，一个波兰农民因"非法屠宰"了一头猪而被判处死刑。1941 年 12 月 12 日纳粹当局下达了"夜幕法令"（秘密失踪），采用流水线方式"夜幕"审判被告，事前不让被告知道被指控的罪名，辩护律师很少能获准进入法庭，审判无记录，被处死的被告也不留姓名，所以罹难人数无案可查。但从以下两个数字可见一斑：在埃森特别法院，1944 年 3—4 月判决了 1 578 名"夜幕"被告；在比利时，1944 年 9 月 1 日一天内特别法院就审判了 30 名"夜幕"被告。

据德国民主共和国发表的《褐皮书》，纳粹法院一共做出了 8 万宗死刑判决，其中 80% 都被执行了，英戈·穆勒认为这个数字比较接近事实。[1] 如果跟同时期其他法西斯国家稍加比较即可发现，纳粹法院的凶残性是无与伦比的：在意大利，1931 年恢复死刑后约有 150 个死刑判决；[2] 在日本，1925 年《安全法》颁布后，被捕人数是 6 000 名，但受到起诉的人数不到其中的 10%，而被日本军事法庭判处死刑的人只有两个。[3]

狰狞的秘密警察

但凡法治国家，警察系统无不位居法院之下，受到法律的有效

---

① 参见〔德〕英戈·穆勒：《恐怖的法官——纳粹时期的司法》，王勇译，第 183 页。

② 参见"纳粹司法理论"，http://sharh2.myweb.hinet.net/hitler_wab/09/09_5.htm，最后访问时间为 2014 年 10 月 11 日。

③ 参见〔德〕英戈·穆勒：《恐怖的法官——纳粹时期的司法》，王勇译，第 184 页。

制约，特别是在英美法等国，警察只是法院的仆人。但在专制国家，警察系统普遍高居法院之上，法院无力对其进行有效制约，这一区别可以视为专制与法治的标识之一。纳粹德国的警察系统不但凌驾于法院和法律之上，而且可以任意行使刑事司法权，其中，最为凶残恐怖的当属秘密警察盖世太保（Gestapo）及其附属设施集中营。

纳粹执政后，戈林以普鲁士邦内政部长的身份接管了该邦警察局，他把政治警察、谍报警察和刑事警察中的政治性部门合并，组成秘密警察处，简称盖世太保。1934年4月，希姆莱出任盖世太保首领，党卫军保安处处长海德里希任副首领。1936年6月，希姆莱成为德国警察总监后，盖世太保迅速向全国发展，控制了社会各个领域以及德占区，专职密探多达3万余名，还有数倍于此的兼职密探和大量附设机构监狱和集中营，控制了德国社会的各个领域和德占区。盖世太保为所欲为，无恶不作，大肆迫害犹太人和进步人士及无辜民众，将第三帝国变成了一个阴森恐怖的警察国家。

盖世太保最让人不寒而栗的权力是"预防性逮捕权"，即无须任何法律依据和程序，更无须法官认可，即可在任何时间和地点把任何它认为的"政治敌人"逮捕法办，送进监狱或集中营，还美其名曰"保护性监禁"，有时甚至把法院宣布无罪或刑满释放的政治犯人从法庭上直接带走。对于这种肆意践踏法律的野蛮做法，司法部最初曾经提出过抗议，指责"保护性监禁"是违背正当程序的非法行为，但盖世太保首席法律顾问瓦尔纳·贝斯特博士却以嘲笑的口吻回应说："只要警察是在执行领导上的意志，它的行动就是合法的。"[①] 在强权面前，司法部长被迫屈服，于1933年5月指示各法院将政治犯人的名单在其刑满释放前的四周交给警方，由警方决定"是否需要采取保护性措施"[②]。

一旦作为罪犯落入盖世太保手中，便成为任人宰割的砧上俎肉。

---

① 〔德〕英戈·穆勒：《恐怖的法官——纳粹时期的司法》，王勇译，第161页。
② 同上书，第162页。

德拉律在《盖世太保史》一书中写道：

> 逮捕后约 10 天举行首次审讯。叫被捕者开口说话的方法倒
> 是千篇一律的，被捕者跪在一块尖角的木头上，施刑者则坐在
> 他的肩膀上，或者把他的双臂反绑着吊起来，直至他昏迷过去；
> 或者对他拳打脚踢，用皮鞭子抽，如果他失去知觉，就用水浇，
> 直至他恢复知觉。刑法还有锉掉牙齿的，拔指甲的，用香烟有
> 时甚至用焊灯烧的。有时也使用电刑，把通上电流的电线接到
> 人体最敏感的部位。他们用剃刀切开脚掌，然后强迫受伤者在
> 盐上走路。把浇有汽油的棉花夹紧在囚犯的足趾之间，然后点
> 火。"浴缸用刑"的方法是：把反绑着双手的牺牲者放进一只
> 储存冰水的浴缸里，然后把他的头撳到水下接近淹死，最后一
> 刹那再拉着他的头发拖出水面。如果不幸者这时还不愿意说话，
> 那么立即把他的头再次撳入水中。[①]

所以开庭时，许多被告声称其供词是严刑逼供的结果。最初遇到此
种情景，法官还觉得有些尴尬，后来习以为常，并由司法部高级法
律顾问协同盖世太保制定了"标准刑棍"，这一协议实际上将盖世
太保的刑讯逼供合法化了。

纳粹时期建立了上千座集中营，专门用于关押迫害犹太人和政
治犯人。其中，最臭名昭著的是慕尼黑附近的达豪集中营和波兰南
部的奥斯维辛集中营。集中营中建有用于大规模屠杀和进行人体试
验的毒气室、尸体解剖室和焚尸炉，酷刑有禁闭、鞭笞、勒颈等。
有专用列车每天把成千上万的犹太人、囚犯和战俘送往集中营，其
中大多数人惨死在里面。在达豪集中营，先后关押过 21 万人，其中
3.2 万人被迫害致死或遭枪杀。奥斯维辛集中营共监禁过数百万人，
其中有约 110 万人死于非命。集中营处决囚犯有三种方式：绞死、

---

① 〔法〕雅克·德拉律：《盖世太保史》，黄林发、萧弘译，上海译文出版社 1984 年
版，第 295 页。

朝项颈开枪或送毒气室。在奥斯威辛，14 至 16 岁的孩子、50 岁以上的老人以及病人和没有劳动能力者，一进集中营便立即被送进毒气室，其他人分配到各个劳动营里服苦役。毒气室像个浴室，囚犯被赶进里面，站立着直到挤满为止，此时各道房门自动关闭，毒气从屋顶注入室内，几分钟后里面的人便窒息身亡，然后由犹太囚犯将尸体拖出送往焚尸炉。奥斯维辛集中营曾创造过一天毒死 6000 人的记录。惨无人性的纳粹分子甚至在焚尸前剥下纹身人的皮肤制做灯罩，剪下女人的长发编织地毯。苏联红军占领奥斯维辛集中营时发现了 7 吨梳剪整齐的头发，这意味着至少 14 万妇女惨遭杀害。

在盖世太保无孔不入、肆无忌惮的淫威下，什么法律尊严、司法独立、自由权利，统统荡然无存。虽然也有个别法官不愿助纣为虐，但刚直不阿的法官寥若晨星。就法官职业整体而言，纳粹时期的司法系统不再是正义的堡垒、自由的卫士，而沦为权力的爪牙、暴政的工具，致使德国及其占领区笼罩在一片血色恐怖之中。

六、重建自由法治国

纳粹的极权统治是德国乃至人类法治文明史上的一场浩劫，所以第二次世界大战的结束对于德国来说，既是失败，也是解放和重生。"二战"结束后，德国人民和国际社会一道痛定思痛，对这场历史浩劫进行了认真清算和反思，推动德国踏上了自由法治国的正确轨道。

清算纳粹恶法暴行

早在"二战"结束之前，反法西斯同盟国的领袖们就开始计划战后对德国的处理，多次表示必须清算纳粹恶法暴行，根除纳粹主义，以防止世界大战再次爆发，维护国际和平与法治秩序。1942 年 1 月 13 日，同盟八国伦敦联络会议确定了通过司法手段惩罚战犯的方针。1943 年 10 月，苏美英三国外长在莫斯科会议上宣告：战犯"将被解回犯罪地点，由他们所曾迫害的人民予以审判"。1945 年

8月8日，苏美英法四国政府在伦敦正式缔结了《伦敦四国协定》，决定成立国际军事法庭对战犯进行审判，并颁布了《国际军事法庭宪章》，又称《伦敦宪章》，详细规定了国际军事法庭的目的、任务、组成、管辖权和审判程序等，为即将举行的世纪大审判提供了公正、客观的法律基础。

1945 年 11 月 20 日，欧洲国际军事法庭在法西斯主义的滋生地纽伦堡法院的正义宫开庭。8 名法官分别来自美、苏、英、法四个同盟国，每一个国家选派一名法官和一名助理法官，并分别任命了自己的首席检察官，组成起诉委员会。在此后的 11 个月内，24 名纳粹战犯（只有 21 名出庭）以及德国内阁、国家社会主义工人党（即纳粹党）政治领袖集团、党卫队、盖世太保、冲锋队和国防军最高统帅部（包括参谋总部）六个纳粹组织受到指控，分别受到了正义的审判。1946 年 9 月 30 日，纽伦堡国际军事法庭进行了宣判，在 19 名主要战犯中，12 人被判处绞刑，4 人被判无期徒刑，3 人被判有期徒刑；德国政治领袖集团、秘密警察、党卫队等被宣判为犯罪组织。此后，纽伦堡法庭又举行了 12 轮后续审判，至 1948 年 4 月 13 日最终结束。后续审判全部由美国文职法官主持，被起诉的主要是为纳粹政府提供战争资源的帮凶，如工业家、军事人员、集中营看守和一些不太著名的战犯，其中包括 23 名医生和 16 名法官也站到了被告席上。统计数据显示，战后盟国共起诉纳粹战犯 7 万人，其中 3.6 万人被定罪，大批的胁从者被解职。其结果是，纳粹高官全部被清除出战后德国军队和政府部门。

纽伦堡审判是人类历史上第一次由一个国际法庭对侵略战争的密谋者、组织者和执行者进行的司法审判。[①] 此前，每次战争之后，战胜国总是出于报复心态，采用政治的方式，对战败国任意实施惩罚，

---

① "一战"结束后的《凡尔赛和约》曾经规定，协约国及参战各国有权设立国际法庭，对"被控违犯战争法律与惯例"的德皇威廉二世和其他战争罪犯进行审判。但由于威廉二世已逃亡荷兰，而荷兰拒绝引渡他，特别是协约国害怕因坚持对威廉二世和其他战犯的起诉而引起德国骚乱甚至导致德国与协约国之间新的战争，使得这次建立国际法庭以审判战犯的首次尝试最后不了了之。

甚至采用简单暴力方式从肉体上消灭战败国的首要分子。这次战胜国选择了通过法律程序追究个人刑事责任的司法方式，本身就是对法律权威的法治精神的弘扬。通过这次审判，纳粹德国的罪责被公之天下，铭刻在德意志和世界各族人民的集体记忆中，成为警示人类避免重蹈覆辙的长鸣钟。审判不仅充实和发展了旨在防止侵略战争、维护世界和平的国际法，而且成为重启德国现代法治文明的起点，并对整个人类法治文明的进步产生了深远影响，一如检察官杰克逊所指出的那样：

> 对全世界来说，纽伦堡法庭判决的重要性并不在于它怎样忠实地解释过去，它的价值在于如何认真地儆戒未来。[1]

具体而言，纽伦堡审判的积极意义首先在于，通过大量确凿无疑的控诉材料和堆积如山的证据，向人们展现了纳粹政权令人发指的种种暴行，记录了历史真相，震撼和教育了德国人民。当时，纳粹德国虽然输掉了战争，但德国人民尚未从数十年纳粹政权的精神专制和理论荼毒中清醒过来，不少德国士兵认为自己虽然参与了战争，但只是作为一名德国公民履行自己保卫祖国的义务而已，不是犯罪行为。纽伦堡审判通过无可辩驳的事实，促使德国人民认清了纳粹主义的狰狞面目和邪恶本质。一份民意调查显示，八分之一的德国人在纽伦堡审判前对纳粹主义的邪恶并不知情，而在判决宣布之后，有数据显示，二分之一的德国人认识到集中营的反人道性质。所以，纽伦堡审判铲除了纳粹主义在德国生存与复活的根基，推动了德国人民的深刻反思和真诚忏悔，促使德意志民族走向新生。

其次，纽伦堡审判首次以成文法的形式明确界定了战争犯罪的具体内容，创立了现代国际法的基本指导原则。根据《伦敦宪章》的规定及其在审判过程中所奉行和体现的原则，联合国国际法委员

---

① 〔民主德国〕P.A. 施泰尼格尔主编：《纽伦堡审判》（上卷），王昭仁等译，商务印书馆1985年版，第2页。

会于 1946 年 12 月制定了《纽伦堡原则》，其内容包括：第一，任何人从事构成违反国际法的犯罪行为的人都应承担个人责任并应受惩罚。第二，即使不违反所在国的国内法，也不得免除行为人的国际法责任。第三，个人以国家元首或负有责任的政府官员身份行事，实施了国际法上构成犯罪的行为，其官方地位不得作为免除国际法责任的理由。第四，依据政府或上级命令行事者，假如他能够进行道德选择，就不得免除其国际法责任。第五，任何因实施了国际法上的罪行而受到起诉的个人，都有权在事实和法律上得到公平的审判。第六，国际法上应受处罚的战争罪行是：（1）破坏和平罪。即计划、准备、发起或进行侵略战争或违反国际条约、协定或承诺的战争；为完成上述任何一种行为而参与的共同策划或共谋。（2）战争罪。即违反战争法规或战争习惯的罪行，包括但不限于屠杀或虐待占领区平民，或以奴隶劳动为目的（或其他任何目的）将平民从占领区（或在占领区内）放逐、屠杀，或虐待战俘、屠杀或虐待海上人员、杀害人质、劫掠公私财产、肆意破坏城镇乡村或无军事之必要而予以摧毁的行为。(3)违反人道罪。即在实施破坏和平罪或战争罪的过程中，对平民进行的屠杀、灭绝、奴役、放逐或其他非人道行为，或基于政治、种族或宗教的理由而进行的迫害。第七，实施上述破坏和平罪、战争罪或违反人道罪过程中的共谋行为也是国际法上的罪行。①

上述《纽伦堡原则》得到 1946 年 12 月 11 日联合国大会的确认，并于 1950 年 12 月 12 日以法典的形式公诸于世。此后，这些原则成为国际社会公认的国际法准则，一向软弱的国际法由此获得强制力。其中，破坏和平罪和违反人道罪是两项新的法律规定，在纽伦堡审判之前从未见之任何国家的或国际的法典，这两项法律成为后来联合国大会通过的一系列涉及国际关系的法律、决议和宣言的基础。

---

① Gabrielle Kirk McDonald and Olivia Swaak-Goldman （eds.）, *Substantive and Procedural Aspects of International Criminal Law*：*The Experience of International and National Courts* （Vol. II，Part 1，Documents and Cases），Kluwer Law International，2000，pp.191-192.

继纽伦堡审判之后，在美英法西占区继续深入推行非纳粹化运动和清算纳粹罪行，以便进一步消除纳粹主义在普通民众中的影响。按照同盟国管制委员会第38号法律，对18岁以上的德国人进行登记和审查，按不同情况分成五类：主犯、一般犯、轻犯、胁从者和无罪者，对有罪者给予不同程度的惩罚。1947年7月之后，非纳粹化运动进入尾声。1949年9月联邦德国成立后，承担起了非纳粹化的扫尾任务。在后三年的非纳粹化运动过程中，西占区境内共审理案件3 660 648起，其中英占区22 296起，法占区17 353起，美占区169 282起。① 陆续判处794人死刑，其中486人被执行。

正因为对纳粹恶法暴行进行了较为彻底的清算，使德国上下真正认识到了纳粹的深重罪孽和法治的宝贵价值，才使得德国能够浴火重生，迅速重返国际社会，迎来了司法与法治文明的新时代。

反思与重构法学理论

对纳粹罪犯的审判采用的是英美法的对抗制方式，被告被赋予了充分的辩护权利，控辩双方围绕相关法理问题进行了针锋相对的辩论，因此，清算纳粹暴行既是一次追究战争责任、伸张法律正义的法治实践，也是法学理论上的一次深刻反思与重构。此间，纳粹被告及其辩护律师大多诉诸法律实证主义作为辩护的理论依据，检控方和法庭则主要适用自然法学原理和原则予以驳斥，所以在这次审判之后，一度消沉的自然法学重振雄风，一系列法律上和道义上的价值共识和基本原则得以弘扬光大。这些价值共识和基本原则包括：

第一，国家主权不再是也不能是发动侵略战争的借口。自从1648年《威斯特伐利亚合约》之后，国家主权概念在西方理论界以及国际政治实践中广为盛行。这种理论认为，在国际关系中，国家主权具有绝对性和至上性，民族主权国家拥有按照自己的意志处理内政、外交而不受他国控制和干涉的独立权力，包括进行战争的权力。

---

① 张沛："凤凰涅槃——德国西占区民主化改造研究"，华东师范大学2003年博士学位论文，第31页。

因此，在 300 多年间，国家元首经常"毫无顾忌地对别国动武，民族国家对人权的侵犯也成为家常便饭，国际秩序混乱不堪"，而人们却"难以在当时的国际法中找到有效的遏制方法"。[①] 在纽伦堡审判中，纳粹战犯纷纷援引国家主权理论，为自己的战争罪责进行辩解。对此，纽伦堡法庭义正辞严地指出，主权国家进行战争的权力仅限于自卫战争，而不包括侵略战争；如果主权国家进行的战争不是出于自卫，那就超出了主权的范围，就是打着主权旗号而践踏人权的侵略行径，就是违反刑法的犯罪行为。[②] 从此，策划、发动和进行侵略战争不再是国家主权的一部分，任何主权国家都应当受到维护和平、保障人权的义务限制。一如西方学者亨利·金所言：

> 在那些最为严重的国际罪行面前，受害者的人权应当得到国际法的保护，加害者则要承担连主权国家也无法为其开脱的国际法责任。[③]

第二，国家主权不是也不能成为任何人权侵犯者免责的理由。纳粹战犯及其辩护律师进行辩解的另一借口是，国际法所涉及的只是主权国家的行为而不是个人的行为，他们从国家是个抽象概念的逻辑出发，进而"推论出抽象的个人：个人是执行国家的意志和命令，他的行为是国家的行为，受国家主权的保护"[④]。据此逻辑，被告们声称，检控方无权对代表国家行为的个人提起指控，法庭也无权对其进行审判和惩罚。针对此类辩解，检控方和法官旗帜鲜明地宣告：国家的行为就是个人的行为，国家的义务和责任也就是个人的义务和责任；国际法对于个人和对于国家都具有约束力，因为"犯有违

[①] 何勤华等：《纽伦堡审判》，中国方正出版社 2006 年版，第 21 页。
[②] 参见黎尔平："纽伦堡审判在当代国际人权保护中的作用"，《北方法学》2010 年第 1 期。
[③] Henry T.King, "The Limintation of Sovereignty from Nuremberg to Sarajevo", *Canada-United States Law Journal*, Vol.20, 1994, p.170.
[④] 黎尔平："纽伦堡审判在当代国际人权保护中的作用"，《北方法学》2010 年第 1 期。

反国际法罪行的是人，而不是抽象的范畴，只有通过惩罚犯有这类罪行的个人，才能使国际法的规则得到遵守"[①]。审判纳粹战犯的过程实际上向世人表明，任何个人都不得隐藏在不可捉摸的国家主权背后侵犯人权，任何犯有此类罪行的个人都应当独自承担相应的刑事责任，即使是国家领导人也不得豁免。这意味着人权高于主权，个人在国际法上具有主体资格，国际人权保护从此变得具体且有针对性，国际法被赋予了实质性效力。

第三，服从法律和执行上级命令不是也不能成为执行者逃避法律制裁的托词。多数纳粹战犯试图用"服从法律""执行上级命令"来为自己的罪行辩解，声称"执行法律的人不受法律追究"。他们辩称说，自己在战争期间的所作所为都是执行当时德国的法律，具有正当性、合法性；至于法律本身是善是恶，那是立法者的责任，首先是国家元首的责任，执行者没有对其进行道德判断的义务。对此，法庭严正申明，道德与正义是一切法律的基础，纳粹政权借助法律推行独裁统治和种族灭绝，这样的法律违背了起码的人类良知和社会公认的道德准则，因此根本不能称之为法律，不应当被执行；执法者理应根据个人的良心和理性做出道德判断，拒绝执行恶法；凡是违背良知、执行恶法的人都是罪犯，必须对自己的行为承担法律责任。这样，自然正义、道德良心等抽象价值便作为判决依据而注入法律之中。从此，不仅侵略战争的组织者、发动者和邪恶法律的制定者，而且战争的参与者和恶法的执行者都不能豁免其法律责任，一如法官在反驳"执行法律者无罪"论时所言："法律是为了实现正义而设计的训令和规则。任何时候，当法律和正义之间出现冲突，法律必须服从于正义，并且应被视为'非法之法律'。如果法律侵犯了某些不证自明的自然法规则，则被告一方不能引用该法律来为

---

① 〔德〕卡·迪·埃尔德曼：《德意志史》（第4卷上册），华明译，商务印书馆1986年版，第378页。

自己申辩。"①

总之，对纳粹暴行的审判本身就是一次法学理论的梳理与升华，传统的"国家主权绝对论""个人不承担国际法责任论""执行法律者无罪论"等错误观点均遭到了批判，个人负有"道德良心义务"的法律原则树立起来，"人权的普世性价值渐渐得到承认和普及，自然法的价值被植入到法治之中，人权保护成为法治的最终目的"②。循此理论，国际社会后来相继制定和颁布了一系列世界性、区域性的人权保护法律和人权宣言与公约，如《世界人权宣言》（1948 年）、《欧洲人权公约》（1950 年）、《公民权利和政治权利国际公约》（1966 年）、《经济、社会、文化权利公约》（1966 年）、《美洲人权公约》（1969 年）、《关于侦查、逮捕、引渡和惩治战争罪犯和危害人类罪犯的国际合作原则》（1973 年）以及《危害人类和平及安全治罪法草案》（1996 年）等。

在审判纳粹恶法暴行的同时，德国法学界也开始检讨纳粹独裁体制的思想根源，探讨如何汲取纳粹法制的教训和重建自由法治国家的问题。

在 19 世纪的欧洲和纳粹时期的德国法学界，实证主义法学一度占据主导地位，与之对立的自然法学因其内涵模糊的固有缺陷，在实证主义法学的强势冲击下黯然失色。③实证主义法学认为，法理学应当将"实际存在的法"（实然法）和"应当存在的法"（应然法）加以严格区别，因为"法的存在是一个问题，法的优劣则是另一个问题"④；法理学的研究对象是由人制定的实在法，而自然法是一种事实上不存在的虚幻之物，不应成为法学研究对象。所谓实在法，

① 黄颖："'纳粹德国'法律现象之法理透视"，复旦大学 2004 年硕士学位论文，第 50—51 页。

② 黎尔平："纽伦堡审判在当代国际人权保护中的作用"，《北方法学》2010 年第 1 期。

③ 自然法是以一种观念或理想的状态而存在的，归根结底不过是人的一种假设。它从来没有也不可能有一个始终如一的确定内容，而且永远也不会有具体的自然法典公布于世，这与具有可操作性的确定内容和实际效力的实在法是完全不同的。也正是因为这一点，自然法学在 19 世纪受到实证主义法学的严厉批判，并因此而一度趋于消沉。

④ 〔英〕奥斯丁：《法理学的范围》，刘星译，第 208 页。

亦即国家颁布的法律规范，究其实质是主权者的命令；主权者作为一个整体，不管是一个人还是一个团体，都不能受法律的限制；法律一经制定，人们就只有服从的责任和义务，法律本身是否合乎正义与道德，都不会影响其效力，亦即"恶法亦法"。由于实证主义法学漠视法律的内在价值，过分强调法律的权威与效力等形式要素，以及要求民众盲目服从法律，致使"二战"后不少学者指责实证主义法学与极权专制之间存在着某种亲和性，并认为正是这种内在联系使得实证主义法学成为了纳粹恶法暴政产生的根源之一。当然，这种说法并没有得到学界的普遍认可，但纳粹政府大量运用制定法，宣扬元首意志至高无上，强调法律的有效性等形式要素，的确与实证主义法学的主张存在相通之处。所以，"二战"后以古斯塔夫·拉德布鲁赫为代表的德国法学界认为，实证主义法学对于纳粹恶法暴政起到了推波助澜甚至助纣为虐的负面作用，并据此呼吁弘扬自然法学，引入道德观念，对传统的法学理论进行反省和改造，重建德国的法哲学。

1946年，拉德布鲁赫发表了《法律的新生》的著名讲演，对纳粹时期借口实证主义滥用法律进行了深刻的批判。他说：

> 几十年来为德国法学界公认占主导地位的法律实证主义观和其主张的"法律就是法律"，在以法律表现出的不公正面前失去抵抗力，黯然神伤。这些学说的追随者被迫承认这些非公正的法律为法。法学必须重新思考几千年来古代、基督教中世纪和启蒙时代的全部智慧结晶，即存在一个作为法律的高高在上的法，一个自然法、上帝法、理性法，质言之，超法律之法。[①]

同年8月，拉德布鲁赫又撰文提出了著名的"拉德布鲁赫公式"，解决了当时法理学界和实务界面临的一个理论和实践难题，即一方面实在法的有效性必须得到肯定和维护，另一方面又有必要对法律

---

① 郑永流：《法治四章——英德渊源、国际标准和中国问题》，第131页。

进行道德的评价；如果实在法违反了正义和道德准则，就应否定其有效性。对于这个二难选择，拉德布鲁赫给出的解决方案是：首先，所有的实在法都应当体现法的安定性，不能随意否定其权威和效力；其次，除了法的安定性之外，实在法还应当体现公平正义，必须符合正当性原则；再次，即使内容上不正当但尚未达到不能容忍程度的实在法，也应通过法令和国家权力来保障其权威与效力的优先地位；最后，如果实在法的不正当性达到了不能容忍的程度，就可以看作是非法之法；非法之法不具有效力，"任何法官都不能以一种不仅不公正而且甚至是犯罪的法律为基础，并以此作出法律判决"。① 拉德布鲁赫虽然也承认在非法的法律和内容不正当但仍属有效的法律之间划出一条泾渭分明的界限是不可能的，但他坚信：

> 最大限度明晰地做出另外一种划界还是有可能的：凡正义根本不被追求的地方，凡构成正义之核心的平等在实在法制定过程中有意地不被承认的地方，法律不仅仅是"非正当法"，它甚至根本上就缺乏法的性质。②

这就是所谓的"拉德布鲁赫公式"，它宣告了"恶法亦法"论的终结，重申了"恶法非法"的自然法原则，这对于德国乃至世界法学的转向和未来发展具有重大理论指导意义，故而该文被誉为是"20 世纪法哲学中最重要的文本之一"。③ 与此同时，拉德布鲁赫以语录体的形式发表短文《五分钟法哲学》④，扼要地阐述了重建德国法理学体系的纲领要点。

---

① 〔德〕拉德布鲁赫："法律的不法与超法律的法"，舒国滢译，http：//www.aisixiang.com/data/33054.html，最后访问时间为 2014 年 8 月 3 日。
② 柯岚："拉德布鲁赫公式的意义及其在二战后德国司法中的运用"，《华东政法大学学报》2009 年第 4 期。
③ 同上。
④ 〔德〕拉德布鲁赫："五分钟法哲学"，舒国滢译，《人民法院报》2001 年 4 月 9 日。

理论是行动的指南。战后德国法学界的理论反思与重构，促使德国人民更加清晰地认识到纳粹法律制度的邪恶本质和自由、民主、正义、人权的宝贵价值，更加完整准确地理解了法、法律以及法治国的真实内涵，促进了全国性价值共识的形成，这就是拉德布鲁赫所总结的：

> 我们必须追求正义，但同时也必须重视法的安定性，因为它本身就是正义的一部分，而要重建法治国，就必须尽可能考量这两种思想。民主的确是一种值得赞赏之善，而法治国则更像是每日之食、渴饮之水和呼吸之气，最好是建立在民主之上：因为只有民主才适合保证法治国。①

稍晚于拉德布鲁赫的法学新秀绍尔在发表于 1960 年的论文《德国法治国的新发展》中，对法治国的含义进行了更为细致深入的阐述。他认为，形式意义上的法治国只有"合法性的空壳"，它必须与实质意义上的法治国相结合，亦即具备实质的和特定的基本价值——一是保障个人的自由，二是用法来规定和约束国家权力——才是现代意义上的法治国。绍尔指出，实质意义上的法治国核心要素不在于依法行政或者法律具有安定性，而在于法律必须体现正义与平等精神，必须由人民通过民主程序来制定，必须以保障人民的人权和政治权利为目的，必须具有对抗恣意滥权和不法法律的效能。同时，实质意义的法治国还必须借助某些相应的配套制度和价值观念相辅佐，诸如承认人性尊严、法律保留、权力分立、审判独立等。总之，形式法治国与实质法治国应相互结合融为一体，才是现代意义上的法治国。②

---

① 〔德〕拉德布鲁赫："法律的不法与超法律的法"，舒国滢译，http://www.aisixiang.com/data/33054.html，最后访问时间为 2014 年 8 月 3 日。
② 参见陈新民：《德国公法学基础理论》（上册），第 93 页。

《基本法》与自由法治

宪法是国家的根本大法，规定着一个国家的政治体制和法律制度。"二战"之后，美、英、法三国占领区议会理事会于 1949 年 5 月 8 日制定了具有临时宪法性质的《基本法》[①]，这标志着占领时期的结束和联邦德国作为主权国家的诞生。《基本法》以纳粹恶法暴政为反面教材，同时借鉴了《魏玛宪法》的经验教训，吸收了战后法学界的理论观点，构建起了一套自由民主宪政体制。

《基本法》共分 11 章，后来又增加两章。其内容大致分为两大部分：一是公民的基本权利，集中在第 1 章中；二是国家机构的设置及其权能和义务，分散在第 2 章及以后的各章中。在后一部分中，明确规定了民主、共和、法治国、联邦国和社会国五大宪政原则。德国洪堡大学的克里斯托夫·默勒斯教授称前一部分为"权利法规范"，后一部分为"机构法规范"[②]。通观整个《基本法》，自由法治原则贯穿始终。

1. 基本权利规范与自由法治

现代自由法治的核心是依宪治国。为此，《基本法》首先强调"宪法本身不受限制的优先地位"[③]。《基本法》庄严宣告："下列基本权利约束立法、行政及司法而为直接有效之权利"；"立法权应受宪法之限制，行政权与司法权应受立法权与法律之限制"。这两项规定既重申了传统的行政与司法行为的合法律性原则，又终结了立法者不受控制的绝对立法权的历史，确立了宪法高于普通法律的最高地位。从此，立法者制定的一切普通法律都必须以《基本法》为准，

---

① 因当时制宪者们心系国家统一，不愿在德国重建中排除苏联占领区，故而以《基本法》为名，而未用宪法称号。其前言明文中明，该法只是"为过渡时期提供一个新的政治秩序"，"在德国人民根据自由决定而采纳的宪法生效之际，本《基本法》应停止有效"。尽管从表面看来，这次制宪似乎具有"权宜之计"的特征，但实际上自《基本法》颁布之日起，就一直具有宪法的权威和功能，后来两德统一后成为适用于全德国的宪法，但名称依旧未改。

② 〔德〕克里斯托夫·默勒斯：《德国基本法：历史与内容》，赵真译，中国法制出版社 2014 年版，第 41—43 页。

③ 〔德〕维尔纳·霍伊恩："德国《基本法》60 年——变迁中的法治国家和民主"，汪磊译，邵建东、方小敏主编：《中德法学论坛》（第 8 辑），法律出版社 2011 年版，第 35 页。

任何与之对立的立法都是无效的，这从制度上保证了立法者行为的合宪性；同时，行政和司法有义务尊重立法机关制定的法律和其他既有法律，当然也包括尊重作为抽象法的一般法律原则。宪法优先地位的确立意味着所有国家权力的运行都必须保持在宪法规定的范围之内。"正是《基本法》这种无条件的宪法优先性，才使得联邦宪法法院在法律保障体系中，具有优先于议会、政府等其他权力机构的突出地位"①。

其次，《基本法》将"权利法规范"置于宪法首位，显示了宪法的根本目的所在。《基本法》开篇明确规定："人的尊严不可侵犯，尊重和保护人的尊严是一切国家权力的义务。"随后，大致分三类详细列举了公民的基本权利：一是与个人生活紧密相关的传统自由权利，如生命权，人身自由，宗教信仰自由，通讯权，自由迁徙权，财产和财产继承权，婚姻和家庭受保护权，住宅不受侵犯权等；二是旨在保证公民积极参与公共生活的政治民主权利，如法律面前人人平等，和平集会权，结社自由，迁徙自由，职业选择自由，选举权，自由表达及传布意见的权利，从事艺术、科学、教育和研究的权利，政治避难权等；三是旨在保证平等与公正的社会权利，如男女平等，婚生与非婚生子女平等，各州公民权利与义务平等，担任公职机会平等，任何人不得受歧视等。社会权利部分后来又增加了劳动权、社会保障权、受教育权、环境保护权等内容。"整个基本权利的规定改变了过去基本权利只是自由权的传统概念，现在，基本权利被看作是个人自决与独立的权利，被看作是针对国家的、旨在实现自由的参与权，被看作是共同决定国家与社会事务的权利要求"②。

特别值得注意的是，《基本法》的公民权利规范所呈现出的下列特点：第一，《基本法》明确宣告，公民的基本权利属于"不可

---

① 〔德〕维尔纳·霍伊恩："德国《基本法》60年——变迁中的法治国家和民主"，汪磊译，邵建东、方小敏主编：《中德法学论坛》（第8辑），法律出版社2011年版，第35页。

② 郑永流：《法治四章——英德渊源、国际标准和中国问题》，第142页。

侵犯与不可剥夺的人权"，它们"既是每个社会也是世界和平与正义的基石"。这一规定实际上是把抽象的价值理念转化成了具体的法律规则，体现了自然法的精神。第二，《基本法》赋予了基本权利以"客观权利"和"主观权利"的双重特性。所谓客观权利是指适用于所有人的普遍权利，政府必须主动保护，即使通过民主程序修宪时也不得篡改和侵犯。所谓主观权利则是指可以直接应用于个人的防御性权利，政府不得加以侵犯；如果受到侵犯，公民可以通过法律程序对抗国家政府的侵权行为。[①]第三，《基本法》规定了基本权利"作为可直接适用的法律规范"，对立法、执法和司法机构均具有拘束力，"任何人的权利被公权力侵犯，均可提起诉讼"。这些规定表明，基本权利条款不再像《魏玛宪法》的人权条款那样，仅仅是抽象空洞的说教，而是与普通法律一样，如若被侵犯可以诉诸司法救济。这一宪法可诉原则赋予了基本权利规范乃至整个宪法以"制度的牙齿"。[②]特别是宪法法院的设立，使得公民可以对所有公权力侵犯人权的行为提起宪法诉讼，不仅能约束行政权，也能约束立法权和司法权。第四，《基本法》规定，对于国家或其他团体违反宪法秩序、侵害基本权利的行为，"如不存在其他救济方式，所有德国人均有抵抗权"，这就是西方法学家所说的"公民不服从"原则。该原则指的是当某一法律或国家行为的非正义性超出了可容忍的底线时，公民有权利和义务根据道德判断而拒绝服从。该条款赋予了德国人民一件作为最后保留手段的自卫武器，可在其他各种救济措施失灵时用以对抗国家和维护自身的基本权利。

当然，公民基本权利也不是绝对的，因为它们的行使不可避免地涉及他人和公共利益，所以《基本法》对多数基本权利都划定了一个边界范围。例如，在结社权和自由组建政党条款之后，《基本

---

① 张千帆："联邦德国的《基本法》与宪政法院"，南京师范大学法制现代化研究中心编：《法制现代化研究》（第 7 卷），南京师范大学出版社 2001 年版，第 642 页。

② 参见〔德〕克里斯托夫·默勒斯：《德国基本法：历史与内容》，赵真译，第 41—43 页。

法》规定："如果政党的宗旨或政党拥护者的行为有意破坏或推翻自由民主的基本秩序，或有意危害德意志联邦共和国的生存，则该政党违反宪法。"但是，几乎所有限制性条款后面都附有明确条件："只有根据法律才能干涉这些权利"①，这就是著名的法律保留原则。根据该原则，凡涉及公民基本权利的重大事宜，立法机关必须通过具有普遍效力的正式法律，行政机关也只有得到法律的正式授权才可加以干涉或限制，而且，"在任何情况下均不得触及基本权利的实质内涵"。此外，对基本权利的干涉和限制还应当遵循比例原则，就是说国家如果干涉和限制公民权利，应当具有正当目的并采取适当手段，而且不得给行政相对人造成过重的负担。以财产权为例，宪法规定了保障公民财产权，同时又规定国家为了公共利益可以对个人财产进行征收。②但是，国家征收个人财产的目的必须是为了公共利益，其手段必须是必要的和适当的，必须符合比例原则，即"国家采取的具体措施必须是能有效实现合法目的且是综合考虑各方利益之后的一种平衡"③。

2. 民主宪政体制与自由法治

为保证宪法权利的实现，《基本法》通过"机构法规范"精心设计了一套以联邦制、共和制、三权分立与制衡为支柱的民主宪政制度。

联邦制属于国家结构范畴，关涉中央与地方的关系。它包含三个主要原则："一是联邦掌握主要立法权；二是各州的主要职责是执行法律；三是通过作为各州政府代表的联邦参议院，各州参与中央政府的决策过程。"④根据这些原则，联邦法律高于各州法律；各

---

① 〔德〕克里斯托夫·默勒斯：《德国基本法：历史与内容》，赵真译，第45页。

② 参见〔德〕哈特穆特·毛雷尔：《行政法学总论》，高家伟译，法律出版社2000年版，第105—106页。

③ 郭丽萍："论德国基本法中的法治国原则"，《法制与经济》2015年第3期。

④ 陈畅颜："大陆法系传统对德国宪政的影响"，北方工业大学2009年硕士学位论文，第11页。

州只有在联邦未行使其立法权的情况下并在此范围内才有立法权；在某些特定领域内，立法权为联邦与各州所共有。国防、外交、海关、财政、联邦邮政、联邦铁路、联邦水运与航空等管辖权，由《基本法》以列举方式明确授予联邦专有，没有明确授予联邦的权力均属于各州所有。对于共有立法事项，只要联邦尚未行使调控权，各州就有权立法调控。这样，联邦和各州形成纵向的分权与制衡。借此机制，既可保障联邦国家的政治统一和必要的权力集中，又可激励各州政府把注意力集中于本州内部事务，充分调动地方积极性，还可利用地方自主性制约中央权力，防止联邦政府权力过大，并通过参议院参与联邦政治，对联邦政府实施监督和影响。

民主共和属于国家政体形式。《基本法》规定："所有国家权力来自人民。通过公民选举和投票并以立法、行政和司法机关行使国家权力。"也就是说人民不只是国家权力的所有者，而且是行使者，即通过选举和公决以及国家机关行使国家权力。联邦德国的立法机关由联邦议院和联邦参议院组成。联邦议院的议员"由普遍、直接、自由、平等和无记名的选举产生。他们是全体人民的代表，不受委托和指令的约束，只服从于他们的良心"，其职权主要是制定联邦法律、选举总理、决定国家预算、监督政府行政等。"只服从于他们的良心"条款意味着国家不得通过制裁"强迫代表作出一定的决定"。[1]联邦参议院是各州政府的代表机构，由各州政府指派的成员组成，其职权主要是立法审议。联邦参议院主席任期1年，由各州州长轮流担任。联邦政府的法律提案首先要交给联邦参议院审议，联邦议院提出的议案及其通过的法案也必须交给联邦参议院审议，征得其同意后方可提交总统颁布为法律。

联邦总统任期5年，只能连任一次，不得兼任政府官员和立法机构成员或任何其他有薪酬的职务，不得同时从事任何其他职业。总统是国家元首，但没有行政权，行政权属于由联邦总理和各州部

---

① 〔德〕克里斯托夫·默勒斯：《德国基本法：历史与内容》，赵真译，第61页。

长组成的联邦政府。联邦总理是行政首脑，由总统根据议会多数党提名，再由联邦议院不经讨论而选举产生，最后由总统正式任命。各部部长由总统根据总理的提名予以任免。联邦总理和联邦政府对议会负责。

联邦司法系统由联邦宪法法院和各级各类普通法院组成。联邦宪法法院独立行使最高司法权，主要职权是监督《基本法》的执行，阐释和维系基本伦理道德规范，其判决对联邦和各州的一切政府机构、法院和社团都具有拘束力。宪法法院是"新的法治国概念在制度设计上最为关键的一点"。① 普通法院包括联邦高等法院、联邦行政法院、联邦财政法院、联邦劳动和社会福利法院等专业法院等。为确保司法独立，《基本法》规定，法院在人事上必须和行政机构分离，不得由其他联邦或地方机构的官员兼职。"法官独立行使职权，只服从于法律"；非经法院判决或依据其他法定程序，法官不得随意免职或转调。

联邦议院、联邦政府和联邦法院三个系统之间实行相互分立与制衡原则。例如，联邦议院除了立法权外，还有权提出对总统或法官的弹劾案，选举联邦总理，批准政府财政预算，质询和监督政府工作，批准或否决对外条约和国外军事行动方案；有权选举联邦宪法法院法官，选举联邦法院院长、副院长、法官以及弹劾法官；有权设立调查委员会，法院和行政机关有义务协助其调查。联邦政府除行政管理权外，还有权创制立法，有权提议实行"紧急状态"，有权提议解散联邦议院，有权管理联邦法院的行政事务和为其提供财政支持，但法院的诉讼费等收入全部上缴政府财政；联邦总统发布的命令和指令须经联邦总理或主管部长副署方可生效。联邦法院除了独立行使司法权外，宪法法院还有权解释宪法，有权对议会两院的立法进行审查，有权审理总统或法官弹劾案，有权对联邦政府缔结的对外条约做出"限制性解释"，有权裁定联邦政府采取的军

---

① 〔德〕康拉德·黑塞：《联邦德国宪法纲要》，李辉译，商务印书馆2007年版，第109—110页。

事行动是否违宪。

上述民主宪政的确立为联邦德国建立现代司法制度和自由法治搭建起了坚实的体制平台。

建立现代司法制度

"二战"之后，联邦德国汲取了纳粹司法的惨痛教训，在宪政体制的基础上，建立起了一套独立、完备、多元的现代司法制度。它由宪法法院、普通法院、行政法院三大系统和性质上归属行政法院门类的专门法院以及相应的宪法诉讼、普通诉讼、行政诉讼和专门诉讼等审判制度组成。其中，联邦宪法法院和联邦普通法院独立于联邦政府之外，州宪法法院和州普通法院独立于州政府之外；行政法院和专门法院在组织上分别隶属于联邦政府或州政府有关各部，但业务上自主自立。与美国相比，联邦德国的司法系统具有统一性较强的特点，除宪法法院按照联邦制分为联邦和州两个独立层次——联邦宪法法院管辖违反联邦宪法的案件，州宪法法院管辖违反州宪法的案件——外，联邦与各州的普通法院和行政法院、专门法院都是上下一体化的：州法院负责案件的初审与上诉审，联邦法院负责终审，州法院作为联邦司法系统的组成部分处于联邦法院的制约下，自身构不成一个独立的法域。换言之，在司法体制上其联邦制的色彩是较为淡薄的，故而有学者称联邦德国为"单一制联邦主义"或"半单一制"国家。[①]

1. 宪法诉讼制度

联邦德国的宪法法院类似于法国的宪法委员会，其地位高于其他联邦法院。

（1）宪法法院的构成

宪法法院是根据 1949 年《基本法》设计的框架和 1951 年《联邦宪政法院组织法》的具体规定建立的，分为联邦宪法法院和州宪

---

① 参见韩苏琳编译：《美英德法四国司法制度概况》，第 403—405 页。

法法院两级，它们各自独立，相互之间不存在上下级隶属关系。联邦宪法法院不是普通法院系统的一部分，而是一个独立的司法机构，位居司法系统的顶端，所以从一开始就设立在卡尔斯鲁厄而不是首都波恩，旨在彰显其独立性，与联邦总统、联邦议院和联邦政府享有同等的宪法地位，州宪法法院则与州立法机关和行政机关地位平等。联邦宪法法院由 16 名法官组成，其中 8 名由联邦议院选举产生，另外 8 名由联邦参议院选举产生。他们主要来自联邦法官、高级官员、联邦议员，年龄不得低于 40 岁，每届任期 12 年，不得连任，任职期间不得兼任其他职务。大学教授也可担任法官，并允许兼任。为防止老龄化，年满 68 岁的法官必须退休。宪法法院的法官享有高于其他法院法官的法律地位，拥有崇高社会威望，薪俸丰厚。联邦宪法法院设正、副院长各 1 人，负责法院管理事宜。最初，司法部长对联邦宪法法院享有一定的预算和人事控制权，1960 年以后，宪法法院拥有自己单独的财政预算，可以独立自主地处理所有内部事务，不受任何机构和个人的干涉。为保证效率，联邦宪法法院分为两个审判庭，各由 8 名法官组成。第一庭主要管辖法律审查案件和宪法诉愿案件，第二庭主要管辖基本权利案件、政党违宪案件、对总统和法官的弹劾案件、联邦与州及州与州之间的争议案件。两个审判庭地位平等，它们各司其职，自主管理。

　　联邦宪法法院开庭以 6 名法官为法定出席人数，法官身穿红色法袍，象征法院的尊荣与威严，也警示法官不要忘记自己肩负的责任。审理程序以书面为主，所作决议以宪法为唯一根据。决议分为允许口头辩论的"判决"（judgment）和仅仅基于书面辩论的"命令"（order）两种形式。口头辩论没有时间限制，旨在保证诉讼双方充分表达诉求，但绝大部分案件都只有书面程序。案件通常根据法官的业务专长分配，先由审判长提出报告意见，供所在庭的全体法官讨论。讨论秘密进行，最后以全体法官一致赞同的方式做出决议。1970 年改用表决制，同意票须达到三分之二多数方可形成法院决议，但允许持有异议的法官保留个人的"特别意见"。不过，由于德国法官有着忠于法院的历史传统，超过 90% 的法院决议都是全体法官一致同意的。[①] 宪法诉讼的审理实行一审终审制，任何机关和个人不得也无法提出上诉。

（2）宪法法院的职权

违宪审查是联邦宪法法院的主要职权，每年约受理案件 6000 件。按照案件的类型划分，其违宪审查的范围包括：①对立法行为的审查。可通过普通法院的法律解释请求，或某一政府官员、议会成员的申请，或相关公民的宪法申诉启动这一程序。②对普通法院裁判的审查。如果公民认为普通法院的终审判决对其权利造成了损害，可启动该程序。如果联邦宪法法院认为原审法院的判决违宪，可予以撤销。判决被撤销的原审法院必须对案件重新审判，并且要体现联邦宪法法院的意见，不得做出与原判相同的判决。③对行政行为的审查。依据公民的申请，联邦宪法法院审查政府的行政活动是否损害了公民的基本权利，但原则上公民必须在穷尽了所有法律救济途径之后，方可启动这一程序。④裁决宪法机关[②]之间的争议。如联邦议院、联邦参议院、联邦政府之间，或联邦与州之间，或各州之间，或一州内部各宪法机关之间，若出现权限争议，可启动这一程序。⑤其他职权。包括审理对总统或法官的弹劾案以及涉及宪法保护程序、政党禁止程序、选举审查程序的案件。[③]

联邦宪法法院进行违宪审查的方式大致可分为三种：①抽象的原则审查，即无须发生具体的法律纠纷，只要根据联邦政府、州政府或联邦议院三分之一议员的申请，联邦宪法法院就有权从程序到内容对有关法律法规的合宪性进行审查裁决，这是所有单设宪法法院国家的通行做法。②具体的案件审查，即发生具体诉讼后，对相

---

① 参见张千帆："联邦德国的《基本法》与宪政法院"，南京师范大学法制现代化研究中心编：《法制现代化研究》（第 7 卷），南京师范大学出版社 2001 年版，第 666 页。

② 宪法机关是指按照宪法规定设立的、其职权是由宪法直接赋予的、在政治法律生活中起着主要作用的国家机关。

③ 参见邵建东主编：《德国司法制度》，厦门大学出版社 2010 年版，第 69—70 页；何勤华主编：《德国法律发达史》，第 170—173 页。

关法律法规、行政命令的合宪性进行审查裁决。这种方式与美国的司法审查方式基本相同。③宪法申诉审查，亦即当宪法规定的基本权利受到公共权力的侵害时，公民个人可以向宪法法院提出宪法申诉，这是公民用以维护自身基本权利的最后救济手段。①据统计，此类案件占联邦宪法法院受理案件的 90%。不过，由于大多数宪法申诉是在受到不公正待遇后一时冲动提出的，往往缺乏充足的法律依据，所以立案率极低，只有 1% 的申诉被法院受理。为节省司法资源，1963 年和 1985 年先后通过法律，对明显无理的申诉处以名义的或实际的罚款。②

（3）宪法法院的效用

联邦宪法法院的违宪审查程序呈现以下特点：第一，任何机构、政党和公民都可以提请启动审查程序，具有开放性。第二，既可在事前进行抽象原则审查，又可在事后进行具体个案审查，具有复合性。第三，既可以宣布法律违宪而无效，也可以宣布法律违宪但并非无效，后者被称为训诫决定（admonitory decision），即如果法律和《基本法》相抵触，立法机构将被要求修正法律，但在做出修正前的过渡时期该法律仍然有效。③所以，联邦宪法法院对于联邦德国乃至统一后德国自由法治的稳步发展发挥了显著作用。

首先，作为"宪法保卫者"的联邦宪法法院维护了宪法的至上权威和实际效力，制约着政府权力的误用和滥用，从而将纸面上的宪法规范变成了政治现实。尽管联邦宪法法院只能根据有关机构或个人的诉求才能启动违宪审查，具有消极被动性，但对政府权力行为的监督制约作用是强有力的。据统计，在 1951—1990 年，联邦宪法法院通过对 4 298 个法案的违宪审查，共宣告其中的 198 项法律

---

① 参见黄颖："'纳粹德国'法律现象之法理透视"，复旦大学 2004 年硕士学位论文，第 58—59 页。

② 参见张千帆："联邦德国的《基本法》与宪政法院"，南京师范大学法制现代化研究中心编：《法制现代化研究》（第 7 卷），南京师范大学出版社 2001 年版，第 669 页。

③ 参见上书，第 670 页。

无效或违宪，约占总数的 4.6%。① 其中多数涉及财政政策、法律政策和社会政策，与宪政秩序和公民权利直接相关。假如没有联邦宪法法院，宪法的有效性必将大打折扣，因为权力具有本能的扩张性，手握大权者不可能时时事事都能自觉地保持在宪法范围内，一旦发生违宪行为，将无任何机构可对其进行判断和处置，相关宪法规范就会流于空文。一如现任宪法法院主席福斯库勒在接受电视台采访时所说："对政府和议会来说，宪法法院的存在是件令人头痛的事情。因为法院的任务正是监督政府和立法者。"② 这方面的一个典型事例是：19 世纪 50 年代末的联邦德国只有一家电视台，时任总理阿登纳打算成立第二家电视台，归联邦所有，其目的是使其成为政府的喉舌。阿登纳争取到了联邦议院的支持，通过了一项专门法律。由于此举有侵犯新闻自由的危险，在野的社民党申请联邦宪法法院进行了违宪审查。结果，联邦议院的立法墨迹未干，即被宣布无效。时值权力顶峰（第三次连任总理）的阿登纳总理对此裁决极为不满，但也只能隐忍了事。

其次，联邦宪法法院通过维护公民基本权利的司法审查，促进了联邦德国法律制度的健康发展。据统计，至 1990 年，公民因基本权利受到侵害而提起的宪法申诉多达 78 449 件，这足以说明联邦宪法法院的公信力。尽管申诉人的胜诉比率仅占 2.25%，③ 但由于它们无不与宪法主要内容相关，对社会生活都产生了重大影响。审理和裁决宪法申诉的过程实际上就是解释阐述《基本法》的过程，也是影响国家立法的过程和司法政策形成的过程。由于联邦宪法法院所宣布的对某一法律的特定解释是唯一为《基本法》所认可的解释，具有终极权威性，所以能够影响和推动联邦德国的自由法治不断改

---

① 宋冰编：《读本：美国与德国的司法制度及司法程序》，中国政法大学出版社 1998 年版，第 572 页。

② 张丹红："世界最牛法院——德国宪法法院"，http://opinion.caixin.com/2013-06-20/100543497.html，最后访问时间为 2015 年 9 月 10 日。

③ 参见宋冰编：《读本：美国与德国的司法制度及司法程序》，第 573 页。

进和发展。无数事例说明，"在立法决策过程中，议员们就已根据联邦宪法法院的判决调整自己的提案，并请求有关专家提供'卡尔斯鲁厄占星术'"①。例如，联邦宪法法院在 1961 年至 1986 年做出的四个有关广播电视的判例，发展了《基本法》第 5 条规定的言论自由原则，决定了联邦德国广播电视政策的走向。再如，"9·11"恐怖袭击事件后，德国政府制定了《航空安全保障法》，规定如果恐怖分子劫持客机并要进一步夺取人命，在别无他法阻止时，可以将其击落。拜恩等州就此法向联邦宪法法院提出违宪审查，宪法法院裁决《航空安全保障法》违宪而无效，联邦政府虽感到遗憾，但表示尊重这一裁决。2012 年 7 月 25 日，德国宪法法院宣布，联邦议院选举法违反德国《基本法》，其中关于联邦议员席位分配的核心规定不再有效，理由是"选举法违背了选举权平等原则和各党派机会均等的权利"。这些事例都是联邦宪法法院影响和推动德国自由法治发展的历史见证。

2. 行政诉讼制度

如同法国一样，联邦德国建有自成体系的行政法院和行政诉讼制度。不过，联邦德国的行政法院不是管辖全部行政案件的唯一法院，在许多具体的行政管理领域都设有专门法院，它们分别受理自己领域内的行政案件。所以，"德国行政司法系统实际上由普通行政法院和专门行政法院两大分支系统构成，反映出德国行政法制的发达"②。表面看来，行政法院独立于普通法院系统之外，组织上隶属于某一政府部门，具有一定的行政色彩。例如，在财政管理上，联邦和各州行政法院须向同级司法部（局）提出预算被告，再通过司法部门将报告提交议会审议通过；在人事管理上，由司法部门牵头组建的由法官、律师、议员等组成的遴选委员会，负责招聘任命法官和法院其他工作人员。不过，行政法院的职能及其履行职能的方式完全是司法性质的，一如德国行政法创始人奥托·迈耶所说，

① 何勤华主编：《德国法律发达史》，第 176 页。
② 同上书，第 451 页。

它们"如同法院一样运作，并且其活动与法院裁判民事争议的活动是一样的"[①]。

（1）行政法院的结构

德国的行政法院（即普通行政法院）分为联邦行政法院、各州高等行政法院和初等行政法院三级，实行三审终审制。其中，联邦行政法院设在柏林，是行政司法的最高审级，其余的行政法院设在各州。高等行政法院每州1个，全国共16个，初等行政法院根据各州大小设置，数目不等。目前，全国行政法院总数为52个。[②]

各级行政法院分别由1名院长、1名副院长和若干法官组成。法官分专职法官、兼职法官和名誉法官（非法律职业的参审员）等几种，他们都享有独立性，任何人不得对法官的司法活动发号施令。专职法官是终身制的，只有在特殊情况下，并经可以复核的司法裁判，方可予以免职、停职或调离。兼职法官可以由其他法院的终身制法官兼任，也可由大学教授兼任，任期最少两年。名誉法官由各行政法院设立的遴选委员会按照法定的资格、数量和程序选出，主要任职于初等和高等行政法院。他们不是法律职业者，没有薪酬，但有津贴，在言词审理和合议庭评议中，享有与专职法官同样的权力和地位。他们凭借自身丰富的生活经验，可对法庭判决产生积极影响，体现了专业精英与大众民主相结合的司法原则。此外，联邦行政法院设有1名检察官，他可以参与除纪律惩罚和军事审判之外的任何诉讼。高等行政法院和初等行政法院各设1名公益代表，这是德国行政诉讼的一个创新。公益代表可以参与相应案件的审理，但他不是州政府的委托人，只是州公共利益的代表。

（2）行政诉讼的类型

行政诉讼多是针对公权机关特别是行政机关的权力行为提起的，原告只要在诉状中提出确切的诉求即可，受理法院根据诉求的不同，

---

① 〔德〕奥托·迈耶：《德国行政法》，何意志译，商务印书馆2013年版，第138页。

② 参见〔德〕弗里德赫尔穆·胡芬：《行政诉讼法》，莫光华译，法律出版社2003年版，第45—46页。

往往将其归结为某一特定的诉讼类型，并根据该类诉讼的法定规则决定是否立案以及如何审理。

德国的行政诉讼大致分为以下几种类型：①撤销之诉。此类诉讼源于行政机关的行为侵害了当事人的合法权益，当事人因此请求法院确认其所控行政行为违法而无效，并撤销该行政行为，这是最主要的一种行政诉讼类型。②义务之诉。此类诉讼源于行政机关没有依法履行其作为义务，致使当事人的合法权益受到侵害，当事人可以请求法院判决行政机关履行作为义务，这也是常见的一种行政诉讼类型。③确认之诉。是指当事人请求法院确认某项法律关系（或其中某些部分，如个别的权利或义务）存在或不存在的诉讼。此类诉讼最为复杂，可能发生在人与人之间，也可能发生在人与物之间，但必须基于某一具体事实，而且所谓的法律关系仅指建立在公法规范基础上的法律关系。④变更之诉。是指当事人请求上级行政法院改变下级行政法院判决或仲裁决定的诉讼，此类诉讼必须以法律明文规定为依据。⑤确认补救之诉。是指当事人请求法院判决行政机关弥补相对人权利损害的诉讼。⑥规范审查之诉。是指请求法院对有关行政机关或公法社团制定的且已经颁布的规范进行审查的诉讼（严格说来是一种程序），申请人既可以是权利已经受到该规范影响或即将受其影响的公民或法人，也可以是任何一个行政机关。[1] 被审查的规范只能是法规、规章、条例等低位规范，而不能是高位法律，因为对于高位法律，只能由宪法法院进行审查。如果行政法院认为所审查的规范违法，可宣布其无效，但不能撤销。

（3）行政诉讼的审判程序

在行政诉讼启动之前，当事人一般首先提请行政复议，是为行政诉讼的前置程序。德国的行政复议管辖权属于行政机关，具有非独立特点，其方式是由当事人提请同级或上级行政机关就相关行政规章或行政行为进行复查审议。对于这一前置程序是否符合法治精

---

① 参见邵建东主编：《德国司法制度》，第69—70页；何勤华主编：《德国法律发达史》，第359—388、218页。

神，在德国一直存有争议。有人认为，这是一种行政机关自身的内部监督，本身仍是一种行政行为，不但难以实现对公民权利的法律保护，甚至妨碍行政法院对行政权力的法律监督。不过，主流观点始终认为，行政复议是国家行政监督体系中不可或缺的一环，它使得做出行政行为的原行政机关和复议机关都有机会审查行政决定的事实及法律基础，并对有瑕疵的或不合理的行政方案尽快予以修正，从而可以在一定程度上减轻行政法院的负担；更重要的是，行政复议和行政诉讼并不矛盾，相反，二者在法律上存在密切的联系，它们适用的法律标准和追求的目标都是共同的，实际上构成了同一个裁判过程的前后两个阶段，如果当事人不接受行政复议结果，可以再向行政法院提起行政诉讼，这样，公民权利便置于双重保护之下。所以，德国宪法法院虽然认为"行政机关的内部监督程序无论如何也不能替代行政法院的法律保护，同时又明确要求行政复议程序必须畅通无阻，且应确保公民免受不当延误"[①]。

行政诉讼的审理实行二审终审制，初审时根据诉讼的性质和复杂程度，分别采用合议制或独任法官制两种方式。联邦行政法院的合议庭由5名专职或兼职法官组成，高等行政法院和初等行政法院的合议庭由3名专职法官和2名名誉法官组成。对于不太复杂的行政案件，行政法院一般采用独任法官制审理，以节省司法资源。目前，大部分初审案件都采用独任法官制，只有很少一部分疑难大案采用合议制。案件进入独任审理的渠道有两个：一是由合议庭决定，二是由双方当事人共同向合议庭建议，再经合议庭准许。[②]除了法律明文规定的应由高等行政法院或联邦行政法院审理的案件外，一切行政案件都由初等行政法院管辖。不服初等行政法院判决的案件，可以上诉到高等行政法院，所以高等行政法院既管辖重大行政案件的初审，又管辖来自初等行政法院的上诉审。联邦行政法院同样既有

---

① 邵建东主编：《德国司法制度》，第392页。
② 参见王振宇、阎巍："德国与法国行政审判制度观察及借鉴"，《法律适用》2013年第10期。

初审管辖权，也有审理来自高等行政法院上诉案件的管辖权。根据法律规定，联邦行政法院的初审管辖权主要包括：联邦与各州之间、各州之间具有公法性质但不是宪法诉讼的争议案件，联邦行政机关的命令、决定或行为涉嫌侵犯公民合法权益的案件等。其上诉审管辖权主要受理不服高等行政法院判决的上诉，特定情况下也可受理不服初等行政法院判决的上诉。

行政诉讼的审判必须遵循一定的程序原则，以保证审判过程的公正性。其一，当事人控制诉讼启动原则，即争讼的事由和法院所要解决的问题由当事人决定。其二，职权调查原则，即法院可以不受当事人双方呈堂证据的约束，传唤相关的当事人和证人，可以要求当事人结束或更正抗辩，可以提出判决所必须的证据和证人。其三，公开审判原则、口头辩论原则、回避原则和听审原则。[①]

最初，所有行政案件一审后均允许上诉，致使二审法院不堪重负，导致大量上诉案件积压。20 世纪 90 年代，德国通过修正《行政法院法》，确立了上诉准许制，设置了较高的上诉门槛：案件上诉必须经过初审法院的同意和二审法院的审核批准。只有具备了以下两个理由，初审法院方可同意上诉申请：一是案件本身涉及基本原则问题，二是初审判决偏离了既有的类似案件的判决，并能证明是法官有意为之。二审法院的审核也相当严格，当事人必须提出书面申请，"上诉审法官只会审查初审判决和申诉理由，并且只有当在判决书中发现的错误和当事人申请所指出的错误相一致，且这种错误是能够影响判决结果的重大问题时，才会允许当事人上诉"[②]。如今，德国行政案件的上诉申请成功率已降至 10% 左右。

（4）专门法院的职权与审判程序

德国的专门法院虽然组织上自成系统，实质上都是行政法院的分支。主要包括以下几种：

财政法院。全国设有财政法院 19 个，分联邦财政法院和州财政

---

① 参见何勤华主编：《德国法律发达史》，第 219 页。
② 王振宇、阎巍："德国与法国行政审判制度观察及借鉴"，《法律适用》2013 年第 10 期。

法院两级，实行二审终审制。联邦财政法院审判庭由 5 名专职法官组成合议庭，州财政法院审判庭由 3 名专职法官和 2 名兼职法官（税政专家）组成合议庭，简单案件也可由独任法官审理。财政法院是专门管辖有关税收争议案件的行政审判机关，主要审理纳税人对征税不服、状告国家财政税务局的案件。对这种案件，可采取调解方式，只要双方经调解达成一致，即可结案。偷税漏税案件如果仅涉及数额问题，由财政法院审查决定，如果触犯了刑法，则由普通法院管辖。如果对管辖权发生争议，则由联邦法院联合委员会进行协调。不服州财政法院判决的案件可向联邦财政法院上诉。

劳动法院。全国设有劳动法院 124 个，分联邦劳动法院、州劳动法院和地方劳动法院三级。联邦劳动法院由 3 名专职法官和 2 名兼职法官组成合议庭，州劳动法院由 1 名专职法官和 2 名兼职法官组成合议庭。兼职法官分别来自雇员与雇主双方，由雇主联合会和工会提名，劳动部门任命。劳动法院主要是审理雇主与雇工的劳动纠纷以及雇主与工会之间的纠纷。劳动法院受理案件时，争议双方必须有书面合同，否则由普通法院管辖。劳动法院实行有条件的上诉制和三审终审制。标的额 800 马克以下的案件原则上不准上诉。上诉案件如果被二审驳回，则由州劳动法院决定是否准许进行第三次审理；如未获准，不服的一方可以直接向联邦劳动法院上诉，是否同意进行三审，由联邦劳动法院的 3 名法官决定。

社会法院。全国设有社会法院 69 个，分联邦社会法院、州社会法院和地方社会法院三级。社会法院负责审理保险、事故、失业金、退休金、社会救济、由政府机构负责的赔偿以及国家法律规定的福利费纠纷等。企业福利发放产生的纠纷由普通法院管辖。社会法院审案实行合议制和三审终审制，地方社会法院审判庭由 1 名专职法官和 2 名兼职法官组成合议庭，州社会法院和联邦社会法院审判庭由 3 名专职法官和 2 名兼职法官组成合议庭。兼职法官根据案件性质遴选，如审理社会保险案件，则分别选自投保方和承保方团体；审理社会救济案件，则分别选自社会救济机构和请求救济者一方。

社会法院不收诉讼费，不许律师参与。不服一审判决的案件均可上诉，直至联邦社会法院。特殊情况下，联邦社会法院可作为一审法院直接受理联邦与州之间因社会福利事务引起的争议，实行一审终审制。

纪律法院。德国设有管辖官员、法官、士兵、公证人、律师、会计师、建筑师、医生等职业的纪律法院，负责审理相关职业人员的违法违纪案件。每种纪律法院都分联邦和州两级。

3. 普通诉讼制度

（1）普通法院的结构与职权

普通法院系统在组织结构上实行一体化，拥有刑事审判权和民事审判权，实行四级三审终审制。最高级别是联邦法院，其下依次是州高等法院、州法院和区法院。

联邦法院。联邦法院现有 123 名法官，分 12 个民事审判庭和 12 个刑事审判庭，每一个审判庭由 5 名法官组成，实行合议制。联邦法院主要通过再审监督下级法院的法律适用，以保证司法的统一性，其判决为终审判决。

联邦法院一般不受理直接上诉案件，而是根据《法院组织法》的规定行使再审权。联邦法院的民事管辖权包括三个方面：一是不服州高等法院对上诉审终局判决而提出的第三审上诉案件；二是不服州法院初审判决而提出的上诉案件；三是不服州高等法院的裁定而提出的上诉案件。联邦法院的刑事管辖权包括两个方面：一是属于联邦法院管辖的重大刑事案件，如叛国罪、内乱罪等由联邦检察长起诉的案件（包括初审和终审）；二是不服州法院判决的刑事案件再审权。此外，联邦法院还对下列案件享有管辖权：一是因公务员违法侵害而引起的行政赔偿争议；二是公共征用补偿费争议；三是公民权受公共权力侵害而无其他法院管辖的案件；四是因公牺牲引起的财产补偿请求。

州高等法院。州高等法院设院长一名，法官人数各州多少不等，分民事评议庭和刑事评议庭。刑事评议庭下辖初审庭和再审庭，审理案件实行合议制，由五名职业法官组成，其中一人为审判长。州高等法院作为民事上诉法院，不享有一审案件管辖权，只负责审理因不服州法院一审终局判决而上诉的案件。刑事管辖权包括两个方面：一是上诉案件管辖权，包括不服区法院一审判决而请求再审的案件和不服州法院一审判决而提起上诉的案件；二是一审及终审管辖权，包括由联邦检察长移交州检察长起诉的案件、属于联邦法院直接管辖的案件和由联邦法院移交州高等法院的案件。州高等法院受理刑事案件，属于初审庭管辖的，由五名专职法官组成合议庭进行，不服初审庭终审判决的案件可以提请联邦法院再审。由再审法庭审理的案件，其判决为终审判决，不得提请联邦法院再审。

州法院。州法院设院长一名，法官人数各州多少不一，庭审实行合议制。州法院的民事审判机构有两个，一是民事法庭，二是商事法庭。民事法庭由三名专职法官和两名兼职法官（商务专家）组成，实行合议制。州法院对民事案件享有一审和二审管辖权，对不服区法院一审判决的案件享有上诉管辖权。州法院的刑事审判机构也有两个，一是小刑事法庭，二是大刑事法庭。小刑事法庭由一名专职法官和两名参审员组成合议庭，又称"二一法庭"；大刑事法庭由三名专职法官和两名参审员组成合议庭，又称"二三法庭"。小刑事法庭仅作为上诉审法庭，受理因不服区法院独任法官判决而提起的上诉，包括轻微刑事案件和刑事自诉案件。大刑事法庭既是重大案件的一审法庭，又是不服区法院判决而提起上诉的上诉审法庭。州法院对严重刑事案件享有一审管辖权。不服州法院一审刑事判决的案件均可向州高等法院提请再审，不服大刑事法庭一审刑事判决的案件还可直接向联邦法院提请再审。

区法院。区法院是基层法院，设院长一名，法官人数各区不同。根据案件的性质，区法院设有不同的审判庭。审理民事案件时，区法院采用法官独任制。不服区法院判决的案件，可向州法院和州高等法院提起上诉，个别案件还可直接向联邦法院提请再审。对于刑事案件，区法院根据案件的性质分别组成独任法庭、陪审法庭或大陪审法庭审理。陪审法庭由一名专职法官和两名陪审员组成，法官任审判长；大陪审法庭由两名专职法官和两名陪审员组成。不服区法院刑事判决的案件，可向州法院提起上诉，也可直接向州高等法院提请再审。

（2）普通民事诉讼制度

民事诉讼的基本原则。德国法律分为公法和私法，涉及私权利的诉讼为民事诉讼，由普通法院管辖。民事诉讼的审理必须遵循下列基本原则：①处分原则。即是否启动民事诉讼程序、是否改变诉求内容、是否终止法律争议等，原则上都由原告自己决定，法官不得凭职权进行干预，该原则亦即罗马法上的"无原告即无法官"原则。②依法听审原则。即当事人有权要求国家为其合法权益提供司法保护，法院有义务给予当事人充分的机会以陈述诉求和说明情况，并将其作为裁判的基础。③言词和书面相结合的法庭辩论原则。根据1897年民事诉讼法的要求，当事人双方应在法庭上就所有法律争议进行言词辩论，并提供相应的证据，法官只能根据言词辩论内容对诉讼作出评判。不过，为了提高审判效率，进入20世纪以后，言词原则趋于弱化，书面材料日益增多，有些诉讼行为明确要求必须采取书面形式，如原告的起诉、被告的答辩等，实际上是一种言词与书面相结合的混合形式。④公开原则。即允许与案件无关的人员旁听法庭辩论，宣判必须公开进行。⑤直接原则。即言词辩论以及举证过程须在受理案件的法院和审理案件的法官的主持下进行，因为案件的判决需要法官对案件的事实、法律争点以及证人的可信度有一个全面、直接的了解。⑥回避原则。即与案件本身或者当事人有某种关系的法官及法庭工作人员应当回避，当事人也有权主动申请回避。①

民事诉讼的审判程序。民事诉讼程序从法院接受起诉状开始，起诉可以由原告本人提出，也可由律师代理人提出。前者既可采取口头形式，也可采取有原告和律师共同签名的书面形式，后者必须

① 参见邵建东主编：《德国司法制度》，第120—125页。

采取有律师签名的书面形式。采用口头起诉时，由书记官作成笔录，作为立案的依据。诉状应当包括以下内容：诉讼当事人及其法定代表人的基本情况、诉讼请求和理由等。书记官须对原告的诉求进行初步审查，以决定是否立案，同时也为当事人提供有关法律帮助。

受理诉讼后，法院需要进行必要的审前准备，尽可能全面地了解案件情况，以提高庭审效率，诸如确定承审案件的审判庭和开庭日期，于开庭前两周将诉状和法院的相关文件送达被告，通知有关证人或鉴定人，要求当事人对提交的材料进行补充说明等。在准备期间，法院还应给被告确定一个递交答辩状的机会，如果被告递交了请求驳回原告诉求的答辩状，法院可以在首次开庭时要求原告对此提供书面意见。

庭审过程主要是通过双方当事人及其代理律师的法庭辩论调查事实。法庭辩论开始前，法官通常首先劝告当事双方和解，此时如果被告认可原告的诉求，可以无须判决而结案，但需要法庭做出裁定，如果原告决定撤诉，则须法庭通过判决加以确认。即使是当事双方达成的庭外和解，也必须有法庭的裁决或判决，因为既然案件已经起诉到了法院，没有法院的介入是无法终结的。和解程序不仅适用于法庭辩论前，也可适用于判决前的任何阶段，不仅适用于初等法院，也适用于高等法院，因为通过和解结案对于当事人和法院都是有利的。

如果和解失败，案件将进入法庭辩论阶段。此时，双方当事人或代理人须口头陈述自己的要求以及事实依据，法官则对双方提供的证据及争议要点进行总结和说明，做出评判。如果案件比较简单，法官通常当庭判决；如果案情复杂，则延期宣判，但时限不得超过三周。独任法官的判决就是法官自己的决定，合议庭的判决须经合议庭成员的秘密讨论和表决，根据绝对多数的意见做出。对于不同的意见应记入笔录存档，但不体现在判决内容中。判决在公开宣布前，可以修改。宣判后，法院依职权须将判决书送达当事人。

如果当事人不服一审法院的判决，可提出上诉。依据德国民事诉讼法规定，上诉分为控诉、上告和抗告三种形式。当事人不服区法院判决的，可向州法院提出控诉，但对家庭案件的控诉须向州高等法院提出；当事人不服州法院一审判决的，可向州高等法院提出控诉。诉讼标的额不超过700马克的缺席判决案件，不允许提出控诉。对于州高等法院在控诉审中作出的终局判决，当事人还可以向联邦法院提起上告，但必须符合下列法定条件：正当的回避申请遭到拒绝；当事人一方在诉讼中未经合法代理；言词辩论违反程序公开原则；判决书中未载明理由等。抗告方式专门用于未经言词辩论而驳回有关程序申请的裁决，抗告案由一审法院的上级法院受理。

原则上上诉必须以书面形式提出，并有律师签名。上诉状必须说明不服判决的具体理由和希望改判的明确要求，并提供新的事实和证据材料。上诉期为一审宣判后的一个月，特殊情况下可以延长，但不得超过五个月。[①]

上诉期限届满或上诉手段用尽之后，法院的判决便具有形式上和实体法上的法律效力，即使存在错误和瑕疵，判决也是有效的。但是，如果发现判决在程序上或法律适用上存在严重错误，当事人可以启动再审程序。再审主要由联邦法院负责，州高等法院只对某些案件享有再审管辖权。

再审程序可通过依法取消之诉或者回复原状之诉提起。倘若原审法院不是依法组成的，或者不得执行法官职务的法官参与了原审过程，或者对方当事人在诉讼中未经合法代理，可以提起依法取消之诉；倘若判决以对方当事人宣誓作证的证词为基础，而该当事人犯有故意或过失违反宣誓义务的罪行，或者判决系以证言或鉴定为基础，而证人或鉴定人犯有违反真实义务的罪行，或者判决系以书证为基础，而书证是伪造的，皆可提起回复原状之诉。

再审案件由合议庭审理。联邦法院合议庭由五名法官组成，其中一人为审判长。再审不是对案件的重新审理，而是审查下级法院

---

① 参见何勤华主编：《德国法律发达史》，第463—464页。

适用法律是否正确，所以不涉及事实部分。除了直接改判，再审法院也可以将案件退回原审法院重新审理。①

对于生效的判决，当事人负有履行义务。但是，在债务和财产诉讼中，败诉的债务人经常不愿或无能力履行判决。这时，法院有权根据债权人的申请采取强制措施。强制措施由独立于审判机关的执行法院实施，方式通常是扣押和查封债务人的财产，进行公开拍卖。如果扣押财产仍不足以清偿债务，执行法院有权要求债务人做出清偿债务的期限保证，并提供全部财产清单，由执行法院存档保管。若债务人无正当理由而拒绝做出保证，执行法院可根据债权人的申请逮捕债务人。强制执行程序的目的在于维护法律的权威与尊严，防止自力救济。

（3）普通刑事诉讼制度

刑事诉讼的原则。德国的刑事诉讼原则分主导整个刑事诉讼过程的基本原则和指导个别诉讼阶段的具体原则两部分。其中，基本原则主要包括：

①正当程序原则。据此，刑事诉讼当事人有权要求国家提供公平的诉讼程序，这包括：法官法定和法官独立原则，即不得有目的地指派特定法官审理特定案件，法官审案只接受法律的约束，只服从良心的判断；平等武装原则，即受到国家机关追诉的被告人与追诉机关处于平等的诉讼地位，拥有平等的诉讼手段，为此，法律赋予被告人一系列程序性权利，如律师在场权、声明权和查证申请权等，还设立了辩护制度，赋予辩护人以广泛的诉讼权利；适度原则，即国家机关采取的侵犯被告人基本权利的措施应是合目的的，与案件的重要性、被告人的犯罪嫌疑程度应是相适应的、成比例的，该原则旨在防止国家采取过度的侵犯行为；快速审理原则，即法院应当集中而快速审理案件，不得无故拖延或中断诉讼程序，加重被告人的诉讼负担。

---

① 参见何勤华主编：《德国法律发达史》，第464—465页。

②依法听审原则。在刑事诉讼中，法院不得把诉讼参与人特别是被告人当作纯粹的客体，更不能将其用作查明真相的工具，而应在做出裁决之前，充分听取参与人特别是被告人的陈述和辩解，这是宪法赋予每个公民的基本权利。为此，法院应当向诉讼参与人特别是被告人告知和释明相关的事实和举证结果，说明有关的程序规则和法律意见，并给予他们相应的准备时间。诉讼参与人特别是被告人有权提出查证申请，并有权获知法院是否采纳其查证申请。

③无罪推定原则。据此原则，任何人在依法定程序证明有罪之前，应视为无罪。该原则在法院判断诉讼证据时体现为疑罪从无原则，即当存在合理怀疑而无法确切判定被告人犯罪时，应按无罪处理。无罪推定原则在法院判决发生效力时终止。

④不得强迫自证其罪原则。该原则的核心内涵是，任何人都没有义务指控自己或证明自己有罪。根据该原则，刑事被告人有权保持沉默，对于相关的调查活动有权不予配合，法院不得强迫他们做出某种行为。

⑤一事不二审原则。该原则是指任何人都享有不因同一行为而受到重复审判和定罪的权利。诉讼程序一旦宣告终结，刑事判决一旦生效，不论是有罪判决还是无罪判决，国家的刑罚权就已用尽，不允许再因同一行为启动新的刑事诉讼。这个原则一方面可保证法院判决的既判力，另一方面可防止被告人遭受双重追诉，确保其基本权利。

具体原则又分审前侦查原则和法院审理原则两部分。

审前侦查原则包括：职权追诉原则，即国家检察机关和警察机关依据其职权，负有追诉犯罪及嫌疑人的义务。为此，警察获知犯罪信息后，有权实施法律允许的任何侦查行为，包括对嫌疑人采取搜查、扣押物品、临时拘捕、羁押等强制措施，但也负有保密和告知义务，以及将侦查结果及时移送检察机关的义务。检察机关获悉犯罪嫌疑后，应当查明案情真相。在此阶段，检察机关必须全面客观地收集和检验所有有利于和不利于嫌疑人的证据，是为客观义务原则；必要时可要求警察机关配合，针对犯罪行为采取强制措施，并决定是否起诉嫌疑人，是为起诉裁量原则。不过，只要存在充分的事实依据，检察机关就有义务向法院提起公诉，并附上请求法院启动审判程序的申请。公诉代表了追诉犯罪行为是国家的职权与义务，这称作国家追诉原则。

法院审理原则包括：独立调查原则，即法院对于起诉书中所指控的犯罪行为及被告人，有权利也有义务进行独立的调查活动，以查明事实真相。法院调查期间，诉讼参与人特别是被告人有权对特定事实提出查证申请，法院原则上应予允许，是为查证申请原则。法院的审理活动，包括裁定和判决，原则上都必须公开进行，允许旁听，是为公开审判原则。所有证据都必须提交法庭，并由诉讼双方进行口头辩论，法庭的判决只能建立在经法庭辩论的事实基础之上，是为言词辩论原则。庭审中，法官必须亲自审查、判断证据，而不得依据案卷作出判断，是为直接原则。法官应当对所有证据进行全面审查，在此基础上做出评价和判断，形成内心确信和做出判决。在证据的证明力上，证人证言优先于书面证据，这也是诉讼审理中的一条具体原则。[1]

刑事诉讼的审判程序。法庭审判是刑事诉讼的核心环节，完全在法院的控制下进行。法院受理检察机关的起诉后，首先由职业法官对案件进行审查，以决定是否启动审判程序，此时的审查称作"中间程序"，旨在对案件进行"过滤"。如果法院认为指控理由不足，或者程序不符合要求，可以做出结束审理的裁定。对此类裁定，检察机关可以通过申诉的方式提出上诉。如果法院认为指控理由充足、程序正当，就提交合议庭审理，并于开庭前一周通知诉讼参与人，包括被告人、辩护律师、证人和有关专家。德国法律允许被告人在诉讼的任何阶段聘请辩护律师，如果案情重大而被告人没有聘请律师，法院将为其任命辩护律师。

---

[1] 关于德国刑事诉讼的原则，参见邵建东主编：《德国司法制度》，第214—219页。

审判开始时，首先由审判长确认被告人、辩护律师和其他参与人的身份，以及被传唤的证人和鉴定人是否已经到庭、证据是否已经调取，并向证人告知如实作证的义务。然后，要求证人暂时离庭，由审判长询问被告人的职业、教育、家庭、经济等基本情况。接着，由检察官宣读起诉状，说明指控事由。随后，审判长告知被告人有权对起诉发表意见或保持沉默。若被告人愿意发表意见，应给予充分表达意见的机会。

接下来是举证、质证和认证，亦即法庭辩论，顺序由审判长决定。此时，检察官和被告方都有权利向对方提名的证人和鉴定人进行询问，是为"二战"后德国从英美法系引进的交叉询问程序。根据德国刑事诉讼法规定，对由检察机关提名的证人和鉴定人，检察机关有权优先询问；对被告人提名的证人和鉴定人，辩护律师有权优先询问。不过，作为一个职权主义传统悠久的大陆法系国家，德国的交叉询问制度有自己的特点。例如，交叉询问不是法庭询问的唯一法定方式，同时并用的还有一般询问即直接询问方式。具体言之，只有检察官和辩护律师才有权进行交叉询问，而且只能在法官先行询问之后并在双方当事人一致申请的情况下才能进行，其他的诉讼参与人只能采用一般询问方式发问。所以，有学者把德国的法庭询问方式称为"轮流询问模式"或"复合式庭审询问模式"。①

正因如此，德国辩护律师在刑事诉讼中的作用不如英国突出。不过，律师辩护制度同样是德国刑事诉讼中一项不可或缺的重要制度，同样是为了实现"平等武装"和司法公正。因为相对于强大的国家追诉机关，被告人处于弱势地位，而且多数缺乏必要的法律知识、信息资源和诉讼技能，采取律师辩护制度"就是要加强被指控人一方的诉讼力量，以抗衡处于强势地位的刑事追诉机关。这既是法治国家原则的具体体现，也是无罪推定原则的必然要求"②。不过，在

① 肖晋："德国刑事庭审询问方式改革：司法对立法的背反及启示"，陈兴良主编：《刑事法评论》（第23卷），北京大学出版社2008年版，第319页。

② 邵建东主编：《德国司法制度》，第238页。

德国法学理论上，辩护律师并非仅仅是站在被告人一方的诉讼参与人，而是一个相对独立的角色，不仅独立于法院，而且独立于被告人，这意味着辩护律师是以自己的名义参与诉讼的，从事辩护是在行使自己的权利，并对自己的辩护行为自担责任。因此，在诉讼过程中，辩护律师与法院、检察机关之间是一种平行、平等的关系，他们有权与法官、检察官进行平等的辩论和协商，也有权拒绝被告人的不合理要求。当然，就其职责而言，辩护律师的主要任务是维护被告人的合法权益，这是辩护律师制度的根本目的所在。因此，辩护律师无论在名义上还是实质上都不是完全中立的，他可以并且应当旗帜鲜明地站在自己的当事人一边，在法律许可的范围内尽其所能保护当事人的利益。其一，辩护律师有权利和义务为被告人提供法律建议和咨询；其二，有权利和义务在必要时主动调查取证；其三，在刑事追诉机关调查被告人或有关参与人时，辩护律师有权利和义务在场；其四，有权利查阅检察机关移送法院或者应当移送法院的案卷；其五，有权利自由地会见和联系被告人，包括处于非自由状态下（如在押）的被告人。

法庭辩论过程就是对相关证据进行展示、甄别以及决定是否采信和确定其证明力的过程。证据一般分为证人证言、鉴定结论、物证和书证等几类。证人证言是最关键的证据，出庭作证是德国公民的义务，但证人出庭作证必须依法传唤。对于经传唤而不出庭的证人，或者虽出庭但拒绝作证者，法庭有权处以罚金甚至羁押。为获得真实证言，法庭在必要时可要求证人进行宣誓，但证人的人格尊严和名誉不容侵犯，在特定情况下，证人可以依法拒绝作证，例如，与被告人有密切亲属关系的证人或神职人员等特定职业者，享有不受限制的拒证权，律师、公证人、审计师、会计师、医生等享有有限制的拒证权（如果被免除了保持沉默的义务，就不再享有拒证权），法官、公务员等因有义务保守职务秘密，也可拒绝作证。[1]

---

① 参见邵建东主编：《德国司法制度》，第 283—286 页。

鉴定人也属于人证范畴，其鉴定结论和证人证言具有相似的法律地位，但有些许区别。法庭不得强迫鉴定人做出鉴定意见，充其量只能对接受任命后拒绝提供鉴定意见者处以罚款。通常情况下，鉴定人必须出庭以口头方式陈述其鉴定意见，但是对于某些常规性鉴定意见，也可采用书面形式。哪些事项需要聘请鉴定人，聘请哪些鉴定人，属于法官的自由裁量范畴。如有正当理由，鉴定人有权拒绝提供鉴定意见。如果鉴定人出庭作证，原则上可以不用宣誓，必要时法官也可安排鉴定人宣誓，以保证鉴定意见的真实性。

物证是实物证据，书证是书面证据。书证必须由法官或法庭工作人员当庭宣读，这是言词原则和直接原则所要求的。

德国刑事诉讼法规定，检察机关既有起诉被告人的权利，也负有证明被告人有罪的义务。法官依职权指挥整个诉讼活动，可以主动询问、调查证据，如果发现诉讼参与人纠缠于某一业已明朗的细节或脱离辩论主题，审判长有权予以制止。法官在采纳和运用证据时，应遵守自由判断原则，即自由心证原则。就是说，内心确信是法官认定事实以及裁定有罪非罪的证明标准，也是法庭做出最终判决的基础，但这绝非意味着法官可以随心所欲任意妄断，他们负有良心义务，其判断和判决必须客观、理性、具有说服力。尽管德国法律没有明确规定有罪判决所必须的证明力标准，但司法实践普遍遵循"排除合理怀疑"原则，只要根据生活经验、常识常理和科学知识，可以判定案件已经具备了足够的确定性，能够排除合理怀疑，就可以认定被告人有罪。①

在法庭辩论结束时，被告人享有最后陈述的权利，这一程序被称为"被告人有说最后一句话的权利"。此时，被告人可以就任何内容发言，发言时间也不受限制，但在现实中被告人一般不会长篇大论，仅仅简单地告诉法官："辩护律师的意见就是我的意见"。此后，包括名誉法官在内的所有参审法官将退席进行评议。评议是

---

① 参见邵建东主编：《德国司法制度》，第289—290页。

秘密进行的，只允许书记官在场，由审判长主持。秘密评议旨在防止外界影响，保证自由表达和理性讨论，通常首先由审判长对庭审证据和争议焦点进行总结，接着是其他法官依次发言，然后形成书面判决意见。如果无法达成一致意见，则由所有参审法官进行投票表决。名誉法官首先投票，然后是职业法官，最后是审判长。判决分为有罪判决、无罪释放和撤销诉讼三种，有罪判决和刑罚决定必须达到三分之二多数票。所有判决都必须说明理由，亦即将心证的形成过程公诸于众，如果判决理由不够充分、完整、理性，一旦当事人上诉，判决将被上诉审法院撤销。做出判决后，原则上法官们应立即重返法庭，由审判长当庭口头宣判，也可延期宣判，但最迟不得超过庭审后 11 天。

如果对一审法院的判决不服，无论是被告人还是作为公诉人的检察机关，都有权向上一级法院或越级提起上诉，原则上不需要附加任何条件和理由。一切上诉均须采用书面形式提出。按照内容划分，上诉分为两种：对事实问题的上诉和对法律问题的上诉。对事实问题的上诉限于普通刑事案件，必须在宣判后一周内提出。对法律问题的上诉限于程序是否合法和实体法适用是否正确等问题，可以在宣判后一个月内提出。按照审级划分，上诉又分为第二审上诉和第三审上诉两种。第二审上诉是针对区法院所做出的判决在事实和法律问题上的上诉，州法院为受理法院；第三审上诉仅限于法律问题，包括针对州法院或州高等法院一审判决提起的上诉和针对州法院第二审上诉判决所提起的第三审上诉。在所有第三审上诉案件的审理中，法庭都不设参审员。上诉审法院对上诉案件可能做出以下三种裁判：一是维持原判，驳回上诉；二是上诉理由成立，撤销原判，发回重审（1987 年以前）或者由上诉审法院自行做出新的判决（1987 年以后）；三是裁定原审法院错误地行使了管辖权，宣布撤销原判，将案件移送至具有管辖权的法院重新审理。德国法律规定了"上诉不加刑"原则，据此，"上诉法院不得在犯罪行为的性质认定和责任幅度的确定方面，对原审判决做出不利于被告人的变更"①。

在终审判决生效后，若发现判决存在明显错误，可提请启动再审程序，这是为纠正司法错误、保证公平正义而特设的最后一道救济程序。启动再审程序既没有时效限制，也不受原判刑罚执行情况的影响，但必须符合法律规定的条件。首先，再审申请必须由利害关系人即被判有罪的被告人及其配偶和兄弟姐妹等近亲属提出，亦即申请主体仅限于被告人一方。其次，申请事由限定为：原审判决所依据的主要书证系伪造或不真实，证人和鉴定人违反了宣誓义务或者故意做了虚假证言，法官或参审员违反其职责义务或受到了偏见的影响，发现了新的事实或新的证据。

再审程序必须遵循严格的程序步骤进行。第一步，申请人须提出由本人和辩护律师签名的书面申请或在法院秘书处所作的正式笔录，必须写明再审的合法理由。第二步，受理再审申请的法院应是与原审法院处于同一审级并拥有相同管辖权的另外一个法院。第三步，受理法院应当委托一名法官对再审的理由进行仔细调查核实，然后做出进行再审或驳回申请的答复。第四步，受理法院开庭再审案件。再审程序是完全独立的，审理结果可能维持原判，也可能改判；若是改判，不得对被告人判处比原判更重的刑罚。②

4. 参审制度

19 世纪中叶以前，德国一直实行职权主义纠问制审判模式。1848 年革命中，德意志各邦开始引进英国陪审制。德国统一后，陪审制在全国范围内建立起来。根据 1877 年《德国法院组织法》的规定，可判 5 年以上监禁的重罪案件由"陪审法庭"审理。"陪审法庭"不是一个独立的普通法庭，而是地方法院的一个组成部分，它由 3 名职业法官和 12 名陪审员组成的陪审团构成，实行季审制。在案件审理中，陪审员可以向证人提问，法官可以就法律适用问题对陪审团进行指示。陪审团负责就事实问题和被告人的有罪非罪做出裁

① 邵建东主编：《德国司法制度》，第 307 页。
② 参见上书，第 312—314 页。

决，法律问题由法官判决。陪审团的裁决不要求必须一致同意，只要达到三分之二多数支持即可，这与英国陪审制几无二致。轻罪案件由一名职业法官和两名陪审员组成的"混合法庭"进行审理，事实裁决和法律判决均由三人共同做出，这是对英国陪审制的改造形式，实质上是一种陪审员参审制。1924年，德国保守势力上台，政府出台了一个名为《艾明格法》的紧急法案，将陪审法庭的12名陪审员减少为六名，同时取消了陪审团对事实问题的决定权，于是确立了陪审员参审制。① 在随后的纳粹统治时期，德国的正常司法全面瘫痪，即使参审制也毫无立锥之地。"二战"结束后，随着民主宪政和自由法治的重建，参审制在德国得以恢复，并保持至今。②

参审制就是由非法律职业者以名誉法官的身份参与案件审判的制度，其适用范围涵盖了刑事、民事、商事、行政等各类诉讼，所以德国成为当今欧洲最典型的参审制国家。③

根据《德国法院组织法》，不同司法系统的参审员有不同的要求。如行政法院的参审员应具有一定的行政经验，财政法院的参审员应具有财政、税收知识，劳动法院的参审员必须是劳资双方推荐的有威望的代表，商事法院的参审员必须是工商联合会推荐的人员。普通法院参审员的选拔范围最为宽泛。按照法律规定，年龄在25岁以上70岁以下、没有犯罪前科和智力障碍的德国公民，除了从事法官、检察官或执法部门官员等特定职业者，均有权利和义务担任普通法院参审员。参审员每四年遴选一次，可以连任，其遴选方法是：首先由乡镇代表会议提名候选人，制作候选人名册，标明候选人的姓名、出生日期、出生地、住址及职业。候选人的提名须达到乡镇代表会议三分之二的多数同意，提名比例应为各乡镇居民的千分之三。候选人名册须公示一周，供人查阅，查阅者可以书面或列入记

---

① 参见吴军辉，"陪审团制度在德国的移植与消亡"，《甘肃政法学院学报》2007年第2期。
② 参见程汉大、李培锋：《英国司法制度史》，清华大学出版社2007年版，第308页。
③ 除了德国外，实行参审制的欧洲国家还有法国、意大利和芬兰；奥地利、挪威、瑞典、丹麦等国采用的是陪审与参审并存的混合制。参见张培田："司法审判民主化选择的理论与实践（二）——陪审制与参审制之比较"，《国家检察官学院学报》2000年第2期。

录的方式提出异议。[①]公示后无异议的名册由各乡镇长汇报区法院，由一名区法院法官、一名政府指派的行政官员和十名居民代表组成一个遴选委员会，从名册中选出该区所需要的参审员及候补参审员，并登记于区法院的分类名录。参审员的人数按照区法院全年正式开庭的天数和每个参审员每年至少出庭 12 天的标准计算得出，当选者必须达到委员会的三分之二多数票。最后是确定个案参审员名单，方法是：在庭审之前，由区法院法官通过抽签决定具体的参审员，由区法院书记官将抽签情况制作成笔录，并通知相关参审员，同时告知其出庭日期及无故缺席的法律后果。参审员如有正当理由不能出庭时，由候补参审员依次递补，无故不出庭者将被罚款（秩序金）。州法院参审员的遴选方法与区法院大致相同。

参审员的司法参与是义务性的，没有薪酬，只有每小时四欧元的少量补助。但是，在庭审中他们与职业法官享有同样的职权，也同样负有回避义务。最初，参审员在庭审前不能阅读案卷，但近年来联邦法院开始允许参审员在审前阅读案卷中的部分材料，以便于他们提前了解案情。庭审中如果出现重大的程序争议问题，由参审员和职业法官一起做出裁决，审判长无权单独裁断。在法庭调查中，经审判长许可，参审员可以向当事人、证人或鉴定人发问。对于案件的判决，参审员与职业法官享有同等的意见表达权和投票权。

不过，由于参审员不熟悉法律，对职业法官心怀敬畏，多数情况下又不允许阅读卷宗，只能根据庭审时获取的口头信息做出判断，所以其实际作用往往有限，职业法官始终占据司法主导地位。有资料表明，参审员对定罪问题的影响仅为 14%，对量刑问题的影响仅为 6.2%。[②]另外，参审制在德国刑事司法系统中的适用比例也比较低。据统计，在 2010 年德国区法院审结的 790 085 起刑事案件中，采用参审制的为 37 232 起，仅占 4.71%；在州法院审结的 13 956 起案

---

① 参见周道鸾：《外国法院组织与法官制度》，人民法院出版社 2000 年版，第 459—460 页。

② 参见朱淑丽："德国参审制"，《人民法院报》2006 年 6 月 9 日。

件中，采用参审制的为 1 236 起，仅占 8.86%。[①] 但是，无论如何，参审制作为现代司法民主的一种形式，使平民代表能够直接参与司法权的行使，从而将普通大众朴素的正义观念、常识常理引入司法过程，借此可以弥补职业法官因拘泥于法律知识而可能导致的僵化与偏狭思维，促使判决更加贴近社情民意和现实生活。参审制强化了司法的公开性，这对于减少和防止冤假错案与法官腐败，避免司法官僚化和维护法律的公平正义也具有积极意义。

---

① 参见施鹏鹏，"德国参审制：制度与特色"，《人民法院报》2014 年 9 月 19 日。

第四编　司法与欧洲法律一体化的
成功探索

　　到 19 世纪，欧洲主要国家纷纷实现了法制现代化，建立起了现代司法与法治文明。尽管由于法律传统和政治体制的不同，欧陆国家和英国分属大陆法系和英美法系，故而存在明显差异，而且即使在同属大陆法系的欧陆各国，法律制度也各具特色。但是，由于历史文化传统和现代政治经济制度上的相似性，两大法系国家之间以及欧陆各国之间的法律不断相互渗透，彼此差异越来越小。特别是随着 20 世纪 50 年代欧共体—欧盟的建立与发展和欧盟法与欧洲法院的创立，以及《欧洲人权公约》的签订和人权法院的建立，欧洲各国甘愿让渡出部分主权权力，突破国家法的局限，进行了司法与法律区域一体化的大胆探索，并取得了初步成效。欧洲司法与法律一体化的尝试把欧洲司法与法治文明推进到了超国家发展的历史新阶段，也预示了司法与法治文明全球一体化的发展趋向。

第十一章 欧盟与欧盟法

一、欧盟及其组织架构

在欧洲，联合各国建立统一的欧洲联邦以维护和平促进发展的思想源远流长。早在 16、17 世纪，就已产生欧洲一体化的思想萌芽。1812 年，拿破仑曾雄心勃勃地宣称："我们应当有一部欧洲法典，一个欧洲的最高法院，一种统一的欧洲货币，统一的度量衡，统一的法律。"[①] 但是，直到第二次世界大战后，欧洲一体化才真正迈出实质性的步伐。当时，由于战争破坏，欧洲经济凋敝，国际地位下降。为了在美苏两个超级大国之间保证自身安全，尽快复兴经济和提升国际影响力，西欧各国感到有必要联合起来。于是，荷兰、比利时、卢森堡三国率先于 1948 年成立关税同盟，相互免除关税，实行自由贸易。1950 年 5 月 9 日，法国外交部长罗贝尔 – 舒曼向国际社会公布了一个具体的煤钢联营计划，主张将西欧各国的煤炭和钢铁工业联合起来，成立一个超国家机构统一管理和经营，是为"舒曼计划"。这一计划得到法国、联邦德国、意大利、比利时、荷兰和卢森堡六国的支持，美国出于控制西欧和抗衡苏联的需要，也表示赞同。经过近一年的磋商，上述六国于 1951 年 4 月 18 日签订了《欧洲煤钢共同体条约》，又称《巴黎条约》，并于第二年 8 月成立了"欧洲

---

① 〔德〕乌维·维瑟尔：《欧洲法律史——从古希腊到〈里斯本条约〉》，刘国良译，第 667 页。

煤钢共同体"，正式开启了欧洲一体化的大门。

1957年3月25日，上述六国的首脑和外长在罗马签署了《欧洲经济共同体条约》和《欧洲原子能共同体条约》，这两个条约又称《罗马条约》。1958年1月1日，《罗马条约》生效，由此又创立了"欧洲经济共同体"和"欧洲原子能共同体"。三个共同体虽是分立的实体，各自拥有独立的法律人格，但以统一的组织机构开展工作，其中，"欧洲经济共同体"处于核心地位。《罗马条约》在序言中开宗明义宣称其宗旨是：消除分裂欧洲的各种障碍，创造共同市场，促进会员国之间商品、资金、劳动力、服务的自由流通，促进各国的协调发展，为建立国家紧密的联盟奠定基础。因此，《罗马条约》被视为是欧洲一体化进程的起点。1965年4月8日，三大共同体各成员国签订《布鲁塞尔条约》，决定将三个共同体机构合并，统称"欧洲共同体"，总部设在比利时的布鲁塞尔。1968年7月1日，六国取消了相互之间的一切关税壁垒，对共同体以外的商品实行统一关税。

1973年1月1日，丹麦、爱尔兰、英国加入欧共体，共同体成员国由六国扩大到九国。1981年1月1日，希腊加入欧共体；1986年1月1日，西班牙、葡萄牙宣布加入。至此，欧共体成员国增加到12个，覆盖了欧洲大部分地区，建立了关税同盟、货币同盟，实施共同的农业政策，这有力地推动了欧洲经济一体化的进程和各国的经济发展。到1979年时，欧洲共同体的生产总值已超过苏联，成为资本主义世界中与美国、日本并立的三大经济实体之一。

为了建立一个没有国界的经济与货币联盟和加强政治合作，欧共体各国首脑于1991年12月11日在荷兰的马斯特里赫特签署了《马斯特里赫特条约》，又称《欧洲联盟条约》，并于1993年1月1日生效。条约的主要内容是：第一，在欧共体的基础上建立欧洲联盟；第二，统一货币，建立货币联盟；第三，在教育、公共卫生、共同利益（避难、移民、签证）等社会领域实行统一政策；第四，制定共同的外交和防务政策，成立欧盟武装机构；第五，成员国的公民具有欧洲公民身份；第六，在司法和内务方面如警察和刑事领域进行合作。《马斯特里赫特条约》标志着欧洲一体化从欧共体时代发展到了欧盟时代，形成了支撑欧盟的三大支柱，即经济共同体、共同外交与安全政策、司法与内务合作。尽管这三个支柱分别处于不同的一体化水平面上，"其中第一支柱继续保留其所谓的'超国家'机制，而第二和第三支柱则在'政府间'层面上运作，但在统一的欧盟组织结构之内"[①]。所以，《马斯特里赫特条约》堪称是欧洲一体化进程中的第二个里程碑。

1993 年以后，欧盟在横向上继续拓展。1995 年，芬兰、奥地利、瑞典三国加入欧盟。东欧剧变后，波兰、捷克、斯洛伐克、匈牙利、爱沙尼亚、拉脱维亚、立陶宛、斯洛文尼亚、马耳他、塞浦路斯 10 个中东欧国家于 2004 年 5 月 1 日加入欧盟。2007 年，罗马尼亚和保加利亚加入欧盟。至此，欧盟成员国达到 27 个。同时，1999 年 1 月 1 日，11 个欧盟国家实行统一货币政策，正式发行欧元。2002 年 7 月，欧元成为欧元区的唯一合法货币。此后，不断有新的成员国加入，成员国达到 19 个。

2007 年 12 月 13 日，欧盟 27 国领导人在葡萄牙首都里斯本签署《里斯本条约》，2009 年 12 月 1 日条约生效。《里斯本条约》除了对欧盟机构设置和决策方式进行了一系列改革以增进工作效率外，在一定程度上解决了三个支柱不对称的结构问题，确立了欧盟的单一法律人格。此后，欧盟作为一个法律实体，有权签署国际条约和成为国际组织的成员，这有利于欧盟应对各种挑战，增进共同利益。譬如，《里斯本条约》扩大了欧洲议会在立法、预算以及政治控制方面的权力和影响，提高了欧盟的民主合法性。《里斯本条约》引入参与性民主，包括确立公民创议权，促进公民、公民社会组织和欧盟机构之间对话，向公众开放欧盟理事会的立法辩论和表决等；突出欧盟的共同价值和目标，尊重人的尊严、自由、民主和

[①] 曾令良：《欧洲联盟法总论》，武汉大学出版社 2007 年版，第 4 页。

平等，强调对欧盟活动领域里的公民权利、政治权利、经济权利和社会权利的保护；更加重视社会问题，包括充分就业、反对社会歧视、促进正义、消除贫穷等；增强欧盟在打击恐怖主义、跨境犯罪和司法领域里行动的一致性和能力，以满足欧盟公民对安全的需要；赋予欧洲法院以更大权力，使之可以就各国司法和内政相关的法律是否与欧盟法律相冲突进行裁决。《里斯本条约》标志着欧盟成员国之间的合作进一步深化，构成了欧洲一体化进程中的又一个重要里程碑。

作为一个区域性国际组织，欧盟各成员国都是独立的主权国家，所以欧盟具有政府间合作的国家联盟性质，但另一方面，各成员国又自愿转让部分主权交由欧盟集体行使，于是，在经济与货币、外交与防务、环境保护等方面，各成员国必须用一个声音讲话，采取共同行动，所以欧盟又带有超国家联邦的某些特点。① 因此，欧盟必须在平等联合、真诚合作、民主法治等原则基础上建立一套与自身权能相适应的准国家式的权力机关。

欧盟的权力机关是按照三权分立的政治架构建立的，其核心机关有欧盟理事会、欧盟委员会、欧洲议会和欧洲法院。欧盟理事会（Council of the European Union）由各成员国的部长组成，一个成员国一名，所以又称"部长理事会"。根据理事会议题的不同，各成员国选派不同的部长出席，于是逐渐在理事会内派生出九个专业理事会，如对外关系理事会、经济和金融事务理事会、司法和内务理事会等。欧盟理事会享有决策权，与欧洲议会一同履行立法权和财政预算批准权，并有权审查欧盟委员会的工作。涉及战争或接受与开除成员国等重大决策，理事会采用一致同意程序，其他事宜可实行多数决程序，但很少采用投票表决方式，一般通过推迟表决或修改提案以争取达成共识，而不是简单地排斥某些成员国的意见。欧盟理事会最初实行轮值主席国制，每个国家任期半年。为提高欧

---

① 欧盟对外相当于一个国家的政府，但其职能还没有发展到国家政府的阶段。欧盟现在在北京设有使馆，中国和欧盟之间的联系类同于政府间的联系。

盟一体化行政效率,《里斯本条约》生效后,取消了主席国轮替机制,创立了常任主席职位,其职责是:对外代表欧盟,对内负责主持欧盟会议、协调欧盟内部立场。主席任期两年半,可以连任,有欧盟"总统"之称。原来欧盟和欧盟委员会中负责外交和安全政策的两个职务合并一起,设立欧盟外交和安全政策高级代表一职,全面负责欧盟对外政策,故人称欧盟"外长"。同时,理事会的人数由 27 名减至 18 名,废止一国一名模式,改为轮流从三分之二的成员国中选任的制度,并从 2014 年 11 月起取消一票否决制,改用"双重多数表决制",即有关决议必须获得代表至少 65% 欧盟人口的 55% 的成员国的同意。

欧盟委员会(European Commission)是欧盟的执行机关,负责贯彻实施欧盟的法律、法规、财政预算和欧盟理事会做出的决定与计划,处理一切日常事务,以及向理事会和欧洲议会提出报告和立法动议,代表欧盟进行对外联系,在商贸合作方面进行谈判和签署国际协议。从 2007 年起,欧盟委员会由各成员国任命的 27 名委员组成,任期五年。每个委员负责一个或几个政策领域,都配有自己的工作班子。委员会每星期至少召开一次工作会议,由委员会主席召集和主持。每一届新委员会作为整体须经过欧洲议会的批准,欧洲议会还有权弹劾委员会主席和开除委员会委员。目前,欧盟大约有 1.4 万文职人员,他们为了欧盟的普遍利益而独立地履行职责,不得接受所在成员国的指令。

欧洲议会(European Parliament)是欧盟的监督、咨询机关,其前身是 1952 年成立的"欧洲煤钢共同体议会",1962 年改称欧洲议会。欧洲议会的议员最初由各成员国议会指派,1979 年 6 月改由欧共体成员国直接选举产生,每届议会任期 5 年。共有 785 个议席,按人口比例分配给各成员国。从 2009 年起,议员总数减为 750 名,席位分配仍以成员国人口为依据。欧洲议会设议长 1 人、副议长 14 人以及各种专门委员会。委员会委员每两年半改选一次,可连选连任。如同成员国的议会一样,欧洲议会内部也存在政治分野和党团组织。欧洲议会拥有与欧盟理事会一起行使的共同立法决策权，范围涉及经济、市场、消费者权益保护、教育、文化及卫生、就业、社会政策、环境保护等 38 个领域；欧盟财政预算中的强制性开支（包括共同农业政策开支和有关执行国际协定的开支等）由理事会决定，但非强制性开支（包括科研、环境、能源、产业政策及对第三国的发展援助等），欧洲议会与理事会有共同决定权；欧洲议会有权对欧盟理事会进行质询，实施民主监督。它有权以三分之二多数弹劾委员会，迫使其集体辞职，有权审核和批准理事会任命的官员人选。

欧盟法院（Court of Justice of the European Union）是欧盟的最高司法机关，享有广泛的司法权，可以受理和裁决在执行欧盟各项条约与规定中发生的争执和涉及欧盟共同利益的各种案件，可以对欧盟有关条约与规定以及应成员国的要求就有关法律做出解释，还可以审查由欧洲议会、欧盟理事会和欧洲委员会制定的法令的合法性。欧盟法院原名"欧洲煤钢共同体法院"，简称欧洲法院（Enropean Court of Justice），成立于 1952 年，设在卢森堡市，2009 年 12 月 1 日《里斯本条约》生效后，改称为欧盟法院。目前，它由 27 名法官和 9 名法律顾问官（advocate general）组成，下设 1 名书记官、2 名副书记官及职员。法官根据各成员国一致同意的原则予以任命，每个成员国 1 名，其人选都是曾在本国担任最高司法职务或成就突出的法学专家，任期六年，可以连任，每三年改选其中一半。[①] 欧洲法院设一名院长，由 15 名法官从内部选举产生，院长任期三年，可以连任。院长指导法院工作，主持听证和审判活动。法律顾问官是欧洲法院极具特色的一项制度设计，法律顾问官的任职条件、地位、豁免特权与法官相同，其主要职责是，从公正的立场出发，对受理的案件独立公开地提出附有理由的意见，以协助法官完成审判职责。虽然法律顾问官的意见只是建议性的，对法官没有约束力，但对判

---

① 参见曾令良：《欧洲联盟法总论》，第 224 页。

决具有相当大的影响力。据统计，在欧洲法院 1996 年上半年发布的判决中，法律顾问官的意见在 84 起案件中得到了完全或绝大部分的采纳，占同期案件总数的 88%，在另外四起案件中，他们的意见被部分采纳。①

在 2009 年以前，欧洲法院的审判活动采用由全体法官组成的大法庭和由四至五名法官组成的审判庭两种形式。特别复杂的案件，或者当事人是一个成员国或欧盟的一个机构的案件，由大法庭审理，个人或者法人提起的诉讼由审判庭审理。法院的判决须在各参审法官发表意见并说明理由之后，按多数意见做出。为减轻法院负荷，从 1989 年起建立了初审法院（Court of First Instance），作为欧洲法院的从属性审判机构，负责初审由个人或者法人企业直接提起的诉讼，以及欧盟机构与其雇员之间的争议案件。这样，在上述诉讼领域，欧洲法院便成为一个复审法院，如果当事人对于初审法院的判决不服，可以上诉至欧洲法院。但上诉的理由严格限定在三个方面，即初审法院欠缺管辖权、违反程序规则或错误适用欧盟法。欧洲法院对上诉有权进行资格审查，可以驳回上诉，也可以支持、推翻或改判一审判决或者发回重审。根据 2009 年 12 月 1 日生效的《里斯本条约》规定，欧盟的法院系统统一称为欧盟法院。其中包括三个部分：一是原来的欧洲法院；二是综合法院（General Court），即原来的初审法院；三是公务员法庭（Civil Service Tribunal），附属于综合法院。《里斯本条约》第 220 条规定："欧洲法院和初审法院在各自的管辖权范围内保证法律在解释和运用条约的过程中得到实施。"这一规定意味着综合法院摆脱了原来初审法院的从属地位，转变为一个具有独立地位的法院，但欧洲法院仍享有对综合法院的上诉审权。

---

① Takis Tridimas, "The Role of the Advacate General in the Development of Community Law: Some Reflections", *Common Market Law Review*, Vol.34, 1997, pp.1361-1362.

二、欧盟法及其性质

欧盟在其形成发展过程中始终坚持法治原则，注重法制建设。[①]
历经半个多世纪的发展，如今已形成了一套独具特色的法律体系。
换言之，欧盟不仅是一个经济政治共同体，也是一个法律共同体。

按照效力、地位和形式的不同，欧盟法的渊源可以分为成文法
（大陆法影响的结果）和不成文法（英美法影响的产物）两大部分。
成文法又分条约和欧盟立法两大类，其中条约是欧盟法最主要的法
律渊源，对各成员国具有直接法律效力，堪称欧盟基本法。条约又
可分为两个层次，第一层次是由欧盟与成员国签订的基础性条约，
包括《欧洲煤钢共同体条约》《欧洲经济共同体条约》《欧洲原子
能共同体条约》和《欧洲联盟条约》等。欧洲共同体和欧盟的建立
及其一切活动都是遵照这四个基本条约展开的，因而有"欧盟宪法"
的称号。[②]第二层次是为适应欧盟发展而对基础性条约进行修改补充
的后续条约，其中较为重要的有两个：一是1997年10月2日签署
的《阿姆斯特丹条约》。该条约通过改写、删节以及议定书、声明、
宣言等附件形式，对欧盟已有的《罗马条约》和《马斯特里赫特条
约》进行了修订和补充，新内容主要是加强欧盟公民权利及其保护。
二是2001年2月26日签署的《尼斯条约》，其主要内容是对欧盟
机构及其运行机制进行了一系列改革。

欧盟立法是依据条约所赋予的权限由欧盟理事会和欧盟委员会
制定的规范性文件，它们具有派生性特征，是欧盟法的次要渊源。
欧盟立法的主要内容包括：第一，条例（regulation）。条例是欧盟
基础条约的实施细则，在欧盟范围内具有普遍适用性和全面约束力，
故而一经颁布，无须各成员国立法机关的批准或立法转化程序即可

---

① 参见程卫东："法治：欧洲联盟的一个基本原则"，《欧洲研究》2007年第2期。

② Neill Nugent，*The Government and Politics of the European Union*，Macmillan Press，
1999，p.244.

直接生效。第二，指令（directive）。指令是为履行与欧盟有关条约上的义务，由欧洲议会、欧盟理事会或欧盟委员会针对特定成员国发布的规范文件，通常要求特定成员国在一定期限内通过国内程序将其内容转化为国内立法，以履行其所承担的条约义务。指令是一种特殊的立法形式，只对成员国发生效力，而对欧盟公民不具有直接的约束力，而且指令仅在其所欲达到的目标上具有约束力，实施指令的形式与方法可以由成员国自行选择。第三，决定（decisions）。决定是针对特定对象由欧盟理事会或欧盟委员会发布的一种执行决议，本质上是一种行政措施。决定既可对成员国做出，也可对公司法人或自然人做出，仅对特定对象有效，不具有普遍性。公司法人和个人可以就决定请求欧洲法院予以撤销。第四，建议和意见（opinion and recommendation）。建议和意见是欧盟理事会就某个尚未达成一致意见的问题，向各成员国提出的建议或表明的态度。建议和意见不具有约束力，仅供成员国参考，但并非无足轻重，对欧盟立法和决策趋势会产生一定的影响。

由于欧盟绝大多数成员国属于大陆法系国家，欧盟法多是成文法，但也包括部分不成文法，其中，法院的判决在欧盟法律渊源中占有重要地位。这是因为欧盟法本身是不完善的，甚至模糊不清，需要解释，法院的判例与解释在某种程度上可以弥补这一不足。例如，竞争法中的若干规则、关税制度、知识产权制度等方面的法律规范，多是通过欧洲法院的司法判例创制的。此外，一般法律原则也是欧盟不成文法的重要渊源。由于欧盟法的某些规范比较含混，也存在不少漏洞，在运行实践中需要借助法的一般原则予以补充。这些一般原则是从成员国的法律规则或观念中引申出来的，主要包括基本人权保护原则（源于欧洲人权公约及各成员国的宪法原则）、平等和非歧视原则（指类似的情况不得受到不同的对待，不同的情况也不能以相同的方式处理，除非这种处理在客观上是合理的）、相称性原则（指公共权力在限制个人基本权利时所采取的手段必须为其所欲实现的公共利益目标所必要，而且与该目标的重要性相符）、法律的确定性和不溯及既往原则（指法律主体所享有的权利和承担的义务不得被置于不确定状态，任何法律不得适用于其生效之前的行为）等。

就欧盟法的实体内容言，大致分为以下几类：第一，欧盟宪法。集中体现在欧盟基础条约和 2004 年 6 月 18 日的《欧盟宪法条约》中，后者由 2007 年 12 月 13 日的《里斯本条约》所取代。其主要内容是欧洲联盟的宗旨与职权，人人共享的各项权利，有关欧盟的各项基本政策和运作的规定等。第二，欧盟行政法。主要是有关欧盟委员会各行政机构的设立、职权、活动程序的法律规范，以及规范欧盟行政机构与其他机构和成员国政府之间的关系的法律规范。第三，欧盟组织法。主要是有关欧盟与成员国的法律关系，欧盟的基本文件和决议的法律效力，欧盟组织机构的设立和职权分工以及彼此关系，各主要机构的产生、职权、议事与决策程序及方式等方面的规范。[1] 第四，欧盟共同市场法。主要是有关商品、人员、服务和资本自由流动的内部市场法、共同竞争法、国家垄断和国家援助法、公司法、知识产权法等方面的规范。第五，司法与内务合作法。主要是在尊重各成员国不同法律制度的基础上制定的有关边境检查、避难和移民政策、民事刑事司法合作、警察合作等法律规范。第六，欧盟人权法。集中体现在 1993 年生效的《欧洲联盟条约》和后来的《阿姆斯特丹条约》《尼斯条约》及 2000 年的《欧洲联盟基本权利宪章》中，主要是关于欧盟公民基本人权的内容及其保护的法律规范。第七，欧盟对外关系法。主要是有关欧盟成员国与第三国或国际组织的关系的法律规范，如共同商业政策、共同外交政策、共同安全与防务政策等。

由上可见，欧盟法在规模和复杂程度上可以说超过任何一个国际组织的法律体系，甚至与任何一个发达国家的法律体系相比也毫不逊色，在性质上是独特而难以准确界定的，故而有人认为它属于

---

① 参见王林彬、秦鹏：《欧洲联盟法》，兰州大学出版社 2011 年版，第 31 页。

国际法，理由是它是各成员国平等协议的产物，也有人认为它属于联邦法，理由是它可以在成员国直接生效，成员国的法律不得与之冲突。这些说法都只是看到了欧盟法的外部特征，实际上欧盟法与国际法和联邦法都存在本质的不同。例如，国际法主要是调整国家之间的行为规范，自然人不具备国际法上的主体资格，不能对国家提起诉讼，而欧盟法是许可的；联邦法在一个国家内具有全面的至高无上性，而欧盟法主要限于经济领域，在外交和国防领域完全由各成员国自主；况且，迄今为止欧盟法仍然处于不断的变化与发展中。所以，在欧盟法与成员国法的关系上，既不能完全适用国际法和国内法关系的理论与原则，也不能完全适用联邦法与成员邦法的理论与原则。唯其如此，时下学界还没有对欧盟法的性质做出公认的科学概括，许多学者只能将其笼统地表述为"自成一类的法"（law sui generis）。①

三、欧盟法与成员国法的关系

由于自身的特殊性质，欧盟法与成员国法的关系既不同于一般国际法与成员国法的关系，也不同于联邦法与成员邦法的关系，但又兼具两种关系的特征，呈现一种内含张力的复杂面貌。

首先，在一定条件下，欧盟法可以直接适用于成员国及成员国的公民个人，并且为公民个人创设权利义务，欧盟成员国的公民和法人可以要求其国内法院依据欧盟法的有关规定保护其权利，即成员国法院或当事人可以直接援用欧盟法，这称为直接效力（direct effect）原则。该原则在欧盟基本条约中没有明文规定，是通过欧洲法院的司法判例形成的。在1962年的"凡根德鲁斯案"中，欧洲法院首次明确了欧盟法的直接效力原则。该案起因是，荷兰一家公司从民主德国进口了一批化工产品，荷兰海关对该产品征收的关税超

---

① 参见王铁崖主编：《国际法》，法律出版社1981年版，第407页。

过了以往的税率，该公司认为荷兰海关的行为违反了《罗马条约》的规定，但荷兰政府认为，援引《罗马条约》的诉讼只能由成员国或共同体机构提起，公民、法人没有起诉资格。对此，欧洲法院的判决指出："共同体的成员国限制并让渡了其主权权力，共同体法得以形成一个国际法的新型法律秩序。共同体法的主体不但包括成员国，也包括成员国国民。共同体法不但给个人规定了义务，而且也赋予他们以权利，这些权利不仅源于条约的明文规定，也源于条约给个人以及成员国和共同体机构所规定的义务。"① 不过，对于基本条约中的纯属程序性，并允许成员国或共同体机构行使一定自由裁量权的条款，欧洲法院认为无直接效力。

至于欧盟机构的派生性立法的直接效力问题，则较为复杂。一般认为，条例在成员国具有直接适用性，不需要成员国进行转化，这是《欧洲经济共同体条约》第249条的明确规定。指令一般需要经过转化过程才能在成员国直接适用。但欧洲法院的判例表明，如果成员国未按指令要求在规定的期限内履行相关义务，指令则具有直接效力。例如，若欧盟指令成员国在一定期限内达到某一环保标准，而成员国未采取有效措施致使到期未达到标准，便可以根据指令起诉成员国政府。② 决定通常都具有直接适用性。在第9/70号案中，欧洲法院认定，在满足了一定的条件之后，即规定必须是清楚明确的、无条件的，决定的实施可以不依赖于成员国或共同体机构进一步的行为，即可产生直接效力。③

其次，当欧盟法在成员国国内适用时，如果与成员国的国内法相冲突，应优先适用欧盟法，这称为优先效力原则（Supremacy）。该原则同样是通过欧洲法院的司法实践确立起来的，自1964年"科

① 转引自王玉玮："论欧盟法的直接效力原则和优先效力原则"，《安徽大学法律评论》2007年第2辑。
② 参见何志鹏编著：《欧洲联盟法：发展进程与制度结构》，吉林大学出版社2007年版，第53页。
③ 参见〔英〕弗兰西斯·斯奈德：《欧洲联盟法概论》，宋英编译，北京大学出版社1996年版，第73页。

斯塔案"后被广泛接受。该案的案情是：1962 年 12 月意大利颁布了电力工业国有化的法律，并成立了国家电力委员会，要求所有电力企业的财产全部移交给这个组织。科斯塔是一名律师，也是受到电力工业国有化法律影响的一家公司的股东，他拒绝支付根据国有化法律而应付的一笔费用，并将国家电力委员会起诉到米兰法院，理由是 1962 年 12 月颁布的国有化法律违反意大利宪法，并且也和《罗马条约》的规定相冲突。米兰法院依照意大利国内法的规定，把案件提交给了意大利宪法法院，同时依照共同体法的规定，也将案件提交给了欧洲法院。意大利宪法法院认为，国际条约要在意大利国内法上生效，只能通过普通国内立法的方式，因而条约在效力上与任何其他的国内法并无区别。违反一个条约的规定，可能在国际法层面会涉及到国家责任的问题，但不会使一个国内法无效。也就是说，《罗马条约》是 1957 年颁布的，国有化法律是 1962 年 12 月颁布的，二者若相互冲突，根据一般法理规则，应当优先适用颁布在后的意大利国有化法律，而不是《罗马条约》。但是，欧洲法院提出了与之相反的观点，认为《罗马条约》"确立了自己独特的法律体系，并随着该条约的生效，已成为其成员国法律体系的一部分，成员国的法院必须遵照执行。由于建立了一个无限期的共同体，它拥有自己的机构、法律人格和在国际社会中代表自己的法律能力。更重要的是，各成员国限制了其主权或转让了其主权权力给予共同体。正是成员国限制其主权，尽管是在有限领域中的限制，也已创立起约束成员国国民及成员国自身的一种法律"[①]。从此，欧共体法如果与成员国法发生冲突，不管成员国法是何时颁布的，都应优先适用共同体法。目前，欧盟各成员国或以宪法的方式或以法院判决的方式，都确认了欧盟法优先效力原则。

如果说直接效力原则和优先效力原则保证了欧盟法统一适用于所有成员国，加速了欧洲一体化的进程，体现了欧盟法的超国家性

---

①　C.Vincenzi, *Law of the European Community*, 2nd ed., Financial Times Pitman Publishing, 1999, p.58.

质的话，那么，从属原则的确立则有利于成员国的主权维护，表明欧盟法仍以主权国家的法律为其存在和发展的基础。

从属原则（subsidiarity）原是大陆法系行政法中的一个原则，指的是国家在处理国家机关与公民、社会团体之间的关系时应遵循的"最低程度干涉原则"[1]，即凡是公民和社会团体能够自己处理的问题，国家机关均不予干预。据考证，从属性概念起源于欧洲中世纪政治哲学，是教会法学家托马斯·阿奎那在阐述罗马天主教会与国家的关系时最先提出来的，近代以后成为联邦制国家配置中央政府和地方政府权力的指导原则。在欧盟历史上，1987年《单一欧洲法令》关于修订经济共同体条约的条文中首次写进了从属原则，但只限于环保事项，即第130条规定：如果欧共体的措施比单个的成员国的措施能更好地实现环保目标，就应由欧共体采取行动，否则，应由成员国采取行动。1993年生效的《欧洲联盟条约》将这一原则变成欧盟法的一个基本原则，其序言宣称，各成员国"决心继续创建一个欧洲人民间日益紧密的联盟，使各项决策的做出能依照从属原则，尽可能与其公民贴近"。该条约还明确规定，从属原则只限于欧共体与成员国关系的并存权能领域，不适用于欧共体的专属权能领域。[2] 目前一般认为，欧盟仅在贸易管制和渔业政策领域享有专属权能，其他的安全、外交、司法、环保、社会保障、科教文卫等领域都属于并存权能领域，亦即都应实行从属原则。而且，即使在贸易和渔业领域，成员国在特殊情况下经过欧盟的授权或批准，仍可以行使一定的权力。[3]

从属原则的根本目的在于保证欧盟或成员国的各项措施在方式上最贴近民众，在效果上达到最佳，而非特意限制欧盟或成员国的权力。但在客观效果上，"该原则是一张捍卫成员国主权的盾牌，

---

① 此为英国担任欧盟理事会轮值主席时对从属原则的表述用语。

② 参见曾令良：《欧洲联盟法总论》，第52—53页。

③ 参见何志鹏编著：《欧洲联盟法：发展进程与制度结构》，第56页。

即在不影响欧盟和成员国之间既定的权力平衡关系的前提下，适当控制欧盟在并存权能领域'独领风骚'的趋势"。该原则和直接效力与优先效力原则一起，一方面可以保证欧盟法的贯彻实施和欧洲一体化目标的实现，另一方面使得欧盟的超国家权力与成员国的主权保持在一个双方均能接受的限度和范围之内。

第十二章　欧盟法院的司法程序

作为一个法律共同体的欧盟，其存在和运转所仰赖的核心机制是欧盟法院及其司法活动。尽管欧盟理事会拥有强制实施欧盟法的一定权力，如各成员国的政府和海关及税务部门在职务上有义务执行理事会的决定，但这种强制权局限于很小的行政法范围内，欧盟法的统一解释、统一实施和统一效力，主要是依靠由欧洲法院、综合法院和公务员法院组成的欧盟法院系统来保证的。因为欧盟法院拥有广泛的司法管辖权，它不仅是一个区域性的国际法院，而且是欧盟本身的宪法法院、行政法院和普通民事法院；不仅拥有司法解释权和司法救济权，还拥有司法审查权。在欧盟范围内，所有涉及基础条约以及与之相关的任何法律问题，只有欧盟法院才具有最高裁决权，成员国不得以任何国内法或国家主权为由拒绝欧盟法院的管辖权。

一、欧洲法院的管辖权

在欧盟法院的三种法院中，公务员法庭是一个特殊法庭，管辖权单一，仅仅负责受理欧盟各机构与公务员之间所发生的诉讼，包括涉及公务员的招聘、考评、晋升和任期终止的案件，以及与公务员利益相关的特殊案件。公务员法庭的职责是保护欧盟机构中的公务员的合法权益，只有初审权，不服公务员法庭判决的当事人可向综合法院提起上诉，所以处于综合法院的监督之下，在欧盟法院系统中是级别最低的。

　　欧盟中较为重要的法院是欧洲法院和综合法院，由于综合法院的管辖权导源于欧洲法院管辖权，在管辖权类型上两种法院基本是重合的，所以这里主要介绍欧洲法院的管辖权。

　　根据正统分类标准，欧洲法院的管辖权可分为对直接诉讼的管辖权和对间接诉讼的管辖权两类。

　　直接诉讼（direct action）指的是由欧洲法院直接受理和审理的诉讼，大致包括以下几种类型：（1）针对违法成员国提起的不履行职责的诉讼。此类诉讼具有监督成员国履行欧盟法规定之义务的性质，主要由欧盟委员会提出，也可由另一成员国提出。如果欧洲法院判定被控成员国没有履行法定职责，则该成员国有义务毫不迟疑地予以纠正。如果欧盟委员会再次对这个成员国提起新的不履行职责诉讼，欧洲法院可以对该成员国处以罚款。（2）针对欧盟机构提起的合法性审查诉讼。成员国或成员国的自然人、法人可以自身利益受到侵害为由，对欧盟各机构颁布的法令提起诉讼，要求进行合法性审查。如果诉讼理由确凿充分，诉讼针对的法令将被宣告无效或撤销。宣告法令无效或撤销的理由通常在于：超越立法决策权限；不符合程序规范；违背基本条约和有关法律法规；滥用自由裁量权等。（3）针对欧盟机构的拒绝作为提起的不作为之诉。如果欧洲议会、欧盟理事会或委员会违反条约规定的义务未能采取措施通过法令，成员国或者其他欧盟机构可以向欧洲法院提起不作为诉讼。（4）针对欧盟机构或机构公务人员在执行公务时造成的损害提起的损害赔偿之诉。此类诉讼包括：欧盟的某些有效立法行为引起的损害赔偿案件；欧盟机构和雇员在行使职权时造成的损害赔偿案件等。（5）由合同争议引发的诉讼。主要是指包含有仲裁条款的合同而且合同的一方当事人是欧盟或者代表欧盟的合同所引发的争议案件，欧洲法院享有管辖权。（6）针对一审法院的判决提起的上诉案件。此类案件由欧洲法院管辖。如果当事人（自然人或法人）、受判决影响的第三方、成员国政府或欧盟机构对一审法院的判决不服，可以在判决通知下达后的两个月内向欧洲法院提起上诉，但上诉的内容仅限于法律问题，即一审法院欠缺管辖权、违反程序规则或错误适用欧盟法。欧洲法院对直接诉讼的判决为最终判决，这体现了欧盟法的最高效力原则。

欧洲法院的间接诉讼管辖权又称先予裁决权（preliminary ruling）或初步裁决权，这是欧洲法院的一种非常独特的管辖权，其目的在于协调和统一欧盟法与成员国法的关系。

所谓先予裁决权是指欧洲法院可以应成员国法院或仲裁机关的请求，就欧盟条约的解释、欧盟机构的立法决策行为的合法性做出先予裁决。根据《欧洲共同体条约》第 234 条的规定，可以提请欧洲法院先行裁决的事项包括三大类：第一，关于最初的《欧洲共同体条约》以及后来旨在修订或补充该条约的那些基本条约的解释事项。此外，成员国之间就欧共体领域缔结的一些实施性公约的解释问题也可由欧洲法院进行先行裁决。第二，关于欧盟机构立法即二次立法的有效性和解释事项。其中，有效性问题主要是指有关的欧盟机构的条例、指令或决定本身是否合法和具有法律效力的问题；立法的解释问题是指虽然欧盟机构的法律措施本身的合法性和法律效力不存在争议，但是有关措施的法律效力问题，譬如该措施是否具有直接效力即个人能否在国内法院援引该措施的问题，可请求欧洲法院予以先行裁决。此外，对于欧盟机构通过的不具有法律效力的措施，如意见和建议，也可以成为欧洲法院先行裁决的事项。第三，成员国之间就欧共体领域缔结的一些实施性公约的解释问题，甚至以欧盟法为基础制定的成员国国内法，都可以由欧洲法院进行先行裁决。但是在实践中，对欧盟法的解释占据了欧洲法院先行裁决的大多数。

总之，欧洲法院的管辖权是十分广泛的，远远大于其他国际司法机关的管辖权。无论是欧盟机构、成员国还是企业法人或个人，都可以成为欧洲法院管辖范围内的诉讼当事方，都有权诉诸欧洲法院来维护自身的利益。其次，欧洲法院的管辖权具有强制性。因为欧洲法院是通过各成员国转让部分主权所设置的司法机构，具备国家法律人格和行为能力，它的司法裁决对于成员国、个人和自身机构都具有法律效力，因此，与其他国际司法机关相比，欧洲法院的管辖权具有排他的强制性。最后，欧盟基本条约虽然赋予了欧洲法院以广泛的强制性管辖权，但在司法实践中，欧洲法院没有拘泥于成文法的字面意义而墨守成规。相反，它不断地通过辅助性条约的赋予和具体的判例，积极主动地扩大自身的司法管辖权，所以欧洲法院的管辖权又具有拓展性特点。

二、欧洲法院的运行程序

无论是直接诉讼还是先予裁决诉讼，欧洲法院都遵循先书面后口头的程序进行。

直接诉讼的运行程序

直接诉讼的运行程序分为起诉与受理、预审、公开听证、审议与判决四个步骤。起诉须由一名律师以书面诉状的形式向欧洲法院书记处提出。[①] 诉求一旦被受理，则记录于法院书记官处，并刊登于欧盟公报上。然后，由法院任命一名报告人法官和一名法律顾问官，负责审前准备工作，主要是分析案情、提出报告，还包括将诉状送达对方当事人。对方当事人可以在一个月内提出答辩；起诉人如果不同意对方当事人的答辩，可以在对方当事人答辩后的一个月内提出反驳。上述时限必须严格遵守，除非经院长同意后方可延长。此后，书面程序结束，进入口头程序阶段，即预审和公开听证。

预审主要是听取报告人法官和法律顾问官提出的案情报告，并在此基础上，由法院决定案件是由全体法官会议审理还是由3—5人组成的审判庭审理，确定公开听证会的日期，由院长公布于众。在

---

① 关于直接诉讼程序，参见何志鹏编著：《欧洲联盟法：发展进程与制度结构》，吉林大学出版社2007年版，第74—75页。

公开听证会上，被告人法官和法律顾问官为查清真相，可以就任何相关问题询问当事人。原则上听证会可以使用欧盟的任何一种官方语言，但实际上取决于当事人的选择。此时法律顾问官应当对案件的事实问题做出详细分析，并就涉及的法律问题和案件的解决办法发表自己的意见。

在最后的审议判决阶段，报告人法官将根据法律顾问官的意见提出判决草案，交由参审法官集体评议。在评议过程中，每个法官都可以提出自己的不同看法，最后由报告人法官综合各种意见，修改确定判决文本，所以报告人法官的作用非常重要。判决文本经法官表决通过后，在法庭中公开宣布。

先予裁决的运行程序

先予裁决的申请由成员国的法院或审判机关根据当事人一方的要求或自己的动议提出，当事人不得自行直接提出。[①] 就是说，是否提出先予裁决申请完全取决于成员国法院的判断，可以在诉讼过程的任何阶段提出。只要申请先予裁决的事项涉及欧盟法的解释与有效性问题，欧洲法院就必须受理。申请须以书面报告的形式向欧洲法院登记处提出，内容主要包括当事人的基本信息、案件基本情况和诉讼程序进展状况以及希望进行先予裁决的法律问题。一旦提出先予裁决申请，成员国法院的诉讼程序便宣告中止，直到欧洲法院做出先予裁决后再重新启动，因此，先予裁决又称中间裁决。

欧洲法院对于先予裁决申请的处理也遵循先书面程序后口头程序的顺序进行。第一步，受理先予裁决申请后，便由法院登记处负责将申请报告副本送交主案当事人、成员国主管机构和欧盟委员会，必要时还须通知欧盟理事会。在接到副本后的两个月内，有关人员和机构可以向欧洲法院提出书面意见。第二步是庭审，采用口头程序，当事人、成员国有关机构、欧盟委员会或理事会将围绕案件涉及的

---

① 关于先予裁决程序，参见何志鹏编著：《欧洲联盟法：发展进程与制度结构》，第84—86页。

法律问题进行辩论。法庭辩论结束时，由法律顾问官对争议问题发表意见。第三步，由欧洲法院法官对争议问题进行评议和做出判决。裁决根据多数法官意见做出，在法庭上公开宣读。每个法官均须在裁决书上签字，交由书记处存档，并将副本送达当事人及提出申请的成员国法院。

欧洲法院先予裁决对于成员国的法律效力在欧盟法上没有明文规定，但是，通过欧洲法院的判例确立起了先予裁决对于提出申请的成员国法院具有法律效力的原则，即该成员国必须按照先予裁决中有关法律的解释，不加修改和歪曲地适用于争议案件，同时，欧洲法院的解释对于其他成员国处理类似问题也具有指导作用，其目的旨在确保欧盟法在效力、实施与解释上的一致性。由于先予裁决诉讼占据了欧洲法院所受理诉讼中的多数，所以先予裁决对于欧盟法的实施与发展影响巨大，欧盟法的许多重要原则，如直接效力原则、优先效力原则等，几乎都是通过欧洲法院的先予裁决程序确立起来的，难怪有外国学者宣称，如果说直接效力和优先效力原则是"欧共体法律制度的两个支柱"，那么，先予裁决程序就应该是"这座大厦（意指欧共体法律制度）的基石；没有它，大厦的屋顶势必坍塌，两个支柱势必成为荒芜的废物"[①]。不过，欧洲法院的先予裁决不是上诉终审判决，对成员国法院只有约束力而无强制力，这体现了欧洲法院对成员国法院司法主权的承认和尊重，也说明欧洲法院和成员国法院之间是一种相互合作的平衡关系。正是通过这种平衡合作关系，保证了欧盟和各成员国两种相互独立的法律制度之间的协调统一。

---

① Mancini and Keeling, "From CIFIT to ERT: The Constitutional Challenge Facing the European Court", *Yearbook of European Law*, 1991, pp.1-3.

第十三章　欧洲人权法院

欧洲人权法院是与欧洲法院并立的另一个超国家司法机构，它是欧洲理事会（Council of European，又称欧盟首脑会议或欧盟峰会）下属的一个以保护人权为主旨的区域性常设法院，位于法国的斯特拉斯堡市。

一、欧洲人权法院的建立及其发展

欧洲人权法院是根据《欧洲人权公约》（European Convention on Human Rights）设立的。第二次世界大战结束后，欧洲各国总结了纳粹德国和法西斯意大利政府严重践踏人权和自由的惨痛教训，认识到仅仅由各国的国内法来保障基本人权是远远不够的，有必要通过国际法及其相应机制来防止国家政府侵犯人权。于是，10 个西欧国家 ① 于 1949 年 5 月 5 日创立了区域性政府间组织欧洲理事会。1950 年 11 月 4 日，在欧洲理事会的主持下制定了《保护人权与基本自由公约》，简称《欧洲人权公约》，这是世界第一个区域性人权条约，是贯彻落实 1948 年《联合国人权宣言》的产物。该《公约》自 1953 年 9 月 3 日生效后，缔约国数量不断增加，截至 2014 年共有 47 个，几乎覆盖了所有欧洲国家（其中 28 个是欧盟成员国），覆盖人口超过 8 亿。

---

① 它们是比利时、丹麦、法国、爱尔兰、意大利、卢森堡、荷兰、挪威、瑞典、英国。

《欧洲人权公约》共 5 章 66 条。它以"天赋人权、人权至上"理念为指导原则，以保护个人权利和自由免于公共权力的恣意侵害为根本目的，明确规定，缔约国应为在其管辖下的每个人获得本公约所规定的权利与自由（第 1 条）；任何人的生命权应受到法律的保护（第 2 条）；任何人不得被施以酷刑或非人道的、侮辱性的待遇与惩罚或非法拘禁（第 3 条）；任何人不得被蓄为奴或受到奴役（第 4 条）；人人享有自由和人身安全的权利（第 5 条）；在决定某人的公民权利与义务或在决定对某人的任何刑事罪名时，任何人有权受到依法设立的、独立与公正的法庭之公平与公开的审讯；实行无罪推定（第 6 条）；刑法不溯及既往（第 7 条）；人人有思想、良心、宗教信仰、言论自由、和平集会与结社的自由和权利（第 8、9、10、11 条）；达到结婚年龄的男女有依照有关国内法结婚和成立家庭的权利（第 12 条）。此外，公约还强调，任何人在其享有的本公约规定的权利与自由受到侵犯时，有权向国家政府要求有效的补救；应保证人人享受公约列举的权利与自由，不得因性别、种族、肤色、语言、宗教、政治的或其他见解、民族或社会出身、同少数民族的联系、财产、出生或其他地位而有所歧视（第 13、14 条）。后来，随着数个相关附加议定书的签署，又增加了下列人权内容：如财产权、受教育权、选举权、自由迁徙权、自由选择住所权，禁止集体驱逐外国人、禁止因负债而受监禁，以及废除死刑、一事不再审、夫妻平等、刑事上诉权、错案赔偿权等。

《公约》被誉为"欧洲公共秩序的宪法性文件"，它规定的人权以国家为义务主体，要求各缔约国为人权的落实提供保障，但那时的欧洲人鉴于纳粹德国的教训，清楚地认识到国家有时不但不能保护人权，甚至可能侵犯公民的权利，一旦出现这种情况，势单力孤的公民根本无力对抗国家强权。为了确保缔约国履行其承诺的义务，使人权保障落到实处，《公约》建立了一套实施机构，由成立于 1954 年的欧洲人权委员会（European Commission of Human Rights）、欧洲理事会部长委员会（Committee of Ministers of the

Council of Europe）和成立于 1959 年的欧洲人权法院（European Court of Human Rights）组成，这套机构可统称为欧洲人权组织。它独立于欧盟，但又与欧盟联系密切，存在部分重合。其中，人权委员会是一个准司法机构，由与《公约》缔约国数目相等的委员组成，委员以个人资格参与委员会，任期 6 年，可以连任，但委员会中不得有两名成员为同一缔约国的公民。部长委员会是一个政治机构，由欧洲理事会各成员国的外交部长或他们的代表组成，其职责主要是决策，同时监督人权法院判决的执行。从组织结构上看，这套机制是一种政治和司法相结合的混合体制，其最大特点是专门受理针对缔约国政府、公权力违反《公约》规定的人权侵害案件，而不受理针对个人或者公司等私人机构的侵权诉讼。

在人权法院设立之前，人权保护主要由欧洲人权委员会实施。那时，缔约国或个人或非政府组织可以就某缔约国违反《公约》的行为向人权委员会提出申诉，委员会首先就申诉的可受理性进行审查，亦即只有已经用尽国内救济办法并且是在做出最后判决 6 个月之内的案件方可受理。如果委员会认为被诉缔约国没有构成对《公约》的违反，则驳回起诉，案件即告终结；如果认为被诉缔约国违反了《公约》规定，则采取适当措施，查明真相，并争取诉讼双方"友好解决"，所以有学者称人权委员会为"和解委员会"[1]；若无法达成"友好解决"，则做出裁决，由部长委员会监督相关缔约国执行，但是否执行裁决由部长委员会根据实际情况权衡决定；如果部长委员会认为应该执行，则尽量劝说（不是强制）被诉缔约国服从人权委员会的裁决。可见，那时人权委员会的裁决并不具有完全的法律强制力，故而人权保护难尽人意。

为了加强人权保护，1959 年设立了专职司法机关欧洲人权法院。人权法院由专业法官组成，法官数量与《公约》缔约国数目相等，任何两名法官不得出自同一缔约国。法官的产生办法是：先由缔约

---

① 〔加〕约翰·汉弗莱：《国际人权法》，庞森译，世界知识出版社 1992 年版，第 128 页。

国分别提名三名候选人（其中两人为本国国民），再由咨询议会以多数票选出 1 人。候选人应具有高尚的道德品质和担任过高级司法职位的资格，或者是公认的法学家。法官是独立的，任期九年，可以连任。法院选举一名院长、一至两名副院长。但法官的工作是兼职性的，他们只在开庭期到斯特拉斯堡工作。因此，在此后的 40 年内，人权法院效率十分低下，导致诉讼周期漫长、费用昂贵和案件大量积压。尤其是随着 1990 年以后新缔约国的纷纷加入，投诉案件数量急剧上升。据统计，1990 年有 5 279 个投诉案件，而人权法院仅仅审判了 30 个。1994 年的统计显示，每一个案件平均需要五年半的时间才能结案。[①] 这种状况引发了是否需要对人权保护机制进行改革的争论，最终促使第 11 号议定书的出台，原有的兼职人权法院退出历史舞台，代之以单一的、全职的人权法院。

二、欧洲人权法院的运行机制

第 11 号议定书于 1998 年 11 月 1 日生效，其要点是调整机构职权、简化诉讼程序、提升法院判决的强制力、削弱部长委员会的司法性职能。

根据议定书的规定，人权法院的法官由兼职改为专职，给予高额年薪（100 万法郎）。法官由《公约》缔约国各推荐一名，并须经欧洲理事会议会投票同意，任期六年，可连选连任，70 岁退休。目前共有 47 名法官，每个缔约国拥有一名法官。但是，法官不是所属缔约国的代表，而是以个人名义任职，独立审案，在任期内不能担任影响其独立性的其他职务。法院设院长一人、副院长两人，由法院全体成员选举产生，任期三年。法院工作由书记处协助院长处理，书记处的工作人员由来自各成员国的律师组成，被称为法律秘书。书记处设有书记官（秘书长）一人，副书记官（副秘书长）一人。

---

① 参见〔加〕约翰·汉弗莱：《国际人权法》，庞森译，第 2 页。

正副书记官以及各审判庭庭长皆由法院全体会议选举产生。

法院下设四个审判庭，一个大审判庭。每个审判庭由七名法官组成，法官可以同时担任几个审判庭成员。审判庭是新法院的中心，负责就申诉的可受理性以及实体问题做出决定。大审判庭是新建机构，由 17 名法官组成，其成员是不固定的，院长、副院长和庭长是法定成员。其职权主要包括两个方面：一是当审判庭发现其审理的案件涉及如何解释《公约》的严重问题，或者对某问题的解决可能导致与法院以前做出的判决发生矛盾时，在当事人不反对的情况下，可以放弃管辖权，将案件移送至大审判庭审理；二是在审判庭做出判决的三个月内，案件当事人一方可以要求将案件移送至大审判庭，但是这一要求须由大审判庭的五名法官组成的合议庭，就案件是否涉及《公约》的解释和适用问题，或者是否涉及有关普遍利益的严重问题进行审查；如果认为可以受理，大审判庭将就案件做出判决。[①]

人权法院的管辖权依旧以"穷尽国内救济"原则为前提，因为作为一个国际监督机构，必须把尊重国家主权原则放在首位。根据规定，《公约》缔约国的公民个人、非政府组织或社团法人认为自己根据《公约》所享有的基本人权受到来自国家公权力的侵害时，均有权直接向人权法院提出申诉，而且被诉方不得以任何方式妨碍此项权利的有效行使，但须以申诉人所在缔约国宣告承认个人直接申诉权为前提；同时，任何《公约》缔约国认为其他缔约国有违背《公约》及其议定书规定的事项时，有权以对方国家为被告向法院提起指控，请求法院判令被告国承担相应的法律责任。可见，人权法院受理的诉讼案件包括两大类：一是个人对国家的申诉；二是国家对国家的指控。[②]其中，个人申诉占绝大多数，而且人权法院对个人申诉的管辖权是强制性的。就是说，只要遭受到公权力的人权侵

---

① 参见赵海峰："欧洲人权法院简介"，陈光中、江伟主编：《诉讼法论丛》（第 5 卷），法律出版社 2000 年版，第 204—205 页。

② 参见赵海峰、吴晓丹："欧洲人权法院——强势和有效的国际人权保护司法机构"，《人民司法》2005 年第 8 期。

害，并已用尽国内救济方法，任何个人或非政府组织都有权直接向欧洲人权法院提出诉讼请求，人权法院必须受理。该原则赋予了个人以国际法上的主体资格，使个体公民与国家处于完全平等的地位，所以对人权保护的力度大大加强。

申诉须采用书面形式，并经申诉人或其代理人签字提交到法院的书记官室。国家申诉应当包括申诉国、事实说明、申诉的目的和理由、就可受理性的标准所作的说明（用尽国内救济方法和遵守6个月期限）、有关赔偿要求的明确数目、相关政府官员的姓名和相关文件的副本等。个人申诉应当明确申诉人姓名、申诉所针对的国家、是否向其他国际机构申诉等。个人申诉可以自己提交，也可由律师代理。对于经济困难的个人申诉，人权法院实行司法援助制度。

接受申诉后，法院首先任命三名法官组成审查委员会，其中一名为报告法官亦即主审法官，对案件是否符合立案条件进行审查，若三名法官一致认为不符合立案条件，则做出不予立案的决定。该决定为最终决定，不能上诉。未被宣布为不予立案的案件，则交由七名法官组成的审判庭，进行可受理性和实体问题的审理。在审判庭法官全体一致的情况下，可以拒绝受理申诉。如果可受理性问题涉及重大的《公约》解释问题或者可能背离现有的判例法，审判庭可以将案件移交给大审判庭处理，除非一方或双方当事人在得到计划移交的通知之日起一个月内对移交表示反对。[①]如果审判庭以多数票决定案件可以受理，则进入实体问题的公开庭审阶段。此时，在庭长的主持下，将召集双方当事人的代理人，采用对抗制方式进行法庭调查。申诉书将转给被诉缔约国，由后者提出答辩，申诉人可以对被诉缔约国提出的答辩做出回应，该回应将再次被转给被诉缔约国，由其做出答复。为了查明真相，审判庭可以依职权获取所有它认为必要的证据材料，如要求当事人提供书面证据，或者听取证人与专家的证言等。

---

① 参见尹雪梅："欧洲人权法院——超国家的人权保护法律机构"，《中国司法》2006年第7期。

法庭调查后，审判庭将进行秘密合议，之后，以多数票做出判决。判决书由报告法官起草，分发给全体法官征求意见后再进行修改，公布于众。持不同意见的法官有权单独起草和发表自己的意见书。判决结果大致有三种情况：其一，如果申诉人不再继续主张申诉，或者有关诉求已经得到解决，或者发现存在其他理由足以证明继续调查申诉已无必要，审判庭可以决定取消案件。其二，如果当事人在诉讼进行中已达成和解方案，审判庭可以决定友好解决。其三，如果查明被诉缔约国发生了违反《公约》或者议定书的行为，而该缔约国的国内法只能部分消除违反《公约》所造成的后果，审判庭可判决宣告谴责，并给予受害方以公正的补偿，多数给予一笔赔款。①

当事任何一方如果不服审判庭判决，可在判决做出后的三个月内向大审判庭提起上诉。对于上诉案件，首先由五名法官（一名院长、除原判审判庭庭长之外的三名庭长和原判法官之外的一名法官）组成的审判小组进行可受理性审查。如果上诉请求被认为可以受理，大审判庭将采用与原审判庭相同的程序进行审理和做出判决。大审判庭的判决是终审判决，必须公布于众，被诉缔约国有义务服从判决，并由部长委员会负责监督判决的执行。该委员会有权核查被判违反《公约》的国家是否采取了必要的措施，以履行法院判决所引起的特殊或一般的义务；被判决违反《公约》的国家必须向部长委员会通报其执行判决的情况，如果该国在 6 个月内未依照判决履行义务，部长委员会有权对其施加政治压力，以迫使该国执行判决。

总之，欧洲人权法院的运行机制在 1998 年之前和之后略有不同，"此前，法院是与欧洲理事会通力合作，共同维护人权公约所倡导的权利和自由；此后，法院以单一的永久性的特质示人，大梁独挑，成为捍卫欧洲人权与自由的中流砥柱"②。

---

① 参见赵海峰、吴晓丹："欧洲人权法院——强势和有效的国际人权保护司法机构"，《人民司法》2005 年第 8 期。

② 周子琦、刘宁宁："欧洲人权法院述评"，《理论界》2009 年第 2 期。

三、欧洲人权法院的积极作用

欧洲人权法院在最初的 30 年内，因收到的申诉数量不多——1990 年时收到申诉 5 279 件——作用还不甚明显。但是，2000 年以后年受案数急剧上升，出现所谓的"井喷"现象，至 2010 年猛增到 6 万件。对所有申诉，法院需要进行审查并做出决定，其中大约 4% 的申诉进入审判程序。[①] 据统计，截至 2008 年 9 月 18 日，人权法院共做出了大约一万个判决。[②] 在处理和审理这些申诉的过程中，人权法院作为欧洲人权保护的核心机制和凌驾于欧洲各国之上的最终裁判机构，在维护公民自由权利方面的影响力不断扩大，作用与日俱增。因为在欧洲人权法院面前，个人可以与国家直接对簿公堂，国家行为的合法性要接受审查，《公约》规定的基本人权实现了司法化和实效化。虽然人权法院的判决仅对所涉缔约国具有宣告和谴责效力而无强制执行力，但事实上相关缔约国通常都会接受法院的判决，甚至以此为契机对国内相关立法进行修订，对相关法律实践予以改进，以避免再次被告上法庭，毕竟被媒体或公众指责为"人权公约的违反者"是件不光彩的事。所以，人权法院被欧洲各国人民视为维护法治、保障个人自由权利的守护神。[③]

下列少数案例足以说明人权法院在维护公民自由权利方面的作用。

维护实体性公民权利的案例

公民的实体性权利包括人身安全以及政治、财产、社会、家庭

---

① 例如 2003 年，诉至法院的案件达 39 000 件左右，而到年底悬而未决的案件多至 65 000 件，被宣布不予受理或者从待审名单中删除的案件多达 17 270 件，受理 753 件，不予受理的比率高达 96%。参见赵海峰、吴晓丹："欧洲人权法院——强势和有效的国际人权保护司法机构"，《人民司法》2005 年第 8 期。

② 参见陈步雷、朱颖："欧洲人权法院：人权的区域司法实践"，《中国人权评论》2014 年第 2 辑。

③ 参见张德瑞："论欧洲人权法院的'司法造法'"，《法学评论》2013 年第 5 期。

生活等方面的权利。

1. 人身自由权利："勒特利尔诉法国案"。1985 年 7 月 6 日，法国一个加油站的员工被射杀身亡，一名目击证人记下了作案汽车的牌照号码，警方很快抓获了犯罪嫌疑人。经初步侦讯，凶手系受害人妻子勒特利尔指使所为，地方预审法官决定将勒特利尔临时羁押候审，但直到 1988 年 5 月 10 日，法院才开庭审判，勒特利尔被判处有期徒刑三年。在长达两年零九个月的审前羁押期间，勒特利尔多次提出释放申请，均被法院以犯罪性质严重、保护目击证人等理由予以拒绝。1986 年 8 月 21 日，勒特利尔向欧洲人权法院提出申诉，指控法国当局超期羁押。1989 年 3 月 13 日，欧洲人权法院做出判决，裁定法国违反了《公约》关于快速审判的规定，并明确申明：羁押不得超过合理期限；不得以拖延审判的方式间接剥夺人身自由。①

2. 表达自由权利："迈克诉波兰案"。迈克是波兰记者，2004 年 5 月 28 日，他撰文批评建筑设计师贾里奇设计的建筑是丑陋的，充满了布尔什维克美学意识。2004 年 7 月，贾里奇为维护其声誉对迈克提起诉讼。波兰地区法院判令迈克在报纸上对贾里奇公开道歉，并支付全部诉讼费用，理由是迈克的文章充满了讽刺和挖苦，诋损了贾里奇的声誉。迈克不服，提出上诉，上诉法院维持了原判，最高法院则拒绝对该案进行法律方面的审查。2007 年 4 月 16 日，迈克以该判决侵犯了其表达自由向欧洲人权法院提起申诉。人权法院认为，原审法院的判决过于死板，未对文章刊登的背景和性质给予充分的考量，同时法院重申，在新闻报道中，基于公共利益在一定限度内的夸张和批评是可以允许的，讽刺与记者的表达自由是可以并存的。最后法院判决波兰给付迈克 2 000 欧元的损害赔偿以及 310 欧元的诉讼费用。②

3. 家庭、住宅和通信受尊重的权利："余威格诉法国案"。余

---

① 参见施鹏鹏："基本权利谱系与法国刑事诉讼的新发展"，《暨南学报》2013 年第 7 期。

② 参见金晓丹："欧洲人权法院专辑"，《法制资讯》2013 年第 3 期。

威格夫妇是法国的一名果蔬批发商，涉嫌逃税及虚假账目等罪名，1974 年 4 月被法国当局搜查了住所及营业地，电话被监听和录音。随后，以电话录音为证据，法院一审、二审均判处余威格夫妇犯有逃税等罪，余威格夫妇多次提出监听证据无效的要求，均被法院驳回。1984 年 8 月 9 日，余威格申诉至欧洲人权委员会，主张法国当局侵犯了公民个人家庭、住宅及通信权利。法国政府则以《欧洲人权公约》第 8 条第 2 款中的保留性规定进行抗辩，即"依照法律规定的干预以及基于在民主社会中为了国家安全、公共安全或者国家的经济福利的利益考虑，为了防止混乱或者犯罪，为了保护健康或者道德，为了保护他人的权利与自由而有必要进行干预的，不受此限"。争议的焦点集中在何谓 "依照法律规定的干预"。对此，欧洲人权法院认为，法国刑事诉讼法典虽对监听制度有原则性规定，但立法笼统、质量低下，该案适用电话监听并非"对民主社会确有必要"，余威格夫妇的通信自由权未能得到有效保障，最后判处法国败诉。①

4. 私人生活受尊重的权利："X 和 Y 诉荷兰案"。荷兰人 X 的女儿 Y 智力有残缺，遭受了他人的性虐待。根据当时的荷兰法律，要追究侵害人的责任，必须由受害人自己提出起诉，但由于受害人患有精神疾病，根本不可能做到，而受害人的父母又没有起诉资格。X 认为，荷兰刑法在性虐待方面没能给她女儿提供相应的保护。于是，X 以荷兰的刑事审判体制没有尊重她的私生活，违反了《公约》第 8 条为由，于 1985 年将荷兰政府诉至欧洲人权法院。人权法院在判决中强调，国家负有完善刑事法律以保护个人之《公约》权利的积极义务。Y 没有能力来寻求刑法的保护显示了荷兰刑法制度中存在的漏洞，构成了她的私人生活应得到尊重之权利的侵犯。通过该案的判决，确立了国家负有"有效地"尊保护私人生活的积极义务。②

5. 知识财产权利："美国百威啤酒公司诉葡萄牙案"。2005 年开始，欧洲人权法院做出了一连串关于专利权、商标权、著作权等

---

① 参见施鹏鹏："基本权利谱系与法国刑事诉讼的新发展"，《暨南学报》2013 年第 7 期。
② 参见张德瑞： "论欧洲人权法院的'司法造法'"，《法学评论》2013 年第 5 期。

无形财产权申诉的判决，其中影响最大的是美国百威啤酒公司诉葡萄牙案。在该案中，美国百威啤酒公司与其竞争对手捷克的一家啤酒公司共同主张在葡萄牙市场拥有百威品牌啤酒的独家代理权。人权法院的判决书最后认为，美国公司和捷克公司的已注册商标和商标注册申请，均属于欧洲人权公约体系中的财产权范围；经查，捷克公司已经在美国公司之前，率先在葡萄牙注册了百威商标，葡萄牙政府并未干涉美国公司在葡注册百威商标，因此最后判决葡萄牙没有违反《第一议定书》第 1 款的规定。①

6. 隐私权利："达吉恩诉英国案"。1981 年，达吉恩以北爱尔兰的"反鸡奸法"违反了《公约》第 8 条关于隐私权的规定，将英国政府诉之人权法院。人权法院以缔约国地方的独特性不得有悖于普遍标准为由判决英国败诉。法院认为，尽管《公约》第 8 条明确允许缔约国公共机构为了保护健康或道德，可以对"私人生活受尊重权利"进行限制，但公共机构所给予的限制必须具有特别严肃的理由才具有合法性。而在该案中，没有任何证据显示男性之间合意的同性恋行为构成了对北爱尔兰的道德标准的伤害，也不能表明该地区存在着任何进行严格限制或禁止的公共需求。因此，北爱尔兰的该项法律缺乏充分的正当性基础。②

7. 少数人权利："'G 和 E'诉挪威案"。在该案中，申诉人是挪威的少数民族萨米人，他们指控挪威政府在阿尔塔河谷地区建造水电站，将淹没他们作为牧场的 2.8 平方公里土地，从而影响到他们延续数百年的捕鱼、狩猎和游牧生活方式。对此，人权法院认为，建造水电站所淹没的将是一小片区域，并不构成对当地居民家庭生活的侵犯。而且，即使国家的这种行为构成对公民家庭生活的干预，也因此举是为了国家的经济福利而能被证明是必要和正当的。申诉人虽然败诉了，但挪威的民族政策因此案受到批评，并引发了国内对少数人权利保护的广泛讨论。此后，挪威依据尊重多元文化价值

① 参见向凌："欧洲人权法院对知识产权保护的兴起与转向"，《学术界》2014 年第 2 期。
② 参见张德瑞："论欧洲人权法院的'司法造法'"，《法学评论》2013 年第 5 期。

和尽可能满足少数民族需要的原则，修改了国内立法，成立了萨米人议会，以保护萨米人和其他少数民族的利益。[1]

维护程序性公民权利的案例

公民的程序性权利主要指司法诉讼权利，即作为诉讼当事人尤其是作为被告人应享有的公正审判权利。

1. 免于酷刑权利："塞尔姆尼诉法国案"及相关案件。《公约》第3条规定，不得对任何人施以酷刑，或者使其受到非人道的或侮辱性的待遇和惩罚。但是关于该条款的含义尤其是酷刑概念，从来没有也不可能有统一固定的界定。对此，欧洲人权法院把该条款以及《公约》的其他条款通常视为"活的文献"，以便在解释和适用《公约》规定时，能够反映人们对人权保护越来越高的期待与要求。所以，在人权法院看来，酷刑不仅包括肉体的，也包括精神的；不仅包括已然的，也包括未然的；不仅包括在缔约国境内的，也包括在境外可能发生的。[2]

"塞尔姆尼诉法国案"涉及肉体酷刑。在此案中，申诉人声称，在三天的拘留审讯期间，警方对他实施了身体侵犯和性侮辱行为。人权法院最后一致裁决，法国警方对于申诉人所进行的几天虐待构成了"酷刑"，因而违反了《公约》第3条的规定。

需要说明的是，由于公权力的滥用和异化是酷刑发生的主要原因之一，因此，各缔约国是免受酷刑权的主要义务主体，国家除了要履行消极不侵犯和积极保护的义务之外，在公民免受酷刑权受到侵害时，还负有积极的调查和解释义务。例如，在一个起诉土耳其的案件中，申诉者们声称在土耳其的监狱中遭到了殴打，有人还因此受了重伤，监狱官员们则声称那些伤害是由于囚犯的暴力行为导致楼梯坍塌造成的。有关当局进行了调查之后，并没有针对涉案官

---

① 参见张颖军："欧洲人权法院在保护少数人权利方面的作用"，《中南民族大学学报》2008年第5期。

② 孙英翔："欧洲人权法院眼中的'酷刑'"，《山东警察学院学报》2009年第4期。

员采取任何行动，相反，有关档案全部丢失。人权法院对这样的调查结果深表怀疑，做出如下结论：在当局不能提供合理的解释时，法院只能认定事情的真相如申诉者所声称的那样受到了国家行为者的殴打和伤害。这个案例表明，对于涉及酷刑的案件，缔约国政府对于申诉人所受待遇负有做出合理解释的义务，如果不能，则要承担违反《公约》第3条的责任。①

"索林诉英国案"则是一个典型的精神酷刑案例。詹斯·索林是一位居住在美国弗吉尼亚州的德国公民。1985年，时年18岁索林因杀人罪逃往英国，随后被英国逮捕。美国的联邦检察官认为索林当时患有精神障碍，将其罪名定为过失杀人罪，并要求英国政府予以引渡。弗吉尼亚州对谋杀罪设有立即执行的死刑，囚犯们在被处决之前，常常要在死亡线上等待6—8年，这段等待期被称为"死亡线现象"。如果索林被引渡，那么他极有可能面临"死亡线现象"的精神折磨。在索林向人权委员会提出申诉后，人权法院做出了支持他的判决，理由是"鉴于该申诉者的个人情况尤其是他在犯罪时的年龄和精神状况，引渡该申诉者到美国的做法会将他暴露于一种超过《公约》第3条所设定界限的待遇的真实风险……将会引起对《公约》第3条的违反"②。

关于未然酷刑的案件可以"查哈尔诉英国案"为例。该案的申诉人是居住在英国的非法移民查哈尔夫妇及其两个具有英国国籍的孩子。查哈尔是锡克教独立主义运动的一个领导人，曾在印度旁遮普因策动独立被警察拘留。1990年，英国国土安全部决定将查哈尔夫妇从英国送还印度时，查哈尔向欧洲人权法院提出了申诉。人权法院审理之后认定：如果被驱逐，该申诉者将会遭到旁遮普警方一些无赖分子的虐待，申诉人遭受非人道或侮辱待遇的风险是真实存在的，而这样的结果是《公约》第3条所禁止的。因此，欧洲人权法院判定英国国土安全部的命令因违反《公约》而无效。

---

① 参见孙英翔："欧洲人权法院眼中的'酷刑'"，《山东警察学院学报》2009年第4期。
② 同上。

至于境外可能发生的酷刑，"贾巴里诉土耳其案"堪称一例。该案申诉人贾巴里是一位因私通逃亡英国的伊朗籍妇女，英国国土安全部命令将其遣返回国。如果这位妇女返回伊朗，可能面临着伊斯兰法石刑致死或鞭打酷刑。虽然申诉人并不具有缔约国公民的身份，但是由于她出现在缔约国境内，并且缔约国的裁决可能直接影响着申诉人是否在将来会受到酷刑，因此欧洲人权法院采取了属地管辖原则，支持了申诉人的请求。[①]

2.不得根据非法证据定罪的权利："加罗诉德国案"。在此案中，当德国警方对申诉人实施逮捕时，申诉人将一袋可卡因吞入腹中。为了迫使其吐出来，两名警察对其使用了催吐药。申诉人随后被以走私毒品罪定罪。申诉人不服，在穷尽国内所有救济措施之后，向人权法院提出申诉。人权法院在判决中指出，控诉证据无论是口供还是物证，只要是以暴力或野蛮行径抑或其他可定性为酷刑的方式获取的，就不可作为对被追诉人定罪的根据，不管其证明价值如何。尽管法院承认使用催吐药不构成严格意义上的酷刑，但毕竟是对申诉人身体和精神构成非人道和有辱人格的行为，若据此证据对被追诉人定罪，将导致整个庭审有失公正性，因而必须予以排除。[②]

3.对控方证据的质证权："德尔达诉法国案"。1983年2月29日，德尔达涉嫌巴黎地铁站抢劫金项链案而被逮捕。巴黎轻罪法院仅仅依据受害人及其同伴的指认和证词，于1983年3月31日判处德尔达三年有期徒刑，但证人既未出庭也没有提供未出庭的理由，法庭也未采取任何强制措施。被告不服判决，将案件上诉至巴黎上诉法院，要求法庭传唤两名辩方证人，但上诉法院以证人证言确凿充分、传唤证人已无必要为由驳回了请求。1984年，德尔达向欧洲人权法院提出申诉，指称在法国未受到公正审判。人权法院经审查，确认了申诉人的请求，判决法国败诉，理由是证据须经当庭质证方可使用，

---

① 参见孙英翔："欧洲人权法院眼中的'酷刑'"，《山东警察学院学报》2009年第4期。

② 参见刘国庆等："论欧洲人权法院的非法证据排除"，《铁道警官高等专科学校学报》2013年第4期。

否则被告的辩护权会受到限制，公正审判权亦会受到侵犯。①

上述案例说明，但凡向欧洲人权法院提出申诉，几乎都是涉及本国法制的缺陷或本国司法解决不了的法律疑难问题，因此，对申诉的裁绝不单纯是一个案件的胜负输赢问题，经常直接促成相关国家制定、修改或废止某项法律，影响到国家法律制度的变革。例如，1986 年"勒特利尔诉法国案"、1990 年"克马西诉法国案"和"托马斯诉法国案"，都指控法国当局超期羁押，三个判例分别导致了法国 1993 年 1 月、1993 年 8 月和 1996 年 12 月的刑事诉讼法改革，促进了法国刑事司法制度的进步。②最典型的是"赫歇尔诉丹麦案"。已有前科的商人赫歇尔因涉嫌洗钱而被丹麦警方拘留，但警方只有 24 小时拘留权。24 小时之后，必须由法官批准逮捕，要么放人。法官拉瑟尔受理此案，认为赫歇尔犯罪嫌疑极大，批准逮捕。赫歇尔申请变更强制措施，但第二次审理的法官还是拉瑟尔，自然是维持原判，继续羁押。此后，赫歇尔继续提出申请 40 多次，得到的答复都是维持原判，因为每一次的法官都是拉瑟尔。两年后，法庭判决赫歇尔有罪，刑期就是他的羁押期，所以宣判之日就是他获得自由之日。他立即将拉瑟尔告到法院，但各级法院都判他败诉。最后，他来到斯特拉斯堡。人权法院判决丹麦政府向他赔偿 10 万克朗，不是因为他无罪，而是因为在漫长的诉讼过程中，他的权利受到了侵害。受此判决影响，丹麦制定了一系列新法律，如不许一个法官连续审理同一案件，缩短办案时限，禁止超期羁押等。③欧洲许多国家的许多新法律，如堕胎权问题、变性人的法律承认问题、同性恋合法化问题、工会成员免受开除的权利问题、诽谤案件的法律援助问题等，都是由人权法院的判决促成的。

欧洲人权法院的积极作用还表现在它促进了欧洲理事会与欧盟

---

① 参见施鹏鹏："基本权利谱系与法国刑事诉讼的新发展"，《暨南学报》2013年第7期。
② 同上。
③ 参见李永君："凌驾于欧盟各国之上的人权法院（下）"，《检察日报》2003 年 5 月 16 日。

两个一体化组织，和以人权为主导的欧洲理事会法与以经济法律为主导的欧盟法两套法律体系的合作与融合。因为在欧盟法中，由于初始目的集中在经济一体化上，基础性条约中没有涉及人权的规定，因而逻辑上似乎暗含着如果欧盟机构侵犯人权时便没有法律可以救济，从而引发欧盟法优先性危机的潜在可能。实际上这种危机极少发生，因为欧盟法自始就把人权保护默认为终极目标，而且在 1992 年把尊重人权明确写进了《马斯特里赫特条约》。在司法实践上，欧洲法院经常援引《欧洲人权公约》的规定，或者遵循人权法院的判例，甚至在两个法院受理同一事项的申诉时主动停止审理，以等待人权法院的判决。就是说，人权保护是欧洲法院和人权法院共同的立身基石。所以，两套法律机制协调一致不仅是可能的，而且是必然的，由此导致的逻辑结果就是 2004 年 10 月欧盟 25 国签署了《欧盟宪法条约》，将《欧盟基本权利宪章》纳入其中，规定欧盟加入《欧洲人权公约》，将尊重基本人权和自由确定为欧盟应坚持和遵行的原则，从而弥补了欧盟法的“人权赤字”；2007 年 12 月欧盟 27 国又签署了《里斯本条约》，强调欧盟的共同价值和目标旨在尊重人的尊严、自由、民主和平等，以及在应对能源、环境、跨国犯罪、恐怖主义等全球性挑战方面将采取更加一致有效的国际行动。但是，毕竟二者各有侧重，人权法院作为“人权保护专列”在保护公民自由权利方面的作用比之欧洲法院始终略胜一筹。在长期的实践中，人权法院通过司法解释和判例积累，拓展丰富了《公约》的内涵，树立了被认为是代表当前世界最高人权保护水准的“欧洲尺度”。所以，法国学者让－保罗·科斯达说：“欧洲人权法院的判例法正在为欧洲人权保障体系锻造全新的共同基础。”[①]

不过，人权法院作用与权威的日益增长也造成了另一个后果，那就是积案的持续上升以及由此带来难以承受之重，致使改革法院体制成为不可避免。于是，欧洲理事会成员国的外长们经过几年准备，

---

① 〔法〕让－保罗·科斯达：“欧洲人权法院与人权法之进展：评价与展望”，邓凯、朱国斌译，《南京大学法律评论》2015 年春季卷。

于 2004 年 5 月 12 日通过了旨在保持和加强欧洲人权法院有效性的一揽子改革计划，其中最重要的是第 14 号议定书。该议定书的内容可以归结为三个方面：（1）简化审判程序，节约司法资源，扩大法院自由裁量权，提高司法效率。如增设独任法官庭，对于事实清楚和不予受理的案件，由一名非来自当事国的法官做出终局裁定；提出新的案件受理标准，即在申诉人没有遭受严重侵害的情况下，法院可以不予受理。（2）加强部长委员会执行法院判决的权力，对拒不执行判决的成员国，部长委员会有权向法院提起诉讼。（3）为保障法官的独立性和公正性，将法官任期由六年＋可以连任制改为九年＋不可连任制，亦即延长法官任期，以消除法官为求连任而在审案中屈从本国当局的弊端。然而，根据 2010 年创设独任法官庭后一年的实践情况看，新增案件与已结案件比例的增长趋势虽有所减缓，但积案问题远未解决。实际上这个问题单靠改革人权法院是解决不了的，只有完善各缔约国的国内司法救济机制，将法律难题尽量"消化"在本国之内，欧洲人权法院的积案问题才能从根本上解决。

第十四章　欧洲法律一体化的意义

　　欧盟法和欧洲法院、人权法和欧洲人权法院的创立及其半个世纪来的运行实践，代表了当代欧洲法律和法治文明一体化的发展成就。虽说整体上欧洲法律一体化的程度不及经济一体化深入，但作为一种大胆而初见成效的有益探索，无疑具有独特而重大的历史和现实意义。其中，欧洲人权法院的管辖面相对狭窄些，欧洲法院则代表了一个综合性法律体系，而且从近年来的发展看，欧盟法越来越重视人权保障，人权法院的功能有可能被欧洲法院所包容或吸纳。所以这里主要以欧盟法为例（实际包括人权法）讨论欧洲法律一体化的意义。

一、欧盟法标志着一种新型法律制度的诞生，为欧洲一体化提供了法律保障

　　在古代和中世纪，世界上的所有法律几乎全部以国内法的形式而存在，那时虽然也有某些关于国家之间互通使节、缔约结盟、战争与和平等属于国际法范畴的原则或制度，但因现代国家尚未形成，国际关系相对简单，些许国际法碎片完全可以忽略不计。真正意义上的国际法是一种产生和存在于独立主权国家之间的法律体系，是中世纪社会瓦解、近代民族国家出现之后的产物，它指的是主权国家之间以及其他具有国际人格的实体之间的法律规则的总合，其基本原则是：各国主权平等，互相尊重主权，互不侵犯，互不干涉内

政，平等互利，和平共处等。1648 年结束三十年战争的《威斯特伐利亚和约》堪称是近代国际法产生的标志。自那以后，世界法律结构便呈现为国内法和国际法二元并存特征，两个不同的法律体系处于同等地位，彼此没有隶属关系。与此同时，二元论也在国际法学界日益流行。这种理论认为，国内法和国际法虽然都是由国家制定的，都体现了国家意志，但二者的渊源、主体、对象是各不相同的：国内法主要源于国内立法和习惯，是由一个国家独自制定的，体现的是一个国家的意志；而国际法主要源于国际条约和习惯，是由多个国家通过协议制定的，体现的是各国的共同意志。国内法的主体主要是自然人和法人，而国际法的主体主要是国家。国内法调整的对象主要是一国之内个人（包括法人）之间的关系，在国际关系中不具有法律效力，而国际法调整的对象主要是国家之间的关系，不调整一国主权范围内的事项，否则就是干涉他国的内政。国内法的实施机构主要是国家权力机关，实施方式是强制性的。国际法的实施机构主要是国际组织亦即各主权国家的相互合作机制，实施方式主要靠各国制定相应的国内法的方式自愿履行。这种世界法律图景的二元结构和国际法学的二元理论直到 20 世纪中叶之前一直占据主导地位。

欧盟法的产生打破了传统的法律二元结构，因为欧盟具有类似于联邦的超国家性，它虽然没有取代成员国的主权，但在成员国之上建立了区域主权的概念，并切实享有某些主权权力。因此，欧盟法在法律渊源、立法机制、强制实施方面均不同于传统国际法，也不同于常规国内法，同时又兼具国际法和国内法的双重性质，它是一种特殊的具有"超国家性"的区域国际法，[①] 堪称是介于国内法和国际法之间的"第三种法"。

在立法上，欧盟法创立了一种国际法与国内法"自动转化"的机制，即成员国在所参加的国际条约中约定建立不隶属任何一个成

---

① 参见杨丽艳：《区域经济一体化法律制度研究》，法律出版社 2004 年版，第 126—160 页。

员国的立法机构，并且授权该机构为实施和解释基础性的国际条约可以制定条例、指令，作为最高立法而对各成员国的立法、行政行为进行约束，而无须另外由成员国国内立法机关就国际条约在本国的实施另行立法，"这可以说是一个将国际法的内容转化为国内法的'自动'模式"①。这种"自动转化"机制意味着欧盟法可以直接对各成员国和各成员国的公民赋予法律权利和施加义务，并明确规定欧盟法具有完全的法律约束力和最高地位，任何与之抵触的成员国法律都应被判决无效。在司法上，欧盟法建立了自己的司法机关欧洲法院，并赋予该法院以强制管辖权，这是其他国际司法机构或仲裁机构所无法比拟的。而在欧洲法院和各成员国法院之间则建立了一种纽带关系。成员国法院在办案过程中若涉及欧盟法如何解释的问题，可以或应当请求欧洲法院先予裁决，尽管这种裁决并不是终局性的，但却是有法律拘束力的，这实际上将一个处理国家间争议的国际司法机构变成了可以处理国家与个人之间争议的国内最高司法机构。正是通过欧盟条约本身的规定和欧洲法院的判决，欧盟法的统一解释、统一实施和统一效力得到了切实保障。虽说欧盟法的强制力不可能与国内法相提并论，但毕竟在较大程度上突破了一般国际法在这方面的分散性和软弱性，从而为国际组织统一处理成员国内外法律事务和区域法律一体化提供了成功经验，这在现代国际法发展史上无疑具有里程碑的意义。②

　　法律一体化虽是因应欧洲经济一体化的产物，但它反过来极大地促进和强化了欧洲经济一体化的进程。例如，欧盟条约对欧洲各国经济的管理所达到的深度和广度是任何国际条约都无法达到的，这既是欧盟得以不断发展的基础和动力，也是欧盟法对现代国际法的贡献和发展。从煤钢联营到欧洲关税同盟再到共同市场，从实施统一的经济政策到实现商品、人员、服务与资金的自由流通，再到建立统一的欧洲中央银行、发行单一货币，这些经济一体

---

① 张晓东："论欧盟法的性质及其对现代国际法的贡献"，《欧洲研究》2010年第1期。
② 同上。

化的显著成绩都是与欧盟法提供的法律支持和保障密不可分的。而同样作为经济全球化成果的世贸组织，则由于缺乏强有力的立法功能和法律实施机制，其一体化的程度远不能与欧盟相比。世贸组织没有代替各缔约国订立经贸法规的权能，没有设立实施其协定的相应法律机构，所以世贸组织的协定在缔约国境内不能直接产生效力，对不履行世贸组织协定义务的缔约国更无力进行有效的惩处。

在欧洲政治一体化方面，欧盟法的促进和强化作用同样显而易见。早期的欧洲一体化重心集中在经济领域，但是从20世纪末开始转向政治领域，涉及外交、安全、司法及内务的统一。1991年的《欧洲联盟条约》创造了欧洲公民权的概念，这是过去任何国际条约中都未曾有过的。该条约的核心内容是设立理事会主席、精简机构、建立专职外交机构统一对外，其目的旨在规划欧盟未来，进一步提高一体化的程度，包括深化经济联合、统一政治步调和逐步完善人权保护制度乃至建立欧盟宪政制度，所以预示着一个新的欧盟时代的来临，并使得2004年的《欧洲宪法条约》的出台成为水到渠成的事情。如果与当今世界最大的政治性国际组织联合国稍加比较，欧盟和欧盟法的一体化优势便一清二楚。联合国除了安理会可以就危害国际安全的情势做出具有强制力的决议外，包括联合国大会在内的各项决议都不具有普遍约束力，而且联合国从未涉足成员国的司法和内务领域。虽然《欧洲联盟条约》在2005年的法国和荷兰全民公决中被否决，致使欧盟立宪尝试遭受挫折，但是，单就《欧盟宪法条约》的诞生本身来说就是一个空前的观念创新和突破。根据传统法理学，宪法是规定一个国家政治结构的根本法，由此推出的一个逻辑结论就是，宪法必然与国家相联系，而且只能以国家为前提和基础。但是，透过《欧盟宪法条约》我们可以发现一个崭新的政治理念崭露头角，即"宪法并不必然与国家相联系，宪法只不过是人类为了自己的生存和发展有意识地组织政治共同体的规则以及由该规则所构建的社会秩序"①。这个新理念必将推动欧盟法的调整范围和程度继续扩大与深入，加速欧盟法由国际法向国内法演变的步伐，甚至最终使欧盟演变为一个联邦制国家也不是不可能的。由此可知，欧盟法在促进和强化欧洲一体化进程中的作用必将越来越明显地表现出来。

二、欧盟法证明了法律文化差异并非不可逾越，预示了法律全球化的发展趋向

法律主要是在国家的平台上产生和发展的，必然受到国家的强烈影响。由于各国的历史传统和社会条件不尽相同，所以不同国家的法律制度和法律文化总是存在差异。在欧洲，尽管各国的法律制度普遍以古代希腊罗马和中世纪基督教文化为发展基点，但自 12 世纪起尤其是在中世纪后期的民族国家形成过程中分道扬镳，形成了英国的普通法和欧陆各国的大陆法两大法系。二者在诸多方面都截然不同，如普通法具有司法中心主义、程序优先主义、判例法占主导地位、法官作用突出、以归纳为主的法律思维方式等特征，大陆法具有立法中心主义、强调实体权利、制定法占主导地位、尊重立法者的权威、以演绎为主的法律思维方式等特点。即使在大陆法系内部，不同国家的法律文化同样个性鲜明。如法国法更注重现实生活，突出个人自由，法律用语简洁明晰，通俗易懂。德国法更强调学理性和法律技术，重视国家作用，讲究逻辑严密，法律用语比较抽象和概括。这些不同特点是通过历史积淀逐步形成的，是民族精神在法律上的体现，具有极强的稳定性。它们构成了欧洲法律文化的多元格局，也是妨碍欧洲法律一体化的一种无形力量。

但是，欧盟法的成功证明了法律文化差异并非不可逾越。实际上，早在欧盟法产生之前，随着近代以来国家间交往联系的日益扩大和

---

① 刘茂林："宪法究竟是什么"，《中国法学》2002 年第 6 期，第 23 页。

加深，两大法系就表现出相互渗透的趋势。例如，普通法的英国不再拘泥于遵循先例的判例法传统，越来越多地通过立法来统一和发展法律，促使英国法更加理性化和简洁化，法官判案时也更加注重学理分析。反过来，大陆法的法德等国放弃了绝对的成文法传统，借鉴英国的判例法技术，法官在法律发展过程中起着越来越重要的作用，在审判案件时越来越多地运用归纳方法。如果说上述欧洲各国间的法律渗透仅是局部和零散的，那么，欧盟法的产生则标志着欧洲进入了整体性法律融合的高级阶段，亦即一体化阶段，这是世界法律史上前所未有和独一无二的新生事物。

应当承认，欧洲率先走上法律一体化道路有其历史的和现实的原因。首先，欧洲各国的法律文化中存在较多的共同点。例如视法律为正义化身的法律观、法律至上的规则意识、恪守法律的行为习惯等。其次，近代以来欧洲各国的政治经济结构存在较大相似性。例如共同的自由市场经济、民主法治的政治制度等。就此而言，欧洲成为法律一体化的开创者绝非偶然。不过，打破国家法壁垒、建立超国家的统一法律制度，毕竟是史无前例的历史创举，这一创举的成功与"二战"以后对人权保障的高度重视密不可分。

法律一体化必须建立在共同的价值基础之上。在欧洲，源于古代希腊罗马的民主意识、法治思想和近代初期兴起的人人生而自由平等的自然权利观念，构成了各国人民的共同信念，西方学者将它们概括为"欧洲精神"，而贯穿于民主、法治、自由平等信念中的核心价值则是人权，只可惜在第二次世界大战之前，欧洲人对于人权价值的核心地位的认识尚未达到高度自觉的程度。"二战"的惨祸为欧洲人民敲响了人权的警钟，促使他们清晰地认识到，人的生命与价值是无与伦比的善，必须将其置于至高无上的地位，任何冠冕堂皇的政治目的都不能成为侵犯人权的借口。他们还认识到：

靠人权的内在普遍性来约束国家、要求政府是空洞的、虚无的、软弱无力的；唯有将国家放入国际社会的契约之中，惟有将国家置于国际社会的牵涉和互相作用之中，这种约束力才更为踏实、真切、牢固和稳妥。只有建立在坚实基础上的人权思想，人权观念才有价值，人权的广泛承认和实现才能真正成为现实。[①]

虽说欧共体－欧盟最初把经济一体化奉为首要目标，对人权问题有所忽略，但在欧洲法院的司法实践中，法官们参照《欧洲人权公约》，充分行使自由裁量权，仍然给予了人权以实际的保障。20世纪70年代以后，人权日益受到欧共体的重视。1977年的《保护基本自由联合宣言》明确宣称，捍卫民主和人权是欧共体的目标和使命；1992年的《马约》将尊重人权正式确立为欧盟的基本原则；1997年的《阿姆斯特丹条约》开始了系统的欧盟人权立法。2000年的《欧洲联盟基本权利宪章》吸收了《欧洲人权公约》的基本内容，并在其权利清单中增补了一系列社会权利，而且在欧盟层面上对公民个人的基本权利给以制度性保障。一句话，在欧盟法的运行实践中，人权的内涵不仅指选举权、言论自由等政治权利，而且包括了性别、职业、财富、种族、肤色、性取向等方面的平等权利，欧洲也因此而成为当今世界人权保障的领跑者。正是在不断拓展的人权价值的基础上，欧洲法律一体化在广度上不断拓展，在深度上不断加强，越来越向联邦型国内法靠近，使欧洲作为一个法律整体成为世界法律多元化体系的重要一极。

欧洲法律一体化的成功探索证明了法律文化差异并非是不可超越的，预示了全球法律一体化是可欲和可能的。与之相适应，一种法律全球化理论正在西方法学界悄然兴起。尽管对于"全球化"概念内涵的理解不尽一致，例如英国法学家G.特布那认为，"全球化"的法律是指产生于非国家行为体立法过程的法律规则，如技术条例、执业标准、跨国公司规章、缔结契约、仲裁以及其他商法制度，它

---

① 何志鹏："人权国际化基本理论研究"，吉林大学2004年博士学位论文，第76页。

们具有独立于各国内法之外的世界性效力，并与国际公法规则保持相对距离。但美国法学家 A.C. 阿曼则认为，"全球化"的法律不必然是具有"普遍性"或"同一性"的世界性法律规则，它也可以是地方的或地区的法律规则，或者是针对诸如臭氧枯竭、地球变暖、生物多样化消减等具体的全球性问题的法律规则。上述二人对法律全球化的理解虽然存在广狭之别，但他们都承认法律全球化指的是法律来自"不受任何国家控制的经济或政治势力"、"独立于国家之外的立法过程"。[①] 换言之，法律全球化在理论上虽然尚无统一界说，但是法律正在全球范围内逐步趋同，或者是说各国法律之间的深度协调正呈现不断加强的发展趋势，已是不容否认的事实和国际共识，欧盟法的产生与发展正是这一全球化趋势在一个区域内开始变现的例证，这"为法律的全球化起到了投石问路的作用"，[②] 也提供了可资借鉴的宝贵经验。

三、欧盟法改变了国家主权理论与实践，为全球法律一体化开辟了道路

主权理论是在西欧民族国家的形成过程中产生的，法国政治思想家让·博丹在 1576 年出版的《国家论》中对其做了最早的系统阐述。他特别关注主权的对内属性，认为主权是"国家支配其公众和臣民的不受法律约束的最高权力"，是"国家内绝对和永久的权力"，是不可分割、不可让渡的。17 世纪荷兰法学家格劳秀斯则侧重强调主权的对外属性，认为主权就是不受任何外国干涉和限制的权力。两种属性合而为一的完整主权概念就是对内"是一种国家决策过程中的最终负责者或权威"，对外"是一个国家不受外来控制的自由"，亦即"国家的自主或独立"。[③] 这一主权理论在 1648 年签订的《威

---

① 陈安：《国际经济法论丛》（第 4 卷），法律出版社 2001 年版，第 3 页。
② 芦雪峰："欧盟法的发展——法律全球化的探路石"，《辽宁警专学报》2005 年第 2 期。
③ 《简明大不列颠百科全书》（第 9 卷），中国大百科全书出版社 1986 年版，第 533 页。

斯特伐利亚和约》中第一次得到国际社会的确认，该和约明确规定
了国家不论大小都是主权平等的国家。这种主权理论把主权置于至
高无上的地位，认为享有主权的国家可以不受国际法的约束，甚至
可以为实现本国意志而诉诸战争，学界将其概括为主权绝对论或主
权至上论。该理论经过霍布斯、卢梭和黑格尔等思想家的论证后，
成为主导近代国际关系的基础理论之一，被写进了许多国际条约中。
根据主权行使领域或属性的不同，国家主权可分为经济主权、政治
主权和法律主权三个主要部分。其中，法律主权是指国家在国内立法、
执法、司法中居于最高地位，在国际法上拥有唯一而独立的主体资格。

　　19 世纪末 20 世纪初愈演愈烈的列强争霸及其导致的第一次世
界大战，暴露了主权绝对论的荒谬性和危害性，特别是随着 20 世纪
中叶以后国际交流与合作的迅速发展，以及全球性问题的日益增多，
传统的主权理论越来越不合时宜，主权不再像过去那样被奉为不容
置疑、无可争辩的绝对价值，一如美国学者威廉·奥尔森所言：

> 　　主权国家体系把人们分成一个个作茧自缚的政治实体，而
> 经济生活的繁荣却需要人们尽量交流商品和投资。这一直是主
> 权国家体系一个带根本性的难题。[①]

于是，主权相对论或主权让渡论应运而生。因为在世界日趋一体化
的时代背景下，如果继续"坚持绝对主权最终将导致否定国际法或
否定国家主权。那种不受任何法律的约束，不服从任何条件或限制
的绝对主权只有超国家或者世界国家才可能有，然而这样的国家是
不存在的"[②]。在主权相对论看来，国家主权不是无限制的、不可分
割和不可让渡的，它必须受国际法的约束，而且只有通过国际法，
国家主权的行使才能实现维护国家独立和国际社会秩序的目的。

---

　　① 〔美〕威廉·奥尔森等编：《国际关系的理论与实践》，王沿、孔宪倬译，中国社
会科学出版社 1987 年版，第 13 页。
　　② 王铁崖主编：《国际法》，第 106 页。

　　欧盟的建立与发展宣告了主权绝对论末日的到来，开启了主权让渡论的实验过程。回顾历史，欧盟的主权让渡轨迹是沿着先易后难的路线展开的。20 世纪 50 年代，主权让渡首先从易于被成员国接受的经济领域起步，至八九十年代，在继续推进经济主权让渡逐步深入的同时，较为敏感和困难的政治主权让渡正式提上议事议程，而在经济与政治主权让渡的全部过程中，一直伴随着相应的法律主权让渡。截至目前，经济主权让渡是最多和最深入的，但政治主权和法律主权的让渡也足以引人注目。经济主权让渡突出表现在欧洲中央银行的建立和单一货币欧元的正式流通上，因为金融货币主权是国家经济主权的核心，欧洲中央银行和欧元超然于欧盟各成员国政府和欧盟其他机构之外，"具有明显的超国家性"，[①] 致使欧元区个体国家丧失了货币政策制定权。政治主权的让渡则集中体现在共同外交与安全机制上。自 1992 年《马斯特里赫特条约》签订后，欧盟确定了共同外交和安全政策的总体目标以及决策程序与手段，明确了所需行政费用列入共同体预算，在财政上予以保障。2000 年的《尼斯条约》又对共同外交与安全机制作了较大幅度的调整和补充，更加强调欧盟在这一领域的超国家性。法律主权的让渡除了体现在欧洲法院和欧洲人权法院的作用上外，还体现在司法与内务合作机制上。1997 年签署的《阿姆斯特丹条约》使这一领域的主权让渡进入了具体实施阶段。2004 年《欧盟宪法条约》的出台则体现了欧盟各成员国进一步深化法律主权让渡的意图。

　　欧盟各成员国主权让渡的实践对传统的主权国家体系造成了巨大冲击，并创建了一种由欧盟和各成员国共同行使主权的体制，较好地体现了国家主权自主与共同行使的结合与平衡。不过，欧盟并没有也从来不想突破主权国家基本原则的底线。首先，欧盟各成员国的主权让渡是有限度的，无论是在经济、政治还是法律领域，欧盟的决策权能及执行力都未达到一个主权国家的广度和深度，一体

---

　　① 汤碧："欧洲中央银行及其货币政策分析"，《南开大学学报》2000 年第 2 期。

化的程度远远低于主权国家。即使在一体化程度较高的共同市场方面，电信、邮政、能源、运输和政府采购等关键领域的统一市场仍未形成，而在服务领域，统一市场根本就不曾存在。其次，国家利益仍是影响欧盟各成员国主权让渡的决定性因素。回顾历史，欧盟各成员国的每一次主权让渡，都是在谋求自己国家利益最大化，同时又尊重其他国家合理利益的基础上，经过艰苦的谈判协商与相互妥协后得以完成的。就是说，每一次都是一个讨价还价的利益平衡过程，由此看出主权让渡的互利共赢性。最后，关键的是欧盟各成员国让渡部分国家主权是在自愿的基础上做出的，在是否让渡、让渡多少等关键问题上，各成员国始终拥有自主选择权和最后决定权，即使在参加欧盟后仍然享有退出的完全自由。从这一角度看，各成员国让渡部分国家主权不是放弃主权，而恰恰是主权意志的体现，其结果不是削弱了主权，而是强化了主权。质言之，主权让渡只是主权行使方式的一种调整，亦即用集体方式取代个体方式而已，各成员国的国际法主体地位并未受到影响。所以，密尔沃德认为，欧洲的一体化不是民族国家的消亡，而是一种保证它复兴的方法。[1]

无论欧盟成员国的主权让渡存在多大局限性，也无论主权集体行使方式多么不成熟，欧盟毕竟业已存在和运行了半个多世纪，不能不承认它基本上是成功的。欧盟的成功不仅拓展了国际法主体的形式，消弭了在欧洲爆发战争的隐患，为区域和世界和平做出了积极贡献，而且证明了在全球化的大背景下，国家主权是可以和有必要进行部分让渡的，理性地、适度地主权让渡有助于增强国家的实力与影响。可以期待，已有的成功将进一步推进欧洲的一体化进程，各成员国还会向欧盟让渡更多的主权，因为相互依存是全球化时代的基本特征，在此背景下，各国都处于世界网状互动结构之中，国家利益彼此交融，难分难离，因此，加强国际合作和主权让渡对于

---

[1] Alan Milward, *The European Rescue of the Nation State*, Routledge, 1992, p.44.

增进国家利益愈益显得必要。[①] 甚至可以设想，有朝一日条件成熟，统一的欧洲联邦有可能出现在世人面前，即使是更大范围的世界联邦也不再是天方夜谭。由是言之，时下的欧洲依然是"探讨人类前景的最大实验室"[②]。不过，在乐观展望前景的同时也必须承认，各成员国在语言、风俗、文化等方面差异的消除是一个相当漫长的潜移默化过程，不可能通过政治法律手段在短期内实现，而且，随着欧洲一体化的步步深入，主权让渡必然越来越接近或触及各成员国的核心利益，各国的抵制也必将越来越强烈。在 2008 年欧债危机和接踵而至的难民潮中，欧盟各成员国各怀心思、以邻为壑的种种行径，特别是 2016 年 6 月英国举行的脱欧公投，52% 的投票人支持退出欧盟，以及 2017 年 10 月西班牙加泰罗尼亚地区独立公投后，欧盟及其成员国坚定地支持西班牙中央政府，明确承认一个国家的主权完整不容破坏的原则，都足以说明在当今的欧洲，国家主权信念依然强劲稳固，民族主权国家仍旧保持着强大生命力，欧洲一体化的未来道路可谓任重而道远。

---

① 参见刘凯："全球化时代国家主权让渡的必然与必要性"，《国际关系学院学报》2010 年第 5 期。

② 〔美〕杰里米·里夫金：《欧洲梦——21 世纪人类发展的新梦想》，杨治宜译，第 2 页。

参考文献

一、史料

A Committee of the Association of American Law Schools, *Select Essays in Anglo-AMerican Legal Hitory,* Vol. I, Little, Brown, and Company, 1907.

A Committee of the Association of American Law Schools, *Select Essays in Anglo-American Legal History,* Vol. II, Little, Brown, and Company, 1908.

二、专著与论文

Abraham, H.J., *The Judicial Process*, Oxford University Press, 1986.

Adams, G.B. & Stephens, H.M., *Select Documents of English Constitutional History,* Macmillan Press, 1935.

Adams, G.B., *The Origin of the English Constitution*, Yale University Press, 1912.

Allan, T.R.S., *Law, Liberty and Justice: The Legal Foundations of British Constitutionalism,* Clarendon Press, 1993.

Anderson, P., *Lineages of the Absolutist State,* verso edition, 1979.

Baker, J.H., *An Introduction to English Legal History,* Butterworths &Co., Ltd., 1979.

Bettenson, H., *Selected and Edited Documents of the Christian Church,* Oxford University Press, 1944.

Blackstone, W., *Commentaries on the Laws of England*, Vol. III , The University of Chicago Press, 1979.

Blackstone, W., *Commentaries on the Laws of England,* Vol. IV , The University of Chicago Press, 1979.

Butt, R., *A History of Parliament, The Middle Ages,* Constable and Co., Ltd., 1989.

Couperus, O.Tellegen-, *A Short History of Roman Law,* Routledge, 1993.

Davidso, J.L.Strachan-, *Problems of the Roman Criminal Law*, Clarendon Press, 1912.

Dicey, A.V., *Introduction to the Study of the Law of the Constitution*, Macmillan Press, 1959.

Elton, G.R., *The Tudor Constitution, Documents and Commentary*, Cambridge University Press, 1960.

Esmein, A., *A History of Continental Criminal Procedure*, trans. by John Simpson, Little, Brown and Company, 1913.

Franklin, J.H., *Jean Bodin and the Rise of Absolutist Theory*, Cambridge University Press, 1973.

Geldart, W., *Introduction to English Law,* Oxford University Press, 1991.

Hallam, H., *Constitutional History of England: Henry Ⅶ to Gaorge Ⅱ.,* J. M. Dent & Sons. Ltd., 1912.

Hamilton, E., *The Roman Way,* W. W. Norton & Company, 1973.

Hanbury, H.G. & Yardley, D. C.M., *English Courts of Law*, Oxford University Press, 1979.

Hanson, M.H., *The Athenian Democracy in the Age of Demosthenes,* Blackwell, 1991.

Harrison, A.R.W., *The Law of Athens II:Procedure*, Oxford University Press, 1971.

Helmholz, R.H., *The Privilege Against Self-Incrimination,* The University of Chicago Press, 1997.

Holdsworth, W.S., *A History of English Law,* Vol. Ⅱ, Nethuen & Co., Ltd., 1923.

Holdsworth, W.S., *A History of English Law,* Vol. Ⅳ, Nethuen & Co., Ltd., 1924.

Holdsworth, W.S., *A History of English Law,* Vol. Ⅴ, Nethuen & Co., Ltd., 1924.

Holdsworth, W.S., *A History of English Law,* Vol. Ⅰ, Nethuen & Co., Ltd., 1922.

Holmes, G., *Britain After the Glorious Revolution, 1689−1714*, Macmillan Press, 1969.

Holt, C., *Magna Carta and the Idea of Liberty,* Roberte, Krieger Publishing Company, 1982.

Holt, J.C., *Magna Carta,* Cambridge University Press, 1965.

Jackson, R.M., *The Machinery of Justice in England,* Cambridge University Press, 1953.

Jacobs, D., *Constantinople: City on the Golden Horn.*, American Heritage Publishing, 1969.

James, P.S., *Introduction to English Law*, Butterworths &Co., Ltd., 1979.

Johnstone, S., *Disputes and Democracy, The Consequences of Litigation in Ancient Athens*, University of Texas Press, 1999.

Jones, J.K., *The Restored Monchary 1660–1688,* Macmillan Press, 1986.

Kamen, H., *Inquisition and Society in Spain*, Indiana University Press, 1985.

Kantorowite, E., *The King's Two Bodies: A Study in Medieval Political Theology,* Princeton University Press, 1957.

Keir, D.L., *The Constitutional History of Modern Britain Since 1485,* A.& C.Black, 1961.

Landon, M., *The Triumph of the Lawyers: Their Role in English Politics 1678–1689,* Alabama University Press, 1970.

Langbein, J., *The Origins of Adversary Criminal Trial,* Oxford University Press, 2003.

Lea, H.C., *The Inquisition of the Middle Ages—Its Organization and Operation,* Eyre & Spottiswoode, 1963.

Lea, H.Charles, *A History of the Inquisition of the Middle Ages,* Vol. Ⅰ, Adamant Media Corporation, 2002.

Levy, L.W., *Origins of the Fifth Amendment*, Macmillan Press, 1986.

Levy, L.W., *The Palladium of Justice—Origins of Trial by Jury,* Ivan R. Dee, 1999.

Lieberman, J.K., *The Enduring Constitution:An Exploration of the First Two Hundred Years*, Harpper & Row, 1987.

Lipson, E., *The Economic History of England,* Vol. Ⅰ, Redford, 1943.

Lyon, B., *A Constitutional and Legal History of Medieval England*, W.W.Norton & Company, 1980.

MacDowell, D.M., *The Law in Classical Athens,* Cornell University Press, 1978.

Maitland, F.W., *Equity: Also the Forms of Action at Common Law*, eds. by A. H. Chaytor and W. J. Whittaker, Cambridge University Press, 1910.

Maitland, F.W., *Justice and Police,* Macmillan Press, 1985.

Maitland, F.W., *The Constitutional History of England,* Cambridge University Press, 1926.

McIlwain, C.H., *Constitutionlism—Ancient and Modern,* Cornell University Press, 1947.

McIlwain, C.H., *The Growth of Political Thought in the West from the Greeks to the End of the Middle Ages,* Macmillan Press, 1932.

Miller, J., *The Glorious Revolution,* Addison-Wesley, 1983.

Milward, A., *The European Rescue of the Nation State,* Routledge, 1992.

Neale, J.E., *Queen Elizabeth I*, Triad/Panther Books, 1979.

Nugent, N., *The Government and Politics of the European Union*, Macmillan Press, 1999.

Palliser, D.M., *The Cambridge Urban History of Britain*, Vol. I , Cambridge University Press, 2003.

Philips, O.H., *The Principles of English Law and the Constitution,* Sweet & Maxwell, 1939.

Plucknett, T.F.T., *A Concise History of Common Law,* Butterworth & Co.Ltd., 1940.

Pollock, F. & Maitland, F.W., *The History of English Law Before the Time of Edward I ,* Vol. I , Cambridge University Press, 1968.

Pollock, F. & Maitland, F.W., *The History of English Law Before the Time of Edward I ,* Vol. II , Cambridge University Press, 1895.

Potter, H., *Historical Introduction to English Law and Its Institution*, Sweet & maxwell, 1958.

Putney, A., *Introduction to the Study of Law: Legal History,* Cree, 1910.

Radcliffe and Cross, *The English Legal System*, Butterworths &Co., Ltd., 1977.

Schaff, P., *History of the Christian Church*, Vol. II , Hendrickson Publishers, 1996.

Shennan, J.H., *The Parlement of Paris,* 2nd ed., Sutton Publishing Ltd., 1998.

Stephenson, C., *Borough and Town:A Study of Urban Origins in England*, The Mediaeval Academy of America, 1933.

Stone, J., *Evidence:Its History and Policies,* Butterworths &Co., Ltd., 1991.

Stubbs, W., *The Constitutional History of England:In Its Origin and Development*, Clarendon Press, 1926.

Thompson, F., *The First Century of Magna Carta:Why It Persisted as a Document,* University of Minnesota Press, 1925.

Thompson, J.Westfall, *The Middle Ages 300-1500*, Routledge; reissue, 1972.

Turner, R.V., *The English Judiciary in The Age of Glanvill and Bracton*, Cambridge University Press, 1979.

Ullmann, W., *The Growth of Papal Government in the Middle Ages,* Methuem &Co., Ltd., 1962.

Vincenzi, C., *Law of the European Community,* 2nd ed., Financial Times Pitman Publishing, 1999.

Walker, W., *A History of the Christian Church,* Charles Scribner's Sons, 1922.

Webber, C. and Wildavsky, A., *A History of Taxation and Expenditure in Western World*, Simon & Schuster, 1986.

Weber, M., *Economic and Society*, University of California Press, 1978.

Wollf, H.Julius, *Roman Law, An Historical Introduction,* University of Oklahoma Press, 1951.

Adams, G. B., "The Origin of the English Constitution", *The American Historical Review*, Vol.13, No.2, 1908.

Dunham, W. H., "Regal Power and Rule of Law:a Tudor Paradox", *The Journal of British Studies*, Vol. Ⅲ , 1964.

Painter, S., "Magna Carta", *The American Historical Review*，Vol.53, No.1, 1947.

〔奥〕埃利希，尤根：《法律社会学基本原理》，叶名怡、袁震译，中国社会科学出版社 2009 年版。

〔美〕昂格尔，R. M.：《现代社会中的法律》，吴玉章、周汉华译，译林出版社 2001 年版。

〔英〕巴克，厄奈斯特：《希腊政治理论——柏拉图及其前人》，卢华萍译，吉林人民出版社 2003 年版。

〔英〕巴特莱特，罗伯特:《中世纪神判》,徐昕等译,浙江人民出版社 2007 年版。

〔英〕白芝浩，沃尔特：《英国宪法》，夏彦才译，商务印书馆 2005 年版。

〔意〕贝卡利亚：《论犯罪与刑罚》,黄风译,中国大百科全书出版社 1993 年版。

〔美〕伯尔曼：《法律与宗教》，梁治平译，法律出版社 2003 年版。

〔美〕伯尔曼：《信仰与秩序：法律与宗教的复合》，姚剑波译，中央编译出版社 2010 年版。

〔美〕伯尔曼，哈罗德·J.：《法律与革命——西方法律传统的形成》，贺卫方等译，中国大百科全书出版社 1993 年版。

〔美〕博西格诺等：《法律之门》，邓子滨译，华夏出版社 2002 年版。

〔德〕茨威格特，K.、克茨，H.：《比较法总论》，潘汉典等译，法律出版社
　　2003 年版。

〔美〕达玛什卡，米尔伊安·R.：《司法和国家权力的多种面孔——比较视野
　　中的法律程序》，郑戈译，中国政法大学出版社 2004 年版。

〔法〕达维德，勒内：《当代主要法律体系》，漆竹生译，上海译文出版社
　　1984 年版。

〔英〕戴雪：《英宪精义》，雷宾南译，中国法制出版社 2001 年版。

〔英〕道森，克里斯托弗：《宗教与西方文化的兴起》，长川某译，四川人民
　　出版社 1989 年版。

〔美〕德沃金：《法律帝国》，李常青译，中国大百科全书出版社 1996 年版。

〔英〕法林顿，凯伦：《刑罚的历史》，陈丽红、李臻译，希望出版社 2003 年版。

〔法〕伏尔泰：《巴黎高等法院史》，吴模信译，商务印书馆 2015 年版。

〔英〕福蒂斯丘，约翰·爵士：《论英国的法律和政制》（影印英文本），中
　　国政法大学出版社 2003 年版。

〔美〕戈登，斯科特：《控制国家——西方宪政的历史》，应奇等译，江苏人
　　民出版社 2001 年版。

〔意〕格罗索，朱塞佩：《罗马法史》，黄风译，中国政法大学出版社 1994 年版。

〔英〕哈德森，约翰：《英国普通法的形成——从诺曼征服到大宪章时期英格
　　兰的法律与社会》，刘四新译，商务印书馆 2006 年版。

〔英〕哈耶克，弗里德利希·冯：《法律、立法与自由》（第 2、3 卷），邓正
　　来等译，中国大百科全书出版社 2000 年版。

〔英〕哈耶克，弗里德里希·冯：《自有秩序原理》，邓正来译，生活·读书·新
　　知三联书店 1997 年版。

〔加〕汉弗莱，约翰：《国际人权法》，庞森译，世界知识出版社 1992 年版。

韩苏琳编译：《美英德法四国司法制度概况》，人民法院出版社 2002 年版。

〔德〕黑塞，康拉德：《联邦德国宪法纲要》，李辉译，商务印书馆 2007 年版。

〔美〕霍贝尔：《原始人的法：法律的动态比较研究》，严存生等译，法律出
　　版社 2006 年版。

〔英〕霍尔特，詹姆斯·C.：《大宪章》，毕竞悦等译，北京大学出版社 2010 年版。

〔日〕兼子一、竹下守夫：《民事诉讼法》，白绿铉译，法律出版社 1995 年版。

〔英〕卡德里，萨达卡特：《审判的历史——从苏格拉底到辛普森》，杨雄译，
　　当代中国出版社 2009 年版。

〔比〕卡内冈，R. C. 范：《英国普通法的诞生》，李红海译，中国政法大学出
　　版社 2003 年版。

678

〔意〕卡佩莱蒂，莫诺：《比较法视野中的司法程序》，徐昕、王奕译，清华大学出版社 2005 年版。

〔爱尔兰〕凯利，J. M.：《西方法律思想简史》，王笑红译，法律出版社 2002 年版。

〔美〕库恩，阿瑟：《英美法原理》，陈朝璧译注，法律出版社 2002 年版。

〔法〕库朗热：《古代城邦——古希腊罗马的祭祀、权利和政制研究》，谭立铸等译，华东师范大学出版社 2006 年版。

〔德〕拉德布普赫：《法学导论》，米健等译，中国大百科全书出版社 1997 年版。

〔德〕迈那，奥托：《德国行政法》，刘飞译，商务印书馆 2002 年版。

麦高伟、杰弗里和威尔逊主编：《英国刑事司法程序》，姚永吉等译，法律出版社 2003 年版。

〔美〕梅利曼，约翰·亨利：《大陆法系》，顾培东、禄正平译，法律出版社 2004 年版。

〔英〕梅特兰等：《欧陆法律史概览——事件，渊源，人物及运动》，屈文生等译，上海人民出版社 2008 年版。

〔英〕梅因：《古代法》，沈景一译，商务印书馆 1996 年版。

〔德〕蒙森，特奥多尔：《罗马史》（第 1 卷），李稼年译，商务印书馆 2005 年版。

〔英〕密尔松，S. F. C.：《普通法的历史基础》，李显冬等译，中国大百科全书出版社 1999 年版。

〔德〕默勒斯，克里斯托夫：《德国基本法：历史与内容》，赵真译，中国法制出版社 2014 年版。

〔德〕穆勒，英戈：《恐怖的法官——纳粹时期的法官》，王勇译，中国政法大学出版社 2000 年版。

〔法〕内莫，菲利普：《罗马法与帝国的遗产——古罗马政治思想史讲稿》，张竝译，华东政法大学出版社 2011 年版。

〔英〕尼古拉斯，巴里：《罗马法概论》，黄风译，法律出版社 2000 年版。

〔美〕庞德，罗斯科：《普通法的精神》，唐前宏等译，法律出版社 2001 年版。

〔美〕庞德，罗斯科：《通过法律的社会控制 法律的任务》，沈宗灵、董世忠译，商务印书馆 1984 年版。

〔美〕庞德，罗斯科：《法律史解释》，邓正来译，中国法制出版社 2002 年版。

〔德〕萨维尼，弗里德里希·卡尔·冯：《论立法及法学的现代使命》，许章润译，中国法制出版社 2001 年版。

〔民主德国〕施泰尼格尔，P. A. 主编：《纽伦堡审判》（上卷），王昭仁等译，商务印书馆 1985 年版。

〔德〕施托莱斯，米歇尔：《德国公法史（1800—1914）——国家法学说和行政学》，雷勇译，法律出版社 2007 年版。

〔美〕斯密，孟罗：《欧陆法律发达史》，姚梅镇译，中国政法大学出版社 2003 年版。

〔英〕斯奈德，弗兰西斯：《欧洲联盟法概论》，宋英编译，北京大学出版社 1996 年版。

〔意〕斯齐巴尼，桑德罗选编：《民法大全选译：正义和法》，黄风译，中国政法大学出版社 1992 年版。

〔法〕斯特法尼，卡斯东等：《法国刑事诉讼法精义》（上），罗结珍译，中国政法大学出版社 1998 年版。

〔美〕斯托纳，小詹姆斯·R.：《普通法与自由主义理论：柯克、霍布斯及美国宪政主义之诸源头》，姚中秋译，北京大学出版社 2005 年版。

〔英〕索利，约翰：《雅典的民主》，王琼淑译，上海译文出版社 2001 年版。

〔法〕特鲁仕，皮埃尔主编：《法国司法制度》，丁伟译，北京大学出版社 2012 年版。

〔美〕威尔金，罗伯特·N.：《法律职业的精神》，王俊峰译，北京大学出版社 2013 年版。

〔美〕威格摩尔，约翰·H.：《世界法系概览》（上、下），何勤华等译，上海人民出版社 2004 年版。

〔英〕韦德，威廉：《行政法》，楚建译，中国大百科全书出版社 1997 年版。

〔德〕维瑟尔，乌维：《欧洲法律史——从古希腊到〈里斯本条约〉》，刘国良译，中央编译出版社 2016 年版。

〔德〕维亚克尔，弗朗茨：《近代私法史——以德意志的发展为观察重点》（上、下），陈爱娥、黄建辉译，上海三联书店 2006 年版。

〔英〕沃克，R.J.：《英国法律制度》，夏勇等译，西南政法大学出版社 1984 年版。

〔美〕沃特金斯，弗里德里希：《西方政治传统——现代自由主义发展研究》，黄辉、杨健译，吉林人民出版社 2011 年版。

〔古罗马〕西塞罗：《论共和国论法律》，王焕生译，中国政法大学出版社 1997 年版。

〔法〕雅各布，罗伯特：《上天·审判——中国与欧洲司法观念历史的初步比较》，李滨译，上海交通大学出版社 2013 年版。

〔日〕塩野七生：《罗马人的故事：罗马不是一天造成的》，徐幸娟译，三民书局 1992 年版。

〔美〕赞恩，约翰·麦：《法律的故事》，刘昕、胡凝译，江苏人民出版社 1998 年。

陈惠馨：《德国法制史——从日耳曼到近代》，中国政法大学出版社 2010 年版。

陈灵海、柴松霞：《中世纪欧洲世俗法》，商务印书馆 2015 年版。

陈兴良主编：《刑事法评论》（第 23 卷），北京大学出版社 2008 年版。

陈颐：《立法主权与近代国家的建构：以近代早期法国法律为中心》，法律出
　　版社 2008 年版。

程春明：《司法权及其配置》，中国法制出版社 2009 年版。

戴东雄：《中世纪意大利法学与德国的继受罗马法》，中国政法大学出版社
　　2003 年版。

范进学等：《法治文明论》，中国经济出版社 2008 年版。

高鸿钧主编：《清华法治论衡》（第 14 辑），清华大学出版社 2011 年版。

高鸿钧主编：《英美法原论》（上、下），北京大学出版社 2013 年版。

公丕祥主编：《法制现代化研究》（第十二卷），南京师范大学出版社 2009 年版。

顾准：《顾准文稿》，中国青年出版社 2002 年版。

何勤华等：《法律文明史第 9 卷：大陆法系》（上、下卷），商务印书馆 2015 年版。

何勤华等：《纽伦堡审判》，中国方正出版社 2006 年版。

何勤华主编：《德国法律发达史》，法律出版社 2000 年版。

何勤华主编：《法国法律发达史》，法律出版社 2001 年版。

何勤华主编：《外国法律史研究》，中国政法大学出版社 2004 年版。

何志鹏编著：《欧洲联盟法：发展进程与制度结构》，吉林大学出版社 2007 年版。

江平、米健：《罗马法基础》，中国政法大学出版社 2004 年版。

金邦贵主编：《法国司法制度》，法律出版社 2008 年版。

林海：《帝国枢密法院——司法的近代转向》，中国法制出版社 2010 年版。

罗衡林：《基督教会制度史》，湖南师范大学出版社 2000 年版。

彭小瑜：《教会法研究——历史与理论》，商务印书馆 2011 年版。

齐延平：《自由大宪章研究》，中国政法大学出版社 2007 年版。

曲可伸：《罗马法原理》，南开大学出版社 1988 年版。

邵建东主编：《德国司法制度》，厦门大学出版社 2010 年版。

王林彬、秦鹏：《欧洲联盟法》，兰州大学出版社 2011 年版。

王名扬：《法国行政法》，中国政法大学出版社 1988 年版。

王铁崖主编：《国际法》，法律出版社 1981 年版。

肖扬主编：《当代司法体制》，中国政法大学出版社 1998 年版。

谢邦宇：《罗马法文稿》，法律出版社 2008 年版。

徐昕：《英国民事诉讼与民事司法改革》，中国政法大学出版社 2002 年版。

徐昕主编：《司法》（第 4 辑），厦门大学出版社 2009 年版。

许章润主编：《清华法学（第 8 辑）：法典化研究专辑》，清华大学出版社 2006 年版。

杨昌栋：《基督教在中古欧洲的贡献》，社会科学文献出版社 2000 年版。

杨丽艳：《区域经济一体化法律制度研究》，法律出版社 2004 年版。

於兴中：《法治与文明秩序》，中国政法大学出版社 2006 年版。

曾令良：《欧洲联盟法总论》，武汉大学出版社 2007 年版。

郑永流：《法治四章——英德渊源、国际标准和中国问题》，中国政法大学出版社 2002 年版。

卞建林、郭志媛："英国对沉默权的限制"，《比较法研究》1999 年第 1 期。

〔意〕贝特鲁奇，阿尔多："罗马宪法与欧洲现代宪政"，徐国栋译，《法学》1998 年第 3 期。

陈惠馨："1532 年《卡洛林那法典》与德国近代刑法史"，《比较法研究》2010 年第 4 期。

陈林林、付义："中古欧洲城市与法治的萌芽——重述法律与资本主义的兴起"，《浙江省政法管理干部学院学报》2001 年第 1 期。

程卫东："法治：欧洲联盟的一个基本原则"，《欧洲研究》2007 年第 2 期。

〔联邦德国〕茨威格特，康、克茨，海："法国和意大利的法院和律师"，贺卫方译，《环球法律评论》1990 年第 1 期。

〔英〕狄金逊，哈里："1688 年'光荣革命'的革命性问题"，王章辉译，《世界历史》1988 年第 6 期。

杜苏："司法独立的黎明：法国古典司法体制诸问题研究"，《中外法学》2013 年第 1 期。

高鸿钧："英国法的主要特征"，《比较法研究》1991 年第 4 期。

顾銮斋："中西封建社会城市地位与市民权利的比较分析"，《世界历史》1997 年第 5 期。

郭丰秋："探析十七世纪中叶法国穿袍贵族的地位"，《社会科学论坛》2010 年第 6 期。

韩东屏："国家起源问题研究"，《华中师范大学学报》2014 年第 4 期。

何海波："没有宪法的违宪审查：英国故事"，《中国社会科学》2005 年第 2 期。

何家弘、姚永吉："两大法系证据制度比较论"，《比较法研究》2003 年第 4 期。

贺小荣："论民事简易程序司法解释的法理基础及其价值取向（上）"，《法律适用》2003 年第 10 期。

侯建新："'封建主义'概念辨析"，《中国社会科学》2005 年第 6 期。

黄敏兰："从中西'封建'概念的差异看对'封建'的误解"，《探索与争鸣》
　　2007 年第 3 期。

黄伟文："司法权社会性的历史考察——兼论法律效果与社会效果的统一"，《广
　　西政法管理干部学院学报》2011 年第 2 期。

计秋枫："论中世纪西欧封建主义的政治结构"，《史学月刊》2001 年第 4 期。

纪虎："古罗马刑事法庭程序略考——兼论对我国控辩式庭审方式完善的启示"，
　　《社会科学家》2010 年第 4 期。

季卫东："法律职业的定位——日本改造权力结构的实践"，《中国社会科学》
　　1994 年第 2 期。

江国华、朱道坤："世纪之交的英国司法改革研究"，《东方法学》2010 年第 2 期。

金敏："古罗马的法庭辩护士"，《浙江社会科学》2006 年第 4 期。

柯岚："拉德布鲁赫公式的意义及其在二战后德国司法中的运用"，《华东政
　　法大学学报》2009 年第 4 期。

〔法〕科斯达，让－保罗："欧洲人权法院与人权法之进展：评价与展望"，邓凯、
　　朱国斌译，《南京大学法律评论》2015 年春季卷。

劳东燕："自由的危机：德国'法治国'的内在机理和运作逻辑——兼论与普
　　通法法治的差异"，《北大法律评论》（2005 年）第 6 卷第 2 辑。

雷勇："西欧中世纪的城市自治——西方法治传统形成因素的社会学分析"，《现
　　代法学》2006 年第 1 期。

黎尔平："纽伦堡审判在当代国际人权保护中的作用"，《北方法学》2010 年
　　第 1 期。

李大雪："德国民事诉讼法的历史嬗变"，《西南政法大学学报》2005 年第 2 期。

刘茂林："宪法究竟是什么"，《中国法学》2002 年第 6 期。

刘新魁："法国司法官制度的特点及启示"，《中国法学》2002 年第 5 期。

刘争志、林恩伟："德国法治国概念源流考略及新探"，《法治论丛》2010 年
　　第 6 期。

马可："宗教大审查与欧洲中世纪刑讯"，《山东警察学院学报》2011 年第 2 期。

孟广林："塞瑟尔的《法国君主制度》与'新君主制'学说"，《历史研究》
　　2004 年第 2 期。

庞冠群："莫普司法改革与法国旧制度的崩溃"，《世界历史》2007 年第 3 期。

庞冠群："十八世纪法国的高等法院与启蒙运动"，《历史教学》2010 年第 4 期。

〔德〕赛勒特，沃尔夫冈："'法官独立'和'法官法定'原则在德国的历史发展"，
　　马红湘译，《南京大学法律评论》1997 年春季号。

邵建东："从形式法治到实质法治——德国法治国家的经验教训"，《南京大

学法律评论》2004 年秋季号。

施鹏鹏："法国参审制：历史、制度与特色"，《东方法学》2011 年第 2 期。

施鹏鹏："法国宪法委员会若干问题研究"，《山东社会科学》2006 年第 9 期。

舒国滢："从司法的广场化到司法的剧场化——一个符号学的视角"，《政法论坛》1999 年第 3 期。

舒国滢："罗马法学成长中的方法论因素"，《比较法研究》2013 年第 1 期。

倜化强："西欧中世纪纠问制诉讼中的原告"，《法学家》2010 年第 2 期。

〔意〕斯奇巴尼，桑德罗："罗马法体系的典型特征"，张礼洪译，《法学》2006 年第 12 期。

〔法〕索维，让－马克："法国行政法官对规范性行政行为的合法性审查"，张莉译，《比较法研究》2011 年第 2 期。

唐士其："习惯法与法治的制度起源"，《国际政治研究》2005 年第 1 期。

童建华："以英国为个案看不成文宪法国家的违宪审查"，《法学》2008 年第 2 期。

汪海燕："法国刑事诉讼模式转型及启示"，《金陵法律评论》2003 年秋季卷。

汪海燕："古罗马刑事诉讼制度与模式探微"，《现代法学》2003 年第 5 期。

王国金、张镭："中世纪欧洲城市制度及其法律意义"，《文史哲》2001 年第 6 期。

王建学："从'宪法委员会'到'宪法法院'——法国合宪性先决程序改革述评"，《浙江社会科学》2010 年第 8 期。

王振宇、阎巍：《德国与法国行政审判制度观察及借鉴》，《法律适用》2013 年第 10 期。

魏建国："西欧封建制度的立宪主义内蕴"，《环球法律评论》2007 年第 6 期。

文正邦："论法治文明"，《现代法学》1998 年第 2 期。

向凌："欧洲人权法院对知识产权保护的兴起与转向"，《学术界》2014 年第 2 期。

徐昕："司法决斗考"，《法制与社会发展》2007 年第 1 期。

徐昕："私力救济的神话之维——兼论法院的产生"，《现代法学》2006 年第 1 期。

杨蓉："国际司法对话：法国司法制度和检法及检警关系"，《中国检察官》2008 年第 1 期。

叶秋华："资本主义民商法的摇篮——西欧中世纪城市法、商法与海商法"，《中国人民大学学报》2000 年第 1 期。

尹雪梅："欧洲人权法院——超国家的人权保护法律机构"，《中国司法》2006 年第 7 期。

袁治杰："磨坊主阿诺德案考论"，《比较法研究》2011 年第 2 期。

张德瑞："论欧洲人权法院的'司法造法'"，《法学评论》2013 年第 5 期。

张殿清："中古基督教选举的宪政意蕴"，《文史哲》2012 年第 4 期。

张海廷："英国议会主权的变迁"，《法商研究》2001年第4期。

张千帆："法国的国政院与行政行为的司法控制"，《中国法学》1995年第3期。

张卫平："法国民事诉讼中的诉权制度及其理论"，《法学评论》1997年第4期。

张晓东："论欧盟法的性质及其对现代国际法的贡献"，《欧洲研究》2010年第1期。

赵海峰、吴晓丹："欧洲人权法院——强势和有效的国际人权保护司法机构"，《人民司法》2005年第8期。

郑戈："市民社会中的市民法——中世纪欧洲城市法溯源"，《法律科学》1994年第6期。

周建华："从程序法定主义到程序人文主义——法国民事诉讼法典的发展述评"，《四川大学学报》2013年第3期。

周永坤："社会的法律与国家的法律——从国家与社会的关系看中西法律的差异"，《法商研究》2003年第2期。

周子琦、刘宁宁："欧洲人权法院述评"，《理论界》2009年第2期。

朱国斌："法国的宪法监督与宪法诉讼制度——法国宪法第七章解析"，《比较法研究》1996年第3期。

索　引